中国社会科学院文库
国际问题研究系列

The Selected Works of CASS
International Studies

中国社会科学院创新工程学术出版资助项目
中国社会科学院文库・国际问题研究系列
The Selected Works of CASS · International Studies

独联体国家投资环境研究

Research on Investment Environments in CIS

李建民 / 著

社会科学文献出版社
SOCIAL SCIENCES ACADEMIC PRESS (CHINA)

《中国社会科学院文库》出版说明

《中国社会科学院文库》（全称为《中国社会科学院重点研究课题成果文库》）是中国社会科学院组织出版的系列学术丛书。组织出版《中国社会科学院文库》，是我院进一步加强课题成果管理和学术成果出版的规范化、制度化建设的重要举措。

建院以来，我院广大科研人员坚持以马克思主义为指导，在中国特色社会主义理论和实践的双重探索中做出了重要贡献，在推进马克思主义理论创新、为建设中国特色社会主义提供智力支持和各学科基础建设方面，推出了大量的研究成果，其中每年完成的专著类成果就有三四百种之多。从现在起，我们经过一定的鉴定、结项、评审程序，逐年从中选出一批通过各类别课题研究工作而完成的具有较高学术水平和一定代表性的著作，编入《中国社会科学院文库》集中出版。我们希望这能够从一个侧面展示我院整体科研状况和学术成就，同时为优秀学术成果的面世创造更好的条件。

《中国社会科学院文库》分设马克思主义研究、文学语言研究、历史考古研究、哲学宗教研究、经济研究、法学社会学研究、国际问题研究七个系列，选收范围包括专著、研究报告集、学术资料、古籍整理、译著、工具书等。

中国社会科学院科研局

2006 年 11 月

CONTENTS 目 录

导　言

一　本课题研究的重要意义

1978 年中共十一届三中全会确立改革开放的方针后，中国企业开始尝试进入国际市场。1982 年 12 月，对外开放政策写入中国新宪法，最终以法律形式确定了对外开放是加速社会主义现代化建设的基本国策。1997 年，党的十五大报告提出“充分利用国际国内两个市场、两种资源”，使中国企业进入国际市场的步伐进一步加快。2000 年，党中央确立实施“走出去”战略，坚持“引进来”和“走出去”同时并举，相互促进。2001 年，“走出去”战略作为重要建议被写入《十五计划纲要》。2002 年，党的十六大报告再次提出，实施“走出去”战略是对外开放新阶段的重大举措，鼓励和支持有比较优势的各种所有制企业对外投资。2007 年，党的十七大报告明确指出，坚持对外开放的基本国策，把“引进来”和“走出去”更好地结合起来，形成经济全球化条件下中国参与国际经济合作和竞争的新优势。2012 年，党的十八大报告提出，全面提高开放型经济水平，必须实行更加积极主动的开放战略，要加快“走出去”步伐，增强企业国际化经营能力。可以看到，“走出去”是全球化条件下实施中国经济发展战略的路径选择，是中国经济融入国际市场的必由之路。“走出去”对外投资是一种长期行为，因此，不仅在进入市场时而且在进行经营生产时都需要合适的环境，这是规避投资风险和实现利润最大化的基本前提，对于从事跨国经营的企业尤其如此。所以伴随着中国企业“走出去”步伐的加快，需要从战略高度对国际投资环境进行研究。

本课题选择独联体国家投资环境作为研究对象主要基于以下认识。

中共十五大后，中国在外交布局上坚持以“大国是关键，周边是首要，发展中国家是基础，多边是重要舞台”为基本原则。而独联体是世界上最大的国家集团之一，面积横跨欧亚两大洲。独联体中有四个国家直接与我国毗邻，其中俄罗斯属于大国，其他都是发展中国家，因此无论从地缘政治还是从地缘经济角度看，发展与独联体国家的关系与我国外交布局高度吻合，对我国战略全局具有重要意义。

从中国经济发展的长期趋势和资源保证程度看，以俄罗斯为主导的独联体地区自然资源丰富，原料和燃料价格相对便宜，市场容量大，市场竞争水平较低，工业基础雄厚，军工高科技优势明显，拥有技术熟练而又相对便宜的劳动力资源，整体文化素质较高，是中国实施市场“多元化”和“走出去”战略的重要目标地。对中国而言，俄罗斯不仅是大国，也是周边，同时还是开展多边合作的重要伙伴。中俄油气合作一直被定位为战略合作，是中俄实行全面战略协作伙伴关系中最重要的一环。2004 年，中俄总理第九次定期会晤期间提出了到 2020 年实现中国对俄累积直接投资 120 亿美元的目标。哈萨克斯坦是中亚地区大国，中国与哈萨克斯坦等中亚国家的油气大项目合作具有突出的地缘政治特色。2009 ~ 2010 年，中国与国际产油国签署的“贷款换石油”模式（巴西、厄瓜多尔、安哥拉、俄罗斯、哈萨克斯坦、土库曼斯坦）中的六个合作项目有三个在这一地区。来自独联体产油国的油气管道撑起了中国四大能源进口战略通道的两翼，不仅对保障中国的能源安全起到重要作用，同时也使中国在国际能源事务中的作用逐步提升。

苏联解体 20 多年来，中国与独联体国家建立在新型国家关系基础上的经贸合作关系得到了全面、迅速的发展，中国已成为多数独联体国家的主要贸易伙伴，贸易额增长了几十倍、上百倍。尽管如此，中国与这些国家合作的总体水平和质量还不高。如何提高中国与这些国家的合作水平已成为各国领导人高层会晤时的一个重要议题。金融危机爆发以来，独联体国家普遍面临资金短缺的困扰，中国的资金优势凸显，在合作中的地位角色已发生微妙变化。普京新任期内，吸引外资推进经济现代化是其首要的任务。俄罗斯希望借中国之力发展本国经济，中俄在投资、能源、高科技创新等重点领域面对新的合作机遇和广阔发展前景。中俄面临的战略任务是把两国前所未有的高水平政治关系优势转化为经济、人文等领域的务实合作成果。中国与哈萨克斯坦的关系已提升到全面战略合作伙伴关系，与乌兹别克斯坦进一步发展和深化友好合作伙伴关系，与乌克兰签署建立和发展战略伙伴关系的联合声明，互信、互利、合作、共赢成为中国与独联体国家关系的主旋律，中国已经成为这些国家外交的优先方向之一。

目前中国与独联体国家的经贸合作已进入调整期，在贸易规模不断扩大的同时，要求进一步提高质量，实现从以贸易为主转向以投资贸易相结合，从初级合作转向产业合作，从资源型贸易转向加工贸易的转变。进入21世纪，随着独联体地区经济的整体性复苏，国际资本开始加快向这一地区的流入，为吸引更多的投资，独联体各国明显都在努力改善自己的投资环境，出台了大量新政策和措施。从我国鼓励和推动大中型企业进入独联体市场的要求看，已有的研究远远不够，需要对独联体投资环境的新变化做更深入的了解和把握。基于以上考虑，笔者决定对独联体国家的投资环境做较为全面和系统的研究。

二 本书内容及特点

1. 特点

（1）以俄罗斯为重点。考虑到中俄关系在我国战略全局中的重要性，俄罗斯在独联体政治、经济和军事资源中所占的比重和领头羊地位，以及俄罗斯市场对独联体地区的辐射作用，其投资环境中存在的问题应该具有较强的代表性，因此俄罗斯投资环境是本书研究重点，在本书中占主要篇幅。

（2）实证研究。本课题更多采用的是实证分析的方法。西方经济理论中已有比较成熟的跨国投资理论，但独联体国家的情况与西方不同，照搬以成熟市场经济为背景的西方理论，并不能恰当解释这些国家的现实。尽管本书一开始对西方跨国投资理论进行梳理，但目的是提出研究分析的基本理论框架，从国际投资学的角度考察独联体国家现实中的事实、事件和数据，在已有的研究理论框架内进行实证研究，而不着重理论上的演绎和推理。

（3）基础性。从一定意义上说，对独联体投资环境研究又是一项综合性的基础研究。从现有的很多研究成果看，多限于商品市场、外贸和外资政策介绍、经贸商务等。本书力求视野开阔，对与投资环境有关的基础性问题，如经济发展战略和水平、经济和产业结构、工业配套水平、经济管理体制、政治和社会因素都做了较为系统的研究。这是进一步加强我国对独联体市场开发的必要基础性工作。

（4）针对性和实用性。从课题立项开始，笔者既定的研究基点就是，着眼于在投资环境方面对独联体国家急需研究的问题，研究要有很强的针对性和实用性，研究成果能够满足职能部门和企业的现实需要。这要求研究既要有相应的学术高度，又要有明确的实用价值；既要把发展中国与独联体国家经贸投资关系放到巩固和发展国家关系、影响国家安全与经济利益的高度去研究，提出当前和今后一个时期发展经贸投资合作的大思路，也要把企业的微观目标与国家的宏观战略目标有机结合起来，能够解决国内大中型企业在开拓独联体市场时最关心的问题。

（5）数据系统。本课题研究立足于全面系统的第一手数据和资料，力求使研究、判断、观点和结论建立在可信的事实基础上，使研究成果有说服力。2006～2011 年，笔者曾驻俄罗斯使馆从事调研工作，这期间通过实地调研，积累了大量第一手资料。2009～2011 年，笔者牵头完成了商务部投资事务促进局交办的课题——“对外投资合作国别（地区）指南”的俄罗斯部分，这一经历及相关前期研究对完成本课题有直接的帮助。

2. 本课题研究的主要问题

作为投资者，在决定将自己的资本投向哪个国家时，首先考虑的是该国投资环境的稳定性和持久性，追求的是投资的安全性、收益性和流动性，投资的目的在于获得由于承担了投资风险所带来的可靠收益。国际投资方式的特点和功能不同决定了所要求的投资环境和条件不尽相同，国际投资环境的优劣直接决定了一国对外资吸引力的大小。而投资者对差异性较大的投资环境能否全面了解并很快适应，将直接影响其投资效益。本课题主要研究独联体国家的资源潜力、中长期经济发展战略和前景、吸引和管理外资的政策、存在的市场风险，论证中国企业对独联体投资的重点领域和发展机遇以及如何规避可能的风险，对于正确认识独联体投资环境，制定中国企业“走出去”相关政策和发展战略具有重要参考价值。

3. 结构安排

全书由前言、正文和附录三部分组成。章节结构和主要内容如下。

第一章：国际投资理论概述。对国际投资发展阶段、分类及影响做出界定和分析，对最具影响力的主流国际投资理论进行归纳梳理，对投资环境进行界定，评介国际投资环境的评估方法。其目的是为全书搭建理论框架，提出研究思路。

第二章：普京执政以来的俄罗斯政治与经济。一国政局是否稳定、经济发展现有水平以及是否具有中长期成长潜力，是吸引外国投资的首要条件。本章对 2000 年普京执政以来俄罗斯政治经济发展的宏观环境、其新任期基本政策走向、未来的社会政治变化趋势、经济政策调整要点和经济发展的态势做了深入分析，并在此基础上对普京政权的稳定性、俄罗斯经济中长期发展前景做出基本研判。

第三章：俄罗斯吸引外资的法律和政策环境。法律环境在投资环境中占有重要地位，是投资环境的“晴雨表”，法律制度保障是深化投资合作的必要条件。俄罗斯外资法律体系框架包括国际法与国内法两大部分。本章对俄罗斯外国投资基本法律做出总体评介，对外资调节法律基本内容做出解读，对外国投资的市场准入政策及优惠政策进行分析。

第四章：俄罗斯投资促进机制和路径。政府投资对调节投资结构、引导社会投资方向起着重要作用。在市场经济条件下，政府已不是唯一的投资主体，但政府投资起到了一种先导和示范作用，它通过运用直接投资和间接投资手段，引导全社会投资更多地投入国家鼓励发展的产业和领域，对外资而言，政府投资还起着“风向标”和“指示器”的作用。本章主要介绍俄罗斯政府融资的新模式——“公私合作伙伴关系”的内涵（包括联邦投资基金、风险投资基金、特许权经营、特别经济区、国家公司、国家开发银行、直接投资基金等形式）、构成及其具体运作。了解俄罗斯政府在引导投资中的作用、投资促进机制将有助于中国企业了解俄投资政策和外资政策的最新变化和对大项目的投资路径，把握新的投资机遇，最终扩大对俄投资。

第五章：俄罗斯税收制度及对外资的税收政策。独联体国家税收立法多变，俄罗斯具有较强代表性。中国企业在与俄方探讨经济合作的时候，准确了解俄联邦税收立法的情况至关重要。本章主要分析俄罗斯的税收环境和政策。在向市场经济转型过程中，俄罗斯确立了新的税收体制。为营造良好的营商环境和投资环境，俄罗斯多次进行税收改革。笔者对这些问题进行了系统研究和深入分析。

第六章：俄罗斯金融环境及外资金融政策。良好的金融环境是吸引外资的重要条件和保证。本章深入分析了俄罗斯经济转轨以来的金融体制改革、银行业的监管现状和问题、国际储备、主权信用和银行信用、资本市场发展、外汇管制、外债偿还能力、主权财富基金管理等问题，旨在使投资者对俄罗斯的金融生态环境有一个全面了解，规避可能的金融风险。

第七章：俄罗斯人力资源现状及移民政策。从投资环境的角度看，人口决定市场的大小，劳动力供给的可保障性、经济增长的可持续性等，是投资者在分析市场、筹划投资布局时必须注意的因素。俄罗斯劳动力供给不足最终要靠引入外籍劳务来弥补。俄罗斯移民政策的变化对中俄贸易和投资均有重要的影响，本章主要评介俄罗斯的人口形势、发展趋势及移民政策。

第八章：俄罗斯对外经济关系及中俄经贸合作。对外贸易是俄罗斯经济中的重要部分。长期以来，俄罗斯外贸依存度一直保持在25%～40%，外贸增长快于整体经济增长，成为发展的重要动力。本章从俄罗斯对外经贸发展态势、发展战略、贸易管理体制、俄罗斯入世、中俄经贸关系等多个角度分析俄罗斯的贸易环境，评介贸易保护政策及贸易壁垒、入世后外贸政策的调整、市场准入标准的变化及中俄合作的机遇。

第九章：俄罗斯的外资经济及对增长和竞争力的贡献。本章是对俄罗斯投资环境的一个综合评估。首先总体考察外国对俄投资概况，包括阶段划分和外资进入规模、构成、来源及流向，俄投资市场的竞争力，外资对俄经济发展的贡献等问题，介绍了中俄投资合作现状。进而在此基础上，归纳提炼出国际资本对俄投资启示及其对中国企业的借鉴意义。

第十章：俄罗斯政府产业政策导向及中俄合作的优先领域。政府的产业政策导向对外资地区产业流向有直接关系和重要引导作用。本章首先介绍了俄罗斯的基础产业和优势产业、工业政策调整、中长期产业布局和发展方向、优势产业扶持政策等，旨在提出未来对俄投资的重点选择方向。之后对中俄开展大项目投资的重要领域——航空、冶金、林业、农业、汽车行业的发展现状，中俄合作中存在问题及原因以及未来发展方向进行重点分析，并提出相关建议。

第十一章：俄罗斯私有化政策变化及投资机遇。2010 年，俄罗斯出台了新一轮私有化计划。新一轮私有化的重心已从 20 世纪 90 年代以强调速度和政治功能为主，转向以强调效率、优化资产结构和结构改革为主。实施私有化除为俄增加联邦预算收入外，也为外资提供了新的投资机遇。本章对 20 世纪 90 年代以来俄罗斯私有化进行了全面分析和总结，除对私有化性质、目标、结果、影响、走向等问题做出理论分析外，还探讨了外资参与俄罗斯私有化的可能性，对中国企业在俄私有化背景下把握投资机遇提出了工作建议。

第十二章：中俄毗邻地区合作现状及远东开发新机遇。毗邻地区合作是中俄全面合作的重要组成部分。现阶段，中俄地区合作主要集中在中国东北和俄罗斯远东地区。本章分析了中俄毗邻地区合作的机制、区位优势、合作现状、中俄地区合作规划纲要进展落实情况。最后还特别分析了俄罗斯新一轮远东开发战略的基本内容、定位、目标及引资政策，以及开发给中俄投资合作带来的新机遇。

第十三章：独联体投资环境及中国参与合作的机遇。首先从总体上介绍独联体的资源、经济潜力及其国际地位、独联体长期发展战略、独联体的次地区合作（主要是俄白哈关税同盟）、独联体自贸区的建立及发展前景、独联体总体投资环境、中国与独联体国家经贸投资现状及未来合作思路。

第十四章：中国与独联体国家的能源合作。能源合作是中国与独联体国家投资合作的重点领域。近年来，中国与俄罗斯和中亚国家的能源合作取得了突破性进展，跨境油气管道相继建成投入运营。未来独联体地区投资机遇与风险并存，中国要维护能源安全，仍需要密切关注该地区的能源投资环境及政策走向。本章对中国、俄罗斯和中亚产油国的油气资源状况、能源发展战略、合作进展情况、独联体国家油气投资环境新变化、中国与独联体产油国合作的前景进行深入分析并提出防范投资风险的建议。

第十五章：哈萨克斯坦投资环境。本章对哈萨克斯坦的投资环境进行分析。除俄罗斯外，之所以选择哈萨克斯坦进行单独分析是因为该国地缘战略地位特殊，在独联体地位较为重要，与中国投资合作特别是油气合作卓有成效。

本书是中国社会科学院重大科研项目的最终研究成果。

虽然独联体投资环境是笔者长期关注和跟踪研究的重要领域，围绕该问题也发表过不少学术成果，但由于笔者知识面和研究水平有限，加之投资环境本身具有动态性特点，对其中某些问题的研究仍感力不从心。同时课题立项之初提出的对投资环境的量化评估因缺乏某些必要的条件，也未能如愿，只能借鉴相关机构的有关成果。书中肯定还有其他不足和问题，衷心希望能够得到各界的关注和指正。

在本书写作过程中，笔者得到了家人的鼓励和大力支持。身边的同事也对此给予了关注和期待，中国社会科学院俄罗斯东欧中亚研究所各位领导以及冯育民、李永庆、李中海、李福川、张中华等同志对完成课题提出了中肯建议和热心帮助。本书得到了中国社会科学院创新工程学术出版资助，社会科学文献出版社祝得彬同志积极促进本书的出版，在此一并表示衷心的感谢。

第一章 国际投资理论概述

随着世界经济一体化不断深入，国与国的经济联系已从传统的流通领域发展到了生产领域，从简单的商品交换发展到了生产要素的组合配置。资本要素的国际移动使国际投资成为当今世界最活跃的经济行为。本章从“国际投资一般”的意义上对国际投资发展阶段、分类及影响作出界定和分析，对最具影响力的主流国际投资理论进行归纳梳理，对投资环境进行界定，评介国际投资环境的评估方法。其目的是为全书搭建理论框架，提出研究方法。

第一节 国际投资界定及影响

一 国际投资界定

目前有关国际投资并无统一定义。一般认为，所谓国际投资，是指各类具有独立投资决策权，并对投资结果承担责任的投资主体，将其拥有的货币、实物及其他形式的资产或生产要素，经跨国界流动与配置形成实物资产、无形资产或金融资产，并通过跨国界运营以实现价值增值的经济行为。

国际投资一般由两部分组成：一是向国外投资，对投资国，特别是对发达国家来说，对外投资是为过剩资本寻找出路，以谋求海外高额利润的重要途径；二是向国际筹资，即引进海外资金，对东道国，特别是对发展中国家来说，这是吸引并利用外资，解决国内资金短缺，引进国外先进技术和管理知识，以促进本国经济发展的重要途径。就一个国家而言，参与国际投资活动可以以两种不同的身份出现，或投资国，或东道国。以投资国身份出现时，其经济行为表现为对外投资，以东道国身份出现时，其经济行为表现为引进外资。

国际投资具有以下特点。

1. 参与国际投资活动的资本形式多样化

它既有以实物资本形式表现的资本，如机器设备、商品等；也有以无形资产形式表现的资本，如商标、专利、管理技术、情报信息、生产诀窍等；还有以金融资产形式表现的资本，如债券、股票、衍生证券等。

2. 参与国际投资活动的主体多元化

投资主体是指独立行使对外投资活动决策权力并承担相应责任的法人或自然人，包括官方和非官方机构、跨国公司、跨国金融机构及居民个人投资者，而跨国公司和跨国银行是其中的主体。

3. 国际投资活动是对资本的跨国营运活动

这一点既与国际贸易相区别，也与单纯的国际信贷活动相区别。国际贸易主要是商品的国际流通与交换，实现商品的价值；国际信贷主要是货币的贷出与回收，虽然其目的也是为了实现资本的价值增值，但在资本的具体营运过程中，资本的所有人对其并无控制权；而国际投资活动，则是各种资本运营的结合，是在经营中实现资本的增值。

二　国际投资的发展阶段及分类

国际投资是商品经济发展到一定阶段的产物，并随着国际资本的发展而发展。从国际资本活动的历史进程来看，国际投资活动首先表现为货币资本的运动，即以国际借贷、国际证券投资为主要形式的国际间接投资，其标志是跨国银行的出现；其次表现为生产资本的运动，即国际直接投资，其标志是跨国公司的出现。国际投资大体经历了以下发展阶段。

1. 国际投资的初始形成阶段（1870～1914 年）

这一时期，以电力革命为标志的第二次科技革命出现后，生产力得到了快速发展，国际分工体系和国际垄断组织开始形成，银行资本和产业资本相互渗透融合，从而形成了巨大的金融资本，为资本输出提供了条件，以资本输出为特征的国际投资也随之形成。这一时期的国际投资，表现出如下特点：投资国的数目很少；投资的形式以间接投资为主，直接投资比重极小；投资的来源主要是私人投资，官方投资比重很低；投资的格局表现为由英国、法国和德国流向其殖民地国家，目的突出地反映为寻找有力的投资场所，以便获得超额利润。

2. 国际投资的低速徘徊阶段（1914～1945 年）

这一时期是两次世界大战之间的时期。由于两次世界大战和 20 世纪 30 年代的大危机，使资本主义国家不同程度地受到了战争的破坏，资金极度短缺，市场萎缩，国际投资活动处于低迷徘徊之中。

这一时期国际投资活动的基本特点可概括为：国际投资不甚活跃，规模较小，增长缓慢；私人投资仍为主体，但比重有所下降，官方比重有所上升；间接投资仍为主流，但直接投资的比重有所上升；主要投资国地位发生变化，美国取代英国成为最大的对外投资国。

3. 国际投资的恢复增长阶段（1946～1979 年）

自从 1947 年美国“马歇尔计划”的实施，大规模的对外投资活动拉开了序幕。加之这一阶段世界政治局势相对平稳以及第三次工业革命的兴起，使国际投资活动迅速恢复并快速增长。

这一时期国际投资活动的基本特点可概括为：投资规模迅速扩张；对外投资方式由以间接投资为主转变为以直接投资为主；许多发展中国家也加入到国际投资国的行列之中，特别是石油输出国，其“石油美元”成为国际对外投资的重要资金来源。

4. 国际投资的迅猛发展阶段（1980 年以后）

20 世纪 70 年代以后，由于科技革命、金融改革和跨国公司全球化经营等多种因素的共同作用，国际投资规模超过了以往任何一个时期，成为世界经济发展中最为活跃的因素。但不同国家的国际投资增长速度并不一致，其中美国的增长速度放慢，而日本的增长速度加快。

这一时期国际投资活动的基本特点可概括为：国际直接投资继续高速增长；国际间接投资也得到迅猛发展；发达国家之间的相互投资成为国际投资的主流趋势；形成了美国、日本、西欧“三足鼎立”的投资格局，在对外投资领域占据绝对主导地位；国际投资的产业分布和结构开始由资源和劳动密集型产业向技术密集型的制造业和服务业转移，高新技术企业、金融保险业、贸易服务业容易成为投资重点；发展中国家在吸引外资的同时也开始走上对外投资舞台，国际投资领域呈现出多元化的发展趋势；跨国并购成为国际直接投资的重要方式。

三　国际投资的分类

按照不同的标准，国际投资可以有不同的分类。如以投资主体划分，可以有国际官方投资和国际私人投资。以投资期限划分，可分为国际短期投资和国际长期投资。这两种划分方法过于简单，且不能准确反映国际投资的实际情况。目前应用最多的是按投资形式和性质分类，按此标准，国际投资可划分为国际直接投资、国际间接投资和国际灵活投资。

1. 国际直接投资，也称为对外直接投资（Foreign Direct Investment，FDI）、跨国直接投资（Transnational Direct Investment，TDI）、海外直接投资（Overseas Direct Investment，ODI）

国际直接投资是指投资者以控制企业部分产权、直接参与经营管理为特征，以获取利润为主要目的的资本对外输出。国际直接投资不仅涉及货币资本的流动，而且带动商品及生产要素的转移。国际直接投资可分为创办新企业和控制外国企业股权两种形式。创办新企业指投资者直接到国外进行投资，建立新厂矿或子公司和分支机构，以及收购外国现有企业或公司等，从事生产与经营活动。而控制外国股权是指购买外国企业股票并达到一定比例，从而拥有对该外国企业进行控制的股权。

与其他投资相比，国际直接投资具有实体性、控制性、渗透性和跨国性的重要特点，而当代的国际直接投资又具有规模日益扩大、由单向流动变为对向流动、发展中国家国际直接投资日趋活跃、区域内相互投资日趋扩大、国际直接投资部门结构发生重大变化、跨国并购成为一种重要的投资形式等特点。

2. 国际间接投资（International Indirect Investment，III），也称为对外间接投资（Foreign Indirect Investment，FII）

国际间接投资是指以资本增值为目的，以取得利息或股息等为形式，以被投资国的证券为对象的跨国投资，即在国际债券市场购买中长期债券，或在外国股票市场上购买企业股票的一种投资活动。国际间接投资者并不直接参与国外企业的经营管理活动，其投资活动主要通过国际资本市场（或国际金融证券市场）进行。

与国际直接投资相比，国际间接投资具有以下特点：国际间接投资对筹资者的经营活动无控制权，与企业生产经营无关，流动性大，风险性小；必须通过证券交易所才能进行投资；受国际间利率差别的影响而表现为一定的自发性，往往自发地从低利率国家向高利率国家流动；国际间接投资还受到世界经济政治局势变化的影响，经常在国际间频繁移动，以追随投机性利益或寻求安全场所，具有较大的投机性；与国际直接投资获取的收益为利润不同，国际间接投资获取的是利息和股息。

3. 国际灵活投资

所谓国际灵活投资是指不同国家的双方当事人就某一共同参加的商品生产和商品流通业务达成协议，采取一些灵活方式进行的投资活动。在国际投资领域，这些业务活动并不是像国际直接投资或国际间接投资那样纯粹的投资活动，而是把投资与贸易紧密结合在一起，将投资行为目的的实现隐含在商品或劳务的贸易活动之中。这类投资方式主要包括补偿贸易、加工贸易、国际租赁、国际工程承包、BOT 投资和发现投资等。

四　国际投资的经济影响

跨越国界的投资活动，对投资国和东道国乃至整个世界经济都会产生影响。从一般意义看，国际投资对各国经济的影响主要表现在就业和收入、进出口和国际收支、技术进步、产业结构、资本形成和产业安全化等多方面。这种影响可从投资国、东道国和世界经济三个层面考察。

（一）对投资国影响

1. 跨国投资对投资国就业和收入水平产生“替代效应”和“刺激效应”

所谓“替代效应”是指与本可以在投资国本土进行的与海外生产活动相联系的就业机会的丧失。所谓“刺激效应”，是指国际投资所导致的国内就业机会的增加。当“替代效应”大于“刺激效应”时，国际投资将导致投资国就业机会减少；反之，则将导致就业机会增加。

2. 对外直接投资在短期内对投资国国际收支具有消极影响，长期看有利于改善投资国的国际收支状况

在对外投资初期，投资企业会以货币资本的方式对外直接投资，致使资金大量外流，使国际收支处于不利状态。从长期看，对外投资者进入投资盈利阶段后，将利润不断回流到投资国，同时对外投资带动的投资国原材料、中间产品、制成品的出口又会对国际收支产生一定的积极效应。总体看，积极效应会大于负面影响。

3. 对投资国产生的贸易促进效应大于贸易替代效应

外商直接投资与对外贸易之间的关系一直是个未有定论的学术问题。一般理论认为，外商直接投资对东道国的对外贸易存在两种效应：贸易的替代效应和贸易的互补效应。到底产生何种效应取决于投资国对外投资采用的分工模式，若投资国在国外投产与母国相同的产品，使国外产品具有在劳动力、运输成本等方面的优势，即水平型分工，就会对投资国产品产生替代效应；若投资国在国外投资能促使母国原材料、零部件、成品和技术出口的产品，即垂直型分工，对投资国出口则会带来积极的促进效应。此外，对外投资还可通过售后服务、技术服务、金融服务等来带动技术贸易和服务贸易的发展，从整体意义上说，对外投资对投资国产生的贸易促进效应大于贸易替代效应。

4. 带动投资国和东道国产业结构不断升级

投资国在对外投资的整个过程中，不仅促进了东道国产业结构的升级，而且同时也能促进自身产业结构的升级和优化。无论在发达国家之间的相互直接投资，还是在发达国家对发展中国家的投资中，这都表现得十分明显。从产业部类调整看，第二次世界大战后跨国公司对外直接投资的产业结构大体经历了由第一产业为主向第二产业为主、再向第三产业为主转移的发展过程，这顺应和强化了世界各国尤其是发达国家产业部类由初级产业向制造业、再向服务业调整的总趋势。从产业内部调整看，其调整趋势是从低生产率、劳动密集型产业向高生产率、高智能行业调整；从低技术含量、低附加值产品向高技术含量、高附加值产品和劳务生产转换。

（二）对东道国的影响

1. 增加东道国就业机会，提高就业质量

外资进入东道国某些空缺或薄弱的领域，会使该领域的竞争力加强或建立新产业，尤其是投资于用于以国外为主要销售市场的产品生产，进口替代的作用会大大增加东道国的就业机会和数量。国际投资还为东道国的就业质量做出贡献，除为企业提供更好的工资和福利待遇外，还为东道国雇员提供获得新知识和新技术的机会。

2. 对东道国产业结构升级的作用在发达国家向发展中国家投资中表现得最为明显

作为投资者，为了达到增加收益的目的，引用技术必须要领先或平行于东道国的技术，这不仅能促进东道国的技术进步，而且可以推动东道国的产业结构升级。在很多情况下，东道国利用外资建立起自己的新兴产业。

3. 带动东道国技术水平的提高

国际直接投资是东道国获得先进技术的主要渠道，会对受资国产生一种“传染效应”。国外大量先进的技术、设备、管理经验和方法会对东道国经济发展产生良好的推动作用，形成竞争压力，使其技术进步率加快，从而加强东道国的经济和技术实力。

4. 对东道国资本形成做出贡献

国际投资流入最直接的作用是促成东道国资本存量增加，弥补东道国期望投资与国内储蓄之间的缺口，促进投资增长。无论是“绿地投资”还是并购方式的投资一般都会为东道国带来后续追加性投资，这有助于增加东道国的资本存量。同时，国际投资通过为当地资本市场提供有吸引力的投资机会而动员当地持续投资，这将成为引发其国内投资的催化剂。

5. 对产业安全产生影响

外资流入对产业安全的影响目前尚未形成统一的理论。但随着国际投资的活跃，除了正面的效应外，其对东道国产业安全的影响日益突出，主要表现为外资对东道国行业、技术、品牌、市场的控制，及所产生的其他如导致产业结构失衡等压制效应。作为对应，目前越来越多的对策研究应运而生。

（三）对世界经济的影响

国际投资主要通过其主体跨国公司的活动影响世界经济的发展。

1. 促进资本国际化和市场国际化

跨国公司的活动是一种全球行为。跨国公司作为经济全球化的重要载体，融资本、技术和管理于一体，形成全球性的生产、交换、分配和消费体系，凭借强大的经济和技术力量，打破了民族和国家对国内经济主体的严密控制和对国际经济活动的垄断，在全球范围内大规模组织企业的生产经营，用超国家的全球观念来指导和规范自己的市场行为，通过加快生产国际化，使资源在全世界范围内得到更加有效的配置，加速了经济全球化的进程。

2. 促进科学技术发展

从全球范围考察，随着跨国公司的活跃，国际投资急剧增加。这些投资有力地推动了一些发展中国家的经济发展。利用外资已成为许多发展中国家的基本国策。从技术转移角度来看，跨国公司控制着发达国家70%的技术转让和80%的研究与开发项目，是世界技术创新和技术扩散特别是发展中国家获得新技术的主要来源。

3. 促进区域经济一体化进程

国际投资流动带动的技术进步拉近了各国之间的距离，特别是发达国家之间的相互投资使其在科技水平、财政政策、货币政策、金融体制、社会政策等方面日益接近，转而促使他们通过区域经济一体化的形式来统一彼此的经济和社会政策，以消除由于政策不同给投资者带来的各种障碍，国际投资的活跃加快了区域一体化进程。

4. 加大全球经济失衡风险

随着经济全球化与金融一体化不断推进，国际资本流动对世界各国经济发展的作用日益增强，在世界经济体系中的作用越来越明显。国际资本流动一方面促进了世界经济和金融的发展，另一方面也加剧了全球经济失衡。美国次级债危机爆发后，发达国家和发展中国家均不能幸免于经济与金融动荡，这充分表明国际资本流动存在着内在矛盾，需要从“全球治理”角度提出协调国际资本流动的制度框架，防范全球经济失衡。

第二节 国际直接投资理论

国际投资理论是随着世界经济一体化和经济生活国际化的不断深入而产生发展的，本节着重介绍国际直接投资理论，用以解释发达国家和发展中国家的投资行为。

一 以发达经济为研究对象的投资理论

第二次世界大战后，在科技进步、金融创新、投资自由化和跨国公司全球化等多种因素作用下，国际投资活动迅速增长。由于美、欧、日在国际投资领域显示出绝对主导地位，以解释发达国家对外投资动机为对象的国际直接投资理论在西方经济学界获得快速发展。其中最具影响力的主流国际投资理论包括垄断优势理论、产品生命周期理论、内部化理论、国际生产折中理论、比较优势理论等。

1. 垄断优势理论

这一理论的奠基人是美国经济学家海默（S. Hymer）。该理论以结构性市场不完全性和企业的特定优势两个基本概念为前提，指出企业对外直接投资有利可图的必要条件，是这些企业应具备东道国企业所没有的垄断优势；而跨国企业的垄断优势，又源于市场的不完全性。结构性市场的不完全性表现在商品市场、要素市场、规模经济、经济制度与经济政策所造成的不完全性这四个方面。而敢于向海外直接投资并能在投资中获利的跨国公司多在资金、技术、信息与管理、信誉与商标、规模经济五方面具有优势。

垄断优势理论的贡献在于：①提出了研究对外直接投资的新思路；②提出了直接投资与证券投资的区别；③主张从不完全竞争出发来研究美国企业对外直接投资；④把资本国际流动研究从流通领域转入生产领域，为其他理论的发展提供了基础。其理论局限性在于：①缺乏动态分析；②该理论无法解释为什么拥有独占技术优势的企业一定要对外直接投资，而不是通过出口或技术许可证的转让来获取利益；③该理论虽然对西方发达国家企业的对外直接投资及发达国家之间的双向投资现象作了很好的理论阐述，但它无法解释自 20 世纪 60

年代后期以来，日益增多的发达国家的许多并无垄断优势的中小企业及发展中国家企业的对外直接投资活动；④垄断优势理论也不能解释物质生产部门跨国投资的地理布局。

2. 产品生命周期理论

这一理论由美国哈佛大学教授雷蒙·弗农（R. Vernoon）提出。该理论将跨国公司的垄断优势、产品生命周期与东道国的区位优势结合起来，解释国际直接投资的动机、时机与区位选择。根据产品生命周期理论，跨国公司建立在长期性技术优势基础上的对外直接投资经历的过程包括产品的创新、产品的成熟和产品的标准化三个阶段。在第一阶段，具有影响的是高知识的研究与开发技能和潜在高收入的市场条件。产品主要满足创新国国内少数高收入阶层消费需求，部分出口满足其他收入水平相近的国家需求。在第二阶段，由于产品日益成熟，仿制者日益增多，市场对产品的需求量急剧增大，但产品尚没有实行标准化生产，因而追求产品的异质化仍然是投资者避免直接价格竞争的一个途径，企业开始倾向于到海外直接投资设厂。在第三阶段，由于产品的生产技术、规模及样式等已完全标准化，企业的垄断优势不复存在，产品成本和价格因素成为竞争的核心，跨国公司将自然资源丰富、成本优势凸显的发展中国家作为对外直接投资的最佳区域，借此达到以较低生产成本提高产品竞争力来巩固和扩大市场占有率的目的。根据产品生命周期理论，国际直接投资的策源地一般为发达国家，接着向各种条件相近但又具有一定区位优势的其他发达国家投资，最后转向广大发展中国家。

从应用范围来讲，产品生命周期理论不能解释非代替出口的工业领域方面投资比例增加的现象，也不能说明未来对外投资的发展趋势。该理论没能解释清楚发展中国家之间的双向投资现象。此外，该理论对于初次进行跨国投资，而且主要涉及最终产品市场的企业较适用，对于已经建立国际生产和销售体系的跨国公司的投资，它并不能作出有力的说明。

3. 内部化理论

内部化理论也被称为市场内部化理论，起源于20世纪30年代科斯的内部化理论，由英国经济学家巴克雷和卡森提出。该理论以市场不完全为假说，把科斯的交易成本学说融入国际直接投资理论。所谓内部化，系指把外部市场建立在公司内部的过程。市场内部化的动因在于防止技术优势的流失、特种产品交易的需要、对规模经济的追求、利用内部转移价格获取高额垄断利润、规避外汇管制、逃税等目的。跨国公司为了其自身利益，为克服外部市场的某些失效以及由于某些产品的特殊性质或垄断势力的存在，导致企业市场交易成本的增加，通过国际直接投资，将本来应在外部市场交易的业务转变为在公司所属企业之间进行，并形成一个内部市场。也就是说，跨国公司通过国际直接投资和一体化经营，采用行政管理方式将外部市场内部化。

市场内部化理论标志着西方对外直接投资理论研究的重要转折。该理论着重从自然性市场的不完全出发，结合国际分工和企业国际生产组织形式来分析企业的对外直接投资行为，研究和解释了跨国公司的扩展行为，不仅较好地解释了第二次世界大战以来跨国公司的迅速增加与扩展，以及发达国家之间的相互投资行为，而且成为全球跨国公司进一步发展的理论依据。它被称为跨国公司的综合理论之核心理论。

4. 国际生产折中理论

该理论由英国经济学家邓宁于 1977 年提出。邓宁结合结构性市场的不完全因素与自然性市场不完全因素，系统分析了跨国公司的形成及其对外投资行为。他认为，一国的商品贸易、资源转让、国际直接投资的总和构成其国际经济活动。一个跨国企业对外直接投资必须同时具备所有权、内部化及区位三大优势。三个优势的不同组合，决定了它所从事的国际经济活动的方式。所有权优势是指一国企业拥有或能够得到别国企业没有或难以得到的生产要素禀赋（自然资源、资金、技术、劳动力）、产品的生产工艺、发明创造能力、专利、商标、管理技能等。内部化优势指企业为避免不完全市场带来的影响而把企业的优势保持在企业内部。区位化优势指跨国企业在投资区位上所具有的选择优势。区位优势包括直接区位优势和间接区位优势。国际生产折中理论既继承了海默的垄断优势观点，也吸收了巴克雷等人的内部化理论的观点，同时借鉴了“区位优势”的概念，但并非是对以往国际直接投资理论的简单总结归纳，而是从跨国公司国际生产角度，论述上述三种优势因素对企业选择参与国际经济活动方式的影响，创造了一个关于国际贸易、对外直接投资和国际协议安排三者统一的理论。当企业只具备所有权优势，既没有能力使之内部化，也没有能力利用国外的区位优势时，其参与国际经济活动最好的方式是进行许可证贸易。当企业具备所有权优势，并且能够使之内部化，其参与国际经济活动最好的选择是出口商品，当企业同时具备三种优势，便可在国际经济活动中选择对外直接投资的方式。

5. 比较优势理论

这是由日本经济学家小岛清于20世纪70年代在国际分工比较优势理论基础上发展而来。小岛清的国际投资理论以日本的对外直接投资为研究对象，其核心观点为对外直接投资应该从投资国已经处于或即将处于比较劣势的产业（可称边际产业，这也是对方国家具有显在或潜在比较优势的产业）依次进行。这样对外直接投资就可以充分利用东道国的比较优势并扩大两国的贸易规模。

根据比较优势理论，小岛清作出若干推论：①可将国际直接投资和国际贸易从理论上统一到比较成本论上来，国际贸易按照比较成本原则进行，国际投资则可以创造新的比较成本差异，二者在比较成本原则基础上达到统一；②对外投资分为顺贸易导向型（或称贸易创造型）和逆贸易导向型（或称贸易替代型），前者可补足和创造对外贸易，后者会导致出口减少、贸易逆差增加；③判断比较劣势产业应该先找出两种或两种以上的产品的成本比率与外国的该种比率进行比较，最后才能找出结论；④根据边际产业扩张理论，对外投资应能同时促进投资国和东道国的经济发展，从宏观经济考虑，对外投资可分为自然资源导向型、劳动力导向型、市场导向型和交叉投资型四种形式。小岛清的比较优势理论从投资国的角度而不是从企业或跨国公司角度来分析对外直接投资动机，克服了以前传统的国际投资理论只注重微观而忽视宏观的缺陷，能较好地解释对外直接投资的国家动机，具有开创性和独到之处。但该理论分析以投资国而不是以企业为主体，实际上假定了所有对外直接投资的企业之间的动机是一致的，都是投资国的动机。这样的假定过于简单，难以解释处于复杂国际环境之下的企业对外投资的行为。同时小岛清提出的对外直接投资和国际分工导向均是单向的，即由发达国家向发展中国家的方向进行，作为发展中国家总是处于被动地位，这无法解释发展中国家对发达国家的逆贸易导向型直接投资。

二　以发展中国家为研究对象的对外投资理论

传统的国际直接投资理论都是以发达国家为研究对象，对发达国家对外直接投资的动因和方式有较强的解释力和说服力。进入 20 世纪 80 年代以来，发展中国家和部分新兴工业化国家在国际投资领域异军突起，这不仅改变了国际直接投资的格局，也对传统的国际直接投资理论提出了挑战。于是，一些学者从各自的研究角度出发，针对发展中国家的现实和特点，或对传统理论加以修正和补充，或提出了崭新的发展中国家对外直接投资理论，以求更全面地诠释发展中国家的海外投资行为。

1. 投资发展周期理论

这一理论由英国经济学家邓宁在其国际生产折中理论基础上发展而来。该理论的基本思想是，一国的经济发展状况和水平对本国企业的所有权优势和内部化优势的实现以及本国区位优势的状况都将产生重大影响，从而决定该国直接投资的地位和状态。邓宁认为以人均 GNP 为标志的经济发展阶段和一个国家的外国直接投资（外资流入）以及一个国家对外直接投资（资本流出）与一国对外直接净投资之间存在一定关系，人均国民生产总值在 400 美元以下的国家，其企业由于没有产生所有权优势不会产生直接投资净流出的现象；人均国民生产总值在 400 ~ 2000 美元之间的国家，投资流出仍停留在很低的水平上，只是在邻近国家进行一些直接投资活动，并通过引进技术及进入国际市场等形式，来实现进口替代投资的经济发展战略；人均国民生产总值在 2000 ~ 4000 美元之间的国家，由于企业所有权优势和内部化优势大大增强，人均净投资流入开始下降，对外直接投资流出增加，这标志着一个国家的国际直接投资已经发生了质的变化，即专业化国际直接投资过程的开始；人均国民生产总值在 4000 美元以上的国家，拥有从事对外直接投资的所有权优势和内部化优势，并有能力运用区位优势来进行对外直接投资，开始进入国际直接投资净流出的时期。除上述分析外，邓宁同时还提出，一国对外投资和吸引外资的能力不能仅用经济指标衡量，还取决于其政治经济制度、法律体系、市场机制、教育水平、科研水平及政府的经济政策等因素。邓宁的投资发展周期理论实际上是国际生产折中理论在发展中国家的运用和延伸，从动态的角度解释了经济发展水平不同的国家在对外直接投资中的地位，虽然这种分析方法力图解释发展中国家对外直接投资的现象，但仅以人均国民生产总值这个单一指标来反映各国的经济发展阶段并据此来判断各国的优势状态和国际投资规模，难免会使结论与实际产生一定程度的背离。事实上处在同一经济发展阶段的国家仍会出现直接投资流入与流出趋势不一致的现象。

2. 小规模技术理论

该理论由美国哈佛大学教授刘易斯·威尔斯于 1977 年提出。传统理论把拥有或者获取垄断技术优势及规模经济作为企业进行对外投资的必要条件，而发展中国家显然不具备这些优势。小规模技术理论的逻辑基础来源于比较优势论，其中心思想是，发展中国家的跨国公司也拥有竞争优势，且技术优势具有十分特殊的性质。其技术优势主要体现在三方面：①拥有为小市场需求服务的小规模生产技术，这种小规模技术主要表现为劳动密集型、生产灵活性、适合小批量生产等；②拥有当地采购和特殊产品优势，发展中国家的企业在引进技术后，往往用本国的原材料和零部件进行生产，以弥补技术引进导致进口增加使生产成本上升带来的损失；③拥有物美价廉优势，发展中国家的企业往往采用低价营销战略作为占领市场份额的主要手段。小规模技术理论对于分析发展中国家如何将现有技术与自身特点有机结合起来，形成比较竞争优势，从而在国际竞争中争得一席之地是有启发的。但该理论隐含的前提是，发展中国家继承和使用的是发达国家的现有技术，生产的是国际市场的成熟产品，因而，该理论仍然将发展中国家定位于国际生产的边缘地带，将发展中国家的技术创新视为被动的、跟随性的技术创新，这正是该理论的局限所在。

3. 技术地方化理论

这一理论由英国经济学家拉奥提出。与威尔斯的分析视角相同，劳尔的技术地方化理论旨在探究发展中国家跨国企业的比较优势所在。技术地方化理论的核心命题是，对成熟技术或生产工艺的应用和改进，可以使发展中国家的企业形成和发展自己的特定优势，进而实施对外投资。发展中国家的创新过程是企业技术引进的再生过程，而非单纯的被动模仿和复制过程。发展中国家企业之所以能够形成自己的特殊竞争优势，是由四方面的条件决定的：一是由于发展中国家投资环境不同于发达国家；二是经过改造的产品更适合发展中国家自身的需求；三是经过发展中国家企业改造后的适合小规模生产的技术在当地生产能产生更高的经济效益；四是受发展中国家消费者购买能力的限制，发展中国家的廉价产品拥有更多的市场。技术地方化理论的最大贡献在于，分析证明了落后国家的企业可以靠相对比较优势参与跨国生产和经营的可能性。

4. 技术创新产业升级理论

该理论由英国学者坎特威尔与其学生托兰惕诺共同提出。该理论的主要观点是，发展中国家的技术能力的提高是与它们对外投资的累积增长直接相关的，技术能力的积累是影响其国际生产活动的决定性因素，同时也影响着其对外投资的形势和增长速度。因此，发展中国家对外投资的产业分布和地理分布是随着时间的推移而逐渐变化的，并且是可以预测的。发展中国家对外投资在产业分布上，先是开展以自然资源开发为主的纵向一体化活动，然后再进行以进口替代和出口导向为主的横向一体化活动。在地理分布上，先是在周边国家投资，在积累了经验之后再向其他更远的国家或地区投资。技术创新产业升级理论对发展中国家对外投资在产业和地理布局上的解释基本符合发展中国家的实际，对发展中国家对外直接投资活动具有普遍的指导意义。

三 国际直接投资理论的新进展

20 世纪 80 年代以后，国际投资领域出现了一些新的重要研究成果，填补了传统理论的空白。如投资诱发要素组合理论、竞争优势理论、国际投资理论与国际贸易理论融合发展趋势等。

1. 投资诱发要素组合理论

投资诱发要素组合理论创建于 20 世纪 80 年代后期到 90 年代初期。其核心思想是任何类型的对外投资都是直接诱发要素和间接诱发要素组合作用的结果。前者是指直接投资产生的主要因素，包括劳动力、资本、技术、管理及信息等。后者是指除去生产要素之外的政策和环境要素，包括三方面，一是投资国方面，包括鼓励性投资政策、法规、政治稳定性、与东道国的协议或合作；二是东道国方面，包括东道国软、硬投资环境，优惠的投资政策等；三是世界经济形势，包括世界经济一体化、集团化，科技革命，金融市场和汇率波动、国际协议及法规等。该理论认为，发达国家对外投资主要是直接诱发要素起作用，发展中国家在很大程度上是源于东道国间接诱发要素作用而进行对外直接投资。国际直接投资活动呈现出动态博弈趋势，是投资国自身条件与东道国诱发要素动态博弈的结果。投资诱发要素组合理论全面阐述了影响对外投资决策的内外因素，突出了东道国市场条件和国际环境因素的作用，强调了间接诱发要素在当代对外直接投资中的作用日益增强，对现实更有解释力。

2. 波特的竞争优势理论

竞争优势理论由美国哈佛大学教授迈克尔·波特提出。波特认为，是激烈的竞争导致对外投资，并在投资过程中获得竞争优势，竞争优势是指超越竞争对手而获得的竞争利润。在其理论中提出了四个特征明显的跨国公司竞争发展阶段：资源要素导向阶段、投资导向阶段、创新导向阶段以及财富导向阶段。他认为企业要想获得持久的竞争优势，应采用低成本和差异化两种战略。前者是指企业应成为其行业中低成本的生产者，这样可以获得高于平均水平的收益；后者是指企业要注重众多客户所重视的一个或多个特征，将自己的产品和服务定位在这种其他企业尚未发现的特殊需求上，以获得溢价收益。低成本竞争优势容易被人效仿，而差异性竞争优势主要源于对设备、技术、管理和营销等方面的创新能力，很难被效仿，是企业最重要的竞争优势。该理论突破了传统理论分析框架，从宏观竞争优势角度分析跨国公司的对外投资行为，具有较强的现实意义。

3. 一体化国际投资发展理论

一体化国际投资发展理论也被称为动态比较优势理论，由日本学者小泽辉智于 1992 年提出。该理论把经济发展、比较优势与对外投资作为相互作用的三种因素结合于一体，阐明当经济发展到一定阶段时，发展中国家如何通过对外投资来促进经济转型。其核心思想是，直接投资的发展及其模式完全遵循比较优势的动态变化，发展中国家的对外投资必须与其工业化战略相结合，最大限度地发挥现有比较优势，尽可能地激发潜在的比较优势。小泽辉智认为，不断地增强本国比较优势从而保持经济竞争力的动机是发展中国家从纯吸收外资变为向海外投资的基本动机，而物质资本和人力资本的不断积累、劳动力比较优势的减弱等要素禀赋的变化引发的比较优势的动态转化，是发展中国家由直接投资输入国向输出国、由劳动力导向的直接投资向技术导向的直接投资转变的主要原因。国与国之间经济发展阶段的差异性和动态比较优势的互补性为发展中国家通过直接投资实现经济转型和赶超创造了机会。为此，发展中国家应以增强比较优势为基准，以出口导向战略为条件实施对外投资。该理论的贡献在于，提出了处于不同阶段的发展中国家应该采取不同的对外投资模式。

第三节　国际投资环境及其评估

国际投资方式的特点和功能不同决定其要求的投资环境和条件不尽相同，国际投资环境的优劣直接决定了一国对外资吸引力的大小。而投资者对差异性较大的投资环境能否全面了解并很快适应，将直接影响其投资效益。

一　国际投资环境界定

投资环境对吸引外资有着十分重要的作用。国际投资环境是指外国投资者在一国进行投资活动时的各种条件的综合体。国际投资与国内投资不同，投资者在东道国风险很大，因此，国际投资环境的好坏，投资者对国际投资环境的了解程度与分析评估直接影响着投资效益的高低。国际投资环境的分类没有统一的划分标准，从不同的角度出发，可以对国际投资环境作不同的分类。

投资环境是一个综合性的概念。世界银行前副总裁和首席经济学家斯特恩（Stern）认为投资环境能影响回报和风险，是由政策、制度和具体执行行为组成的环境，包括现存环境和期望环境。广义上来讲，投资环境包括三个范畴：首先是宏观的或国家层面的因素，例如财政、货币、汇率政策和政治的稳定性；其次是政府机构和制度层面的因素，例如政府体系、金融和法律制度等；最后是基础设施层面的因素，例如通信、交通和电力供应等（Stern，2002）。斯特恩的定义为研究投资环境提供了一个有益的框架。从国际投资环境包含因素的多少，可以分为狭义的投资环境和广义的投资环境。狭义的投资环境主要指投资的经济环境。广义的投资环境除经济环境以外，还包括社会文化、政治、法律、政策、劳动力等对投资可能产生直接或间接影响的所有外部因素。

从地域范围上划分，可以分为国家宏观投资环境和地区微观投资环境。

前者是指整个国家范围内影响投资的各种因素的总和，决定投资的国别流向；后者是指一个地区范围内影响投资的各种因素的总和，地区微观投资环境是投资者在确定了投资国以后才考虑的，它决定投资资金在一国内的地区流向。

从投资环境表现的形态（物质与非物质性）来看，可以分为硬环境和软环境。所谓硬环境是指能够影响国际直接投资的所有外部物质条件，如能源供应、交通通信等；所谓软环境是指能够影响国际投资的各种非物质因素，如经济发展水平和市场规模、贸易与关税政策等。目前，关于这种分类国内外已有大量研究，并形成了完整的投资环境评价指标体系。

从投资环境各因素的稳定程度来划分，可以分为自然因素、人为自然因素和人为因素三类。自然因素是相对稳定因素，主要包括自然资源、人力资源和地理条件等；人为自然因素是中期可变因素，主要包括经济实际增长率、经济结构和劳动生产率等；人为因素是短期可变因素，主要包括一国的开放程度、投资政策和政策连续性等。在这三类因素中，人们普遍认为，人为自然因素是影响投资环境的主要因素，自然因素和人为因素是影响投资环境的次要因素。

国际投资与国内投资不同，影响国际投资的很多因素与国内不同，且这些因素相互关联，一个因素的变化可能导致整个因素构成体系的变化。国际投资环境永远是一个动态的概念，随着时间的推移，气候、政治制度、经济政策乃至邻国和其他国家相应条件的变化，都会引起一国投资环境的改变，因此国际投资环境具有复杂性、系统性、动态性的特点。而动态性是令投资者最为头疼的特点之一。

二　影响国际投资环境的主要因素

从投资者的角度来说，其追求的是资金的安全性、收益性和流动性，投资的目的在于获得由于承担了投资风险所带来的高收益。良好的投资环境是投资能够成功的前提，也是重要的保证。除了政治稳定性外，从投资者的要求来看，投资环境至少应该包括三个大的方面。

第一是保证企业正常生产的环境，即基础设施部分，可称为生产环境。投资是否进入某一地区，首先考虑的是一旦形成生产能力后能否正常发挥效益，而基础设施是保证企业正常运转的基本条件。不具备正常生产的环境，考虑其他因素是徒劳的。

第二是保证企业有效经营的环境，是指企业能够在正常生产的基础上影响资本增值能力的各种因素的综合。它包括财政金融环境，对产权的保护，利润的顺利取得，法治状况和行政效率等，我们称之为经营环境。

第三是为企业提供发展机会的环境，包括企业所在地区产业结构及其变动趋势，向发挥效益的其他地区和产业发展的可能性，所在地区人口素质和收入水平的提高，市场容量的扩大等对企业前途的影响，我们称之为发展环境。

影响国际投资环境的因素很多，学术界比较通行的是从自然、政治、经济、法律、社会五个方面来分析。其中，自然环境是指自然或历史上长期形成的与投资有关的自然地理条件；经济环境主要包括经济发展阶段、经济政策、市场的完善和开放程度、基础设施状况、收入水平、经济和物价的稳定程度、贸易和国际收支状况等；政治环境是指东道国的政治体制、政策和法规、政治制度的健全性、政府的对外关系等；法律环境是指投资目标国家有关投资特别是外国投资的法律法规体系和实施情况；社会环境是指对投资有影响的文化传统、教育状况、社会心理、宗教信仰等（详见表1－1）。总体看，经济环境是影响国际投资最直接和最基本的因素，也是国际投资决策中优先考虑的因素；政治和法律环境在投资环境中占有重要地位，是投资环境的“风向标”和“晴雨表”。对国际投资环境的细分为确立国际投资环境评估方法和标准奠定了基础。

表1－1　国际投资环境构成因素内涵

	主要内容	具体内涵和功能
自然环境	地理位置	与投资国的距离 与重要国际运输线的距离 与资源产地的距离 与市场的距离
	自然资源	投资目标国自然资源禀赋 投资国对外国资源的依赖程度 其他因素

续表

	主要内容	具体内涵和功能
经济环境	经济体制	制定并执行各种经济决策的机制总和
	经济发展水平	经济技术开发能力 人民的生活质量 经济活力
	经济稳定性	通货膨胀率 财政金融状况
	市场和产业环境	一般市场环境 产业环境
	生产要素供应	劳动力、土地、生产资料和资金等方面的保证情况
	对外经济状况	国际收支状况 国际贸易状况 国际金融状况
	基础设施因素	能源供应系统、供水排水系统、交通系统、邮电通信系统、防灾系统、环境系统和生活服务系统
政治环境	政治制度	国家管理形式、政权组织形式、政党体系和选举制度
	执政者治理国家能力	反映在国际生活各方面
	政府部门的行政效率	直接影响外商的投资和生产经营活动
	政局稳定性和政策连续性	衡量东道国政治环境优劣的实质性因素
	东道国和国外的政治关系	涉及东道国投资环境的稳定
法律环境	法律完备性	国际投资法律文件是否完备和健全
	法律公正性	法律执行能否公正、无歧视地对待每一个诉讼主体
	法律稳定性	法律一经公布在一定时期内保持稳定
社会环境	语言文字	人们交流思想和信息的基本手段
	价值观念	人们对周围事务的意义和重要性的评价
	教育水平	涉及一国劳动力素质、技术先进程度和国家文明程度
	宗教	不同宗教信仰影响人们的生活态度、价值观和消费偏好等
	社会心理和社会习惯	社会公众所接受的风俗习惯

资料来源：杨大楷：《国际投资学》（第三版），上海财经大学出版社，2003。

值得关注的是，20 世纪 80 年代，随着知识经济理论的提出及之后其作为经济产业形态的确立，围绕知识而转移的国际直接投资越来越多，相应对投资环境也提出了不同于以往的新要求，以知识、智力、人才为基础的人文环境从影响投资环境的一般性因素上升为关键性因素；以信息、通信为代表的信息服务业上升为投资环境中基础设施内容的主导因素；突出对知识产权的保护成为国际投资对环境的基本要求。

三　国际投资环境的评估方法

国际投资与投资环境是一种相互适应的关系。由于各国政治、经济、法律、地理条件和文化的不同，各国投资环境不尽相同。为防范投资风险，确保投资收益，在开展国际投资之前，必须对目标投资国进行投资环境评估。20世纪60年代以来，随着国际投资的广泛开展，国际上出现了多种投资环境评估方法，其中具有影响力的主要有以下几种。

1. 等级评分法

等级评分法又称等级尺度法和评分分析法，由美国学者罗伯特·斯托鲍夫于1969年提出。该评分法主张从东道国政府对外国直接投资的限制和鼓励政策着眼，具体分析影响投资环境的各种微观因素。等级评分法共提出货币稳定性、近五年通货膨胀率、资本抽回、外商股权、对外商歧视和管制程度、政治稳定性、关税保护程度、当地资金可供程度这八大关键因素作为考察评分对象，八大因素中每一个因素又被分解为若干子因素，根据各个因素对投资环境的有利程度予以评分，满分为100分（详见表1－2）。等级评分法的特点是，根据上述八大关键因素在国际投资环境中所起作用和影响程度的不同而确定其不同的等级分数和权重，再按每一个因素中的有利或不利的程度给予不同的评分，最后把各因素的等级得分进行加总作为对投资环境的总体评价。评分越高表示其投资环境越好，评分越低则表示投资环境越差。

表1－2　投资环境等级评分标准

投资环境因素	投资环境具体状况	评分标准
货币稳定性		4～20分
	1. 完全自由兑换	20
	2. “黑市”与官价差距小于10%	18
	3. “黑市”与官价差距为10%～40%	14
	4. “黑市”与官价差距为40%～100%	8
	5. “黑市”与官价差距在100%以上	4

续表

投资环境因素	投资环境具体状况	评分标准
近五年的通货膨胀率		2～14分
	1. 小于1%	14
	2. 1%～3%	12
	3. 3%～7%	10
	4. 7%～10%	8
	5. 10%～15%	6
	6. 15%～35%	4
	7. 35%以上	2
资本抽回		0～12分
	1. 无抽回	12
	2. 只有时间上的限制	8
	3. 对资本有限制	6
	4. 对资本和红利都有限制	4
	5. 限制繁多	2
	6. 禁止资本抽回	0
外商股权		0～12分
	1. 准许并欢迎全部外资股权	12
	2. 准许全部外资股权但不欢迎	10
	3. 准许外资占大部分股权	8
	4. 外资最多不得超过股权半数	6
	5. 只准外资占小部分股权	4
	6. 外资不得超过股权的三成	2
	7. 不准外资控制任何股权	0
对外商的差别待遇		0～12分
	1. 外商与本国企业一视同仁	12
	2. 对外商略有限制但无管制	10
	3. 对外商有少许管制	8
	4. 对外商有限制并有管制	6
	5. 对外商有限制并严加管制	5
	6. 对外商严格限制和严格管制	2
	7. 禁止外商投资	0

续表

投资环境因素	投资环境具体状况	评分标准
政治稳定性		0~12分
	1. 长期稳定	12
	2. 稳定但因人而治	10
	3. 内部分裂但政府掌权	8
	4. 国内外有强大的反对力量	4
	5. 有政变和激变的可能	2
	6. 不稳定,极可能发生政变和激变	0
关税保护程度		2~8分
	1. 给予充分保护	8
	2. 给予相当保护,以新工业为主	6
	3. 给予少许保护,以新工业为主	4
	4. 保护甚少或不予保护	2
当地资金可供程度		0~10分
	1. 完善的资本市场,有公开的证券交易所	10
	2. 有少量当地资本,有投机性证券交易所	8
	3. 当地资本少,外来资本不多	6
	4. 短期资本极其有限	4
	5. 资本管制很严	2
	6. 高度的资本外流	0
总　计		8~100分

资料来源：Robot B. Stobauch, How to Analysis Foreign Invesment Climates, *Harvard Business Review*, 1969。

从以上评分表可以看出，在所分析的八大因素中，最主要的是货币稳定性和通货膨胀率指标，占全部等级总评分数的34%。这两大因素之所以受投资者重视，是由于受资国币值稳定是经济稳定发展的前提，而严重通胀（两位数以上）将会使投资者冒投资贬值的风险，恶性通胀会使投资者止步不前。其次是资本抽回、外商股权、对外商的差别待遇和政治稳定性四大因素，共占全部等级总评分数的48%（每项各为12%）。这四大因素的内在涵义是资本（包括利润和利息收入）能否自由出境、外资企业和本国企业之间能否享受同样的竞争条件、外商对企业所有权和经营权的控制程度及投资的安全程度。最后两大因素即关税保护程度和当地资金可供程度共占全部等级总评分数的18%，比重较轻。

等级评分法采用简单的累加计分方法，对不同因素进行详细分析，被投资者在决策时普遍采用。但该方法也存在自身不足，主要是对投资环境评分是主观的，且所确定的八大因素不够全面，忽视了对投资硬环境的评价。故在实际应用中，投资者还需根据具体目标和不同行业进行相应调整。

2. 加权等级分析法

加权等级分析法由美国学者威廉·戴姆赞于 1972 年提出，也有学者认为该方法由投资环境等级评分法演变而来。按照这种方法，投资公司首先对各种环境因素重要性进行排名，并给出相应的重要权数；然后根据各环境因素对投资产生不利或有利影响的程度进行等级评分；每个评分的范围都是从 0（完全不利的影响）到 100（完全有利的影响）；最后把各环境因素的实际得分乘以相应的权数并进行加总（详见表 1－3）。按总分高低，可供选择的投资对象国被分为五等，即投资环境最好的国家、投资环境较好的国家、投资环境一般的国家、投资环境较差的国家、投资环境恶劣的国家。

表 1－3　投资环境加权等级分析法

按重要性排列的环境因素	A 国			B 国		
	(1) 重要性权数	(2) 等级评分 0～100	(3) 加权等级评分(1)×(2)	(1) 重要性权数	(2) 等级评分 0～100	(3) 加权等级评分(1)×(2)
1. 财产被没收的可能性	10	90	900	10	55	550
2. 动乱或战争造成损失的可能性	9	80	720	9	50	450
3. 收益返回	8	70	560	8	50	400
4. 政府的歧视性限制	8	70	560	8	60	480
5. 在当地以合理成本获得资本的可能性	7	50	350	7	90	630
6. 政治稳定性	7	80	560	7	50	350
7. 资本的返回	7	80	560	7	60	420
8. 货币的稳定性	6	70	420	6	30	180
9. 价格稳定性	5	40	200	6	30	180
10. 税收水平	4	80	320	4	90	360
11. 劳资关系	3	70	210	3	80	240
12. 政府给予外资的优惠待遇	2	0	0	2	90	180
加权等级总分	5360			4390		

资料来源：杜奇华：《国际投资》，对外经济贸易大学出版社，2009。

表 1－3 中 A 国的加权等级总分为 5360 分，大于 B 国的 4390 分，意味着 A 国投资环境优于 B 国，是较理想的目标投资国。

3. 冷热比较分析法

冷热比较分析法是以“冷”“热”因素表示投资环境优劣的一种评估方法，亦称为“冷热国”对比分析法，由美国学者伊西阿·利特法克和彼得·拜廷于 1968 年提出。其基本方法是：从投资者和投资国的立场出发，选定政治稳定性、市场机会、经济发展与成就、文化一体化、法令障碍、实质障碍、地理与文化差异这七大基本因素（前四种属“热”因素，后三种属“冷”因素），据此对目标国逐一进行评估并将之由“热”至“冷”依次排列，“热”因素越大，“冷”因素越小，表明一国投资环境越好，外资对该国的投资参与成分越大；反之，表示一国投资环境欠佳，外资对其参与成分越小。

4. 成本分析法

成本分析法即拉格曼公式，由英国经济学家拉格曼提出。这一方法把各种投资环境因素折合为数字作为成本构成，将其代入公式，通过计算后得出是否适合于投资的决策。通常会出现三大类情况。

（1）若 $C^{*}+M^{*}<C^{*}+A^{*}$，便选择出口，因为出口比对外直接投资有利；

若 $C+M^{*}<C^{*}+D^{*}$，便选择出口，因为出口比转让许可证有利；

（2）若 $C^{*}+A^{*}<C+M^{*}$，便建立子公司，因为直接投资比出口有利；

若 $C^{*}+A^{*}<C^{*}+D^{*}$，便建立子公司，因为对外直接投资比转让许可证有利；

（3）若 $C^{*}+D^{*}<C^{*}+A^{*}$，便转让许可证，因为转让许可证比对外直接投资有利；

若 $C^{*}+D^{*}<C+M^{*}$，便转让许可证，因为转让许可证比出口有利。

其中，C：本国国内生产正常成本；

C^{*}：东道国生产正常成本；

M^{*}：出口销售成本（包括运输、保险和关税等）；

D^{*}：各种风险成本（包括泄露和仿制等）；

A^{*}：国外经营的附加成本。

成本分析法不仅综合了各种因素所造成的成本，而且把它和参加国际市场的三种方式结合起来，是西方投资者较常采用的评价方法。

5. 闵式多因素评估法

该法由中国香港中文大学教授闵建蜀在美国学者斯托鲍夫的“等级评分法”基础上提出。闵式多因素评估法将影响投资环境的因素分为 11 类，每一类因素又由一组子因素组成。根据该法，先对各类因素的子因素做出综合评价，再对各因素做出优、良、中、可、差的判断，然后再按下列公式计算投资环境的总分（详见表 1－4）。

表 1－4　闵式多因素评估法主因素和子因素组成

主因素	子因素
1. 政治环境	政治稳定性、国有化可能性、当地政府的外资政策
2. 经济环境	经济增长、物价水平
3. 财务环境	资本与利润外调、对外汇价、集资与借款的可能性
4. 市场环境	市场规模、经销网点、营销的辅助机构、地理位置
5. 基础设施	国际通信设备、交通与运输、外部经济
6. 技术条件	科技水平、适合工资的劳动生产力、专业人才的供应
7. 辅助工业	辅助工业的发展水平、辅助工业的配套情况等
8. 法律制度	商法、劳工法、专利法等各项法律是否健全，法律是否得到很好执行
9. 行政机构效率	机构的设置、办事效率、工作人员的素质等
10. 文化环境	当地社会是否接纳外资公司及对其信任和合作程度、外资公司是否适应当地社会风俗等
11. 竞争环境	当地竞争对手的强弱、同类产品进口额占当地市场份额

资料来源：转引自綦建红主编《国际投资学教程》，清华大学出版社，2008。

投资环境总分的取值范围在 11～55 分之间，分值越高，说明投资环境越好。闵式多因素评估法是对一国投资环境做总体评估时采用的方法，不适用于评估一国的投资环境是否适用于投资某一行业或某一具体产品。

6. 投资障碍分析法

该法依据潜在的阻碍国际投资运行因素的多寡与程度来评价投资环境优劣。投资者依据投资环境的内容结构，分别列出阻碍直接投资的主要因素，并在潜在的东道国之间进行比较，阻碍少的国家被认为拥有较好的投资环境。投资障碍分析法选定以下十个方面的障碍因素（详见表 1－5）。

表 1－5　投资障碍分析法障碍因素组成

障碍因素	具体状况
1. 政治障碍	政治制度与投资国不同、政局动荡不稳
2. 经济障碍	经济停滞或增长缓慢、外汇短缺、劳动力成本高、通货膨胀和货币贬值、基础设施差、原材料等基础行业薄弱
3. 资金融通障碍	资本数量有限、没有完善的资本市场、融通的限制较多
4. 技术劳动力短缺	技术人员短缺、熟练工人短缺
5. 产权保护障碍	实施国有化政策和没收政策
6. 对外资实行歧视性政策	禁止外资进入某些行业、对当地的股权比例要求过高、要求有当地人参与企业管理、要求雇佣当地人员
7. 政府对企业过多干预	国有企业参与竞争、实行物价管制、要求使用本地原材料
8. 普遍实行进口限制	限制工业制成品进口、限制生产资料进口
9. 实行外汇管制	一般外汇管制、限制资本和利润汇回、限制提成费汇回
10. 法律及行政体制不健全	外国投资法规不健全，国内法律法规不健全，没有行之有效的仲裁制度、行政管理效率低、贪污受贿行为严重

7. 抽样评估法

抽样评估法是指对东道国的外商企业进行抽样调查，了解其对东道国投资环境的一般看法。其方法是：首先选定或随机抽取不同类型的外企，列出投资环境评价要素，然后由外企高管进行口头或笔头评估。评估通常采取回答调查表的方式。抽样评估法的最大优点是能够使调查人员得到第一手信息资料，其结论对潜在的投资者来说，具有直接的投资参考价值。该方法的缺陷是评估项目的因素不能列举很多，可能不够全面，同时评估结果往往带有评估人的主观色彩。

投资者在进行对外投资时，必然要对投资环境进行分析评估。以上为目前常用的几种投资环境评估方法，尽管有所区别和侧重不同，但其思路大致相同，即将总体投资环境分解为若干具体指标，然后进行总体评判。这些方法虽有重要的参考借鉴价值，投资者仍需根据自身投资项目的要求对投资环境进行调研，得出符合实际的结论。

第二章　普京执政以来的俄罗斯政治与经济

普京前两任期，在国家治理模式上，完成了新威权主义原则指导下对宪政制度的完善和巩固，走出了一条俄罗斯式的发展道路：政治上实行“可控民主”；经济上发展“政府主导下的市场调节”；对外奉行与国家实力和需要相适应的全方位务实外交。普京时期俄罗斯国力得到大幅提升，人民生活得到较大改善。在复杂的国际和地区格局重组中，俄罗斯的大国地位得到巩固和提升。2008～2010年，普京政府有效应对全球经济危机，将危机对俄的影响降至最低。俄罗斯社会在经历了一段时间的稳定发展后逐步出现停滞趋向，在2011年底和2012年的议会选举和总统大选中，普京遇到前所未有的反对之声。面对俄罗斯国内政治经济形势发生巨大变化，普京必须破解执政难题，从刚性威权主义向柔性威权主义转变，同时要摆脱过度依赖能源原材料出口的发展模式，实施全面现代化，向创新型经济转型。在可预见的未来，俄罗斯仍将保持其能源大国、科技大国和军事大国的地位，但要成为世界经济中有影响力的一极还需假以时日。结构调整将是俄罗斯未来发展的重头戏，短期内对经济增长的效果不会太明显。但从长期看，其民族经济竞争力的提高具有较大潜力，尽管存在各种挑战，但俄罗斯仍然有重新崛起的极大机遇。

第一节　普京继承的社会经济遗产

苏联解体后，从1992年起，独立后的俄罗斯开始向市场经济转轨。根据所谓“华盛顿共识”的一整套政策，俄罗斯进行了“休克疗法”式的激进经济改革。1996年底，俄政府宣布俄建立市场经济体制框架第一阶段的改革已经结束，从1997年起，俄经济改革将进入以结构调整和经济增长为标志的新时期。1998年，叶利钦在总统国情咨文中宣称，俄罗斯已经建立起了市场经济。1999年末，随着叶利钦总统辞职，俄罗斯的历史进入普京时期。

普京上任之初，俄罗斯国内形势十分严峻，而经济问题尤为突出：经历了八年艰难的社会经济转轨，确立了市场经济的基本框架，但同时转轨付出了沉重的代价。在1998年金融危机的冲击下，俄罗斯经济已经下降到历史最低点。据专家根据俄罗斯国家统计委员会的资料推算，叶利钦在位八年间，俄国内生产总值下降了36%，工业产值下降45.7%，农业产值下降38.8%，固定资本投资下降74%，居民的实际收入下降了51.6%。其中国内生产总值下降不仅超过俄国历史上经济下降幅度最大的三个时期（第一次世界大战时期下降25%、国内战争时期下降23%、卫国战争时期下降21%），也超过了1929～1933年世界资本主义经济大危机的下降幅度。

按照国际货币基金组织对经济转轨绩效的评估口径和标准，俄罗斯是所有转轨国家中经济增长表现最差的国家之一。在经历了经济危机和衰退后，俄罗斯经济规模总量大大缩小，按汇率计算的GDP从1990年相当于美国的18.8%、中国的2.8倍下降到2000年美国的2.6%、中国的20%～25%（详见表2-1）。经过十年的衰退，俄罗斯的经济倒退了25年，其经济总量在世界上的排名已从转轨前的第三位降到第20位以后（详见表2-2）。2000年普京就任总统第一年，俄罗斯按汇率计算的GDP只占世界的0.78%[①]。

从社会发展轨迹看，转轨以来，普通居民的生活水平平均下降了50%～70%，出现了一个占人口1/3左右的庞大的贫困者阶层。国民素质受到影响，人均寿命自1992年以来逐年下降，1997年男女公民的平均寿命分别为60岁和73岁，下降到20世纪60年代的水平；人口出生率多年来负增长，危及到国家安全。如同普京在其著名的《千年之交的俄罗斯》文章中所说：俄罗斯

① 〔俄〕《经济问题》2001年第4期，第5页。
〔俄〕《独立报》1999年12月31日。

在政治和社会经济动荡、剧变和激进改革中已经精疲力竭。“俄罗斯已不属于代表着当代世界最高经济和社会发展水平的国家；俄罗斯正处于数百年来最困难的一个历史时期，大概这是俄罗斯近 200～300 年来首次真正面临沦为世界第二流国家，抑或三流国家的危险。”

表 2－1　中国、美国、俄罗斯不同时期的 GDP 总量比较

单位：亿美元

国家＼年份	1990	1997	1999
中　国	3700	9000	9911
美　国	55000	80000	87599
俄罗斯	10390	4284	1871
	相当于美国的 18.8%，为中国的 2.8 倍	相当于美国的 5.4% 和中国的近 50%	相当于美国的 2.1% 和中国的 19%

资料来源：《联合国世界社会发展形势报告》相应年度；《中华人民共和国 2002 年国民经济和社会发展统计公报》；《俄罗斯国家统计委员会社会经济统计年鉴》相应年度。

表 2－2　俄罗斯主要经济指标在国际排行中的位置（1998 年）

指标	位置
国内生产总值（实际汇率值）	第 17 位
人均国内生产总值（实际汇率值）	第 46 位
国内生产总值（购买力平价值）	第 14 位
人均国内生产总值（购买力平价值）	第 48 位
1993～1998 年 GDP 实际增长	第 54 位
国内投资总额	第 52 位
外国直接投资占 GDP 的比重	第 43 位
通货膨胀率	第 59 位
信贷等级评定	第 52 位
失业率	第 42 位

资料来源：根据世界银行、国际货币基金组织报告汇总。

第二节　普京时期俄罗斯政策调整和经济发展态势

与叶利钦时期相比，普京的治国理念、指导思想、基本战略方针政策均发生了重大转变，同时普京两个任期内的基本方针政策也发生了重要调整。

（一）普京时期政治经济政策调整

1. 普京第一任期的经济政策要点

2000年7月8日，普京上任后的第一部总统国情咨文以《俄罗斯国家：强国之路》命名，提出了强国富民，建设强大的俄罗斯的明确目标。普京认为，“俄罗斯唯一的选择是作大国”，俄罗斯必须回答所面对的挑战，在当前是不要丧失资源大国的地位，继续发展和扩大作为资源大国的影响；中期必须制止与发达国家之间不断拉大的差距；远期是恢复和加强其作为世界上发展大国的地位。[①] 几年来，从恢复国家秩序、重建爱国主义民族精神，到韬光养晦实行灵活务实的外交策略，普京所推行的全部政策主张都旨在将俄罗斯建设成一个强大的国家。

普京时期，俄罗斯进入了一个社会经济政策全面调整、探索符合本国国情的发展道路、实施强国战略重振俄罗斯经济的新时期。与叶利钦时期相比，普京的治国理念、指导思想、基本战略方针政策均发生了重大转变，其要点有如下几点。

（1）不照搬西方模式，走自己的改革道路。在经济转轨方向性问题上坚持继续走市场经济道路，提出既不能回到计划经济体制，也不能照搬西方模式，而应该走自己的改革道路——“将人类社会经济发展的共同方向与本国的具体实践相结合的改革模式和发展道路”。

（2）强调改革必须稳步推进，保证社会稳定。针对前一时期激进民主派推行的“休克疗法”，普京提出：现在“只能采用渐进的、逐步的和审慎的方法。要保证社会稳定，不使俄罗斯人民的生活恶化”。

（3）加强国家宏观调控，建立社会市场经济。要“让俄罗斯国家政权体系成为国家经济和社会力量的有效协调员，使它们的利益保持平衡，确立合理的社会发展目标和规模以及为目标的实现创造条件的机制”。要建立强有力的国家，采取果断措施整顿国家秩序，以树立国家的权威，建立严格和公认的规则，以防止出现经济和社会政策在贯彻过程出现间断现象。

---

① 俄罗斯战略研究中心：《俄罗斯联邦政府长期社会经济政策基本方针》（简称《十年规划》），2001。

（4）反对重新国有化，完善已形成的市场微观基础。提出“不应该谈重新分配俄罗斯资产问题”，“如果允许重新分配资产，则遇到的问题和造成的损失将比过去搞私有化时还大”。

（5）调整宏观运行机制，建立有效的财政金融体系。坚持向社会公共财政转变的方向，保证财政本身的稳定；转变政府职能，调整财政收支结构，取消国家对企业的财政补贴，实现预算主体与投资主体的分离；调整和完善现行金融体制，建立文明的金融市场和合理的融资渠道，恢复和发展各种证券市场；继续降低通胀率，保持相对稳定的卢布汇率，处理好稳定货币与稳定生产的关系，实行有管理的浮动汇率制度。

（6）积极稳妥地融入世界经济体系。俄参与一体化过程必须循序渐进，必须保护本国民族经济的发展。参与世界经济一体化的基本方针是：国家积极支持俄企业与公司的对外经贸活动，成立联邦出口支持署，为俄生产厂家的出口合同提供担保；抵制国际商品、服务及资本市场对俄歧视行为，要制定和通过反倾销法；使俄罗斯加入国际对外经济活动调节体系，首先是加入 WTO。

（7）更加注重社会政策。普京认为，“俄人民生活水平大幅度下降，是个尖锐的社会问题，政府应制定新的收入政策，新政策的目的是在增加居民实际收入的基础上确保居民的富裕程度稳步提高”。

2. 普京第二任期的政策调整

2004 年 3 月，普京在总统大选中获胜，开始了其第二任期。与第一任期相比，普京第二任期内，俄罗斯政治舞台力量对比和政治局势发生了重大变化。普京第一任期内提出的建立一个强有力的国家政权体系，实行中央集权，强化国家权威的目标已经实现。借 2004 年 9 月别斯兰事件之机，普京又启动了酝酿已久的政治制度改革，通过打击地方分立势力、整肃寡头、控制媒体、压制反对派、掌握议会多数和改组政府等措施，俄罗斯形成了过去十年来未曾有过的高度集权的新型权力结构，即以总统权力为核心的国家政治体系，这一权力结构的形成普京第二任期内加快推行强国战略做好了政治上的准备。与此同时，普京开始着手解决一系列长期制约俄罗斯社会经济发展的棘手问题，对俄罗斯的经济政策进行了较大调整。

（1）继续实施明确的经济翻番战略目标。2003 年 5 月 16 日，普京发表国情咨文，在总结近三年取得的经济和社会成就的基础上，提出在到2010年使国内生产总值翻番的目标。2004年5月26日，普京在其连任后的第一部国情咨文中，再次重申了俄罗斯当前所面临的三大任务：GDP翻番，贫困减半和军队现代化。

（2）用国家资本主义取代寡头资本主义。与政治上的集权相适应，经济领域中强化中央控制的趋势日益加强，最终形成了与政治集权相适应的中央集权经济结构。2005年，俄罗斯最大的国有银行“对外贸易银行”、国有的“俄罗斯石油”公司、国家控股的“天然气工业公司”和“俄罗斯统一电力”公司、国有的军火出口公司等完成了一系列重大并购行为，标志着国家不仅收回了对石油天然气等战略性资源，同时也收回了对银行、汽车制造、航空等重要装备工业的控制权（详见表2－3和表2－4）。而非国有部门资产占GDP的比重也从1999～2004年的70%下降至65%。当局还任命政府高官直接到战略性企业兼职，控制经济命脉，力图通过国家控制资源主导发展的方式来确保战略性企业的增长。在中央与地方税权划分和财政关系上，与强化政治上的中央集权相适应，按照税权与事权一致的原则，重新划分税权和预算比重，加强中央对经济的调控能力。中央与地方预算划分比例已从转轨时期的倒6∶4开重新上升为正6∶4～7∶3开。①

表2－3　2004～2005年国家回购（国有化）的大型公司名录

序号	国有化项目
1	“尤甘斯克石油天然气”公司
2	“西伯利亚石油”公司
3	古塔银行
4	“核能建设出口”公司
5	OM3
6	基洛沃－切佩茨克化学联合企业
7	开放式股份公司“Камов－Холдинг”
8	开放式股份公司“伏尔加汽车厂”

资料来源：〔俄〕《并购》2006年第1～2期，http：//www. ma－journal. ru/articles/669/。

① 〔俄〕过渡经济研究所年度报告：《2005年的俄罗斯经济——趋势与前景》，莫斯科，2006。http：//www. iet. ru。

表 2－4　2006～2007 年实行国有化的大型企业名录

序号	企业名称	估　价
1	“诺里尔斯克镍业”（控股）	约 80 亿美元
2	УГМК	约 50 亿美元
3	“苏尔古特石油天然气公司”	400 亿～500 亿美元
4	“东西伯利亚石油天然气公司”	约 1.3 亿美元
5	“托姆斯克石油”，“萨马拉石油天然气”，阿钦斯克石油加工厂，安加尔斯克石油化学公司	约 85 亿美元
6	塞兹兰石油加工厂，古比雪夫石油加工厂，新古比雪夫石油加工厂	5 亿美元以上
7	ТНК－ВР（秋明石油公司－英国 ВР）（国内投资者的控股份额）	100 亿～150 亿美元
8	“乌拉尔钾肥”	约 30 亿美元
9	“Сильвинт”	约 15 亿美元
10	75%“ВСМПО － Ависма”	17 亿美元

资料来源：〔俄〕《并购》2006 年第 1～2 期，http：//www.ma－journal.ru/articles/669/。

（3）宏观政策从中性转向积极。保证各级财政预算收支的长期平衡，2006～2008 年，预算支出按照社会、安全和长期发展三大优先战略方向保持稳定的分配结构。政府积极扩大公共投资，2006 年建立投资基金，主要用于具有特殊意义的投资和创新项目，联邦预算对经济部门的扶持将集中在发展全国性和跨地区的基础设施、刺激发展高技术部门、推广创新方面，“预算政策将对国家经济发展作出主要贡献”；税收政策从注重国库功能转向经济调整功能，通过减少税种和简化税制来降低企业税负。货币信贷政策的首要目标是保证本币在外部和内部市场的稳定，将通货膨胀率控制在较低水平（2006 年消费物价指数控制在 7%～8.5%，基础通胀率控制在 6%～7.5%），为经济稳定增长创造条件。在现阶段，中央银行仍将实施可控制的浮动汇率政策，为降低汇率风险，储备“货币篮子”从单一美元改为美元、欧元多币种，必要时将继续调整“货币篮子”。汇率政策从“引导”投机转向引导投资，从 2006 年 7 月 1 日起，卢布提前实现完全自由兑换，外债政策从举债到重组外债和提前偿还外债。

（4）切实解决人口问题。改变现有价值观，尊崇传统价值观，回归传统，重视家庭，树立养育子女光荣的观念，强调个人对家庭、对子女，进而对国家和社会的责任感。实行更加积极的婚育政策，用经济补偿的方式来引导和鼓励青年人多生多育，提高人口出生率；实行有效的移民政策，引进外来劳务，缓解劳动力不足。移民政策首先考虑引进境外的俄罗斯人，其次是吸纳“有专业技能的”“受过良好教育和守法的”其他民族人口。实施医疗、教育、住房和农业四大国家优先工程，发展人力资本，提高居民生活质量、延长预期寿命。

（5）进一步明确俄罗斯的国际经济定位，以资源大国、科技大国身份重返国际舞台。未来的目标是使俄罗斯成为世界服务贸易中心、世界最大的物流中心和国际金融中心之一。

（二）经济发展态势

根据俄罗斯官方文献的界定，2001～2008 年为转轨性危机结束后经济增长和 1998 年外汇和预算危机后的恢复阶段。这一阶段，俄罗斯的 GDP 年均增长 6.6%。[①] 事实上，1999～2008 年，俄罗斯经济连续十年超过世界经济的平均增幅（分别为 6.78% 和 3.9%），普京 2000 年上任之初提出的经济恢复目标（到 2010 年，俄罗斯以美元计算的 GDP 大约增长 1.5 倍，经济恢复到 1991 年转轨之前的水平）已经提前实现。2006 年，俄罗斯按现行价格计算的国内生产总值已达到 26.23 万亿卢布，按当年平均汇率折算，相当于一万亿美元，人均 GDP 达到 7000 美元。其 GDP 已经恢复到 1991 年苏联解体前的水平，居民消费已经超过 1991 年的水平。到该阶段结束时（2008 年金融危机爆发前），俄 GDP 总量已超过 1991 年水平的 18%。这一时期，由于良好的国际市场行情，特别是国际油价的高企，俄罗斯获得大量的石油美元，从一个持有大量国际收支逆差、大量外债和国家预算赤字的国家转变为一个拥有大量外汇储备、国家预算持续盈余、外债占比最低的国家之一。2001～2008 年，国际油价从 23 美元/桶上涨至 130 美元/桶，俄国际储备规模从 280 亿美元扩大至 6000 亿美元，其中 2001～2007 年，年均增幅 40%，联邦预算盈余年均为 GDP 的 4%。国家债务额从 1998 年相当于 GDP 的 143% 下降至 2008 年的 6.5%，形成大量预算结余。2004 年组建了俄罗斯稳定基金，2007 年改组为国家福利基金

① “Прогноз долгосрочного социально – экономического развития Российской Федерации на период до 2030 года”，俄罗斯政府 2013 年 3 月 25 日批准，俄罗斯政府网站，http://www.government.ru/docs/23518/。

和储备基金。2008 年基金总额相当于俄 GDP 的 16% 。职工实际工资年均增长 14% ，居民实际可支配收入年均增长 10% 。[1] 用国际通用标准衡量，GDP 总量达到一万亿美元属于世界经济大国，俄已进入全球 GDO 总量过一万亿美元的最大的十个经济体行列，按购买力平价计算的 GDP 规模世界排名第八，俄罗斯已经作为资源大国、军事大国和能源大国重返国际舞台。

俄罗斯经济虽然进入了快速发展国家行列，但仍然存在许多问题。如市场机制和制度保障的不完善，但从发展的角度看，主要有三点。

1. 原材料出口型的经济发展模式

普京执政期间，俄罗斯经济发展的条件已经发生根本变化，有利于经济增长的新因素和新环境正在生成。但俄政府内部对有关经济增长模式和发展前景问题一直存在严重分歧和争论，经济界也存在着普遍的危机感。其主要的原因在于：当局希望恢复俄罗斯强国地位的目标与俄软弱的资源型经济结构之间的深刻矛盾越来越突出。俄罗斯经济连续多年的强劲增长伴随着结构比例的进一步失衡而失去可持续性。

普京执政以来，俄罗斯经济的增长 70% 靠外因，特别是依靠国际油价的高位运行，内因的作用非常有限，从投资、消费、出口“三驾马车”对经济的拉动作用看，经济增长基本是靠良好的外部市场行情（特别是石油涨价）、动员现有的闲置生产能力和基础设施储备及由于卢布贬值带来的内部市场的增长，这种状况使俄罗斯经济增长的基础脆弱，对国际市场行情过于敏感。俄政府意识到，如果不能克服对原料出口的依赖性，经济增长速度就不可避免地会降至 3% ~4% ，国内生产总值不仅无法翻番，而且也无法解决紧迫的社会问题、安全问题和经济现代化问题。

2. 在增收减贫、就业增加的背景下居民收入两极分化仍在扩大

普京上任之初提出了强国富民的目标，在其执政的八年中，俄罗斯公务员工资、居民收入、养老金和各种社会福利补贴均大幅提高，民生得到改善，贫困人口减少一半。但在增收减贫目标逐步实现的背景下，俄罗斯的收入分配不

---

① “Прогноз долгосрочного социально – экономического развития Российской Федерации на период до 2030 года”，俄罗斯政府 2013 年 3 月 25 日批准，俄罗斯政府网站，http：//www. government. ru/docs/23518/。

公和两极分化仍在扩大。俄学者认为，其经济增长成果分配不公比拉美国家更加严重。俄罗斯的基尼系数从1997年的0.381上升到2000年的0.4，之后稳定在0.4～0.41，收入差距从2000年的14倍扩大到目前的15.6倍，而据各国的经验，收入差距过大恰恰是引起社会动荡和紧张的重要根源。

3. 发展的质量参数落后于发达国家

从劳动生产率、创新积极性、人力资本发展水平等指标看，俄罗斯还大大低于主要发达国家。劳动生产率只是主要发达国家的30%左右；创新积极性方面用于研发的费用相当于GDP的1.28%，研发费用的绝对规模仅相当于欧洲二流国家的水平。据俄罗斯联邦统计署的资料，目前俄罗斯从事技术开发的企业占企业总数的10%。近年来俄罗斯经济获得了持续增长，但这与高新技术的推广和应用基本无关。未来要实现经济的持续增长，俄必须加速由资源型经济向建立在科技创新、人力资本和自由经营基础之上的发展型经济过渡。

（三）新时期经济发展战略构想

随着经济逐步恢复和内外环境的变化，俄认为其经济发展第二阶段的任务已经完成，必须尽快转向社会经济改造的第三阶段，从根本上修正社会经济政策。2003年以来，俄当局多次调整发展战略，形成了新时期俄罗斯经济发展战略的新构想。其要点如下。

1. 实现“经济结构多样化”构想，促使“新经济”超越式增长，使其成为未来十年内提高俄罗斯竞争力的主要渠道①

转变经济增长方式，从主要靠扩大外需转为主要靠增加内需；从主要靠出口部门的收入转为主要靠面向国内市场部门的产出；从主要利用现有生产能力转为主要靠实现生产设备现代化、提高劳动生产率。② 经济转向创新型发展模式，使经济结构向有利于加工和服务部门，特别是向有利于高新技术产业的方向调整，经济政策取向由保证宏观稳定转向促进经济发展。③

---

① 俄罗斯联邦经济发展与贸易部：《俄罗斯2003～2005年社会经济发展中期纲要》，http://www.economy.gov.ru。

② 俄罗斯联邦经济发展与贸易部：《俄罗斯2004～2006年社会经济发展中期纲要》，http://www.economy.gov.ru。

③ 俄罗斯联邦经济发展与贸易部：《俄罗斯2005～2008年社会经济发展中期纲要》，http://www.economy.gov.ru。

2. 统筹社会经济发展，提高居民生活水平

普京认为贫穷是俄罗斯主要问题之一，居民收入低是影响俄罗斯人口出生率的重要原因，而人口问题已经威胁到俄罗斯的国家安全。解决贫困问题是所有政府部门的主要任务之一。[①]

针对存在的问题，经济发展战略新构想提出的目标是实行经济和社会协调发展，缩小贫困规模。主要做法是通过大幅度提高居民工资和缩小收入不平等来降低贫困水平，实现职工实际工资、居民货币收入以快于 GDP 增长的速度超前增长，同时大幅提高养老金、提高居民最低生活费标准和增加对特困家庭的补助。除缩小贫困规模外，俄罗斯还通过发展人力资本战略，努力培育和壮大中产阶级，扩大消费需求，实现消费结构升级，使内需成为拉动经济增长的重要动力。

3. 走科技创新之路

近几年来，在俄罗斯出现频率最高的词汇之一是“创新”。近年来俄出台了一系列科技创新的政策，提出了科技创新的优先方向和领域，在改革国家科学管理体制、建立国家创新体系、提高对科技成果的利用效率、保持和发展科技人才潜力、科学教育一体化、发展国际科技合作等方面出台了一系列措施。目前，俄在科技创新领域的工作正在由第一阶段的制定法律和构建机制转向第二阶段，使已有的创新体系能够在市场经济条件下有效发挥作用，保证俄罗斯联邦在国际科技和高技术领域的稳定地位，启动国际科技一体化，提高科技创新对经济增长的贡献率。

4. 实施多元化的对外经贸战略，加深与世界经济一体化

俄罗斯将实行综合型的外贸发展战略和政策。外贸政策与结构政策和投资政策相一致，初期实行以传统优势产品为主的出口战略和逐步开展进口替代；中期实行出口替代和深化进口替代的战略；未来将实行全面自由化的经贸战略。在保持能源等资源型产品出口稳定的同时，增加机器设备等工业制成品出口比重，实施适度的贸易保护，减少食品等消费品的进口。

2008 年 2 月 8 日，普京总统卸任前在国务委员会扩大会议上做了题为

① 引自普京在关于实施国家优先工程会议上的讲话，俄新网莫斯科 2006 年 6 月 8 日电。

《关于俄罗斯到2020年的发展战略》的报告，普京一方面对自己执政八年来俄罗斯经济取得的成绩予以充分肯定，另一方面对传统的发展模式表示了强烈的不满。他指出："俄罗斯经济尚未摆脱惯性地依赖于能源原料……沿着这个版本，我们就不可能在提高俄罗斯公民的生活质量方面取得应有的进步。更有甚者，我们势必不能保障国家的安全，也不能保障国家的正常发展，势必将使国家的存在本身受到威胁。"

2008年3月17日，俄罗斯经济发展与贸易部网站公布了《俄罗斯2020年前社会经济长期发展战略构想》（简称《2020战略》）。2008年11月，《2020战略》获得政府正式批准。《2020战略》提出的总体目标是：使俄罗斯经济社会发展水平达到足以支撑其作为21世纪世界强国的地位，使俄罗斯在全球经济竞争中处于超前地位，保障俄罗斯的国家安全和维护公民的宪法权利，2015～2020年，俄罗斯经济进入世界前五强。

具体目标是：到2020年，将俄罗斯建成宜居型国家。届时，俄罗斯将达到发达国家的福利水平：按购买力平价计算的人均GDP从2007年的1.39万美元（OECD国家平均水平的42%）增加到2020年的三万美元（OECD国家平均水平的70%）；绝对贫困（收入低于最低社会保障线）人口占总人口的比重从2007年的13.4%降低到2020年的6%～7%；相对贫困和低收入人群占总人口的比重从2007年的22%降低到2020年的15%；中产阶级占总人口的比重从2006年的18%增加到2020年的52%～55%。

到2020年，俄罗斯将成为创新型国家，国内5～7个产业部门（其中包括原子能、航空技术、航天技术、特种船只建造等）在世界高科技产品和服务市场所占的份额不低于5%～10%；俄在世界高科技产品出口总额中的比重增加到2%（2007年为0.3%）；创新部门的总增加值在GDP中的比重达到17%～20%（2007年为10%～11%）；创新产品产值在工业总产值中的比重达到25%～35%（2007年为5.5%）。

到2020年，俄罗斯将成为具有全球竞争力的国家。按购买力平价计算，俄在世界经济中占比从2007年的3.1%提高到4.3%，劳动生产率达到2007年的2.49倍，能耗水平下降至2007年的66%，出口额从2007年的3540亿美元增加到9000亿美元以上（以世界市场石油实际价格在80～90美元/桶计算)，其中机械制造业产品出口增加五倍以上，达到1100亿～1300亿美元；俄罗斯将成为全球能源基础设施中的物流枢纽，成为世界最大的过境运输国，运输服务出口额将是2006年的四倍以上，达到450亿美元。

到2020年，俄罗斯将成为世界主要强国：将主导欧亚空间一体化进程，与世界主要经济中心建立稳定的关系，建成世界金融中心，把卢布变成地区储备货币，在对外贸易中强化卢布的计价和结算功能，在全球能源安全保障中的作用提升，将成为全球能源市场运行规则的主要制定者。

第三节 “梅普”时期的俄罗斯经济

“梅普”时期，俄罗斯经济遭遇国际金融危机的严重冲击，普京的《2020战略》被国际金融危机阻断。2008～2010年，俄罗斯政府经济政策的最大特点是从常规条件下的促增长转向反危机。

一 全球金融危机对俄罗斯的影响

（一）初期影响

1. 股市暴跌

2001～2008年，俄资本市场获得了积极发展和快速增长，股市、债市、汇市各项指标高于经济发展总体指标增长幅度。俄股市市值与GDP的比例从八年前的17%提高到100%，银行资产与GDP的比例从33%提高到61%，公司债券价值与GDP的比例从0.5%提高到3.7%，投资基金净资产价值与GDP比例从0.1%提高到2.3%。截至2007年底，俄股市市值已达329280亿卢布(约合1.3万亿美元)，俄在国际资本市场中的占比从2003年的0.3%提高到2007年的1.21%。[①]

2008年年初以来，受美国次贷危机影响，俄股票市场持续下行，分别于1月16日和1月22日跌破2000点和1900点。之后随着欧洲股市的转暖以及美国实行宽松的货币政策，俄股市曾一度出现震荡上涨，自5月份开始再次下

① Российский фондовый рынок 2008г.，События и факты，НАУФОР，2009.

行。到8月8日已跌至2006年水平，股市缩水近50%。9月15日，受雷曼兄弟公司破产消息的影响，俄主要证券市场出现大幅下跌。俄罗斯交易系统（PTC）指数下跌至1247.53点，跌幅7.02%。莫斯科银行间外汇交易所（MMBБ）指数下跌至1043.46点，跌幅8.29%，创十年来单日最大跌幅。尽管梅德韦杰夫总统在会见俄商界代表时表示，目前俄罗斯经济形势整体上是稳定的，不存在危机前态势，但并未平息市场的恐慌气氛。9月16日俄资本市场仍然出现暴跌，以美元标价的俄罗斯交易系统（PTC）指数跌至1131.12点，跌幅11.5%，以卢布标价的莫斯科银行间外汇交易所（MMBБ）指数跌至881.17点，跌幅17.5%。与2007年相比，俄股市已缩水50.55%，按照这一指标，俄资本市场已回落到2005年12月的水平。

2. 银行信贷链中断

在股市受挫的同时，俄银行体系出现了严重的流动性短缺，由于国际金融危机，近期内俄商业银行已很难取得国外贷款，主要靠银行间市场以有价证券作抵押通过回购业务开展相互贷款。受股市动荡影响，2008年9月16日，卢布债务市场已停止银行间回购交易（其中包括天然气工业银行这样的大银行），在小部分交易中，贷款利率已从原8%（年利）上升至10%～25%。由于信贷链的中断，银行业再次出现严重的信任危机。

3. 资本外流、卢布趋软

在股市遭受重挫之前，俄已出现了资金外流和卢布趋软等现象。据俄央行数据，2008年8月俄国内资本净流出46亿美元。而实际上在俄格冲突爆发头一周资本流出就达70亿美元。俄总理普京表示，2008年的外资净流入将比2007年减少45%，将从2007年的810亿美元下降至300亿～400亿美元。随着外资的撤离，卢布对美元汇率也开始出现八年来的首次下跌，据俄央行估计，2008年8月单月卢布对美元实际贬值3.4%，莫斯科一些外汇兑换点甚至一度出现居民排队抢购美元现象。

（二）危机的深化

1. 股市难以止跌

危机爆发后，俄股市除随欧美股市出现短暂止跌外，一直处于下行过程中。受外围市场负面因素的影响，截至2008年10月23日，俄两大股市指数均已跌破600点关口，创下全年的最低纪录。与2007年12月28日股市市值1.33万亿美元的基础指标相比，以美元标价的俄罗斯交易系统股市市值已缩水至3966亿美元，即从2008年初以来已下跌70.15%。按照这一指标，俄资本市场已回落到2003年的水平（2003年是国际评级公司开始给予俄罗斯适合投资评级的年份）。2008年10月24日，俄两大股市再度下跌10%~15%，指数已接近500点。俄金融市场管理署宣布，两大股市提前闭市，并停盘至下周二再开市。

2. 卢布对美元汇率持续下跌

自俄格冲突爆发、卢布兑美元汇率出现八年来的首次下跌后，一个月内，卢布对美元持续保持下跌的趋势。据俄央行估计，在8月单月卢布兑美元实际贬值3.4%后，9月单月再度贬值3.4%，10月前三周贬值5.6%。10月25日，俄央行公布的官方汇率为27.06卢布兑1美元，自2006年7月以来首次超过27卢布。尽管俄总理普京和其他高官多次表示，没有卢布大幅贬值的计划，号召居民仍保存卢布存款，但仍未能阻止居民抢购美元的行为。

3. 国际储备快速减少

俄央行公布数据显示，自2008年9月26日以来的三周内，俄国际储备减少了471亿美元，下降8.7%。9月26日、10月10日、10月17日俄国际储备分别为5628亿美元、5306亿美元、5157亿美元，三周的降幅分别为2.97%、2.84%和2.81%。与8月8日俄格冲突爆发之日的5975亿美元相比，俄国际储备已减少818亿美元，即下降了13.7%。其中的一半以上（58%）是9月末到10月上半月减少的。

俄国际储备大幅下降由两大因素所致。第一，与国际市场上外汇买卖中美元对欧元汇率大幅下跌有关，从1美元兑1.46欧元降至1美元兑1.35欧元，已使俄国际储备流失8%（10月24日已跌至1美元/1.26欧元）。第二，与俄央行在金融危机深化背景下为维持卢布汇率进行外汇干预有关。10月20~21日，为此目的俄央行进行外汇干预动用了140亿美元的国际储备。

10月22日，俄央行在修订后的《2009~2011年俄罗斯货币信贷政策主要方向》草案中，已将2009年国际储备增长预期从之前的6540亿~7780亿美元下调至5430亿~6680亿美元。

4. 国际评级机构下调俄主权信用评级

鉴于俄金融危机进一步深化的趋势，国际评级机构标准普尔（Standard & Poors）2008 年 10 月 23 日宣布，对俄罗斯的主权信用评级进行了重新预测，从此前的“稳定”调整至“负面”。之前确定的俄罗斯外币债务的长期信用评级为 BBB +，本币债务的长期信用评级为 A -，短期主权信用评级为 A - 2，对于俄罗斯非主权债务人的汇兑风险评级从 A - 降至 BBB +。从银行业整体情况看，自 9 月 23 日起，俄罗斯已没有一家银行具有标普“积极”的评级。

二　俄罗斯政府反危机措施及实施效果

（一）反危机政策实质、目标和阶段划分

2008 年第四季度以来，在石油价格下跌和国际金融危机双重冲击下，俄经济陷入了近十年来最为严重的衰退。首当其冲的是银行和证券业。如何维护银行和证券市场稳定，成为俄罗斯政府反危机政策的核心问题。因应不同的问题，俄出台了一系列相关政策，相继形成了 2009 年和 2010 年反危机计划纲要，成为近期内指导俄罗斯经济工作的两个重要文件

俄罗斯政府反危机纲要提出了短期和长期两大目标。2009 年的文本更强调短期目标，应急色彩明显，重点保证社会经济稳定，保护长期发展的潜力。基于拉动内需的考虑，在救助实体经济的过程中，产业选择侧重汽车业和住宅业，在保障俄罗斯长期发展的工业和技术潜力方面，主要是从国防工业入手，这也是俄罗斯创新型发展的物质技术基础所在。2010 年文本中，应急色彩褪色，开始向长期发展战略目标回归，更加强调结构调整、现代化和创新。2010 年纲要提出的经济政策已经趋向常态化，开始围绕 2020 年长期发展战略的规划，启动经济现代化工作日程，对导致俄罗斯经济急剧下滑的问题提出解决措施并加以落实。

按照反危机计划出台的顺序，俄反危机政策大体可划分为四个阶段。第一阶段以稳定金融为重点，采取了“大规模输血式”的金融手段向银行注入流动性资金，以拯救金融机构。第二阶段政策重点转为金融与实体并重，资金支持力度根据实际能力进行压缩。第三阶段的政策重点扩大到社会领域，同时通过市场保护稳定国内工业潜力。第四阶段明确提出当前措施与未来中长期发展

相结合，反危机计划重心从原来扶持各部门、企业和居民转向以形成新的工业潜力、现代化、创新发展和提高人力资本质量为导向。

1. 第一阶段：2008 年 9 月 ~2008 年 11 月

主要是通过直接注资增加大银行的国家持股和向大银行提供授信和优惠贷款，帮助银行机构解决困境。俄政府、中央银行、俄罗斯开发与对外经济银行联手出台了包括清理银行债务、保障银行体系流动性、支持抵押贷款机构等一系列措施，努力稳定国内银行体系和资本市场。具体措施有以下几点。

（1）财政拨款 2500 亿卢布用于稳定资本市场。

（2）将暂时闲置的联邦预算资金存入商业银行扩大流动性。俄财政部通过竞价向商业银行提供国库资金，其资金投放总额达到 15142 亿卢布。对三大系统银行的放款期限从原来最长五周延长到三个月或更长。

（3）央行通过直接回购业务为商业银行提供流动性。央行规定了从 9 月 1 日起在首次拍卖中用于一日内直接回购债券的最高资金额，其目的是对市场流动性进行定期调节。通过直接回购，商业银行从央行得到 3655 亿卢布。

（4）央行临时大幅下调商业银行存款准备金率。对面向自然人的信贷机构的外币存款准备金率从 5.5% 下调至 1.5%；对外资银行的卢布存款准备金率从 8.5% 下调至 4.5%；对其他信贷机构的卢布和外币存款准备金率从 6% 下调至 2%。

（5）央行降低对商业银行的贷款利率。从 9 月 18 日起，一日期限的抵押贷款、一日期限的期票直接回购和一日期限外汇掉期业务利率年利为 8%；两周期限的抵押贷款利率年利为 7.5%；根据 2007 年 11 月 12 日№312 - П 号文件提供的 30 日期限贷款年利为 9.5%；根据 2005 年 7 月 14 日№273 - П 号文件提供的 90 日期限贷款利率年利为 7.5%，91 ~180 日期限贷款利率年利为 8.5%。

（6）2008 年 10 月俄罗斯通过了存款保险法的修订，将居民存款全额赔偿的金额从 20 万卢布提高到 70 万卢布，这样就使得 98.5% 的居民存款免除了风险。

2. 第二阶段：2008 年 11 月 ~2009 年 3 月

自 2008 年 11 月 7 日起，俄开始实施支持本国金融体系和实体经济计划。

该计划包括制定保护投资者和贷款人的合法利益、避免企业破产的标准法律基础；启动扶持各经济实体的最有效途径；大力扶持中小企业这三大部分。涵盖十个目标领域，包括：金融系统、支持内需、劳动市场和社会保障、住宅建设、农业、汽车和农机制造业、军工、原材料综合体、运输综合体、中小企业等。主要政策包括以下几点。

（1）完善非银行金融机构的破产机制，扩大养老积累金和非国有养老基金投资的可能性。

（2）保证按照国家和市政计划优先采购国产商品，在安排国家订货时对俄产商品的供应商给予5%～25%价格优惠，对执行政府订单的企业提供贷款国家担保。

（3）使用国家扶持资金的商业银行优先将资金用于支持汽车制造业、农机制造业、空运和铁路建设。

（4）增加对居民就业积极政策措施的拨款额度，扩大对失业最高补贴的额度。

（5）国家出资购买四万套廉租房，帮助军人和特殊困难群体解决住房难题。同时，增加拨款解决危房改造。

（6）发展银行对大型农业项目提供贷款支持，对2008～2009年农工综合体企业所吸引投资贷款和短期贷款提供利息补贴。

（7）出台贸易保护措施，对俄农机制造业、汽车制造业和交通机械制造业提供贷款利息补贴，修订汽车进口关税，提高有色冶金产品和一些农产品的进口关税，通过这些措施，达到抑制进口，改善本国企业生存环境和提高本国企业竞争力的目标。

（8）为军工企业还贷提供政府预算补贴，对部分战略性企业补充发行股票和债券，由全权机构将其逐步赎回。

（9）缩短确定原油和部分石油产品出口关税的周期。2008年9月以来，依据国际油价下降，由原来根据国际行情每两个月确定一次出口关税，调整为每个月一次，以使出口关税能够更灵敏地反映国际市场价格变化动态，减少出口企业的损失。

（10）发行基础设施债券融资。

（11）对中小企业提供贷款支持等。

3. 第三阶段：2009 年 3～12 月

2009 年 3 月 19 日，俄政府网站公布了由俄经济发展部制定的《2009 年新的反危机计划》。提出反危机的重点将从支持金融领域转向社会领域和扩大内需，强调反危机计划与实现 2012 年和 2020 年中长期发展战略目标相一致。其政策重点包括社会保障、保持工业潜能、扩大刺激内需、改变经济增长方式、降低市场准入壁垒、支持银行金融体系、稳定宏观经济七大优先方向。

（1）社会保障。政府强调将全部兑现所承诺的义务，对在危机中受损最大的居民和家庭提供支持，加强对居民的社会保障；提高社会服务和医疗服务的数量和质量，改善药品供应特别是对关系生命的药品的供应；扩大国家在就业、预防失业扩大、发展对下岗员工的再培训计划方面的参与力度。

（2）保持工业潜力。保持和加强未来发展的工业潜力和技术潜力。政府将不再把纳税人的钱投向无效的生产，对那些近年内致力于提高效益、投资开发新产品、提高劳动生产率的企业给予支持，用以解决其由危机引起的各种尖锐问题。

（3）扩大刺激内需。削弱经济增长对外部因素的依赖，最大限度地有效动员内部资源。政府将采取一切必要措施，包括国家投资和国家订货，刺激私人对住房、对国产消费品和服务的需求来扩大内需。

（4）改变经济增长模式。从依靠石油出口的依赖型增长转向创新增长。政府将支持最重要的创新活动，包括提高能源利用效率。对人力资本的投资（教育和医疗）将是预算支出的优先方向。继续建设危机前已确定的旨在提高经济效益的基础设施项目，但投入资金会减少。

（5）降低市场准入壁垒。解除官僚机构对负责任的商人的压力，降低市场准入的行政壁垒。政府将提出新的配套措施，使小企业在危机条件下能够顺利发展。

（6）支持银行金融体系。经济发展应该以强大的国家金融体系为基础。政府将尽一切必要的努力使包括银行体系和资本市场在内的金融体系的功能正常化，通过银行向经济注入必要的贷款额。在这一情况下，将对所通过的各项决定和其实施速度给予特别的关注。

（7）稳定宏观经济。政府和中央银行实施负责任的宏观经济政策，稳定宏观经济，同时为增加居民储蓄，提高投资吸引力，形成全新的经济发展模式创造必要条件；实施审慎的财政政策，坚持平衡的卢布兑换率；货币政策目标旨在降低通胀的同时与金融领域的流动性危机作斗争。所采取的措施应该能够提高对本币的信任，提高经济的货币化水平，降低通胀，以此为恢复经济稳定增长创造条件。

4. 第四阶段：2010 年

2009 年 12 月 30 日，俄罗斯政府会议通过了《2010 年政府反危机行动基本方向》，即 2010 年反危机计划。该计划提出了三大优先方向，明确提出要调整宏观经济政策的基本方向，从减轻危机后果、扩大流动性、对经济提供大规模财政支持，逐步向后危机政策过渡，为长期经济发展创造稳定的宏观经济条件。财政政策的基本点应该是发展和现代化。要求反危机政策重心从支持经济部门和提高社会保障程度转向形成未来发展的潜力，为以创新为导向的发展模式奠定基础。为此将继续实行降低预算赤字的政策和以降低通胀和消除危机影响为主要目标的货币信贷政策。反危机政策三大优先方向和具体政策如下。

（1）保证对居民的全面社会保障。

大幅度提高公民的养老保障水平，实行新的定向社会救助，提高社会救助的有效性；对下一年社会补贴进行指数化（高于预期通胀率 10%）来支持购买力。

保证就业，控制失业水平。联邦预算拨款 363 亿卢布，进行超前职业培训、补充新岗位等。2010 年，将预测失业人数控制在 2009 年的正式登记水平（220 万人）。

（2）支持经济复苏。

扩大对企业贷款，重组实体经济部门债务。解除特大型和大型公司的债务，与央行共同研究通过央行再贷款工具和抵押业务保证商业银行获得必要流动性的机制。

支持国内需求，其中汽车制造业和住房建筑业为重点扶持对象。加大对在2009年危机中受损最大的部门、具有倍增效应的部门及能保障就业部门产品的需求，其中汽车制造业和住房建筑业为重点扶持对象。联邦预算总拨款110.5亿卢布启动汽车以旧换新补贴计划；采取措施实施俄罗斯药品生产项目；加快实施扶持住房建设合作社法，联邦对“促进公共住房改革基金”国家公司补充拨款150亿卢布，进一步刺激住房建设和危旧房改造搬迁。

发展中小企业，扶持重心转向生产领域和创新型公司。

重组单一产业垄断型城市经济。联邦预算拨出100亿卢布的补贴和100亿卢布的地区贷款用于这些城市企业重组。

（3）启动经济现代化计划。

实现经济多元化，建立新的现代化生产；刺激经济创新积极性；发展关键性的高技术和基础设施；形成发展经济的长线资金；金融体系的现代化；发展人力资本。

（二）反危机政策实施效果

具有强政府特点的俄罗斯在反危机方面反应快速，反危机措施涉及面很广，几乎囊括所有的部门，涉及银行、股市、实体经济、卫生、教育、劳动力市场、社会福利保障等方方面面。为应对危机，俄政府实施了以稳定金融和保证社会领域为重点的反危机计划，反危机预算及金融信贷支出占GDP的12%以上，投入资金约3000亿美元，在世界各大国中是比较高的。从实施效果看，反危机计划的主要目标基本实现。2009年，俄金融体系稳定，避免了大规模的银行破产和储蓄外流，市场流动性充裕，卢布汇率稳中有升，通货膨胀在高位放缓，资本外流明显减少，与2008年的股市崩盘、资本外流、国际储备快速流失形成鲜明对比。特别值得一提的是俄罗斯股市的突出表现。由于估值便宜、油价向好、全球经济恢复的迹象越来越明显，以景气循环类股为主的俄罗斯股市吸引了越来越多的投资者回归，以美元计价的俄罗斯交易系统指数全年上涨128.62%，全球排名第一。从社会领域看，2009年，俄政府花费了5000多亿卢布用于创造就业岗位，避免了失业率的飙升。在削减预算支出的条件下，俄政府兑现了对民众的承诺，保障了在民生方面的投入，按期提高了养老金，定期调整最低生活保障线标准。俄罗斯社会局势保持了总体稳定，民众保持了对政府的信任。

俄罗斯政府出手救市虽然使金融和经济避免了整体崩溃的危险，但也付出了沉重代价，如国家外汇储备急剧下降，卢布贬值严重。尽管 2009 年第三季度后，俄出口及面向出口的企业状况改善，GDP 和工业产值降幅放缓，环比出现微弱增长，但实体经济表现不佳，投资、消费形势变化滞后。直至 2010 年 4 月，各项宏观经济指标开始好转，俄政府宣布其经济已走出衰退，提出要转变反危机政策的重点，从当前的反危机机制转向影响未来长期发展的制度建设，要花两三年时间把经济危机对原定实现经济现代化进程造成的损失补回来。要改变制定措施的思路和对反危机成果进行监测，保证在大幅度降低联邦预算支出的情况下最大限度地提高政策有效性，其财政政策、货币政策亦随之做了较大调整。

第四节　普京新任期的政策走向及经济发展预测

一　普京新任期的经济政策走向

2012 年 3 月 4 日，普京在俄罗斯总统大选中以较大优势胜出，但也遇到了前所未有的挑战。与 2000 年首次就任总统相比，2012 年的普京面临着同样复杂，却完全不同的问题。新任期内，普京将以怎样的路径保持稳定、实现持续增长、通过改革和创新提升经济与社会进步的质量，某种程度上决定着俄罗斯能否进入新的发展期。

（一）威权治理模式面对挑战

恢复秩序、实现稳定、摆脱衰退是当年俄罗斯社会的第一要求，也是普京前两个总统任期的最大成绩。回顾普京执政 12 年（包括任总理时期），在国家治理模式上，完成了新权威主义原则指导下对宪政制度的完善和巩固，走出了一条俄罗斯式的发展道路：政治上实行“可控民主”，重建国家权威，在建立国家统一法律空间、维护国家领土完整、控制媒体、改革行政体制等领域取得成效，实现了由社会动荡到政局稳定的国家治理；经济上发展“政府主导下的市场调节”，强化国家对经济的干预和主导作用，彻底摆脱叶利钦时期寡头凌驾于政府之上干预政治经济的模式，用国家资本主义取代寡头资本主义，通过国家控制资源、主导发展的方式来确保经济增长；在对外政策上，则是坚持国家利益至上的原则，奉行与国家实力和需要相适应的全方位务实外交。普京时期俄罗斯国力得到大幅提升，人民生活得到较大改善。2008～2010 年，普京政府有效应对全球经济危机，将危机对俄影响降至最低。2011 年，俄已走出国际金融危机的影响，经济恢复并略高于 2008 年危机之前的水平，国内生产总值达两万亿美元，从 1998 年的世界排名第 14 位（按购买力评价值计算）提升至第六位（详见表 2－5）。在金砖国家中，俄罗斯增长速度落后于中国和印度，但超过巴西和南非。俄与世界经济的互动关系明显加强，2011 年结束历时 18 年的谈判，成为世界贸易组织第 154 个成员。在复杂的国际和地区格局重组中，俄罗斯的大国地位得到巩固和提升（详见表 2－6）。

然而就在这样的背景下，普京在 2012 年总统大选中却遭遇前所未有的反对之声：从中央到地方，反普京的抗议此起彼伏。从选举结果看，普京虽以得票率 63.6% 的较高优势胜出，但在莫斯科的得票率却未过半，仅为 47.22%，在圣彼得堡和叶卡捷琳堡，其得票率也低于全国平均水平。产生这一现象的深层次原因在于，普京执政时期，由于国家对政治经济资源的高度垄断，缺乏监督和竞争，导致政治体制僵化、精英团队结构固化，出现了腐败滋生、行政效率低下、政商关系扭曲、贫富差距拉大等一系列问题，在国际金融危机背景下，俄罗斯经济增长过度依赖大宗商品出口价格的脆弱性和不稳定性也更加凸显。与此同时，在普京治下的十多年，随着经济和收入的增长，俄罗斯社会出

表 2－5　1999～2011 年俄罗斯国内生产总值增长态势

项目 \ 年份	1999	2000	2002	2004	2006	2008	2009	2010	2011
名义 GDP（亿卢布）按当年	48232	73056	108305	169664	269172	412768	388072	451727	545856
平均汇率折算（亿美元）	1965	2560	3450	5891	9896	16644	12242	14859	18567
实际 GDP 同比增长%	6.4	10.0	4.7	7.2	8.2	5.2	－7.8	4.3	4.3
未剔除通胀率同比增长%	72.4	37.7	15.7	19.5	15.2	18.0	0.2	11.6	15.8

资料来源：俄罗斯联邦国家统计局社会经济统计年鉴相应年份。

表 2-6　2001~2012 年俄罗斯社会经济发展基本指标

单位：年均增幅，%

项目＼年份	2001~2008	2009~2011	2012	2001~2012
GDP	6.6	0.2	3.4*	4.7
消费物价指数,年末数	12.8	7.9	6.6	11.0
工业生产指数	5.2	0.9	2.6	3.9
农业生产指数	3.5	3.4	-4.7	2.8
固定资本投资	2.3	-1.1	6.6	8.3
实际可支配收入货币收入	10.6	3.3	4.2**	8.2
实际平均工资	14.0	1.4	8.4**	10.2
零售商品周转额	12.4	2.6	5.9	9.3
居民付费服务额	5.8	0.7	3.7	4.3
商品出口	20.7	3.4	1.4	14.4
商品进口	26.4	3.5	3.6	18.2
经常项目,占 GDP%	8.8	4.7	4.2	7.4
广义货币量（M2）	36.3	23.7	11.9	31.1
联邦预算赤字	4.4	-3.0	0.0	2.1

注：*俄罗斯联邦统计局初步估计；

**预估值。

资料来源：俄罗斯经济发展部：《俄罗斯联邦至2030年长期社会经济发展预测》第10页，俄罗斯政府网站，2013年3月25日。

现了为数众多的中产阶层,[①] 他们逐渐意识到自身的社会及政治利益，对政府运转效率、法治环境、公民权利和舆论监督等问题给予了更多的关注，要求公正的选举、真正的政治多元化以及系统的政治改革。俄罗斯社会在经历了一段时间的相对稳定发展后逐步出现停滞趋向，现行的威权政治不仅阻碍了俄罗斯政治生态的良性发展，而且同时也成为经济转型和创新的羁绊。俄罗斯民众，特别是在普京时期成长起来的中产阶级对威权治理和强人政治已表现出厌倦情绪。普京的支持者和反对者都一致认为，新总统亟须推进政治、经济和福利改革。

① 据俄罗斯战略研究中心总裁米哈伊尔·德米特里耶夫的报告《俄罗斯政治转型的动力和前景》提供的数据，欧式中产阶级的人数现在占俄罗斯成年人的1/3，并几乎是大城市人口的50%，http：//www.csr.ru/VNHs/345 - -q-q。

（二）新普京时代的基本政策取向

2012 年选举是俄罗斯社会变革的催化剂。面对已经变化了的国内社会政治文化生态，普京必须破解执政难题，在改革和停滞之间做出选择。与以往不同，在此次竞选期间，普京一连发表了七篇纲领性文章，阐述俄罗斯内政、民主、经济、发展、社会政策、强军、外交等问题，这可视为普京重回克林姆林宫后的执政“路线图”。从这些文章及选后发表的多次讲话和相关政策看，打造强有力的经济、强有力的国家政权、强有力的国家军队仍是普京新任期的既定目标。未来普京将推行稳健的政治体制改革，在确保经济增长的基础上发展创新经济，继续实施平衡务实外交，总体上保持近年来俄罗斯内政外交政策的连续性。

1. 维护政治稳定，从俄罗斯社会、经济发展的现实需求出发，有选择地推动稳健的改革，提高政治活力

现行的政治制度是在普京担任总统时形成的，新总统本人对其进行颠覆式改革的可能性并不大，但会进行适度和局部调整，从刚性威权主义向柔性威权主义转变，借此使国家治理方式和权利结构搭配更加适合今天俄罗斯的政治生态。未来，普京仍将秉承强大的国家政权是秩序的源泉和保障的理念，坚持以国家为中心的治理模式。普京在其“民主和国家素质”的竞选文章中承认今天“国家素质落后于公民社会参与国家事务的准备程度”，承诺“必须给人民更多的政治权利”，“要更新民主机制，以适应逐步成熟和活跃的公民社会”。要“像完善投资环境一样不断完善‘政治环境’”。但同时强调，“稳定的社会发展离不开国家职能的有力实施”，“真正的民主应该兼顾社会所有团体的利益，而不应该演变成一场信口开河的娱乐秀”。明确表示中央不能失去对国家的能控性，不应随意分散国家的权力，绝不允许在俄各地建立地区性政党，也不允许政治人士依靠分裂主义和民族主义势力参加地方行政长官选举。提出改革将以“建设性”的方式推进。当局将通过“宏观调控”，确保改革不会沦为“自由主义的草率试验”，不会影响俄经济、社会整体的稳定发展。①

① В. Путин: “Демократия и качество государства”,《Коммерсантъ》, 6 февраля 2012г. .

2011 年底梅德韦杰夫总统在国情咨文中提出的“实现全面政治体制改革”的方案，可看作普京政治调整的方向。其内容包括直选各地区行政长官、简化政党注册手续以及更改国家杜马选举的机制等。4 月 4 日，俄罗斯新《政党法》已生效，规定从 2013 年起，政党登记的门槛从四万人降至 500 人。4 月 25 日，俄罗斯国家杜马最终通过了取消政党参加选举时必须征集签名的法案和直接选举州长的法律。俄罗斯联邦委员会（议会上院）亦开始筹建民主网站，俄公民可在联邦委员会新版网站上就公众建议进行投票。

除体制改革外，整顿公务员队伍、反腐败仍将是普京新任期内的主要任务。大选中部分民众表现出的不满情绪与一些官员的腐败密切相关。根据“透明国际”公布的世界清廉指数，普京第一任期内政府的清廉程度有所改善，从 2.1 提高到 2.8，到其第二任期离任时又重新下降到 2.1。俄罗斯学者估计，腐败成本占俄 GDP 的 8%。今后能否通过各项改革来解决腐败问题，是检测普京政治改革的试金石。对此普京坦承“解决问题存在着很大的困难”，提出与腐败作斗争应当成为切实的全民事件，执政党和在野党对战胜“系统性腐败”均负有政治责任。

2. 坚持由国家集中掌握和管理战略性资源，确保经济增长，推动政府主导下的创新经济

发展创新经济的实质是促进结构调整和发展方式转型。普京发展创新经济的思路有以下几点。

（1）通过实施国家产业政策，依托大型国有公司和一体化集团，集中管理，重组资源，重新占据技术领先地位。制药业、化工、复合材料、航空航天、信息通信技术、纳米技术和核工业为技术发展优先方向。

（2）在保留对战略性企业调控能力前提下推行非国有化。2012 年 6 月 7 日，俄罗斯政府会议批准了 2012 年短期及至 2016 年中期的新版私有化计划，但大型国有企业和银行，特别是能源企业的私有化，还需要按照市场行情另行决定。

（3）发挥国民教育程度高、科技积淀丰厚等优势，增强高校、科研机构及企业的技术研发能力。鼓励向创新领域投资，发展创新产业链等。

（4）国家支持基础设施项目建设，基础设施建设将采取国家－私人合作模式，并进行国际招标。

（5）将发展远东和西伯利亚作为振兴经济的先导。在新政府部委中，新设了远东发展部，此举被认为是俄对接崛起的亚太经济、加大远东和西伯利亚开发力度的最新举措。

（6）改善经营环境，吸引私人投资等。为提高俄罗斯对外资的长期吸引力，将陆续出台新措施，近日俄总检察院已新成立了企业家权益保护局，由梅德韦杰夫领衔成立了新的外国投资政府监管委员会。[①]

实际上，转变经济增长方式，实现经济多元化，是俄社会各界早已达成的共识。早在普京第一任期，从 2003 年起，俄当局就明确提出要调整发展战略，2008 年出台了 2020 年社会经济中长期发展战略，“梅普”时期，提出了社会经济全面“现代化”的任务，到这次普京竞选文章再提发展“新经济”，基本没有更新的思想。俄罗斯的经济结构和增长模式是由其资源禀赋决定的。依赖能源出口的经济结构始自勃列日涅夫时代，由于在两次石油危机中俄罗斯（苏联）都坐收红利，经济结构的不合理被每一届政府高度关注而又一直难以改变。叶利钦时期（1992～1999 年），俄罗斯的原油、成品油和天然气收入为 2000 亿美元，普京时期（2000 年至今）达到两万亿美元。如此高的收入对经济结构调整非但没有产生积极的影响，反而出现倒退，使经济的“去工业化”和“沙特化”趋势进一步增强。从这个角度看，普京新任期的经济任务是如何处理自己留给自己的遗产，即怎样摆脱对能源和原材料出口的依赖，寻找新的经济增长点，走出一条符合俄罗斯国情的创新经济发展道路；如何解决俄拥有巨大资源潜力与居民生活水平未得到相应提升之间的矛盾，切实提高居民生活水平和质量。

对俄现有的创新经济发展思路，目前俄国内外持观望和质疑态度者较多，其主要原因在于：该计划政府主导色彩过于浓厚，市场机制不足，转型缺乏原动力；科技经济“两张皮”问题没有真正解决，以企业为主体、市场为导向、产学研相结合的技术创新体系建设还存在体制机制障碍；高技术人才流

① В. Путин：“О наших экономических задачах”，《Ведомости》，2012. 1. 30.

失严重，国家创新体系受到削弱；产业结构升级缺乏梯次渐进性，没有现代制造业做支撑，高端技术难形成集聚效应；俄企业创新意识薄弱，开放意识不足，加之缺乏有效的激励机制，极易虎头蛇尾；实施现代化的资金由精英集团掌控，投资机制不透明，对私人投资的优惠政策不明确。按最乐观的估计，俄要实现向创新经济的转型需要10～15年时间，其对经济发展的效果短期内难以显现。

3. 以经济利益为核心，继续推行平衡务实外交

普京时期，俄罗斯外交政策指导思想有四大着力点：强调从现实的国家利益出发制定对外政策，遵从“自我克制”理念，贯彻实用主义原则，突出经济外交。过去12年，普京已将俄罗斯表面上的大国地位转换成真正的国际实力，有效维护了国家核心利益。普京重新执政后俄仍将保持原有外交政策的连续性和稳定性，外交的主要方向也不会改变。普京在“俄罗斯与变化的世界”竞选文章中明确表示，“俄罗斯对外政策的目的带有战略性和延续性”。以经济外交为核心，拓展对外合作，创造良好的外部发展环境仍将是俄罗斯未来对外政策的主线。

从俄罗斯未来外交布局考察，可以看到其将推行的仍是全方位的平衡外交。

（1）俄将继续积极推动包括在金砖国家、20国集团、八国集团、上海合作组织中的各种形式的多边外交，提高俄在国际事务中的话语权。

（2）俄美关系是普京面临的一个难题。俄美既互有战略需求，又互为现实竞争对手，但短期内俄美缺乏互信的状况不会发生根本改变，俄美间的矛盾与竞争将是主调。

（3）巩固周边仍将是俄罗斯外交的重点。加大重新整合独联体地区的力度，推动独联体成员国在社会经济、人文、护法和其他一体化领域的全面合作，最终建成类似欧盟的“欧亚联盟”是普京新任期内俄罗斯外交的最优先方向之一。

（4）俄欧关系将继续成为俄外交优先方向之一。俄欧外交中的“经济互需”和“缺乏互信”不太可能发生重大变化。俄欧关系因此既难以大幅升温，也不易大幅降温，务实将继续成为双方关系的主轴。

（5）亚太外交将成为俄罗斯对外政策新的着力点。未来俄罗斯将会更广泛地参与亚太地区一体化，以促进东西伯利亚和远东地区社会经济的加速发展。中国在俄罗斯外交中的地位上升，中俄全面战略协作伙伴关系将进一步深化。普京在竞选文章中突出强调了中俄关系的重要性，指出中国经济的增长绝不是威胁，而是一种拥有巨大务实合作潜力的挑战，是俄罗斯“经济之帆”乘上“中国风”的机遇。[①]

（三）改革任重道远

普京的新总统任期在相当程度上将是俄罗斯艰难的转型期，未来六年需要解决的社会经济问题很多，其中多数为过去数年里一直面临的老问题。面对挑战，普京在新任期内需要处理好以下关系。

1. 如何兼顾中产阶级和中低收入群体的利益

俄罗斯社会两极分化严重的现实增加了社会经济政策制定的复杂性。中产阶级快速崛起对俄罗斯未来发展意义重大，但目前贫富差距仍是俄罗斯社会的主要矛盾。除中产阶级外，俄罗斯还有大量贫困人口和中低收入阶层（包括政府公职人员和国有企业职工），他们的社会地位和生活水平与现政权息息相关，政权的动荡会使他们受到损失，他们担心国内形势不稳，不愿经历动荡。这些人是普京执政的社会基础，也是普京的核心选民。普京头两届总统期间着重关注贫困阶层的生存问题，第三任期内普京将不得不面对中产阶级的挑战，将之前的政策重点从面向普通公民的普惠制向兼顾中产阶级利益转变，不仅要满足中产阶级要求参政和加快政治改革的政治诉求，而且还要同时加大发展型投资的力度，满足其更高的经济诉求。

2. 如何处理预算平衡和强化社会保障、加强国防建设的关系

普京在大选中承诺将大力加强国防建设，未来十年将拨款 23 万亿卢布（约合 7600 亿美元）用于军队和国防工业综合体现代化计划。同时还承诺要进一步强化社会保障，包括资助决定生三胎的家庭、将大学生奖学金提高至最低生活水平、将高校教师和医生的工资提高两倍等。兑现这些承诺所需资金相

---

① В. Путин: “Россия и меняющийся мир”, Московские новости, 27 февраля 2012г.. Указы Президента Российской Федерации В. В. Путина《О мерах по реализации внешнеполитического курса Российской Федерации》 от 7 мая 2012 года № 605.

当于 GDP 的 1.5% ~5%（约合 300 亿 ~ 1000 亿美元）。如此高的财政支出将对俄罗斯宏观经济的长期稳定产生负面影响，一方面，俄罗斯目前的预算尚不具备保障社会领域和军费支出同时大幅扩张的财力，另一方面，普京把恢复收支平衡作为新政府的第一目标，要求在不大幅提高预算支出的情况下实施现代化。因此，实现这一目标仍有较大难度。

3. 如何处理保增长与促转型的关系

根据俄罗斯经济发展部的预测，到 2030 年前全球还将遭遇两轮危机，无论俄罗斯选择何种发展模式，危机都难以规避。若采用创新发展模式，会推动经济发展，可能实现 4.2% 的增长率，但直到 2030 年前，都将保持 1.5% ~2% 的预算赤字；如果继续“原料模式”则会令经济永远处于停滞状态，经济增幅下降至 3.5%（且需油价维持在每桶 106 美元的高位），但能在 2015 年后实现平衡预算。如果油价跌至每桶 80 美元以下，俄 GDP 增幅将降至 2%。[①]

这方面存在两个悖论：一是目前俄罗斯稳定和振兴经济仍然需要有高油价做支撑，如果油价下跌，普京大选中承诺的各项义务不可能兑现，为使经济保持稳定增长，俄所谓的“原料模式”仍将延续；二是在持续高油价条件下，精英集团会不思进取，经济转型和改革将被拖延，而油价下跌时，由于成本和风险增大，则改革难以启动。无论俄改革如何开展，如果不能维持经济增长，经济创新和结构调整就无法顺利实施，甚至会导致一系列政治和社会问题，普京的新任期的目标就难言成功。保增长仍是普京的首要任务，他已提出未来十年俄罗斯经济必须保持比世界 GDP 更快的速度发展的目标。

面对保增长和促转型的两难选择，普京最可能的做法是采取折中方案，从单一的能源经济向现代能源经济过渡，提高能源和资源加工能力和水平，扩大能源出口高附加值比重。同时保住在化工、复合材料、航空航天、信息通信技术、纳米技术和核能等领域的传统技术优势。但从长期发展看，实现向创新经

① 〔俄〕阿纳斯塔西娅·利特维诺娃：《俄罗斯与全球将在 2030 年前再遭遇两轮危机》，《俄罗斯商业咨询日报》2012 年 4 月 16 日。

济转型，需要的不仅仅是某几项先进技术，还需要发挥俄罗斯的其他竞争优势，如高素质和相对低价的劳动力、庞大的国内市场、形成新的经济增长模式等，这样才可能进行可持续的现代化发展。

4. 如何处理化解危机风险与启动改革的关系

从短期看，在欧债危机恶化、油价下跌、全球经济二次探底预期影响下，俄经济下行风险增大。2012 年 1 ~4 月，俄 GDP 保持了 4.6% 的增幅，但其他宏观数据表现低迷：股市连续走低，自 3 月初以来，俄罗斯交易系统指数累计下跌 30%，仅 5 月，公司股票市值就缩水 10.48%，减少 2.8 万亿卢布（约合 900 亿美元），卢布对美元贬值 15%，1 ~5 月资本净流出 465 亿美元，外汇储备连续 50 周下滑。总体来看，此轮欧元区危机对俄罗斯的影响远比 2008 年美国次贷危机来得凶猛。俄财政部长西卢阿诺夫认为，若欧元区危机持续恶化将可能波及俄经济，届时俄工业生产会开始下降，进而将使国家预算与公司面临困境，GDP 增速每下降 1% 将使预算收入减少 1500 亿卢布，油价每桶下跌一美元将减少 560 亿卢布收入。

俄政府已着手制定措施以应对欧元区可能进一步恶化的经济危机，措施包括：①财政部建立储备基金，在经济形势恶化时用以稳定经济局势和支持金融体系，储备基金规模将在 2012 年 7 月确定；②建立国家投资担保机制扶持企业，2012 年联邦预算中此项拨款额为 1070 亿卢布，现已拨付 260 亿卢布，剩余 800 亿卢布将用于陷入困境的企业，俄政府将建立由第一副总理领导的分配国家担保资金的专门委员会，目前俄经济发展部正重新制定骨干企业扶持清单（2008 年 12 月制定的清单中包括 295 家大型企业）；③政府通过发行联邦债券向银行体系注资，保障银行流动性。新政府能否在危机条件下启动改革值得观察，反危机措施实施有可能再次中止俄罗斯的经济现代化进程，使普京的经济转型时间表后推。

5. 如何协调总统与总理的关系

俄罗斯是总统制国家，其政坛一直是强总统、弱总理的格局，但在普京任总理期间出现了弱总统、强总理。此次“梅普换位”后，“普梅组合”已成为一种双方明显不对等的新权力构架，梅德韦杰夫总理的权力将明显弱于当年的普京总理。对新政府组阁关注的焦点集中在新一届政府究竟是普京还是梅德韦杰夫的班底？如果是后者，它能否履行独立决策中心的职能，抑或是“穿新鞋走老路”，即梅德韦杰夫仅担任技术型总理，而国家的实际领导中心将会转移至总统？

梅、普二人在治国理念上一直被认为有所差异，其分歧不在建设强大的俄罗斯这一战略目标上，而是反映在通过什么途径和建设什么样的俄罗斯上。普京追求强国利益，坚持要通过集中权力和政府强力介入，依靠“手动挡”管理和调节经济。梅德韦杰夫则强调公民和自由，主张发展社会自我调节，减少政府对经济的干预和管理。普京的现代化侧重于科技和经济，梅德韦杰夫则认为现代化是社会政治经济的综合进程。“梅普换位”后，普京能否认可和放手梅德韦杰夫继续贯彻实施其在总统位上提出的各项改革措施？多数专家认为，政府更新并不意味着国家管理体制的更新，新政府是一技术型内阁，而不是能够有所突破的政府，难以应对俄罗斯目前面临的所有挑战。未来包括经济政策在内的诸多国家政策的决定权将掌握在普京手里，这将不利于俄罗斯未来政治经济的发展。

二　俄罗斯经济中长期发展预测

2013 年 3 月 25 日，俄罗斯政府批准了 2030 年前社会经济发展长期预测。该预测认为，俄罗斯经济长期发展受到内外因素的制约，其中最主要的包括：世界经济发展前景、世界科技发展前景、世界能源资源、世界商品市场、人口发展情况。

1. 世界经济发展前景预测

世界经济发展前景预计有两种可能，即基本预测方案和方案 A。基本预测方案为乐观方案。该方案预计 2013 ~ 2030 年全球 GDP 年均增幅将保持 3.5%，低于 2001 ~ 2008 年平均增幅 4% 的水平，但基本与 1980 ~ 2010 年的平均增幅相符合。与此同时，人口和自然资源的限制增加，对金融平衡的要求提高将阻碍世界经济重归危机前 4% 的较高增长。预计到 2020 年前，全球经济将保持年均 3.7% 的增长速度，发展中国家的经济增长将超过发达国家，但这一差别将逐步缩小。2020 ~ 2030 年全球经济增长将放缓至年均 3% ~ 3.5%。发达国家将保持 1.5% ~ 2% 年均增长速度。欧盟、美国和日本等国在世界经济中占比将从2010年的40%下降至2030年的28%。全球经济增长将主要靠发展中国家，首先是中国和印度来保证，中、印两国对世界经济增长贡献率将达40%。到2020年，两国在世界GDP中占比将从2010年的19%提高至26%，到2030年将超过30%。1980~2010年，中国经济保持了年均10%的增长速度，未来17年，中国经济年均增长速度将放缓至5.5%~6%。2017年，中国将超过美国成为世界最大经济体。独联体国家经济增长将超过世界经济增幅，这些国家的经济增长仍将主要取决于俄罗斯经济的增长和统一经济空间的一体化水平。到2030年，世界经济总量将比2010年增长一倍。

A方案预测，世界经济增速可能放缓，这主要是由迫切需要减少或消除20世纪下半期开始的经济增长周期中累积的财政、货币信贷和结构失衡问题引发的。这些失衡在2008~2009年世界危机中并未消除，反而使世界经济复苏速度急剧放缓，并使欧洲发达国家和日本陷入长期萧条。按照该预测方案，2013~2020年，美国经济年均增速放缓至1.4%，欧洲经济增速低于1%，中国GDP增速保持在6%，金砖国家经济增速放缓至5.4%，世界经济增速放缓至3%，到2030年，世界经济总量比2010年增长0.7倍。

2. 世界科技发展前景

从历史经验看，世界上几乎每次大的经济危机都会催生新的技术革命，进而推动新兴产业以及企业群体和企业家的诞生和发展，带动整体经济步入新的繁荣。2008年金融危机后，世界大国抢占科技制高点以推动自身经济复苏乃至未来经济持续增长的国际竞争越演越烈，其特点是发达国家和发展中大国都参与了竞争。俄罗斯总统普京提出，面对这一趋势，在后金融危机时代，俄应形成建立在知识、创新和高科技基础上的现代化的、有竞争力的国民经济发展模式。俄提出了民用科学技术和工艺发展优先方向清单，包括生命科学、纳米技术、交通系统和宇航系统、自然资源合理利用和以能效、节能、核能为主的现代能源技术。俄认为，选择这些优先方向符合世界科技发展的总趋势（详见表2-7），其发展将能保住俄在世界高技术产品市场的地位和份额。

表 2－7　世界科技发展中心优先方向选择

国家 领域	美国	德国	日本	法国	英国	中国
医药和生物技术	医药和生物技术	医药	生命科学	医药和生物技术	医药	医药
IT	IT	公共电信技术		IT	创意产业	高附加值产品生产体系 普及型信息网系统
新材料	综合性材料		综合性材料			综合性材料
绿色工艺	环保清洁能源	环保/能源	废料加工 替代能源	废料加工 清洁水 替代能源	废料加工 替代能源	稳定的资源基地， 核能
生产技术	复杂系统管理		机器人技术 金属加工			智能生产工艺
其他	宇航和航空技术 军工技术	移动 安全	地球科学 高铁运行技术	核能和热能技术， 高铁运行技术	创意产业	宇宙和海洋潜力利用 安全系统 军工 交通部门技术

资料来源：Прогноз додгосрочного социалвно-экономического развития российской Федерации на период до 2030 года，Минэкономразвития России，25 марта 2013。

3. 世界能源资源：全球需求和油气价格走势

根据国际能源组织的估计，到 2030 年全球的石油需求量将增长 22%，从 2010 年的 4.3 万亿吨增加到 5.3 万亿吨。未来石油消费的增长主要来自发展中国家。从未来 20 年考察，2010～2030 年，中国和印度的石油需求量将增长 80%，巴西增长 30%，中东国家增长 80%，非洲增长 16%。从短期看，2011～2015 年，中国的石油消费需求增长最快，年均增长 4.7%，2025～2030 年增幅将放缓至年均 1.9%。印度石油消费增长的峰值期在 2016～2020 年，之后将放缓至年增长 1.4%。未来，来自发达国家的石油需求量不会有大的增长：2010～2030 年，美国的需求量增长 2%，日本增长 2.4%，欧洲将减少 2.2%～2.5%。2011～2030 年，在全球石油消费构成中，经合组织国家占比将从 52% 下降至 45%，其中美国的占比从 21% 降至 18%，欧洲发达国家从 16% 降至 14%。发展中国家的占比将从 48% 上升至 55%，其中中国从 11% 上升至 16%，印度从 3.7% 上升至 5.4%。

2011～2030年，俄罗斯在全球石油生产量构成和消费构成中占比分别为：2011～2015年为19.9%和14.2%，2016～2020年为19.9%和13.7%，2021～2025年为19.8%和13.3%，2026～2030年为19.7%和12.8%。

根据国际能源组织预测，到2020年石油价格将保持在120美元/桶，到2035年油价上升到125美元/桶。据美国能源部能源信息管理局预测，到2030年油价将上升至139美元/桶。俄产乌拉尔牌石油价格将保持在110美元/桶的水平，上下波动区间1%～2%。

预计到2030年前全球天然气需求量将增长40%，发达国家消费量增长15%，发展中国家消费量增长60%，其中天然气需求量增长最快的是中国，年均增长6%。在相对乐观方案下，到2030年，俄天然气开采量将增长40%，消费量增长20%。俄罗斯对独联体外国家的天然气出口量将增长40%，其中包括增加对亚洲市场的供气。从长期看，天然气价格仍依赖于全球油价的总体变化趋势，预计2020年俄罗斯天然气出口价格将从2010年的271美元/千立方米提高到357美元/千立方米，到2030年提高到510美元/千立方米。

4. 世界商品市场：大宗商品需求及价格走势

俄罗斯是世界钢材、铝、铜、镍和小麦出口大国，因此大宗商品价格走势会直接影响其经济中长期走势。俄认为，影响全球大宗商品需求及价格走势的主要因素除全球经济和工业生产恢复外，主要取决于中国、印度、美国等国未来经济发展。

中国是世界上最大的工业金属消费国。中国转向依靠内需拉大增长和提高经济稳定性的方针，同时严格对建设性信贷的管理，但中国并不打算放弃启动大规模的基础设施建设项目，类似的项目在印度也在开展，美国也宣布将实施交通和电信基础设施现代化的庞大项目，因此到2030年钢材和有色金属市场将保持良好发展前景。预计2012～2030年，全球钢产量和消费量总体平衡，增幅保持在每年2%。2013～2020年，钢产品市场将会出现供大于求的局面，价格年均增幅达到3%，到2030年，将达到506美元/吨。未来全球最大的钢材生产国仍是中国、日本、美国、俄罗斯、德国和乌克兰。目前中国在世界钢产量中占比43%，2030年将下降至35%～36%。

据评估，到2030年，世界铝产品需求量将增长2.3倍或年均增长6.2%。

发展中国家人均消费量可能增长三倍。2012 年铝产品价格达到 2019 美元/吨。2015～2020 年，用于部门现代化的成本、能源和环保限制产生的影响将使铝价每年增长 5.8%。2020～2030 年铝价增长将逐步放缓至每年增长 1.8%，价格提高至 3000 美元/吨。

对世界铜价产生影响的主要因素是全球铜精矿增长缓慢，库存减少，开发成本提高，新一轮宽松货币政策背景下发达国家和发展中国家需求回暖，供应缺口扩大。2012 年铜价为 7962 美元/吨，到 2030 年将为 12000～14000 美元/吨。

影响镍需求的主要因素是不锈钢和各种合金的生产动态，二者占镍消费量的 65% 和 22%，2011～2030 年，不锈钢生产在镍需求增长中占 80%。由于现有产地减少和开采成本提高，预计从 2020 年起，镍供应会稳步减少。如不考虑市场投机因素，到 2030 年，镍价格将在 23000～25000 美元/吨之间变动。

从长期看，购买力、消费者偏好、代用品的供求、人口变动、天气等均会对小麦供应产生影响。预计到 2030 年前，小麦供需将会保持平衡，俄罗斯、乌克兰、澳大利亚、阿根廷会扩大小麦生产和增加出口，非洲和中东人口增长将会对小麦供需产生主要影响。美国、欧盟、加拿大、澳大利亚和俄罗斯仍将是主要的小麦出口国，预计在欧盟和加拿大出口减少的情况下，俄罗斯会增加小麦出口，从原 1800 万吨增加到 2800 万～3000 万吨/年，到 2030 年，小麦价格将达到 500 美元/吨。

5. 人口形势：人口老龄化和适龄劳动人口减少

尽管到 2012 年，俄罗斯总人口状况将出现稳定趋势，但人口老龄化和适龄劳动人口减少的趋势在加强。在俄政府采取的鼓励生育措施刺激下，俄出生率提高，预计到 2030 年俄罗斯总生育率提高至 1.7%，比 2011 年的 1.6% 提高 0.1 个百分点。在人口总体寿命延长至 74 岁的情况下，死亡率比 2011 年提高，从 13.5% 提高到 14%。2030 年适龄劳动人口从 2011 年的 875 万减少到 774 万，老龄人口从 321 万增加到 407 万。人口负担系数上升，每 1000 个劳动年龄人口供养非劳动年龄人口数从 635 人增加到 831 人。俄罗斯劳动力人口供给不足只能通过移民来解决。2012 年俄罗斯通过了至 2025 年国家移民政策构想。政府希望通过实施积极的移民政策，提高俄罗斯的移民吸引力，计划每年吸引移民 32 万～34 万人，到 2017 年完全弥补人口自然下降。到 2017 年，人口总数达到1.439亿，比2011年增加90万人。

6. 俄罗斯社会经济长期发展前景

俄罗斯联邦到2030年社会经济长期发展预测是其制定长期战略和国家战略规划的基础。基于对上述主要因素的分析，2030年预测方案提出，未来长期发展有保守、创新和强制性三套方案或三种发展前景。

预计2013～2030年，由于乌拉尔石油国际价格仍维持在91～110美元/桶水平，全球市场仍保持国际贸易超前发展、发展中国家和发达国家收入差距缩小的趋势。三套方案的主要区别在于，俄经济现代化程度、预算支出可能受限的前提条件和人口形势不同。

在保守方案中，与民用高技术和中等技术部门相比，能源电力和原材料部门将实行更积极的现代化。现代化在很大程度上依赖于进口技术和知识。该法案下，GDP年均增幅3.0%～3.2%，固定资本投资增长4.7%。俄罗斯在全球GDP中占比从2012年的3.8%下降到2013年的3.6%。

在创新方案中，其特点是经济增长更依赖于加强投资，在实现能源综合体现代化的同时建设现代运输基础设施，建立有竞争力的高技术生产和知识经济。预计创新因素将转化为经济增长的主要源泉，2020～2022年向提高人力资本效率跃进，进而改善社会发展参数。预计2013～2030年GDP年均增幅达到4.0%～4.2%，固定资本投资年增长5.9%。俄罗斯在全球GDP中占比到2030年提高至4.3%。

在强制性方案中，其特点是使现有的经济增长的所有因素集约化，减速改革，改善营商环境，更积极地利用国家储蓄，扩大国家在发展社会、能源和运输基础设施领域的支出，创建大规模的非原料出口部门，大量吸引外资。预测GDP年均增幅将达到5.0%～5.4%，固定资本投资年均增幅8.2%。俄罗斯在全球GDP中占比到2030年提高至5.3%。上述方案的特点是宏观经济不平衡风险将提高，特别是公司债务到2030年将增加到GDP的119%（在创新方案下为占GDP的78%），家庭消费将提高到GDP的65%（创新方案下为占GDP的52%）。

第三章 俄罗斯吸引外资的法律和政策环境

第一节 外资调节法律体系

俄罗斯非常重视对外资立法，自向开放型经济转型起，就开始了整章建制方面的工作，希望通过法律手段建立良好的投资环境以吸引外资，加快俄经济发展的步伐。最早出台的文件是1991年11月15日颁布的《关于俄罗斯联邦境内实施外贸自由化》总统令，根据该总统令，俄企业和组织可以根据俄联邦和国际条约自主地在各领域引进外资。但较为完备的吸引外资的法律体系是在20世纪90年代下半期才建立起来。

俄罗斯境内有关吸引和调节外资的法律共包括国际法与国内法两大部分，分俄联邦参与签署的国际条约、联邦级基础法律、各职能部门出台的直接调节外资的标准文件和联邦主体一级的法律四个层次。

国际条约部分包括：1992年俄罗斯签署加入了关于处理不同国家国民之间投资争议的《华盛顿公约》和有关多边投资担保机构的《汉城公约》。双边层面，截至2011年10月，俄已与48个国家签署了相互保护投资协定（其中与11个国家的协定是在苏联时期签署的）。①，与美、英、法、德、日、芬、加、荷、西等80多个国家签署了避免双重征税协定。②

---

① 俄罗斯外交部网站，Об иностранных инвестициях и формировании инвестиционного климата в Российской Федерации（Справка），27－10－2011。

② И. З. Фархутдинов：Международное инвестиционное право，3.4 Регулирование иностранных инвестиций. Москва，Волтерс Клувер，2005 ISBN5－466－00073－6.

在国内法部分，联邦级的基本法包括民法典、税法典、海关法典，关税法、私有化法、股份公司法和有限责任公司法、外贸活动国家调节法等。

随着引进外资工作的逐步展开，自20世纪90年代下半期以来，俄又先后出台了《外国投资法》《外汇管理与调节法》《租赁法》《证券市场法》《产品分成协议》《地下资源法》《股份公司法》《劳动法典》《经济特区法》《环境保护法》《建筑法典》等30多部法律和多个由中央银行、海关委员会和其他部委制定的相关准则。[①] 其中《外国投资法》为关于外商投资的最重要法律文件。这期间，俄罗斯还颁布了一系列总统令，并对民法、税法、海关法等进行了必要的修改（详见表3－1）。

表3－1　俄罗斯外国投资调节法律及文件名录

出台日期	文件名称	法律性质和功能
1991年11月15日	《俄罗斯联邦外贸自由化》总统令	废除外贸垄断制，赋予俄罗斯企业自由引进外资的权利
1992年10月9日	№3615－1联邦法《外汇调节和监管法》	在外汇业务中对常驻人员严格限制，汇率形成向调节非常驻人口投资活动的市场方法过渡
1992年2月21日	№2395－1联邦法《地下资源法》	明确非常驻人员参与地下资源领域投资的条件
1993年5月21日	№5003－1联邦法《关税法》	明确关税形成和征收程序，其中包括非常驻人员携带不同资产进出俄罗斯的关税
1996年1月26日	《俄罗斯联邦公民法典》	调节在对外经济投资领域公民流动的基本法。该法第三部分第1194条直接针对非常驻人员的反措施原则，即俄罗斯国家对外国针对俄罗斯公民和法人采取的财产限制和非财产限制措施能够采取相应的反措施
1998年7月17日	《俄罗斯联邦税收法典》	规定实施投资项目包括外国投资项目中的税负，规定从事国际租赁业务时加快折旧的条件，规定按照产品分成协议分配产品的程序
1995年12月30日	№225联邦法《产品分成协议》	对非常驻人员从事与开采自然资源有关的投资进行调节的特殊方式

① “Международное экономическое отношение”, 8.3 Правовые аспекты регулирования иностранных инвестиций в России, ООО “Издателвство Юнити－Дана”, 1999г..

续表

出台日期	文件名称	法律性质和功能
1996 年 4 月 22 日	№39 联邦法《有价证券市场法》	调节俄罗斯有价证券市场及非常驻人员在市场中的活动
1996 年 4 月 16 日	俄罗斯经济发展部和财政部批准的对融资租赁付费进行核算的方法建议	确定核算融资租赁,包括国际自然租赁的初始数据
1997 年 7 月 21 日	№123 联邦法《国有资产私有化和市政资产私有化基础法》	提高的非常驻人员参与国有资产私有化可能,对此法律上不采取限制性措施
1997 年 7 月 21 日	№112 联邦法《有关在产品分成条件下有权使用的地下资源区块法》	确定与非常驻人员签署产品分成协议及勘探开发地下资源区块过程中提供区块的程序
1997 年 9 月 2 日	№112 政府令《在签署和实施产品分成协议时保障俄罗斯联邦权利和利益的措施》	在签署产品分成协议时明确说明各方相互关系形成,更明确地确定俄罗斯联邦的权利和利益
1998 年 4 月 14 日	№63 联邦法《在从事商品外贸方面保护俄罗斯联邦经济利益的措施》	确定非常驻人员从事不违背俄罗斯联邦法律规定的活动框架
1998 年 7 月 29 日	№135 联邦法《俄罗斯联邦估价法》	为外国投资者进行直接投资的资产价格进行客观估价提供法律和经济基础
1998 年 10 月 29 日	№164 联邦法《租赁法》	确定调节租赁领域(包括国际租赁)活动的基本标准
1999 年 2 月 25 日	№39 联邦法《以固定资本投资方式进行的投资活动法》	规范以固定资本投资方式进行投资活动的基本标准文件。对俄罗斯常驻人员处理与外国投资者相互关系是强制性的
1999 年 7 月 3 日	《实施俄罗斯政府№740 号决议规定的产品分成协议时补偿成本的构成和程序规定》	规定产品分成协议参加者的成本构成及对参与协议各方补偿的程序
1999 年 7 月 9 日	№160 联邦法《俄罗斯联邦外国投资法》	规范非常驻人员在俄罗斯境内投资活动的基本标准文件
2001 年 2 月 2 日	俄罗斯政府№86 号决议《关于完善联邦执法机关准备、签署和实施产品分成协议方面的措施》	将俄罗斯联邦在产品分成协议中的权利和义务赋予俄罗斯经济发展贸易部,确定对其他签署协议的执法机关给予补偿
2003 年 5 月 28 日	《俄罗斯海关法典》	对非常驻人员投资活动中征收关税进行调节
2003 年 12 月 10 日	№173 联邦法《外汇调节和监管法》	规范进行外汇业务的规则,与之前实行的程序相比该制度大大自由化,为常驻人员对外投资创造可能性
2005 年 7 月 21 日	№115 联邦法《租让协议法》	赋予俄罗斯和外国商业机构通过租让取得各种属于国家的物品,用其取得利润

续表

出台日期	文件名称	法律性质和功能
2005 年 7 月 22 日	№116 联邦法《俄罗斯联邦经济特区法》	赋予外国投资者享受税收优惠及在经济特区使用自由海关库制度的可能
2008 年 4 月 29 日	№57 联邦法《有关外资进入对国防和国家安全具有战略性意义行业程序》	对非常驻人员规定在获得股权和参与管理对保障国防和国家安全具有战略意义的经营组织的一系列限制

资料来源：笔者根据俄罗斯相关法律编制。

为发展当地的主导产业和欠发达产业，除联邦一级吸引外资的法律法规和政策外，各个州、区政府有权根据俄罗斯宪法和联邦法律，结合自身区域特色，制定本地区外国投资法和有关吸引外资的政策。以上四大类法律法规构成了俄罗斯的外资法律调节体系。

第二节　外资调节法律基本内容

一　吸引外资的基本原则

1. 国家直接参与投资活动

国家对与外国共同实施的投资项目进行研究、设计、批准和投资，其中包括由联邦或联邦主体拨款投资的项目；国家为联邦预算或联邦主体预算投资项目实现公平竞争提供保障；对投资方案进行评估鉴定；保证禁止向俄方企业提供陈旧过时的高耗材、高耗能和科技含量低的工艺、设备、构件和材料；制定和实施国家技术标准（规范、规则）并对执行情况进行监督。

所有投资项目方案都必须经过生态环境影响评估。国家还可依据俄联邦法律以其他方式和手段调节投资活动（包括非常情况时的国家调节措施）。国家依据本法及其他联邦法律法规和联邦主体相关法律规定保障投资人的合法权益。

2. 给予外资国民待遇

外国投资者的法律地位是由《外国投资法》决定的。俄罗斯吸引外资的法律旨在为外国投资者在投资、企业经营活动条件和收入利润等方面提供基本保障，在投资激励方面对外资并无特殊的政策。联邦一级的引资措施多致力于从总体上改善国内投资环境，减少对外国投资者经营活动的限制，使外国投资者逐步享受到接近或等同于俄本国投资者的待遇，即给予外资国民待遇而不是提供具体优惠，保证国内外投资者在相同的政策条件下竞争。

1999 年制定的俄罗斯《以固定资本投资方式进行的投资活动法》[①] 规定，投资项目可以是俄联邦法律不禁止的任何所有制形式资产的新建和（或）现代化改造。无论何种所有制形式的投资和投资人，政策待遇一律平等。投资活动必须符合俄联邦有关的法律法规、技术标准、规范、程序和规则。

1999 年出台的《俄罗斯联邦外国投资法》（简称《外国投资法》）[②] 规定外资经营活动受俄国家法律保护，在俄可以进行任何合法的投资活动，有权购买有价证券、自然资源、房屋、建筑物以及其他不动产，参与俄私有化进程，并享有法律提供的各种优惠；俄政府保障外资重点项目在投资期内免受政策法令变更的影响；外资的权利与义务可以向第三方转让；其财产不被非法没收、征用和国有化，因特殊原因发生上述情况，俄政府必须给予赔偿；外资依法纳税后，可以自由支配其收入（利润、股息、利息等），包括将收入汇出境外；外资在俄境内发生争议和诉讼时将得到公正待遇；其有权将投资带入的资产、资料带出俄境内；外国投资者和有外国投资的商业组织不因俄联邦法律发生变化而受到不良影响，“有关外国投资和外国投资者活动的法律制度，不能低于俄联邦法人和公民的财产、产权和投资活动的制度（本法另有规定的除外）。”但应该承认，在相当程度上《外国投资法》具有宣言性质，对外商和外商参与组织仅包括最普通的担保和优惠。

3. 《外国投资法》调节对象为非金融领域投资

俄《外国投资法》的主要调节对象是对实体经济和非金融领域的投资。该法开宗明义，一开始就明确：“本联邦法不调节外国资本对银行及其他金融

① Федералъный Закон《об Инвестиционной деятелъности в Российской Федерации, осуществляемой в форме капиталъных вложений》, 1999. 2. 25.

② Федеральный Закон №160 – ФЗ《Об иностранных инвестициях в Российской Федерации》, 1999. 7. 9.

机构，以及保险组织进行投资的相关关系，这些关系分别由俄联邦关于银行及银行活动的法律和关于保险的法律进行调节。本联邦法也不调节与外国资本为达到一定的社会公益目的，其中包括教育、慈善、科学或宗教等方面的目的，而对非商业组织进行投资的相关关系，这些关系由俄联邦关于非商业组织的法律进行调节。”

4. 联邦主体可以用地方预算资金为外国投资提供担保和给予优惠

俄罗斯 83 个联邦主体经济发展水平差别较大，各地投资环境也大相径庭，仅靠联邦法律和政策并不能保证实现吸引外资的目标。为此俄罗斯《外国投资法》特设一条，允许地方政府出台自己的吸引外资政策，给予外资优惠政策。该法第 17 条规定，俄罗斯各联邦主体和地方自治机构在自己的职权范围内，能够向外商提供优惠和担保，用联邦主体预算和地方预算资金及预算外资金，对外商进行的投资项目拨款或提供其他支持。

二　投资主体界定

俄罗斯《以固定资本投资方式进行的投资活动法》规定，投资主体可以是任何形式的法人和自然人，包括外国投资人。

俄罗斯《外国投资法》第 1 条规定，在俄罗斯境内的外国投资者可以是国外公司、企业、自然人，以及外国政府机构和国际组织。其中，外国法人是指“根据其所在国法律建立，并有权进行投资的任何外国公司、商行、企业、组织和协会”；自然人是指“在国籍所在国或定居国注册进行经营活动的外国公民、无国籍者，在境外定居的俄罗斯公民”，既包括外国人，亦包括定居于国外的俄罗斯人。

1999 年修改通过后的俄罗斯联邦《矿产资源法》第 9 条规定，矿产资源使用者可以是经营活动的主体，不取决于所有制形式，其中包括法人和其他国家公民，如果俄罗斯联邦法律和俄罗斯联邦主体法律赋予他们从事矿产资源利用活动的权力。

在产品分成协议条件下，矿产使用者可以是俄罗斯联邦公民、外国公民、法人以及在协议基础上创建合作经营的没有法人资格的法人联合体（合伙），条件是这个联合体的参加者根据产品分成协议承担连带责任义务。

2008 年批准的俄罗斯《有关外资进入对国防和国家安全具有战略性意义行业程序》的联邦法第 3 条规定，“外国投资者”的概念使用 1999 年 7 月 9 日实施的俄联邦第 160 号联邦法——《外国投资法》所确定的定义。在本联邦法中，外国投资者还指外国投资者控制的机构，包括其在俄联邦领土上建立的组织。①

三　优先投资项目界定

俄罗斯《外国投资法》对外国投资、外国直接投资、优先投资项目、投资项目回收期限等基本概念做出了明确界定，从而规范了外国投资者进入俄罗斯市场的投资标准。外国投资分为两类：外国直接投资和俄罗斯政府列入优先投资项目的投资。这两类投资的投资额不一样，所享有的法律保护和优惠也不一样。只有参与俄罗斯政府列出的优先投资项目，外资企业才享有该法第 16 条规定的税收和关税优惠。优先项目为被俄联邦政府批准列入项目清单的投资项目，其标准为外国投资总额不少于十亿卢布（不少于按该联邦法生效之日俄罗斯中央银行当日汇率折算的等值外币金额）或者外国投资者在有外国投资的商业组织注册资本（合股资本）中的最低股份（投资）不少于一亿卢布（不少于按该联邦法生效之日俄罗斯中央银行当日汇率折算的等值外币金额）的投资项目。优先投资项目实行公开招标制。除联邦一级外，各个联邦主体也有自己的优先投资项目，其目的在于发展当地的主导产业和欠发达产业。对外商投资分为两类：一般外商投资和参加地方政府规定的优先投资项目的外商投资，外商对地方政府优先投资项目投资将享受地方提供的优惠政策。

四　外商投资企业的设立、形式与投资方式

1. 外商投资企业设立特点

（1）公司注册形式为登记注册而不是批准注册，法定的申办时间较短：俄罗斯财政部和其他国家授权的机构自接到申请之日起 21 日内决定是否予以登记注册。

---

① Федеральный Закон №57 – ФЗ《О порядке осуществления иностранных инвестиций в хозяйственные общества, имеющие стратегическое значение для обеспечения обороны страны и безопасности государства》, 2008. 4. 29.

（2）国外投资者在其本国必须经过登记，即在其本国有经营资格者方可在俄罗斯进行投资活动，而不是所有的外国人都可以成为外资企业的创立人。

（3）外商可以以货币出资，亦可以实物出资。法律对出资实物情况、实物出资的比例及外商在注册资本中所占比例均无限制，但通常只对外资比例超过30%的外资企业方给予各种优惠。

2. 外商投资企业的形式

《外国投资法》规定，外商在俄罗斯有权以法律没有禁止的任何形式进行投资。可以通过获得股权或在私有化企业注册资本中拥有一定比重的所有权的方式参加国有和市政所有制企业的私有化项目。

外资企业可以以各种形式设立，包括股份公司、有限责任公司、附加有限责任公司、无限公司、联合公司、生产合作社等形式。

3. 外商投资企业的投资方式

根据俄罗斯《外国投资法》，外商可以采取以下方式进行投资：建立合资企业或外商独资企业，提供贷款，依融资租赁而供给外国设备，签订国家租赁合同或产品分成协议，拥有俄罗斯企业的股票和有价证券，伴有技术转让的国际合作，不设立法人而在合同基础上建立合作企业等。

五　对外商的法律保障

俄《外国投资法》第9条规定，保障外国投资者和有外国投资的商业组织不因俄联邦法律发生变化而受到不良影响。具体为以下几点。

（1）在外国优先投资项目划拨资金的当日，如果出台了关于调整征收进口关税（按照俄联邦法律在对外商品贸易中俄联邦经济利益保护措施所涉及的关税除外）、联邦税（俄联邦境内所生产商品的消费税、增值税除外）、上缴国家预算外基金费（上缴俄联邦退休基金费除外）幅度的新的俄联邦法律法规，或对现行俄联邦法律法规做出修改和补充，使外国投资者和有外资参与的商业组织在执行优先投资项目中的税赋总额加大，或对在俄联邦的外国投资的禁令和限制增多，则这些新的俄联邦法律法规以及对现行俄联邦法律法规的修改和补充，在第9条第2款规定的期限内将不适用于执行优先发展的外国投资项目的外国投资者和有外国投资的商业组织，但前提是上述外国投资者和有外国投资的商业组织运入俄联邦海关境内的货物专用于执行优先投资项目。

该规定适用于外商对法定（合股）资本的投资份额超过25%的有外资参与的商业组织以及执行优先投资项目的含外资商业组织，而不管该商业组织中外商对法定（合股）资本的投资份额多少。

（2）保证外国投资者投资条件和制度稳定性的规定适用于投资项目回收期，但不超过自外商向该项目划拨资金之日起的七年。根据项目种类对投资项目回收期的分类应按俄联邦政府规定的程序进行。

（3）在外国投资者和有外国投资的商业组织所执行的优先投资项目涉及生产领域、交通设施建设或其他基础设施建设，且外国投资总额不少于十亿卢布（不少于按本联邦法生效之日俄联邦中央银行当日汇率折算的等值外币金额）、回收期超过七年的特殊情况下，俄联邦政府应决定延长本条第1款规定的对上述外国投资者和有外国投资的商业组织实行稳定投资条件和制度的期限。①

第三节　外国投资的市场准入

俄罗斯《外国投资法》规定，为外国投资人和俄罗斯投资人从事投资活动规定同样的权利并提供担保。联邦法律可以为外国投资者规定一些限制性例外，其限度只能是维护俄宪政基础、道德规范、公民健康、权力及合法利益，维护国家国防和安全。俄联邦政府应合理确定对境内外国投资的禁止和限制措施，并拟定有关禁限措施清单的法律草案。1993年《关于完善外商投资工作》的第1466号总统令规定，只有俄联邦法律和俄联邦总统令才可以对俄境内外国投资人的活动规定限制性措施。但从实践看，俄对外资进入涉及国家命脉的行业一直保持相当谨慎的态度，曾实施数条临时法律条例，由于一直缺乏统一的立法进行调节，已有的法律并不具有系统性。

一　禁止进入的行业

为了广泛吸引外资，俄罗斯《外国投资法》对允许外商投资领域的规定

① Федеральный Закон №160 – ФЗ《Об иностранных инвестициях в Российской Федерации》, 1999.7.9.

比较宽泛，除法律明文禁止或限制的领域，外资均可介入。其中法律禁止的行业很少，只有博彩业和人寿保险业属于国家专营，禁止外商和私人经营。

二　鼓励进入的行业

长期以来，俄罗斯政府鼓励外商直接投资的领域大多属于传统产业，如石油、天然气、煤炭、木材加工、建材、建筑、交通和通信设备、食品加工、纺织、汽车制造等行业。

目前俄罗斯经济吸引外资的优先领域为：更新和发展企业生产潜力；发展外向型生产和进口商品替代生产；运用动力存储技术，无废物和纯生态技术；发展运输基础设施；建设宾馆、商务中心和其他不动产设施。

2008 年金融危机之后，俄罗斯政府更加鼓励外资进入运输、电力基础设施、公共电信和数字电视等行业。①

三　对外资限制的产业、经营项目和区域

俄国内对在外资可进入领域的深度和广度上一直存在较大分歧。2000 年俄议会曾审议《禁止和限制外资活动的产业、经营项目和区域的清单》法案。该法案规定，除本法规定以外，俄联邦主体有权对外资在某些部门、产业、经营项目和区域的投资和经营活动予以禁止或限制。2001 年，俄国家杜马部分议员提议对该法案进行修改和补充，将法案更名为《对外国在俄投资实行国民待遇及取消限制性规定》。修改后的法案取消了允许联邦主体及一些政府部门对外国投资和外国投资人活动进行禁止和限制的规定，但同时规定，如果外国投资人或俄法人的活动可能导致外资直接或间接控制某一经营法人，或威胁到俄国家的独立和安全，俄总统有权暂停或禁止上述的活动。《禁止外国投资人投资和活动的产业、经营项目和区域的清单》规定的限制性对象包括核武器、核能及国防、军工、信息及保密、特殊产品、资源生态情报、卫生防疫、运输基础设施多个领域和产业。虽然该法案最终并未形成法律，但它也综合反

① 《Об иностранных инвестициях и формировании инвестиционного климата в Российской Федерации》（справочная информация），Мид России，2010. 02. 26.

映了以下产业和领域外资无法进入的现状，成为部门行业成文或不成文的条例或规定，其中一些内容也散见于其他法律中。

2005年10月底，俄罗斯政府又公布了禁止外国资本进入的首批战略性资产名单，主要是石油、黄金和铜矿产地。除几个大型产地外，其他产地都允许外国公司投资参与资源开发项目。限制外资进入的大型石油和天然气产地只有三处：季马诺－伯朝拉盆地两处油田（石油储备分别为5700万吨和8200万吨）和西伯利亚地区恰扬金斯克油气田（天然气储备超过一万亿立方米）。即主要是石油储量超过1.5亿吨（十亿桶）的油田和天然气储量超过一万亿立方米的天然气田。该限制对任何外国资本超过50%的公司都有效。此外俄政府宣布禁止外国公司投资占俄罗斯铜资源储量40%的乌多坎铜矿以及俄最大的苏霍伊洛格金矿。

2008年4月2日、16日由俄罗斯议会上下两院分别通过和批准，5月5日由普京签署了俄罗斯《有关外资进入对国防和国家安全具有战略性意义行业程序》的联邦法。[①] 该法对外资的市场准入门槛大大提高。

1. 股权限制及“外资控制战略性行业”标准界定

该法规定外资对联邦级地下资源公司的控股权不得超过5%，对其他部门战略性公司的控股权不得超过25%～50%。

该法第5款明确规定，以下行为被视为外资控制了战略性行业：

* 外资直接或间接控制公司50%以上有投票权股份，或在经理委员会中占有半数以上的席位；

* 控股人有权任命公司唯一的执行机构和公司经理委员会中50%以上的组成人员；

* 外资直接或间接控制联邦级战略性地下资源区块10%（最低到5%）以上有投票权的股份；

* 控股人有权任命公司唯一的执行机构和公司经理委员会中10%以上的组成人员。

按照新法律规定的标准，俄天然气工业公司、卢克石油公司、俄罗斯石油

① Федеральный Закон №57 – ФЗ《О порядке осуществления иностранных инвестиций в хозяйственные общества, имеющие стратегическое значение для обеспечения обороны страны и безопасности государства》, 2008. 4. 29.

公司、苏尔格特石油天然气公司、鞑靼石油公司、秋明－BP石油公司、阿尔罗斯矿业公司、诺里尔镍业公司等资源开采业巨头，包括电力部门地区电网组织及天然气分配领域的约7000家公司和企业在内的天然垄断主体，三大移动运营商（МТС，Мегафон，Билайн）都将被列入战略性企业，其数量将占所有行业半数以上，产值约占俄罗斯国内生产总值的50%～60%。

2. 限制外资进入的战略性行业

该法第5款明确规定13大类42种经营活动被视为战略性行业，主要包括：国防军工、核原料生产、核反应堆项目的建设运营、用于武器和军事技术生产必需的特种金属和合金的研制生产及销售、宇航设施和航空器研究、密码加密设备研究、天然垄断部门的固定线路电信公司、联邦级的地下资源区块开发、水下资源、覆盖俄领土一半区域的广播媒体、发行量较大的报纸和出版公司等（详见表3－2）。

表3－2　俄罗斯限制外资进入的战略性行业清单

类别	序号	活动内容
一	1	完成对水文气象过程和现象产生积极作用的工作
	2	对地球物理过程和现象产生积极作用的工作
二	3	与利用刺激品传染疾病有关的活动
三	4	配置、建造、开发核设施、辐射源，核材料和辐射物保管，辐射废料贮藏库
	5	核材料和辐射物的流通，其中包括铀矿的勘探开采，核材料和辐射物的生产、利用、加工、运输和保管
	6	辐射废料的流通，包括其保管、加工、运输和埋藏
	7	利用核材料和辐射物进行科研和试验
	8	核设施、辐射源、核材料和辐射物保管站点、辐射废料贮藏库的设计
	9	用于核设施、辐射源、核材料和辐射物保存、辐射废料贮藏库
	10	对作为保证核设施、辐射源、核材料和辐射物保存、辐射废料贮藏室安全基础的设计和技术资料进行鉴定
四	11	根据俄联邦法律，对用于保护信息体系和电视转播体系的密码手段的研究和生产实行必要的许可证制
	12	根据俄联邦法律对加密手段的传播实行必要的许可证制
	13	对加密手段提供技术服务的活动实行必要的许可证制
	14	提供信息加密领域服务
	15	暴露技术资料中用不公开手段获取信息的电子设施的活动
	16	从事经营活动的法人以出售为目的而进行的研究、生产、销售和获取用于不公开获取信息的专门技术

续表

类别	序号	活动内容
五	17	武器和军事技术研制
	18	武器和军事技术的生产
	19	武器和军事技术的维修
	20	武器和军事技术的废物利用
	21	武器和军事技术贸易
	22	武器和枪炮的主要部件的生产(冷兵器、民用和民防用枪支除外)
	23	武器弹药及弹药的主要部分的生产(民用和民防用武器弹药除外)
	24	武器和枪炮的主要部件、子弹的贸易
	25	弹药及其构成部件的研制生产
	26	弹药及其构成部件的废物利用
六	27	工业用爆炸材料的生产和扩散活动
七	28	航空安全的保障活动
	29	宇航活动
	30	航空器(其中包括两用航空机械)研制
	31	航空机械(其中包括两用航空机械)生产
	32	航空机械(其中包括两用航空机械)维修(民用航空组织进行的部件和设备的维修除外)
	33	航空机械(其中包括两用航空机械)试验
八	34	在俄联邦主体居民人数占半数或半数以上的区域进行电视转播
	35	在俄联邦主体居民人数占半数或半数以上的区域进行无线电转播
九	36	由 1995 年 8 月 17 日通过的 N 147 号联邦《天然垄断法》第 4 款第 1 点规定的领域、在天然垄断局注册的行业提供的服务(普通电子通信和普通邮政通信、热力网和电力网服务领域内的天然垄断主体除外)
	37	包括在联邦《保护竞争法》第 23 款规定注册和占据主导地位的行业从事的活动
		a)俄罗斯地理边界内的通信服务市场(提供互联网服务除外)
		b)5 个或 5 个以上俄联邦主体境内的集中电话通信服务市场
		c)联邦级城市地理边界内集中电话服务市场
十	38	在用于武器和军事机械制造的金属和特种钢生产和销售领域占主导地位的行业从事活动
十一	39	在联邦级地下资源区块内进行地下资源的地质研究或资源勘探开采
十二	40	水下生物资源的开采捕捞
十三	41	印刷业,或保证每月印刷不少于 2 亿印张的行业
	42	编辑和定期出版印刷品、其每期不少于 100 万份的出版业

资料来源：Федеральный закон《О порядке осуществления иностранных инвестиций в хозяйственные общества, имеющие стратегическое значение для обеспечения обороны страны и безопасности государства》(с изменениями и дополнениями) от 29 апреля 2008 г. N 57 – ФЗ。

3. 限制外资进入的战略性原材料资源及产地

据俄罗斯工业能源部的信息，战略性原材料资源将包括铀、金刚石、镍、铌、铂金族金属、钴、铍、锂、原生金（储量在 50 吨以上）、铜（储量在 50 万吨以上）等有色和放射性金属、稀有及分散元素矿产；石油（储量在 7000 万吨以上）、天然气（储量在 500 亿立方米以上）等可燃性有机矿产。

根据俄罗斯石油信息局掌握的产地清单，按照 C1 标准，视为战略性油田的石油储量达到 1.3769 亿吨，按照 A + B + C1 标准，视为战略性气田的天然气储量达到 5.84 万亿立方米（详见表 3－3、表 3－4、表 3－5）。

表 3－3　战略性油气田名录*

联邦主体,油气田位置	储量,百万吨（C1）
涅涅茨自治区　合计	492.5
安那托利亚·季托夫油田	132.888
罗曼·特雷帕斯油田	78.116
拉巴加丹斯克油田	98.81
瑙里斯克油田	182.657
亚马尔－涅涅茨自治区　合计	170.4
西坦别伊石油凝析天然气田	79.481
罗斯托夫采夫斯克石油凝析天然气田	90.894
汉特－曼西斯克自治区　合计	549.0
加夫里科夫斯克油田	123.708
伊米罗尔斯克＋西伊米罗尔斯克油田	279.435
北罗加施尼科夫斯克油田	145.87
萨哈共和国(亚库特)	—
恰杨达石油凝析天然气田	165.044
全俄总计	1376.9

注：＊部分油气田储量暂未提交国家储备委员会。

资料来源：《俄罗斯国际文传电讯》2007 年 1 月 31 日。

表 3－4　战略性天然气田名录*

联邦主体，气田位置	储量，亿立方米（A+B+C1）
涅涅茨自治区　合计	179.42
瓦涅维斯克石油凝析天然气田	85.183
库姆仁斯克凝析天然气田	94.23
亚马尔－涅涅茨自治区　合计	4391.4
安蒂帕尤金斯克天然气田	125.517
北极石油凝析天然气田	276.25
上季乌杰斯克天然气田	110.74
格奥菲季切斯克石油凝析天然气田	142.219
格德斯克天然气田	58.386
西坦别伊石油凝析天然气田	100.96
西塞辛斯克凝析天然气田	95.67
科鲁曾德棱斯克凝析天然气田	964.663
马尔金斯克凝析天然气田	439.52
敏霍夫斯克天然气田	80.2
涅伊金斯克石油凝析天然气田	60.295
努尔明斯克石油凝析天然气田	178.4
罗斯托夫采夫斯克石油凝析天然气田	61.81
北坦别伊凝析天然气田	724.14
索列斯卡＋哈纳维伊斯克凝析天然气田	50.86
达西斯克凝析天然气田	368.912
托达－亚辛斯克天然气田	70.07
乌特列涅石油凝析天然气田	482.79
泰梅尔自治区　合计	50.603
捷列宾斯克凝析天然气田	50.603
萨哈共和国（亚库特）　合计	462.57
上维柳恰斯克石油凝析天然气田	139.624
苏博罗－纳杰林斯克凝析天然气田	64.029
中秋甘斯克凝析天然气田	156.18
塔斯－尤里赫斯克石油凝析天然气田	102.733
恰杨达石油凝析天然气田	379.71
全俄总计	5084.0

注：＊部分油气田储量暂未提交国家储备委员会。

资料来源：《俄罗斯国际文传电讯》2007 年 1 月 31 日。

表 3－5　战略性铜矿名录

联邦主体，铜矿位置	储量，千吨（A＋B＋C1）
达吉斯坦 基泽尔－捷列（铜矿）	1038.5
巴什果尔达斯坦 诺沃－乌恰利斯克（铜矿）	595.6
斯维尔德罗夫斯克州 沃尔科夫斯克（西北地段，沃尔科夫斯克中间地段）钒－铁－铜矿	1622.8
泰梅尔自治区 诺里尔斯克（南部）硫－铜－镍矿	378.1
赤塔州 乌达甘斯克	14 434.6

资料来源：《俄罗斯国际文传电讯》2007 年 1 月 31 日。

列入战略性金矿清单的只有赤塔州的苏霍伊罗格，储量为（A＋B＋C1）807.544 吨。

4. 外资进入战略性行业的申请批准程序

鉴于俄罗斯政府许多部门都有权管理国家战略性行业，因此新法律规定应在联邦政府层面确定协调国家统一立场的协商程序，同时对外资的进入和退出实行“一个窗口”原则。

该法规定，若外资企业希望在按法律规定具有战略意义的相关公司或地下资源区块项目中取得 10% 以上的控股权，必须向相关全权机构（之前为俄联邦反垄断署）提交申请，并经由联邦安全会议牵头组成的跨部门专门委员会审核，俄总理将担任该委员会主席。如果认为该项目将威胁国家安全，申请将被转交政府审核，政府总理将有权做最后决定。这意味着在以上两个层面普京都将亲自审批外资进入俄战略性行业的申请。正常情况下这一过程约为三个月，特殊情况下该审核过程可顺延三个月。

该法规定不涉及在法律颁布之前已经完成的交易，但所有持有俄战略性行业公司 5% 以上股份的外国公司，必须将控股情况交俄政府备案。

四　非商业风险担保

外国投资者在东道国投资，除了需要承担一般的商业风险外，还面临着非商业性的风险，即政治风险，如国有化风险、征收风险、政府违约风险、外汇风险等。因此，为了消除国外投资者的顾虑，根据《外国投资法》规定俄罗斯将对投资者所面临的非商业性风险提供担保。

1. 关于国有化和征收的法律保证

（1）国有化和征收的条件和程序。俄罗斯《外国投资法》规定，除非在法律规定的条件下，否则一般不会对俄境内的国外投资实行国有化、征收或没收。关于国有化的决定，应由俄联邦杜马通过；征用或没收的决定，应按照俄联邦现行法律规定的程序予以通过。

（2）对国有化和征收的赔偿。如果因特殊原因，俄联邦对境内的国外投资进行了国有化征收或没收，俄联邦应予以赔偿。赔偿应遵循充分、及时、有效的原则：

A. 充分：该补偿应与投资在通过或宣布国有化或征收决定前一天的实际价值相符并支付利息；

B. 及时：对国外投资者的赔偿不得无理拖延；

C. 有效：应以最初投资时的货币或外商接受的外国货币支付赔偿。

2. 关于对外资本金和利润汇出的保证

根据俄《外国投资法》，外资本金和利润的汇出分两种情况。

（1）如果与投资有关的款项是以外汇形式获得的，则可保证无阻碍地汇出境外。

（2）如果这些款项是卢布，可以在俄罗斯境内使用或再投资，国外投资者亦可在俄联邦境内中央银行授权的银行开立往来账户，但无权将账户资金直接汇往境外。

第四节　对外资的优惠政策

一　税收优惠

联邦一级的税收优惠政策。1992 年 7 月俄政府调整吸引外资的政策，开始意识到创造良好环境吸引外资的必要性，规定了一些比先前更优惠的税收政策：外资企业可以用取得的收入弥补投资初期几年的亏损，整个成本回收期间，税收标准保持合同初期税率，外资企业可以在注册五年内免交利润所得税，政府取消对资本流动业务的限制，因自身生产所需进口的机器、技术装备、备用零部件、原材料、配套产品和半成品都免去进口关税和其他税。《俄联邦产品分成协议法》提供的税收优惠是征税基本被按协议条款分配产品所取代。在协议有效期内，投资者免交除企业所得税、资源使用税、俄籍雇员的社会医疗保险费和俄罗斯居民国家就业基金费以外的其他各种税费。

特别经济区法规定的和各地区独立实施的税收优惠政策。《俄联邦加里宁格勒特别经济区法》规定：在特别经济区内，俄罗斯和外国投资者享受俄联邦税法和加里宁格勒州地方法规所规定的税收减免优惠；特别经济区生产的商品（按照产地证明来确定）运往境外时，可免交关税和办理海关手续时所应交纳的其他费用（海关规费除外），并不受国家非关税外贸调节政策影响；商品自境外运入特别经济区时，可免交关税和办理海关手续时所应交纳的其他费用（海关规费除外）；特别经济区生产的商品（按照产地证明来确定）运往俄罗斯其他地区和俄罗斯加入的关税联盟时，可免交关税和办理海关手续时所应交纳的其他费用（海关规费除外），并不受国家非关税外贸调节政策影响；商品自境外运入特别经济区（区内加工或无加工）后运往境外时，可免交关税和办理海关手续时所应交纳的其他费用，并不受出口进口数量限制。《俄联邦马加丹特别经济区法》规定：在特别经济区内以及马加丹州境内从事经营活动的企业，可免交应向联邦财政交纳的税费（但向联邦退休基金和联邦社会保险基金上缴的款项除外）；自 2006 年 1 月 1 日至 2014 年 12 月 31 日，在特别经济区和马加丹州从事经营活动的企业用于在马加丹州境内投资发展生产和公共事业的利润可免交利润税；区内企业在将因自身生产所需而购买的和在马加丹州境内使用的外国商品从特别经济区运往马加丹州其他地区时，可免交进口关税和俄联邦国家海关委员会规定的在办理商品海关手续时应交纳的其他费用（海关规费除外）；当区内企业将上述外国商品从马加丹州运往俄联邦其他海关境域时，如该商品经过加工并符合俄联邦海关法规定的深加工标准，可将其视为俄罗斯商品，免征进口关税并免收办理海关手续时的费用；区内企业将在特别经济区生产的商品运往俄联邦其他海关境域或俄联邦境外时，可免交关税和办理海关手续时所应交纳的其他费用（海关规费除外）。另外在达吉斯坦共和国，外国投资者按降低的税率交纳利润税。

二　金融支持

俄联邦一级的金融支持政策。俄罗斯海关法和政府税收法规定，外资重点投资项目可以享受优惠；俄地方政府可以在职权范围内利用地方财政收入或预算外资金向外资提供税收优惠、担保、融资及其他形式的支持。《俄罗斯联邦融资租赁法》规定，对租赁项目的实施给予联邦预算拨款并提供国家担保；为租赁项目提供投资贷款；银行及其他金融机构向租赁主体提供贷款所得利润可免缴三年以上的企业所得税；按照法律程序向租赁公司提供贷款优惠。

地区级的金融支持政策。科米共和国、达吉斯坦共和国、伊尔库茨克州、沃罗涅日州、斯维尔德洛夫斯克州、加里宁格勒州、弗拉基米尔州给投资者提供投资者贷款和税收贷款；伏尔加格勒州、沃罗涅日州、利佩茨克州、加里宁格勒州、弗拉基米尔州、伊尔库茨克州对投资者在实现投资计划期间的权利予以国家担保；伊尔库茨克州、伏尔加格勒州给予共同拨款补助金；沃罗涅日州、伏尔加格勒州在租赁房屋和其他财产方面予以优惠。

三　设立经济特区

为了吸引外资，俄政府在 1991～1992 年开办了纳霍德卡、库兹巴斯、泽列诺格勒市、阿尔泰边疆区、赤塔州、萨哈林、加里宁格勒州、犹太人自治州、克麦罗沃州、诺夫戈罗德州等 11 个自由经济区。1992 年又开始整顿，把原来划定的 11 个改为五个，即纳霍德卡、萨哈林岛、下诺夫戈罗德、加里宁格勒、圣彼得堡。自由经济区为外国投资者规定了更加优惠的政策：向自由经济区内进口商品和劳务不受配额和许可证限制；在自由经济区内进出口商品免交关税；企业自宣布获得利润之日起五年内免交利润税和出境税；外国投资者在当地购买土地允许使用 99 年等。但这些自由经济区并没有起到吸引外资的目的，多数形同虚设。2005 年起，俄罗斯又掀起新一轮特区建设热。根据 2005 年 8 月 27 日实施的《俄联邦特别经济区法》，在 2007 年末至 2008 年初俄将建立首批约十个特别经济区。该法规定了两种经济特区，一种是技术研发和应用型，占地面积不超过两平方公里，用于研发和应用科技产品；另一种是工业生产型，占地面积不超过十平方公里，用于深加工产品的生产。两种类型特别经济区的有效期均不超过 20 年。特别经济区实行投资规模限制政策、税收优惠政策、关税优惠政策和财务优惠政策。投资规模限制政策规定，工业生产项目投资应不少于 1000 万欧元（不包括无形资产，保证在十年内完成的投资），签订投资协议后一年内投资额不低于 100 万欧元（不包括无形资产），入驻特区的投资者要与特区管理机关签订投资项目协议；税收优惠政策规定，对高科技项目不设投资额度的限制，而且统一社会税税率调低到 14%（一般为 26%），项目投产前五年内免缴联邦级的财产税和土地税，其他税收优惠政策可能将会在政府批准各经济特区的实施细则中另行规定；关税优惠政策规定，经济特区内将实行自由关税区制度，进口国外商品可以免税（进口关税和增值税）进入保税区，区内生产的商品则可免税出口；财务优惠政策则规定，企业亏损可以无限制地转入下一个财政年度进行核算。加速和简化对企业用于科研和试验等研发费用支出的确认程序。俄政府收到了约 30 个地区拟建经济特区的申请后，其中包括莫斯科市、莫斯科州、圣彼得堡、新西伯利亚和托木斯克（加里宁格勒和马加丹已经成为具有这种地位的经济特区），经过几轮认真筛选，目前确定在六个地区率先建立特区：圣彼得堡市、绿城、杜布纳市、托木斯克市、利佩茨克市和叶拉布加市。前四个属于技术推广型特区，后两个属于工业生产型特区。

四　其他鼓励性措施

行业鼓励政策。联邦一级的外资行业鼓励政策是 1999 年的《外国投资法》规定对科技领域投资超过一亿美元的外国投资者可享受一系列优惠待遇。州区一级的外资行业鼓励政策有：在布里亚特共和国，投资发展地方工业、建筑业、运输业和农业的外国投资者，享有减少利润税的补充权利，并免交财产税。弗拉基米尔州 1995 年州立法会议通过 140 号决议，为生产性外资参股企业提供优惠，州内注册的外资超过法定资本 30% 的生产性外资参股企业，如企业生产性活动所得收入超过产品销售（工程、服务）总收入的 70%，头两年即可免除向州预算缴纳的部分利润税；如企业生产性活动所得收入超过产品销售（工程、服务）总收入的 90%，第三年和第四年可分别按 25% 和 50% 缴纳利润税。1999 年该州立法会议通过了《为国内经济优先发展领域中外资参股投资项目提供补充优惠》的法律，确定了给予优惠的地区优先投资部门清单：机械和仪器设备制造业，有色冶金，食品工业，轻工，化工，玻璃制造，木材加工，农业，建材生产，外经贸基础设施建设，交通，通信，旅游等。该州根据投资额来排列项目顺序，以方便对有关鼓励措施进行细分。

期限优惠政策。《俄罗斯联邦外国投资法》规定在外国投资者和有外国投资的商业组织所执行的优先投资项目涉及生产领域、交通设施建设或其他基础设施建设，且在外国投资总额不少于十亿卢布（不少于按联邦法生效之日俄联邦中央银行当日汇率折算的等值外币金额）、回收期超过七年的特殊情况下，俄联邦政府应延长对上述外国投资者和有外国投资的商业组织实行稳定投资条件和制度的期限。

设备加速折旧优惠政策。《俄罗斯联邦融资租赁法》规定为鼓励更新机械设备，在使用快速折旧法的同时，允许出租人将使用寿命在三年以上的固定资产在其投入使用的第一年以快速折旧方式注销原始价值的 35%。

土地优惠政策。1992 年 7 月俄政府调整吸引外资的政策，把给外资企业提供的土地租赁期由原来的 50 年改为 90 年。1992 年俄承诺在外商独资投资建立新企业、新项目时，政府将授予其土地所有权。另外加里宁格勒州为投资者无偿提供土地。

落后地区鼓励政策。如 1999 年的《外国投资法》规定对俄罗斯落后地区投资超过一亿美元的外国投资者可享受一系列优惠待遇。

为鼓励大陆架油气资源开发，俄政府于 2012 年 4 月中旬出台了对大陆架地区油气区块勘探开发项目的税收优惠政策，包括取消出口税、免除财产和增值税、降低开采税等，政府还承诺相关税收优惠政策将在项目实现工业开采后 15 年内保持不变。俄政府预计，这一优惠政策将给俄能源工业带来大约 5000 亿美元的直接投资，并将在 30 年内给基础设施建设等相关产业带来 3000 亿美元的投资。

第四章　俄罗斯投资促进机制和路径

在任何社会中，社会总投资都是由政府投资和非政府投资两大部分构成的。政府投资对调节投资结构、引导社会投资方向起着重要作用。在市场经济条件下，政府已不是唯一的投资主体，即使是国家需要重点扶持的基础设施及其他重要产业也需要鼓励社会投资的介入，但政府投资起到了一种先导和示范作用，它通过运用直接投资和间接投资手段（如投资补贴、投资抵免、投资贷款贴息等），引导全社会投资更多地投入国家鼓励发展的产业和领域，对外资而言，政府投资还起着风向标和指示器的作用。本章主要介绍俄罗斯政府融资的新模式“公私合作伙伴关系”及其具体运作模式。了解俄罗斯投资促进机制和路径将有助于中国企业了解俄投资政策和外资政策的最新变化和对大项目的投资路径，把握新的投资机遇，最终扩大对俄投资。

第一节　“公私合作伙伴关系”融资模式概述

一　概念界定

“公私合作伙伴关系”英文为 Private-Public Partnership，缩写为 PPP。PPP 本身是一个意义非常宽泛的概念，加之意识形态的不同，目前世界各国对 PPP 的确切内涵没有达成共识。对英文 Private-Public Partnership 也有多种译法，如公私伙伴关系、公私合作伙伴模式、公共/私人合作关系、公私机构的伙伴合作、官方/民间的合作、民间开放公共服务、公共民营合作制等。

综合联合国发展计划署、联合国培训研究院、欧盟委员会、经合组织、美国 PPP 国家委员会等多家机构的概念及专家的看法，所谓 PPP，系指政府与私人组织之间为了合作建设城市基础设施项目，或是为了提供某种公共物品和服务，以特许权协议为基础，彼此之间形成一种伙伴式的合作关系，并通过签署合同来明确双方的权利和义务，以确保合作的顺利完成，最终使合作各方达到比预期单独行动更为有利的结果。

从各国和国际组织对 PPP 的理解来看，PPP 还有广义和狭义之分。广义的 PPP 泛指公共部门与私人部门为提供公共产品或服务而建立的各种合作关系，可分为外包、特许经营和非公共机构这三大类；而狭义的 PPP 可以理解为一系列项目融资模式的总称，包含 BOT、TOT、DBFO 等多种模式。国外研究文献提到 PPP 一般是广义的，而国内文献一般是指狭义概念。本文涉及的是广义的 PPP，狭义 PPP 不是本文考察分析的对象。

二　“公私合作伙伴关系”模式起源

PPP 模式 1992 年起源于英国，当时的英国财政大臣肯尼斯·克拉克为了提升基础设施水平、解决公共服务的资金匮乏和公共部门缺少有效性和资金效率等问题，首次提出了 PPP 模式的概念。英国对 PPP 模式的推广已经形成了较为规范的体系，有多家机构共同参与，包括伦敦国际金融服务局、PUK、国家审计办公室、公共会计委员会、地方项目监控组等。作为配套措施，英国政府成立了“电力供应管制办公室”“自来水服务管制办公室”“国家江河管理局”。同时，英国政府在电信、煤气、自来水、电力产业实行民营化期间所颁布的主要法规对各产业的重要政府管制问题作了相关规定以防止垄断经营的产生。

由于 PPP 与传统的公用事业提供方式相比具有很多优越性，近 20 年来，在商界范围得到广泛认可和应用，各国或国际组织都争相尝试将 PPP 的各种模式应用于本国或区域内的基础设施建设，如在美国、法国、澳大利亚、南非、新加坡等发达国家以及中国、巴西等发展中国家，PPP 已得到越来越多的普及。1997 年全球 PPP 项目增长达到顶峰。伴随 1997～1998 年亚洲、俄罗斯和巴西金融危机的出现，全球 PPP 项目有所减少，之后在平稳中又开始逐渐回升。

三　“公私合作伙伴关系”模式的应用形式和内容

近 20 年来，在全球范围内 PPP 模式的应用已经形成了良好的发展循环套路。一方面 PPP 模式逐步涵盖了公共部门和私人部门互动的各种形式，如租赁、特许经营、建设—拥有—经营—转让、设计—建设—融资—经营以及合资经营等；另一方面，就内容而言（以基础设施建设为例），PPP 也逐步覆盖至多种类型的基础设施建设项目中，包括硬经济基础设施（公路、桥梁、铁路、电信等），硬社会基础设施（医院、学校、供水、排水、监狱等），软经济基础设施（研发、技术转移）以及软社会基础设施（社区服务）等。以目前世界公认的最先进的 PPP 模式使用者英国为例，它不仅已经将 PPP 模式成功运用于交通、公用事业、社区建设中，而且在医疗、教育、监狱及地方政府部门事业的建设应用中同样取得了进展和成效。

四　PPP 模式的优势

国际经验表明，PPP 模式可以使政府部门和民营企业充分利用各自的优势，即把政府部门的社会责任、远景规划、协调能力与民营企业的创业精神、民间资金和治理效率结合到一起。其优势主要表现在如下方面。

1. 有利于转换政府职能，减轻财政负担

基于 PPP 模式的基础设施与公用事业建设打破了以往政府“大包大揽”的传统模式，政府可以从繁重的事务中脱身出来，从过去的基础设施公共服务的提供者变成一个监管者的角色，从而保证基础设施建设的质量，也可以在财政预算方面减轻政府压力，为政府开辟新的资金来源，具有很好的财务杠杆效应。

2. 风险分配合理

PPP 模式具有完善的风险分担机制，减少了政府建造公用设施所承担的风险，从而保证基础设施项目在经济方面的可行性。PPP 在项目初期就可以实现风险分配，同时由于政府分担一部分风险，使风险分配更合理，减少了承建商与投资商风险，从而降低了融资难度，提高了项目融资成功的可能性。政府在

分担风险的同时也拥有一定的控制权。

3. 有利于提高基础设施工程建设项目产品的质量和公共服务质量

PPP模式的最大特点是，将私人部门引入公共领域，从而提高了公共设施服务的效率和效益，避免了公共基础设施项目建设超额投资、工期拖延、服务质量差等弊端。在PPP模式中，私营部门全程参与基础设施项目的建设过程，政府可以利用私人机构的先进技术，管理经验和创新能力提高项目的经济效益，有利于缩小工程建设周期，节约成本，提高基础设施工程建设项目产品的质量和公共服务质量。

4. 提高了市场的运作效率

从宏观的角度看，PPP通过让私人部门在传统的政府领域发挥比原来更为重要的角色，刺激了经济活动。根据英国的经验，PPP这种市场化模式一般可以帮助政府节省5%～20%的费用，但是所提供的公共服务的质量却显著上升。英国的统计数据表明，80%的PPP项目在计划时间内完成，80%的PPP项目控制在预算之内，20%超过预算的是因为政府提出调整工程方案，而传统的政府采购项目只有30%能够按时完成，能够控制在预算范围内的只有25%。可见，和传统的项目运作方式相比，PPP模式在节约时间和资金方面具有相当大的优势。①

5. 应用范围广泛

PPP也使得在一个市场中获得的经验和技巧能够为其他市场所共享，这提高了市场的运作效率，为经济的长期发展提供了动力。该模式突破了目前的引入私人企业参与公共基础设施项目组织机构的多种限制，可适用于城市供热等各类市政公用事业及道路、铁路、机场、医院、学校等。

五 “公私合作伙伴关系”模式成功运作的条件

从目前成功的国际经验看，PPP成功运作必须具备以下几个条件。

1. 政府提供政策支持，同时健全法律环境，完备监管机制

政府政策的支持对PPP模式的成功运作有着重要的意义。政策的支持将

① 周嵩毅：《基础设施建设PPP模式全球发展态势研究》，《现代商贸工业》2009年第18期。

增强投资者的投资信心并在很大程度上降低 PPP 项目的风险和成本。与此同时，着手构筑完整的法律框架，研究制定具体可行的法律法规，弥补有关监管体系的缺陷及解决实际操作过程中存在的一系列问题也将确保 PPP 模式的运行步入规范化、法制化的良性轨道。

2. 在政府内部建立负责 PPP 项目的专门机构

政府通过设立专门机构来专门负责 PPP 项目的设计、开发、监管，一方面将有利于降低 PPP 项目的风险、提高融资效率，另一方面也将无形地提升 PPP 项目的信用级别，从而吸引更多的私人部门参与到 PPP 项目的建设中来。

3. 为 PPP 的研究、应用培养和储备人才

PPP 模式是一项技术性、专业性极强的新型融资方式，它涉及的专业领域包括金融、法律、会计、财务等多方面，需要一大批既有理论知识又有实践经验的复合型人才。为此，一方面要加强对现有相关专业人员的培养，另一方面有必要加大相关专业人才和管理技术的引进力度。

第二节　俄罗斯“公私合作伙伴关系”发展现状

一　引进“公私合作伙伴关系”模式的初衷

在俄罗斯，“公私合作伙伴关系”近年来亦受到高度重视。该概念直接从英文翻译而来，俄语为 Механизм Частно – Государственного Партнерства，缩写为 ЧГП（以下文中简称 ЧГП）。ЧГП 之所以受到高度重视，主要有三方面的原因。

第一，政府财政资金难以承担基础设施大规模改造的任务。综合的生产性基础设施部门（能源、电力、公路、铁路、港口、机场、管道运输、公共服务等）发展滞后是俄经济的短板，目前这些部门成为发生结构性、技术性和其他危机和灾难的源头。这些领域的固定资产已经过度老化，最近 10 ~ 15 年，甚至在 2008 年国际金融危机爆发前俄经济持续增长的条件下，也未能保证对发展基础设施和创建新的生产能力的投资。出现这一局面的最重要原因是：用于保证基础设施部门扩大再生产的预算资金不足；所有者（国家和市政机构）未能做好向基础设施经营者（首先是在 ЧГП 框架内）转交一定权利的制度准备；在缺少国家担保的情况下，对基建项目投资存在高风险。对苏联时期建立的生产基础设施现代化，在干线公路和铁路、港口、机场、电力和公共系统建设领域实施大项目只有在 ЧГП 基础上，吸引国内和国际资本参与才能完成，这已成为一种共识。

第二，政府职能转换和改革的需要。从全球范围看，PPP 模式从西方发端迅速扩大到发展中国家，PPP 之所以受到欢迎，主要是由于社会环境发生了深刻的变化，政府必须进行相应改革以适应这种变化，即转换职能，变换角色、地位和组织结构。一方面，公共部门面临巨大的财政紧缩压力，而公众对公共服务的需求并没有因此而减少，俄罗斯过度依靠政府来独立运作公共项目，不可避免地会碰到国外政府早已碰到过的种种问题。这进一步增强了政府变革的决心，政府角色的转换已成为当前新公共管理发展的核心理念。另一方面，私人部门绩效的示范作用。私人部门的实力日益强大，在市场活动中所表现的高绩效明显，而且所涉及的经济活动领域也不断扩大，为公共部门树立了良好的示范作用。此外，在信息技术飞速发展的背景下，多形式的服务提供方式和设施得以发展，信息技术的支持为私营部门参与传统的政府垄断领域创造了机会。

第三，理论和政策上作为解决战略性部门私有化的一种选择。俄罗斯法律规定，基础设施部门，首先是联邦电网、联邦输油管道等由于具有战略、经济和社会政治多重重要意义不能被私有化。另一方面，国家预算资金不足，无法保证对这些设施进行扩建和现代化改造。为了解决这一矛盾，开始采用规范的 ЧГП 模式，俄法律界和经济界进行探讨，将其作为对具有重要战略意义的国家项目私有化的另一种选择模式。促进经济和社会基础设施建设项目的民营化，为所有者（国家和市政机构）向基础设施经营者（首先是在 ЧГП 框架内）转交一定权利做好制度准备。在这些领域引入 ЧГП 模式，具有极其重要的理论价值和现实意义。

2004 年 10 月 16 日，时任俄罗斯总统普京在俄罗斯工业企业家联盟第 19 次会议上宣布：“还有一个有前景的发展方向，即吸引商界参与实施国家的基础设施项目，包括大的基础设施、干线项目、能源保障、加强边界基础设施等。在最近的未来应该为在优先规划领域创造法律基础，国家应该保证为包括在特许经营框架下的私人投资创造稳定条件。”

二　“公私合作伙伴关系”模式在俄罗斯的发展现状

（一）官方文献对“公私合作伙伴关系”的界定

俄罗斯最早界定“公私合作伙伴关系”（ЧГП）基本概念和发展机制的官方文件是2006年1月19日以№ 38 – Р政府令形式批准的《俄罗斯经济发展中期规划（2006～2008年）》。

该规划认为，发展有效的国家私人互动机制是制定有效的经济政策、提高创新积极性、发展经济和社会基础设施的最重要条件之一。发展ЧГП模式旨在利用租赁和特许经营机制，通过吸引私人资本对具有重要的国家战略意义的社会规划和投资项目投资。

采用ЧГП模式的六大优先方向是：生产和运输基础设施（公路、电网、港口和管道的建设和开发）；住房公共服务；对具有商业化前景的科研项目和创新基础设施融资；职业教育和干部再培训体系；卫生和社会服务；对经营活动，其中包括非资源出口提供信息咨询支持。

采用ЧГП模式的有效手段是：实现联邦特许经营法规定的原则和机制；组建和利用联邦投资基金；提高国家开发银行的活动效率；国家支持对高技术和高科技含量项目投资的风险投资活动；提高扶持租赁机制的有效性；组建特别经济区并发挥作用；发展技术园、工业园和生产孵化器；实现社会 – 国家咨询和ЧГП计划。上述这些手段的具体功能如下。

（1）特许权经营。发展特许经营对于活跃社会经济基础设施项目具有关键性作用。先进行试点，在地区一级保证对培训和实施特许经营提供方法和咨询方面的支持。

（2）联邦投资基金。为了实施最有前景的投资项目，联邦政府决定组建联邦投资基金。俄最高决策层认为，基础设施发展水平不足是阻碍一系列部门发展的主要障碍之一。投资基金是解决基础设施建设的新方法，用于发展创新型基础设施。投资基金资金将在ЧГП模式条件下拨付，这将提高国家投资的效率（规定在基金投资项目中私人投资的贡献率不得低于25%）。利用投资基金机制实施具有全国意义的大项目将有助于克服生产发展的制约，有助于集中国家资源和私人投资用于加快发展的优先方向。

（3）国家开发银行。利用公共金融机构，首先是开发银行为经济优先领域的长期项目融资是加快经济发展的有效手段之一。据国际统计数据，在已实施的固定资本投资中，利用国家开发银行贷款和担保融资的占比达10%。在许多国家，国家开发银行的长期贷款和投资总额已达到GDP的5%。国家开发银行的主要功能是对具有国家战略意义的基础设施项目投资，同时对项目实施条件进行监管。

俄罗斯国家开发银行的主要投资方向是：对投资项目提供长期贷款；对商业银行向具有全国意义的项目和规划提供的长期贷款提供担保；必要时吸收著名外国专家对投资项目效益进行效能检查、筛选和分析；提供国家对小企业的扶持；吸引外国投资，首先是国际和地区的开发银行的投资。开发银行应该成为刺激科技进步、完善经济结构、实现教育和卫生领域一系列社会任务的项目融资和实施的有效工具。

（4）风险投资基金。必须进一步发展风险投资基金，其目的是形成风险投资体制的组织结构，发展对高风险项目的预算外融资和组织对高风险科技创新项目的投资。风险投资基金将用于发展扶持创新基金，包括启动基金和风险经营基金。必须确定形成和使用风险投资基金的程序，将在竞标和吸引风险创新基金基础上安排联邦预算参与组建风险基金。

（5）特别经济区。经济特区在完成政府提出的吸引投资、经济多元化和走创新发展道路方面将起特别作用，有助于扩大加工业、高技术部门和生产新产品、创建新的高素质的工作岗位。

（6）科技园和工业园。国家支持发展科技园和工业园是刺激经营发展的重要手段，应提供必要的方法支持和推广好的做法。必须研究和批准区域性生产孵化器发展构想及相应的实施措施计划，组织在地区和市政一级实施孵化器政策的试点。

（7）扶持发展分包机制。在职业教育领域，ЧГП的优先方向是保证让雇主协会参与制定教育标准、示范教学计划和职业教育机构教学考察计划；推广企业、雇主协会和职业教育机构互动的先进做法；对实施不间断教育计划的企业提供国家财政扶持；建立部门和地区的发展职业教育委员会，让相关的雇主代表进入委员会。

在创新领域，有目的地实施吸引最高教育机构参与创新过程措施是ЧГП的最主要方向，在企业、部门和地区科技政策委员会的代表参与下，明确国家对基础研究和应用研究拨款的优先方向（详见表4－1和表4－2）。

表 4－1　采用 PPP 模式的关键领域

交通	环保	水资源	能效
公路、桥梁 岔路 快速车道 铁路基础设施 机场、港口	废料管理基础设施	供水和污水处理 基础设施 雨水下水道	公共供热系统 市政不动产基金 道路照明系统
平整场地	**社会发展**	**安全和护法**	**信息化和国家管理**
保证配套建筑的基础设施场地 保证科技园区的基础设施场地	医疗 教育 体育和旅游 文化等基础设施	安全项目和维护秩序 及紧急情况部的项目	多功能行政中心 电子政府基础设施 多通道上网基础设施

资料来源：俄罗斯开发与对外经济银行报告：《PPP 模式在俄罗斯发展现状与前景》。

表 4－2　俄罗斯已采用和发展的 PPP 合同模式

合同形式	法律基础
——项目实施的投资协议(合同)	——合同 ▲　115 号联邦法:特许经营协议法 ▲　民法典
——市政资产(进行改造和现代化)租赁合同 ——PPP 协议(BOT/BOLT) ——特许经营协议(BOT) ——提供服务合同	——流程 ▲　土地法典 ▲　民法典 ▲　94 号联邦法:国家和市政寻求商品和服务采购 ▲　135 号联邦法:保护竞争法 ▲　联邦反垄断署 67 号命令:批准对租赁合同签署权竞标和拍卖规则 ▲　地区 PPP 法 ▲　联邦投资基金 ——保证公共伙伴义务 ▲　预算法典 ▲　210 号联邦法:税费调节基础 ▲　部门调节 ▲　地区法规

资料来源：俄罗斯开发与对外经济银行报告：《PPP 模式在俄罗斯发展现状与前景》。

（二）俄罗斯实施“公私合作伙伴关系”模式的法律制度准备

2005 年以来，俄罗斯在“公私合作伙伴关系”领域的法律准备工作开始加速，年内相继通过了“特许经营协议法”“特别经济区法”“投资基金法”。2007 年 5 月通过了联邦“开发银行法”。2008 年以前，通过相关法律并先后成立了俄罗斯纳米技术、奥林匹克建设、俄罗斯技术、住房改革基金、俄罗斯风险投资和俄罗斯公路等多家国家公司，承担基础设施、住房等多个领域大项目的建设。

从制度保证看，在俄罗斯经济发展部设立了投资政策和公私合作伙伴关系司，主管大项目的实施。俄罗斯国家杜马成立了经济和经营政策委员会“公私合作伙伴关系”立法专家委员会。俄罗斯国家开发银行成立了促进发展ЧГП 项目中心。在俄罗斯政府国民经济科学院及总统行政学院、俄罗斯外交部所属的国际关系学院、圣彼得堡大学均组建了专门的系或专业，培训实施ЧГП 项目的专业人才。

现阶段，俄罗斯在实行 ЧГП 模式法律准备方面存在的问题是，联邦一级的立法落后于地方立法。截至 2011 年 9 月，有 45 个联邦主体制定了自己的ЧГП 法，但在联邦层面却没有一部专门的立法来界定 ЧГП 概念。尽管在不同的标准化文件特别是俄联邦预算法典和一系列联邦专项规划中已广泛使用ЧГП 一词，但这些法规和规划中只是提出要“在 ЧГП 原则基础上”开展活动，“组织和参与实施 ЧГП 项目”，“在广泛采用 ЧГП 机制的基础上集中资源用于有前景的科学技术方向”等。俄审计署认为，在所有法律中都缺少对ЧГП 的定义。[①]

2012 年 3 月，普京在大选中以较大优势胜出，开启了自己第三个总统任期。普京新任期中，改善营商环境和投资环境、扩大吸引外资、推动在创新基础上的现代化是其重要任务。为此加快了 ЧГП 方面的立法工作。2012 年 6 月 22 日，俄罗斯经济发展部网站公布了“公私合作伙伴关系”联邦法草案。

① Счетная палата Российской Федерации: Аналитическая записка по результатам экспертно – аналитического мероприятия 《Анализ эффективности реализации крупномасштабных проектов и программ в субъектах Российской Федерации на условиях государственно – частного партнерства》, № 4 (148) 2010 г..

2013 年 3 月 12 日第 331 号政府令最终批准将该法上报国家杜马。

总体看，俄罗斯 ЧГП 机制建设尚处于形成、完善联邦法律和地区法律阶段。当前 ЧГП 法律准备的水平对于吸引外资是远远不够的，要实现俄政府通过政府投资带动促进私人投资和外国投资的初衷，在经济和法律上高素质地实施 ЧГП 模式还需要走相当长的路。

（三）ЧГП 项目参与主体的评价

根据安永会计师事务所俄罗斯办事处对 2011 年俄罗斯“公私合作伙伴关系”项目执行情况的调查结果，可以看到，目前参与 ЧГП 项目的主体对该机制的优势、实施 ЧГП 项目主要部门的吸引力、面对的主要障碍、俄罗斯对投资者权益保护现状、实施 ЧГП 的法律基础、未来的改革方向等问题，还存在较大分歧。

1. “公私合作伙伴关系”对国家的主要优势

在参与调查的全部机构和公司中有 68% 的俄罗斯机构和 60% 的外国公司认为，俄罗斯推行 ЧГП 机制的主要好处有：有利于克服预算资金不足问题；利用私人投资者的经验用于技术创新；提高为居民提供服务的质量。

有关 ЧГП 在提高国家支出效率的可能性方面，政府和私营部门之间，俄罗斯与外国公司之间意见还不一致。外国组织的代表（与俄罗斯公司不同）认为 ЧГП 的主要好处是可以节约预算资金；在项目管理领域可以利用私人投资者的经验。此外，外国公司比俄罗斯同行的官员们愿意承担与实施项目有关的风险。

对于政府机构代表来说，吸引预算外融资和将对可能出现风险的责任转移给私人伙伴比 ЧГП 节约预算资金和利用新技术有更大的意义。

私人投资者和金融机构，特别是外国公司的代表们的看法正相反，他们认为，推行 ЧГП 机制可以靠以下方式节约预算资金：私人投资者的有效工作和改善公共开支的效率；灵活和平衡分配 ЧГП 协议各方的风险；将部分费用转移给消费者。

只有 18% 的俄罗斯受访者考虑在近年内签署收购资产协议，2011 年 4 月和 10 月，这一占比分别为 34% 和 22%（详见图 4－1）。

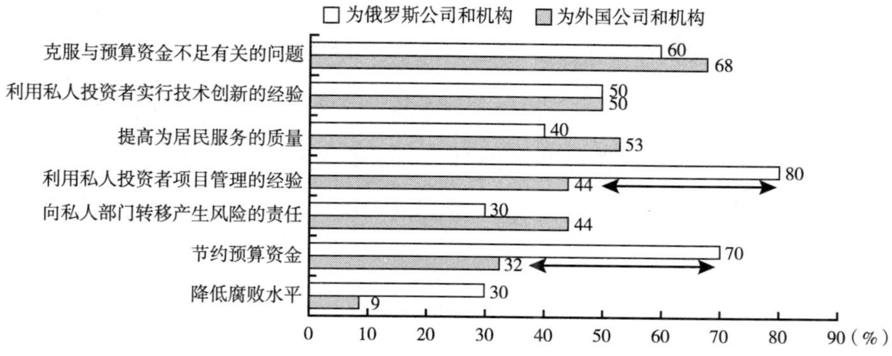

图 4－1　对在俄罗斯采用 ЧГП 模式的主要优势的看法

2. 有关采用“公私合作伙伴关系”机制的部门吸引力

最近 5～10 年，交通运输和公共基础设施是俄罗斯推行“公私合作伙伴关系”机制最有前景的部门。被调查者认为，电力行业是最没有前景的部门，这可能与在实行调节税费的条件下，对电力行业投资获得收益不高有关。政府机构与其他被调查者在社会基础设施领域实行 ЧГП 机制问题上的意见也不一致。从图 4－2 可以看到，对在交通运输、公共基础设施、社会基础设施和电力四大行业推行 ЧГП 机制的部门吸引力的评价分别为 80%、68%、32% 和 11%（详见图 4－2）。

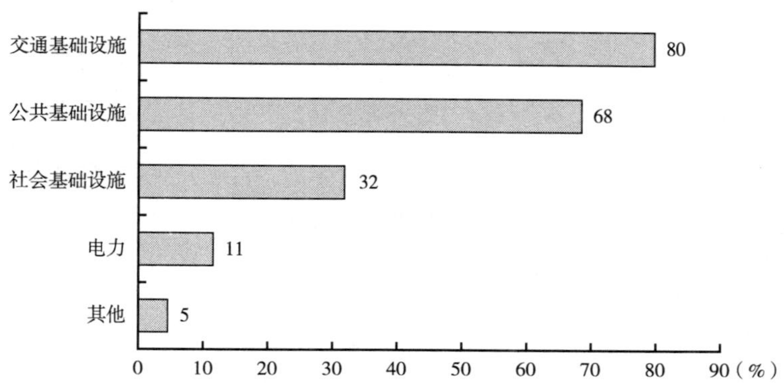

图 4－2　未来 5～10 年内在俄罗斯采用 ЧГП 的部门吸引力评估

3. 推行“公私合作伙伴关系”机制的主要障碍

所有被调查者一致认为，在俄罗斯影响更广泛采用 ЧГП 模式的主要障碍有：联邦法律与现实要求不相符；ЧГП 项目编制质量低下；政府部门对实际实施 ЧГП 项目准备不足。

恰恰是政府机构的代表认为，最主要的障碍是在 ЧГП 领域缺少统一的国家政策，国家机制不发达，以及他们对实施这些项目准备不足。而发展机构的代表更担心的是有需求的、经过深入研究的 ЧГП 项目数量太少，同时市场机制水平过低（详见图 4－3）。

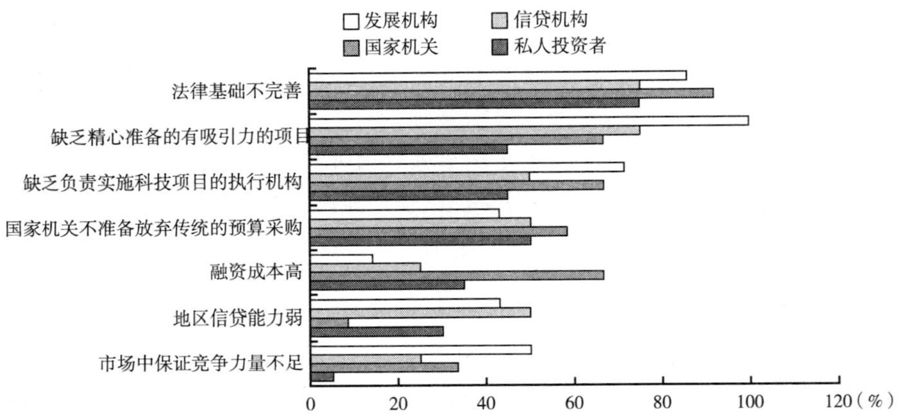

图 4－3　在俄罗斯更广泛采用 ЧГП 模式主要阻力评估

4. 对项目编制质量的评价

被调查者一致认为，总体看，俄罗斯 ЧГП 项目编制质量低下。为了提高其质量和传授经验，吸引外部专家非常重要。还应注意这样一些愿望，如在联邦一级建立统一的推广先进的 ЧГП 实践经验中心，推动已在该领域积累正面经验的国家公务员在其他地区和部门实施项目。

5. 国家在 ЧГП 领域的政策

86% 的私人投资者认为，俄罗斯在 ЧГП 领域还缺乏统一的国家政策。只有 8% 的国家机构的代表指出，他们完全了解和支持 ЧГП 领域现有的国家政策。信贷机构和私人投资者对现有的政策评价最低。

外国私人投资者代表认为：必须在国家层面确定优先方向。

发展机构认为，负责发展 ЧГП 机制的联邦部门没有协调好内部行为，没有明确全权负责制定 ЧГП 政策的国家机构。发展机构的代表要求，应该统一其实施的方法和相关术语（详见图 4－4）。

俄罗斯的私人投资者认为，必须摆脱全面采用安排国家订货原则的做法，把利用和发展 ЧГП 作为实施基础设施项目的可选渠道。

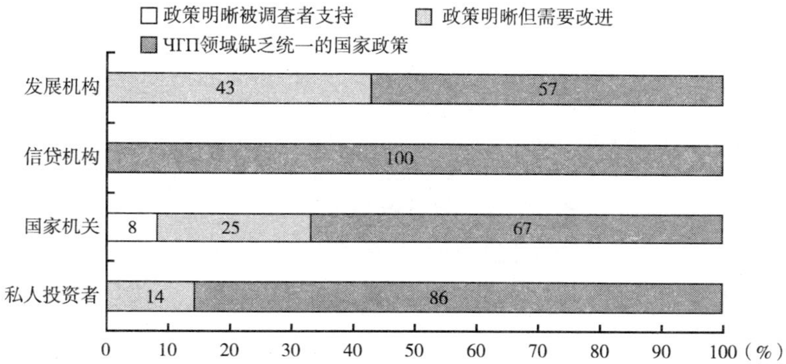

图 4－4　被调查者对俄有关 ЧГП 政策的评价

6. 融资条件

政府和私人部门对地区项目的合理规模和 ЧГП 项目中商业资本可接受的收益意见分歧很大。银行与政府机构代表关于可接受的商业资本收益看法完全相左。政府机构认为，按卢布计价年收益 20% 是能达到的上限，而信贷机构则认为是下限。

对基础设施市场，非国家机构代表认为，对返还投资提供国家担保是封闭式项目成功融资最重要的因素。政府机构认为，发展 ЧГП 实践已有的经验、提高项目的拟定程度是成功吸引资金的关键，其结果是在投资者之间加强竞争。

发展机构的代表分为两派，认为上述措施同等重要。非国有机构被调查者担心各地区的贷款能力过低。

投资机构自身则期待在实施地区基础设施项目时能够得到联邦政府更大的支持。

7. 发展机构的作用

被调查者认为，发展机构最流行的功能应该是：推广编制和实施 ЧГП 项目的经验，为国家机构提供咨询；为编制 ЧГП 项目提供资金；对项目提供不同类型的贷款支持，其中包括优惠条件融资、提供担保等。总体看，被调查者认为，在市场条件下能够从发展机构获得融资是不太重要的因素（详见图 4－5）。

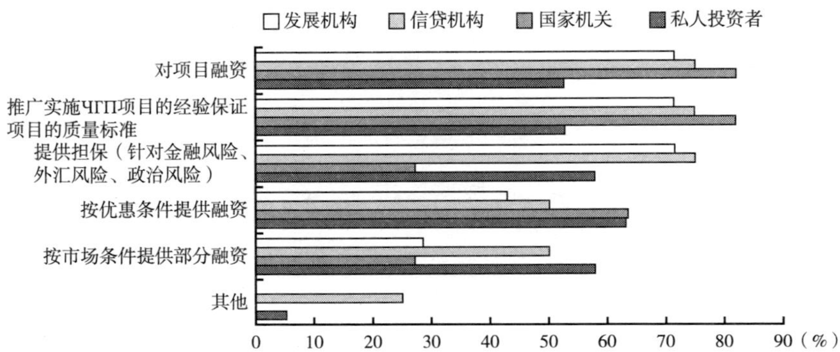

图 4－5　发展机构在实施 ЧГП 项目中应发挥什么作用

第三节　俄罗斯联邦投资基金的功能及应用

纵观近年来俄罗斯“公私合作伙伴关系”模式的实施状况，应用最多的当属联邦投资基金、风险投资公司、特别经济区等。

一　联邦投资基金界定及审批流程

1. 联邦投资基金界定

联邦投资基金是俄罗斯联邦国家用于投资项目融资的财政资金，根据 2005 年 11 月 23 日№694《关于俄罗斯联邦投资基金》政府令组建并由其调节。该法令规定了希望得到国家支持的项目的筛选规则和程序。最初联邦投资基金由俄经济发展部管理，2008 年 3 月 1 日№134《关于批准投资基金预算预付款形成和使用规则》的政府令决定，联邦投资基金转交地区发展部管理。

根据《俄罗斯预算法典》第 179 条第 2 款界定，“投资基金是联邦预算资金的一部分，用于对 ЧГП 框架下的投资项目融资”。作为国家的投资政策工具，使用投资基金的主要目的是通过帮助建立联邦和地区交通、工程和电力基础设施来支持国家和地区优先投资项目。

2. 投资基金资金来源和审批流程

投资基金来源为建立稳定基金过程中由于石油价格提高产生的差价和提前偿还外债所节约的利息形成。项目审批经过投资委员会、政府委员会和政府会议三个主要环节批准，规定国家在五年内将为价值不超过 50 亿卢布的商业项目融资。

政府委员会按以下比例在各部门分配投资项目：45% 用于发展交通基础设施；30% 用于发展工业部门；10% 用于实施公共住房领域的项目；5% 用于建立创新基础设施；10% 用于国民经济其他领域。

通过投资基金的国家扶持以三种模式实现：对项目的直接融资；参股将实施某种项目的公司；提供有别于财政部现行担保的国家担保体系。

二　投资基金拨款条件、项目筛选标准及资金来源

按照要求，投资基金按照 ЧГП 模式的要求对全国性和地区性项目拨款；私人投资对联邦项目的贡献率不得低于 25%，对地区项目不得低于 50%；在实施投资基金资助的地区项目时，地方预算须提供一定比重的拨款；任何希望得到投资基金资助的项目必须有符合投资基金数量和质量标准的投资咨询结论。

2008 年 9 月之前只能对总价超过 50 亿卢布的项目提供资助，投资资金管理权从经济发展部转交地区发展部之后，允许投资基金资助的项目对总价下调至五亿卢布（详见表 4－3 和表 4－4）。

筛选项目将采用质和量两种标准。质的标准是项目必须符合国家优先发展方向。量的标准有三方面：经济效益，表现为项目对地区和国内生产总值增长的贡献；预算效益，表现为税收收入的增加；金融效益，表现为收入的内部标准，投资回收期限和指数。量化标准由经济发展部和财政部以颁发共同部令的方式批准。

表 4－3　投资基金项目筛选标准

标准	单位	地区项目	全国项目
项目总价	最低额（亿卢布）	5	50
私人投资比重	最低占比（%）	50	25
从投资基金对项目拨款期限	最长期限（年）	5	5
预算预付款额度		符合配额	规则中没有单独说明

资料来源："Анадиз проектов цнбестнццонното фонда РФ（2007－2010）"，Едена Жарднова，Москва，2001。

表 4－4　俄罗斯按 ЧГП 模式实施的最大项目的不同出资比例

项目名称	项目总价	拨款来源		
		投资基金%	地区预算%	私人投资%
建设长度为 46.4 公里的环圣彼得堡西部快速路	999.52 亿卢布（按 2010 年 1 月 1 日价格计算）	32	17	51
在发展伏尔加－波罗的海水道框架下建设涅瓦河奥伦堡水下隧道	316.73 亿卢布（按 2010 年 1 月 1 日价格计算）	33	32	35
建设通往莫斯科大环的联邦级 M1 莫斯科－明斯克公路	172.57 亿卢布（按 2010 年 1 月 1 日价格计算）	58	—	42
建设莫斯科－圣彼得堡收费快速公路（15～58 公里段）	549.33 亿卢布（按 2010 年 1 月 1 日价格计算）	47	—	53
配套开发下安加拉	2139.15 亿卢布（按 2015 年 1 月 1 日价格计算）	16	—	84
在鞑靼斯坦下卡玛建设石油加工和石油化工厂	1302.97 亿卢布（按 2010 年 1 月 1 日价格计算）	29	—	71
为开发赤塔州东南部矿产资源建设交通基础设施	1677.74 亿卢布（按 2015 年 1 月 1 日价格计算）	—	—	—

资料来源：俄罗斯联邦 2006 年 11 月 20 日№1708－p 政府令。

投资基金资助项目分为具有全国意义的联邦级项目和地区投资项目两大类。

投资基金对联邦项目拨款的部门构成为：铁路 42%、公路 20%、矿产资源开采 19%、电力 14%、公共住房服务 4%、图纸设计 1%。

投资基金对地区项目拨款部门构成为：工业 30%、住房建筑 25%、农工综合体 14%、电力 14%、公共住房服务 10%、创新 6%、环保 1%。

三　实施效果

俄罗斯设立投资基金的目的之一是提高投资效益，通过政府投资带动私人投资。计划目标是预算每投入一卢布，在联邦级项目中平均带动私人投资两卢布；在地区项目中，投资基金每投入一卢布，保证十年期内带来六卢布的税收收入；利用投资基金的地区项目对地区和地方预算、联邦项目对联邦预算的贡献为每一卢布带来三卢布以上的收益。

2007～2010 年，联邦投资基金共支持了 15 个联邦项目和 23 个地区项目。联邦预算共拨付资金 1460 亿卢布（约合 50 亿美元）。15 个联邦级项目总价为一万亿卢布（约合 333 亿美元），其中 2900 亿卢布为预算投资，7090 亿卢布为私人投资。23 个地区项目总价为 1040 亿卢布，其中联邦预算资金超过 133 亿卢布，地区和地方预算资金为 65 亿卢布，私人投资 840 亿卢布。

据俄地区发展部评估，投资基金运行六年来，已表现出较高的效率。如在下卡马新建的石油加工厂和石油化工厂，是俄罗斯和独联体地区技术水平最高的石油加工厂。实施该项目可以保证在 2011～2017 年为鞑靼斯坦共和国带来 210 亿卢布的预算收入，创造 3150 个新工作岗位。2010 年第四季度，已启动第一阶段。2010 年完成了图拉州“诺沃莫斯科夫斯科工业综合体”公路基础设施项目的建设。投资基金的参与大大提高了图拉州的投资吸引力。2009 年该州固定资本投资增长 4.9%（全俄平均水平为 -16.2%）。由于采用投资基金机制，俄罗斯第一次有可能实施特许经营项目。

在全球金融危机背景下，投资基金已成为贯彻实施地区政策的强有力工具。俄地区发展部制定了各联邦区社会经济发展战略，一些跨地区项目已获准利用投资基金实施。实施投资基金参与大项目成为解决就业的最重要工具，仅 2009 年靠实施已批准的项目在 32 个联邦主体就创造了 6.1 万个就业岗位。

2012 年 3 月，俄罗斯国家杜马经济政策、创新发展和经营委员会与地区发展部联合召开有关投资基金专题会议。杜马委员会主席指出，2013 年，投资基金应该按新规则运作。在联邦主体一级建立相应的投资基金将成为获得联邦投资基金支持的基本条件。地区政府只有在通过地区投资基金运作所必需的法律文件，进行项目筛选，并至少开始实施一个已筛选项目才能申请联邦投资基金。

第四节 俄罗斯风险投资基金的创建及应用

一 风险投资界定

风险投资又称创业投资，是一种投资于创业期的融资与投资方式。英文为Venture Capital。美国全美风险投资协会（NVCA）认为，风险投资就是职业金融家投入到新兴的、迅速发展的和有巨大市场竞争力的企业中的一种权益资本。欧洲风险投资协会（EVCA）认为，风险投资是一种由专门的投资公司向具有巨大发展潜力的成长型、扩张型或重组型的未上市公司，提供资金支持并辅以管理参与的投资行为。经济合作与发展组织（OECD）认为，风险投资是一种向极具有发展潜力的新建企业或中小企业提供股权资本的投资行为。风险投资活动具有两种不同的类型：一种是向新兴的、迅速成长的、通常具有高科技背景的公司的投资；另一种是通过 MBO 和 MBI 活动为公司重组所进行的投资。风险资本、风险投资人、投资目的、投资期限、投资对象、投资方式构成风险投资的六要素。

风险投资对高科技发展具有举足轻重的作用，世界范围内风险投资行业正在快速发展。风险投资是高科技发展的催化剂和助推器，其运作机制包括了技术创新和管理创新，在风险投资管理过程中使资本增值。风险投资通过多渠道筹集资金，充分利用了各种可用资金，提高了全社会的资源或资金的利用率，使资源得到优化配置。

二 俄罗斯风险投资发展阶段

风险投资理念是随着经济转型被引进俄罗斯的新生事物。俄罗斯第一批风险投资公司创建于 1995 年，但 1998 年金融危机使其遭受重创，之后在政府扶持下逐步恢复。自 20 世纪 90 年代至今，俄罗斯风险投资市场大体经历了以下四个发展阶段。

第一阶段，1990 ~ 1999 年，为自发阶段。在该阶段，奠定了非国有的风险投资基础设施：由欧洲复兴开发银行出资 3.1 亿美元，法国、德国、意大利、日本、美国、芬兰、挪威、瑞典出资2.07亿美元无偿贷款组建了11支地区风险基金，促进对俄已私有化的企业投资；成立了俄罗斯风险投资协会（Российская Ассоциация Прямогои Венчурного Инвестирования – РАВИ）；为投资人制定了职业化的措施体系。

第二阶段，2000～2006年，在国家支持下创建风险投资市场基础设施阶段。在该阶段，组建了风险创新基金（Венчурный Инновационный Фонд – ВИФ），其任务是扶持风险市场，组织风险经营教练中心。

第三阶段，2006～2009年，国家积极发展风投机制阶段。在该阶段，组建了俄罗斯风险公司（Российская Венчурная компания – РВК），建立了地区级风投基金系统，组建了俄罗斯纳米公司，建立特区，在IT业组建科技园网。

第四阶段，2009年至今，协调国家扶持的基础设施阶段。在该阶段，通过并实施了新的俄罗斯风投公司发展构想，积极发展莫斯科银行间外汇交易所信息部门的工作，组建了国家商业－天使协会。

三 主要出资方和优先投资方向

西方国家的风险投资资金来源主要包括四条途径：独立民间基金、各类金融机构风险资金、大公司的风险资金以及政府出资，但不同国家具有不同的资金来源。俄罗斯风险投资主要机构由国家创办，如俄罗斯风投公司（РВК）为纯国有企业，2006年成立，注册资本近300亿卢布（约合十亿多美元），由俄罗斯国有资产管理署全额出资。缺少风险投资和具备专门知识经验的基金管理者是俄罗斯的高科技创新企业迟迟建立不起来的重要原因，而高科技创新企业通过自己的力量找到初创资本也几乎不可能。结果是市场机制不能发挥作用，面对这样的形势，政府认为必须由国家介入。俄罗斯风投公司的定位为国家发展基金，其功能为基金的基金，是俄罗斯联邦在建立国家创新体系中的有利工具，国家通过该基金实现对风险投资活动的促进，总体上对高技术部门提供金融支持。

根据2006年6月7日俄联邦№838－р政府令，成立俄罗斯风投公司的目的是为了促进在俄罗斯建立自己的风险投资业，发展创新经济部门，将俄罗斯的高科技产品推向国际市场。其任务是形成支持发展创新－技术产业的风险基金，最终形成国内的创新市场。风投基金投资优先方向根据俄联邦总统令批准的关键技术清单确定，共包括七大方向：安全和反恐；生命科学（可理解为生物技术、医疗技术和医疗设备）；纳米和材料工业；信息和电信系统；合理利用自然资源；交通、航空和宇航系统；能源和节能。2010 年 6 月，俄罗斯风投公司批准了生物医药集群基金和基础设施投资基金构想。

2011 年，无论从投资总额还是从投资公司数量考察，增长最快的优先发展方向仍然是信息和电信技术，共 16 家公司，投资额 14 亿卢布。预计 2012 年将会对智能系统、机电一体化和机器人及医药医疗技术优先投资（详见图 4－6）。

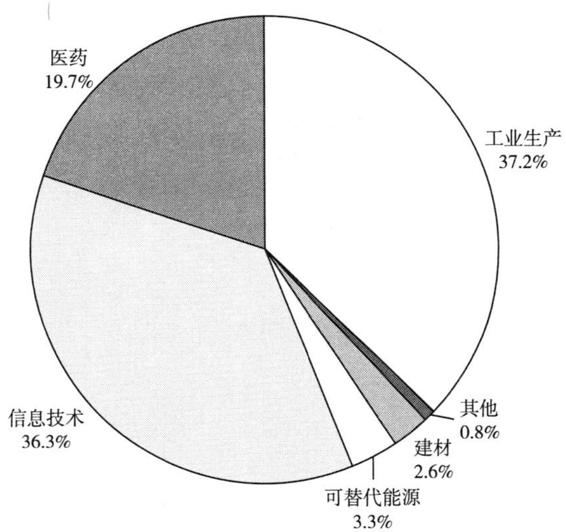

图 4－6　俄罗斯风投公司参与投资的创新公司部门结构

四　俄罗斯风投公司运作情况

俄罗斯风投公司依靠财政拨付资金先设立 8～12 个风险投资基金，通过这些基金向 100～200 家俄罗斯高科技创新企业投资。每一个基金拥有 5000 万～1 亿美元的额度，所管理资产的 49% 由国家提供。风险投资基金法律结构上采取有限合伙的形式，而风险投资公司则作为合伙人管理该基金的投资运作。为了鼓励企业家向风险投资基金投资，俄罗斯风投公司限制其风险投资资金的收益率，为俄联邦中央银行再融资利率的 1/5，年息约 5%。为使俄罗斯风投公司享有应有的信誉，保障选择基金的公正性，公司的领导由两位独立的经理人担任，独立经理人必须是拥有丰富的风险投资从业经验的人，至少在风险投资基金或者风险投资基金证券公司工作十年，而且在领导岗位上工作不少于五年。按照国际标准，风险投资的回报率平均为20%，俄罗斯风险基金扶持的多数项目其内部收益率都会高于30%，即相当于银行贷款的平均利率。俄政府希望，通过俄罗斯风投公司的工作，在几年内形成本土的风险投资产业，出现第一批成功的案例。

从实际进展看，截至2010年底，俄罗斯风投公司共组建十个境内风险投资基金（详见表4－5），基金注册总额为261亿卢布，俄罗斯风投公司在其中占比60%（160亿卢布）；在英国注册两家境外投资基金，注册资本5500万美元，其目标主要是从美国、欧洲和以色列等新技术商业化转化体制较发达的国家和地区引进专家、技术和合伙投资人。

表4－5　俄罗斯风险投资基金

境内十家	公司名称	基金总额
1	俄罗斯外贸银行风险投资基金 ВТБ — Фонд венчурный	30.61亿卢布
2	生物过程风险投资基金 Биопроцесс Капитал Венчурс	30亿卢布
3	马克斯维尔生物技术风险投资基金 Максвелл Биотех	30.61亿卢布
4	领导者－创新风险投资基金 Лидер — Инновации	30亿卢布
5	塔米尔菲仕曼风险投资基金 Тамир Фишман Си Ай Джи венчурный фонд	20亿卢布
6	C组风险投资基金 С－Групп Венчурс	18亿卢布
7	新技术风险投资基金 Новые технологии	30.61亿卢布
8	俄罗斯风险投资公司种子投资基金 Фонд посевных инвестиций Российской венчурной компании	20亿卢布
9	俄罗斯风险投资公司基础设施投资基金 Инфраструктурные инвестиции РВК	5亿卢布，拟增加到20亿卢布
10	俄罗斯风险投资公司生物医药投资基金 Биофармацевтические инвестиции РВК	5亿卢布，拟增加到15亿卢布

续表

境外两家	公司名称	基金总额
1	俄罗斯风险投资基金 1 Russian Venture Capital I LP	—
2	俄罗斯风险投资基金 2 Russian Venture Capital II LP	—

资料来源：俄罗斯风投公司网站，http：//www. rusventure. ru。

截至 2012 年 2 月初，俄罗斯风投公司共对 104 家创新公司投资，其中包括太阳能电站制造商 BrightSource、IP 电话“Симбиотел”项目、惯性导航系统 Innalabs 公司、卫星监测和交通管理系统生产商和集成商“俄罗斯导航系统”股份公司、地震侦测公司、设备与生物技术公司“ОнкоМакс”等，所投入的资金总额达 91 亿卢布（见图 4－7）。

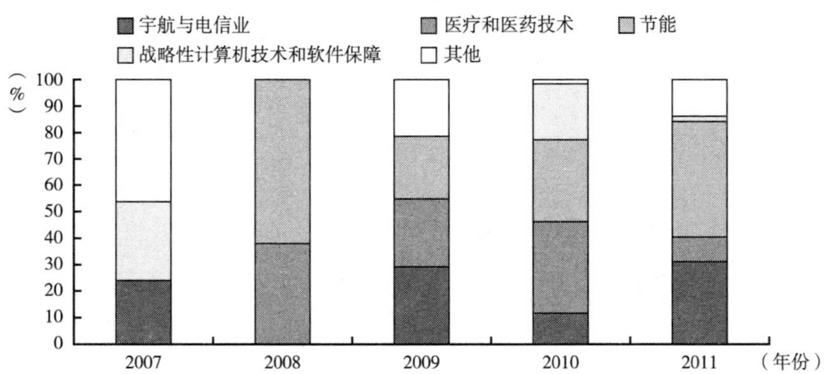

图 4－7　2007～2011 年俄罗斯风投公司投资基金分配

五　地区风投基金及对其监管

仅靠俄罗斯风投公司无法独立跟踪全国所有的创新中心，因此需要地区合作伙伴。2006～2010 年，由经济发展部和各地区行政管理机构共同组建了总额达 92 亿卢布的地区风投基金，俄罗斯风投公司的代表进入这些基金的董事会。截至 2011 年底，俄罗斯风投公司与 26 个地区风投基金和科技型企业签署了合作协议。自 2010 年起，对地区风投基金对科技领域小企业投资活动监测、管理和监管的功能已从俄罗斯经济发展部移交给俄罗斯风投公司。目前 22 个地区风投基金资本化水平已超过 92 亿卢布，共参与 72 家公司活动，所批准的投资总额接近 40 亿卢布（详见表 4－6）。2010～2011 年，投资额增速达 27%，投资公司数量增长 50%。为了能对地区风险基金筛选投资项目的流程进行职业化监管，2009 年底，经济发展部决定从 2010 年 1 月开始，所有向地区风险基金申请投资的项目都必须交由俄罗斯风投公司审查。目前地区风险投资基金投资分布不平衡特点十分突出，绝大部分投资集中在莫斯科（56%），其他八个军工较发达的地区（圣彼得堡、下城州、新西伯利亚州、图拉州、鞑靼斯坦共和国、彼尔姆边疆区等）吸引 29% 的风险投资，只有 15% 的风险基金投向余下的 70 多个联邦主体（详见图 4－8）。

表 4－6　对科技领域小企业投资的地区风险基金

序号	基金名称	管理公司	基金额(亿卢布)	组建年份
1	莫斯科城市	Альянс РОСНО 资产管理	8.00	2006
2	莫斯科城市（第二）	ВТБ 资产管理	8.00	2008
3	沃罗涅日州	储蓄和投资	2.80	2009
4	沃洛格达州	НИКОР Кэпитал Партнерз	2.80	2009
5	卡卢加州	储蓄和投资	2.80	2010
6	克拉斯诺达尔边疆区	储蓄和投资	8.00	2009
7	克拉斯诺亚尔边疆区	三方对话	1.20	2006
8	莫斯科州	三方对话	2.84	2007
9	下城州	ВТБ 资产管理	2.80	2007
10	新西伯利亚州	НИКОР Кэпитал Партнерз	4.00	2009
11	彼尔姆边疆区	Альянс РОСНО 资产管理	2.00	2006
12	巴什科尔托斯坦共和国	储蓄和投资	4.00	2009
13	摩尔多维亚共和国	Альянс РОСНО 资产管理	8.80	2007
14	鞑靼斯坦共和国	三方对话	8.00	2006
15	鞑靼斯坦共和国(高技术)	АК Барс капитал	3.00	2007
16	萨马拉州	投资－经理	2.80	2009
17	圣彼得堡	ВТБ 资产管理	6.00	2007
18	萨拉托夫州	ВТБ 资产管理	2.80	2007
19	斯维尔德洛夫斯克州	Ермак	2.80	2006
20	托姆斯克州	Мономах	1.20	2006
21	车里亚宾斯克州	储蓄和投资	4.80	2009
22	楚瓦共和国	НИК Развитие	2.80	2009
	总　计		92.24	

资料来源：俄罗斯风投公司网站，Региональные венчурные фонды。

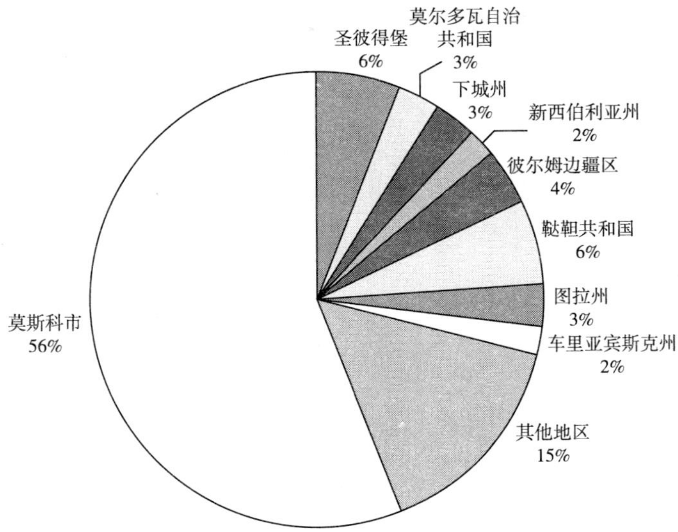

图 4-8　地区风险投资基金投资分布

六　与其他投资基金的合作

除俄罗斯风投公司外，目前还有多家国有公司进入俄罗斯风险投资市场，如俄罗斯纳米、斯科尔科沃、俄罗斯直接投资基金、战略倡议协会等。这些公司在创新体系中相互合作，但也不失其主要方向。如斯科尔科沃主要扶持那些从事科研的公司，为其提供保证；俄罗斯纳米提供直接投资并组建纳米技术专业基金；俄罗斯外经银行和 MCП - 银行提供特殊的借贷手段；战略倡议协会主要为企业解决消除行政和官僚壁垒问题；俄罗斯直接投资基金仅对大项目投资，但不参与创业；俄罗斯风投公司专门针对创新技术项目，集中解决消除影响风险投资产业发展壁垒的问题。

2011 年，俄罗斯风投公司积极开展与其他投资机构的合作，与 MCП - 银行共同组建俄罗斯风投公司基础设施基金；与俄罗斯风险创新基金共同组建俄罗斯风投公司生物基金；与斯科尔科沃新技术研发和商业化发展基金签署关于对五家封闭式投资基金评审的协议。由俄罗斯风投公司参与的多数公司都成为斯科尔科沃创新中心的成员。

七　存在的主要问题

与发达市场相比，俄罗斯风险投资业尚存在较大差距。由于各种问题的制约，发展的速度并不理想，运作机制也不够完善。以下问题长期制约其发展。

（1）俄罗斯风险投资体系发展的主要问题是缺少调节风险投资企业和投资机制活动的法律基础。

（2）国家扶持和促进风险投资措施力度不够。保证在科技领域创建快速发展的创新型中小企业的基础设施不发达，这些企业对直接投资和风险投资来说是有吸引力的目标。

（3）俄罗斯风投业本土资本不足，阻碍了外国投资者的进入。

（4）俄资本市场发育滞后，风险投资资金退出机制不健全。

（5）对风险投资基金而言，缺少吸引直接投资进入高技术领域的经济激励措施。

（6）缺少高素质的风险投资基金管理人才，企业家投资文化落后。

（7）风投基金法律注册手续繁杂等。

第五节　特许权经营试验

一　特许权经营界定

特许权经营是政府对特定产业的一种规制手段，指政府为项目的建设和经营提供特许，由民间公司或外国公司作为项目的投资者安排融资、承担风险、开发建设，并在有限的时间内经营该项目以获取商业利润，最后根据协议将该项目转让给政府机构。特许权经营的典型模式有 BOT 以及由此派生的 TOT 等，适用的领域包括公路、铁路、桥梁、隧道、水利、电力、城市基础设施等。特许权经营是动员民间资本和外资参与基础设施建设的特殊的投资方式，对于解决发展中国家资金短缺、投资效率低下等问题，具有十分重要的意义。

作为城市公用事业民营化的形式，特许权经营不同于一般意义上的民营化。民营化除了私人拥有外，其运作主要受制于市场机制和政府一般性的规则；特许权经营则不同，合作各方的责任、风险和回报主要受制于特许权出让合约，同时政府承担不同程度的责任，如提供土地、保证一些资源的供应、作出必要的允诺以及过程的监管。目前特许权经营在发达国家中已成常例，1994年开通的、目前世界上投资最大的（150亿美元）竣工项目——英法海底隧道，就是其中最著名的一个。中国在20世纪80年代由香港和合公司（胡应湘）建造完成的广东沙角B电厂是发展中国家特许权经营的首批范例之一。

二　公共投资项目实施特许权经营的原因

20世纪90年代以来，世界各国积极采用特许权经营的主要原因如下。

（1）政府建设、经营城市公共投资项目效率低下。公共投资项目几乎都是由国家拥有和垄断经营的。因为国家拥有，国有公共投资项目单位缺乏努力经营的动力，导致国有、公营公共投资项目企业普遍亏损经营，政府财政负担沉重。

（2）在公共投资项目的建设与管理中存在政府管理失灵。在公共投资项目的建设与经营过程中，政府出于维护公共利益的考虑对其实施严格的法律管制。政府对公共投资项目产品或服务的管制，主要体现为行政管制机构运用公法手段对被管制厂商的一种行政控制过程。管制过程中施管者和被管制者地位的不对等和管制的行政程序性运作都造成管制具有强烈的行政法特征，即使用带有命令与服从等强制性的“单向被动”特征的公权手段和程序介入公共投资项目的市场交易。但现实中的管理情况却并非如此。政策和法律设计中的“单向制动”强制性交易关系（公法施管主体管制私法被管主体）通过厂商与行政者之间的利益博弈改变了性质，成为厂商与行政者之间合意的“双向（利益）互动”关系，导致政府官员利用职权寻租，而政府管理正是由于这种被调整了关系性质的改变产生了变化，从而扭曲了经济资源的有效配置，导致政府管理失灵等。

（3）仅靠政府投资难以满足公共投资项目的资金需求。20世纪70年代中期世界经济中出现的高通胀率和高收益率两大并发症打破了通过宏观调控能够自动实现供需总量平衡的观念。国际货币基金组织提出了紧缩预算控制和贷款目标控制，国有城市公用事业不断增长的投资需求使各国政府越来越力不从心，从而引发了全球城市公用事业民营化改革的浪潮。

三 俄罗斯的特许权经营

1. 法律基础

为解决基础设施建设资金不足、政府管理效率不高等问题，俄罗斯杜马召开专门听证会。经济界和法律界一直在探讨酝酿引进特许权经营模式，指出特许权经营首先被视为替代私有化的一种选择，因为在许多情况下，具有战略意义和全国意义的资产是不能私有化的；其次特许权经营适用于以国家为主导的经济发展模式；特许权经营还被视为吸引长期直接投资的方式，在进行长期投资时，投资者要遵循战略目标，保证不仅吸引金融资金，而且还要转让现代技术和管理经验。

2005 年 7 月 26 日，俄罗斯公布了第 115 – Φ3 号联邦法《特许权协议法》。该法开宗明义地指出："本联邦法的目的是为了将资本引入俄罗斯联邦经济建设，通过特许权协议保障有效地利用国有和市政资产，提高面向消费者的产品、工程和服务的质量水平。""特许权协议的出让方为俄罗斯联邦，其代表为俄罗斯联邦政府或其授命的全权联邦执行机关；或俄罗斯联邦主体，其代表为俄罗斯联邦主体的国家政权机关；或市政当局，其代表为地方自治机关。""特许权受让方为个体工商者、俄罗斯或外国法人、由两个及更多法人组成的不具备法人资格的处于运行状态的一般契约关系联合体（以合作合同为基础）。"①

俄罗斯允许特许权经营的客体为不动产，共包括 14 类：

（1）公路和运输基础设施类工程建筑，其中包括桥梁、高架桥、隧道、停车场、汽车检查站、货车收费站；

（2）铁路运输工程设施；

（3）管道运输工程设施；

（4）海运和河运码头，包括码头的水利工程及其生产性和工程性基础设施工程；

① 俄罗斯第 115 – Φ3 号联邦法《特许权协议法》，国家杜马 2005 年 7 月 26 日公布，8 月 6 日生效。

(5) 海运和河运船舶,(海—河) 混装船,以及用于破冰引导、水文地理、科研考察的船只,摆渡用船,浮动和干船坞;

(6) 机场或用于飞行器的起飞、降落、滑行、停靠的建筑和 (或) 设施;

(7) 机场生产性和工程性基础设施工程;

(8) 用于空中运输调度的统一系统设施;

(9) 用于水文地理的建筑设施;

(10) 电力和热力生产、传输及配送的工程设施;

(11) 社会基础设施系统和其他社会生活项目,包括供水、供热、供气、供电、排水、废水净化、生活垃圾加工利用 (掩埋)、城乡照明设施、美化工程等;

(12) 地铁和其他公共交通设施;

(13) 治疗预防、医学活动、旅游休假用设施;

(14) 卫生保健、教育、文化、体育及其他社会文化、社会生活用设施。[①]

2. 铁路建设运营中的特许权经营实践

从实践看,近年来,在政府财政资金越来越难以承担基础设施大规模改造任务的情况下,俄罗斯开始在铁路、公路等基础设施建设领域引进"公私合作伙伴关系"模式。《俄罗斯联邦至2030年铁路运输发展战略》[②] 提出,在发展铁路运输基础设施领域,改善条件增加国家和私人对基础设施项目、建设新的公共铁路和非公共铁路线路的投资,"俄铁公司"、国家和私人所有者将是这些线路的共同所有者,要在铁路建设和运营中推广特许权经营。

从"俄铁公司"实践看,为了在未来几年内能够签署特许权协议,并对按照 PPP 模式建设的高铁进行管理,"俄铁公司"专门成立了高铁管理分公司。"俄铁公司"高铁分公司称,高铁建设需要特殊的融资模式,将通过竞标来选择高铁融资、建设和运营的财团。"俄铁公司"第一个按照特许权协议招

① 俄罗斯第 115 – ФЗ 号联邦法《特许权协议法》,国家杜马 2005 年 7 月 26 日公布,8 月 6 日生效。

② Распоряжение Правительства Российской Федерации от 17 июня 2008 г. № 877 – р "Стратегия развития железнодорожного транспорта в Российской Федерации до 2030 года".《俄罗斯联邦至 2030 年铁路运输发展战略》,2008 年 6 月 17 日,第 877 号政府令。

标的高铁项目——莫斯科－圣彼得堡线路，设计－建设－服务特许权经营协议合同周期为30年。计划在该高铁建成通车后的30年里，国家向该财团返还建设投资的50%，其余部分通过运营利润获得。在高铁建设总投资中，86%用于铁路建设，8%用于车站建设，5%用于采购动车组。“俄铁公司”还打算按照特许权经营模式进行莫斯科－下诺夫哥罗德、莫斯科－喀山、莫斯科－叶卡捷琳堡的设计－建设－服务，这些线路将连接2018年举行世界杯的所有城市。政府将保证承担70%的融资，国有的储蓄银行、外贸银行和外经银行将通过贷款方式促进项目实施。

据2011年9月14日《莫斯科时报》报道，俄罗斯铁路股份有限公司日前已经完成了报送政府的设计图纸，并将就修建莫斯科－圣彼得堡高铁项目进行国际招标。报道称，莫斯科－圣彼得堡高速铁路长约658公里，建设资金上限为6275亿卢布（约合206亿美元）。俄政府将承担建设的一半费用，而另一半则由中标企业通过银行贷款来支付。项目计划从2013年开始施工，到2018年完工。俄政府将在建成后的30年间通过铁路运营来偿还包括银行利息在内的费用。此外，占建设开支1%的高铁维护开支也将由俄联邦政府承担。

3. 公路建设运营中的特许权经营实践

近年来，外资被允许参与俄罗斯国内公路建设。外资参与俄罗斯公路建设运营需要与俄相关部门签署特许权经营协议。

俄联邦《公路法》第6章第32款规定，联邦级公路的道路经营可由联邦资金、俄联邦法律规定的其他融资来源及法人和自然人资金，其中包括依照俄联邦特许权协议法规定的程序和条件吸引的资金进行。第38款规定了按照特许权协议建设、改造和使用付费公路和含有付费路段的公路应依照本联邦法和俄联邦特许权协议法在特许权协议基础上进行。

依据俄联邦特许权协议法，建设、运营付费公路和含有付费路段的公路，应包括以下条件：

（1）规定和修改交通工具使用付费公路的付费程序和条件、税费程序；

（2）特许权协议受让人必须及时提供有关付费公路或含付费路段公路、公路长度、交通工具使用该公路价格及可能选择免费公路的相关信息；

（3）受让人保证执行特许权协议的方法，其中包括对付费公路及含付费路段公路损坏风险的保险办法；

（4）在特许权经营协议到期后将付费公路和含付费路段的公路转交出让人的程序。

关于付费公路的特许权经营协议还应该包括以下条件：

（1）出让人必须承担用于设计、建设、改造付费公路和含付费路段公路的部分费用；

（2）制定付费公路和含付费路段公路项目文件的程序和周期；

（3）受让人对付费公路和含付费路段公路大修、修理和维护的义务；

（4）对保证付费公路和含付费路段公路通过能力和使用制度的要求；

（5）在付费公路和含付费路段公路使用过程中，未达到特许权协议规定的运行强度指标时，出让人必须对受让人进行补偿，以及计算和支付上述补偿的条件和程序；

（6）受让人重新计算使用付费公路和含付费路段公路的全部和部分收入的程序；

（7）如果出让人是付费公路和含付费路段公路收入的收取人，出让人必须对受让人在与建设、改造、基建、维修和维护付费公路和含付费路段公路有关的支出方面给予补偿；

（8）受让人与移交部分出让人权限和功能的机构和组织之间互动的程序和条件；

（9）中止特许权协议的理由和程序，确定出让人必须补偿和弥补受让人由于提前中止特许权协议带来的亏损额；

（10）双方对未能执行或对特许权经营协议执行不当的责任；

（11）延长特许权协议期限的程序和条件；

（12）解决双方争端的程序；

（13）与本联邦法、俄联邦特许权经营协议法及俄联邦其他法律文件不冲突的其他条件。

根据俄罗斯《特许权协议法》第6款，特许权协议的有效期将参考特许权协议客体的建设和（或）改造周期、投资规模、资金回收期以及特许权协议规定的特许权受让方其他义务等因素在特许权协议中予以确定。

根据《特许权协议法》第 22 款，签订特许权协议的决议书由特许权出让方作出：

（1）除本条第 2 款规定的特许权协议客体外，如果该客体的所有权归属于俄罗斯联邦，决议由俄罗斯联邦政府作出；

（2）对于保障国家安全及国防能力具有战略意义的特许权协议客体，其决议由俄罗斯联邦总统授权俄罗斯联邦政府作出；

（3）如果特许权协议客体的所有权归属于俄罗斯联邦主体，决议由俄罗斯联邦主体的国家政权机关作出；

（4）如果特许权协议客体的所有权归属于市政当局，决议由地方自治机关作出。

对外资参与俄公路建设和运营有控股比例限制。根据俄罗斯《有关外资进入对国防和国家安全具有战略性意义行业程序》的联邦法（2008 年 4 月 16 日批准）规定，外资对联邦级地下资源公司的控股权不得超过 5%，对其他部门战略性公司的控股权不得超过 25% ~50%。按照该法和《自然垄断法》规定的标准，俄罗斯公路运输被列入自然垄断和战略性行业。

尽管俄罗斯《特许权协议法》已经通过多年，但此种投资模式尚未得到广泛推广。之前法律还不允许私人资本进行特许权经营，实行特许权经营要求的条件过于严格，使签署特许权协议的双方无法从项目的商业需求出发来强化合同关系，也没有为特许权出让方和受让方权利提供必要的保护，为此，法律还在进一步完善过程中。

第六节　特别经济区的推广

20 世纪 90 年代，俄罗斯曾建立过一些自由经济区，但这些自由经济区多数徒有虚名，最终以失败而告终。普京主政以来，俄罗斯经济进入了快速发展的新时期。2005 年 7 月 22 日，经俄罗斯议会两院审议通过，总统普京签署了《俄罗斯联邦经济特区法》（简称《特区法》），并于 2006 年 1 月 1 日起正式生效。同日，俄成立了联邦经济特区管理署，隶属于俄经贸部，专门负责特区事务管理。《俄罗斯联邦经济特区法》酝酿已久后终于出台，引起俄国内外强烈反响，普遍认为这是俄经济生活的一件大事，对改善俄投资环境、加大引资力度、优化经济结构、带动加工制造业和高新技术产业发展等具有深远意义。

一 俄罗斯经济特区分类

目前，俄罗斯共有经济特区 24 个，分为工业生产、技术推广、旅游休闲和港口型四大类。根据《俄罗斯联邦经济特区法》，工业生产特区企业的活动包括产品的生产和（或）加工、销售等。科技研发特区企业的活动包括科技产品的研发及制造。旅游休闲特区企业的活动主要是建设旅游产业和 SPA 疗程设施、旅游活动、SPA 疗程活动；开采矿泉水和其他天然药用资源。港口特区企业的活动包括货物装载、物流、运输服务、海上和内河船只及飞机制造和维修、水上生物资源加工、批发贸易等（可见图 4－9、图 4－10 和表 4－7）。

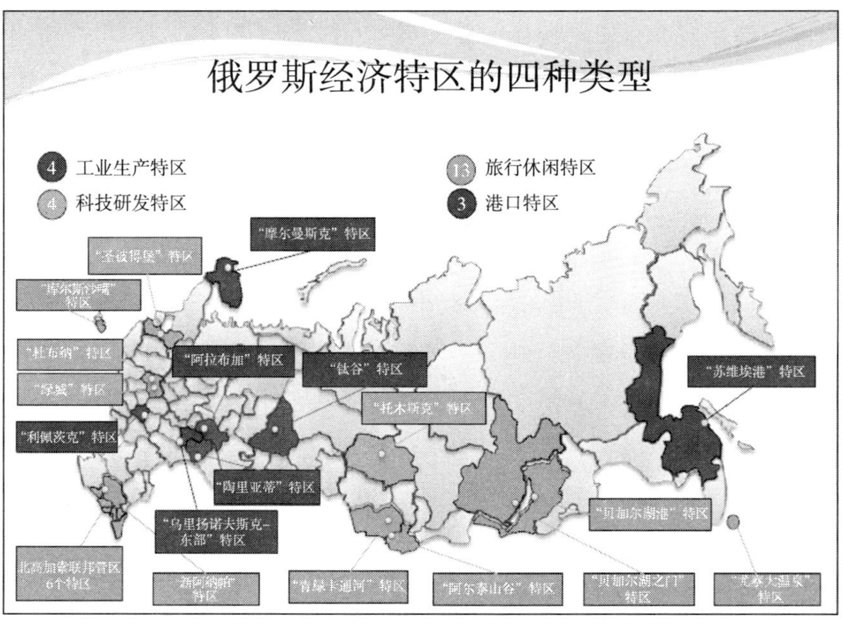

图 4－9 俄罗斯经济特区的四种类型

资料来源：俄罗斯经济发展部特区司《俄罗斯联邦经济特区介绍》，2011 年 3 月。

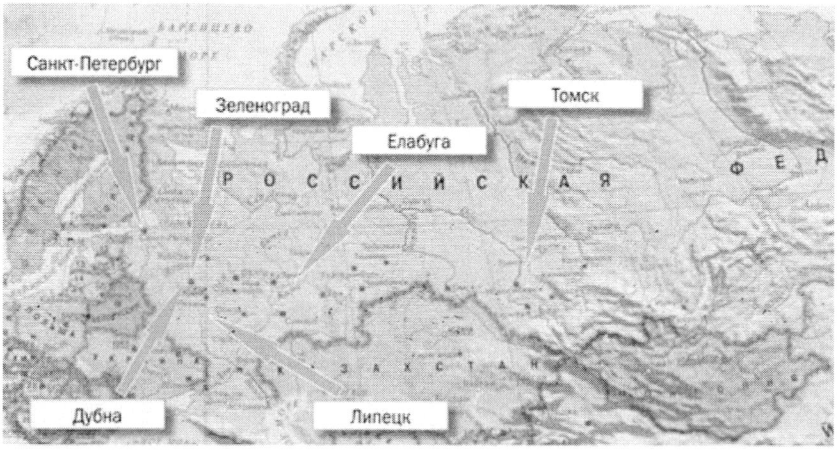

图 4－10　俄罗斯经济特区分布

资料来源：俄罗斯经济发展部特区司《俄罗斯联邦经济特区介绍》，2011 年 3 月。

表 4－7　俄罗斯经济特区的优势和优先业务方向

类型	特区优势	优先业务方向
工业生产型特区	进入俄罗斯市场 地区创业集群内具有高度的协同合作潜力 放开交通物流基础设施领域 低廉而具备高技术的劳动力	汽车制造业 食品产业 机械工程 化学工业 家电与商业设备制造业 建筑材料产业 能源开发 玻璃产业
技术推广型特区	进入俄罗斯高速发展的 IT 市场 高技术人才 位于现在的科研中心 用于启动项目的企业孵化器	微电子科技 仪器仪表制造业 工程科技 纳米科技 生物科技 核心科技 IT 科技 电子学与通信工具 全新材料科技 医学科技

续表

类型	特区优势	优先业务方向
旅游休闲型特区	位于俄罗斯风景最为优美的地区 进入俄罗斯国内旅游市场 各种经营性业务	宾馆酒店 生态旅游 体育旅游与极限旅游 文化旅游 休闲旅游 商务旅游 水上旅游 生态养生旅游 温泉旅游
港口型特区	完善的基础设施 开放主航道 放开高速发展行业	船舶、航空器的保养维修 航空设备与海上设备的装配 终点站与物流服务 商品保存与货物倒装 水生物资源的加工 船舶、航空器的供应装备

资料来源：根据俄罗斯《特区法》及相关资料整理。

1. 工业生产型特区

目前俄罗斯共有四个工业生产型特区，分别为“阿拉布加”特区（位于鞑靼斯坦共和国）、“利佩茨克”特区（位于利佩茨克州）、“钛谷”特区（位于斯维尔德洛夫斯克州）和“陶里亚蒂”特区（位于萨马拉州）。

工业生产型特区的优先发展方向是汽车制造业、食品产业、机械工程、化学工业、家电与商业设备制造业、建筑材料产业、能源开发、玻璃产业等。

2. 技术推广型特区

目前已批准四个技术推广型特区，分别是“绿城”特区、“杜布纳”特区（均位于莫斯科州）、“圣彼得堡”特区（位于圣彼得堡市郊）、“托木斯克”特区（位于托姆斯克州）。

技术推广型特区的优先发展方向是微电子科技、仪器仪表制造业、工程科技、纳米科技、生物科技、核心科技、IT 科技、电子学与通信工具、全新材料科技、医学科技。

3. 港口型特区

目前共有三个港口型特区，分别是“摩尔曼斯克”特区（位于摩尔曼斯克州）、“苏维埃港”特区（位于哈巴罗夫斯克边疆区）、“乌里扬诺夫斯克－东部”特区（位于乌里扬诺夫斯克）。

港口型特区的优先发展方向是船舶、航空器的保养维修，航空设备与海上设备的装配，终点站与物流服务，商品保存与货物倒装，水生物资源的加工，船舶、航空器的供应装备等。

4. 旅游休闲型特区

目前俄罗斯共批准了13个旅游经济特区，分别是“尤察大温泉”特区（位于斯塔夫罗波尔边疆区）；“库尔斯沙嘴”特区（位于加里宁格勒州）；“贝加尔湖之门”特区（位于伊尔库茨克州）；黑海“新阿纳帕”特区（位于克拉斯诺达尔边疆区）；“阿尔泰山谷”特区（位于阿尔泰共和国）；“青绿卡通河”特区（位于阿尔泰边疆区）；“贝加尔湖港”特区（布里亚特共和国），此外在北高加索辖区内还有六个。

旅游型特区的优先发展方向是开发宾馆酒店、生态旅游、体育旅游与极限旅游、文化旅游、休闲旅游、商务旅游、水上旅游、生态养生旅游、温泉旅游。

二 对经济特区的要求

按照俄罗斯《特区法》的规定，工业生产型经济特区占地面积不超过20平方公里；技术推广型经济特区面积在三平方公里之内，实施期为20年；港口型特区面积在50平方公里之内，实施期为49年；旅游休闲型特区可由一个或多个地区参与，实施期为20年。经济特区的面积不应完全涵盖某个行政区划。经济特区内不允许设立住宅基金项目。经济特区内严禁从事如自然资源开采和加工、冶金生产、黑色及有色金属加工、除轿车和摩托车外所有需要缴纳消费税商品的加工活动。

入驻工业生产型特区的企业必须在十年内投资不少于1000万欧元，且第一年不得少于100万欧元；投资资金必须是新注入的资金，不能是来自特区内运转项目的收益。入驻技术推广型特区对投资额没有要求，但必须开展相关领域的科技创新及其产业化活动。特区的基础设施建设，将由联邦预算、市政预算和地方预算三方共同解决。

特区法还规定，下列情形之一可提前撤销经济特区：出于保障国防和国家安全的需要；经济特区建立后三年内未签订任何工业生产或技术推广协议，或者此前签订的协议解除；经济特区的常驻者连续三年内没有在经济特区境内进行任何工业生产和技术推广活动。关于提前撤销经济特区的决定将由俄罗斯联邦政府做出。

三　经济特区可享受的优惠政策

入驻经济特区的企业的主要竞争优势是可享受特殊经营活动政策。与非经济特区内企业相比，区内企业将在税收、海关、行政等方面享受特殊优惠政策，据评估，这些政策可使区内企业经营成本降低25%左右。此外，为了创造有利的经营条件，经济特区提供了企业经营所需的交通和相关社会基础设施，以及设施租赁项目（见表4－8）。

表4－8　入驻俄罗斯经济特区企业享受的主要优惠政策

	经济特区的企业	俄其他境内的企业
利润税	15.5%～16%	20%
财产税	0%（5～10年）	2.2%
土地税	0%（5～10年）	1.5%
交通税	0%（5～10年）	1马力:2～200卢布
统一社会税（科技研发特区）	14%	26%
外国商品进口	不付海关税、增值税	付海关税、增值税
俄国商品出口	不付海关税，退增值税	付海关税、增值税
“一站式”服务	提供海关、税务、移民注册等“一站式”服务	—

资料来源：根据俄罗斯《特区法》规定整理。

设立在经济特区的企业享受以下税收优惠：

——利润税由20%降低到15.5%～16%；

——五年内免除财产税（鞑靼斯坦共和国特区和托木斯克特区可免十年）；

——五年内免除土地税（鞑靼斯坦共和国可免十年）；

——五年内免除交通税（鞑靼斯坦共和国特区和托木斯克特区可免十年）。

此外，科技研发特区提供减少统一社会税税率的优惠，即由26%降至14%。为了提高项目的经济效益，技术推广型特区内还在租赁土地、办公场地等方面提供优惠待遇。还应当指出的是，获得特区地位的企业组织或个人享有所得税率优惠：加算利润税时，应该核算科技研发活动的费用，其中包括科技研发不成功的活动。

获得工业生产经济特区地位的，补充优惠内容如下：

——特殊安排固定资产折旧（即加速折旧率在20%的旧财产）；

——取消从一个财务周期到下一个财务周期转让损失30%的限制。

特区内企业的活动还有特殊法规政策的担保，俄罗斯税务制度新的变化不会导致特区内签约纳税者的困境。

发展经济特区的一个重要因素在于改善投资环境，形成特殊的行政制度来管理经济特区各项事物。在经济特区内实施项目将有可能利用自由关税区海关制度，根据外国商品使用的情况，不用缴纳关税和增值税；申请出口的俄罗斯商品，不用缴付销售税和出口海关税。

特殊行政制度的基本组成元素为实行国家服务体系的“一个窗口”原则，建立特区内电子文件系统，允许特区拥有国家机关的行政权，经济特区的金融、服务、咨询和其他经营的公司及时进行有效互动。

在每一个经济特区都建立行政商务中心，由办事处、展览和会议中心、银行代表、检察机构和保险公司组成。在每个行政商务中心建立“一个窗口”办公室。提供国家服务应用技术的“一个窗口”机构包括：税务局、海关局、移民局、俄房地产局、国家建筑监管机构、国家保险基金及其他机构的代表。

“一个窗口”所提供的各种服务中，包括通过互联网以制度建设为解决方案。除了一般的信息工作部门，互联网－门户网站还包含所有所需的驻地资料，包括文件、规则等。网民可在互联网上进行各项事物的咨询，并直接参与论坛的讨论。实施“一个窗口”，有助于形成经济特区的独特形式，建立公共和私营部门的伙伴关系。以上政策将产生以下影响：降低行政壁垒；简化行政程序；创造舒适的条件；降低成本。

四　特区建设发展情况及政策调整

自创建经济特区到2011年底，俄特区一共签署了307个投资项目协议，主要投资商来自24个国家，总金额约120亿美元，同期俄联邦预算对经济特区投资总额达13.5亿美元。预计创造50万个新工作岗位。2011年俄各类经济特区共招商74家，投资总额超过29亿美元，创造就业岗位1.55万个。截至目前，经济特区大多数项目处于施工建设阶段。

总体看，俄罗斯经济特区发展速度较慢，效果不佳。从2005年启动特区建设到2011年底，仅有位于利佩茨克和鞑靼斯坦的两个工业生产型经济特区投入运营并实现产出。特区对俄相关行业发展、地方社会经济和就业等的实际贡献尚不明显。企业实际入驻率和投资到位情况都不甚理想，这在技术推广型特区表现尤为突出。与世界其他国家经济特区的规模、引资效果、管理水平存在较大差距，远未达到俄政府预期目标，其管理体系效率和专业化程度亟待提高。造成上述情况的主要原因有：缺乏人力资源；管理层级过多、效率低下；特区数量少，功能单一，无法形成规模和集成效应；开发模式单一，市场化程度低；大环境竞争力不足；对入驻企业要求太高，影响了“人气”。

针对上述问题，俄罗斯政府开始调整和修正特区政策，在扩大优惠政策力度的同时提高设立特区门槛。2009年以来，为应对国际金融危机，俄加快了经济特区发展，对相关立法进行了修订，不断优化管理机制，提高行政效率，广泛开展招商引资等国际合作。

1. 扩大优惠政策力度

2012年1月1日，《俄罗斯联邦经济特区法》修订案正式生效。根据该法案，俄经济特区运营期限由此前的20年延长至49年。法案同时规定，未来可在特区内建设涵盖各类经济特区活动的产业链，入驻企业既可以在工业生产型经济特区开展科研实验设计并享受所有优惠，也可以在技术推广型经济特区开展工业生产，以进一步促进科技成果的产业化。此外，工业生产型经济特区面积从原来的不超过20平方公里扩大到不超过40平方公里；技术推广型和旅游休闲型经济特区的入驻企业可分别在2018年和2023年前享受免缴利润税的优惠。

2. 提高建立经济特区门槛

2012年3月，俄经济发展部官方网站公布了修改经济特区申报标准的政府令草案。此前，俄罗斯建立经济特区是应地方政府申请，由联邦政府审批，批准后再开展招商引资工作。根据新要求，地方在申报特区时应向联邦政府提交报告，申报的特区应已有关于入驻企业、投资者和运营商、特区建设的融资方案，以及如何将其列入国家 2020 年发展战略和地区战略规划的考虑。这些条件无疑提高了设立经济特区的门槛，未来在俄增设新的特区的难度将加大。

五　中俄特区合作

自俄罗斯酝酿建立经济特区以来，中俄双方积极推动在该领域的合作。俄方多次派出代表团来中国，考察北京、天津、上海、江苏等地的国家级经济技术开发区和高新技术产业开发区。中国商务部、科技部与俄联邦特区管理署先后在北京、厦门等地举办了中俄经济特区合作研讨会，就经济特区（开发区）的建设管理经验、开发模式及投资合作的可能性进行了广泛交流。2006 年 3 月普京总统访华期间，中国商务部与俄联邦特区管理署签订了关于经济特区合作的谅解备忘录，并在中俄总理定期会晤委员会经贸合作委员会下成立了经济特区合作工作小组。中俄特区合作工作小组自 2006 年成立以来，举办了俄经济特区推介会、中俄经济特区合作研讨会、互派团组实地考察等活动，加深了彼此了解。2010 年，在中俄特区合作工作组会议期间，双方就进一步加强特区合作深入交换了意见，达成以下共识：①积极推动中国国家级经济技术开发区、高新区和俄经济特区开展结对合作，力争在 2010 年内签署对口合作协议；②在特区加快在纳米、节能、生物、医疗、新能源等高科技领域开展合作，促进科技成果产业化；③加强两国在特区设计规划、基础设施建设领域的合作，为中国企业参与俄特区基础设施建设创造有利条件；④研究商签《中国商务部和俄罗斯经济发展部关于加强经济特区领域合作协议》，为两国特区合作提供指导；⑤扩大信息和经验交流，推动建立多层次的交流机制，为密切俄特区内企业和中国实业界、科技界联系搭建平台。

第七节　俄罗斯融资租赁法律监管制度及市场

融资租赁是当前世界上仅次于银行贷款的第二大金融工具，发达国家的现代租赁业已经成为与银行业、保险业、证券业、信托业和基金业并列的六大金融产业之一。租赁把商业信用与银行信用紧密结合，融资与融物紧密结合，在现代金融产业中，占据着与其他五大金融产业同样重要的地位，目前已成为仅次于贷款的重要融资方式。融资租赁的一系列优势和其带来的利益在许多国家都已经得到证实。从出口和对外投资的角度看，融资租赁还可绕过投资对象国的金融监管和贸易壁垒，因而成为促进一个国家资本输出的重要方式。

作为世界租赁业的重点市场，俄罗斯的融资租赁从20世纪80年代起步，2000年后进入快速发展时期，现已从国内租赁扩大到国际租赁，在各类投资中占有重要地位。目前俄已构建了相关法律框架，为开展融资租赁提供了相应的法律保证。俄融资租赁制度表现出自有特点，国际金融危机对俄租赁市场造成较大冲击，但自2009年下半年市场开始出现回暖。在可预见的未来，融资租赁仍将是俄政府支持的一项投资政策。

一 相关法律规定

1995年之前，俄实际上没有调节融资租赁的法律法规，租赁活动参与者只能依照俄罗斯苏维埃联邦社会主义共和国（PCΦCP）《公民诉讼法》第十章的规定调节租赁关系。20世纪90年代中期之后，随着租赁活动的快速兴起，加快法律制度环境建设的任务被提上日程。1998年俄制定并出台了专门的《融资租赁法》（后于2002年12月和2003年12月两次修订完善），与《民法典》《税法典》《海关法典》《反洗钱法》《许可证法》和《国际融资租赁公约》[①] 一起构成了目前调节融资租赁的基本法律框架。

《融资租赁法》是其中最主要的法律。该法共六章39条，对租赁主体、对象、地位、方式等做出了明确的界定，对租赁业务的原则、程序、争议处理、监督检查做了全面规定。其宗旨是鼓励在租赁业务的基础上以各种方式进行生产投资，保护财产所有者和投资者权益，保障投资效益。《融资租赁法》的基本内容如下。

1. 融资租赁定义

包括以下三个要点：①出租人、承租人和供货人三方共同构成交易；②出租人要从供货人处购置承租人指定的资产，保证承租人出于商业目的暂时占

① “UNIDROIT Convention on International Financial Leasing”，由国际统一私法协会制定，1988年5月28日在加拿大首都渥太华召开的国际外交会议上通过。1998年俄以联邦法形式批准加入。

有、使用这些资产，并收取租金；③租期内出租人是租赁物的法律所有权人。

2. 关于租赁物范围

俄租赁物以设备为主，包括房地产但不含土地，也不包括软件等无形资产。法律中明确规定，融资租赁仅限于经营目的，但政府、医院、学校等非营利性组织也可以采用融资租赁，实际上只是排除了用于个人、家庭消费目的而采用的融资租赁。

3. 关于租赁物登记

俄罗斯没有专门针对融资租赁物的登记制度，而是根据租赁物本身的属性，对需要登记的特殊设备进行登记，如汽车、飞机、轮船登记等。

4. 关于取回占有问题

俄对此非常重视，在修订后的《融资租赁法》中增加了有关取回占有的条款，明确出租人在承租人严重违约的情况下具有直接取回租赁物的权利。出租人既可以通过司法机制，也可以通过非司法机制取回租赁物。在司法机制中，出租人先向法庭提起诉讼，法庭认定终止租赁协议，同意出租人取回租赁物，并颁发“取回占有令”，由司法机关的代表——执行法庭强制执行。根据《强制程序法》，取回占有在两个月内完成。在非司法机制中，当事人就终止租赁协议达成一致后，承租人可以主动返还租赁物，出租人也可自助取回。如果承租人严重违约，根据双方事先达成的协议，银行将允许出租人直接从承租人账户中扣款。

5. 租赁合同双方的权利和义务

俄《融资租赁法》规定，租赁合同双方的权利和义务由俄联邦《民法典》、租赁法和租赁合同调节。

6. 关于融资租赁业的促进

在会计准则上，俄并不完全遵守《国际会计准则第 17 号 - 租赁》的规定。在俄罗斯出租人和承租人可以协商确定租赁物记在谁的资产负债表内，但从 2005 年起具有银行背景的融资租赁公司要按照国际会计准则记账。

在直接税方面，俄赋予融资租赁以加速折旧的税收优惠，允许融资租赁以低于正常折旧年限三倍的速度进行加速折旧（即三倍加速折旧）。

在流转税方面，俄实行可抵扣的增值税，相当于按照租金扣除租赁物购置成本及相关价外费用后的差额为税基征收增值税。

另外俄允许融资租赁企业比照金融机构的标准计提呆账准备金，并可以在税前扣除。在跨境融资租赁中，入境租赁物按照每期缴纳的租金为税基，分期缴纳进口环节的税收。承租人作为买受人获得租赁物时应该享有的各种待遇，不因承租人采用融资租赁方式、出租人在融资租赁期间作为买受人而受到影响。

特别需要指出的是，俄《融资租赁法》中专门设立了一章，即第四章"国家对融资租赁业的支持"，明确规定了国家对融资租赁业可以采取的各种扶持政策和措施：制定并实施租赁业发展规划，将其作为国家或地区社会经济发展规划的一个组成部分；建立抵押基金，保证对涉及国家财产的租赁业务提供银行贷款；以国家股参与专门投资租赁项目的基础设施建设；向租赁公司提供国家采购订单；对科技密集型高技术设备的研制及使用给予国家保护；对租赁项目的实施给予联邦预算拨款并提供国家担保；为租赁项目提供投资贷款；银行及其他金融机构向租赁主体提供贷款所得利润可免缴三年以上的利润税；按照法律程序向租赁公司提供税收优惠及贷款优惠；为鼓励更新机械设备，在使用快速折旧法的同时，允许出租人将使用寿命在三年以上的固定资产在其投入使用的第一年以快速折旧方式注销原始价值的35%等。

二 对融资租赁的监督管理

1. 对有银行背景的融资租赁公司实行间接监管

俄罗斯有银行背景的融资租赁公司占有很大的市场份额。银行主要以设立子公司和投资入股的间接方式开展融资租赁业务。对有银行背景的融资租赁公司实施间接监管，主要是通过拥有银行股金超过一定比例（25%）的融资租赁公司与母银行合并报表从而受到母银行内部控制，而不是对融资租赁公司进行直接监管。

2. 设定企业注册资本金标准

2002年，修订后的俄联邦《融资租赁法》生效，其标准与俄联邦税法和民法完全相符，规定租赁活动本身无须获许可批准。在企业注册资本金方面，规定上市公司约为3600万美元，非上市公司约为360万美元。

3. 非银行背景的融资租赁公司不受任何监管

俄将没有银行背景的融资租赁公司，视同其他一般企业，不受任何监管。企业设立只需进行税务登记。

4. 出租人对承租人的检查权和监督权

俄《融资租赁法》规定，出租人有权对承租人遵守租赁合同和其他有关合同的条件进行检查。在租赁合同和其他相关合同中要写明检查的目的和程序。承租人必须保证出租人能够不受阻碍地得到租赁财务文件和租赁对象资料。

出租人有权对承租人所租赁物品、承租人金融活动及其执行租赁合同义务情况进行财务监督。租赁合同要规定财务监督的目的和程序。出租人有权向承租人要求提交进行财务监督所必需的书面信息，承租人有义务满足这些要求。

5. 定期向有关部门提交租赁活动报告

2004 年俄在原金融监测委员会基础上组建了联邦金融监测局。虽然俄国内租赁活动不受国家机构的专门监管，但如银行和保险机构一样，租赁公司需要到金融监测局登记，并定期向联邦反垄断署和联邦金融监测局提交与租赁活动有关的报告。

6. 对租赁交易的反垄断调节

根据 1991 年 3 月 22 日批准的联邦《反垄断法》第 18 章的规定，在一定情况下，进行租赁交易须向联邦反垄断署或其在各地分局报告并获得预先同意。反垄断调节法既适用于俄罗斯法人，也适用于在俄领土内从事活动的外国公司。根据租赁交易参与者的资产价值，对租赁业务的反垄断调节程序可以是：或在签署租赁交易合同之前获得反垄断署预先批准，或在签署合同后通报反垄断署。

7. 有关经营国际业务的许可

《融资租赁法》在“租赁主体所经营的国际业务的特点”一条中规定：出租人有权不经俄中央银行许可而从事与资本流动相关的国际业务，有权为获得租赁对象而向俄联邦居民筹措资金，筹资期限可在半年以上，但不超过租赁合同有效期；租赁公司有权不经俄中央银行许可而从事与资本流动相关的国际业务，有权向租赁对象的出售人（供货人）分期付款并支付利息。

三　俄罗斯融资租赁市场发展现状

（一）租赁公司类型

俄现有各类租赁公司1000多家，从业人员近万人，大的公司员工在200人以上。俄租赁公司由于资本来源不同大体可分为以下六类。

1. 在银行内注册的租赁公司

俄大多数银行都把租赁视为贷款的补充工具。银行可以采取租赁形式降低风险，为客户提供更灵活的服务，最终扩大客户基础。部分银行利用自己的租赁公司来扩大自己在地区的分支机构，有些银行则是为了利用租赁公司在税收方面享有的优惠政策。

2. 由外国银行注册的租赁公司

这类租赁公司数量不多，其优势是能够获得利率较低的长期融资。目前在俄租赁市场上运作成功的有“Райффайзен－Лизинг”“Дельта Лизинг”“ABN Amro Lease”等公司。

3. 由金融工业集团创建的租赁公司

这类租赁公司创建的目的通常是为金融工业集团内部的企业提供设备。其主要代表有“ЛК Лизинг”（卢克石油租赁公司）、“Интерпрослизинг”（国际俄罗斯控股租赁公司）、“Юкослизинг”（尤科斯石油租赁公司）。这些公司的融资来源是同样隶属于金融工业集团的银行。

4. 由设备供应商创建的租赁公司

由俄罗斯的设备供应商创建的租赁公司有“Сибмашлизинг”（西伯利亚机器制造租赁公司）、“Анкор-Донтрейдинг”（俄罗斯农业机器制造租赁公司）、“Туполев”и“Ильюшин Финанс Ко”（图波列夫和伊柳申金融公司）等。国外大设备供应商在创建和发展租赁公司方面表现更为积极，最有名的公司有“Caterpillar”“Daimler Chrysler Service (debis)”“John Deere Russia”“Ewlett-Packard”等。

5. 由国家创建的租赁公司

这类公司分为商业性和非商业性两种。商业性租赁公司靠地区或地方预算融资，主要是为小企业服务。这类公司主要有“莫斯科市租赁公司”“伊尔库茨克商业园”等。

非商业性公司的优势在于，其提供租赁业务的利息非常低，目的不在于赢利。但这类公司给商业性租赁公司带来了压力和困难，因为一些潜在的客户都希望从各大租赁商手中获得条件优惠的租赁合同。

6. 由自然人创建的租赁公司

据估计，由自然人创建的租赁公司占总量的16%。这类公司多数为地区一级的公司，所提供的设备和部门均呈多元化，其客户主要是中小企业。交易特点是交易额小，交易量大，通常中等交易不超过两万美元。

（二）租赁业务行业分布

经过20多年的发展，俄租赁业的经营范围日益广泛，租赁方式更趋多样，租赁物件从小型单机到成套设备，从新设备到二手货，从各种运输工具到各类设施，租赁用户遍布全国。

据俄《技术租赁和投资杂志》的调查，俄租赁经营业务行业几乎涵盖所有经济部门，其分布为：木材加工设备1%，筑路机械1%，农机2%，其他3%，建筑机械4%，计算机和办公设备5%，货车6%，小汽车和小吨位汽车8%，专门技术和设备15%，机器制造设备和生产线27%，公共通信设备28%。和国际租赁一样，铁路运输机车、汽车、农机和能源设备租赁是俄租赁市场中最有吸引力的部门。

从发展看，最有潜力的租赁细分市场为：建筑和筑路机械、农机、食品加工设备、机器制造业设备、印刷设备、木材加工和纸浆造纸设备、计算机等。

租赁公司提供的绝大部分租赁服务都是面向中小企业，据认为，这些企业具有相当的增长潜力，这是俄罗斯租赁业发展的主要趋势。对大、中、小企业提供的租赁业务分配比例分别为21%、41%和38%。

（三）租赁公司融资来源和地域分布

俄租赁公司的大部分融资来自于国内银行，有29%的公司注册者本身就是银行，而71%则是银行的伙伴。除少部分外，实际上所有的租赁公司都是按照市场汇率利用银行贷款融资。银行贷款在全部融资来源中占比高达62%。与此同时，其他来源如外国银行贷款、国内发行的债券和期票、在国外市场证券化的资产等的比重也在逐步扩大。

俄罗斯租赁业地域分布广泛，约78%的公司位于俄欧洲领土部分，其中52%位于莫斯科，10%位于圣彼得堡，还有38%位于地区一级。尽管目前俄金融资源仍集中在莫斯科和圣彼得堡，但许多位于莫斯科的租赁公司在各个城市开设了代表处和分公司，租赁交易越来越经常地在地区一级进行。

（四）租赁市场容量和世界排名

近年来，随着俄经济的恢复和较快增长，租赁市场容量也迅速扩大。1996～2005年，世界租赁市场年均增幅3.6%，十年内累计增长35.9%，而俄罗斯年均增幅达到40%～70%。2000～2007年七年内增长19倍，市场容量从12亿美元增长到240亿美元。2002年，俄罗斯仅有三家业务额过亿美元的租赁公司，到2006年已达到39家，其中12家过两亿美元，11家过三亿美元。

金融危机前，俄已进入全球最大的十个租赁市场行列。1998～2005年，俄在国际租赁市场中的排名已从第34位上升到第10位，从欧洲的第20位上升到第6位（见表4－9），超过那些具有较长租赁业发展传统和租赁文化的国家，如澳大利亚、荷兰、瑞典、瑞士、丹麦、比利时等。

表4－9　1998～2005年俄罗斯在世界和欧洲租赁市场排名

年　份	1998	1999	2000	2001	2002	2003	2004	2005
在世界排名	34	28	25	25	24	18	11	10
在欧洲排名	20	18	17	17	17	13	7	6

资料来源：根据俄融资租赁杂志资料整理。

俄罗斯同时也是发展中国家和转型经济国家中唯一进入世界租赁市场十强的国家（其他九个均为发达国家）。在金砖四国吸引外资的竞争中，俄罗斯租赁市场已走在中国、印度、巴西之前（2007年，中国的租赁市场容量为42.5亿美元，印度为4.4亿美元），但巴西已成为俄罗斯最明显的竞争者（2004年巴西租赁市场容量已达到43.7亿美元，成为拉美租赁市场的领头羊）。

（五）租赁市场渗透率和增长空间

最近十年间，租赁业成为许多国家投资政策中的重要组成部分，租赁业务的增长速度超过了主要宏观经济指标的增速。国际上通常用两个指标衡量租赁业市场渗透率、发展潜力及其对经济增长的作用：一是租赁交易额在 GDP 中的比重，二是租赁交易额在固定资本投资中的比重。从俄罗斯的租赁交易绝对额看，虽然与西方租赁大国相比还处于较低水平，但却呈现出快速发展的趋势，其对经济发展的作用也不断提高。2000～2008 年，除上述两大指标外，租赁在生产性资本投资中的比重、设备和运输工具租赁在对设备和运输工具投资中的比重均翻了一番（见表 4－10）。

表 4－10 2000～2008 年俄罗斯租赁业发展指标

相对指标 \ 年份	2000	2001	2002	2003	2004	2005	2006	2007	2008
租赁交易额在 GDP 中比重(%)	0.5	0.7	0.7	0.8	1.1	1.1	—	2.1	1.4
租赁交易额在固定资本投资中比重（%）	2.8	3.2	3.5	4.3	5.8	5.8	—	11	6.6
设备和运输工具租赁在对设备和运输工具投资中的比重（%）	7.7	9.0	9.2	11.4	14.5	14.9	—	—	—

资料来源：根据俄租赁协会各年的资料整理。

目前世界上租赁在投资中比重最高的是美国，达 30%，欧洲平均指标为 5.17%。俄国内预期，其租赁交易额在 GDP 和在固定资本投资中的比重未来可达到 5% 和 30%。危机前曾测算，以 2005 年为基期，要达到这一水平，租赁业总额还应扩大四倍左右。在保持 GDP 和固定资本投资年增长分别为 6% 和 12% 的情况下，租赁市场需要保持年均 40% 的增幅，到 2010 年可以达到预期目标。国际金融和经济危机的爆发将使这一周期向后推移。

（六）外资进入俄罗斯租赁市场情况

早在 1996 年，世界租赁公司 100 强中就有七家进入俄罗斯，此外还有一些世界和欧洲知名的租赁公司取得了俄罗斯中央银行颁发的经营许可证，其中美国八家，德国和塞浦路斯各七家，奥地利五家，荷兰四家。2002 年之后，外资普遍看好俄罗斯市场，更是加快了进入步伐。2005 年，一些大的国际租赁公司如奥地利的“FB Leasing”、意大利的“Локат Лизинг Руссия”、荷兰的“ING Leasing”和“Transport Lease”、法国的“Arval”、拉脱维亚的

“Parex Leasing”、德国的“CHG Meridian”等都在俄罗斯开设了自己的代表处。新公司宣布了自己的扩张计划：“FB Leasing”打算在最近一两年内实现年租赁额六亿美元，“ING Leasing”将实现十亿美元。而俄罗斯本土最大的租赁公司目前的年度租赁额尚未超过四亿美元。2003～2004年较早进入俄罗斯市场的外国租赁公司的经验表明，上述计划是可以实现的。

外资看好俄罗斯租赁市场的主要原因在于，从地理位置看，俄罗斯租赁市场对欧洲出租商具有别无选择的吸引力，此外欧洲出租商也有在东欧市场的工作经验。在外国投资商眼中，俄罗斯租赁市场的优势还在于，总体质量良好的租赁法（与《国际融资租赁法》基本一致），承租人违约平均水平非常低（不到1%），对租赁业没有监管负担（如没有类似对银行的要求和标准），拥有适合投资的主权信用评级。此外俄罗斯还是独联体和东欧地区租赁市场的领头羊，对外国投资者而言，进入俄罗斯意味着可以开发独联体和东欧市场。

（七）金融危机对俄租赁市场的影响

对俄租赁市场而言，2008年是其最近十年来发展最为艰难的一年。2008年租赁市场发展可分为两大阶段，上半年尽管出现危机，但签署的交易合同仍有少量增长，从全年看，新的业务量则减少了24.7%，为3197亿卢布，相当于2007年的62%。但合同量和受租人数量增加，分别增长13.5%和13.3%。从细分市场看，汽车等交通工具租赁市场增长6.25%，农机租赁市场增长48.12%，不动产租赁增长48.63%；但设备租赁市场削减11.29%，下降幅度最大的是铁路设备租赁，降幅42.85%。从地域看，除莫斯科和圣彼得堡两大中心租赁市场外，所有地区一级的租赁市场发展均较为顺利。中央联邦区成为增长的火车头，新签业务量增长84.15%，南方联邦区由于准备索契冬奥会，其新签业务量增长58.5%，而莫斯科租赁市场萎缩35.2%。

2009年的发展也可分为两大阶段。上半年总体处于业务量缩减的低迷阶段，下半年市场出现“解冻”，新的交易量达到2700亿卢布（不含增值税）。2009年的年中成为租赁市场的转折点，在经历了连续三个季度的交易量急剧下降后，市场重新复苏，出现三大趋势：第一，围绕国有大公司的租赁业资本集中程度提高，在地区一级，业务重心向中央地区和西伯利亚集中；第二，租赁公司融资来源中自有资金的比重持续提高；第三，公司业务支出逐步减少。出租商关闭了在地区的代表处，解雇员工，租赁公司分公司数量减少 8%，员工减少 15%。

2010 年，俄租赁市场交易量保持 35% ~40% 的增速，年度新交易额达到 7250 亿卢布，截至 2011 年 1 月 1 日，总融资额达 11800 亿卢布。除交易量扩大外，还保持了 2009 年资本集中和分公司网扩大的趋势，其中三大国有大银行分别组建了自己的租赁公司“外经银行 - 租赁”“储蓄银行 - 租赁”“外贸银行 - 租赁”，带动总体市场快速发展，三大公司共占市场交易量的 41%。“储蓄银行 - 租赁”公司积极拓展业务，除在所有联邦区发展租赁公司网络外，还在哈萨克斯坦、乌克兰和白俄罗斯设立了子公司。2011 年，租赁市场发展速度超过最乐观预期，新交易量增长 40% ~50%，预计交易额将达到 1 亿 ~1.1 万亿卢布（约合 322 亿美元），恢复到危机前水平。由于俄经济中固定资产更新需求巨大，融资租赁将会保持稳定需求，汽车、飞机、火车、不动产、IT 设备租赁将成为未来支撑租赁市场的主要方向。

在可预见的未来，融资租赁仍然是俄政府支持的一项投资政策。我国应加强对俄租赁业务政策环境的研究，利用好这一渠道。在俄开展国际租赁业务应坚持循序渐进原则，加强国际租赁业务的风险防范。

第八节　俄罗斯国家公司的功能及影响

组建国家公司是 2007 年俄罗斯社会经济发展中的一个重要趋势。成立国家公司的动议由时任总统普京提出并以其名义报国家杜马批准。截至 2008 年初，俄罗斯共组建了六个国家公司。组建国家公司对加强经济集权、推动重要行业发展、提高国家竞争力具有重要作用和影响，对中俄经贸合作将产生双重影响。

一　国家公司组建情况

1. 国家公司的法律地位及权限

俄新组建的是狭义的国家公司。2007 年俄罗斯通过了有关组建六个国家公司的联邦法[1]（这六个公司简称为“发展银行”“俄罗斯纳米技术”“促进公共住房改革基金”“奥林匹克项目建设”“俄罗斯技术”“俄罗斯核能”），法律生效之日即被视为该国家公司成立之日期。组建国家公司的联邦法明确规定了公司名称、活动目的、公司所在地点、公司管理程序（管理机构和形成程序、国家公司人员任命和解聘程序）、国家公司的重组和关闭及在关闭国家公司时其资产的使用程序。

从公司产权性质看，国家公司（ГК）[2] 既不同于联邦单一制国有企业（ФГУП）[3]，也不同于开放式股份公司（ОАО）[4]。国家公司不是纯国有公司，它“是俄罗斯联邦以国家公司法律组织形式组成的法人”，其下属企业可以是股份公司。

国家公司的法律地位、机构设置、功能定位是在对俄联邦《非商业组织法》修正案中首次规定的。1996 年 1 月 12 日通过的№7 - ФЗ《非商业组织法》[5] 第 7 条第 1 款规定：“国家公司是独立的非商业组织。由俄联邦出资组建，目的是使其发挥社会的、管理的和其他有利于社会的功能。”

该法还规定：“国家公司建立后，联邦所出资金和资产即转为国家公司所有。”“如果法律未规定其他，国家公司不承担联邦义务，联邦也不承担国家

---

① * Федеральный закон Российской Федерации от 17 мая 2007 г. N 83 - ФЗ “О внесении изменений в отдельные законодательные акты Российской Федерации в связи с принятием Федерального закона ‘О банке развития’”.

* Федеральный закон Российской Федерации от 19 июля 2007 г. N 139 - ФЗ “О Российской корпорации нанотехнологий”.

* Федеральный закон Российской Федерации от 21 июля 2007 г. N 185 - ФЗ “О Фонде содействия реформированию жилищно - коммунального хозяйства”.

* Федеральный закон Российской Федерации от 30 октября 2007 г. N 238 - ФЗ “О Государственной корпорации по строительству олимпийских объектов и развитию города Сочи как горноклиматического курорта”.

* Федеральный закон Российской Федерации от 23 ноября 2007 года N 270 - ФЗ “О Государственной корпорации Ростехнологии”.

* Федеральный закон Российской Федерации от 1 декабря 2007 г. N 317 - ФЗ “О Государственной корпорации по атомной энергии ”.

② 国家公司：государственная корпорация。

③ 联邦单一制国有企业：федерадьное государственное унитарное предприятие。

④ 开放式股份公司：открытое акционерное общество。

⑤ Федеральный закон “О некоммерческих организациях” от 12. 01. 1996 N 7 - ФЗ.

公司义务。”“国家公司只从事与创建该公司目的相符合的经营活动。国家公司每年必须公布其资产使用报告。”“国家公司依专项联邦法律建立，不需提供《民法典》第52条所规定的法人注册文件。”组建国家公司的单项法律还规定：“国家公司不受《破产法》约束”。“联邦、联邦主体、地方自治机构无权干预国家公司的活动”。“国家公司的活动仅受组建单个国家公司的专门联邦法、联邦其他标准法律及联邦总统决定的法律调节。”

除上述六大国家公司外，2006～2007年，俄还组建了“航空制造联合集团”和“船舶制造联合集团”两大开放式国有控股公司，被视为广义的国家公司（详见表4－11）。

表4－11　国家公司组建简况

国家公司名称及公司所在地	组建日期(通过相应法规日期)	领导人	监事会主席
“发展银行”(莫斯科市)	2007年5月17日	弗拉基米尔·德米特利耶夫	维克多·祖布科夫(原总理、现第一副总理)
“俄罗斯纳米技术”公司(莫斯科市)	2007年6月23日	列昂尼德·梅拉梅德	安德烈·富尔先科
“促进公共住房改革基金”(莫斯科市)	2007年7月21日	康斯坦丁·齐钦	德米特利·科扎克(地区发展部部长)
“奥林匹克项目建设”公司(索契市)	2007年10月31日	谢苗·魏因施托克(现为索契前市长维克多·科洛佳日内)	德米特利·科扎克(地区发展部部长)
“俄罗斯技术”公司(莫斯科市)	2007年11月23日	谢尔盖·切梅佐夫	阿纳托利·谢尔秋科夫(国防部部长)
“俄罗斯核能”公司(莫斯科市)	2007年12月12日	谢尔盖·基里延科	谢尔盖·索比亚宁(原总统办公厅主任,现副总理兼政府办公厅主任)
航空制造联合集团	2006年2月20日	阿列克赛·费多罗夫	谢尔盖·伊万诺夫(原第一副总理,现副总理)
船舶制造联合集团	2007年3月21日	尤里·亚罗夫	谢尔盖·纳雷什金(原副总理,后为总统办公厅主任,2011年11月21日被推选为俄国家杜马主席)

资料来源：根据组建国家公司法律整理。

2. 国家公司的机构设置

根据组建国家公司的联邦法律，监事会、理事会和公司总裁组成公司的管理机构。监事会是国家公司最高管理机构，理事会是集体常务执行机构，总裁是一长制执行人，负责公司日常管理。监察委员会负责公司内部财务监管（详见表4-12）。

表4-12　国家公司机构设置

名称	监事会	理事会	总裁
“发展银行”	9位监事（含总裁），联邦政府任命总裁以外的监事 联邦政府总理任主席	9位理事（含总裁），由总裁提名，监事会任命， 总裁任理事会主席	联邦总统任命
“俄罗斯纳米技术”公司	15位监事（含总裁），其中联邦总统提名5人，杜马提名2人，联邦委员会提名2人，联邦政府提名5人 联邦政府任命主席和总裁以外的监事	9位理事（含总裁）， 由总裁提名，监事会任命 总裁任理事会主席	联邦总统任命
“促进公共住房改革基金”	17位监事，其中联邦总统提名6人，联邦政府提名5人，国家杜马提名2人，联邦委员会提名2人，联邦社会院提名2人 联邦政府任命监事会主席和监事	7位理事（含总裁）， 由总裁提名，监事会任命 总裁任理事会主席	联邦政府任命
“奥林匹克项目建设”公司	13位监事		联邦总统任命
“俄罗斯技术”公司	9位监事，其中联邦总统提名4位，联邦政府提名4位，总经理同时为监事会成员。联邦总统任命监事会成员，每位任期不超过5年	11位理事。总经理领导理事会工作	联邦总统任命
“俄罗斯核能”公司	9位监事，其中8名为联邦总统和政府提名，总经理同时为监事会成员。总统任命监事会主席和监事		联邦总统任命

资料来源：根据组建国家公司法律整理。

以上联邦法律还规定，公司总裁由总统或政府直接任命。监事会主席由政府高官（总理、副总理、总统办公厅主任、部长等）担任；监事会监事由联邦政府、国家杜马、联邦委员会、联邦社会院提名派代表参加，由总统任命；

理事会主席由总裁担任，理事会理事由总裁任命；总经理由总统任命，其任期不必征得下级机关的同意。

二　国家公司的特点

1. 政府是国家公司的缔造者

根据西方现代企业制度的演化规律，企业的产权结构总是在企业成长的漫长过程中适应生产规模、经营管理、代理成本等生产力因素的需要，逐渐地有机形成的。从俄国家公司组建的过程可以看出，它并不是完全自发地、凭借自身的力量产生的，而是在政府的参与下，通过联邦立法手段自上而下推动，在极短的时间内集中资源组织起来的，政府是国家公司的直接缔造者。

2. 国家公司享有极大的特殊权利

国家公司直接拥有定量国有资产所有权，是具体国有资产的具体所有者。根据法律，国家公司属于非商业机构，不以赢利为目的；有权从事经营活动，但不接受税务检查；可获利润，但不上缴也不分配，只用于专项法律规定的经营活动。国家公司集中了联邦单一制国有企业和开放式国家控股公司两种产权模式的优势，即一方面可以对资产实行完全控制，由于不对联邦承担义务，控制资产的管理集团拥有极大的自主权，能够在关键性的经营领域规避战略竞争者。非商业组织的属性使其能够最有效地绕开一系列国内外市场上的限制性壁垒，能够避开来自外国的制裁。国家公司还继承了单一制联邦国有企业在管理上的优势，具有一定的封闭性，不必公开公司运行报告，有权自由组建子公司而不受政府的直接控制。

3. 国家公司下属行业涵盖多个领域

从行业分布看，六大国家公司下属行业涵盖金融、纳米技术、原子能、武器和高技术、公共住房改革、奥运基础设施建设等多个领域。据保守估计，六大国家公司和两大开放式国有控股公司控制了国内经济的40%，在国内投资总额中的占比达50%左右。2007年，在国家公司框架下的联邦预算支出达5.5万亿卢布。据报道，国家公司的数量和影响还将继续扩大。

三　组建国家公司的目的

组建国家公司的目的不仅与国家公司的功能密不可分，而且更重要的是与俄罗斯在经济转轨和经济恢复振兴进程中对国家干预和政府职能的重新认识定位有直接关系。普京时期，俄罗斯扭转了经济转轨初期过分宣扬经济自由化的偏向，国家在经济领域里的应发挥作用的观点得到了重新肯定，政府对经济振兴和发展的主导作用得到强化。从这一角度观察，俄组建国家公司的目的可归纳为以下几点。

1. 最高当局有效控制国家的战略资产

在普京八年总统任期内，俄罗斯国内政局和经济运行机制发生了重大变化，其上任之初提出的建立一个强有力的国家政权体系，实行中央集权，强化国家权威的目标已基本实现。与政治上的集权相适应，近年来在经济领域强化中央控制的趋势日益加强，基本形成了与政治集权相适应的中央集权经济结构。通过一系列重大并购行为，国家不仅收回了对石油天然气等战略性资源的控制权，同时也在收回对银行业、高技术、重大装备工业的控制权。普京执政最后一年内，俄连续组建六大国家公司的目的一方面是运用国家力量，保护关系到本国经济命脉的大企业，维护国家产业安全；另一方面是巩固与政治上高度集权相称的经济基础，保证现行政权的平稳延续。

2. 推动国家重大项目的实施

这方面最典型的案例是组建“奥林匹克项目建设”国家公司。相关联邦法明确规定，组建该公司的目的“是为了实施与在索契举办 2014 年冬奥会有关的奥运工程和把索契作为山地疗养地的发展计划”。这些计划共包括 241 个奥运工程项目以及与这些项目相关的实施措施。这 241 个工程项目和措施共包括 20 个奥运会体育设施项目、48 个交通设施项目、59 个工程设施项目、11 个通信基础设施项目、36 个电力供应设施项目、12 项与保护环境有关的措施、22 项与工程建设有关的措施以及已经启动的 33 个宾馆设施建造的工程项目。在所有这些项目中有 120 个项目的执行机构是“奥林匹克项目建设”国家公司。俄政府承诺将投资 90 亿欧元用于改造和建设索契的基础设施。显然完成这些项目仅靠市场力量难以胜任，必须由国家出面集全国之力才能在有限期限内完成。

3. 扩大对公用事业投资

经济增长理论一般将由中央和地方政府投资形成的固定资本界定为公共投

资，由于有政府不能在微观层次上直接介入企业活动领域的特定认识，这些投资往往被限制在特定的公共服务领域，被称为公共投资或政府投资。按照最终用途，公共投资一般包括教育投资、道路及高速公路投资、污水处理设施投资、公用事业投资等。公共投资的作用主要表现在：弥补市场失灵，有效配置资源；有利于强化国有经济在关系到国家经济命脉的关键产业中的实力和地位；成为政府进行宏观调控的重要手段。俄在这方面的典型案例是组建“促进公共住房改革基金”国家公司。相关联邦法规定，成立该国家公司的目的是“为公民创造安全舒适的居住条件，提高公共住房事业的改革质量，形成有效的住房基金管理机制，推广资源节约型工艺”。为此将对危旧住宅进行根本改造，协助居民从危旧房搬迁，依靠基金拨款支持地方住宅建设及修缮老旧危房等。政府承诺投入 2400 亿卢布（约合 100 亿美元），同时由基金运作临时闲置资金的收入组成促进公共住房改革基金。由于联邦对基金的拨款额到 2010 年 1 月 1 日拨付完毕，组建公司的联邦法规定，该国家公司的最终存在期限是 2012 年 1 月 1 日。

4. 推动科技创新提高国家竞争力

目前，俄经济处于新的转折点，亟待从以原材料出口为导向的发展模式向以创新为导向的竞争型增长模式转换。俄认为，在目前条件下，只有国家干预经济才有助于摆脱单一的原材料发展取向，真正使俄罗斯走上科技强国之路。按照俄“2010 年前和未来俄罗斯科技发展基本政策”的界定，信息通信技术与电子、航天与航空技术、新材料与化学工艺、新型运输技术、新型武器及军用和特种技术、制造技术与工艺、生命系统技术、生态与自然资源利用、节能技术九大领域被确定为其科技优先发展方向，政府将加大对这些产业的投资力度，支持其发展，计划用十年的时间使俄成为科技强国。现阶段发展产业的首选是纳米技术、核能、高端军事技术和产品。

早在苏联时期，俄罗斯就已经开展纳米技术的研究。2007 年普京在总统国情咨文中将发展纳米技术确定为俄罗斯科技战略的火车头。主管“俄罗斯纳米技术”公司的俄罗斯副总理伊万诺夫认为，研发纳米技术能给国防建设和经济发展带来巨大变化，其意义能和苏联时期的核计划以及太空计划相媲美。组建“俄罗斯纳米技术”国家公司的联邦法明确提出，加快纳米产业必要基础设施建设和发展纳米产业旨在提高居民生活质量，促进经济增长，发展基础科学、教育和文化基础设施，确保国家安全和国民经济安全。政府承诺将提供高达70亿美元的资助。

2007年，俄按照法国阿海珐模式（包括核燃料和核燃料循环），首先组建了民用的“核能工业”大型国有集团公司。之后“核能工业”与“俄罗斯核能”公司合并，共同组成更大的涵盖军用核能机构和核研究机构的“俄罗斯核能”国家公司，取代原联邦原子能署。组建“俄罗斯核能”国家公司的初衷是，面对国际核能复苏的态势，采取强化国家核能工业体系、提高核能工业的全球竞争力、巩固并发展其国际核电市场的地位。相关联邦法规定，对核能利用、核工业和核武器综合体的发展和安全运行进行统一管理，保证核安全和辐射安全、发展核材料和工艺扩散、发展核科学技术和专业培训、对开展国际合作进行法律调节、提供国家服务和国有资产管理、完成国家的武器计划和国防订货是成立公司的目的。

“俄罗斯技术”公司是在“俄罗斯武器出口公司”的基础上整合原有资源成立的，该公司同时持有多家公司的股份，包括世界上最大的钛生产商“ВСМПО－Ависма”、俄罗斯最大的汽车制造商“АвтоВАЗ”、为航空和军事企业供应钢材的“Русспецсталь”公司和国防企业“Оборонпром”，以及在武器出口行业具有垄断地位的“Рособоронэкспорт”公司，其地位堪比天然气巨头“俄罗斯天然气工业股份公司”。按照普京的理念，“俄罗斯技术”公司应具有研发新技术、制造新型装备器材、同时能够出口国内高端军事工业产品的能力。组建“俄罗斯技术”公司的联邦法规定，通过支持俄罗斯面向国内和国际市场上的研发机构和高技术工业品生产商，吸引对包括军工综合体在内的不同工业部门的投资来促进高技术工业品的研发、生产和出口；保证把高技术工业品及与生产产品有关的知识结果推向国内和国际市场；参与在军技领域的国际合作；促进包括军工综合体在内的不同工业部门进行应用研究，提高高技术工业品的国内研发水平，缩短其生产周期。

四　国家公司的发展趋势

从国际经验和苏联社会主义建设时期的实践看，国家公司这种所有权管理模式无论在发达国家还是在发展中国家都存在，并非当代俄罗斯首创。国家公司的最大优势在于它承担着完成特定重大任务，如国家的工业化、战时经济和战后经济重建的功能，是国家动员和配置资源、提高产业竞争力的一种方式。由于国家公司拥有庞大的资产总额和流动资金系统，内部集中了代表俄罗斯工业和科学技术潜力水平的一些大企业，具有较高的商业信誉和融资能力，对国家经济的发展将具有举足轻重的影响和作用。

从国家公司的公共服务功能看，公共投资的主要领域往往具有典型的外部正效应，如公共基础设施投资的发展将直接为以此为发展基础的相关产业部门的扩张提供支持，繁荣私人投资，从而为经济增长带来累积效应。公共投资的一些特殊领域，比如教育和科技投资，本身就是技术进步的源泉，其意义可以部分地通过技术进步的作用体现出来。从理论设计看，国家公司这种管理模式应该会对经济产生长期的促进作用。正是基于上述认识，未来俄仍将进一步扩大国家公司的数量，扩大其影响范围。近期内正在酝酿组建“公路公司”“药品物流公司”“俄罗斯渔船队”和“改善俄罗斯在国际市场形象”四大国家公司，但最有可能被提上日程的是组建“公路公司”和“药品物流公司”两大公司。

除上述积极的认识外，围绕组建国家公司问题，俄国内还存在许多不同的意见和争论，归纳起来主要有：①国家公司是否会导致回归苏联管理模式；②由于国家公司的产权界定并不明晰，国家公司所有权实质上将成为一种私人所有权，从长远看，是否会引起国家利益与私人业主利益的冲突，导致国有资产的重新流失；③组建国家公司符合保持俄罗斯政治精英内部力量平衡的需要，但从俄罗斯的政治文化传统和精英替代模式看，是否会导致形成新一代的寡头；④政府过度干预经济、无节制地组建国有大公司是否会导致国有资产管理效益低下；⑤围绕组建国家公司是否会出现新的游说集团和腐败等。

综上所述，国家公司可视为现阶段俄国有资产管理的一种过渡模式，从发展看，为提高管理效率，亦不排除在适当的时候将国家公司重新非国有化的可能。其发展趋势究竟如何仍有待观察。

五　对中俄经贸合作的影响

俄组建国家公司对中俄双边经贸合作不会产生直接的影响，但在未来双边合作中仍会有一些积极的因素和值得关注的问题。

1. 增加新的合作机遇

国家公司拥有庞大的行政资源，内部产业集中度高，影响力大，其参与双边合作将增加新的合作主体。同时由于其明确的政府背景，对于中方大型国有企业而言，提供了平等合作的可能。中方应积极探索开展与俄国家公司合作的可能性。

2. 增强大项目合作的稳定性

国家公司是在特定领域内国家政策的具体执行者，实行垂直一体化的决策机制，开展与国家公司的合作可降低出现以往在大项目合作中多头管理、政策多变的概率。

3. 在核能、纳米、军技和高技术合作领域，中国将面对实力更强大的谈判对手和竞争对手

国家公司会按照自己的发展战略开展国际合作，这要求中方企业进一步提高自己的应对能力。

4. 与国家公司开展投资合作的门槛提高

前不久俄通过了限制外资进入对国防和国家安全具有战略意义行业的法案，其中一些行业部门实际与国家公司下属的行业部门重叠，这意味着与国家公司开展投资合作的门槛也在提高，外资将不可能直接参股俄国家公司。

5. 在俄国家公司推动的重大项目中不乏新的合作机遇

如在奥林匹克设施建设中，俄罗斯建筑公司实际缺乏在短期内高质量完成大型项目的经验和能力，多数公司不打算参与奥运设施建设工程合同的竞标。而为保证按时按质完成建筑项目，“奥林匹克项目建设”公司不得不对外国公司招标。这为中国的建筑企业提供了一定的机遇，中国企业在奥运场馆设施建设方面有相当的竞争力，应积极参与其竞标。

第九节 “俄罗斯直接投资基金”的创立及运作

直接投资基金又称产业投资基金，是一种对未上市企业进行股权投资的基

金，主要从事创业投资、企业重组投资和基础设施投资等实业投资。通常是为促进特定产业，特别是基础产业和高科技产业发展而设立，对经济发展具有直接推动作用。“俄罗斯直接投资基金”具有明确的政府背景，是俄政府吸引外资的新举措。该基金创立一年多，已开始积极运作。

一 概况

1. 基金的创建

“俄罗斯直接投资基金”（Российский Фонд Прямых Инвестиций – РФПИ，以下称俄直投基金）在俄罗斯总统和总理倡议下于 2011 年 6 月创建，是俄罗斯对外经济银行的全资子公司，俄直投基金注册资本 100 亿美元，德米特里耶夫·吉利尔任基金总经理。建立俄直投基金的目的是吸引外资进入俄罗斯经济中发展最快的行业和公司。

2. 投资目标

俄直接投资基金的目标是收益最大化。基金对具有直接投资国际实践和丰富经验的投资团队制定明确的投资规划。每一笔投资交易至少吸引一位主要的世界级机构投资人和战略投资人参与，保证吸引直接投资的先进技术及人才进入俄罗斯。俄直投基金的共同投资人拥有特别的机会，能与以“俄罗斯直接投资基金”代表的国家机构共同对俄罗斯的重要项目投资。

3. 基金的作用

俄直投基金是全球最大的机构投资者——直接投资基金、主权基金和对俄罗斯进行直接投资的最大战略投资人的共同投资人和伙伴。作为国家机构，“俄罗斯直接投资基金”与共同投资人共担风险，目的是共同筛选高收益项目，获得投资收益。

4. 基金的优势

“俄罗斯直接投资基金”具有明确的政府背景，俄政府直接出资创立基金，并在政策、信息、资源等各方面给予支持。与俄直投基金共同投资有一系列优势：与俄直投基金合作意味着在俄罗斯有了强有力的伙伴；与俄直投基金共同投资实际是与俄政府共同投资，这将获得对资产保护的担保，将官僚壁垒降至最低；能够获得最有吸引力的项目，在国家支持下，俄罗斯最优秀的投资团队将保证俄直投基金和共同投资人获得大型项目和重大交易。成功的合作将会产生重要的示范效应。

5. 投资团队的经验

莫斯科拥有高素质的基金投资团队，可以提高对俄资产的管理和监管效率，这点对那些无法进入俄境内的共同投资人特别重要。每一个投资项目至少由两个独立专家组——“俄罗斯直接投资基金”和国际伙伴共同进行分析。

6. 共同投资机制

“俄罗斯直接投资基金”与国际上最大的直接投资基金、主权财富基金、战略投资人进行共同投资。共同投资人与俄直投基金的投资比例不低于1:1。为了与俄直投基金共同参与资产交易，共同投资人资产在上一财政年度的市场资本化水平或流通额不得低于十亿美元。投资倡议可由“俄罗斯直接投资基金”提出，也可由共同投资人提出。

7. 投资过程

俄直投基金的投资过程符合直接投资的国际标准。俄直投基金与共同投资人共同对快速增长的经济领域内的公司股份资本投资。俄直投基金的退出期限是5~7年。

8. 影响基金投资决策的主要标准

包括：管理层的专业化水平；高质量的计划、核算和监管机制；公司申请人财务和专业高度透明；俄直投基金每笔投资的目标额度为5000万~5亿美元，考虑共同投资人的意见，项目的股份融资平均额度为1亿~10亿美元。俄直投基金在项目中的份额不得超过50%，对共同投资人的份额不做限制。俄直投基金通过在交易所公开发股（IPO）或通过把公司出售给结构投资人或专业的部门投资人逐步从项目中撤出。

9. 投资领域

由于俄直投基金投资额度巨大，故俄直投基金不会将可能的投资仅限于某些部门。俄直投基金准备对所有具有长期吸引力和符合收益标准的部门投资。俄直投基金提出的主要投资领域如表4-13。

表 4－13　“俄罗斯直接投资基金”的投资领域

现代化的基础部门	创新领域
自然资源深加工	新能源
对最重要的产地进行技术开发	核能
农业和食品零售	航空航天工业
住房建设和建材业	药剂业及药理学
交通和物流	电信和信息技术

资料来源：“俄罗斯直接投资基金”网站。

二　管理机构

俄直投基金严格按照国际化标准实行市场化运作。基金资产管理人通过对投资项目的筛选、价值评估、投资决策和投资管理等严格的内部控制机制和规范的专家决策程序，保证俄直投基金资产的安全并力求获取最大收益。俄直投基金的公司治理结构比照主要的全球直接投资基金的做法，包括监事会、投资委员会、管理层和国际专家委员会四个机构。

1. 监事会

监事会为俄直投基金的战略管理机构，负责该基金的投资战略，包括关键的规则和方式。监事会成员组成见表 4－14。

表 4－14　“俄罗斯直接投资基金”监事会成员

姓名	职务
乌柳卡耶夫	俄中央银行第一副行长
伊万诺夫	俄罗斯总统办公厅主任
纳比乌琳娜	原经济发展部部长，现俄罗斯联邦总统助理
德米特里耶夫	俄外经银行行长
德米特里耶夫（吉利尔）	俄罗斯直接投资基金管理公司总经理
雅各布·西夫	哈佛商学院直接投资教授
洛朗	法国国家银行行长

资料来源：“俄罗斯直接投资基金”网站。

2. 投资委员会

负责审议并通过俄直投基金的投资决定，并将其提交监事会审议。

3. 管理层

管理层由总经理负责，集中完成筛选、分析、制定和完成投资交易的任务。管理层参与对投资组合公司的管理。

4. 国际专家委员会

公司治理结构中下设国际专家委员会。委员会由全球经验丰富和公认的主要的主权投资基金和直接投资基金领导人组成，成员见表4－15。

表4－15　“俄罗斯直接投资基金”国际专家委员会

姓名	职务
巴德尔·穆哈默德·阿萨德	科威特投资局董事总经理
库尔特·比约克隆	欧洲私募股权投资基金合伙管理人
莱昂·布莱克	私募股权投资阿波罗全球管理公司董事长兼首席执行官
大卫·邦德曼	得克萨斯太平洋风险投资公司合伙管理人
理查德·戴利	芝加哥市市长
ЧОНГ－СУК ЧОЙ	韩国投资公司董事长兼首席执行官
马尔金	德国私募股权投资公司总经理
楼继伟	中投公司董事长兼总经理
ДЖОЗЕФ ШАЛЛ	美国私募股权投资基金华平投资集团欧洲分部主任
史蒂芬·施瓦茨曼	黑石集团董事长兼总经理

资料来源：“俄罗斯直接投资基金”网站。

三　俄直投基金的运作

“俄罗斯直接投资基金”创立一年多，已与国际上其他主权基金、私募基金联手对俄罗斯证券业、林业等领域投资。

1. 吸引黑石基金等参股俄莫斯科银行间外汇交易所

2011年底至2012年中，“俄罗斯直接投资基金”先后与欧洲复兴开发银行、全球私募股权公司笛卡尔资本集团公司、黑石基金公司三次联合购买莫斯科银行间外汇交易所股份。这些投资是俄直投基金长期策略的组成部分，将有助于开发俄罗斯的资本市场，扩大莫斯科银行间外汇交易所的地区和国际关注度，增加市场流动性，并大大提高其资产质量。

2012 年 6 月 20 日，在圣彼得堡国际经济论坛期间，“俄罗斯直接投资基金”与黑石基金、富兰克林坦伯顿投资管理公司和高盛集团签署协议成立财团，拟联合向俄罗斯公司投资，预计年收益将超过五亿美元，在未来 6 ~ 18 个月在俄资本市场发行股票，对公司的投资额约一亿美元，周期一两年。当天，俄直投基金还与科威特投资基金签署合作协议，科威特投资基金将自动参与俄直投基金的所有项目，该协议将为俄经济引入五亿美元。

俄直投基金还将与国外基金共同参与俄罗斯的新一轮私有化，俄直投基金将保证投资者获得最具潜力的公司股权。

2. 与我国中投公司共同发起成立“中俄投资基金”

2011 年 5 月，中投公司董事长楼继伟率团参加俄罗斯主权财富基金“俄罗斯直接投资基金”推介会。受时任俄罗斯总理普京邀请，中投公司成为该基金国际咨询委员会成员，这为中投公司夯实与俄投资合作关系奠定了基础。2011 年 10 月，普京总理访华期间，中投公司与“俄罗斯直接投资基金”和俄罗斯国家开发银行签署合作备忘录，三方共同发起成立“中俄投资基金”。商定该基金将通过商业化运作，对中俄重大双边合作项目、俄罗斯国际化项目等开展直接投资。2012 年 6 月 5 日，中投公司董事长兼首席执行官楼继伟与“俄罗斯直接投资基金”首席执行官德米特里耶夫签署了“中俄投资基金管理公司正式成立及其基本原则的备忘录”，标志着合作基金的全面启动。“中俄投资基金”以有限合伙制形式设立，进行商业化运作，目标募集规模为 20 亿 ~ 40亿美元。其中，十亿美元将由中投公司及其相关方出资，十亿美元由“俄罗斯直接投资基金”出资，剩余资金将向第三方国际投资者募集。其中 70% 的资金向俄罗斯和独联体境内项目投资，30% 向中国境内项目投资，每一个项目的最低投资额为 2500 万美元。

2012 年 9 月 7 日，在符拉迪沃斯托克 APEC 峰会期间，“俄罗斯直接投资基金”公司首席执行官基里尔·德米特里耶夫宣布，“中俄投资基金”将作出第一笔投资——向俄罗斯第二大林业公司“俄罗斯森林产品公司”注资两亿美元。①

中投公司是“中俄投资基金”的中方牵头机构，对项目选择和是否参与投资，具有自由裁量权。除开展对俄金融产品组合投资外，中投公司还重点关注对俄直接投资机会。目前，中投公司利用“俄罗斯直接投资基金”及其母公司俄罗斯国家开发银行的资源和网络，已成功开展了对俄罗斯最大的黄金企业“普利斯”黄金公司的股权投资，并积累了一批农林、矿业、基础设施等优质项目储备。“中俄投资基金”的投资将平衡关注成熟资产和新设立项目；在农业、矿业、油气、森林等大宗商品类投资和制造业、服务业方面的投资也希望有所平衡。

中投公司董事长楼继伟表示，在通过“中俄投资基金”开展对俄直接投资过程中，将积极研究与国内企业合作开展共同投资的机会，同时也非常欢迎国内企业以有限合伙人身份参与“中俄投资基金”。中投公司将通过“中俄投资基金”这一平台，开展中俄跨境投资合作，如中俄毗邻区域的基础设施等投资，并将积极研究带动国内企业向俄方出口设备、技术和服务，进一步加强与俄方企业之间的合作。可以认为，“中俄投资基金”的创立和运作，将会进一步强化中俄投资合作的基础。

① “俄罗斯森林产品公司”位于俄罗斯远东地区，这家公司的大部分产品向中国出口，并占据俄罗斯出口中国木材产品总量的10%。

第五章　俄罗斯税收制度及对外资的税收政策

当今世界，无论是发展中国家还是发达国家，吸引外商投资尤其是外商直接投资（FDI）已成为国家政策重点，各国政府逐渐重视利用税收优惠来吸引投资，而且以此达成本国某些宏观目标。在向市场经济转型过程中，俄罗斯确立了新的税收体制。同时，为营造良好的营商环境和投资环境，俄罗斯多次进行税收改革。俄税收立法多变，中国企业在与俄方探讨经济合作的时候，准确了解俄联邦税收立法的情况至关重要。

第一节　俄罗斯税收制度改革及税务审计

一　1991～1996年的税制改革

俄罗斯现行税收体制是在向市场经济过渡的大背景下，在改造苏联税收体制的基础上形成的。1991年12月27日，俄罗斯总统签署了《俄罗斯联邦税收制度原则法》，同时颁布了在国际货币基金组织参与下制定的“一揽子”有关税收体制的法令（包括《俄罗斯联邦税法纲要》《俄罗斯联邦增值税法》《俄罗斯联邦企业和组织利润税法》《俄罗斯联邦个人所得税法》等，以后又制定了《俄罗斯联邦关税法》），构造了俄税收体制的基本框架。作为俄联邦的主要税务立法，《俄罗斯联邦税收制度原则法》具体规定了俄税制结构及其实施的一般机制；规定了税种及其计算和征收的办法；确定了税务机关及纳税人的义务和责任。

与苏联时期的税收体制相比，无论在税收基本原则、税收管理体制，还是税制结构上都发生了较大变化。

1. 在税收体制上，开始由原中央高度集权型的单一税制向分税制过渡

分税制是在划清中央和地方事权基础上，通过划分税种来处理中央和地方财政分配关系的一种体制，它包括分税、分权、分征和分管等内容。其实质是通过税种划分形成中央和地方两个收入体系，为各级政府提供稳定的收入来源。按《俄罗斯联邦税法纲要》的规定，俄罗斯历史上第一次出现了现行的集权分权兼顾型的联邦—联邦主体—地方三级税收体制。

2. 在税制结构和重点上，实行以流转税和所得税为双主体、其他多种税为配套的复税制体制

与苏联税收结构相比，俄税收结构中合并了某些税种并新开征了一些税种，共包括46个税种。按三级财政划分，属于联邦税的共16种，一般是那些税源集中、收入较大和需由国家统一管理和调控的税种，如增值税、企业利润税、消费税、个人所得税、关税等；联邦主体税和地方税共30种，一般是那些与地方经济关系比较密切、税源比较分散的税种，如财产税、土地税、森林税、广告税、企业注册手续费等。

3. 在征税管理上，不断强化征管机构，提高征管人员的业务水平和征管手段的现代化水平

为保证税收体制能有效运转，对税务违章行为进行监督，俄罗斯税收体制主要是参照美国、德国等联邦制国家的税收模式而形成，当代西方税收的三项最高原则（即效率原则、公平原则和稳定原则）对俄税制产生了一定影响。这一时期，由于受俄国内经济危机加深、生产下降和巨额财政赤字的困扰，税收作为国家宏观调控的主要手段之一，其作用发挥受到很大限制，现行税制也暴露出一系列问题，表现在：第一，税法零乱，税制繁杂，税制不统一；第二，在税收的两大基本功能方面，其“国库”功能十分突出，而对经济的调节功能则相对薄弱；第三，在税收体系上，地方税由于缺少骨干税种，税量过小，还形不成体系，加之预算收入分配的不合理，地方政府拥有的财力难以完成所承担的事权；第四，在税收征管上，存在明显的地方化倾向，并伴随出现高税率、低征收和比较严重的经济无序和各种税务违章现象，税收征收率低，拖欠税现象十分严重，国家预算税收任务年年完不成，税收流失十分严重。

针对存在的问题，俄罗斯采取一系列措施对现行税制进行调整和完善。1996 年初，俄完成了历时三年的《俄罗斯联邦税法典》（简称《税法典》）的制定工作。1996 年 6 月，俄成立了由总统、政府、联邦委员会和国家杜马四方代表参加的《税法典》草案协调委员会，就文件的全部条款进行协调，并陆续对原《增值税法》《企业利润税法》和《个人所得税法》等进行修改和补充。从上述文件看，俄税制改革的基本方向为：加强税收对经济的调节功能，刺激企业投资生产和结构改造的积极性。在税制结构上，减少税种，简化征税手续；改变骨干税种的征收程序或比例，进一步理顺中央和地方的关系，加快以分税制为主要内容的财政改革；强化税收征管，改变税收征收和预算管理不严的局面，建立正常的税收秩序。1998 年 7 月 31 日，叶利钦总统签署命令通过了《俄罗斯联邦税法典》第一部分（即税法总则部分），规定该部分从 1999 年 1 月 1 日起生效。从该法生效时起，《俄罗斯联邦税收制度原则法》失效（其中第 18 条第 2 款、第 19 条、20 条、21 条除外，它们规定了联邦税、地区税、地方税的具体税种，待《俄罗斯联邦税法典》第二部分通过后它们才失效）。

二　1998～2000 年的税制改革

普京上台后，加快了税制改革的步伐。从 2000 年 4 月开始，俄政府首先对《税法典》第一部分进行修改，同时讨论《税法典》的第二部分，即各个专项税，2000 年 7 月 26 日，第二部分也由联邦委员会批准通过。

新一轮税收改革的基本方向没有改变既定原则，具体包括以下内容。

1. 减少税种

取消住宅及社会文化设施税；取消燃油和润滑油的销售税；取消车辆购置税；取消个别种类交通工具购置税等。根据《税法典》规定，税种数量将减少至 28 种。按三级税收划分，分别为联邦税（共 16 种）、地区税（共 7 种）和地方税（共 5 种）；骨干税种为增值税、消费税、企业利润税、个人所得税和自然资源使用税等，其中利润税和个人所得税为联邦和地区共享税。①

2. 降低税负

转轨以来，俄在实行财政信贷双紧政策的条件下，财政收入主要靠提高税率、增大税负取得。各项税费加总约占盈利企业利润的70% ~90%或更高。据俄财政部统计，按照现行税法，俄名义税负占2000年国内生产总值的41%，实际税负占38%，计划税负占39%，大大高于美国、日本同类指标为29%的水平。此次税改的基本原则之一是降低税负，专项税和收费降到最低点，废除公路使用税、住房基金交费、社会文化领域交费、经营有价证券业务交费等。通过取消、合并税种将使企业税负降低20%左右，税改将使总税负从占国内生产总值的41%降至34% ~36%。俄财政部长库德林指出，2000年政府拟减轻的一般税负和关税税负共占俄国内生产总值的3%，其中一般税负占2%，关税税负占1%。

3. 实行13%的统一个人所得税率

此次所得税改革是新一轮税改最主要的内容之一，核心是将个人所得税多级税率改为13%的单级税率。新税法规定，从2001年起，俄公民不论收入多少均需缴纳13%的统一所得税。在这之前，俄实行累进所得税制，税率定为12%、20%、30%三级，年收入在五万卢布以下的缴纳12%的所得税，年收入超过30万卢布（按官方汇率26卢布等于1美元折算，合1.15万美元左右）者缴纳30%的所得税，年收入在5万~30万之间的缴纳20%的所得税。按照这一税率，如果纳税人按税法规定诚实纳税，各种税费将占个人收入的60%，远远高于世界公认的纳税额一般不超过纳税人总收入40%的合理界线。从实际看，按12%税率缴税的人占全部纳税人的90%，按20%税率缴税的占9.5%，而按30%税率缴税的仅占0.5%。这一税率存在许多不合理之处，一方面主要税负实际是由低收入阶层承担，这显然有悖税收公平原则，另一方面由于对最富裕居民征税过高，这部分人经常隐瞒收入，偷税漏税，造成大量的“影子流通”，据俄税务部估计，约40%的居民由于税率过高而根本不缴税。此次税改将所得税起征点由原五万卢布改为十万卢布，对超高收入者还将规定

① 《俄罗斯税法典》第一部分，http://www.nalog.ru，2000年。

一个免税线，即超过这一界限的收入将不纳税，这一界限尚未最后确定，有建议在500万~1000万卢布之间波动。①

4. 实行“统一的社会税”

社会税是《税法典》中设立的新税种，该税种由原俄罗斯联邦居民就业基金、联邦社会保险基金、联邦和地区义务医疗保险基金合一而成。国家社会基金的特点在于它不是在商业交易基础上形成，而是依法在义务付费的基础上形成的。原先的做法是，所有企业将社会支付划拨到养老、就业、社会保险和医疗保险四个不同的预算外基金。俄许多企业家认为，企业和组织目前向预算外社会基金的缴费相当大。业主向俄罗斯养老基金的缴纳占劳动报酬基金的28%，占职工工资的1%。向社会保险基金的缴费占劳动报酬基金的5.4%，向就业基金的缴纳占1.5%；法定医疗保险的缴纳分为两部分：向联邦基金的缴纳占劳动报酬基金的0.2%，向地区基金的缴纳占3.4%。严格地说，这些付费不是税收，而是具有保费的性质，由大批官员负责征收。此次税改在这方面有三大变化。一是将社会付费改为社会税，实行统一的上缴额度，统一的核算和监督形式和统一的惩治违法措施。社会税税率为10.5%，其中联邦社会保险基金税率为5.4%，就业基金税率为1.5%，联邦和地区义务医疗保险基金税率为3.6%。二是小幅降低社会付费总额，从原先占工资的39%降低到36%。三是暂时保留养老基金，其他三项社会付费进入预算，征税职能转交给税务部，估计仅此一项就可精简五万名基金管理工作人员。②

5. 降低利润税

2001年7月6日，俄罗斯国家杜马三读通过了新的《企业所得税法》，规定将大幅降低企业利润税，税率从原来的35%降低到24%。按照新税法，俄罗斯企业将比过去总计减少20%的税务负担。③

6. 取消税收优惠和特惠制，拉平所有纳税人的课税条件

《税法典》颁布后，俄罗斯已经缩减或取消了一些不合理的税收优惠，如

① 〔俄〕《俄罗斯税务报》2000年有关各期。

② 〔俄〕《俄罗斯税务报》《经济与生活》周报2000年有关各期。

③ 俄罗斯税务部信息，http://www.nalog.ru，2000年7月。

企业所得税的部分优惠、减少对小企业和残疾人就业企业的税收优惠、部分取消增值税税收优惠等。《税法典》第二部分第23章规定取消了自然人收入税的社会性优惠。还规定限制和整顿向纳税人提供的各种特惠，据俄财政部第一副部长估计，俄各种税收特惠每年总额超过2000亿卢布。

7. 调整关税

为做好加入世界贸易组织的准备，俄按照该组织的要求，逐步减让关税。目前俄进口税由进口关税、增值税、消费税和报关收费四项组成，共占联邦预算收入的20%。1998年俄金融危机之后，由于实行卢布贬值政策，进口商品价格和关税平均上涨了三四倍，从性质上说这已成为一种禁制关税。高关税一方面保护了国内生产厂家，另一方面也阻碍了高技术产品的进入。从2001年起，俄对万余种进口商品实行5%、10%、15%和20%四种关税税率。大幅度下调技术性设备的进口关税，对进口原料类商品征收5%的最低关税，对进口工艺设备征收20%的最高关税。其中轻纺、农用设备和机床、电子设备、电视公共设备进口税从目前的20%降到5%~10%，发动机从25%~20%降到5%~10%。技术性设备的进口关税下调将引导国内生产者扩大对先进生产设备和技术的进口，进而加快对企业老化设备的更新改造，推进产业结构的高级化。

8. 为小企业大幅度减税

20世纪90年代上半期，俄罗斯小企业发展迅速，但从1995年起基本上停止发展，特别是在1998年俄罗斯金融危机中，小企业更是受到重创。此次俄政府下大决心为小企业减税，将有力推动小企业的发展。俄罗斯国家杜马（议会下院）2002年7月1日通过了有关简化小企业纳税的法律，规定实行小企业统一税，即将利润税、销售税、财产税、社会税和增值税五税合一。凡是年营业额不超过1500万卢布（约47.8万美元）、职工不足60人的企业，都可改交统一税。统一税的纳税方式分两种：或缴纳营业额的6%，或缴纳利润额的15%，业主可自愿选择其一。该法预计于2003年1月生效。新的法规不仅简化了纳税方式，而且将大幅降低小企业税收。

9. 强化税收征管

俄税收征管中长期存在着高税率、低征收和各种严重的税务违章现象。此次税改要求建立普遍的纳税申报制度，税务机关的工作重点转向日常的、重点的税务稽查，对各项税务违章行为进行重罚，包括送交法庭审判，行为特别严重者有可能被判死刑。完善税务审计与稽查制度，推行室内审计和实地审计结合的做法。

10. 改变中央和地方税收比例

经济转轨期间，由于实行分税制，中央和地方税收比例一度为50∶50，为加强中央财政，新税法提出，拟将税收比例改为65∶35。

新一轮税收改革的目的主要有两点，第一是增加预算收入。俄罗斯经过近十年的转轨，已开始进入由乱到治的新时期，其经济百废待兴。为满足国家政治和经济职能的需要，必须增加财政收入。俄罗斯《税法典》的主要起草人、俄财政部副部长沙塔罗夫直言，实行13%的统一所得税率，对富人来说实际上是一种特殊类型的“经济赦免”，实行这种赦免应该使经济走出“影子流通”。降低税负，统一税率将会促使富人纳税，从而达到扩大税基，增加预算收入的目的。为促使富人依法缴税，鼓励“诚实的企业家在自己国家充满信心地发展事业”，俄政府官员多次表示，将保持税收法律的稳定性，统一税率将保证十年不变。第二是改善税收环境，恢复人民对国家的信任。此次税改的目的与其说是经济上的，还不如说是心理和道义上的。现行的税收制度加剧了普遍的偷漏税和“影子经济”，降低了投资的积极性。国家要取信于民，一方面要降低国库压力，另一方面要加强税收对经济的调节功能。国家确定统一的所得税，为企业提供了最大的透明度，因而成为改善国内经营气候的重要措施，俄力图通过税改促使外逃资金向俄罗斯回流，刺激企业投资生产和进行结构改造的积极性。

三　税务审计

在俄罗斯，审计的主要目的是为了维护和加强税法。会计师主要关注的是文件的真实性、授权的合法性和金额的准确性，而较少考虑其抽样和重要性。俄法律对违反税法的行为处以极其严格的处罚。

1. 税务审计的内容

俄罗斯《税法典》规定，为实行税收监督，纳税人必须按企业所在地、企业的分支机构和代表机构所在地、个人居住地，以及按归其所有的应课税的不动产和交通运输工具所在地，接受税务机关审计。

2. 税务审计的类型

税务审查是税务审计的一种重要形式。《税法典》详细规定了税务审查的类型，以及实施税务审查的方法和条件。第87条规定，税务机关实行室内审计和实地审计（也称全面审计）两种形式。

室内审计适用于所有纳税人，由税务机关强制实施。其主要依据是税务机关掌握的纳税人的经营活动材料和纳税人提供的报税单和其他税收凭证。立法规定，室内审计必须在纳税人提交申请书后的两个月内进行，因此，大部分公司的室内审计至少每季一次。税务机关对某些税收项目进行初审，如果审查中发现填报错误或所提供的材料和凭据相矛盾，税务机关要通知纳税人在规定的期限内予以更正。如发现偷税漏税，则对纳税人下发补税和罚款通知书。

实地审计适用于所有法人（包括个体商户）。税务人员在纳税人生产经营场所进行实地审计。必要时，实行实地审计的税务人员可在有见证人的情况下，对纳税人的财产进行清点，并对纳税人用于取得收入的生产场所、仓库、商场和其他场所，包括对课税对象实施审查，以确定实际情况是否与纳税人提供的资料相符。如果税务人员有充分理由认为有关文件可能包含违规证据，而且可能被销毁、隐匿或窜改，那么税务人员有权索要这些文件。如果纳税人阻挠税务机关执行公务，要按税法追究责任。

此外，税务机关可以传唤熟悉情况的任何个人作证人。证人只有根据俄罗斯法律规定的理由才有权拒绝提供证词。税务机关公职人员在取得证词前，应向证人证明其权利和义务，讲明拒绝提供见证和提供虚假见证所应负的责任。

在新《税法典》颁布之前，对实地审计未作过多的规定。新《税法典》则包含了很多规范实地审计的条款，如规定实地审计不得持续两个月，有特殊情况才可延至三个月；除非企业正处于清算、重组或其他特殊情况下，否则税务机关不得在同一纳税期间对同一税款实施一次以上的实地审计。

虽然新《税法典》在很大程度上保护了纳税人的利益，但它没有对税务机关的内部政策做出限定。例如，税务机关规定，如果企业进行清算和重组，税务机关应即时实施实地审计。因此，很多外国投资者为了免除即时审计，将那些不必要的企业闲置，而不是对之进行清算。另外，税务机关还规定，对所有企业法人都必须进行至少每两年一次的审计。但由于税务人员的严重匮乏，很多公司实际上可能连续五年都没有进行过审计。

3. 税务审计的程序

企业或个体商户在其登记注册后的十日内按所在地或居住地向税务机关递交审计申请书。税务机关应在自纳税人提交所有必要文件和凭证之日起的五日内进行审计。

根据《税法典》第100条的规定，对实地审计的结果要写成税务检查报告，并由税务人员、被检查企业负责人或个体业主签字。税务检查报告主要包括：①检查中发现的税收违法事实或对一些事实的澄清；②对违反税法行为的制裁措施；③消除违法行为的建议；④相关的结论。税务检查报告凭收条面交企业或个体业主。如果纳税人不同意税务检查报告的内容和结论，可在自领取该报告后的两周内，向税务机关递交书面陈述和有关的凭证。

在纳税人收到税务检查报告的第三周和第四周内，必须由税务机关负责人审核有关税务审查材料。如果纳税人提出异议，税务机关负责人的审核必须在纳税人到场的情况下进行，并应在十日内做出如下决定：①对纳税人的税收违法行为追究税收责任；②对纳税人的税收违法行为不追究责任；③采取追加的税收监督措施。

在对纳税人的税收违法行为追究税收责任的决议中，指明纳税人税收违法行为的具体情况、检查中如何发现这些情况、能够证明税收违法情况的凭证和其他资料、纳税人的辩白及对其审查的结果等。

根据对纳税人税收违法行为追究责任的决定，向纳税人下达支付欠缴税款、罚金、税收制裁款的通知书，以及消除违法行为的通知书。纳税人收到通知书后的十天内，税务机关有权要求纳税人资金所在银行上缴纳税人的应交税金以及利息，罚款则不包括在其中。

税务机关必须将罚款请求移交给仲裁法庭，并等待法庭的最终裁决（罚款的请求时限为三个月）。此外，税务机关还可扣押纳税人的财产及证券。

第二节　俄罗斯的税收种类[①]

根据《俄罗斯联邦税法典》（第二部分），俄现行税制中共有联邦税九种，地区税四种，地方税一种。

联邦税包括：增值税、消费税、个人（自然人）所得税、统一社会税、企业利润税、关税、矿物原料开采税、动物和水生资源使用税、水资源税。

地区税：企业财产税、销售税（2004 年起已停征）、交通税、博彩税。

地方税：土地税。

这种三级税制实际上是所有联邦制国家所特有的制度。哪些税归属哪一级，这是根据地域范围及所属地域调整税收法律关系的各级权限决定的。联邦税是由《俄罗斯联邦税法典》及原《俄罗斯联邦税收制度原则法》直接规定的，是在俄联邦境内普遍实行的。但这并不意味着联邦税的税收统归联邦预算。同样的道理，地区税由联邦主体的立法权力机关以专门法律规定，并在相应地区普遍实行。地方税由地方自治代表机关以法规的形式加以规定，并在其管辖地域普遍实行。这些税的税收归于哪级预算，并非一成不变。

一　联邦税主要税种、税基及税率

1. 增值税

应税周转额是增值税的计税基础。增值税实行两种税率：对一般商品（工程、服务），包括加征消费税的食品，征收 20% 的增值税；对以下两大类产品则征收 10% 的税率。

（1）以下食品（不包括加征消费税的食品）：活牲畜及禽类、肉类及其制品（特别美味的除外：里脊肉、牛犊肉、动物舌头、香肠制品、熏制食品、烤猪牛肉、火腿罐头、熏肉罐头、烤猪里脊罐头、动物舌头罐头）、奶及奶制

① 本节内容主要依据为《俄罗斯联邦税法典》。《Налоговый Кодекс Российской Федерации》（НК РФ）Часть 1 от 31.07.1998 N 146 – ФЗ – принят ГД ФС РФ 16.07.1998. “Налоговый Кодекс Российской Федерации”（НК РФ）Часть 2 от 05.08.2000 N 117 – ФЗ – принят ГД ФС РФ 19.07.2000。http：//www.consultant.ru/popular/nalog2/.

品、鸡蛋及蛋制品、植物油、人造黄油、糖及原糖、食盐、粮食、配合饲料、混合饲料、粮食下脚料、面包及面包制品、米粒仁、面粉、空心粉制品、某些活鱼、某些海产品及鱼类制品、儿童食品及糖尿病人食品、蔬菜、土豆。

（2）儿童用品：针织品、缝纫制品（真绒真皮制品除外）、鞋（运动鞋除外）、儿童床、儿童床单、童车、学生笔记本、玩具、蜡泥塑料、文具盒、计算尺、学生用算盘、日记本、图画本、图画册、绘图册、笔记本夹、书皮、日记本皮、笔记本皮、数字及字母活字盘、尿布。

还有部分商品实行零增值税税率，主要包括：通过海关出口到独联体国家的商品（石油、凝析油和天然气除外）；与不征收增值税的出口商品的生产和销售有直接关系的工作（服务）；与过境运输有直接关系的工作（服务）；以统一的国际转运协议为基础的旅客和行李的转运服务；直接为宇宙空间提供的工作（服务）及其在技术工艺上所依赖并与之有关的地面准备工作（服务）；贵重金属开采者或利用含贵金属的废金属及下脚料的生产者卖给联邦贵金属和宝石基金、俄中央银行、其他银行的贵金属；外交代表机构及与之享受同等待遇的代表机构的专用商品以及这些代表机构的外交官或行政技术人员及其家属的自用商品。

增值税收入的85%纳入联邦预算，15%纳入联邦主体预算。

2. 消费税

俄罗斯消费税收入全部上缴联邦预算，其税基及税率见表5－1。对用食品原料酿制的酒精饮料、伏特加酒、烈性甜酒制品、含酒精溶液等商品征收的消费税，其收入的50%纳入联邦预算，50%纳入联邦主体预算。

3. 个人所得税

俄罗斯政府自1991年12月7日开始向公民征收个人所得税。最初实行七级累进税率，最低税率为12%，而最高税率则高达60%。

1997年修改了个人所得税法，调整了税率，开始实行了12%、15%、20%、25%、30%、35%的六级超额累进税制，不设最低起征点。

进入2000年后，俄政府又把累进税率从六级减少为三级，并增设最低起征点。起征点设为年收入3168卢布，年收入在3168卢布至五万卢布的税率为12%，5万～15万卢布的税率为20%，超过15万卢布的税率则为30%。

表 5－1　俄罗斯消费税税基及税率

商品种类	税　基	税　率
酒类产品	各种原料制成的酒精半成品、未兑水的酒精半成品	每公升 8 卢布
	各种原料制成的酒精、未兑水的酒精	每公升 12.60 卢布
	酒精含量在 25% 以上的各种酒类制品（葡萄酒除外）及酒精制品（含在应税商品中的未兑水酒精）	每公升 88.20 卢布
	酒精含量从 9% ～25%（含）的各种酒类制品（葡萄酒除外）（含在应税商品中的未兑水酒精）	每公升 65.10 卢布
	酒精含量在 9%（含）以下的各种酒类制品（葡萄酒除外）（含在应税商品中的未兑水酒精）	每公升 45.15 卢布
	葡萄酒（天然的除外）：特制葡萄酒、特味葡萄酒（加酒精的）、果子酒（加酒精的）、苦艾酒（含在应税商品中的未兑水酒精）	每公升 36.75 卢布
	香槟酒、葡萄汽酒	每公升 9.45 卢布
	天然葡萄酒（香槟酒、葡萄汽酒除外）	每公升 3.15 卢布
	酒精标准含量在 8.6% 以下的啤酒	每公升 1 卢布
	酒精含量在 8.6% 以上的啤酒	每公升 3.30 卢布
烟草及其制品	烟草原料、烟草下脚料、其他作为烟草制品原料的工业制造烟草、烟草工业替代品	零税率
	烟斗用的烟草	每公升 405 卢布
	吸用的烟草（用作烟草制品原料的烟草除外）	每公升 166 卢布
	雪茄烟	每支 10 卢布
	长度为 85 毫米以上的带过滤嘴香烟	每 1000 支 75 卢布
	带过滤嘴香烟(85 毫米以上的除外)，国家标准 1、2、3、4 级香烟	每 1000 支 55 卢布
	国家标准 1、2、3、4 级带过滤嘴香烟	每 1000 支 35 卢布
	不带过滤嘴香烟、白杆烟	每 1000 支 10 卢布
	珠宝制品	5%
	石油、稳定凝析油	每吨 66 卢布
轿车摩托车	发动机功率为 67.5 千瓦(90 马力)（含）以下的轿车	零税率
	发动机功率为 67.5 千瓦(90 马力)以上至 112.5 千瓦(150 马力)（含）的轿车	每 0.75 千瓦(1 马力)10 卢布
	发动机功率为 1125 千瓦(150 马力)以上的轿车	每 0.75 千瓦(1 马力)100 卢布
	发动机功率为 1125 千瓦(150 马力)以上的摩托车	每 0.75 千瓦(1 马力)100 卢布
燃油	辛烷值为 80 以下（含）的汽油	每吨 1350 卢布
	其他辛烷值的汽油	每吨 1850 卢布
	柴油	每吨 550 卢布
	柴油及汽化器发动机机油	每吨 1500 卢布
	俄境内销售的天然气	15%
	销售到独联体国家的天然气	15%
	销售到俄联邦境外（不包括独联体国家）的天然气	30%

资料来源：根据《俄罗斯联邦税法典》整理。

2001 年 1 月 1 日起，俄罗斯开始对居民纳税人获得的绝大部分收入（如工资、薪金等）实行 13% 的单一税率，并把个人所得税的起征点调至年收入 48000 卢布。个人所得税收的分配办法是 16% 纳入联邦预算，84% 纳入地方预算。

此外，还有针对特定收入和非居民纳税人增设了两档税率，分别为 30% 和 35%。实行 30% 税率的收入包括股息收入和非注册纳税人性质的自然人的所得收入。而实行 35% 税率的收入包括从事博彩、赛马以及其他赌博活动收入；各种博彩、竞赛中的得奖，奖金收入和广告收入等超过 2000 卢布以上的收入部分；从自愿性保险合同中获得的超过《税法典》有关规定的保险赔款；纳税周期内卢布或外币存款超过中央银行规定利率情况下所获得的利息收入；纳税人个人借款所获得的利息收入。

现行税法的标准扣除额共分四档：第一档为纳税期内在月收入中扣除 3000 卢布，主要是对切尔诺贝利核污染及其他核辐射受害者、卫国战争中的残疾者等群体；第二档为纳税期内在月收入中扣除 500 卢布，主要针对苏联英雄、俄罗斯英雄、三级荣誉勋章获得者、国内战争和卫国战争的参加者，自幼残疾和一、二度残疾人；第三档是在月收入中扣除 400 卢布，适用于一般的纳税人；第四档是在月收入中扣除 1000 卢布，主要针对纳税人对于所供养的每一个孩子每月可扣除的数额。

4. 统一社会税

为俄罗斯税改后新增税种，它把原有的三种国家预算外基金（退休基金、社会保险基金、医疗保险基金）合为一体，纳税主体为以下三种。

（1）作为雇主的单位（不包含农产品生产单位），纳税基数为每个员工自年初累计的工资额，总计税率为：

10 万卢布（含）按 35.6% 计征；

10 万零 1 卢布～30 万卢布（含）按 3.56 万卢布 + 超过 10 万卢布部分 × 20% 公式计征；

30 万零 1 卢布～60 万卢布（含）按 7.56 万卢布 + 超过 30 万卢布部分 × 10% 公式计征；

60 万卢布以上按 10.56 万卢布 + 超过 60 万卢布部分 ×2% 公式计征。

（2）作为雇主的农产品生产单位、个体经营者、北极地带氏族家庭小团体、农户、农场、自然人——纳税基数为每个员工自年初累计的工资额，总计税率为：

10万卢布（含）以下按26.1%计征；

10万零1卢布~30万卢布（含）按2.61万卢布+超过10万卢布部分×20%公式计征；

30万零1卢布~60万卢布（含）按6.61万卢布+超过30万卢布部分×10%公式计征；

60万卢布以上按9.61万卢布+超过60万卢布部分×2%公式计征。

（3）不雇工的个体经营者、北极地带氏族家庭小农场、律师——纳税基数为自年初累计的工资额，总计税率为：

10万卢布（含）以下按22.85%计征；

10万零1卢布~30万卢布（含）按2.28万卢布+超过10万卢布部分×12.8%公式计征；

30万零1卢布~60万卢布（含）按4.84万卢布+超过30万卢布部分×6.4%公式计征；

60万卢布以上按6.76万卢布+超过60万卢布部分×2%公式计征。

5. 企业利润税

企业总利润由四部分构成：即从事基本活动（如销售产品）的利润；销售固定资产利润；销售其他财产（无形资产、有价证券、属于流转资金的商品物资、企业的其他资产）利润；从销售业务以外获得的利润（如租赁财产取得的利润，按经济合同获得的罚款额、滞纳金和违约金等）。

自2002年1月1日起，企业利润税税率调整为24%，其中7.5%纳入联邦预算；14.5%纳入联邦主体预算，2%纳入地方预算。金融危机之后，俄罗斯修改《税法典》，企业利润税自2009年1月1日之后下调至20%。

6. 水税

俄罗斯水资源税的纳税人为所有的水资源使用者，其中包括不取水而使用水利设施者。纳税范围包括：利用由企事业单位或水利系统（河流、湖泊）提供的水：利用来自地下水资源的水；利用水利设施抽水和蓄水；利用水资源发电；利用水资源浮运木材；利用水资源休息娱乐；利用水资源采矿、建筑、开发；利用水资源配备管理线及其他设施等。

俄罗斯水资源税主要包括四种税收：使用地下水资源税，开采地下水矿物原料基地再生产税，工业企业从水利系统取水税，向水资源设施排放污染物税。具体如表 5－2。

表 5－2　俄罗斯水资源税

	税种	税基	税率	税款分配
1	使用地下水资源税	根据报告期内地下水开采数量，并且充分考虑开采时发生的超定额损失、销售价格来确定	税款的征收方法、征收条件及具体适用税率均在使用地下水资源许可证中规定	40% 缴入联邦预算，60% 缴入联邦主体预算
2	开采地下水矿物原料基地再生产税	以报告期的产品销售额和实际开采地下水所取得并销售的初级产品的价值来确定	5%	原则上为联邦预算、联邦主体预算和企业分享，留归企业的部分作为地质勘探经费。具体数额由自然资源部、经济部、联邦主体执行权力机构协商确定
3	工业企业从水利系统取水税	包括生产性用水、社会文化设施用水、住宅公用事业用水、附属农业用水、居民日常生活服务用水	计税依据是其自身需要的取水限额及水的价格	特殊规定：俄罗斯水资源税法还规定，开采医疗用地下矿泉水、热力工程用水、用于提取有用成分的地下工业用水的所纳税款不纳入预算
4	向水资源设施排放污染物税	课税对象是向水资源设施排放含超标有害物质的污水，以及超过规定限额排放符合质量标准污水的行为，税基为污水所达到的标准及排放量	税款按照定额税率进行征收	10% 列入联邦预算，30% 列入联邦主体预算，60% 列入地方预算。该税 80% 的税款必须用于水资源设施的恢复和保护措施

资料来源：《俄罗斯联邦税法典》第 25 条第 2 款。

水税最低和最高收税标准如下：

（1）在规定的限额内从地面设施每汲取 1000 立方米的水，取水纳税人须缴纳 30～176 卢布；

（2）从海域或内海每汲取 1000 立方米的水，取水纳税人须缴纳 0.8～3.3 卢布；

（3）每使用1千瓦/小时的发电，利用水电站的纳税人须缴纳0.5～5卢布；

（4）把木材编成木排浮运，每运1000立方米/100公里，放排纳税人须缴纳320～665卢布；

（5）利用水域开采有用资源，修建休息设施、游泳设施、公用设施、楼房、设备、装置以及进行钻探、建筑及其他公程，每1000平方米水域使用一年，使用纳税人须缴纳1300～7300卢布；

（6）在规定的限额内每将1000立方米污水排入水利设施内，排污纳税人须缴纳3.2～27卢布。

7. 海关关税

海关关税的税率由俄联邦政府确定，其收入全部纳入联邦预算。在成立俄白哈关税同盟和加入世界贸易组织谈判过程中，俄关税税率几经调整，当前税率详见第11章第4节：俄罗斯入世及外贸政策调整。

8. 矿产资源开采税

自2002年1月1日起，俄罗斯开始征收矿产资源开采税。纳税对象为从俄联邦境内地下开采的、供纳税人使用的矿产；从矿产开采中产生的残渣及废料中获得的、根据俄联邦矿产法应该获得许可的矿产；在俄境外俄联邦司法管辖区域内的矿场开采的矿产（在外国租赁的地区或根据国际条约的规定）。

矿产资源开采税依据23种矿产分别加以规定，税率由3.8%至16.5%不等。例如，有色金属税率为8.0%；黄金税率为6.0%；贵金属（黄金除外）税率为6.5%。另外，最新的《俄联邦矿产资源法》中规定，矿产勘查项目不同研究阶段所收取的费用是不同的，对于贵金属（金、银和铂族金属）项目，普查与评价阶段收费标准为90～270卢布/千平方米；而勘探阶段收费标准为3000～18000卢布/千平方米。

按照《俄罗斯联邦税法典》第338条规定，矿产资源开采税的税基为开采出的矿产资源实物数量，由纳税人自行根据各类矿产开采量分别确定，该规定截止日期为2006年12月31日。2006年7月27日，俄通过法律对《税法典》第338条进行修订，规定从2007年1月1日起，国产资源开采税的税基为开采出的矿产价值，经过脱水、脱盐、稳定后的原油和伴生气、天然气除外。

9. 石油开采税的税率

根据《俄罗斯联邦税法典》第 342 条第 2 款规定，经过脱水、脱盐、稳定后的原油，其石油开采税的税率为：

基础税率（由政府确定）×国际原油价格系数（Kц）×各区块的资源开采程度系数（KB）。2002~2003 年，石油开采税的基础税率为每吨 340 卢布，2004 年为每吨 347 卢布，自 2005 年起调整为每吨 400 卢布，自 2007 年起为每吨 419 卢布。

国际原油价格系数的确定方法：

2005 年之前为 Kц＝（ц－8）×P/252，其中 ц 为乌拉尔原油平均价格（美元/桶），8（美元/桶）为起征点，P 为俄罗斯中央银行确定的纳税期内美元兑卢布的汇率水平，252 由 8 乘以每年俄央行确定的基准汇率 31.5 得出。

随着原油价格的上涨，俄罗斯于 2004 年 5 月 7 日修改税法典，将石油开采税的起征点提高至 9 美元/桶，因此国际原油价格系数变为 Kц＝（ц－9）×P/261，其中 261＝9×29（基准利率）。

自 2008 年 5 月起，金融危机开始影响到俄罗斯油气业，为保证原油产量，自 2008 年 5 月 26 日起，俄罗斯政府主席团通过一系列对税法的修改意见，包括从 2009 年起将石油开采税起征点从 9 美元/桶提高到 15 美元/桶。据俄财政部测算，石油开采税起征点提高后，石油公司每年可降低约 1000 亿卢布（约 44.2 亿美元）的税负。

资源开采程度系数 K_B 的确定方法为：

（1）若 0.8≤某一区块资源开采程度≤1，则 $K_B = 3.8 - 3.5XN/V$，其中 N 为根据上一年纳税期间国家矿产资源平衡表确定的累计开采量，V 为根据至 2006 年 1 月 1 日前国家矿产资源平衡表初步确定的 A、B、C、D 级可采储量之和；

（2）若某一区块资源开采程度超过 1，则 $K_B = 0.3$；

（3）其他情况下 $K_B = 1$。

为鼓励石油公司加大开发东西伯利亚油田的力度，2006 年 7 月 27 日，俄通过修改税法的第 151 号联邦法，规定对全部或部分位于萨哈共和国（雅库特)、伊尔库茨克、克拉斯诺亚尔边疆区的油田，在满足如下条件的情况下，实行零关税：

（1）累计开采量不超过 2500 万吨；

（2）自国家颁发勘探开发许可证之日起，资源开发时间不超过十年，如果取得的是地质研究（普查、勘探）和开发许可证，则资源开发时间放宽至不超过 15 年。

在上述地区内，在 2007 年 1 月 1 日前获得许可证且资源开发程度不超过 0.05% 的区块，从 2007 年 1 月 1 日起十年内累计生产的 2500 万吨原油免交开采税。

根据《俄罗斯联邦税法典》第 342 条的规定，凝析油的开采税税率为 17.5%；天然气的开采税率为每千立方米 147 卢布。

二　地区税主要税种、税基及税率

1. 交通工具税（其收入纳入道路基金）

其税率由法律按每个马力确定。税收收入纳入区域道路基金。具体税率如表 5－3 和表 5－4。

表 5－3　交通工具税税额

车辆种类	马力	一般地区每马力纳税额	莫斯科地区每马力纳税额
小轿车	100 马力(73.55 千瓦)(含)以下	0.5 卢布	6 卢布
	100 马力(73.55 千瓦)(含)以上	1.3 卢布	12 卢布
摩托车		0.3 卢布	3 卢布
多座客车		2 卢布	12 卢布
载重汽车及拖拉机	100 马力(73.55 千瓦)(含)以下	2 卢布	8 卢布
	100～150 马力(73.55～110.33 千瓦)	4 卢布	12 卢布
	150～200 马力(110.33～147.1 千瓦)	4.8 卢布	16 卢布
	200～250 马力(147.1～183.9 千瓦)	5.2 卢布	20 卢布
	250 马力(183.9 千瓦)以上	7.15 卢布	26 卢布
其他自动行驶车辆及机动车辆(收割机及其他农用康拜因除外)		2 卢布	8 卢布

表 5-4　个别种类交通工具税税额

轿车种类及发动机容量	每毫升年纳税标准
排气量为2500毫升以上至3000毫升(含)	2卢布
排气量为3000毫升以上	3卢布

注：(1) 该税仅对排气量在2500毫升（含）以上的小轿车课税〔不包括俄境内生产的全传动汽车以及出产25年（含）以上的汽车〕。

(2) 对出产10年（含）以上的汽车，按表中规定的纳税标准计算出的纳税额的40%课税；对出产5年（含）以上，不到10年的汽车，按表中规定的纳税标准计算出的纳税额的70%课税。

(3) 该税的税收纳入联邦道路基金。

2. 博彩税（略）

3. 企业财产税

该税征税对象为法人资产负债表中反映的资产价值，即固定资产、无形资产和存货，但农业生产用资产免征此税。州立法机构根据资产的不同生产类型确定相应税率，最高税率不超过2%，具体由联邦主体立法机关确定。每季度，企业自行计算税额，向税务机关提交纳税申报表，并附送财务报告，并在申报后五日内预缴税金。年终在提交年度财务报告后十日内进行汇算清缴，收入在州和市政府间平均分配。税款收入的50%纳入联邦主体预算；50%纳入地方预算。

三　地方税

现行的俄联邦地方税仅为土地税。土地税包括三种形式：土地税、土地租金和土地标准价格。对土地所有者、土地占有者和土地使用者课征年土地税；对出租的土地征收土地租金；对购置和赎买地块，以及对获得银行贷款作为土地抵押，规定土地标准价格。

俄联邦征收土地税首先考虑土地使用性质，区分农业用地与非农业用地。根据土地的不同使用性质，规定不同的征税机制和税率。俄联邦《土地使用费法》对每类土地和每类地区规定了年均税率。《俄罗斯联邦税法典》第二部分规定，土地所有人、共有人、占有人和使用者都是土地税的纳税人。要根据土地的使用性质征收土地税，同一区域的农业用地和非农业用地税率不同。闲置土地及改变原有用途的土地税率为一般土地税的两倍。

1. 农业土地使用税

不同质量、面积和位置的农业土地使用税率不同。《土地使用费法》制定各州的平均税率（卢布/每公顷耕地），税率与物价指数挂钩。州立法机构根据耕地的平均税率相应制定种植园、草地和草原的税率。州立法机构还可制定农业用地最低税率。农业用地改变“耕地”用途则按《土地使用费法》规定的固定税率纳税。

2. 非农业用地税率

《土地使用费法》规定了俄罗斯11个经济地区各自的平均税率，并将城市居住区按规模划分为十类，同时规定了旅游胜地和州首府的调整系数。市政府可依据平均税率，对不同位置、发展水平、环境和地理特征的土地制定不同的税率。不同税率产生的总纳税额应等于该地区平均税率与总土地面积的乘积。

位于城乡结合部的住宅用地和个人辅助用地按3%的税率征税。《土地使用费法》规定，住宅用地的最低税率每年在预算法案中调整。

3. 计算与纳税方法

个人根据税务机关每年8月1日前寄送的纳税付款通知书纳税，法人则根据州财产登记簿记载信息自行计算应纳税额，并于每年7月1日前申报。法人和个人每年9月15日和11月15日前分两次缴税，每次各缴一半。如延期支付，其延期支付部分要征收滞纳金。

农村土地税收入归市政府，市区土地税收入则在联邦、州和市政府之间按法定比例分配。联邦政府在农业用地税收收入中占有的份额每年都在预算案中进行调整，该份额大小取决于中央政府管理土地用途、土地账簿保管、土地监测和保护等支出的需要。

四　金融危机后部分税种及税基调整

2010年以来，俄罗斯启动新一轮税制改革。其中，天然气开采税2011～2013年分别调整为237卢布、251卢布、265卢布/千立方；石油开采税2012～2013年分别调整为446卢布、470卢布/吨；酒精消费税2011～2013年分别调整为10%～42.9%、8%～23%、5.7%～10.7%；烟草消费税2011～2013年分别调整为20.7%、20%、7%；俄取消了社会税，取而代之的是保险金税等。2010 年保险金税率为 14%，2011 年将增至 34%；交通税从 2011 年起减少一半，功率在 150 马力以下的交通工具免征交通税；俄 2011 年开征燃油消费税，为油价的 3% ~6%，2012 年起每年增加 1%。此外，俄还将征收不动产税、空气资源税，进一步调整增值税、财产税、自然人所得税等。

此外，为鼓励大陆架油气资源开发，俄政府于 2012 年 4 月中旬出台了对大陆架地区油气区块勘探开发项目的税收优惠政策，包括取消出口税、免除财产和增值税、降低开采税等，政府还承诺相关税收优惠政策将在项目实现工业开采后 15 年内保持不变。俄政府预计，这一优惠政策将给俄能源工业带来大约 5000 亿美元的直接投资，并将在 30 年内给基础设施建设等相关产业带来 3000 亿美元的投资。

第三节　俄罗斯对外资企业的税收政策

一　外资企业在俄的纳税登记义务和报税程序

1. 纳税登记义务

按照俄罗斯法律界定，依照外国法律规定成立、企业所在地位于俄罗斯以外的法人为外籍法人。在俄罗斯境内从事商业活动、拥有不动产或交通工具的外籍法人（以下称外企）必须到俄罗斯税务机关登记注册。具体要求为：如果外企通过常设分支机构在俄境内从事商业活动的时间一年内合计超过 30 天，在商业活动开始后 30 天内外企必须去当地税务机关办理纳税登记注册。一年内在俄境内从事商业活动时间（连续或间断地）总计少于 30 天的外企应该在开始商业活动之前向注册地税务机关和俄联邦税务部递交书面通知书并以此为基础核算纳税额。

外企在俄境内注册，对不动产或交通工具具有所有权或占有、使用和支配权后，应在将不动产或交通工具运进俄罗斯后 30 天内及时向税务机关提交纳税注册登记。注册后税务机关发给外籍企业第 2401ИМД 号纳税注册证明及相应的纳税人识别号和税务注册事由号。

若外企在俄境内银行开设卢布或者外汇账户，无论其是否从事商务活动，在俄境内有不动产或交通工具，都要去开户银行（或银行分支机构）登记注册的税务机关依法登记注册。

如果在账户往来业务中外企有义务独立缴纳税款，则该企业应在相应义务产生后 30 天内去当地税务机关登记注册。上述外企在结清账户后十天内应以第 2303ИМ 号通知单的形式通知税务机关。

外企或外籍组织在俄境内取得与常设分支机构活动无关的收入时，应在每次取得收入后一个月内向支付人所在税务机关和俄联邦税务机构递送书面通知，办理纳税登记。

2. 报税程序

在注册法人机构时，企业须获得税务注册证（号），依据联邦及地方政府规定按时纳税。外籍法人机构的会计师必须是俄罗斯公民，报税时间依税种和科目不同，由企业自己到税务部门上报税目，分为按月缴纳、按季度缴纳及按年度缴纳等。报税时，企业须携带所在地证明（法人注册证、税务注册证）及银行账户须纳税项目的收据证明等。

二　外企应缴纳的税种

按照俄联邦法律规定，外资企业在俄罗斯享受国民待遇。因此，在纳税方面，外资企业与俄本国企业没有什么不同。目前在俄外资企业须交纳的主要税种如下：增值税、利润税、财产税、广告税、汽车公路使用税、住宅和文化设施税、统一社会税、教育机构需求税、交通工具税、车辆购置税、个人所得税等。以下为主要税种征收要求。

1. 常设分支机构认定

不论外国公司是否在俄罗斯设立常设机构，都应当注意在俄罗斯税务机关进行登记的问题。自 2002 年《俄罗斯联邦税法典》第 25 章“企业所得税”生效以来，《税法典》分别对常设分支机构的外企和没有常设分支机构的外企规定了两种不同的纳税制度。根据俄罗斯法律，对于外国公司在俄罗斯设立的各种类型的分支机构，判定其是否构成在俄罗斯的常设机构，主要根据以下几个原则来判定：活动的经常性、活动的经营性、活动的固定性。

同时，《俄罗斯联邦税法典》第 306 条第 2 款明确规定，如果外国公司在俄罗斯通过分公司、代表处等任何分支机构或者任何作业场所活动，只要其活动符合上述原则并与下列事项有关，则该外国公司的活动视为在俄罗斯构成了常设机构。

构成常设机构的几种情况：

（1）与使用地下矿产资源或者利用其他自然资源有关的商业活动；

（2）进行合同规定的建筑工作和设备（包括自动游戏机）的安装、组装、调试、运行维护工作；

（3）从位于俄罗斯境内的属于外国所有或者外国公司租赁的仓库销售商品；

（4）进行其他工作、提供服务或者进行其他活动（《俄罗斯联邦税法典》第 306 条第 4 款规定的活动除外）。

不构成常设机构的几种情况：

（1）准备性和辅助性机构不构成常设机构（《俄罗斯联邦税法典》第 306 条第 4 款）；

（2）在以下情况之下，即使外国公司在俄罗斯设有分支机构或者经营场所，但如果其活动仅为准备性和辅助性活动时，则依然并不构成常设机构：

a）设施的使用仅限于在交货开始之前的存储、陈列和交付该外国公司商品之目的；

b）仅为存储、陈列和交付该外国公司商品之目的而在交付之前进行的保持库存；

c）专为外国公司采购货物目的所设的固定营业场所；

d）所设固定营业场所仅仅用于采集、加工和传播信息，以及进行财务统计、市场调研和外国公司所售商品的广告发布和市场研究之目的，如果这些活动并非该外国公司的主营业务；

e）所设固定营业场所仅仅用于代表外国公司订立合同，如果合同的订立完全是根据外国公司的详细指示而进行的。

对于在俄境内设有常设分支机构的外籍法人，俄联邦对该分支机构的所得征税，具体征税对象包括：分支机构在俄境内的经营收入减去支出的差额；分支机构在俄境内的财产支配收入扣除支出的差额；与分支机构相关的其他所得。没有常设分支机构的外企对不同的所得按不同的税率计征所得税，具体征税对象及相应税率见表5－5。

表5－5　俄罗斯境内外企所得税征税对象及税率

	外　企　所　得	税率(%)
1	有常设分支机构的外企在俄境内分支机构所得	24
2	拥有俄罗斯企业股权而取得的股利所得	15
3	国际运输使用或租赁货船、飞机及其他运输工具或集装箱等辅助装卸设备所得	10
4	拥有俄罗斯国家或地方政府债券而取得的利息所得	10
5	拥有1997年1月20日(含)前发行的俄国家或地方政府债券而取得的利息所得，拥有1999年为调整苏联的外币内债和俄联邦内外债务而发行的外币债券利息所得	0
6	出租(含融资租赁)俄境内的财产取得的收入	20
7	外企分配所得利润或资产(包括企业清算时的分配所得)	20
8	拥有其他未特别指出的俄罗斯企业债券所得	20
9	没有常设分支机构的外企的其他收入,因合同违约所得罚金和滞纳金	20
10	为第三方从事的不计报酬的准备或辅助性商业活动,若该商业活动构成常设分支机构,则按常设分支机构从事该项商业活动支出的20%为税基征税	20

无论有没有常设分支机构，在俄境内的外籍法人都可以享有俄联邦与相应国家签订的避免双重征税协定所规定的纳税优惠。1994年5月27日，中俄签署《中华人民共和国政府和俄罗斯联邦政府关于对所得避免双重征税和防止偷漏税的协定》[①]。根据该协定，中俄两国对个人所得税、企业所得税等税种适用避免双重征税原则。

2. 外企财产税

征税对象包括：固定资产、无形资产、存货（含临时运入俄境内的存货）和预支费用。建筑工地、钻井机械、轮船和其他用于勘探和开发自然资源的设施也包括在内。

① 《中华人民共和国政府和俄罗斯联邦政府关于对所得避免双重征税和防止偷漏税的协定》原文见本章附件。

固定资产和无形资产按其净值征税（即资产初始值扣减累计折旧额后的价值）。但依照外企总部所在国法律计提累计折旧额扣减资产原始值时，一年内的扣减额不能超过：生产厂房为5%；轿车、办公设备和家具、计算机和数据信息处理系统为25%，其他资产为15%。

外企在俄境内分支机构应有总部签字盖章的资产证明。该证明随同年终资产税计算表一同上报税务机关。资产税可以用卢布或外币以非现金的形式支付。以外币缴纳税款额时，按缴纳当天俄联邦中央银行外汇对卢布的汇率计算。外企在俄境内从事经营活动的分支机构通过俄联邦主管银行缴纳税款；不在俄境内从事商业活动，但有固定资产的外企也是资产税的缴纳人，该外企通过外国银行账户直接划拨应纳税款数额。

3. 外国建筑企业的纳税

《俄罗斯联邦税法典》对在俄境内从事建筑活动的外企纳税做了明确规定。俄《税法典》第308条对外企在俄境内的建筑工地的界定是：

（1）进行新建、改建、扩建、技术改造及大修理不动产（飞机、轮船、航母等机械设备除外）的施工地点；

（2）进行新建或安装、改建、扩建、技术改造及大修理生产厂房、漂浮和钻探设施及其他需要固定的机器设备的施工地点。

在进行纳税登记注册、核算应纳税款时，外企在建筑工地的准备工作（包括建设地下通道、铺设管道、电线及其他与建筑工程有关的基础设施），建筑和安装施工等所有工作的持续时间总和即为该外企在俄境内的建筑工地的存在时间。外企建筑企业须缴纳企业所得税、增值税、统一社会税。

附件

中华人民共和国政府和俄罗斯联邦政府关于对所得避免双重征税和防止偷漏税的协定

中华人民共和国政府和俄罗斯联邦政府，愿意为促进两国间经济、科学、技术和文化合作的发展，缔结关于对所得避免双重征税和防止偷漏税的协定，达成协议如下：

第一条　人的范围

本协定适用于缔约国一方或者同时为双方居民的人。

第二条　税种范围

一、本协定适用于由缔约国一方或其地方当局对所得征收的所有税收，不论其征收方式如何。

二、对全部所得或某项所得征收的税收，包括对来自转让动产或不动产的收益征收的税收以及对资本增值征收的税收，应视为对所得征收的税收。

三、本协定适用的现行税种是：

（一）在俄罗斯联邦，按照以下法律征收的税收：

1. “企业及团体利润税法”；

2. “个人所得税法”。

（以下简称“俄罗斯税收”）

（二）在中华人民共和国：

1. 个人所得税；

2. 外商投资企业和外国企业所得税；

3. 地方所得税。

（以下简称“中国税收”）

四、本协定也适用于本协定签订之日后征收的属于增加或者代替第三款所列现行税种的相同或者实质相似的税收。缔约国双方主管当局应将各自税法所作出的实质变动通知对方。

第三条　一般定义

一、在本协定中，除上下文另有解释的以外：

（一）“缔约国一方”和“缔约国另一方”的用语，按照上下文，是指俄罗斯联邦（俄罗斯）或者中华人民共和国（中国）；

（二）“俄罗斯”一语是指俄罗斯联邦；用于地理概念时，是指其领土，包括内河水域和领海、领空以及按照联邦和国际法，俄罗斯联邦行使主权权利和管辖权的专有经济区和大陆架；

（三）“中国”一语是指中华人民共和国；用于地理概念时，是指实施有关中国税收法律的所有中华人民共和国领土，包括领海，以及根据国际法，中华人民共和国拥有勘探和开发海底和底土资源以及海底以上水域资源的主权权利的领海以外的区域；

（四）“人”一语包括个人、公司和其他团体；

（五）“缔约国一方企业”和“缔约国另一方企业”的用语，分别指缔约国一方居民经营的企业和缔约国另一方居民经营的企业；

（六）“国民”一语是指：

1. 在俄罗斯方面，任何具有俄罗斯公民身份的个人；

2. 在中国方面，任何具有中国国籍的个人和任何按照中国法律建立或者组织的法人，以及任何在税收上视同按照中国法律建立或者组织成法人的所有非法人团体；

（七）“国际运输”一语是指缔约国一方居民企业经营的运输，不包括仅在缔约国另一方各地之间经营的运输；

（八）“主管当局”一语，在俄罗斯方面是指俄罗斯联邦财政部或其授权的代表；在中国方面是指国家税务总局或其授权的代表。

二、缔约国一方在实施本协定时，对于未经本协定明确定义的用语，除上下文另有解释的以外，应当具有该缔约国适用于本协定的税种的法律所规定的含义。

第四条　居民

一、在本协定中，“缔约国一方居民”一语是指按照该缔约国法律，由于住所、居所、总机构所在地，或者其他类似的标准，在该缔约国负有纳税义务的人。

二、由于第一款的规定，同时为缔约国双方居民的个人，其身份应按以下规则确定：

（一）应认为是其有永久性住所所在缔约国的居民；如果在缔约国双方同时有永久性住所，应认为是与其个人和经济关系更密切（重要利益中心）所在缔约国的居民；

（二）如果其重要利益中心所在国无法确定，或者在缔约国任何一方都没有永久性住所，应认为是其有习惯性居处所在国的居民；

（三）如果其在缔约国双方都有，或者都没有习惯性居处，应认为是其国民所属缔约国的居民；

（四）如果其同时是缔约国双方的国民，或者不是缔约国任何一方的国民，缔约国双方主管当局应通过协商解决。

三、由于第一款的规定，除个人以外，同时为缔约国双方居民的人，应认为是其总机构所在缔约国的居民。

第五条　常设机构

一、在本协定中，“常设机构”一语是指企业进行全部或部分营业的固定营业场所。

二、“常设机构”一语特别包括：

（一）管理场所；

（二）分支机构；

（三）办事处；

（四）工厂；

（五）作业场所；

（六）矿场、油井或气井、采石场或者其他开采自然资源的场所。

三、“常设机构”一语还包括：

（一）建筑工地，建筑、安装或装配工程，或者与其有关的监督管理活动，但仅以该工地、工程或活动连续 18 个月以上的为限；

（二）缔约国一方企业通过雇员或者雇用的其他人员，在缔约国另一方为同一个工程项目或相关联的工程项目提供的劳务，包括咨询劳务，仅以连续或累计超过 18 个月的为限。

四、虽有第一款至第三款的规定，“常设机构”一语应认为不包括：

（一）专为储存、陈列或者交付本企业货物或者商品的目的而使用的设施；

（二）专为储存、陈列或者交付的目的而保存本企业货物或者商品的库存；

（三）专为另一企业加工的目的而保存本企业货物或者商品的库存；

（四）专为本企业采购货物或者商品，或者搜集情报的目的所设的固定营业场所；

（五）专为本企业进行其他准备性或辅助性活动的目的所设的固定营业场所。

五、虽有第一款和第二款的规定，当一个人（除适用第六款规定的独立代理人以外）在缔约国一方代表缔约国另一方的企业进行活动，有权并经常行使这种权力以该企业的名义签订合同，这个人为该企业进行的任何活动，应认为该企业在该缔约国一方设有常设机构。除非这个人通过固定营业场所进行的活动限于第四款的规定，按照该款规定，不应认为该固定营业场所是常设机构。

六、缔约国一方企业仅通过按常规经营本身业务的经纪人、一般佣金代理人或者任何其他独立代理人在缔约国另一方进行营业，不应认为在该缔约国另一方设有常设机构。但如果这个代理人的活动全部或几乎全部代表该企业，不应认为是本款所指的独立代理人。

七、缔约国一方居民公司，控制或被控制于缔约国另一方居民公司或者在该缔约国另一方进行营业的公司（不论是否通过常设机构），此项事实不能据以使任何一方公司构成另一方公司的常设机构。

第六条 不动产所得

一、缔约国一方居民从位于缔约国另一方的不动产取得的所得，可以在该缔约国另一方征税。

二、“不动产”一语应当具有财产所在地的缔约国的法律所规定的含义。该用语在任何情况下应包括附属于不动产的财产，农业和林业所使用的牲畜和设备，有关地产的一般法律规定所适用的权利，不动产的用益权以及由于开采或有权开采矿藏、水源和其他自然资源取得的不固定或固定收入的权利。

船舶、飞机、火车以及用于运输货物或旅客的机动交通工具不应视为不动产。

三、第一款的规定应适用于从直接使用、出租或者任何其他形式使用不动产取得的所得。

四、第一款和第三款的规定也适用于企业的不动产所得和用于进行独立个人劳务的不动产所得。

第七条　营业利润

一、缔约国一方企业的利润应仅在该缔约国征税，但该企业通过设在缔约国另一方的常设机构在该缔约国另一方进行营业的除外。如果该企业通过设在该缔约国另一方的常设机构在该缔约国另一方进行营业，其利润可以在该缔约国另一方征税，但应仅以属于该常设机构的利润为限。

二、除适用第三款的规定以外，缔约国一方企业通过设在缔约国另一方的常设机构在该缔约国另一方进行营业，应将该常设机构视同在相同或类似情况下从事相同或类似活动的独立分设企业，并同该常设机构所隶属的企业完全独立处理，该常设机构可能得到的利润在缔约国各方应归属于该常设机构。

三、在确定常设机构的利润时，应当允许扣除其进行营业发生的各项费用，包括行政和一般管理费用，不论其发生于该常设机构所在国或者其他任何地方。

四、如果缔约国一方习惯于以企业总利润按一定比例分配给所属各单位的方法来确定常设机构的利润，则第二款规定并不妨碍该缔约国按这种习惯分配方法确定其应纳税的利润。但是，采用的分配方法所得到的结果，应与本条所规定的原则一致。

五、不应仅由于常设机构为企业采购货物或商品，将利润归属于该常设机构。

六、在第一款至第五款中，除有适当的和充分的理由需要变动外，每年应采用相同的方法确定属于常设机构的利润。

七、利润中如果包括有本协定其他各条单独规定的所得项目时，本条规定不应影响其他各条的规定。

八、当：

（一）缔约国一方企业直接或者间接参与缔约国另一方企业的管理、控制或资本，或者

（二）同一人直接或者间接参与缔约国一方企业和缔约国另一方企业的管理、控制或资本，

在上述任何一种情况下，两个企业之间的商业或财务关系不同于独立企业之间的关系，因此，本应由其中一个企业取得，但由于这些情况而没有取得的

利润，可以计入该企业的利润，并据以征税。

第八条　国际运输

一、缔约国一方居民企业经营国际运输业务所取得的利润，应仅在该缔约国征税。

二、第一款规定也适用于参加合伙经营、联合经营或者参加国际经营机构取得的利润。

第九条　股息

一、缔约国一方居民公司支付给缔约国另一方居民的股息，可以在该缔约国另一方征税。

二、然而，这些股息也可以在支付股息的公司是其居民的缔约国，按照该缔约国法律征税。但是，如果收款人是股息受益所有人，则所征税款不应超过股息总额的10%。

本款规定，不应影响对该公司支付股息前的利润所征收的公司利润税。

三、本条“股息”一语是指从股份或者非债权关系分享利润的权利取得的所得，以及按照分配利润的公司是其居民的缔约国法律，视同股份所得同样征税的其他公司权利取得的所得。

四、如果股息受益所有人是缔约国一方居民，在支付股息的公司是其居民的缔约国另一方，通过设在该缔约国另一方的常设机构进行营业或者通过设在该缔约国另一方的固定基地从事独立个人劳务，据以支付股息的股份与该常设机构或固定基地有实际联系的，不适用第一款和第二款的规定。在这种情况下，应视具体情况适用第七条或第十三条的规定。

五、缔约国一方居民公司从缔约国另一方取得利润或所得，该缔约国另一方不得对该公司支付的股息征收任何税收。但支付给该缔约国另一方居民的股息或者据以支付股息的股份与设在缔约国另一方的常设机构或固定基地有实际联系的除外。对于该公司的未分配的利润，即使支付的股息或未分配的利润全部或部分是发生于该缔约国另一方的利润或所得，该缔约国另一方也不得征收任何税收。

第十条　利息

一、发生于缔约国一方而支付给缔约国另一方居民的利息，可以在该缔约国另一方征税。

二、然而，这些利息也可以在该利息发生的缔约国，按照该缔约国的法律征税。但是，如果收款人是利息受益所有人，则所征税款不应超过利息总额的10%。

三、虽有第二款的规定，发生于缔约国一方而为缔约国另一方政府、地方当局及其中央银行取得的利息；或者完全为其政府所有的金融机构按照缔约国双方政府协议提供贷款取得的利息，应在该缔约国一方免税。

四、本条“利息”一语是指从各种债权取得的所得，不论其有无抵押担保或者是否有权分享债务人的利润；特别是从公债、债券或者信用债券取得的所得，包括其溢价和奖金。由于延期支付的罚款，不应视为本条所规定的利息。

五、如果利息受益所有人是缔约国一方居民，在利息发生的缔约国另一方，通过设在该缔约国另一方的常设机构进行营业或者通过设在该缔约国另一方的固定基地从事独立个人劳务，据以支付该利息的债权与该常设机构或者固定基地有实际联系的，不适用第一款、第二款和第三款的规定。在这种情况下，应视具体情况适用第七条或第十三条的规定。

六、如果支付利息的人为缔约国一方政府、其地方当局或该缔约国居民，应认为该利息发生在该缔约国。然而，当支付利息的人不论是否为缔约国一方居民，在缔约国一方设有常设机构或者固定基地，支付该利息的债务与该常设机构或固定基地有联系，并由其负担该利息，上述利息应认为发生于该常设机构或固定基地所在缔约国。

七、由于支付利息的人与受益所有人之间或者他们与其他人之间的特殊关系，就有关债权所支付的利息数额超出支付人与受益所有人没有上述关系所能同意的数额时，本条规定应仅适用于后来提及的数额。在这种情况下，对该支付款项的超出部分，仍应按各缔约国的法律征税，但应对本协定其他规定予以适当注意。

第十一条　特许权使用费

一、发生于缔约国一方而支付给缔约国另一方居民的特许权使用费，可以在该缔约国另一方征税。

二、然而，这些特许权使用费也可以在其发生的缔约国，按照该缔约国的法律征税。但是，如果收款人是特许权使用费受益所有人，则所征税款不应超过特许权使用费总额的 10%。

三、本条“特许权使用费”一语是指使用或有权使用文学、艺术或科学著作，包括电影影片、无线电或电视广播使用的胶片、磁带的版权，专利、专有技术、商标、设计或模型、图纸、秘密配方或秘密程序所支付的作为报酬的各种款项，或者使用或有权使用工业、商业、科学设备或有关工业、商业、科学经验的情报所支付的作为报酬的各种款项。

四、如果特许权使用费受益所有人是缔约国一方居民，在特许权使用费发生的缔约国另一方，通过设在该缔约国另一方的常设机构进行营业或者通过设在该缔约国另一方的固定基地从事独立个人劳务，据以支付该特许权使用费的权利或财产与该常设机构或固定基地有实际联系的，不适用第一款和第二款的规定。在这种情况下，应视具体情况适用第七条或第十三条的规定。

五、如果支付特许权使用费的人是缔约国一方政府、其地方当局或该缔约国居民，应认为该特许权使用费发生在该缔约国。然而，当支付特许权使用费的人不论是否为缔约国一方居民，在缔约国一方设有常设机构或者固定基地，支付该特许权使用费的义务与该常设机构或者固定基地有联系，并由其负担这种特许权使用费，上述特许权使用费应认为发生于该常设机构或者固定基地所在缔约国。

六、由于支付特许权使用费的人与受益所有人之间或他们与其他人之间的特殊关系，就有关使用、权利或情报支付的特许权使用费数额超出支付人与受益所有人没有上述关系所能同意的数额时，本条规定应仅适用于后来提及的数额。在这种情况下，对该支付款项的超出部分，仍应按各缔约国的法律征税，但应对本协定其他规定予以适当注意。

第十二条　财产收益

一、缔约国一方居民转让第六条所述位于缔约国另一方的不动产取得的收益，可以在该缔约国另一方征税。

二、转让缔约国一方企业在缔约国另一方的常设机构营业财产部分的动产，或者缔约国一方居民在缔约国另一方从事独立个人劳务的固定基地的动产取得的收益，包括转让常设机构（单独或者随同整个企业）或者固定基地取得的收益，可以在该缔约国另一方征税。

三、缔约国一方居民企业转让从事国际运输的船舶、飞机、火车以及机动交通工具，或者转让属于经营上述船舶、飞机、火车以及机动交通工具的动产取得的收益，应仅在该缔约国征税。

四、转让一个公司财产股份的股票取得的收益，该公司的财产又主要直接或者间接由位于缔约国一方的不动产所组成，可以在该缔约国一方征税。

五、转让第四款所述以外的其他股票取得的收益，该项股票又相当于缔约国一方居民公司至少25%的股权，可以在该缔约国一方征税。

六、转让第一款至第五款所述财产以外的其他财产取得的收益，应仅在转让者为其居民的缔约国征税。

第十三条　独立个人劳务

一、缔约国一方居民由于专业性劳务或者其他独立性活动取得的所得，应仅在该缔约国征税。但具有以下情况之一的，可以在缔约国另一方征税：

（一）在缔约国另一方为从事上述活动设有经常使用的固定基地。在这种情况下，该缔约国另一方可以仅对属于该固定基地的所得征税；

（二）在有关历年中在缔约国另一方停留连续或累计超过183天。在这种情况下，该缔约国另一方可以仅对在该缔约国另一方进行活动取得的所得征税。

二、“专业性劳务”一语特别包括独立的科学、文学、艺术、教育或教学活动，以及医师、律师、工程师、建筑师、牙医师和会计师的独立活动。

第十四条　非独立个人劳务

一、除适用第十五条、第十七条、第十八条、第十九条和第二十条的规定以外，缔约国一方居民因受雇取得的薪金、工资和其他类似报酬，除在缔约国另一方从事受雇的活动以外，应仅在该缔约国一方征税。在该缔约国另一方从事受雇的活动取得的报酬，可以在该缔约国另一方征税。

二、虽有第一款的规定，缔约国一方居民因在缔约国另一方从事受雇的活动取得的报酬，同时具有以下三个条件的，应仅在该缔约国一方征税：

（一）收款人在有关历年中在该缔约国另一方停留连续或累计不超过183天；

（二）该项报酬由并非该缔约国另一方居民的雇主支付或代表该雇主支付；

（三）该项报酬不是由雇主设在该缔约国另一方的常设机构或固定基地所负担。

三、虽有本条第一款和第二款的规定，在缔约国一方居民企业经营国际运输的船舶或飞机上从事受雇的活动取得的报酬，应仅在该缔约国征税。

第十五条 董事费

缔约国一方居民作为缔约国另一方居民公司的董事会成员取得的董事费和其他类似款项，可以在该缔约国另一方征税。

第十六条 艺术家和运动员

一、虽有第十三条和第十四条的规定，缔约国一方居民，作为表演家，如戏剧、电影、广播或电视艺术家、音乐家或作为运动员，在缔约国另一方从事其个人活动取得的所得，可以在该缔约国另一方征税。

二、虽有第七条、第十三条和第十四条的规定，表演家或运动员从事其个人活动取得的所得，并非归属表演家或运动员本人，而是归属于其他人，可以在该表演家或运动员从事其活动的缔约国征税。

三、虽有第一款和第二款的规定，作为缔约国一方居民的表演家或运动员在缔约国另一方按照缔约国双方政府的文化交流计划进行活动取得的所得，在该缔约国另一方应予免税。

第十七条 退休金

除适用第十八条第二款的规定以外，因以前的雇佣关系支付给缔约国一方居民的退休金和其他类似报酬，应仅在该缔约国一方征税。

第十八条 政府服务

一、

（一）缔约国一方政府或其地方当局对履行政府职责向其提供服务的个人支付退休金以外的报酬，应仅在该缔约国一方征税。

（二）但是，如果该项服务是在缔约国另一方提供，而且提供服务的个人是该缔约国另一方居民，并且该居民：

1. 是该缔约国另一方国民；或者

2. 不是仅由于提供该项服务，而成为该缔约国另一方的居民，该项报酬，应仅在该缔约国另一方征税。

二、

（一）缔约国一方政府或其地方当局支付或者从其建立的基金中支付给向其提供服务的个人的退休金，应仅在该缔约国一方征税。

（二）但是，如果提供服务的个人是缔约国另一方居民，并且是其国民的，该项退休金应仅在该缔约国另一方征税。

三、第十四条、第十五条、第十六条和第十七条的规定，应适用于向缔约国一方政府或地方当局举办的事业提供服务取得的报酬和退休金。

第十九条　教师和研究人员

任何个人是、或者在紧接前往缔约国一方之前曾是缔约国另一方居民，主要是为了在该缔约国一方的大学、学院、学校或为该缔约国一方政府承认的教育机构或科研机构从事教学、讲学或研究的目的，停留在该缔约国一方。对其由于教学、讲学或研究取得的报酬，该缔约国一方应自其第一次到达之日起，3 年内免予征税。

第二十条　学生和实习人员

一、学生、企业学徒或实习生是、或者在紧接前往缔约国一方之前曾是缔约国另一方居民，仅由于接受教育、培训的目的，停留在该缔约国一方，对其为了维持生活、接受教育或培训的目的收到或取得的下列款项或所得，该缔约国一方应免予征税：

（一）为了维持生活、接受教育、学习、研究或培训的目的，从该缔约国一方境外取得的款项；

（二）其学习所在地的政府或科学、教育或文化机构给予的助学金、奖学金或奖金。

二、第一款所述的学生、企业学徒或实习生，由于受雇取得的报酬，在其接受教育或培训期间应与其所停留国家居民享受同样的免税、扣除或减税待遇。

第二十一条　其他所得

一、缔约国一方居民取得的各项所得，不论在什么地方发生的，凡本协定上述各条未作规定的，应仅在该缔约国一方征税。

二、第六条第二款规定的不动产所得以外的其他所得，如果所得收款人为缔约国一方居民，通过设在缔约国另一方的常设机构在该缔约国另一方进行营业，或者通过设在该缔约国另一方的固定基地在该缔约国另一方从事独立个人劳务，据以支付所得的权利或财产与该常设机构或固定基地有实际联系的，不适用第一款的规定。在这种情况下，应视具体情况分别适用第七条或第十三条的规定。

第二十二条　消除双重征税方法

一、在俄罗斯，消除双重征税如下：

俄罗斯居民从中国取得的所得，按照本协定规定在中国缴纳的税额，可以在对该居民征收的俄罗斯税收中抵免。但是，抵免额不应超过对该项所得按照俄罗斯税法和规章计算的俄罗斯税收数额。

二、在中国，消除双重征税如下：

（一）中国居民从俄罗斯取得的所得，按照本协定规定在俄罗斯缴纳的税额，可以在对该居民征收的中国税收中抵免。但是，抵免额不应超过对该项所得按照中国税法和规章计算的中国税收数额。

（二）从俄罗斯取得的所得是俄罗斯居民公司支付给中国居民公司的股息，同时该中国居民公司拥有支付股息公司股份不少于10%的，该项抵免应考虑支付该股息公司就该项所得缴纳的俄罗斯税收。

第二十三条　无差别待遇

一、缔约国一方国民在缔约国另一方负担的税收或者有关条件，不应与该缔约国另一方国民在相同情况下，负担或可能负担的税收或者有关条件不同或比其更重。虽有第一条的规定，本款规定也应适用于不是缔约国一方或者双方居民的人。

二、缔约国一方企业在缔约国另一方常设机构的税收负担，不应高于该缔约国另一方对其本国进行同样活动的企业。本规定不应理解为缔约国一方由于民事地位、家庭负担给予该缔约国居民的任何扣除、优惠和减免也必须给予该缔约国另一方居民。

三、除适用第七条第八款、第十条第七款或第十一条第六款规定外，缔约国一方企业支付给缔约国另一方居民的利息、特许权使用费和其他款项，在确定该企业应纳税利润时，应与在同样情况下支付给该缔约国一方居民同样予以扣除。

四、缔约国一方企业的资本全部或部分，直接或间接为缔约国另一方一个或一个以上的居民拥有或控制，该企业在该缔约国一方负担的税收或者有关条件，不应与该缔约国一方其他同类企业的负担或可能负担的税收或者有关条件不同或比其更重。

第二十四条　协商程序

一、当一个人认为，缔约国一方或者双方所采取的措施，导致或将导致对其不符合本协定规定的征税时，可以不考虑各缔约国国内法律的补救办法，将案情提交本人为其居民的缔约国主管当局；或者如果其案情属于第二十三条第一款，可以提交本人为其国民的缔约国主管当局。该项案情必须在不符合本协定规定的征税措施第一次通知之日起三年内提出。

二、上述主管当局如果认为所提意见合理，又不能单方面圆满解决时，应设法同缔约国另一方主管当局相互协商解决，以避免不符合本协定规定的征税。达成的协议应予执行，而不受各缔约国国内法律的时间限制。

三、缔约国双方主管当局应通过协议设法解决在解释或实施本协定时所发生的困难或疑义，也可以对本协定未作规定的消除双重征税问题进行协商。

四、缔约国双方主管当局为达成第二款和第三款的协议，可以相互直接联系。为有助于达成协议，双方主管当局的代表可以进行会谈，口头交换意见。

第二十五条　情报交换

一、缔约国双方主管当局应交换为实施本协定的规定所需要的情报，或缔约国双方关于本协定所涉及的税种的国内法律的规定所需要的情报（以根据这些法律征税与本协定不相抵触为限），特别是防止偷漏税的情报。情报交换不受第一条的限制。缔约国一方收到的情报应作密件处理，仅应告知与本协定所含税种有关的查定、征收、执行、起诉或裁决上诉有关的人员或当局（包括法院和行政管理部门）。上述人或当局应仅为上述目的使用该情报，但可以在公开法庭的诉讼程序或法庭判决中公开有关情报。

二、第一款的规定在任何情况下，不应被理解为缔约国一方有以下义务：

（一）采取与该缔约国或缔约国另一方法律和行政惯例相违背的行政措施；

（二）提供按照该缔约国或缔约国另一方法律或正常行政渠道不能得到的情报；

（三）提供泄露任何贸易、经营、工业、商业、专业秘密、贸易过程的情报或者泄露会违反公共政策的情报。

第二十六条　外交或常驻使团成员和领事官员

本协定应不影响按国际法一般规则或特别协定规定的外交或常驻使团成员和领事官员的税收特权。

第二十七条　生效

本协定在缔约国双方交换外交照会确认已履行为本协定生效所必需的各自的法律程序之日起的第30天开始生效。本协定将适用于在协定生效年度的次年1月1日或以后开始的纳税年度中取得的所得。

第二十八条　终止

本协定应长期有效。但缔约国任何一方可以在本协定生效之日起满5年后任何历年6月30日或以前，通过外交途径书面通知对方终止本协定。在这种情况下，本协定对终止通知发出年度的次年1月1日或以后开始的纳税年度中取得的所得停止有效。

本协定于1994年5月27日在北京签订，一式两份，每份都用中文、俄文和英文写成，三种文本同等作准。如遇有分歧，应根据英文本予以解释。

中华人民共和国	俄罗斯联邦
政府代表	政府代表
李　鹏	切尔诺·梅尔金

第六章　俄罗斯金融环境及外资金融政策

良好的金融环境是吸引外资的重要条件和保证。本章深入分析俄罗斯经济转轨以来的金融体制改革、银行业的监管现状和问题、国际储备、主权信用和银行信用、资本市场发展、外汇管制、外债偿还能力、主权财富基金管理等问题，旨在使投资者对俄罗斯的金融生态环境有一个全面了解，规避可能的金融风险。

第一节　俄罗斯的金融市场化

金融体制改革是经济体制改革的一个重要组成部分。从金融改革的内涵看，其基本趋向是一个“放”字。从总的情况看，俄罗斯经过20多年的改革，金融体制已发生了巨大的变化。研究俄罗斯的金融市场化问题，首先要考察其金融改革对整体经济改革和经济发展的影响及作用。

一　俄罗斯金融市场化的基本内涵

金融市场化是一个动态的、多层面的深化过程，它不仅是指一国的金融结构的变化，即各种金融工具和金融机构相对规模的变化，同时也应包括一国金融市场机制的建立与健全，即一国金融市场的价格机制、竞争机制以及金融资源配置与使用的效率机制等方面的建立与健全。

（一）金融市场化的任务

俄罗斯经济转轨中金融市场化的任务主要有三项。

1. 银行商业化

商业银行是金融市场的重要主体之一，金融市场化必须以银行商业化为前提。没有银行的商业化，中央银行通过市场调节货币供给，通过货币政策调节经济余缺就没有微观基础；没有银行的商业化，企业改革就缺乏最重要的外部条件，国有银行对企业信贷资金的软约束问题就难以解决；没有银行的商业化，就不能按照市场原则合理地配置资源，以达到提高经济效益的目的。

2. 利率市场化

在市场经济条件下，中央银行必须放松对商业银行利率的直接控制，通过制定和调整再贴现率、再贷款率以及公开市场业务等间接调控手段形成资金利率，使之成为间接地反映中央银行货币政策的一种信号。利率市场化并不是利率完全由市场决定，而是在中央银行一定的控制和干预下，依据市场各种经济因素自动调节和自我调整的过程。

3. 货币的自由兑换

货币完全无限制的自由兑换和完全不能兑换在实践中是不存在的，货币的自由兑换实际上是三个层次：①经常项目自由兑换，指对一个国家对外收支中经常发生的项目支付和资金往来不加任何限制；②基本的货币自由兑换，是指国际货币基金组织对成员国履行货币自由兑换义务的要求，即成员国未经国际货币基金组织同意，不得对经常项目的支出施加限制，不得施行歧视性货币措施和多重汇率，对其他成员国持有的本国货币，其提用时应予兑回；③资本项目自由兑换，是指一国政府对资本的输出和输入不加限制。卢布自由兑换是指取消国家对于国际贸易中经常项目和资本项目的外汇管制，并对国际间正常的汇兑活动和资本流动不加任何限制。实现卢布的自由兑换必须以其汇率稳定为保证条件，因此必须保持对外贸易差额合理，国际收支状况良好，外汇储备丰富，通货膨胀率较低，国内外利差减小，经济增长势头强劲。所有这些条件的实现，不仅要求有良好的宏观经济环境，而且要有有效的微观经济措施。

（二）金融改革内容

从市场化结果看，俄罗斯的金融改革包括以下内容。

（1）实现从单一银行体制向两级银行体制转变，形成了以中央银行为领导，商业银行为主体，多种金融机构并存和分工协作的金融体系。

（2）实现中央银行的职能转换，中央银行成为“发行的银行”“银行的银行”和“执行金融政策的银行”。中央银行的职能是制定和实施货币流通、贷款和有价证券的总政策，以保障本国货币的稳定和充分发挥货币的全部作用，货币政策成为国家宏观调控的主要手段。

（3）多种信用形式和信用工具、多样化的金融工具和金融手段得以发展，培育和建立了金融市场。新的信用形式和金融手段逐步在融通资金和优化资金配置方面发挥重要作用。

（4）为促进金融部门的竞争，鼓励发展多种所有制银行，鼓励外国投资者建立合资及独资银行，引进西方管理技术和经验。改革的长期目标为建立全新的市场经济型的银行体制，最终有机地融入世界货币信贷和金融关系体系。

（5）发展非银行金融部门以作为银行金融活动的必要补充，这些非银行金融部门包括：共同基金、养老基金、保险公司、投资公司等非银行金融中介机构。

（6）健全并完善银行的金融服务，这些服务包括为完成支付和经营业务创造便利、动员储蓄、风险管理、监督公司管理部门、信贷评估。为完善金融服务，需要建立健全的金融基础结构，明晰产权，引进现代会计、审计和支付制度，用现代的、市场导向的金融服务方法培训人员。

（7）制定金融活动的法律和法规，以法律规范金融机构的活动。这些法律包括中央银行法、商业银行法、金融机构破产法、有价证券法、抵押贷款法等。

（8）进行汇率体制改革，发展外汇市场，转向浮动汇率体制，实现本国货币的可兑换性。

（9）形成了以中央银行再贷款或再贴现率为基础的利率体系。由于中央银行再贷款或再贴现是扩大信贷规模的重要因素，中央银行可以通过调整再贷款利率的办法调节信贷规模，影响商业银行和金融机构的贷款利率。

（三）改革后的银行业现状

1998 年的金融危机对俄罗斯财政金融体系、支付体系和宏观经济造成重创，使脆弱的俄罗斯银行业雪上加霜。银行体系亏损面扩大及亏损额大幅提高，“问题银行”数量明显增加，居民存款和银行信贷规模大幅下降，银行资产质量明显恶化。为稳定金融危机后出现的复杂局面，防止银行业和整个金融体系的崩溃，俄政府和中央银行采取了一系列紧急应对措施：①俄中央银行组织商业银行进行了银行间多方债务清算，同时着力发展非现金结算和电子结算制度，为商业银行提供流动性支持，恢复支付结算体系；②俄中央银行针对居民存款采取了临时性特殊措施，其中包括将居民存款从"问题银行"转到储蓄银行，以防止居民大规模挤兑存款、恢复居民对银行体系的信任；③中央银行通过发行债券启动了再贷款机制。经过两年的治理，到2001年下半年，俄罗斯银行体系恢复期基本结束，银行总资产、资本以及放贷额均超过了危机前的水平，居民存款指标也超过了金融危机前的水平，银行体系的经济职能得到提高。

1. 信贷机构数量逐渐减少，财务状况明显好转

截至2007年7月1日，俄信贷机构总数降至1165家，比2001年减少了146家。其中资本额超过500万欧元的信贷机构的数量增加了34个。外资银行77家，其中15家银行按资产总额进入前50强之列。外资银行占俄银行总资产的比重达到14%，资本总额比重达13%。2007年上半年，信贷机构收入达到2210亿卢布，利润总额达到2218亿卢布，盈利银行占比高达97.5%。外资银行主要指标增长速度超过银行体系总体水平。银行业主要指标（总资产、总资本、放款总额、居民存款总额）均呈快速增长势头，2007年上半年银行业资产总额达到17.2万亿卢布，总资本达2.3万亿卢布。

2. 银行负债业务和资产业务均呈现持续改善趋势

近年来，随着银行业总体实力的增强，负债业务和资产业务的结构与质量均发生明显变化。在负债业务方面，到2007年7月，自然人存款占总负债的25.3%，法人组织存款占34.2%，客户账户资金余额达1.03万亿卢布，占银行业总负债的60.2%。一年期以上存款占存款总额的62.9%。在资产业务方面，自然人信贷占14.9%，非金融类企业信贷等占41.5%。建筑类企业、农林猎业企业和制造业正在成为银行信贷的主要去向。同时，住房抵押贷款继续快速增长。仅2007年半年时间，住房抵押贷款就增长了60%。"住房抵押贷款代理结构"能够成为抵押市场发展的重要机制，同时也会成为银行利润的来源。目前，该机构的业务范围正在扩大。截至2006年9月30日，对抵押贷

款的再贷款达到210亿卢布[①]。考虑到住房贷款的规模以及抵押证券市场的发展，银行业可以借此提高贷款质量；为发展住房贷款提供新的动力；资金流动和利润提高；提高银行的市场价值，利润率提高，风险水平下降。

3. 卢布持续升值，居民对卢布的信任度明显提高

居民外汇存款开始减少，卢布存款增加。2004年初的外汇储蓄存款占总储蓄的30.6%，而到2006年5月1日，这一比率已下降到21.9%。

4. 银行风险指标有所提高

随着银行体系的恢复及银行业务不断扩大，银行风险必然不断提高。据俄中央银行的评估，2007年上半年，银行体系资本充足率为16.8%，银行总风险增长了22%。其中，风险水平最高的是信贷风险，占总风险的95.1%。主要表现在逾期贷款增长速度（31.7%）超过信贷规模增长速度（18.8%），逾期信贷占信贷总规模的比重有所增长。市场风险和流动性风险均有所提高。[②]

5. 银行业的宏观经济职能不断提高

反映银行宏观经济职能的主要指标均呈增长趋势。其中，银行总资产与GDP之比增长7.3个百分点，达到52.4%；总资本与GDP之比增长6.3%，自然人存款与GDP之比增长了1.4个百分点，达到14.2%，信贷规模与GDP之比增长了4.8%，占30%。

二 俄罗斯金融市场化程度判断

探讨俄罗斯金融市场化改革进展到什么程度，不仅关系到对既有改革的评价，更重要的是对进一步的市场化改革提供警示。

一般说来，衡量金融市场化程度可以用这样几个指标。

（1）金融存量指标。主要包括经济货币化和金融化两个指标。金融市场化程度的提高会导致金融资产品种范围扩大，期限种类也会增多，与经济总量的相对规模增加。

① Михаил Ершов, О капитализации банковской системы России, http://www.opec.ru/analize_doc.asp? d_ no=61965, 06 декабря 2006.

② Состояние банковского сектора России в первом полугодии 2007 года, *Вестник Банка России*, № 52 (996), 10 сентября 2007 года.

（2）金融流量指标。指金融资产流量主要依赖国内储蓄，而不是财政和国外储蓄。

（3）金融机构指标。金融体系规模扩大，机构增加，专业化程度提高。

（4）利率指标。利率更准确地反映投资替代消费的机会。

（5）汇率指标。汇率的变动更多地反映市场意愿，资本自由流动的程度提高。

1. 经济货币化

经济货币化进程是指经济活动过程中一国以货币为媒介交易份额逐渐提高的过程，经济货币化比率是衡量一国经济商品化程度的重要指标之一，一国的金融深化首先表现为经济货币化。当代金融发展理论奠基人麦金农（McKinnon）以 M2/GDP 指标作为判别一国经济货币化进程的标准。用这一标准衡量，俄罗斯不属于经济货币化程度高的国家。1995～1996 年，俄罗斯的 M2/GDP 为 16.2%，2002 年这一指标上升到 20%～22%，不仅远远低于美国（1998 年为 62%，以下各国年份相同）、韩国（57%）、英国（107%）、日本（121%）的水平，也大大低于中国（1978 年为 37%，2001 年上升到 165%）。

随着经济发展到一定阶段，需要把不断扩展和迅速增长的全部金融资产（包括广义货币和非货币金融资产）与经济总量联系起来，用全部金融资产替代广义货币，用"金融资产"指标替代"货币化"指标来衡量金融深化的程度。用这一指标衡量，俄罗斯的金融化水平高于中东欧国家，但低于西方国家（见表 6－1）。

表 6－1　俄罗斯与部分国家金融市场化深度对比（2001 年）*

国家	货币量 M2（货币和伪货币）		对私人部门的债权		未偿还债券总额		金融市场的资本化	
	10 亿美元	占 GDP 百分比	10 亿美元	占 GDP 百分比	10 亿美元	占 GDP 百分比	10 亿美元	占 GDP 百分比
俄罗斯	74	24	54	17	11	3	78	27
捷克	40	71	25	45	8	15	9	16
匈牙利	22	43	18	35	13	26	10	20
斯洛伐克	14	66	5	25	2	13	1	3
波兰	75	43	46	26	35	20	26	15
法国	656*	51*	1232	95	661	51	1844	142
德国	1336	71	2442	130	1048	56	1072	57

续表

国家	货币量M2(货币和伪货币)		对私人部门的债权		未偿还债券总额		金融市场的资本化	
	10亿美元	占GDP百分比	10亿美元	占GDP百分比	10亿美元	占GDP百分比	10亿美元	占GDP百分比
意大利	559*	56*	871	80	995	91	672	62
荷兰	326*	89*	668	178	321	86	1844	492
英国	1593	113	968	69	607	43	2150	153
日本	5221	123	4084	96	4534	107	3910	92
美国	6509	64	7741	76	11672	115	13984	137

注：＊为2000年年底资料。

资料来源：《2002年世界发展指标》，世界发展银行季度金融统计。

2. 银行业的竞争格局

通过资产比率、存款比率、贷款比率三个指标，可以考察各银行机构在垄断竞争格局中的地位。根据国际货币基金组织和欧洲复兴开发银行的数字，到1998年，俄国有资产在商业银行所有制结构中所占的比例仅为29%，其吸纳存款占GDP的比例为17%，向企业贷款占GDP的比例为11%。从俄罗斯国内的数据看，目前的商业银行体系是私人资本占优势。从金融实力看，形式上是国有银行、大型私人银行和其他中小银行（包括私人和股份银行）三分天下，实际上大的私人银行在资产比例、清偿能力和资本比例等指标上都强于国有银行和其他商业银行。这表明金融机构中垄断格局在弱化，竞争因素在加强（见表6－2）。

表6－2　俄罗斯三大类银行基本业务指标（2001年6月1日）

单位：%

占银行业的百分比	资产	清偿力	对经济的贷款	有价证券	资本	商业资金
大国有银行	32.1	18.2	34.5	53.0	29.3	16.7
大型私人银行	41.4	44.8	34.5	22.1	39.4	51.3
其他银行	26.5	37.0	31.0	24.9	31.3	32.0

资料来源：俄罗斯专家研究所发展中心统计资料。

3. 利率市场化程度

利率市场化既是俄罗斯金融市场化的重要内容，也是实施货币政策和发展金融市场的重要条件。经济转轨初期，俄罗斯中央银行向商业银行直接分配信贷资源并规定利率水平。为了实现动员储蓄并将其转化为投资的任务，俄罗斯中央银行改变了计划经济下信贷资源的分配办法，逐步向通过信贷拍卖分配资源过渡。目前，俄罗斯中央银行通过信贷拍卖形成基准利率，然后再通过调整再贴现率和开展公开市场业务对利率进行间接调控，逐步使利率基本由市场资金供求决定。最终实现利率市场化。

三　俄罗斯金融市场化中存在的问题

迄今为止，金融业仍然是俄罗斯经济的软肋，制约着其经济的发展。从整体运行看，俄罗斯金融市场中存在以下主要问题。

1. 银行体系不健全

俄罗斯正处于由单一银行体制向二级银行体制转换中，“全权委托银行制度”① 的实行导致其迅速形成了类似日本和韩国的财阀式的“金融垄断资本”。在转轨过程中，俄罗斯出现了银行资本向金融集团集中的趋势，由于这些金融集团与国家之间错综复杂的关系及内部不透明的金融和所有权关系，使得监管和管理难于进行。同时，以寡头银行为代表的利益集团控制着国内主要的资金流，阻碍了经济结构的优化。

与上述大型或巨型私人银行相对应的是大量的中小银行，这些银行自有资本比重低，投资结构以短期贷款为主，无法有效地参与结构政策和投资政策。

2. 银行与国有企业关系十分密切

俄罗斯现行的商业银行注册资本中约 4/5 来自国有企业的资金，1990 年后新建银行中的 50% 以上是由企业或企业集团创立出来的，其功能是为这些企业管理现金，经营结算业务，这些银行也发放贷款，资金来源多为企业存

① 所谓全权委托银行制度，是俄罗斯由单一银行体制向二级银行体制转换中的一种过渡性措施，具体说就是将传统体制下中央银行作为“国家的银行”的各种职能交给受托商业银行执行。这些全权委托银行相当于政府的一种全权机构，负责为专业的进出口公司提供出口信贷和结汇，进行海关外汇监管和国家外汇管理；为国有企业和国家专项纲要贷款；代理国库，为预算收入和支出服务，管理国税、国债、关税；从事有价证券业务等。俄罗斯中央银行原则上选择了那些能够稳定货币 - 信贷体系，自身能够承受高风险，能够作为国家投资传导器的大型商业银行作为全权委托银行。

款、银行间拆借市场及处于募捐过程中的资金。由于银行与其注册股东之间保持着紧密的联系，因此最显而易见的问题是：银行过于屈从创办企业的利益，使银行股东在取得贷款方面具有绝对优先权，从而造成内部人控制企业的外部监控的真空，导致大量内部借贷的存在。

3. 商业银行资产负债结构不合理

资产负债中需要付息的债务（居民存款、央行存款、自身债务）比重小，约占17.1%。而无息和近乎无息的债务（结算账户资金、预算资金、同业往来账户资金）比重大，达70%。

4. 银行在其资源配置决策中尚未摆脱集权式影响，经常受到干扰

虽然银行具有了相对独立性，但仍未彻底摆脱作为国家控制国有企业的工具的地位，软预算约束“迫使”中央银行通过商业银行仍向效益差的国有企业贷款，这在转轨初期表现尤为明显，这种状况的存在，只是从形式上改变了以往中央银行直接对企业贷款的做法，商业银行所起的不过是中央银行集中贷款的传导器的作用。在这种情况下，仍是由国家而不是由市场来确定资本流量的绝大部分。

5. 国有商业银行在市场上仍保持垄断地位，严重阻碍了银行业的正常竞争，使其长期服务质量低下，极不适应金融发展和开放的要求

长期以来，国有银行以办理居民存款业务为主，而不是以发放经济贷款为主，其结果造成了这些资金的阻塞。

6. 银行资本积极参与金融投机

其主要形式为利用卢布和美元的汇率差，在银行间贷款市场活动，将其作为补充拨款工具和长期贷款，在某些情况下，甚至用其弥补不可靠的债务。这一作法大大动摇了银行的信用基础。

7. 金融犯罪猖獗，一些银行参与洗钱活动

至今，一些银行系统，特别是由大型石油公司控制的四五家银行仍是资金外逃最便捷的渠道。

8. 资本市场规模小，结构不完善

一方面，俄罗斯经济金融化水平低，仅相当于GDP的30%左右；另一方面，资本高度集中和两极分化同时存在，80%~90%的资金集中在莫斯科，十

家最大的公司控制着80%的市场交易。金融市场的主要问题是内部交易，几乎所有的股票都是在15个最大的公司间进行。

四　俄罗斯金融市场化的启示

1. 改善银行资产质量，提高自身实力

俄罗斯银行存在资本充足率偏低的问题。资本充足率是衡量银行抵御风险能力的一个综合性指标。根据国际清算银行对商业银行实行资产比例监管制度的《巴塞尔协议》要求，银行最低核心资本充足比率为4%，一般最低资本充足比率为8%。俄罗斯只有12%的银行达到这一要求。俄200家最大的银行的资本总额低于世界排名前20位的任何一家银行的资本额。由于资金实力不足，造成众多小银行经营成本增加，加大了信用风险，构成了银行体系潜在的不稳定因素，以及广大客户对中小银行的信任危机。俄罗斯转轨过程中以及2004年5~7月的银行挤兑风波主要发生在中小银行。俄罗斯新的银行发展战略已将提高资本化水平的问题提高到重要位置，规定从2005年起，俄银行自有资金比重将不得低于资产的10%，而目前仅为2%。从2007年起，将不允许建立资本金低于500万欧元的银行。

2. 面对市场扩容压力，严格市场准入

俄罗斯银行体制现存弊端与其20世纪90年代两级银行体制初创时期，市场准入过度自由宽松有直接的关系。1991~1992年是俄罗斯商业银行快速发展的高峰期。在不到两年的时间里，商业银行数量从不到200家急剧扩张到1600家。到1994年，全俄共注册了2200家商业银行。这些银行中一部分是由外贸公司或国有企业转型而来，有些是在国有专业银行分行的基础上建立的。在所有改建和新建的银行中，中小银行约占90%。由于银行业在转轨过程中的超常和扭曲发展，最初所预期的健康、经营良好的银行体系并没有真正建立起来，大多数银行的总资产、资产负债比例、资本充足比率、外汇储备、贷款结构等重要指标都达不到标准。在1998年的金融危机中，由中小银行为主的银行体系遭受了致命的打击。2004年的银行信任危机更是充分暴露了中小银行抵御风险能力的先天不足。俄罗斯大量私人银行自身信誉差，几乎没有什么大储户，主要靠采取提高存款利率和同业拆借利率的办法吸引储户和扩大

业务。由于这些银行流转资金少，一旦拆借资金被其他银行套牢，就会完全失去对储户的偿还能力。目前中国银行业重组正在成为趋势，外资银行入股中国中小商业银行，民间资本大量进入银行业。中国银行业应该吸取俄罗斯全社会办银行和由于市场准入门槛过低而引发金融风险的教训，从严实施金融管制，特别是应对国内实体产业进入银行业实行从严控制。

3. 积极稳妥地引进外部战略投资者

放宽外资投资限制，鼓励西方金融机构在俄扩展业务是俄罗斯吸引外国投资的举措，除完善对投资者的法律保护制度和优惠的税收条件外，还计划将外资在俄银行法定资本中所占比例的最高限额从目前的12%提高到25%，扩大银行业的透明度，实现与国际会计核算制度接轨。目前，在俄1300多家银行中，外资超过50%的只有32家，但很多外国银行一直在增加在俄关联机构中的资产。在入世谈判中，俄罗斯面临的一个现实问题是：未来在开放金融市场，引进外资的同时，如何保护国内弱小的银行业。2012年8月23日，俄罗斯成为世界贸易组织正式成员，根据入世承诺，银行业对单个银行资本中外资水平不限顶，但规定外资在整体银行资本构成中的占比不得超过50%。

4. 积极推行银行保险制度，建立居民存款显性保险

从苏联解体至今，俄罗斯经历了多次金融风波，从卢布贬值到银行支付危机，数以百万计的俄罗斯人已失去了毕生的积蓄。俄罗斯中央银行一直在酝酿建立存款保险制度，但长期议而不决。在2004年的金融危机中，为稳定储户，促使有问题的银行自救，俄罗斯中央银行采取了大幅度降低存款准备金、紧急通过私人存款担保法案和央行提供低息贷款收购有问题银行的三大重要措施。由于措施得力及时，使挤兑风波没能向更大范围蔓延。2008年6月14日，俄罗斯政府通过《自然人银行储蓄保险法》草案，国家将利用保险机制，保障居民的储蓄安全。该法案规定，国家有关机构承担居民储蓄保险责任，国家首先投入30亿卢布（1美元合31.7卢布）作为保险基金，各银行按吸收存款的一定比例交纳保险金。如果银行破产，储蓄保险基金将全部或部分返还储户，储蓄在两万卢布以下的小储户将获得全部赔偿，9.5万卢布以下的储户将得到75%的赔偿，其余存款的退还不由国家保险机制承担。2008年全球金融危机爆发早期，俄罗斯即开始正式实行居民存款保险制，政

府指定专门银行，对居民在该银行内相当于两万美元的存款额提供保险，避免大规模挤兑。

第二节　俄罗斯银行监管现状、问题及改革任务

由美国次贷危机引发的全球金融危机对各国金融监管部门提出了新的挑战，发达经济体和发展中经济体都面临如何协调金融创新和金融监管的任务。最近十多年，俄罗斯的银行监管经历了从初创到逐步发展的过程，新的监管方式和手段不断丰富，同时还面对大量需要完善之处。

一　俄罗斯银行监管现状

1. 监管模式选择

俄罗斯金融监管体制的基本特征是分业监管，对不同金融机构按照所属行业进行划分，由不同的监管部门分别监管。俄中央银行和财政部共司银行调节和监管功能。前者从经济、金融和会计方面进行考察，并审核银行的设立，监督银行经营。后者执行监督检查银行税务的功能。除此之外，证监会、金融机构重整公司和金融监管委员会也协助共同监管。

2. 中央银行的监管机构和手段

俄央行法律地位最重要的特点是其独立性原则和不干预信贷机构业务活动的原则。根据《俄罗斯中央银行法》第 56 条规定，央行是进行银行调节与监管的机构，对信贷机构和银行集团遵守银行法、反洗钱法、是否向恐怖主义提供资金、执行中央银行的标准化文件和义务等情况进行经常性的监管。

在监管领域，央行通过颁发银行从业许可证、合规性监管、现场检查等实现其权限。此外，央行负责对有问题银行进行整顿。

俄罗斯银行业的发展问题和完善对银行的调节监管问题始终受到央行的同业机关——国家银行委员会（НБС）的经常关注。俄总统代表、立法和执法机关代表和央行行长均为该委员会成员。央行行长和经理委员会是央行的管理机构。央行经理委员会每季度向国家银行委员会通报银行调节和监管的信息。

根据《俄罗斯中央银行法》第56条，中央银行的调节和监管功能由其常设机构银行监督委员会（КБН）进行。银监会主席人选由央行行长从央行经理委员会中挑选任命。银监会每年向国家杜马提交有关银行调节和监管发展问题的分析资料（包括在年报中），其中包括对俄罗斯联邦银行业现状的分析。

根据《俄罗斯中央银行法》第62条，为保证信贷机构的稳定，央行可以为银行集团规定以下法定标准：

（1）信贷机构注册资本中非货币投入的限额及可作为注册资本缴费的非货币形式的资产形式清单；

（2）由单一借款人或组合借款人承担的最高风险额（不得超过自有资本的25%）；

（3）大额贷款风险的最高额度（为大额贷款总额与信贷机构自有资本之比，最高风险额不得高于自有资本八倍，央行有权对信贷机构的大额贷款风险进行登记）；

（4）信贷机构的流动性标准（资产负债比，包括资产负债的周期、总量和类型及其他因素）；

（5）自有资本充足率标准；

（6）外汇风险、利率风险和其他风险额度；

（7）抵御风险的最低储备额度；

（8）信贷机构可用于购买其他法人股份的自有资本标准（不得超过25%）；

（9）信贷机构（银行集团）提供给自己股东的银行担保或委托的最高贷款额度（不得超过50%）。

3. 银行监管的法律基础

银行调节与监管的效率在很大程度上是由其法律保证的适应性所决定的，俄中央银行依据联邦有关法律对银行业进行监管。俄罗斯现代银行调节与监管体系的基础由中央银行在20世纪90年代上半期奠定。1995～1996年对银行调节与监管法律进行了修改，其法律基础大大强化。2001～2002年，有关信贷机构调节的联邦法律再度进行修改，为央行更有效地执行银行调节和监管职能提供了新的可能。目前，俄罗斯已经初步构建了银行调节与监管的法律框架，相关的法律包括以下几点。

（1）2002 年 10 月通过的新版《俄罗斯联邦中央银行法》（2007 年 4 月 7 日作出最新补充修订，联邦法 № 63 - Φ3），该法明确了俄罗斯中央银行的地位、活动目的、功能和权限。

（2）1996 年 2 月 3 日通过的《银行和银行活动法》（2007 年 5 月 17 日作出最新补充修订，联邦法 № 83 - Φ3），该法对信贷机构（银行、非银行信贷机构）、俄罗斯银行体系进行明确界定，明确了银行业务清单，规定了俄罗斯信贷机构成立、运行和撤销的基础。

（3）1999 年 2 月 25 日通过的《信贷机构破产法》（№40 - Φ3），规定了信贷机构实行破产预报措施的程序和条件、承认信贷机构破产及信贷机构按照竞标撤销的特点和程序。

（4）1999 年 7 月 8 日通过的《信贷机构重组法》（№144 - Φ3），该法规定了信贷机构重组的程序和条件。

（5）1999 年 6 月 23 日通过的《保护金融服务市场竞争法》（№117 - Φ3），该法对影响有价证券市场、银行服务市场、保险服务市场和其他金融服务市场竞争和与保护金融服务市场竞争有关的各种关系进行调节。

（6）2001 年 8 月 7 日通过的《反洗钱和反对向恐怖主义提供资金法》（№115 - Φ3），该法旨在通过建立反洗钱和反对向恐怖主义提供资金的法律机制来保护公民、社会和国家的权利和法律利益。

俄认为，巴塞尔银行监管委员会的有效监管原则几乎涵盖了从银行创立到撤销全过程，形成了著名的巴塞尔体制，被世界各国广泛接受，成为银行监管的“国际惯例”或“国际标准”，俄罗斯银行监管标准应与国际标准逐步接轨，银行监管法律要尽量符合和反映《巴塞尔协议》要求的内容。俄央行完善和创建新的信贷机构程序，使之越来越符合国际标准，目前制定了预警系统的基础，对信贷机构实行新的更严格的经济标准，规定对联邦级的特大银行实行特殊监管等。

4. 俄罗斯中央银行在银行调节和监管领域的目标和任务

根据《俄罗斯联邦中央银行法》的规定，银行调节和监管的主要目标是维持俄罗斯联邦银行体系的稳定，保护贷款人和存款人的利益。除在联邦法规定的特殊情况下，央行不介入信贷机构的业务活动。俄央行逐步实现由该法第10章确定的任务，并将政府和央行在2001年12月批准的俄罗斯银行发展战略具体化。在中期内，央行监管局的任务是，加强银行体系的稳定性，巩固贷款人和存款人对其的信任，使发生系统银行危机的可能性降至最低，阻止信贷机构参与恶性商业活动，提高银行活动的透明度。具体为：

——在推行国际通行做法基础上发展银行活动调节体系和银行监管实践，包括完善许可证体系和当前监管，如提前预警和吊销许可证等；

——按照国际标准在银行业推行会计核算原则，按照国际财务报告准则，通过信贷机构金融报告来分析信贷机构在执行监管功能方面的活动；

——保证对注册资本和注册人货币资金来源的合法性进行有效监管，避免金融不稳定人士控制信贷机构；

——不允许不符合联邦法和央行文件规定（其中包括有不良商业信誉）的人员参与信贷机构的管理工作；

——为提高信贷机构公司治理质量，发展和扩大内部监管体系来提高保证条件；

——提高信贷机构破产和清偿的效率；

——在实行国际审计、会计核算和金融报告标准基础上提高审计活动的质量和效率；

——为评估资产风险和质量、自有资金形成的合法性、信贷机构金融状况、风险管理体系和组织内部监管，组织和进行现场检查；

——公开有关俄罗斯联邦银行服务市场现状和发展的信息。

俄罗斯央行工作的战略方向是为保证提高银行业的效率，加强其在经济中的作用创造条件。

5. 银监会的组织结构和干部保证

银监会主席由俄罗斯中央银行第一副行长担任。银监会负责准备有关实施银行调节与监管领域方面的政策决定。由央行中央机关的下属机构实施这些决定，这些下属机构包括：银行调节与监管司（下设八个局）、信贷机构活动颁发许可证和金融健康化司（下设六个局）、外汇调节和监管司（下设五个局）、信贷机构总监察局（下设两个局和四个监察局），同时还有一个央行区域局（管辖78个地区）直属银监会。这些下属机构的主要任务是从方法上和组织上保证央行在信贷机构整个活动周期内实施银行调节与监管领域的功能。

2004年，俄央行监管系统共有4324名领导和专家，其中12.9%在中央一级机关，87.1%在地区一级机关。95.8%的专家具有高等专业教育学历，年龄在50岁以下的人员占81.5%，在银行系统从业三年以上的人员占91.6%。近年来，监管系统一直在进行大规模的专业再培训。①

6. 监管方法创新

为了完善对信贷机构存款准备金的核算和监管，近年来，俄罗斯还出台了一些创新方法。

在完善资本充足率标准方面，将信贷机构对俄罗斯长期债券的投资归入无风险资产；对以央行债券抵押担保的贷款，降低20%的风险系数；对发行抵押债券的信贷机构资本充足率标准调整为14%，自有资本金不少于500万欧元的银行资本充足率标准为10%，自有资本金少于500万欧元的银行资本充足率标准为11%。

在完善信贷机构流动性评估和监控方面，核准高流动性资产和流动性资产清单，这些资产包括世界银行和欧洲复兴开发银行的长期债券；俄罗斯中央银行抵押债券等。

二　对商业银行的现场检查和非现场监管

现场检查包括综合性检查与专项检查。对商业银行所进行的综合性现场检查一般每两年进行一次，历时两个月。现场综合性的检查重点：一是检查上报俄中央银行的报表是否真实，各种业务是否符合法律要求；二是检查各种经济指标是否达到了中央银行的要求；三是对有分支机构的商业银行采用复式（加强化）检查，既检查商业银行总部，又检查其分支机构。

① ЦБ РФ: Отчет о развитии банковского сектора и банковского надзора в 2005 году, стр. 56 – 57.

俄罗斯央行对商业银行平时以非现场监管为主。随着商业银行的改革、管理、风险控制的逐步到位以及国际上的通行做法，非现场监管的作用越来越重要。所谓非现场银行监管，是指监管当局运用现代化的监管工具，建立科学合理、符合国际银行业监管标准的监测指标体系，并对银行机构的经营情况进行持续监测、分析、判断和预警，以及时掌握银行机构和整个金融体系的运行状况、风险因素和突出问题，并采取防范和纠正措施的监管行为。1998年金融危机之后，在国际货币基金组织和世界银行的建议下，俄央行开始采用美国的“骆驼”信用评级指标体系①，通过对资本充足性、信用风险、银行盈利性、流动性和市场风险监测来考察银行体系的稳定性和风险水平。

1. 资本充足率

资本充足率是指资本总额与加权风险资产总额的比例。资本充足率反映商业银行在存款人和债权人的资产遭到损失之前，该银行能以自有资本承担损失的程度。资本充足率有不同的口径，主要比率有资本对存款的比率、资本对负债的比率、资本对总资产的比率、资本对风险资产的比率等。按照国际银行监管基础的《巴塞尔协议》的规定，资本充足率以资本对风险加权资产的比率来衡量，该目标标准比率为8%。

1998年金融危机之前，俄银行资本充足率已经达到15%的高水平。1998年初，资本充足率指标下降至7.3%。1999年1月1日回升到11.5%，2002年1月1日提高到20.3%，从2003年初开始再次下降，2007年1月1日为14.9%，到2008年1月1日为16%。② 总体看，俄银行体系资本充足率处于较高水平，这与俄央行采取积极的监管政策有关（见表6-3）。

① “骆驼”评级体系是目前美国金融管理当局对商业银行及其他金融机构的业务经营、信用状况等进行的一整套规范化、制度化和指标化的综合等级评定制度。因其五项考核指标，即资本充足性（Capital Adequacy）、资产质量（Asset Quality）、管理水平（Management）、盈利水平（Earnings）和流动性（Liquidity），其英文第一个字母组合在一起为“CAMEL”，正好与“骆驼”的英文名词相同而得名。“骆驼”评级方法，因其有效性，已被世界上大多数国家所采用。当前国际上对商业银行评级考察的主要内容包括资本充足率及变化趋势、资产质量、存款结构及偿付保证、盈利状况、人力资源情况等五个方面，基本上未跳出美国“骆驼”评级的框架。

② А. В. Улюкаев: Современная денежно - кредитная политика, Москва, Издательство дело, 2008. с. 26 - 28.

表 6－3　俄罗斯银行的资本充足性

（按每月 1 号数据统计）　　　　单位：%

项目	2002. 1	2003. 1	2004. 1	2005. 1	2006. 1	2007. 1	2007. 10
自有资本与高于风险水平的资产之比（H1）	20. 3	19. 1	19. 1	17. 0	16. 0	14. 9	16. 0
固定资本与高于风险资产之比	16. 7	15. 8	14. 5	13. 2	11. 4	10. 6	12. 5
高于信贷风险的资产与总资产之比	62. 9	63. 6	66. 6	62. 7	63. 5	64. 6	66. 8

资料来源：俄罗斯中央银行网站，《俄罗斯银行概览》，2000 ~ 2007 年。

近年来，俄银行总资产以年均 20% 的速度增长，但银行资本的增长速度远远落后，尽管 2005 ~ 2006 年，银行资本增长速度明显加快，银行资本在 GDP 中占比从 2001 年的 3. 9% 上升到 2006 年的 6. 3%，但仍落后于发达国家，这也成为 2005 ~ 2006 年资本充足率指标下降的原因。其结果是在汇率大幅波动的条件下，银行体系的稳定性降低。

2. 银行资产质量

银行资产与 GDP 之比表现的是一国的融资结构，用以考察银行体系的稳定性。1999 ~ 2007 年，俄银行业名义总资产和实际总资产均快速增长。银行资产占 GDP 比重从 1999 年底的 32. 9% 上升到 2007 年 10 月的 70. 3%，2003 年中已经超过 1998 年金融危机前的最高水平，但仍远远低于发达国家和大多数发展中国家的水平。

近年来，俄罗斯银行资产构成发生了巨大变化：对非金融领域和实体经济贷款比重增加（从 2000 年初的 30% 提高到 2007 年初的 44%）；贷款构成中卢布贷款比重提高（从 2000 年初的 50% 提高到 2008 年初的 73%）；银行对股市投资在总资产中的比重提高（2004 年达 14. 6%，2007 年初达 20. 4%，2007 年底又降至 14. 7%）。但总体看，俄罗斯银行资产的总体风险在增加，风险资产在总资产中占比从 2000 年的 54% 提高到 2007 年 10 月的 66. 8%。[①]

3. 银行盈利状况

银行长期处于低盈利会增加银行破产的风险，盈利过高也会带来资产风

① А. В. Улюкаев：“Современная денежно－кредитная политика”，Москва，Издательство дело，2008．ctp. 30 －33．

险。1998 年金融危机之后，俄罗斯银行的盈利指标大大改善。1999～2006 年，银行盈利逐步增长，其中增长最快的年份是 2003 年，盈利实际增长两倍。2007 年 1 月 1 日，银行资本盈利率超过 26%，资本增加主要来自外国投资，其在俄银行总资本中的占比迅速提高，2006 年初为 11.2%，2007 年初已上涨至 15.9%。[①] 与此同时，银行盈利构成亦发生变化：证券业务收入比重从 2002 年底的 11% 下降到 2007 年初的 7.6%，对自然人贷款的利息收入占比相应提高（盈利水平见表 6－4）。

表 6－4　银行盈利水平（2000～2007 年）

指标	2000.01	2001.01	2002.01	2003.01	2004.01	2005.01	2006.01	2007.01	2007.12
报告期内银行金融成果（亿卢布）	－38	172	676	930	1284	1779	2621	3716	4513
实际利润增长（%）	—	—	231	19.5	23.3	24.0	32.8	30.1	17.4
与银行业年均资产之比（%）	－0.3	0.9	2.4	2.6	2.6	2.9	3.2	3.2	—
与银行业年均资本之比（%）	－4.0	8.0	19.4	18.0	17.8	20.3	24.2	26.3	—

资料来源：俄罗斯中央银行网站，《俄罗斯银行概览》，2000～2007 年。

4. 银行流动性

流动性是反映银行系统稳定性的重要指标。考察俄罗斯银行系统的流动性指标变化，可以注意到，2001～2007 年，除了与银行年均资本之比以外，其他指标都出现负面趋势。俄央行认为，这并不表明银行状况恶化，相反还是银行系统稳定性的表现。其主要原因在于，俄银行根据银行系统和宏观经济指标的变化定期修正各项债务指标的数量含义。

俄罗斯银行系统流动性的变化趋势反映了银行系统总体发展状况（见表 6－5）。尽管近年来银行业利润提高，但银行资本增长的落后和利率风险的增长仍使银行的不稳定性增大。从居民的存款构成看，从 2001 年开始，一年期以上的长期存款逐步增加，到 2004 年，长期存款比重已经超过一年期以下的短期存款。从银行对企业的贷款构成看，仍然保持了相对保守的趋势，短期贷

① Г. Г. Меликьян：“Актуальные вопросы капитализации，устоичивости и конкурентоспособности Российского банковского сектора”，“Деньги и кредиты”，7/2007.

款仍然高于长期贷款。从企业对银行的逾期债务看，1998 年金融危机之后一直保持在相对稳定水平，自 2007 年下半年开始增加。

表 6－5　俄罗斯银行系统流动性

单位：%

指标	2001.1	2002.1	2003.1	2004.1	2005.1	2006.1	2007.1	2007.10
高流动性资产与总资产之比	26.3	25.3	22.3	20.6	17.0	15.1	13.5	12.4
流动性资产与总资产之比	41.3	40.8	39.1	36.1	30.3	27.3	26.7	24.4
高流动性资产与待取债务之比	69.4	70.6	68.6	68.1	56.2	54.7	51.4	46.3
流动性资产与短期债务之比	82.9	87.4	90.6	90.4	78.0	73.8	76.8	68.4
客户资金与总贷款之比	139.2	120.7	118.2	107.7	102.8	102.2	100.7	95.4

资料来源：俄罗斯中央银行网站，《俄罗斯银行业概览》，2000～2007 年。

2002～2003 年，国际货币基金组织和世界银行对俄罗斯银行体系是否符合《巴塞尔协议》银行调节和监管原则的情况做了评估。专家认为，在当时的条件下，有两条原则完全符合要求，12 条原则基本符合，有十条原则在相当程度上未遵守，有一条原则完全未遵守。目前，俄罗斯银行体系形势仍有待改善，只有 35% 的银行符合金融稳定的标准。一些银行面临一些外部因素引起的干扰和影响。

三　金融危机对俄罗斯银行业影响及应对措施

（一）俄罗斯金融危机成因及对银行业影响

1. 俄罗斯金融危机成因

2008 年下半年由美国次贷危机引起的全球金融海啸和经济危机使全球各大经济体的生产下降、失业增加、经贸收入下降，俄罗斯也未能幸免。在经历了多年快速发展和居民福利大幅提高后，俄罗斯面对十年来最严峻的挑战。与欧美经济体由于金融无度创新和信用制度滥用引发的金融危机性质不同，俄罗斯金融危机有其自身成因，在金融危机影响下，俄所积累的经济结构变形、高度依赖自然资源出口、非原材料部门竞争力不足、包括金融体系在内的一系列市场机制不发达的问题和矛盾进一步暴露。

从银行稳定性的角度看，俄罗斯金融危机主要源于银行对外国融资依赖过高。2008 年全球金融危机爆发，大量国际游资从俄罗斯抽逃直接威胁到其金融稳定性，使其股市暴跌、流动性枯竭、货币贬值，诱发银行信任危机和债务危机。数据表明，2001 ~ 2007 年，俄信贷机构对国外债务快速增长，七年间共增长 17 倍，截至 2008 年 9 月底，总量达 1982 亿美元，相当于俄银行负债总额的 20.5%，同期内银行的外币资产增长六倍，达到 940 亿美元，相当于银行总资产的 11.4%。银行业外债增加的趋势一直持续到 2008 年 8 月。2008 年，在外围市场出现大规模流动性短缺的条件下，一方面外资开始从俄罗斯市场撤离，另一方面，俄罗斯信贷机构从国际资本市场融资受到限制。8 ~ 11 月，俄外国银行负债减少了 13.6%，减少 280 亿美元。

2. 金融危机对银行业的影响

2008 年秋季国际金融危机的加剧成为俄罗斯金融系统危机的催化剂。包括石油跌价、俄罗斯与格鲁吉亚冲突及美国雷曼兄弟银行破产等一系列因素叠加使俄罗斯金融体系形势迅速恶化，具体表现为以下八点。

（1）金融稳定性指标恶化。2008 年下半年以来，俄罗斯银行业的金融稳定性指标严重恶化，主要表现在：银行总资本年增长速度从 2007 年的 57.8% 下降到 2008 年的 42.7%，银行资产增速从 44.1% 下降到 39.2%，对国内非金融领域的贷款增速从 53% 下降到 34.5%，居民存款增速从 35.4% 下降到 14.5%。[①]

（2）流动性风险显现。随着资本外流的增加，法人和自然人开始从银行提取存款。按照国际标准，如果储户连续两个季度从银行提款，将会大大加剧银行业的流动性风险。2008 年 9 ~ 11 月，由于储户的大量提款，已使俄罗斯银行流动性短缺转化为部分银行的金融不稳定。截至 10 月 1 日，高流动性资产在总资产中占比下降 0.6%，降至 11.5%，流动性资产对总资产比重下降 1.9%，降至 22.9%。[②] 作为应对措施，俄央行吊销了有问题银行的经营许可证。

（3）银行盈利水平下降。2008 年，俄银行盈利水平同比下降 19.4%。上半年，银行总利润为 2857 亿卢布，总亏损仅为 12 亿卢布。但下半年情况出现逆转，利润比上半年下降，10 ~ 11 月，净亏损额达到 408 亿卢布，12 月，1/3 的

① ЦБ РФ: Обзор финансовой стабилиьности 2008 год Москва, 2009. стр - 24.

② ЦБ РФ: Обзор финансовой стабилиьности 2008 год Москва, 2009. стр - 25.

银行处于亏损状态。2008 年 1～11 月，亏损银行数量增长 9.5 倍，达到 115 家。

（4）公司贷款质量恶化。从 2008 年 9 月开始，公司的贷款质量出现恶化。2008 年全年，非金融机构对银行的逾期贷款额比 2007 年增长了 8.3 倍（从 22.6% 增长到 209.4%），在非金融机构的贷款总额中的占比提高到最近两年来的最高——2.1%。自然人对银行的逾期贷款额减少一半，但占比从 3.2% 提高到 3.7%。同时，贷款风险高度集中在少数几家专门从事抵押贷款的零售银行。2008 年，俄罗斯最大的国有储蓄银行零售贷款总额中，逾期贷款的比重从原来的 0.9% 提高到 1.7%。

（二）俄政府和央行救市措施及效果

由于金融危机对俄的冲击最初表现在股市暴跌和流动性短缺上，政府当务之急是防止金融部门崩溃，防止由于信心丧失而引发的银行挤兑。对此，俄政府采取了大刀阔斧的金融支持政策。自 2008 年 9 月以来，俄政府、中央银行、国家外经银行联手出台包括清理银行债务、保障银行体系流动性、支持抵押贷款机构、实施卢布"可控制贬值"等一系列措施，努力稳定国内银行体系和资本市场，提振市场信心。

俄罗斯政府用于救市的资金规模（投入资金额与 GDP 之比）在世界大国中排第四位。2008 年用于救市的资金总额为 59870 亿卢布，按当时汇率 27.02 卢布兑 1 美元计算，相当于 2216 亿美元，或 GDP 的 13.6%。其中用于扩大银行流动性和支持资本市场的资金占救市资金总额的 74%。从救市效果看，俄政府提出的支持金融系统的主要目标都已实现：目前俄银行体系工作稳定，没有出现大规模的银行破产和储蓄外流，市场流动性充裕，卢布缓慢贬值后币值基本稳定。

接下来，俄银行体系面对的最大问题是呆坏账的快速累积。俄公司也面临与银行业同样的问题，近年来的快速扩张高度依赖外资。目前俄银行逾期债务以 20% 的月增长速度扩大，2009 年将面对相当于 700 亿美元的坏账，不安全债务相当于俄公司和银行外债总额 18.4 万亿卢布（约合 5500 亿美元）的 12.8%。[①] 俄国内经济界和金融界人士及世界银行最新报告均提出，不排除俄

① Александр Кисклёв, Банки утонут в "плохих" долгах, Взгляд, 10.04.2009.

罗斯出现新的银行危机和支付危机的可能，呆坏账将严重削弱银行信贷结算和贷款两大基本功能。

四 俄罗斯金融监管中存在的问题及改革任务

虽然俄罗斯金融创新远不如欧美等经济体发达，但在金融监管方面仍存在许多疏漏，如金融立法不健全，法律解释权分散，缺乏必要的统一性，有些法规甚至相互矛盾；对金融机构监管软弱，调控手段运用乏力，无法保证俄商业信用；央行内部管理混乱，执法不严、违法不究的现象极为普遍；监管不严，“地下钱庄”盛行，金融秩序混乱；央行既是监管人，又是股东的双重身份，使监管工作很难到位；央行与财政部、税务等多头管理，“多龙治水”降低了对流动性危机和金融风险进行有效监督和预警的效率等。俄罗斯无论在金融体系的发展还是在金融监管方面都还面临艰巨的改革任务。

1. 推进金融创新、强化金融监管

金融体制是现代经济的集中体现，金融创新及监管水平关系到经济能否健康运行。俄罗斯在此次金融危机中没有受到巨大的直接冲击，并非是由于其金融体系非常严密，金融监管和金融立法非常完善。恰恰是俄罗斯金融市场尚不足够发达，还没有完全对外开放、完全融入全球经济中，才使其没有赶上金融泡沫的破灭。美国次贷危机引发全球经济危机的教训表明，美国金融体制并非至善至美，不能全盘照搬，但也不能因噎废食，像俄罗斯这样的转型国家还需利用危机契机，反思美国金融体系的经验教训，进一步完善监管立法，有效推进自身的金融改革。在大力推进金融创新的同时，必须对创新过程进行有效监管，金融监管和金融创新必须齐头并进，二者缺一不可。

2. 确保中央银行的独立性

在应对金融危机中，各国政府积极出手救市，其中一个共同现象是，央行与政府之间的界限正变得模糊。在俄罗斯，除央行之外，还大大提高了对外经济银行的地位。实际上外经银行代表的是政府的立场，总理普京亲自担任外经银行监察委员会主席。在金融危机中，俄通过立法赋予外经银行几乎相当于央行的地位（除发钞外）。中央银行的独立性对货币政策目标具有重大影响，有研究表明，中央银行的独立性与通货膨胀之间存在明显的负相关关系，央行独

立性越大通胀率越低，反之亦然。一国央行的独立性能否在实践中体现，很大程度上与该国政治紧密相连，不管法律规定如何明确，央行的独立性取决于在特定时期当权者的需要。如果央行缺乏独立性，过于屈从政府的意志，将会给国家经济带来不可预料的后果。

3. 货币政策目标应追求实体经济与虚拟经济平衡发展

现代金融的发展极大地改变了原有宏观经济运行的规律和结构，出现经济虚拟化和货币虚拟化特征。货币政策发挥作用的基础条件、传导途径、作用效果也相应发生重大变化。从金融监管的角度看，央行的货币政策要进行适当结构性优化，使货币政策的主要目标从以往的主要关注通胀、就业、经济增长、国际收支等实体经济目标，转向同时关注实体经济和金融经济目标（金融体系稳定、资产价格稳定），使货币中介目标逐渐从单一实体经济目标（控制通胀或经济增长）转移到“经济稳定 + 物价稳定 + 金融稳定”的三重目标（调控中介：增长率 + 通胀率 + 金融资产价格与收益率），既避免金融过度创新，脱离实体经济发展现实，也避免金融发展滞后，拖累实体经济的稳定健康发展。

4. 进一步提高金融机构信息透明度

目前俄罗斯中央银行的各业务职能部门有专门的报表收集与分析功能。但是由于没有建立健全统计报表的责任制，商业银行总行及分支行上报的报表数据有较大的不确定性，对报表没有形成一定的分析能力。由于大多数商业银行和非银行金融机构的业务信息均没有定期在媒体上公布，同时缺乏对诸多单项监管报告的集中有效的分析以及对信息的利用率较差，往往导致问题由小变大，造成金融监管不力。在这方面还应做相当的努力。

第三节　俄罗斯国际储备、主权信用及银行信用、外债情况

一　国际储备

1. 俄国际储备界定

按照俄罗斯中央银行的界定，国际储备系指俄罗斯中央银行和联邦政府持

有的具有高度清偿力的金融资产。国际储备资产形态为外币、货币黄金、特别提款权、在国际货币基金组织的储备头寸和其他储备资产。外币资产包括中央银行外汇资产及政府的现金、在国外银行的存款（银行评级不低于惠誉和标普评级“A”，穆迪评级“A2”），以及国家有价证券和具有以上评级的其他外国有价证券。可考虑将回购资金作为其他储备资产。

以外币计值、由俄罗斯政府存在俄罗斯中央银行账户上的备份储备基金和国家福利基金，是俄联邦国际储备的一部分。

俄罗斯中央银行和俄罗斯政府对常住人口提出的以外币表现的金融要求，不属于俄罗斯联邦的国际储备。

2. 国际储备规模变动情况

俄罗斯国际储备规模仅次于中国和日本，位居世界第三（见表6－6）。

表6－6　1999～2012年11月俄罗斯国际储备规模和构成

（报告年每月月初数）　　单位：亿美元

日　期	国际储备	其中				
		外汇储备	外币	特别提款权	在IMF的头寸	黄金
1999年1月1日	122.23	78.01	78.00	0	1	4422
2000年1月1日	124.56	84.57	84.55	1	1	3998
2001年1月1日	279.72	242.64	242.63	1	1	3708
2002年1月1日	366.22	325.42	325.38	3	1	4080
2003年1月1日	477.93	440.54	440.51	1	2	3739
2004年1月1日	769.38	731.75	731.72	1	2	3763
2004年1月11日	1073.38	1036.07	1036.03	1	3	3730
2004年1月12日	1174.34	1137.03	1136.99	1	3	3731
2005年1月1日	1245.41	1208.09	1208.05	1	3	3732
2006年1月1日	1822.40	1758.92	1756.90	6	196	6349
2006年1月4日	2058.81	1986.76	1984.72	6	198	7205
2007年1月1日	3037.32	2955.67	2952.77	7	283	8164
2007年1月6日	4032.07	3947.49	3943.84	7	357	8458
2008年1月1日	4787.62	4667.50	4663.76	1	374	12012
2008年1月4日	5125.84	4988.90	4984.99	1	389	13694
2008年1月8日	5965.66	5826.79	5822.94	1	384	13887

续表

日 期	国际储备	其中				
		外汇储备	外币	特别提款权	在 IMF 的头寸	黄金
2008 年 1 月 9 日	5822.12	5691.23	5687.50	1	372	13089
2008 年 1 月 10 日	5568.13	5428.39	5424.70	1	369	13974
2008 年 1 月 11 日	4845.90	4720.05	4716.52	1	353	12585
2008 年 1 月 12 日	4557.30	4423.91	4413.73	1	1018	13339
2009 年 1 月 1 日	4262.81	4117.48	4106.95	1	1051	14533
2010 年 1 月 1 日	4394.50	4166.53	4058.25	8901	1927	22798
2011 年 1 月 1 日	4793.79	4435.91	4329.48	8749	1893	35788
2011 年 1 月 9 日	5450.12	4963.66	4838.85	9148	3334	48645
2012 年 1 月 1 日	4986.49	4539.52	4411.62	8729	4061	44697
2012 年 1 月 2 日	5053.91	4565.50	4436.27	8820	4104	48841
2012 年 1 月 3 日	5139.78	4638.10	4508.48	8847	4116	50168
2012 年 1 月 4 日	5134.91	4656.64	4526.46	8808	4209	47827
2012 年 1 月 5 日	5243.70	4764.58	4630.88	8818	4553	47912
2012 年 1 月 6 日	5104.32	4651.28	4521.06	8588	4434	45304
2012 年 1 月 7 日	5143.17	4679.92	4549.07	8630	4456	46325
2012 年 1 月 8 日	5105.43	4618.65	4488.58	8578	4429	48678
2012 年 1 月 9 日	5145.93	4648.57	4516.24	8655	4578	49736
2012 年 1 月 10 日	5298.93	4763.80	4629.70	8770	4639	53512

资料来源：俄罗斯中央银行统计。

1998 年 1 月 1 日，俄国际储备为 177.84 亿美元。

1999 年 1 月 1 日，经过 1998 年金融危机后，俄国际储备还剩 122.23 亿美元。

2004 年 11 月 1 日，俄国际储备首次突破 1000 亿美元，为 1073.38 亿美元。

2008 年 3 月 7 日，俄国际储备首次突破 5000 亿美元。

2008 年 1 月 8 日，俄国际储备达到历史最高点，为 5965.66 亿美元。

国际金融危机爆发后，自 2008 年 9 月 1 日至 12 月 1 日三个月内，俄国际储备减少了 1265 亿美元，下降 22%。2008 年 10 月 17 ~ 24 日，俄国际储备一周内减少 310 亿美元，是自 3 月以来首次下降至 5000 亿美元以下。一直到 2012 年 1 月 2 日，俄国际储备重新回到 5000 亿美元以上。

导致俄国际储备大幅减少的原因有三：金融危机期间，由于汇率变化对储备资产重估（欧元资产贬值使俄国际储备流失 8%）；央行为维持卢布汇率抛售美元（10 月份，央行为此目的动用了 380 亿美元、35 亿欧元国际储备）；为稳定金融体系采取的配套措施融资（9 月 29 日，央行拨出 500 亿美元用于商业银行和大公司偿还外债）。

除国际储备外，俄政府还拥有以主权基金表示的其他外汇资产约 2000 亿美元。

俄国际储备与国际油价之间存在密切的正相关关系，石油美元是俄经常项目顺差、国际储备的主要来源。石油油价平均每下跌一美元，俄预算将减少 20 亿美元，经常项目顺差将减少 30 亿美元。油价跌至每桶 60 美元时，俄预算和外汇双顺差将降为零，届时将开始动用所积累的储备。

3. 国际储备资产形态

国际储备构成以外币资产为主，约占其总量的 80%，其次为其他储备资产，约占 16% ~18%，黄金约占 2.5%。

2011 年 9 月 30 日，俄外币资产中，美元、欧元、英镑为三大主要币种，其比重分别为 46.21%、41.55%、9.09%（详见图 6－1）。

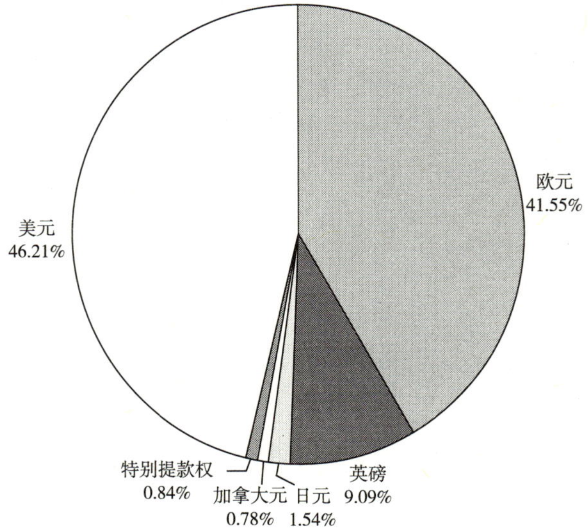

图 6－1　俄罗斯中央银行外汇资产中外币分配情况（2011 年 9 月 30 日）

稳定基金的资产币种构成与国际储备外币资产构成相同，美元 45%、欧元 45%、英镑 10%。实际外汇币种构成与规定币种构成的偏离幅度为：美元 ±5%、欧元 ±5%、英镑 ±2%。

2011 年 9 月 30 日，国际储备资产形态分配为：在代理账户上存款余额 13.4%、回购交易 1.9%、国家有价证券 82.8%（其中一年期以内 21%，一年期以上 39%）（见图 6－2）。

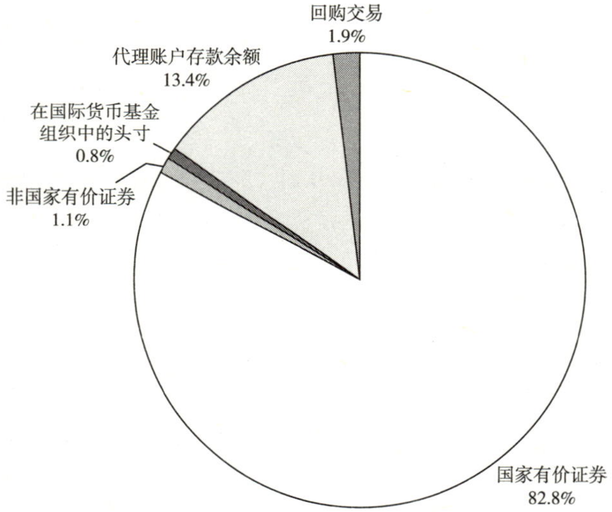

图 6－2　俄罗斯中央银行外汇资产按金融工具分配情况

2011 年 9 月 30 日，在所购买的外国有价证券中，美国占 32.8%、德国 19.8%、法国 28.3%、英国 9.9%、其他国家 9.2%。

2007 年，俄持有美国三家抵押贷款机构（Fannie Mae、Freddie Mac 和 FHLB）债券约 1000 亿美元。2008 年 8 月初，俄央行宣布所持“两房”债券已减少 40%，不足 500 亿美元。9 月 16 日，俄对美“两房”债券投资已下降到 300 亿美元。

二　国际信用及主要银行信用等级

2003 年，俄罗斯主权信用首次获得国际评级机构标准普尔（Standard & Poors）“稳定”评级。标普上调俄主权信用评级和银行业评级的主要原因在于俄国际储备和稳定基金的快速增长。

2008 年 10 月 23 日，鉴于俄金融危机进一步深化的趋势，标准普尔对俄罗斯的主权信用评级进行重新调整，从此前的“稳定”降至“负面”。之前确定的俄罗斯外币债务的长期信用评级为 BBB +，本币债务的长期信用评级为 A -，短期主权信用评级为 A -2，对于俄罗斯非主权债务人的汇兑风险评级从 A - 降至 BBB +。

标普分析师认为，形势已发生变化，如果俄国际储备持续下降的势头不能阻止，未来不仅仅是下调评级预期，而且是要实际下调评级本身。

截至 2008 年 10 月 1 日，俄罗斯共有银行 1126 家，其中注册资本在三亿和三亿卢布以上的银行共 336 家，占全部银行比重 29.8%。注册资本在 1.5 亿卢布以下的小银行占 47.5%。

从银行业整体情况看，自 2008 年 9 月 13 日起，俄罗斯已没有一家银行具有标普“积极”的评级（详见表 6 -7 和表 6 -8）。

表 6 -7　2008 年 9 月 13 日标普对俄罗斯 18 家大银行的评级

	银　行	评　级
1	“Уралсиб”　乌拉尔西伯利亚银行	(BB -/负面/B)
2	“Промсвязьбанк”　工业通信银行	(BB -/负面/B)
3	“Возрождение”　复兴银行	(BB -/负面/B)
4	“Альфа - Банк”　阿尔法银行	(BB/负面/B)
5	“МДМ - Банк”　МДМ 银行	(BB/负面/B)
6	“Хоум Кредит энд Финанс Банк”信贷金融大厦银行	(B +/负面/B)
7	“Петрокоммерц”　Петрокоммерц 银行	(B +/负面)
8	“Бинбанк”　Бинбанк 银行	(B/负面/C)
9	“Ханты - Мансийский Банк”　汉特曼西银行	(BB -/负面/B)
10	“ВТБ”　外贸银行	(BBB +/负面/A -2)
11	“ВТБ 24”　外贸银行 24	(BBB +/ 稳定/A -2),
12	“Газпромбанк”　天然气工业银行	(BBB -/稳定/A -3)
13	“Международный Промышленный Банк”　国际工业银行	(BB -/稳定/B)
14	“Райффайзенбанк”　奥地利中央银行	(BBB +/ 稳定/A -2)
15	“Росбанк”　罗斯银行	(BB +/稳定/B)
16	“Сургутнефтегазбанк”苏尔古特石油天然气银行	(B +/ 稳定 /B)
17	“ТрансКредитБанк”　跨国信贷银行	(BB/稳定)
18	“ЮниКредит Банк”联合信贷银行	(BBB +/稳定/A -2)

表 6－8 俄具有国际评级水平、能够完成央行保证贷款要求的信贷机构名录

1	“АЛЬФА－БАНК”	阿尔法银行
2	“Банк Москвы”	莫斯科银行
3	Банк ВТБ	外贸银行
4	“Газпромбанк”	天然气工业银行
5	“ЮниКредит Банк”	联合信贷银行
6	“Райффайзенбанк”	奥地利中央银行
7	“Российский банк развития”	俄罗斯发展银行
8	Сберегательный банк Российской Федерации	俄罗斯联邦储蓄银行
9	“Коммерческий банк ДельтаКредит” ДельтаКредит	商业银行
10	“Банк Русский Стандарт”	俄罗斯标准银行
11	“Российский Сельскохозяйственный банк”	俄罗斯农业银行
12	“Банк ВТБ Северо－Запад”	西北地区外贸银行
13	“Всероссийский банк развития регионов”	全俄地区发展银行
14	“Кредит Европа Банк”	欧洲信贷银行
15	“МДМ－Банк”	МДМ 银行
16	Банк ВТБ 24	外贸银行 24
17	“Русфинанс Банк”	俄罗斯金融银行
18	“ОТП Банк”	ОТП 银行
19	“Московское ипотечное агентство”	莫斯科抵押协会银行
20	“ОРГРЭСБАНК”	ОРГРЭС 银行
21	“РОСБАНК”	罗斯银行
22	“АК БАРС”	АК БАРС 银行
23	“ТрансКредитБанк”	跨国信贷银行
24	“Абсолют Банк”	绝对银行
25	“Банк УРАЛСИБ”	乌拉尔西伯利亚银行
26	“Московский Банк Реконструкции и Развития”	莫斯科开发银行
27	“НОМОС － БАНК”	НОМОС 银行
28	“Промсвязьбанк”	工业通信银行
29	“Ренессанс Капитал”	复兴资本银行
30	“Сургутнефтегазбанк”	苏尔古特石油天然气银行
31	“Петрокоммерц”	Петрокоммерц 银行
32	“Международный Промышленный Банк”	国际工业银行
33	ХАНТЫ－МАНСИЙСКИЙ БАНК	汉特曼西银行
34	“Возрождение”	复兴银行
35	Банк ЗЕНИТ	泽尼特银行
36	“Хоум Кредит энд Финанс Банк”	信贷与金融大厦银行
37	“БАНК Санкт－Петербург”	圣彼得堡银行
38	“УРСА Банк”	УРСА 银行
39	“ЕВРОФИНАНС МОСНАРБАНК”	欧洲金融莫斯科人民银行
40	“Дальневосточный банк”	远东银行
41	“ТРАСТ”	信托银行

续表

42	"МОСКОВСКИЙ КРЕДИТНЫЙ БАНК"	莫斯科信贷银行
43	Инвестиционный банк "ТРАСТ"	信托投资银行
44	"Расчетный Объединенный Союзный Европейский Банк"	结算联盟欧洲银行
45	"БТА Банк"	БТА 银行
46	"СОЮЗ"	联盟商业银行
47	"ТРАНСКАПИТАЛБАНК"	跨国资本银行
48	"Центр - инвест"	投资中心银行
49	"Дальневосточный коммерческий банк "	远东商业银行
50	"Газэнергопромбанк"	天然气电力工业银行
51	"ИНГ БАНК (ЕВРАЗИЯ) ЗАО"	ИНГ 银行(欧亚)

资料来源：俄罗斯中央银行网站 2008 年 9 月 18 日。

三　外债情况

借用外部资金发展本国经济是国际通用做法，但外债规模过大，结构不合理，管理失控，便会背上债务包袱，甚至引发债务危机。在国际金融危机条件下，俄亦存在较高债务风险，我国对俄提供大额贷款时要慎重考虑俄公司的债务结构和偿债能力。

（一）俄罗斯外债界定

根据国际清算银行（BIS）、国际货币基金组织（IMF）、世界银行（WB）和经济合作与发展组织（OECD）等国际机构联合编撰出版的外债统计指南的界定，外债总额是指在任一时点上的目前的实际（不是或有）负债余额，该负债要求债务人在未来某一时点偿还本金和利息，并且是某一国居民对非本国居民的欠债。

根据俄罗斯政府 1993 年 10 月 16 日第 1060 号文件的界定，所谓外债系指俄联邦政府、或以政府名义、或受政府委托，以及由政府担保，将由中央外汇资金、企业和组织的自有资金或由国家贷款偿还的外币贷款，其中包括从外国政府、国际金融组织、跨国公司和私人公司借入、尚未清偿的全部贷款及利息总额。

根据俄罗斯中央银行的界定，广义国家外债包括国家管理机构、货币信贷调节机构及国家控股50%以上或以其他方式控制的银行和非金融企业外债。

其他常住人对非常住人的债务不属于本定义，归类为私人部门外债。

（二）当前外债规模与结构

截至2008年7月1日，俄外债总规模为5271亿美元，比年初（1月1日）增加636亿美元，增长13.7%（详见表6－9）。

表6－9　2008年1～6月俄罗斯联邦外债

单位：亿美元

构成/日期	2008年1月1日	2008年1月4日	2008年7月1日
联邦外债	4635	4774	5271
短期债务	1061	970	1031
长期债务	3574	3804	4240
广义国家部门外债	1909	1852	1952
短期债务	222	170	185
长期债务	1687	1682	1767
其中:国家管理机构	374	369	347
短期债务	17	16	16
长期债务	357	352	330
货币信贷调节机构	90	41	42
短期债务	90	41	42
国有银行	655	674	782
短期债务	114	112	119
长期债务	542	562	663
其他债务	789	768	782
短期债务	1		8
长期债务	789	768	774
私人部门外债*	2727	2922	3320
短期债务	840	800	846
长期债务	1887	2122	2473
私人银行	981	1040	1147
短期债务	423	446	486
长期债务	559	594	661
其他部门	1746	1881	2173
短期债务	417	354	360
长期债务	1328	1528	1813

注：包括本币和外币外债（因小数点的原因，数字会有些许差额——笔者注）。

资料来源：俄罗斯中央银行统计。

按照2008年7月1日的数据，在俄联邦外债构成中，广义的国家外债为1952亿美元，私人外债为3320亿美元，分别相当于外债总规模的37%和63%。

在国家外债构成中，政府的主权债务为347亿美元，货币信贷调节机构债务为42亿美元，银行债务为782亿美元，其他债务为782亿美元，分别相当于国家外债总规模的17.8%、2.15%、40%、40%。

在私人外债构成中，银行债务为1147亿美元，其他部门债务为2173亿美元，分别相当于私人债务总规模的34.5%和65.5%。

在联邦外债、广义国家外债和私人外债三个层次的外债构成中，长期债务占比均高于短期债务占比，其对比关系分别为80.4%:19.6%、90.5%:9.5%、74.5%:25.5%。

（三）外债增长速度和结构变化

俄罗斯的外债形成于苏联末期。苏联解体后，作为苏联继承国，俄罗斯承担了总额达649亿美元的苏联外债。在向市场经济转轨过程中又积累了新的外债。

俄大量举债始于1994年，截至1998年金融危机后的1999年1月1日，俄累积外债余额从1994年1月1日的1179亿美元增加到1884亿美元，其中政府外债1389亿美元（占比73.7%），新增外债从1993年的9亿美元激增到383亿美元。

普京上任时，2000年1月1日的累积外债余额为1600亿美元，其中政府债务1167亿美元（占比72.9%），新增外债下降到344亿美元。到普京第一任期即将结束的2004年1月1日，俄累积外债余额1860亿美元，其中政府外债982亿美元（占比52.8%），新增外债经过调整达到386亿美元。

在普京第二任期内，2005~2008年的统计基期（每年1月1日），俄累积外债余额、政府外债及占比分别为2135亿/972亿/ 45.5%、2572亿/711亿/27.6%、3106亿/447亿/14.4%、4635亿/374亿/8.07%（均按美元统计）。

从以上统计数据可以看出俄外债积累变化的特点。

1. 俄罗斯的外债扩张主要发生在2004~2008年

从2004年1月1日至2008年1月1日，俄外债余额从1860亿美元增加到4635亿美元，净增2775亿美元，增长1.49倍。

2. 在外债规模扩大的同时政府外债快速下降，银行公司债务急剧上升

从2000年1月1日至2008年1月1日，俄政府外债从1167亿美元降至374亿美元，减少793亿美元，降幅68%，其在外债总额中占比从72.9%下降到8.06%。同期内，非政府债务从433亿美元增加到4261亿美元，增幅8.84倍，其在外债总额中的占比从27%提高到91.9%。

（四）偿还债务安排

在俄5271亿美元外债中，以一两年期债务为主。按照俄中央银行偿还外债的时间表，2008年第三季度~2009年第二季度，需要偿还的一年期外债本金共1568亿美元，2009年第三季度~2010年第二季度，需要偿还的一两年期外债共805亿美元，两年期以上的外债本金共2432亿美元，尚未确定偿还日期的外债共246亿美元。以上各年期外债占外债总额的比重分别为30%、15%、46%和4.7%。从时间表安排可以看出，2009年上半年和2010年下半年为俄罗斯偿还外债的高峰期。

除外债本金外，需要偿还的利息还有1048亿美元，一年期、一两年期和两年期以上债务利息分别为205亿美元、160亿美元、683亿美元。

（五）外债偿还能力

按照俄政府的偿债安排，政府主权外债的偿还没有问题。现阶段主要的问题出在银行和公司的偿债能力上。

从目前情况看，一年期外债中，2008年第三季度已偿还546亿美元，第四季度应偿还433亿美元，其中包括政府的主权外债八亿美元，银行外债165亿美元，其他部门外债260亿美元。

随着国际金融危机的不断深化，国际资本市场融资的渠道已被堵塞，俄商业银行和公司显然无力自行偿债。为解决即将到来的偿债问题，2008年9月29日，俄政府出台一整套方案，其中包括央行通过外经银行向市场投放500亿美元，央行向商业银行发放无抵押贷款等，向商业银行提供所必需的流动性帮助银行和公司偿还2008年9月25日之前应偿还的国外借款。

（六）几点看法

1. 无论从静态还是动态指标考察，俄罗斯都存在较高债务风险

（1）从静态角度衡量俄外债规模与清偿能力的适应度。为了管好用好外债，各国都确定了外债规模管理指标，国际通用的主要有三个。

债务率。即年末外债余额与当年外汇收入之比，警戒线为100%。2004年1月1日~2008年1月1日考察期内，俄外债相应的对比值分别为448.5%（2135亿美元÷476.03亿美元）、586.5%（2572亿美元÷438.55亿美元）、257.4%（3106亿美元÷1206.46亿美元）、265.6%（4635亿美元÷1744.86亿美元）（见表6-10）。以上数据表明，这四年俄债务率远远高于公认的警戒线。

表6-10 2004~2008年俄外债与国际储备增长一览表

单位：亿美元

项目	2004年1月1日	2005年1月1日	2006年1月1日	2007年1月1日	2008年1月1日
外债余额	1860	2135	2572	3106	4635
外债净增额		275	437	534	1529
国际储备	769.38	1245.41	1683.96	2890.42	4635.28
国际储备净增额		476.03	438.55	1206.46	1744.86

资料来源：俄罗斯中央银行对外统计相应年份数据。

负债率。外债余额与国民生产总值之比，警戒线为20%。在同样的考察期内，对比值分别为35%、32%、30%、35%。同样大大高于公认的警戒线。

偿债率。即当年应偿还的外债本息与当年外汇收入之比，警戒线为20%。如果高于这一比例，说明外汇收入不足以承受还债负担。由于数据不全，可以换一组数据来考察俄外债规模与清偿能力。

俄2004~2008年的外债年净增额均低于国际储备净增额，但自2007年开始外债急剧扩张，目前外债规模基本与国际储备持平。从长期看，偿债能力取决于一国的经济增长率，短期内则取决于其出口率。考虑到俄国际储备的主要来源是石油天然气及其他资源类产品的出口，2008年主要是油价的高企。在油价居高的情况下，俄具有较强的偿债能力。如果油价下跌，外贸条件恶化，出口收入锐减，则要重新考虑其偿债前景。

（2）动态角度衡量俄外债增速。除上述静态衡量指标外，还有一些动态指标可以衡量外债增速是否正常。如，外债余额增长速度一般不能高于GDP增长速度。2004~2007年为苏联解体后俄罗斯经济发展最快的时期，这一时期俄 GDP 年增幅分别为 7.2%、6.4%、7.4% 和 8.1%，而外债却以年均 25.64% 的速度递增，远远高于 GDP 增幅。按照国际金融组织的标准，不排除俄爆发大规模债务危机的可能。

2. 非政府外债成为国家经济的软肋

俄非政府外债的大量增加主要源于银行和公司通过银团贷款和发行国际债券融资，大量外部资金流入这些部门导致俄外债总额的增加。这表明，债务从主权向私人借款人转移在为俄银行业和企业提供大规模参与全球融资机会、扩大资金来源的同时也扩大了金融风险，一旦出现问题，政府同样要承担其偿债义务。在国际金融危机的背景下，这一问题尤为突出。非政府外债已成为俄经济的软肋，如不妥善解决可能成为引发其国内经济危机的导火索。

3. 我国在对俄提供贷款换资源、换市场时要慎重考虑油气公司、建筑公司的负债规模和偿债能力

过去几年中，俄大型油气公司、冶金公司响应政府号召，借助贷款和国际融资大力推行海外扩张战略，先后启动一批新项目。其结果是使这些公司在赚取大笔外汇的同时也累积了大量外债。截至 2007 年底，俄天然气工业公司、俄罗斯石油公司、卢克石油公司、秋明 - BP 石油公司外债总额分别达到 571 亿美元、272 亿美元、70 亿美元和 18.5 亿美元。在银行资金链中断的情况下，俄油气、建筑业急需贷款维持运转和发展。在这一背景下，我国与俄方在油气资源合作、建筑业合作的市场门槛和条件可能降低，但在提供大额贷款时应慎重考虑俄公司的负债规模和偿债能力，按照国际贷款惯例，应要求相应的国家担保，避免出现对我国不利的后果。

第四节　俄罗斯资本市场发展现状及改革

一　俄罗斯资本市场概况

（一）发展阶段

以 1998 年和 2008 年金融危机为分水岭，俄资本市场经历了三大发展时期：1998 年之前为初创和调整时期，之后进入稳定增长期；2005 年之后进入

快速发展期，2007 年达到发展最高峰；2008 年金融危机之后，俄罗斯资本市场进入波动期。

1992 年 5 月，在俄罗斯中央银行有价证券业务处基础上成立了有价证券管理局，下辖国债发放服务、二级市场和结算三个处。同年 6 月，俄罗斯中央银行有价证券管理局在竞标基础上选定莫斯科跨银行外汇交易所为俄证券市场的操作中心，建立交易、结算和存储系统，并指定莫斯科地区的 26 家商业银行和中介公司为证券市场的官方经纪人。1992 年末，共有 98 家交易所获得俄罗斯财政部颁发的从事有价证券业务的许可证。最初由于缺少可供交易的金融商品和客户，交易所主要从事商品交易。随着俄罗斯国有企业私有化进程的推进和国家债券、企业债券的发行，证券交易在交易所业务额中的比重迅速上升，从 1992 年的 3% 上升至 1993 年的 92%，交易的证券品种也不断增加。

1997～2004 年，俄金融市场资产总量与 GDP 之比不超过 20%，2005 年后资本化水平快速提高，2007 年达到 70%。据俄金融市场管理署数据，2006～2007 年，俄金融市场资本化水平排名世界第 12 位。随着俄证券市场的快速发展，其在全球 48 个最大的金融市场总值中占比提高，从 2004 年的不足 1% 提高到 2007 年的 2.4%。

全球金融海啸中断了俄金融市场快速发展的势头，2008 年至 2009 年初为危机冲击最严重阶段。从 2009 年全年走势看，俄金融市场呈逐步恢复态势，但距危机前水平还有较大距离。2009 年，俄股票市场总市值为 7600 亿美元，资本化与 GDP 之比下降到 59%，但流通中的公司债券总值与 GDP 之比上升到 6.5%。

（二）市场构成

俄罗斯金融市场包括股票市场、公司债券市场、国债市场等。金融工具主要有股票，公司债券，国家、联邦主体、市政和银行债券，欧洲债券，期票，共同投资基金等。从俄国内几大金融板块看，2007 年，股票市场市值达 32.3 万亿卢布，几乎与 GDP 总量 33 万亿卢布（一万多亿美元）持平，首次实现资本化与 GDP 之比达到 100%。流通中的公司债券总值与 GDP 之比达到 3.7%。随着资本化水平的提高，股票交易额也大幅增长，交易所股票交易额达 31.4 万亿卢布，接近 GDP 总量，显示出股票市场的流动性大幅提高。

最初俄主要有两大证券交易中心。

1. 莫斯科银行间外汇交易所（MMBБ）

莫斯科银行间外汇交易所是俄罗斯、独联体和东欧地区最大的全能型交易所，也是集资本、期货和外汇交易于一体的交易市场。2005 年该交易所交易投资额占俄罗斯资本市场交易额的 85% 以上。

2. 俄罗斯交易系统（PCT）

俄罗斯交易系统是俄仅次于莫斯科银行间外汇交易所的第二大资本市场，从 1995 年起开始运营。该系统有传统市场、交易所市场、期货期权市场等交易平台。其中，传统市场是俄罗斯唯一可用外汇结算的有价证券交易平台，俄本国投资者及外国投资者都可在这一平台进行交易。交易所市场无论大小投资者都可入市交易，是俄资本市场状况的指示器。

从 1997 年 10 月 3 日起，俄罗斯采用了类似美国道琼斯指数的俄罗斯证券综合指数，与俄罗斯交易系统指数一起作为挂牌证券交易的主要参数。到 1997 年末，俄罗斯证券市场的发展规模和程度在独联体国家居于首位。

在莫斯科银行间外汇交易所和俄罗斯交易系统基础上，近年来又发展成为最大的五家金融交易所，它们分别是：

封闭式股份公司“莫斯科银行间外汇交易所金融交易所”；

封闭式股份公司“莫斯科银行间外汇交易所”；

开放式股份公司“俄罗斯交易系统金融交易所”；

封闭式股份公司“圣彼得堡外汇交易所”；

开放式股份公司“圣彼得堡交易所”。

表 6－11～表 6－14 为 2009～2011 年前四大金融交易所交易情况。

表 6－11　莫斯科银行间外汇交易所（MMBБ）金融交易所交易额

单位：亿卢布

市场	2009 年	2010 年	2011 年
一级市场	10199.3928	9613.4206	8285.9333
二级市场	173585.7851	185028.1820	196300.9495
回购市场	222854.4675	445658.2636	604563.6853
总　　计	406639.6454	640299.8662	809150.5681

资料来源：俄罗斯审计署关于俄罗斯资本市场发展审计报告，莫斯科第 66K（833），2011 年 12 月 30 日。

表 6－12　莫斯科银行间外汇交易所（ММВБ）交易额

单位：亿卢布

年份	国家有价证券和其他		标准合同		外汇	
	总计	日均交易	总计	日均交易	总计	日均交易
2009	351652.01	1412.26	6602.13	26.51	959742.17	3869.93
2010	304461.71	1227.67	15143.83	61.06	795150.81	3206.25
2011	479557.33	2179.81	7291.12	33.14	746450.34	3392.96

资料来源：俄罗斯审计署关于俄罗斯资本市场发展审计报告，莫斯科第 66K（833），2011 年 12 月 30 日。

表 6－13　俄罗斯交易系统金融交易所（РСТ）交易额

单位：亿卢布

项目	2009 年	2010 年	2011 年 1～10 月
RTS Classica①	785.920	667.443	381.182
T＋0②	107.18，3	33563.93，3	33753.103
RTS Standard③	15565.165	33563.933	33753.103
T＋0 РЕПО④	9.297	54.243	385.342
RTS Standard РЕПО⑤	—	1458.33，2	3386.680
资本市场总计（含 РЕПО）	16467.563	35809.50，6	37979.558
期权和期货市场（FORTS）	141692.234	293504.336	556219.846
RTS 市场总计	158159.798	329313.842	594199.404

注：①RTS Classica 直译为俄罗斯交易系统经典，为俄资本市场一种交易制度。

②T＋0 是一种证券（或期货）交易制度。凡在证券（或期货）成交当天办理好证券（或期货）和价款清算交割手续的交易制度，就称为 T＋0 交易。通俗地说，就是当天买入的证券（或期货）在当天就可以卖出。

③RTS Standard 直译为俄罗斯交易系统标准，为俄资本市场的一种交易制度。

④T＋0 РЕПО 为 T＋0 回购。

⑤RTS Standard РЕПО 为 RTS Standard 回购。

资料来源：俄罗斯审计署关于俄罗斯资本市场发展审计报告，莫斯科第 66K（833），2011 年 12 月 30 日。

表 6－14　圣彼得堡外汇交易所（СПВБ）交易额

单位：亿美元

部门	2009 年	2010 年	2011 年
资本市场部	17.578	35.460	0.575
外汇业务部	19.062	21.397	14.922
银行间贷款市场部	3453.490	2411.776	6301.643

资料来源：俄罗斯审计署关于俄罗斯资本市场发展审计报告，莫斯科第 66K（833），2011 年 12 月 30 日。

圣彼得堡交易所金融工具单一，仅为股票期票和少量金融衍生工具，且交易量很少；2009 ~ 2011 年的交易额分别为 13.84 亿卢布、525.90 亿卢布、115.80 亿卢布，股票清算在俄罗斯交易系统金融交易所（PCT）进行。

（三）管理机构及法律基础

俄罗斯金融市场的国家调节机关是俄罗斯联邦金融市场管理署。其前身为 1993 年 3 月成立的俄联邦总统有价证券和证券交易所委员会（1996 年改组为联邦有价证券委员会）。

组建、管理和规范金融市场的主要法律有：《俄罗斯联邦有价证券市场法》《俄罗斯联邦所有制法》《俄罗斯股份公司法》《有价证券市场权益保护法》《投资基金法》《非国有养老基金法》《商品交易所和交易法》等。

根据俄罗斯法律，俄罗斯居民、合股投资基金、银行管理共同基金、非国有养老基金、商业银行、外国投资基金等均可参与俄金融市场业务。

（四）主要金融工具

1. 股票

股票市场是俄资本市场中最活跃的板块。俄罗斯股票市场形成于 1990 年，当时苏联开始允许建立股份公司。随着 1992 ~ 1994 年的债券私有化出现了大量股份公司。根据联邦证券市场管理委员会的综合数据，1997 ~ 2003 年共登记发行了 62841 只股票。据 СКРИН 协会 2008 年 1 月 1 日数据，共发行 86598 次 128356 只股票。这些股票中大多数缺乏流动性，也没有任何二级市场。

在资本交易所发行交易的股票最具流动性。据 2008 年 1 月 1 日数据，俄罗斯交易系统股市共发行 413 只股票（303 只为普通股，110 只为优先股），莫斯科银行间外汇交易所股市共发行 309 只股票，（223 只为普通股，86 只为优先股），许多发行者同时在两个交易所进行交易。

2005 ~ 2007 年，随着国际油价的快速上升，俄罗斯经济形势大为改善，股市市值迅速上涨。2005 年，俄罗斯股市市值为 1798 亿美元，2006 年上涨至 6343 亿美元，2007 年继续翻番，上涨至 1.3415 万亿美元。2008 年国际金融危机爆发，国际油价大跌，俄罗斯股市市值开始缩水，2010 年 12 月 30 日为 9288.9 亿美元，2011 年 12 月 30 日为 7683.05 亿美元。

在股市流通构成中，59% 为期货和回购交易，回购交易的高占比并不符合国际惯例，为了进行短期业务和限制风险首先应该进行期货和期权业务。

2. 公司债券

俄罗斯公司债券市场的出现大大落后于股票市场和国债市场。自 1999 年起，俄罗斯企业积极利用债券进行债务融资，与其他许多证券市场不同，俄罗斯国内的公司债券市场从一开始就主要在交易所发展。其特点是发债公司数量稳步增长，借债期延长，借债额扩大。根据 CBONDS 协会数据，截至 2008 年 1 月 1 日，共有 607 支公司债券在市场流通（2007 年有 488 支），截至 2007 年底，在有组织的市场中流通的俄罗斯企业债券总额名义价值为 12314 亿卢布，到 2008 年 3 月 1 日为 12879 亿卢布。

据俄联邦金融市场管理署数据，2007 年，俄罗斯二级交易市场的公司债券交易总额为 9.5 万亿卢布（其中 6.8 万亿卢布为回购交易），是 2003 年的 36 倍，其中 99.98% 的交易是在莫斯科银行间外汇交易所进行。与股市不同，回购交易在债务市场中的高占比符合国际惯例，因此公司债券的流通质量目前还没有引起担心。俄罗斯公司除卢布债券外还通过发行欧洲债券积极从国外市场吸引资金。尽管国外市场还不是俄罗斯资本市场的一部分，但对企业来说，却成为其是通过发行国内卢布债券还是通过银行贷款吸引融资的现实选择。截至 2008 年 1 月 1 日，共有 270 支俄罗斯公司发行的欧洲债券在市场流通，其名义价值总额为 943 亿美元。

俄罗斯市场流通中的公司债券总额与 GDP 之比：2005 年为 2.23%、2007 年为 3.81%、2008 年为 3.8%、2009 年为 6.5%、2010 年为 7%、2011 年为 6.3%。①

2006 年底，俄罗斯市场出现了新的有前景的债务工具——抵押贷款担保债券。2006 年仅发行一只，贸易额 30 亿卢布，2007 年发行两只，贸易额达到 49 亿卢布（见表 6-15）。

3. 国债和市政债券

俄罗斯现行法律规定，国债既是联邦有价证券，也是联邦主体有价证券，与之共同流通的还有市政债券。俄罗斯联邦最早从 1991 年发行国债。1993 ~ 1998 年俄罗斯经历了国内交易所国债市场的急剧扩张期，这一进程在 1998 年

① 俄罗斯全国证券市场同业协会报告：《俄罗斯资本市场：事件与因素》（2006 ~ 2011 年各年）。

表 6-15　2005~2010 年俄罗斯公司债券数量和发行量

年份	发行公司数量(个)	债券发行数量(只)	年份	发行公司数量(个)	债券发行数量(只)
2005	230	302	2008	463	650
2006	370	488	2009	405	630
2007	465	607	2010	364	663

资料来源：据 CBONDS 协会数据统计。

8 月 17 日被阻断，之后国债在资本市场的作用再也没有达到 1998 年金融危机之前的水平。2007 年 1 月 1 日，以卢布表现的俄罗斯国家内债总额为 10281 亿卢布，2008 年 1 月 1 日为 12489 亿卢布。

俄罗斯外债市场中包括经常使用的国债。以俄财政部 2007 年 1 月 1 日数据为例，俄罗斯 471 亿美元外债中，71% 以上是债券，其中 286 亿美元为欧洲债券，49 亿美元为国家外币借款。

俄罗斯联邦主体债券规模不仅低于联邦债券，也低于公司债券。截至 2008 年 1 月 1 日，流通中的 119 支俄罗斯联邦主体和市政债券名义总额为 2206 亿卢布。此外，处于流通中的还有总额为 11 亿美元的两支联邦主体发行的欧洲债券。

俄罗斯从 2005 年开始发行银行债券，尽管其安全性和国债一样高，但形式上并不是国债。银行债券是一种短期有价证券，被用于管理商业银行的流动性，其他投资人不能获得。

截至 2008 年底，国内市场流通的国债名义价值额为 11440 亿卢布，比 2007 年增长 9.3%。2010 年下半年，国债市场额出现了自 2005 年以来未曾有过的增长，月均增幅 5%，全年国债市场名义额达到 20540 亿卢布，比 2009 年增长 39%，但其与 GDP 的对比关系未发生大的变化，不超过 GDP 的 5%（见表 6-16）。

表 6-16　2005~2010 年国债市场额

年份	国债市场额(亿卢布)	国债市场额与GDP关系(%)	年份	国债市场额(亿卢布)	国债市场额与GDP关系(%)
2005	7220	3.3	2008	11440	2.7
2006	8764	3.2	2009	14700	3.7
2007	10470	3.1	2010	20540	4.6

资料来源：据 CBONDS 协会数据统计。

与公司债券相比，国债二级市场规模和流动性相对较低。国债市场流通只限于由莫斯科银行间外汇交易所组织。

4. 期票

20 世纪 90 年代中期，期票在俄罗斯特别受欢迎，它承担两种功能：第一，作为货币替代品用于企业和组织之间的结算，以及在俄罗斯经济货币化水平极低条件下的缴税；第二，作为债券的替代品，替代银行贷款用于长期融资。从 20 世纪 90 年代末开始，期票作为融资工具逐步被债券所挤出，但期票市场规模与公司债券仍然有一拼。

据俄罗斯中央银行数据，截至 2007 年 12 月 1 日，银行业发行的期票总额为 7326 亿卢布，其中卢布期票 6568 亿卢布，外币期票 758 亿卢布。一年期以内的短期期票占 51%，三年期以上的期票仅占 7.6%。

目前期票在俄罗斯只是承担商业证券的功能。据地区公司的统计，2007 年底，流通中的市场期票额为 4700 亿 ~4800 亿卢布，比 2006 年下降 5% ~6%。在卢布债务市场中，期票的占比为 16%。按这一占比计算，期票的年流通额约在 1.7 万亿 ~1.9 万亿卢布（见表 6 - 17）。据 CBONDS 协会数据，2007 年，所发行的公司期票总额比 2006 年增长 18%，达到 305 亿卢布。期票市场越来越成为公司债券市场的一种附属物。2007 年，期票在要约时经常被用作回购自己到期债券的一种桥接工具，据统计，2006 年，30% 的期票在要约前用于补充流通中的资金，2007 年这一指标上升到 70%。

表 6 - 17　2005 ~ 2010 年期票市场流通额

单位：亿卢布

年份	2005	2006	2007	2008	2009	2010
市场额	3500 ~ 3700	5000	4800	5100	4500	5700

资料来源：俄罗斯全国证券市场同业协会报告《2010 年俄罗斯资本市场：事件和因素》。

5. 互惠投资基金

互惠投资基金（паевые инвестиционные фонды – ПИФ）在俄罗斯机构投资中占有优先地位，其资产大大超过股份投资基金。互惠投资基金最早出现于1996年，2001年《投资基金法》的出台在该基金的创立过程中起了重大作用。据俄联邦金融市场管理署资料，截至2008年1月1日，俄罗斯共有1030只互惠基金，净资产总价值为7668亿卢布，其中1348亿卢布属于开放式基金、438亿卢布为间隔式基金（一年内至少打开一次）、5649亿卢布为封闭式基金。

互惠基金二级市场发展缓慢，截至2008年1月1日，只有219只不同的互惠基金允许进入莫斯科银行间外汇交易所的金融交易所流通，38只进入俄罗斯交易系统交易所。2007年，互惠基金在莫斯科银行间外汇交易所和俄罗斯交易系统六大交易所流通交易额分别为7.9亿美元和0.28亿美元。

6. 股指期货和期权

严格意义上讲，股指期货和期权不是有价证券，与资本市场紧密相关的股权及基金指数是期货和期权的基础资产。据2008年1月1日数据，允许36只期货基础资产（20只为股票、13只债券和3只指数）和17只期权基础资产（16只股指期货和1只指数期权）进入俄罗斯交易所交易。截至2007年底，证券及指数期货及期权合约的平仓合约价值达1110亿卢布。2008年金融危机爆发前几年，俄罗斯期货市场容量急剧扩大：2006年开设的期货和期权合约数量达224万份（785亿卢布），总流通合约8960万份，总价值达27085亿卢布。

7. 基金指数

基金指数是由已上市的基金数量取样得来，各基金都占有基金指数的一定比例。多数基金涨时基金指数涨，反之则跌，基金指数与大盘没有关系。目前俄罗斯资本市场有数十个不同机构提供的指数，包括：交易所指数、信息机构指数、投资银行指数、中介公司指数。广为接受的指数包括：对股市来说是俄罗斯交易系统指数、莫斯科银行间外汇交易所指数、摩根士丹利资本国际俄罗斯（MSCI Russia Index）指数；对债券市场来说有RUX-Cbonds公司债券指数、Cbonds-Muni市政债券指数、MMBБ公司债券指数、EMBI+俄罗斯指数。

俄罗斯股市主要为环比指数，考虑到证券发行人的自由浮动比例以市值加权。俄罗斯交易系统指数 1995 年 9 月 1 日确立，目前共包括 50 只市值最大、流动性最强的大股票。用于计算指数的股票清单每三个月重新审定一次。俄罗斯交易系统指数确定的起始指数为 100 点，其历史最低点为 38.53 点（1998 年 10 月 5 日），历史最高点为 2487.92 点（2008 年 5 月）。莫斯科银行间外汇交易所指数 1997 年 9 月 22 日确定，目前共包括 30 只流动性最强的股票，其指数变化根据指数委员会专家评估，每季度不少于一次。该指数的起始点为 100 点，历史最低点为 18.53 点（1998 年 10 月 5 日），历史最高点为 1969.91 点（2007 年 12 月 12 日）。

（五）俄罗斯资本市场发展中存在的问题

1. 大公司市值在股票市场资本中所占比例过高

俄罗斯经济增长依赖石油和其他原材料，这在股票市场也有所反映（见表 6－18）。长期以来，前十大上市公司（天然气工业公司、俄罗斯石油公司、卢克石油公司、苏尔古特油气公司、储蓄银行、俄罗斯统一电力系统、诺里尔斯克镍业公司、天然气工业石油公司、诺瓦德克能源公司、移动通信系统）的市值占比达 70% 以上。

表 6－18　2007 年底俄市值最大的 20 只股票清单

	公司名称	市值(亿美元)	在总市值中占比(%)
1	天然气工业公司	3323	24.8
2	俄罗斯石油公司	1004	7.5
3	俄罗斯储蓄银行	933	7.0
4	卢克石油公司	727	5.4
5	俄罗斯统一电力系统	557	4.2
6	诺里尔斯克镍业公司	506	3.8
7	苏尔古特石油天然气公司	483	3.6
8	俄罗斯外贸银行	343	2.6
9	Вымпелком	308	2.3
10	OAO MTC,ao	302	2.2
11	天然气工业－石油公司	301	2.2
12	НЛМК	240	1.8
13	北方钢铁	229	1.7
14	НОВАТЭК	223	1.7

续表

	公司名称	市值(亿美元)	在总市值中占比(%)
15	АФК Система	160	1.2
16	乌拉尔钾肥	155	1.2
17	ММК	145	1.1
18	Группа Компаний ПИК	144	1.1
19	鞑靼石油	137	1.0
20	米切尔公司	112	0.8
	前 10 家最大公司	8484	63.2
	20 家最大公司	10331	77.0
	总市值	13174	100

资料来源：俄罗斯全国证券市场同业协会报告：《俄罗斯资本市场和国际金融中心的建立》，莫斯科市，2008。

2. 股票市场的行业集中程度高

2007 年之前，采掘业、电力、黑色金属和有色金属冶金、通信和金融类股六大行业股占股票总市值的 94%，其中 60% 以上是石油、天然气和煤炭开采工业。2007 年之后，轻工业、建材业、煤炭业开始进入资本市场融资，机器制造业、建筑业、运输业占比也开始明显上升，致使前六大行业占比下降 5%（详见图 6－3、图 6－4）。

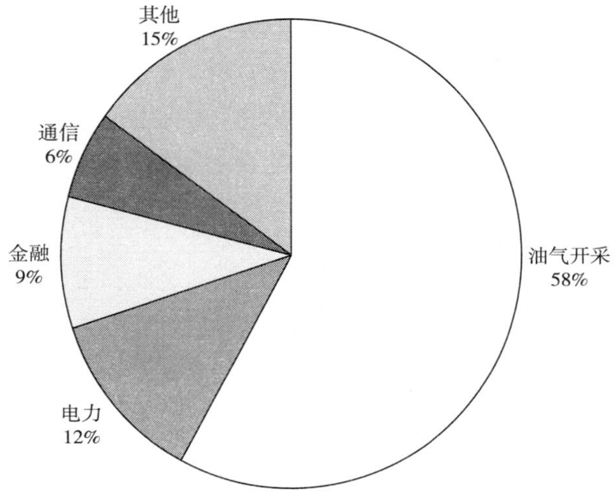

图 6－3　俄罗斯股票市场产业结构（2007 年 1 月 1 日）

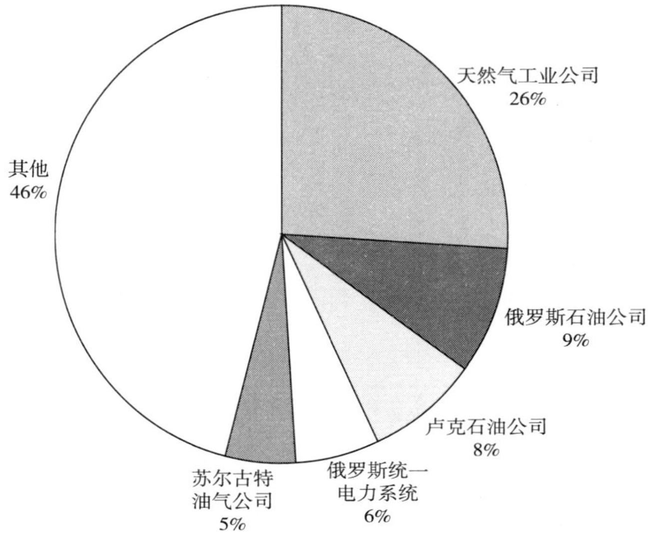

图 6-4　俄罗斯股票市场产业结构（2007 年 1 月 1 日）

资料来源：玛利娜·塔里斯卡亚、马克西姆·卢布钦科：《经济的扭曲形态》，〔俄〕《专家杂志》2007 年第 21 期。

3. 国内交易和国外交易失衡

长期以来，俄罗斯资本市场的主要问题是俄罗斯股票流通构成中，国内交易平台和国外交易平台的比例失衡，20 世纪 90 年代末期，以存托凭证（ADR、GDR）形式进行的国外交易大大超过国内交易，之后，国内和国外交易逐步实现了平衡。从 2003 年底开始，俄罗斯股市交易再次出现以在国外平台交易为主的趋势，2004 年其对比关系再次回到 1999 年的水平。2005 年，国内和国外交易实现平衡，2006 年，国内交易超过了国外交易（见表 6-19）。这首先得益于 2005～2006 年俄罗斯有价证券市场法和股份公司法的完善，新法律要求简化在俄罗斯发行股票的程序，此外，联邦金融市场管理署"回归俄罗斯市场"的政策也起了重要作用，该政策要求加强对俄罗斯公司在国外市场以全球存托凭证形式发行股票许可比重的限制（不得高于 35%），同时要求俄罗斯投资者以最低股票供应量进行二次 IPO（不得低于 30%）。

表 6-19　俄罗斯股票在国内和国外市场交易额对比

单位：%

年份	在俄罗斯交易所占比	在国外交易所占比	年份	在俄罗斯交易所占比	在国外交易所占比
1998	16.4	83.6	2003	45.4	54.6
1999	27.9	72.1	2004	25.1	74.9
2000	46.1	53.9	2005	47.1	52.9
2001	55.4	44.6	2006	65.3	34.8
2002	47.7	52.3	2007	73.8	26.2

资料来源：根据俄罗斯联邦金融市场管理署、莫斯科银行间外汇交易所提供的数据统计。

4. 国家监管与市场自律相结合

作为证券市场的国家调节机关，俄联邦有价证券市场委员会以保障投资者、股东、存款人和其他市场参与者的权力和依法活动为目的，主要职能包括：执行证券市场发展领域国家政策，监督发行证券单位和市场参与者活动的合法合规性，规定市场职业参与者的准入条件和发放许可证，保障证券市场的信息披露等。除来自国家的监管以外，还存在像国家证券市场参与者协会，有价证券登记、过户和寄存职业协会和国家政券协会等市场参与者自己组织的市场自律性组织。

5. 证券市场投资功能逐步增强

随着俄经济形势改善，证券市场管理逐步健全，证券市场的投资功能逐步提高。据俄金融市场管理署数据，2007 年，公开登记发行的有价证券达 6910 亿卢布，相当于固定资本投资额的 10%。公开发行股票接近 300 亿美元（7400 亿卢布），相当于固定资本投资额的 21%。加上在国外发行的欧洲债券，通过股市融资达到固定资本投资额的 35%。同时随着共同投资基金的扩大，证券市场将个体存款转化为投资的作用也明显提高。

6. 股票价格明显被低估，市场投机性强，股指震荡剧烈

由于市场需求不足和机构薄弱，俄罗斯股票价格经常被低估，没有反映企业的实际财务状况，这给投机性交易留下广阔的空间，从而加剧了股指震荡。

7. 大大落后于主要发达市场和发展中市场

根据 2011 年的统计数据，俄罗斯资本市场的发展状况不仅落后于美国、英国、德国，而且也落后于金砖国家中的中国、印度、巴西（详见表 6-20）。

表 6－20　俄罗斯资本市场的国际比较

国　别	资本市场总市值（亿美元）	在世界资本市场中占比（%）	债务市场总额（亿美元）	在世界债务市场中占比（%）
美　国	178590	31.0	325345	34.3
英　国	38490	7.0	47823	5.0
德　国	16220	3.0	53625	5.7
中　国	40870	7.0	31069	3.3
印　度	16310	3.0	7590	0.8
巴　西	15530	3.0	15128	1.6
俄罗斯	10410	2.0	2243	0.2

资料来源：俄罗斯审计署关于俄罗斯资本市场发展审计报告，莫斯科第 66K（833），2011 年 12 月 30 日。

二　资本市场机构改革

2011 年 2 月 1 日，莫斯科银行间外汇交易所（ММВБ）和俄罗斯交易系统交易所（РТС）完成第一阶段并购谈判，并签署由 ММВБ 获得 РТС 控股权协议，这意味着俄酝酿多时的资本市场改革已经启动。在全球交易所并购活跃的大背景下，俄交易所并购具有自身的背景和特点，对该地区金融市场未来发展将产生重要影响。

（一）俄罗斯交易所发展历史及现状

据统计，俄共有 50 余家各类交易所，但真正成规模、比较成熟的只有两家，即莫斯科银行间外汇交易所和俄罗斯交易系统交易所。

1. 莫斯科银行间外汇交易所（ММВБ）集团

ММВБ 成立于 1992 年 1 月 9 日，同年 3 月 16 日注册后正式开业，为封闭式股份有限责任公司，由联邦中央银行、莫斯科市政府和多家大型商业银行共同出资组建，职能是为银行和企业提供进行外汇和其他金融工具买卖的交易场所。莫斯科银行间外汇交易所下设外汇市场、证券市场、国债市场、期货市场和货币市场等五个独立交易平台。交易规模最大的是外汇市场，最初的交易品种仅限于美元和短期国债。在相当长时期内，联邦央行曾直接采用该交易所卢布对美元的交易牌价作为官方汇率。交易所自 1997 年起正式开展证券交易，凭借其具有央行和政府的背景和雄厚的经济实力，以及设备齐全、功能完善的交易体系，很快便成为业内名副其实的龙头老大。经过近 20 年的发展，MMBБ 已成为俄罗斯、独联体乃至东欧地区规模最大、最具影响力的综合性金融交易所，在俄国债、公司债和地区债权交易市场中占比达 99%。在俄罗斯有价证券全球交易额中（包括 GDR 和 ADR）占比 70%。2009 年交易量超过一万亿美元，进入世界前 30 家最大的交易平台，排名第 17 位。

目前 MMBБ 集团拥有莫斯科银行间外汇交易所证券市场、莫斯科银行间外汇交易所结算局、国家存管中心（НДЦ）、国家结算中心银行（АКБ ЗАО НКЦ）和多家地方证券交易所。截至 2010 年 7 月，集团共有 16 个主要股东，包括中央银行（控股 29.8%）、Unicredit 银行（意大利联合信贷银行，12.7%）、俄外经银行（11.8%），俄外贸银行（7.6%）、储蓄银行（7.5%）、俄罗斯银行（4.9%）、中央信贷（4.2%）、国际经济合作银行（3.4%）、圣彼得堡银行（3.4%）、天然气工业银行（3.4%），作为名义持股人的存管结算公司（6.7%）等。

2. 俄罗斯交易系统（PTC）

PTC 成立于 1995 年，是仅次于莫斯科银行间外汇交易所的第二大金融交易所，最初是一家代理商之间的柜台交易系统，为非营利性合伙制组织，组建目的是为了将原先分散的地区交易所联合成为统一的有组织的证券市场。该交易系统一开始就采用了美国纳斯达克证券交易所提供的保障程序，此后根据自身需要又重新制定了技术程序体系，并于 1998 年完全转入使用自己研发的技术程序。俄罗斯交易系统共包括五个板块：用卢布或外汇结算的股票市场（Рынок акций PTC）、用卢布结算的期货市场（FORTS）、债券市场（RTS Bonds）、禁止在本交易所内流通的股票的指导定价系统（RTS Board）、全国企业票据指导定价系统。2003 年 3 月俄罗斯交易系统获得了联邦证券市场委员会颁发的无限期从事证券交易组织活动的专业许可证，2009 年的交易量为 9000 亿美元，成为世界前十大衍生工具市场之一。

除俄本土市场外，PTC 还持有乌克兰交易所 43% 的股份、哈萨克斯坦欧亚交易系统商品交易所 61.82% 的股份及一系列其他专业公司股份。

目前俄罗斯交易系统的最大股东是“АТОН”私人投资公司（控股

9.82%），“Ренессанс Брокер”（复兴中介，8.21%），“Deutsche Boerse”（德意志证交所，9%），“Тройка Диалог”（三方对话投资公司，10%），“Альфа－Банк”（阿尔法银行，9.59%），“КИТ Финанс”（大鲸投资银行，9.62%）。

（二）并购方式及时间表

按照计划 ММВБ 将全额收购 PTC 股权。根据市场估值，ММВБ 交易所价值 34.5 亿美元，PTC 交易所价值 11.5 亿美元（为在原 8.4 亿美元市场价基础上加市场溢价 37% 得出）。ММВБ 首先收购 PTC 五位大股东 56.24% 的控股权，其中 35% 以现金收购，65% 以换股方式进行，之后开始进行整体合并，最终 PTC 股东在合并后的新公司中持股上限不超过 20%。

按照合并双方与央行和政府达成的协议，2011 年 2 月 1 日，ММВБ 与 PTC 五大主要股东在央行签署出售股份协议，4 月下旬签署所有文件，7 月中之前 ММВБ 与 PTC 所有股东完成交易，之后开始合并交易所，2011 年底完成全部技术支持手段的合并工作。目前两大交易所已成立研究合并计划的管理委员会，两大交易所管理层代表均进入委员会。为完成交易要求还要求一系列规范公司制度行为，包括修改章程，最终还要获得联邦反垄断署和金融市场管理署的批准。

根据 2010 年 12 月 29 日俄总统建立国际金融中心委员会的要求，俄央行应用两三年的时间逐步退出交易所，并于 2011 年 6 月 1 日前提出减少在交易所持股比例的时间表。目前的安排是先将持股比例从 36% 降至 30%，最终不低于 5%。另据报道，俄政府已准备好有关两大交易所合并后与德意志证交所的换股计划，合并后的俄罗斯交易所将持有德意志证交所 25% 股份，俄德将组建资本联盟，成为金融领域的战略合作者。

2011 年 12 月 19 日，经过近一年的准备后，莫斯科银行间外汇交易所和俄罗斯交易系统正式启动联合交易平台，这意味着两大交易所在法律意义上完成合并。莫斯科银行间外汇交易所由封闭式转为开放式，并更名为莫斯科银行间外汇交易所－俄罗斯交易系统联合交易所。莫斯科银行间外汇交易所－俄罗斯交易系统联合交易所总裁阿甘别吉扬说，该交易所将成为俄罗斯独一无二的交易平台，为俄罗斯和外国参与者提供股票、债券、金融衍生工具以及外汇等交易服务。市场分析人士指出，联合交易所将为俄罗斯金融市场的进一步发展带来新机遇，也是在莫斯科建设国际金融中心的必要步骤之一。

尽管联合交易所已经启动联合交易，但该交易所的基础设施建设还没结束。2012 年，该联合交易所还要就结算制度、期货交易等统一规则，并使目前的各项股票指数采用统一交易规则和清算平台。合并后的两大交易所计划在 2013 年进行首次公开募股，业内人士预计其规模至少为三亿美元。

（三）合并动因

1. 夺取国际金融资源竞争的领先地位

交易所是资本市场发挥功能的核心载体，交易所并购背后是当今世界大国在经济金融资源和国家地位上的竞争。20 世纪末以来，为了争夺市场资源，交易所之间的并购、整合从未停息。2011 年开年之初，德意志证交所提出与纽约泛欧交易所合并、伦敦交易所提出收购多伦多交易所使交易所并购烽烟再起。从全球视野考察，俄罗斯两大交易所合并可视为世界交易所并购潮的一部分。2006 年俄已提出两大交易所合并设想，之后又多次提出该问题，因收购价格未谈拢、国际金融危机爆发而未果。2006 年德意志证交所也首次提出与俄交易所合作建议，当时由于两大交易所之间存在内部竞争、从会员制向公司制转变尚未完成、政府担心遭遇外方恶意兼并而未批准这一建议。《俄罗斯建立国际金融中心构想》中明确指出了在国际交易所并购潮下俄沉湎于内部竞争的不利影响。对此俄金融主管当局指出，俄两大交易所合并符合全球趋势，必须通过将良好的技术、专业人才和产品联合来夺取国际市场领先地位，而不是在国内进行竞争。2010 年，在金融危机影响逐渐减退、全球交易所并购潮加剧的背景下，俄两大交易所合并问题被重新提上日程。

2. 政治决断高层全力推动

合并进程具有政治决断高层推动的明显特点。俄当局计划 2020 年前建立起区域性金融中心，措施包括合并交易所、成立一家中央交易所和一家中央存托银行。俄央行第一副行长、MMBБ 董事局主席乌柳卡耶夫认为，合并动议并不仅仅出于商业目的。建立国际金融中心将极大巩固俄国际地位，有助于形成良好的宏观经济环境，提高国内金融体系在国际市场的竞争力，是政府的优先方向之一。2008 年，俄经济发展部出台了《俄罗斯建立国际金融中心构想》，原总统办公厅主任沃洛申被任命为建立国际金融中心工作组负责人。2010 年 12 月俄总统亲自主持召开建立国际金融中心会议，提出具体建议，并委托政府和央行全力推动。尽管业内对合并的利弊认识仍有分歧，但对整合本土资源，提高对西方交易所的竞争力是俄建立国际金融中心的必要步骤已逐步达成共识。

3. 经济原动力驱使

一般而言，产生并购的经济动因有扩大业务规模、降低成本、提高效率、建立更强大的金融平台、形成更显著的协同效应等。与一般产业并购不同的是，交易所并购还需有一些特殊条件的支持，如交易所由传统的会员制组织形式转向公司制并自我上市；由非营利性的公共服务转变为赢利性的商业公司；现代信息技术和网络科技发展使构建大量即时交易平台成为可能等。

对俄两大交易所来说，合并还能化解长期以来在争夺国家结算中心和存管中心主导权中形成的矛盾。最初国家结算中心是作为为国家有价证券市场服务的保管人而成立的。目前该中心既管理股票，也管理公司债券，同时垄断国债业务。MMBБ 和俄央行是国家结算中心的主要控制人。存管结算中心的最初定位是管理公司债权，除股票和公司债权外还管理投资基金、欧洲债券和存托凭证，PTC 是存管结算中心的控制人。长期以来，两大中心的纠结被认为是国际大投资者进入俄市场的绊脚石。在西方投资人看来，在俄罗斯的条件下，无论是存管结算中心还是国家结算中心都不符合标准，西方投资人两者都不使用，而是将其拥有的俄罗斯有价证券存放在西方银行的子行中。以上情况显然不利于俄参与国际资本市场的竞争。俄金融市场管理署希望通过合并成立一家统一的管理中心，并将其做大做强，以符合吸引外资和俄未来海外扩张的要求。

（四）影响

1. 提升俄在国际资本市场的地位

MMBБ 以证券交易为主，而 PTC 以衍生工具见长，两大交易所拥有大致互补的一系列产品，在各自领域已取得成功。两大交易所合并的优势在于可以有效配置资源，统一游戏规则，减少交易成本，提高其估值可靠性，增加投资资本的进入。俄两大交易所合并使其能够成为独联体和中亚地区最大的地区交易所，完成与德意志交易所的相互参股后将成为东欧地区名副其实的最大交易所，其在国际资本市场的地位将得到大大提升。德交所是欧洲最活跃的证券交易市场，近日已与纽约泛欧交易集团达成合并协议。如俄德建立战略联盟，将为公司上市融资提供更广阔的空间，进一步削弱地理时区的限制，会吸引更多的国际化上市公司在该体系下的任何一个交易所上市，也为投资者的投资提供了多元化的选择。

2. 可能带动独联体地区的交易所并购

由于 ММВБ 和 РТС 分别持有乌克兰 ПФТС 金融交易所和乌克兰交易所的股份。俄两大交易所合并势必引发乌克兰两大交易所的合并。ММВБ 总裁阿甘别吉杨表示，合并乌克兰交易所可能会成为合并后的俄罗斯交易所的第一批国际项目之一。乌克兰金融市场基础设施发展局局长尤里·博伊科与俄罗斯金融市场管理署署长会晤时表示，希望 ММВБ 和 РТС 更积极地合并自己在乌克兰的资产，提出更明确的合并进程时间表。

3. 合并成为俄罗斯打造国际金融中心的重要步骤

两大交易所合并是建立国际金融中心构想的题中应有之义。《俄罗斯联邦 2008 年前银行业发展战略》《俄罗斯资本市场 2006～2008 年发展战略》《俄罗斯 2008 年前公司法发展构想》等文件均提出在莫斯科建立国际金融中心的任务。俄罗斯总统辖下建立国际金融中心工作组领导人亚历山大·沃洛申在两大交易所合并完成仪式上指出，合并是建立国际金融中心进程中的重要事件，它将使俄罗斯的交易所成为世界上最优秀的交易所之一。俄罗斯中央银行副行长施维佐夫称，没有交易所的合并俄不可能建成国际金融中心，没有法律和商业环境的改革，交易所的合并也不可能顺利。俄罗斯证券交易系统在一份声明中说，合并令俄罗斯证券交易迎来崭新阶段，“新交易所在商业活动、技术革新、团队专业水平和服务标准与质量上，将能与世界其他交易中心匹敌”。

第五节　俄罗斯主权财富基金及其管理

近年来，主权财富基金的兴起引起了国际金融界的高度关注，在 2008 年度的达沃斯经济论坛上，主权财富基金也成为热点议题。据国际货币基金组织的统计，目前已正式设立主权财富基金的国家或地区共有 36 个，2004 年以后设立的主权财富基金有五个，其中包括中国和俄罗斯。俄罗斯于 2004 年 1 月 1 日建立了自己的主权财富基金——稳定基金，从 2008 年 2 月 1 日起，稳定基金拆分为储备基金和国家福利基金，两种基金被赋予不同的功能。本文拟对俄罗斯的主权财富基金管理做一评析，以期能对我国主权基金的运作提供参考和借鉴。

一　主权基金界定

所谓主权基金既不同于传统的政府养老基金，也不同于那些简单持有储备资产以维护本币稳定的政府机构，而是一种全新的专业化、市场化的积极投资机构。国际货币基金组织的经济顾问兼研究部主任约翰逊认为，主权财富基金是政府所持外汇资产的新名字。当一个国家经常项目盈余的积累超过它所需外汇的数量时，它就可以成立一个主权基金来管理这些剩余的资产。

根据汇金公司的研究归纳，主权财富基金主要来源于外汇储备盈余、自然资源出口盈余和国际援助基金，通常是与如何管理多余的外汇储备分不开；从设立动因看，主要包括稳定型、冲销型、储蓄型、预防型和战略型五类主权财富基金；管理模式上分中央银行直接管理和专门投资机构管理两个阶段。

从主权财富基金发展趋势看，具有三个特点：全球主权财富基金数量快速增长，资产规模急剧膨胀，市场影响力也不断增加；主权财富基金规模庞大，投资领域广泛，不少主权财富基金已和政府养老基金或者央行储备资产管理机构规模不相上下；主权财富基金普遍采取专业化、市场化运作手段和多元化投资经营策略，谋求长远投资，获得较高收益。现阶段，主权财富管理正逐渐从传统的以规避风险为目的的流动性管理模式，向更加多元化和具有更强风险承受能力的资产管理模式转变。这种转变，使主权财富基金能够积极拓展储备资产的投资渠道，在有效风险控制的条件下构造更加有效的投资组合，进而获取更高的投资回报。

二　俄罗斯的主权基金——稳定基金

1. 法律基础

进入21世纪，随着国际油价不断飙升，作为石油出口大国的俄罗斯获得了大量石油美元，据估计，普京执政八年，俄罗斯仅石油出口收入就超过万亿美元。怎样管好用好这笔巨大的财富，在普京第一任期内就已被作为国家重要决策提出。

2003年12月23日，俄颁布了专门的《俄罗斯联邦稳定基金法》，同时将该法作为第13.1章并入《俄罗斯预算法典》。俄于2004年1月1日建立了稳定基金。之后在2003～2007年各年的年度预算法、2005～2007年俄罗斯总统年度预算咨文中都专门对稳定基金的形成和使用作出明确规定。

根据上述法律法规的界定，稳定基金是俄联邦预算基金的组成部分，其基本功能是在石油价格低于其基础价格时用于保证联邦预算平衡，对经济起到保险作用。同时该基金还被赋予保证国内经济的稳定发展，消除流动过剩，降低通货膨胀压力，降低国内经济对原材料出口收入波动依赖的功能，这意味着稳定基金不仅要发挥货币的蓄水池效应，还应成为结构调整的有效工具之一。

2. 资金来源

稳定基金主要由两部分构成：一是石油出口现实价格与基础价格之间的差额，以超额出口税和超额资源（石油）开采税两种方式收取；二是上一财政年联邦预算资金的剩余部分及稳定基金运作收益，其中超额税收收入是稳定基金的主要来源。

稳定基金建立之初，俄产乌拉尔牌石油基础价格定为 20 美元/桶，自 2006 年 1 月 1 日起提高至 27 美元/桶。

超额出口税和超额资源开采税按以下公式计算自动提取：

$$\text{当月实际计入联邦预算的原油出口关税数额} \times \frac{\text{当月实际原油出口关税税率} - \text{按基准价格计算的原油出口关税税率}}{\text{当月实际原油出口关税税率}}$$

当月实际计入联邦预算的

$$\text{矿产（石油）开采税数额} \times \frac{\text{当月实际矿产（石油）开采税率} - \text{按基准价格计算的矿产（石油）开采税率}}{\text{当月实际矿产（石油）开采税率}}$$

3. 基金的管理

稳定基金法规定，基金的主要功能是弥补油价下跌低于所定基础价格时出现的联邦预算赤字。稳定基金总额的最低门槛为 5000 亿卢布（按当时汇率折算约合 18 亿美元），当累积基金总额超过 5000 亿卢布时可用于其他目的。基金的使用额由相应预算年度的联邦预算法规定。

稳定基金自 2004 年建立以来，由于实际油价远远高于预期基础价格，加上俄国内多次上调石油出口关税和资源开财税率，基金总额增长早已超出预期，截至 2007 年 1 月 1 日已达 893.1 亿美元。最初这笔巨大资金存入中央银行的卢布账户，在通胀率提高的条件下，基金面临贬值的压力，对此俄国内引起激烈争论。有观点认为，油价上涨已成为长期趋势，在实际油价大大高于预期基础价格的情况下，俄预算暂不存在收不抵支的可能，任其贬值不如向国内经济投资。参考国际上一些资源国的做法，俄罗斯政府于2006年4月21日颁布了第229号《俄罗斯联邦稳定基金管理程序》（下称《管理程序》）政府令，提出基金的管理模式。

《管理程序》规定，俄罗斯财政部为基金管理人，财政部与中央银行签订合同，联邦国库在中央银行开设专门账户，由中央银行对基金进行运作，央行按合同规定对所使用基金支付利息。

作为国家的战略储备，规定稳定基金的资产币种构成为：美元45%、欧元45%、英镑10%。实际外汇币种构成与规定币种构成的偏离幅度为：美元±5%、欧元±5%、英镑±2%。

稳定基金可以用来购买外国债券，但为规避风险，所购债券的种类、购买额度、偿还期限等均由俄联邦政府根据国际评级机构的风险评级规定。具体有以下几点。

（1）基金可用来购买奥地利、比利时、芬兰、法国、德国、希腊、爱尔兰、意大利、卢森堡、荷兰、葡萄牙、西班牙、英国和美国14个国家政府发行的有价证券。

（2）以上债券长期信贷能力评级水平不得低于惠誉公司和标准普尔公司的“AAA”级、穆迪公司的“Aaa”级。最低必须同时符合两家公司的相应评级。

（3）所购债券的偿还期限最短为三个月，最长为三年。

（4）所购债券票面额不得超过一次发行债券票面总额的15%。

（5）一旦出现不符合上述要求的任何情况，必须在一个月内将所购债券卖出。

作为基金的主要管理人，俄罗斯财政部还必须履行以下义务。

（1）稳定基金的资金业务的核算须按照联邦预算资金业务核算的程序进行。

（2）将稳定基金分配使用情况作为联邦预算执行情况的一部分向联邦政府提交季度报告和年度报告。

（3）季度报告要反映每年4月1日、7月1日和10月1日稳定基金在央行账户上的币种分配、央行对其账户上的稳定基金偿付结算利息、央行使用稳定基金的收益额、用稳定基金购买的外国债券名称和收益等信息。

（4）年度报告要反映以上要求的全年总体情况。

4. 基金的使用

稳定基金建立之初主要着眼于保值而非追求投资收益，总体来看，其对稳定经济起到了积极的作用。从实际运作情况看，稳定基金建立前期，其支出主要用于偿还苏联解体前后欠国际金融组织的债务、巴黎俱乐部债权国外债、俄财政部在 1998～1999 年用于偿还和重组国家外债向俄罗斯对外经济银行的借款，弥补联邦养老基金赤字，为组建发展银行和对外经济银行注资，为增加联邦投资基金拨款等用途（详见表 6－21），其中偿还外债为最大支出项目，三年共支付 13277 亿卢布（约合 520 亿美元）。提前偿还外债不仅为俄节约了偿付外债利息的支出（到 2009 年，此项支出应从 2005 年的占 GDP 的 1% 下降到占 GDP 的 0.5%，到 2020 年，应节约利息支出 120 亿美元），同时提升了俄在国际金融组织中的地位，目前俄已从巴黎俱乐部的债务国转为纯债权国。

表 6－21　俄罗斯稳定基金使用情况

单位：亿卢布

项目	2004 年	2005 年	2006 年	2007 年
期初余额	1063	5223	12370	23469
实际计入额	4159	13921.1	17266	18960
支出：	0	6773	6167	
提前偿还外债	0	6474	6167	337
弥补俄联邦养老基金赤字	0	300	0	0
为发展银行和对外经济银行注资、为联邦投资基金拨款	0	0	0	3000
期末余额	5223	12370	23469	39092

资料来源：根据俄联邦财政部 2004～2007 年公布的稳定基金收支状况整理。

2006 年 7 月 24 日，稳定基金开始第一笔对外投资。根据俄财政部数据，稳定基金自使用以来，其年结算收益率按美元计算为 10.65%。2007 年，央行外汇账户的稳定基金使用年收益率为：美元 6.04%、欧元 3.52%、英镑 5.62%。俄财政部部长库德林认为，“与其他国家类似基金相比这是最高的创纪录的收益”。目前的资产组合起到了基金资产保值升值的作用。

稳定基金的建立不仅发挥了使国家财富保值增值的功能，同时对稳定国内宏观经济也起到了一定作用，由于基金的“蓄水池”功能，冲销了由石油美元增长带来的过多的货币供应量。据俄财政部数据，2006 年 8 月 ~2007 年 8 月，国内货币供应量增长了 51%，如果没有稳定基金，控制通胀将会面临更大的压力。

三　稳定基金的拆分

自 2008 年 2 月 1 日起，俄罗斯稳定基金一分为二，拆分为储备基金和国家福利基金，两种基金的资金来源和功能定位有所不同。2007 年 12 月 29 日，俄罗斯颁布了第 955 号《储备基金管理程序》政府令，2008 年 1 月 19 日，又颁布了第 18 号《国家福利基金管理程序》政府令。随着这两个政府令的生效，2006 年 4 月 21 日颁布的第 229 号《俄罗斯联邦稳定基金管理程序》政府令自动作废。从法律规定看，两种基金的管理模式与稳定基金相比没有大的变化，但根据需要也进行了相应的调整。

1. 拆分比例分配

截至 2008 年 1 月 30 日，俄稳定基金总额为 3.8518 万亿卢布（合 1573.8 亿美元）（见表 6-22）。拆分后两种基金比例安排为：储备基金 3.069 万亿卢布（合 1254 亿美元），占原稳定基金的 80%；国家福利基金 7830 亿卢布（合 320 亿美元），占原稳定基金的 20%。

表 6-22　稳定基金规模

日　期	亿美元	亿卢布	日　期	亿美元	亿卢布
2008 年 1 月 1 日	1568.1	38491.1	2007 年 4 月 1 日	1081.1	28122.1
2007 年 12 月 1 日	1444.3	35170.5	2007 年 3 月 1 日	1035.5	27088.5
2007 年 11 月 1 日	1476.0	36492.5	2007 年 2 月 1 日	997.7	26472.1
2007 年 10 月 1 日	1410.5	35190.9	2007 年 1 月 1 日	891.3	23469.2
2007 年 9 月 1 日	1329.1	34090.7	2006 年 12 月 1 日	832.1	21895.2
2007 年 8 月 1 日	1274.8	32635.6	2006 年 11 月 1 日	766.2	20493.0
2007 年 7 月 1 日	1216.8	31413.5	2006 年 10 月 1 日	707.3	18940.9
2007 年 6 月 1 日	1168.5	30266.8	2006 年 9 月 1 日	647.3	17306.4
2007 年 5 月 1 日	1137.0	29205.0	2006 年 8 月 1 日	821.4	22073.3

注：卢布兑美元按当日俄央行基准利率折算，未包括资产投资利息。

资料来源：俄罗斯财政部统计。

储备基金和国家福利基金资产的币种构成仍规定为美元45%、欧元45%、英镑10%。按2008年1月30日的汇率，储备基金构成为564.3亿美元、382.1亿欧元、63.1亿英镑；国家财富基金构成为104.2亿美元、127.3亿欧元、13.9亿英镑。

2. 资金来源和功能定位

石油天然气开采和出口收入仍是两种基金的基本资金来源。俄的出发点是，未来三年世界能源价格将会下降，如果油价跌至27美元/桶以下，储备基金应能保证连续三年弥补俄政府预算收入因油价下跌而蒙受的损失。其测算依据为：2008~2010年俄产乌拉尔牌石油平均价格将从51.7美元/桶降至29.4美元/桶（为1997~2006年平均价格）。按照2008年的标准，石油价格每桶下降一美元，联邦预算中石油收入的下降就相当于GDP的0.15%，因此储备基金总额必须达到占GDP 10%的水平。从俄财政部的设计看，来自石油和天然气开采出口的收入首先要上缴预算。当上缴预算的石油收入达到GDP的6.1%（2008年的标准）后，这些收入将转注入储备基金，当储备基金总额达到GDP的10%后，剩余的石油天然气收入再注入国家财富基金。

储备基金的主要功能是为缓冲国际石油价格下跌对俄罗斯可能造成的预算冲击，其作用实际上等同于稳定基金，是稳定基金的延续。

国家财富基金则将对风险资产进行增长型的投资，主要用于对公民的养老积累拨款。

3. 基金管理

与稳定基金相比，拆分后的两种基金的使用管理有所松动，不仅可以购买外国债券，还可购买外国央行和金融局发行的公债、国际金融组织的债券，以及在外国银行和信贷组织存款。其安排比例为：80%投资于主权债券，15%投资于外国央行和金融局发行的债券，5%投资于国际金融组织的债券。

与稳定基金不同，新的基金管理程序规定购买外国国债的国别调整为：奥地利、比利时、英国、德国、丹麦、爱尔兰、西班牙、加拿大、卢森堡、荷兰、美国、芬兰、法国和瑞典14国。

新管理程序规定可购买其债券的国际金融组织共八家，包括：

亚洲发展银行（Asian Development Bank，ADB），

欧洲委员会发展银行（Council of Europe Development Bank，CEB），

欧洲复兴开发银行（European Bank for Reconstruction and Development，EBRD），

欧洲投资银行（European Investment Bank，EIB），

泛美发展银行（Inter-American Development Bank，IADB），

国际金融公司（International Finance Corporation，IFC），

国际复兴开发银行（International Bank for Reconstruction and Development，IBRD），

北方投资银行（Nordic Investment Bank，NIB）。

对以上债券长期信贷能力主权评级也比原稳定基金要求降低一级，即：不得低于惠誉公司和标准普尔公司的“AA－”级、或穆迪公司的“Aa3”级。如果上述公司给出的长期信贷评级不同，则采用最低评级水平。

尽管新管理程序已经对购买外国银行债券作出了具体规定，但俄财政部暂时不打算进行这方面的投资。

此外，为规避风险，管理程序还要求基金在做投资安排时自行限制在一家公司的持股上限比例。如规定国家福利基金在一家外国银行或信贷机构购买的债券总额不得超过外汇账户上国家福利基金总额的25%。

四 几点看法

1. 俄财政部已经完成石油稳定基金转型的任务

多年来，石油价格已成为政府制定财政预算和社会经济发展规划的主要依据。从长期看，为保证预算的稳定和使经济增长摆脱对能源的依赖，要改革预算制度，研究新的预算形成模式，其核心为预算形成的基础不再依靠油气价格，同时确定每年油气收入划拨转移的最高额度，使国家所有的能源收入纳入新的油气基金，然后返还部分资金用以弥补预算。此次拆分稳定基金是预算改革的一部分，从预算改革的角度看，俄已完成石油稳定基金转型的任务。

2. 短期内俄主权财富基金仍将奉行保守的投资战略

稳定基金建立四年来一直奉行稳健保守的投资战略，投资品种设计按照风险从低到高顺序逐步扩展，主要投资对象是有固定收益的低风险资产，特别是投资于那些获得“AAA”评级的外国国债，这种设计使俄在2007年开始的国际金融动荡中免受冲击。目前新出台的基金管理程序并未提出新的管理模式和手段。尽管已提出向包括股票和其他风险性资产投资的目标，但从基金拆分比例和投资组合比例看，仍属于保守的投资战略，这表明在国际金融动荡的大背景下，俄并不急于向那些回报较高的高风险资产投资，目前只是提出多元投资战略的初步设想。俄基金主管官员认为，“目前的市场震荡也给我们上了一课，那就是我们必须在投资股票之前充分做好准备”。

3. 随着国家福利基金规模扩大其投资逐利的需求会逐步上升

此次出台的基金管理程序与之前政府官员的相关表态有一定差距，表明政府各部门尚未就基金的管理使用完全协调立场。考虑到对国家福利基金规模并未封顶，随着其规模的不断扩大，投资逐利的需求将会逐步上升，其对风险较高的资产投资只是时间问题。俄政府要求财政部在2008年10月1日前提出国家福利基金投资的基础架构和明确投资战略方案，财长库德林则明确表示“基金投资机制应该从2009年开始”。其具体方案如何仍需进一步关注。

4. 中国成为新时期俄对外投资的参照系

2006年，俄GDP已恢复到经济转轨前的水平，提前实现了普京上任之初提出的到2010年经济翻番的目标，俄已作为能源大国、军事大国、科技大国重返国际舞台。随着其综合国力的不断恢复和增强，俄又相继提出作为资本大国、金融大国参与国际经济一体化的目标。值得关注的是，在这一进程中，中国已成为俄实施“走出去”战略的参照系。俄财政部主管基金的副司长卡扎克维奇坦言，俄建立国家福利基金的初衷受到了中国投资国际金融市场的影响，他认为：“在中国、卡塔尔和迪拜打算购买西方公司的大额股份后，国家财富基金的投资开始活跃起来。拆分后的俄国家福利基金2008年将部分用于更富有风险性的俄发展基础设施项目和国际股票市场投资。”时任俄第一副的总理的梅德韦杰夫在俄工业企业家论坛上也号召俄商界“以中国公司为范例，利用国际金融动荡收购外国公司股权”。可以预见，在新一轮国际投资热中，中俄有可能成为竞争对手。

第六节　俄罗斯的外汇管理制度

为扩大对俄投资吸引力，保证经济领域投资的持续性，减少外汇流失，俄政府与俄联邦中央银行先后颁布了《俄联邦银行业发展计划》《外汇调节与外汇监督法》《打击金融领域非法洗钱活动法》修改议案、《不诚信贷款组织法》等多项法案，在俄金融领域外汇市场的宏观调控方面推行了一系列改革措施，主要表现在以下几个方面。

一　加强对进出口活动的外汇管理

1. 出口收汇

1994 年俄开始对出口商的外汇收入情况进行全面监督和检查。经营外贸业务的商业银行通过互联网将出口商的出口收汇情况传给外汇监控系统的计算机中心，该中心立即与原已储存的相关信息进行核对，检查出口商是否有隐匿外汇收入的行为。为防止资本外流，1998 年金融危机以后，俄对出口贸易的支付方式进行了严格限制：只有在出示 100% 预付款证明或已开立出口商品海关价值全额信用证后，出口商品方可出境。1999 年初，俄央行还规定，出口商必须将出口收入的 50% 通过授权银行在外汇市场上出售，25% 的外汇收入直接交售给中央银行。

2. 进口付汇

1998 年金融危机以后，俄进一步加强了对进口贸易的管理，禁止以商业信贷和预付款的方式将资金汇出境外，只有在得到商品已进入海关监管区的通知后或进口商开立信用证的情况下，银行方可进行支付。1999 年初，俄央行规定，俄进口商在向国外预付进口货款时，必须在负责汇付的银行存上等同于货款的卢布款，待其提交货单证后，方可被退还卢布款。2001 年 1 月，俄开始实施《对进口商支付外汇实行监督的制度》，扩大了对在进口活动中使用外汇的监督范围，不仅可以监督支付外汇的出口合同，而且可以监督以卢布和票据进行结算的各种出口合同，俄政府正在计划将外汇监督扩大到转口业务和临时进口业务。

二　实现卢布自由兑换

自1996年6月1日起，俄罗斯开始承担国际货币基金组织有关义务，实行经常性项目的卢布自由兑换政策，但这并不意味着卢布在国际结算中已成为完全自由兑换货币，俄政府仍将在与资本流动有关的业务方面实行国家外汇调节和监督措施。2006年6月29日，俄罗斯联邦政府通过了外汇调节和外汇监督法的相应修正案，该法案的通过取消了对资本流动的所有限制。2006年7月1日俄宣布，从即日起卢布成为可自由兑换货币。这标志着俄罗斯政府取消了对外汇市场的最后一重管制，外汇市场改革进入了一个新的发展阶段。

三　实行有管理的卢布汇率政策

1998年8月金融危机爆发以后，俄中央银行放弃了“外汇走廊”，实行有管理的自由浮动汇率政策，主要表现在两个方面：一方面，俄央行在确定官方汇率时不仅根据市场供求状况，同时还要考虑国家国际收支经常项目差额、国家黄金外汇储备及通货膨胀水平等综合指标，此外还通过采取提高商业银行客户存款的储备率、发行央行债券、调低再贷款利率等措施来稳定卢布汇率；另一方面，虽然俄罗斯已取消专门汇市，所有外汇交易商在早市和午市上均可按普通汇市的规则自由买卖外汇，但俄政府对统一后的外汇交易市场还存在较强的行政干预作用。

四　建立准备金制度

1998年金融危机以后，俄央行规定，俄各银行与在避税区注册的俄罗斯公司进行业务时必须建立准备金，其数额不得少于每项业务额的50%。

五　限制出境携汇额度

由于俄外贸大量顺差、外汇流失严重等原因，俄政府于2003年12月颁布了《外汇调节与外汇监督法》，对自然人携带外汇现金出境做出新的规定："自然人一次携带出境的外汇现金额不超过3000美元以下者，无须填写海关报关单；携汇额在3000～10000美元者，必须填写报关单，不必提供银行携汇出境证明；携汇额高于入境申报金额并超过10000美元者，不允许出境，超出金额可通过银行汇往境外。"

据俄媒体报道，俄政府较从前放宽自然人携汇出境额度，是因为考虑到过低限额会影响"国际倒爷"的生意，从而影响俄低收入者的生活消费等因素。俄政府此举，还将在一定程度上避免了外汇大量流失和外汇储备急速下降。

六　外汇汇款制度

1996年6月，俄央行取消了活期账户和汇款的外汇业务限制，企业可将存款兑换成外汇，并根据进口合同汇往境外，银行收取一定的汇出费用。在俄企业售后所得卢布可以自由兑换成美元，但要交纳0.5%～1%的银行手续费。

第七节　建立莫斯科国际金融中心

一　打造国际金融中心构想

2008年6月，俄总统梅德韦杰夫在圣彼得堡国际经济论坛上提出将莫斯科打造为国际金融中心的设想，同年11月17日俄政府批准《2020年前俄罗斯社会经济长期发展战略构想》，将建设国际金融中心列为优先实施项目。2009年2月5日，俄政府通过由经济发展部会同财政部、金融市场监管局、央行及莫斯科市政府等制定的《莫斯科国际金融中心建设构想和实施计划》，9月俄总理普京批准《2020年前俄金融市场发展战略》，进一步明确将莫斯科建成国际金融中心的目标。时任总统梅德韦杰夫在第41届达沃斯世界经济论坛年会上提出，莫斯科应当成为进行外汇、信贷、银行业务以及有价证券和黄金交易的银行和信贷金融机构的汇集中心。同时，它不仅应当成为俄罗斯的金融中心，还应当成为整个后苏联空间的金融中心，成为中欧和东欧金融市场的催化剂。

俄建立莫斯科国际金融中心的计划预订五年，主要目标（因受国际金融危机冲击计划目标未能依构想按时完成）分为以下几个阶段。

第一阶段（2008～2010年）：发展国内证券市场并推进独联体范围内的区域金融基础设施一体化，使俄成为可提供跨境金融服务的独联体地区国际金融中心。主要任务为：①在俄证券交易所发行独联体国家公司和机构的有价证券；②建立商品交易所，运用衍生金融工具，对石油和石油产品等关键商品开展交易；③为符合要求的所有金融机构开通银行间电子快速支付系统，并建立"环球同业银行金融电信协会"核算平台。

第二阶段（2010～2012年）：提升俄在全球金融市场上的国际竞争力，使其在与上海和孟买国际金融中心的竞争中取得比较优势，莫斯科成为欧亚地区的国际金融中心之一。主要任务为：①至少一家俄证券交易所在IPO（首次公开募股）规模和证券交易量方面进入世界12强之列；②在俄交易所证券交易的国外证券份额不低于10%；③将俄金融领域对GDP的贡献率提高到6%；④确保银行间电子快速支付系统与"环球同业银行金融电信协会"核算平台有效对接。

第三阶段（至2020年）：莫斯科发展成为可比肩伦敦和纽约的国际金融中心，进入世界五大国际金融中心行列。届时俄上市公司市值总额达170万亿卢布，企业债券流通总额达19万亿卢布，股市交易额达240万亿卢布，相当于国内生产总值的146%。

二　俄政府采取的推进举措

1. 成立专门机构组织金融中心建设

2008年10月，俄颁布总统令成立俄总统金融市场发展委员会，该委员会是咨询机构，旨在完善有关俄联邦金融市场的国家政策。同时，成立跨部门的建设国际金融中心政府委员会，主要是协调各部门间行动并落实相关工作。2010年7月，俄总统签署命令，在总统金融市场发展委员会框架内成立莫斯科国际金融中心工作组，任命前总统办公厅主任沃洛申为工作组负责人，俄第一副总理舒瓦洛夫负责指导工作组并协调政府行动。

2010 年 12 月 29 日，梅德韦杰夫签署命令，成立总统国际顾问委员会，致力于将莫斯科打造成“国际金融中心”。这份命令显示，由俄罗斯政府总理普京任主席的该委员会，一共有 27 名成员，其中仅有八名为俄罗斯国内人士，其余 19 名皆为外籍人士。在这 19 名外籍人士中，有八位是全球最著名的金融投资家，他们分别是：高盛 CEO 劳埃德·布兰克费恩，摩根大通 CEO 詹姆斯·迪蒙，黑石集团 CEO 史蒂芬·施瓦茨曼，花旗集团 CEO 维克拉姆·潘迪特，美国银行 CEO 布莱恩·莫伊尼汉，德意志银行 CEO 约瑟夫·阿克曼，摩根士丹利董事长约翰·麦克，瑞士信贷副董事长乌尔斯·罗诺，除金融投资家外，还有毕马威、普华永道和安永的董事长蒂莫西·弗林 、丹尼斯·纳利和詹姆斯·特利，此外，法国兴业银行、意大利联合信贷银行和野村控股等企业代表也参与了该委员会。委员会每年开会一两次，讨论有关国际金融中心建设的战略问题。

2. 积极制定和完善各种法律和法规，为金融中心提供法律保障

目前，俄政府正在修订证券交易所法、机构交易法、清算活动法、反内幕交易法等，同时对有关衍生金融工具和税收调节法、股票抵押贷款法、有价证券集中核算法、公司法现代化等进行补充修订。

3. 采取措施拓展金融业务

为吸引更多参与者进入俄金融市场，俄正采取措施简化金融机构发行有价证券的程序，降低发行费用，拓展居民、机构投资有价证券的渠道，允许外国资本到俄流通和买卖，允许外国投资者在俄从事有组织交易，同时为俄国内合法投资者在国外投资提供便利。2011 年 1 月，时任俄总统梅德韦杰夫在达沃斯论坛上宣布，俄自 2011 年 1 月 1 日起，对长期投资免征出售有价证券所得税，并希望从 2011 年开始外国公司能在俄卢布市场上进行借贷和融资。

4. 推进莫斯科城市建设做好国际金融中心基础配套工作

根据联邦政府建设莫斯科国际金融中心的规划，莫斯科市政府在 2009 年 5 月 19 日批准了《有关将莫斯科市发展成国家和国际金融服务中心的构想》，旨在通过发展城市的基础设施来完善城市软硬件环境。莫斯科市市长索比亚宁

称，莫斯科打造国际金融中心的优先方向为改造交通基础设施，推广世界管理标准，将行政壁垒降至最低，发展教育、科学和医疗。仅改造交通基础设施一项莫斯科市预算每年将花费 70 亿美元。

三　俄政府主要考虑

1. 吸引投资是俄国际金融中心发展战略的直接目标

当前，俄经济发展和实施现代化战略亟须大量资金，但俄投资环境差令投资者望而却步。俄欲借建设国际金融中心来改善投资环境，并拓展引资渠道。2007 年，俄靠发行有价证券吸引了 8500 多亿卢布的资金投入生产，占整个投资额的 13%。建立国际金融中心将进一步推动俄经济的资本化，增加俄公司使用国际金融资源的机会，使更多的俄公司在莫斯科上市吸引外国投资，并把国内存款转化为生产领域的资金。

2. 推动与独联体国家和部分东欧国家的一体化进程

目前，俄以关税同盟为核心正积极推动地区一体化进程，国际金融中心是其一体化进程中的重要一环。梅德韦杰夫表示，莫斯科国际金融中心不仅要成为俄金融体系的核心，同时也是发展后苏联空间整个金融市场的催化剂，同时将影响中欧和东欧市场。普京称："考虑到俄罗斯与其他原苏联国家在能源和交通等领域的体制相近，因此扩大卢布结算范围是可行的，这对于俄罗斯及其独联体贸易伙伴国都有利。"① 打造国际金融中心，将有利于推动独联体国家一体化进程，增强俄政治经济影响力。

3. 欲在重建国际金融新秩序中争夺话语权

国际金融危机暴露出与美元挂钩的世界金融体系存在重大缺陷，不利于全球经济的长远发展。出于对当前国际金融和货币体系的不满，以及后金融危机时代的全球布局考虑，俄认为应通过金融中心多元化和储备货币多元化来巩固世界金融体系的稳定性，梅德韦杰夫多次指出全球市场应有一个足以和美元抗衡的超国家货币，他认为全球至少需要六种储备货币，而将莫斯科打造成国际金融中心，有助于强化卢布成为储备货币的地位。俄领导人多次提出，在俄建

① 俄罗斯政府网，2009 年 2 月 5 日普京在俄罗斯政府会议上的讲话。

立国际金融中心不只是一个想法，而是“工作草案”，实现这一草案的目标将极大巩固俄罗斯在国际舞台上的地位，在俄形成良好的宏观经济环境，提高俄国内金融体系在国际市场的竞争力。

四 从国际比较看莫斯科建立国际金融中心的竞争力

要成为国际金融中心，要求具备一系列条件。曾在1998～1999年担任过伦敦金融城市市长的彼得·列文曾指出，一个地方要成为金融中心需要有五个条件，其中包括训练有素的员工、有效的政府监管、周边环境（小型区域经济中心的支持）、开放的金融市场以及历史的沉淀。从一般意义上看，作为国际金融中心，必须具备以下条件。

（1）主权国的货币必须有国际认受性及可自由对换。

（2）资金大量出入必须方便，并不受限制。

（3）相关法制必须健全及有国际认可的独立仲裁渠道。

（4）投资产品够多，及没有太多投资限制。

（5）当地有足够的财经人才，并同时容许外来专业人才到当地工作。

（6）应用国际公认的审计和会计准则。

（7）有高透明度的政策，及一个公平、公开和公正的政府。

（一）莫斯科的主要竞争优势和劣势

从国际比较看，莫斯科的竞争优势主要表现在以下方面。

1. 拥有快速发展的有价证券市场

俄罗斯的五大金融交易所，有三家位于莫斯科，其中包括最大的两家——莫斯科银行间外汇交易所和俄罗斯交易系统。俄罗斯交易平台已有足够多的金融工具，包括股票、债券、欧洲债券、投资基金、期货、期权等。据WFE数据，俄罗斯最大的两大交易所在股票市值和有价证券交易额方面已分别进入世界主要金融交易所前20名和前30名以内。俄两大交易所合并将提高金融市场的可靠性，吸引外国投资者。目前，俄已成为中东欧地区最大的交易市场，但从数量指标考察，还远远落后于亚洲的交易平台，也难与西方交易所竞争（见表6－23）。

表 6-23　金融市场流通中的股票市场容量

国家和地区	市场总额(2008年底、亿美元)	市场总额与GDP之比(%)
俄罗斯	4500	28.0
波兰	2073	48.9
匈牙利	219	14.2
阿拉伯联合酋长国	2247	131.1
泰国	1960	79.8
中国台湾	6450	90.2
菲律宾	856	51.3
印度	6500	53.4
印度尼西亚	1115	21.7
马来西亚	3257	174.5
中国内地	62260	184.2

资料来源：Central Intelligence Agency；World Bank（2009）。

2. 银行业开放度提高

近年来，俄罗斯银行体系快速发展，但国际评价机构对俄罗斯银行体系的评级没有改变，俄罗斯还落后于潜在的竞争对手。在银行业对实体经济贷款方面，俄罗斯甚至落后于发展中国家（见表6-24）。信贷机构资本不足和对国内银行投资的高风险是贷款市场发展的制约因素。

表 6-24　对实体经济贷款额

国家和地区	发放信贷额(2008年底、亿美元)	贷款额与GDP之比(%)
俄罗斯	3672	21.9
波兰	2583	48.9
匈牙利	1143	73.3
阿拉伯联合酋长国	1554	78.2
泰国	2741	100.3
中国台湾	6778	173.2
菲律宾	657	57.6
印度	7693	67.3
印度尼西亚	1662	32.5
马来西亚	2467	111.3
中国内地	55550	128.4

资料来源：Central Intelligence Agency，2009。

从银行业资产占GDP比重指标考察，俄罗斯为67.5%，落后于发达经济体和发展中经济体，英国的指标为500%多。

俄罗斯的银行业开放度较高，外资和外资参与银行的数量不断增加，外资在俄银行总资产和总资本构成中的比重也在提高，2006～2008 年，其数量分别为 65 家、86 家、102 家①，外资银行主要分布在莫斯科市和莫斯科州。专家认为，这是俄罗斯政治稳定、制度环境和金融环境良好的结果。2009～2012 年，外资参股银行数量分别上升至 221 家、226 家、220 家和 230 家，在信贷机构中占比分别为 19.9%、21.4%、21.7% 和 23.5%。②

3. 在国际外汇市场中地位

2007 年，全球前十大外汇交易国在全球外汇交易额中占比 85%，其余 15% 来自发展中市场，俄罗斯在发展中市场外汇流通额中占比 8.3%（见表 6-25）。1998～2007 年，俄国内外汇日均流通额增长了六倍。外汇交易主要在莫斯科银行间外汇交易所进行，该交易所有 500 多家信贷机构。从外汇市场交易额指标考察，俄罗斯已超过许多潜在的竞争对手。俄罗斯在东欧和亚洲的外汇市场中占有稳定的地位。

表 6-25　外汇流通总额及发展中国家在世界外汇市场占比

国家和地区	1998 年		2007 年	
	日均流通额(亿美元)	在世界流通额中占比(%)	日均流通额(亿美元)	在世界流通额中占比(%)
全部	19690	100	39880	100
前十大国家	16640	84.9	33840	85.0
其余国家	3050	15.1	6040	15.0
其中				
俄罗斯	70	0.4	500	1.3
波兰	30	0.2	90	0.2
匈牙利	10	0.1	70	0.2
泰国	30	0.2	60	0.2
中国台湾	50	0.3	150	0.4
菲律宾	10	0.1	20	0.1
印度	20	0.1	340	0.9
印度尼西亚	20	0.1	30	0.1
马来西亚	10	0.1	30	0.1

资料来源：Bank for International Settlements，2007。

① 俄罗斯中央银行网站，2009 年数据。

② 彼特利科娃：《入世条件下俄罗斯银行业发展前景》，2012 年 12 月 29 日，http：//sibac.info/index.php/。

4. 金融领域的税收政策还存在诸多不足

如何执行税收规定对商界仍然是一种负担，主要表现在：税收法律建设落后于金融市场的发展，至今没有有关期货交易的相关税收法律；与对法人纳税相比，对自然人从事有价证券业务收入的纳税程序不明确；对互惠投资基金管理公司纳税的差异阻碍了公民私人投资的发展；税法典中没有关于法人和自然人从事外汇交易的纳税条款；期货交易业务纳税面临交易市场价格确定问题；由于语言障碍外国纳税人缴税不方便等。

5. 反腐陷入僵局

尽管俄当局把改善投资环境作为主要国策之一，但近年来实质改善不大。腐败是阻碍外资进入的最主要障碍。据“透明国际”公布的《2010 年度全球清廉指数报告》，俄廉政指数在 178 个国家和地区中排第 154 位（2009 年第 146 位）。据世界银行公布的最新《全球商业环境评级报告》，俄在 183 个国家和地区中排第 123 位。俄被认为是 20 国集团中腐败最严重的国家，腐败已成为俄罗斯的一种社会文化和生活方式，梅德韦杰夫上任之初倡导的反腐运动也陷入僵局。

（二）莫斯科的综合竞争力评估

自俄罗斯提出建设国际金融中心规划后，有关莫斯科的竞争力就一直成为各界关注的重点，莫斯科市也一直在加快建设国际金融中心的步伐。2009 年 2 月 5 日，俄罗斯政府批准了由经济发展部制定的俄罗斯建立国际金融中心构想。该构想在综合世界银行、国际货币基金组织、经济合作与发展组织、传统基金会、“透明国际”、世界交易所联合会、麦肯锡全球研究所、美国梅肯研究所、世界经济论坛等多家国家金融机构和著名研究机构的数据基础上，对莫斯科的综合竞争力做了评估。在一些重要指标上，莫斯科①与已有的国际金融中心还有较大差距，如在宏观经济发展指数上，在 122 个国家排名中，莫斯科居第 58 位；在全球竞争力指数上，莫斯科在 131 个国家中排名第 51 位；在经济自由化指数上，莫斯科在 157 个国家中排名第 134 位；而在腐败指数上，在 180 个国家中莫斯科排名第 147 位，在政治风险指数上，同样得分也较低，为 23.1（满分为 100）（详见表 6－26）。

① 此处实际是对俄罗斯的评级。

表 6－26　莫斯科在国际金融中心综合竞争力中的排名

指标	伦敦	纽约	香港	新加坡	法兰克福	迪拜	孟买	上海	莫斯科	华沙	阿拉木图
宏观经济发展指数 0～10,122 个国家排位，（Milken Institute，2007）	8.17（13 位）	6.83（40 位）	9.33（3 位）	9.82（2 位）	7.50（26 位）	7.25（32 位）	6.00（60 位）	6.83（40 位）	6.17（58 位）	8.17（12 位）	—
人类发展指数,177 个国家排位，（UNDP 2008）	16 位	12 位	21 位	25 位	22 位	39 位	128 位	81 位	67 位	37 位	73 位
全球竞争力指数,131 个国家排位，（World Economic Forum，2008－2009）	12 位	1 位	11 位	5 位	7 位	31 位	50 位	30 位	51 位	53 位	66 位
经济自由化指数,157 个国家排位,（Heritage Foundation,2008）	10 位	5 位	1 位	2 位	23 位	63 位	115 位	126 位	134 位	83 位	76 位
言论自由指数,0～100（World Bank,2008）	93.8	85.1	64.9	35.1	94.7	23.1	58.7	5.8	20.2	71.6	17.8
政府效率指数,0～100（World Bank,2008）	93.8	91.5	94.3	100	92.4	79.1	57.3	61.1	42.2	67.3	32.7
腐败指数，180 个国家排位，（Transparency International,2008）	16 位	18 位	12 位	4 位	14 位	35 位	85 位	72 位	147 位	58 位	145 位
政治风险指数，0～100（World Bank,2008）	66.3	55.8	86.1	89.9	81.3	72.6	17.8	32.2	23.1	66.8	57.7

资料来源：俄罗斯经济发展部：《俄罗斯建立国际金融中心构想》附件 4 “国际金融中心量化指标比较分析”，2009 年 2 月 5 日，俄经济发展部网站。

2010年3月，伦敦金融城政府委托英国咨询公司Z/Yen集团所做的全球75个金融中心排行榜显示，莫斯科以516分排名第68位，虽然比上一次多了54分，但名次却下降了一位。

以上表明，莫斯科要成为真正的国际金融中心还有很长的路要走，近年来，除整合国内两大证券交易所，加强市场建设，组建专家团队，以国际化视野辅助决策外，俄罗斯还提出了加速创新，推动高科技产业配套发展，更新基础设施，改善投资环境等重要举措。尽管莫斯科目前仍然面临法律监管不健全、行政效率不够高、市场环境不理想等诸多挑战，但俄罗斯已经清醒地认识到，建设国际金融中心是提升国家金融体系水平，加快融入国际市场，推动经济现代化进程的内在需求，也是实现经济创新发展的有效途径。随着这一重要共识的形成，俄罗斯将会进一步加快莫斯科国际金融中心的建设步伐。

第七章　俄罗斯人力资源现状及移民政策

人口与资源、环境、资本投资、经济增长有直接联系，相互影响，相互制约。从投资环境的角度看，人口决定市场的大小、劳动力供给的可保障性、经济增长的可持续性等，是投资者在分析市场、筹划投资布局时必须注意的因素。与此相关的是一国的移民政策。俄罗斯移民政策的变化对中俄贸易和投资均产生重要的影响。

第一节　俄罗斯的人口发展现状及未来趋势

俄罗斯是世界上人口最多的国家之一。截至 2010 年 1 月 1 日，俄罗斯人口为 1.419 亿，俄罗斯又是地广人稀的国家，平均人口密度不到 9 人/平方公里，仅相当于世界人口平均密度（36 人/平方公里）的 1/4。俄罗斯境内主要分布着俄罗斯族、乌克兰族、鞑靼族等 130 多个民族，其中俄罗斯族人口有 11900 万，约占其总人口的 82%。

一　俄罗斯人口发展现状及特点

（一）人口数量日趋减少

苏联时期其人口数量仅次于中国和印度，目前俄罗斯人口仅占世界人口的 5%。2002 年 10 月全俄人口普查结果显示，俄罗斯国民总数约为 1.452 亿人，与 1989 年相比，俄罗斯人口减少了 180 万。根据 1996 年联合国人口委员会的预测，到 2015 年俄人口将减少到 1.38 亿，到 2050 年俄人口将进一步锐减到 1.14 亿。面对这种情况，俄罗斯总统普京在 2000 年发布国情咨文时不无忧虑地说："俄罗斯的人口一年比一年少，连续几年平均每年人口减少 75 万人。"他警告说："如果再这样继续下去的话，我们民族的生存将受到威胁，我们有可能成为一个日渐衰弱的民族。"专家预测，人口的负增长必然导致俄罗斯人口老龄化现象更加严重。不久的将来，劳动力数量的进一步减少，必将使其与资源开发需要之间的矛盾更加激化。

（二）人口的地区分布严重不平衡

俄罗斯地理位置分布差异很大，导致不同的地区人口密度差别很大，其欧洲部分人口稠密，占全部人口的一半以上；而亚洲部分人口稀少，平均每平方公里 3.5 人，其中西伯利亚地区平均每平方公里只有一人，人口最稀少的地区是北冰洋沿岸的寒冷地带，平均每平方公里仅有 0.1 ~ 0.3 人。

（三）城市农村人口分布不平衡

俄罗斯城市化进程已经完成，根据俄 2002 年人口普查的结果，73% 的人口（1.060 亿）集中在城市，27% 的人口（0.3920 亿）在农村。俄罗斯的人口主要分布于中心城市，约 1/5 的全国人口和超过 1/3 的城市人口聚集在莫斯科、圣彼得堡、新西伯利亚、下诺夫哥罗德、叶卡捷琳堡、萨马拉、鄂木斯克、喀山、车里雅宾斯克、顿河罗斯托夫、乌法、伏尔加格勒、彼尔姆这 13 个大城市。2009 年全俄人口超过 100 万的城市有六个，人口在 50 万 ~ 100 万的城市有 24 个，人口在 25 万 ~ 50 万的城市有 39 个，人口在 10 万 ~ 25 万的城市有 92 个。

（四）人口结构畸形发展

主要表现为人口性别比例失调、年龄比例失衡。

1. 人口性别比例失调

对 20 世纪 90 年代前五年死亡人数的统计表明，年龄在 20 ~ 49 岁死亡的男性占绝大多数。现在男性人口在俄总人口中的比重已不到 47%，而且还有进一步缩小的趋势。2002 年俄罗斯农村人口的平均寿命为 63.4 岁，其中男性的平均寿命为 57.1 岁，女性为 71.3 岁；城市人口平均寿命为 65.3 岁，其中男性为 59 岁，女性为 72.3 岁。两者相差近 12 岁。而在绝大多数发达国家同样的差距一般为两三岁。

2. 人口年龄比例失调，劳动力人口老化

截至2010年，俄罗斯人平均寿命男子为61.83岁，女子为74.16岁。

在两次人口普查期间，高于劳动力年龄的人口数量增加了260万，增长9.5%。同时，少年儿童数量减少970万，下降27%；特别是10岁以下年龄组人口数量急剧下降，减少43%。由于20世纪80年代前半期出生的年轻一代已进入劳动力年龄段，加之外来移民的增长，2002年俄罗斯适龄劳动力人口比1989年增加了530万，增长6%。同时，这个年龄组内部年龄结构也发生了变化，2002年超过35岁的占适龄劳动力人口的50.5%，而1989年这个比重为45.7%。这意味着适龄劳动力人口开始老化。

二　俄罗斯人口因素对经济发展的影响

（一）人口对经济发展具有重要作用

人口与经济发展是一对相互依存、相互制约、相互渗透、相互作用的关系。人口与经济因素都在不断地运动和变化着。这种运动和变化是在两者之间相互作用中实现的。人口特别是劳动力人口是全部社会生产行为的主体，是经济运动的出发和归宿。从这个意义上讲，没有一定的最低限度的人口，就不可能有任何经济的、物质的生活，就没有人类社会分工的发展，也不会有社会经济制度的发展及其运动。

1. 人口对生产的影响

人口对生产的影响主要通过劳动力对物质资料生产的影响实现。而劳动力的源泉是人口，是具有一定数量密度素质结构的人口，可供支配的劳动力数量是由人口自然增长提供的。人口的数量素质和结构在一定的生产条件下对提高劳动生产率有极为重要的作用。

2. 人口对分配的影响

人口对社会分配的影响，主要表现为人口对国民收入分配的影响。国民收入是一个国家的物质生产部门的劳动者在一定时期（通常是一年）里创造的价值总和。从事物质资料生产的劳动者是国民收入生产的必要前提。国民收入的分配，分为积累基金和消费基金。积累基金是资本积累与投资的源泉，消费基金则是人民赖以维持与改善生活的源泉。若在国民收入一定的前提下，人口因素发生变动就会影响积累资金与消费资金的比例。

3. 人口对交换的影响

人口的数量、素质、构成、分布等方面的变动，直接或间接地影响产品交换、商品流通量、商品需求结构和商业网点的设置。人口是社会交换行为的主体，如果离开人口，社会的交换关系就无从实现。

4. 人口对消费的影响

人口对消费的影响包括对消费需求、社会消费总量和消费水平的影响。要精确计算一个社会的消费需求总量，不能离开其人口的数量、素质、结构、分布等数据。没有人口这个消费行为的主体，社会的消费关系也就无从实现。

（二）加剧区域经济发展不平衡

俄罗斯人口平均密度为每平方公里 8.5 人，其中欧洲部分人口密度为每平方公里 27 人，居住在这里的人口占全俄人口的一半以上。位于西部的中央联邦区人口密度最大，首都莫斯科的人口密度高达每平方公里 9000 人。亚洲部分为每平方公里两人。西伯利亚地区平均每平方公里不足 1.1 人。这种人口的地区分布严重不平衡，必然会加剧区域经济发展的不平衡。因为作为社会生产力的主要部分的有劳动能力的人口，多集中于经济开发程度较高的地区。这样会使经济原本发达的地区的经济变得更发达，而经济落后地区的经济则更加落后。目前，在占俄罗斯国土面积 2/3 以上的东部地区，居住着不到 3000 万人，远东地区人口形势更加严峻。有预测认为，到 2020 年俄西伯利亚联邦区人口总量将减至不足 1800 万，滨海边疆区有 2/3 的人准备离开，而在远东北部地区近 90% 的居民打算外迁。俄专家预测，到 2016 年远东有劳动能力的人口数量将比 2002 年减少 70 多万，退休年龄段的人口将多于从业人口。

（三）加剧产业结构不协调

人口因素对一个国家的产业结构的影响体现在人口质量和数量两个方面的规定性上，一定数量和质量的适度人口规模是经济增长的必要条件。

俄罗斯经济是在苏联经济的基础上发展的，苏联经济的最大弊端是产业结构不合理。苏联经济的产业结构特点是重工轻农，虽然俄政府在经济改革之后，采取了一些调整措施，但时至今日仍旧收效甚微。伴随着俄罗斯人口危机情势蔓延，将会使这一问题变得更为严重，今后解决起来也势必更加困难。

1. 第一产业比重继续下降

俄罗斯城市人口占全国总人口比重大，约为73%，而农村人口占全国总人口比重仅为27%。农村人口的平均密度为每平方公里22人。工业化和城市化进程使得俄农业人口和农村劳动力急剧外流。最近十余年，这种情况更加严重。人口的外流和自然减少使得不足十人的小型农村居民点大量增加。这些小型农村居民点中的大部分已成为“绝种的村庄”（俄政府文件语），那里对年轻人没有任何吸引力。务农人数越来越少，自然也就很难形成规模经济，无法对农业人口产生吸引力，会进一步加剧人口外流，致使第一产业在国民生产总值中所占的比重继续下降。

2. 第二产业比重稳中有降

俄罗斯是一个工业，尤其是重工业十分发达的国家。能源工业是俄罗斯的优势产业，是俄出口和赚取外汇的重要支柱。依靠能源出口，俄罗斯每年赚取了大笔的外汇收入，也保证了国家经济的正常运转。

苏联解体揭开了经济转轨的序幕，随着俄罗斯人口锐减加上老龄化程度加深，第二产业的发展会越来越受制于人口因素，一方面因为市场需求更多地转向第三产业；另一方面是因为进入信息社会后，第二产业的技术更新以更快速度进行，使劳动力淘汰率增高，竞争更加激烈。统计数据显示，俄罗斯第二产业占国民生产总值的比重从1990年的48%下降到2000年的38%。受人口以及其他各种因素的制约，这一趋势会继续持续下去。

3. 第三产业比重逐步上升

苏联解体之初俄罗斯从事工业和建筑行业的人数占全国从业总人口的40%，农业人员占20%，交通和通信业人员占9%，商业和社会饮食服务业人员占9%，非生产性行业如医疗卫生和教育部门人员占20%。可见多数人口仍从事传统的生产性行业。近年来情况有了明显的变化，其中最主要的表现为从事第三产业即非生产性行为包括食品供应、社会服务、文化服务、儿童设施、医疗服务、商业服务等行业的人口逐年增多。随着俄人口老龄化程度的进一步加重，会进一步加快第三产业的发展。大量增加的老年人作为新的社会群体，将促进老年产业的发展，重点是带动第三产业的大发展。老年人的生理和心理特点决定了他们更多地需求第三产业的各种劳务，而不是第一、第二产业提供的一般消费品。

（四）移民经济将继续存在

为了缓解劳力不足的问题，俄罗斯自苏联解体后就开始吸收外国移民。自从20世纪90年代以来，大约有700万外国人移居俄罗斯。这些移民为俄罗斯经济带来新的活力，形成了一种特殊的移民经济。外来移民对俄罗斯经济和社会的发展都起到重要的补充作用。尤其是经济转轨后，俄罗斯经济衰退，导致人口锐减，致使劳动力资源出现严重缺口，正是由于移民的存在，在一定程度上缓解了人口危机带给经济的不良影响，使俄罗斯的一些经济产业，如商业、建筑业、交通运输业和农业得以顺利运营。随着劳动力资源匮乏问题更加严重，俄政府要想将人口问题带给俄经济的损失降低到最小化，必将要引进大量劳动力资源。据专家分析，如果俄罗斯年经济增长率要达到7%～8%的目标，西伯利亚东部和远东地区需要增加1500万劳动力人口。人口问题是一个长远性和战略性的问题，不是短期之内能够解决的。因此，笔者认为，在今后几十年之内，俄罗斯的移民政策会持续下去，而且俄罗斯政府会不断地完善移民法规。

第二节　俄罗斯移民政策的变化

一　移民管理机构及相关规制

1. 管理机构

俄罗斯负责管理移民群体的机构为隶属于俄罗斯内务部的联邦移民局。该局的主要职能包括：为俄罗斯公民办理和发放能证明其公民身份的证件；为俄罗斯公民进行居住登记以及监督公职人员正确地为当地居民进行登记；为外国公民和无国籍人士办理和发放进入、停留及短期居住在俄罗斯的证件；对外国公民和无国籍人士在俄罗斯停留和临时居住时遵守法律规范的状况进行监督；对俄罗斯境内的外国公民和无国籍人士进行注册；与其他国家机关合作，制止非法移民并制定相应政策；执行国家在难民问题上制定的法规；参与为外国公民或无国籍人士提供政治避难的工作；对外来劳工移民、招收外国劳工及俄罗斯公民工作安置等工作进行检查和监督；管理俄罗斯移民局地方分局、驻外机构以及其他相关的组织和机构等。此外，俄罗斯卫生和社会发展部下属的联邦劳动就业局也是移民管理的重要机构，在各联邦主体设有联邦移民局的垂直分支机构。

2. 移民管理法规及政策

从法律层面看，俄罗斯政府设立的移民政策委员会和跨部门工作组负责制定与移民有关的法律条文。俄罗斯的移民法律基础主要由1991年出台的《俄罗斯联邦人口就业法》、1993年出台的《难民法》和《被迫移民法》以及1995年出台的《出入境程序法》组成。而针对移民管理的专门性法规《俄罗斯联邦外国公民法律地位法》于2002年首次颁布，并于2006年进行了修订。该法旨在明确外国公民和无国籍人士的法律地位，调节其在俄生活、居住、劳动、经营及其他活动中与俄国家权力机关、地方自治机关和公职人员之间的法律关系。

2006年，俄罗斯政府开始对移民管理法规进行进一步完善和修订，《俄罗斯联邦外国公民和无国籍人士移民登记法》、新版《俄罗斯联邦外国公民法律地位法》和《俄罗斯联邦禁止外国人在售货摊位和市场从事零售工作的政府令》《关于2007年俄罗斯联邦境内从事零售贸易经营主体内部使用外国劳务人员的许可比例》《俄罗斯联邦零售贸易和劳动法典修改意见》《关于向外国公民发放临时性劳动许可证的管理办法》以及《关于2007年向外国公民发放劳务许可邀请配额指标》等法律法规的出台，成为新一轮调控外国劳务人员和打击非法移民的起点。上述法规旨在规范对俄罗斯境内外国公民的管理，同时规定对引进外国劳工实行配额制，每年由联邦政府制订配额计划，审批各地引进外国劳工的额度，并严格限制外来劳工所从事的行业岗位，从而保证本国公民的就业机会。

二　苏联解体后俄罗斯联邦移民政策的沿革

20世纪90年代是俄联邦社会发生剧烈变动的时期，伴随着国家政治、经济制度的转型，其出入境制度也实行了调整，形成了俄联邦与独联体其他成员国人员往来相对自由、便捷的环境。这一时期，无数俄罗斯人走出国门寻找新的安身之地，又有成千上万的境外俄罗斯族人（包括俄侨，后同）由于各种原因回到俄联邦。1992年6月，俄联邦成立联邦移民署，次年出台第一批移民法令，其内容、宗旨与当时出入俄联邦国境相对自由的状况相吻合。俄联邦政府愿意接纳境外俄罗斯族人和来自其他国家的移民，但因财政困难，一般不向归国人员提供资金和物质帮助。同时，俄联邦的优秀人才大量外流，包括部分已经回俄联邦定居的境外俄罗斯族人再度出国，使俄联邦难以保持国内人口的稳定（更不用说增长了）。由此产生的消极后果还有以下几点。

（1）从独联体其他成员国赴俄的劳动移民中有许多人非法滞留。独联体其他成员国的公民借助出入境便利的条件，在俄联邦打工或从事商业活动，许多人滞留不归，在俄联邦境内形成了庞大的非法移民群体。

（2）犯罪性经营活动获得赖以生存的土壤。独联体各成员国之间毒品交易和其他违禁物品交易泛滥，犯罪活动猖獗，走私盛行，“灰色经济”膨胀与国际犯罪网络扩大等，使俄联邦国内安全形势愈益严峻。

（3）助长了行贿、受贿风气和官员腐败。移民管理成为内外勾结、官商勾结和警匪勾结的重要环节，导致百姓受害、财富流失和国家内忧外患加剧，使俄联邦境内恐怖主义、民族分离主义和宗教极端主义势力急剧膨胀，国家一度处于再次解体的边缘。

2001 年发生于美国的“9・11”事件给俄联邦敲响了警钟，促使俄联邦在加强国家安全的总体目标下重新思考其移民政策。2002 年 6 月，俄联邦杜马（即议会下院）通过和颁布了《外国公民在俄联邦的法律地位法》，该法的内容包括：严格控制外国公民在俄联邦逗留的时间，将来自“互免签证”国家的劳动移民在俄联邦就业的领域压缩到最小范围，等等。移民事务亦由移民署移交内务部管理，并制定了限制外来移民的各种措施，对破坏规定者实施严厉制裁。

外来劳动移民在俄联邦获得就业许可的繁杂程序和有限的行业选择，迫使来自独联体其他成员国的劳动移民寻找非正常的就业渠道。地下中介应运而生，为在俄联邦非法逗留者提供从临时居住、工作注册到办理医疗证等的“一条龙”服务，使俄联邦政府对外来劳动移民的管理失控、统计失实，非法移民数量不减反增。一方面是俄联邦有关部门运用强力手段推行有选择地接受外来移民的政策，合法移民数量增加有限；另一方面是俄联邦经济对外部劳动力资源的依赖程度愈趋严重，同时有关部门未能对外来劳动移民实施有效管理，非法移民数量呈扩大趋势。显然，在移民领域社会需求、社会排外倾向和低效管理三者共存的情况下，限制移民的政策只会给俄联邦社会、政治安全和经济安全带来一系列负面影响。

不过，俄联邦移民署的统计数据表明，外来移民数量仍呈逐年增加的趋势：2003 年为 38 万人，2004 年为 46 万人，2005 年为 70.2 万人，2006 年则超过 115 万人。这些移民来自 120 个国家，来自独联体其他成员国的和非独联体国家的移民数量大致相等，其中，有近 90% 的人是男性，大部分人的年龄在 18～39 岁之间。[①] 这大致反映了俄联邦在这些年吸纳移民的一些基本特点：第一，俄联邦国内政治和经济状况好转，进一步增加了其对境外人员的吸引力；第二，俄联邦外来移民的来源广泛，但其中来自独联体其他 11 个国家的移民数量最多（占 50%）；第三，来自独联体其他成员国的移民数量呈持续扩大趋势，而来自非独联体国家的移民数量相对减少；第四，俄联邦大量吸纳独联体国家的劳动移民，使向俄联邦输出劳力成为这些国家平衡自身经济、保证财政收入的重要手段之一（详见图 7－1）。

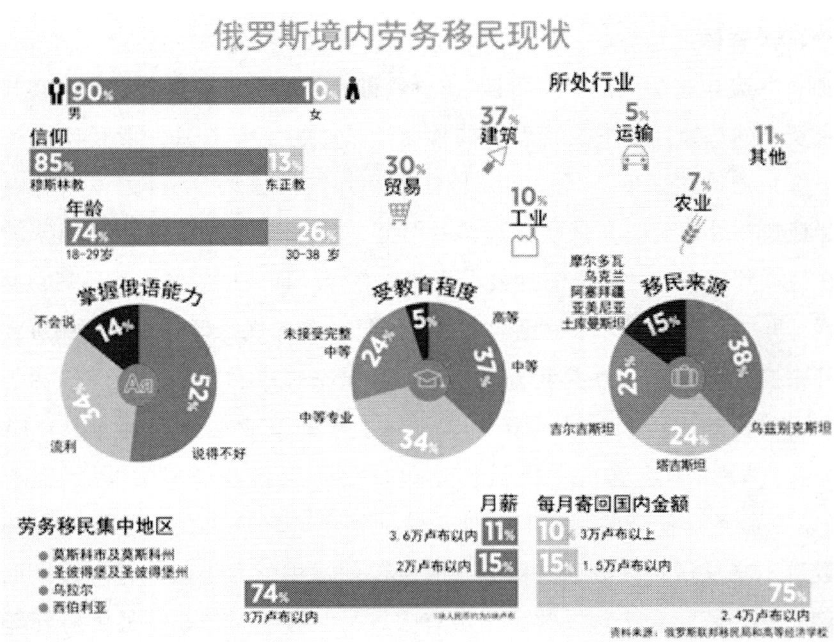

图 7－1　俄罗斯境内劳务移民现状

① С. Ряэанцев, Родственники и соседи, http: //www. ng. ru, 27. 02. 2007.

2005 年 3 月 17 日，俄联邦总统普京在国家安全委员会会议上要求重新调整移民政策。他说：俄联邦政府时下最重要的任务是促进移民，这不仅是为了补充居民数量，而且是为了能够把可以为俄联邦发展做贡献的人吸收进来。[①] 2006 年 6 月 22 日，普京签发了《关于国外俄罗斯族人自愿移居俄联邦的促进措施令》。俄联邦杜马也连续两次对《外国公民在俄联邦的法律地位法》做了重要修订。总统令旨在用无偿提供或垫付迁移费和安置费等财物帮助，积极鼓励居住在原苏联其他加盟共和国的俄罗斯族人回俄联邦定居。为了配合总统令的实施，俄联邦政府职能部门制定了十多项促进吸收境外俄罗斯族人的具体措施。修订后的《外国公民在俄联邦的法律地位法》则取消了对来自独联体其他成员国（不含土库曼斯坦和格鲁吉亚）的劳动移民从事合法劳动的限制，改善了按免签证程序来俄联邦打工的劳动移民的法律地位，包括：第一，他们入境后可以随时调换被允许从事的其他工作；第二，雇主只要向地方有关部门递交吸收和利用外国劳动力的书面通知，而无须有关部门批准就可以安置这些劳动移民就业。此外，俄联邦还采取对来自独联体其他成员国的非法劳动移民实施付费赎取合法身份的赦免措施，并规划对独联体其他成员国实施劳动移民配额制度。新移民法令的主要目的是促进境外俄罗斯族人回归俄联邦，改善来自独联体其他成员国的劳动移民在俄联邦的地位和保障其合法权益。但这些政策不惠及来自非独联体国家的劳动移民。

三 移民新政实施背景、内容及效果

2006 年下半年以来，俄当局连续出台一系列政策法规，对移民领域、流通领域、进出口领域进行整顿。《俄罗斯联邦外国公民和无国籍人士移民登记法》《俄罗斯联邦外国公民法律地位法》《消费者权益保护法修正案》《关于 2007 年俄罗斯联邦境内从事零售贸易经营主体内部使用外国劳务人员的许可比例》《俄罗斯联邦零售贸易和劳动法典修改意见》《关于向外国公民发放临时性劳动许可证的管理办法》《关于 2007 年向外国公民发放劳务许可邀请定

① Путин В. Вступительное слово на заседании Совета Беэопасности по миграционной политике, http：//www. kremlin，ru，17. 3. 2005.

额指标》等相关法律法令从2007年1月1日和15日起已相继正式生效。随着新法律的生效，2002年版《俄罗斯联邦外国公民法律地位法》《消费者权益保护法》部分条款已自动作废。新法规的出台，对中俄经贸合作将产生影响并带来新的发展契机。

（一）新法规的主要内容

（1）恢复俄罗斯联邦政府确定给按免签程序来俄的外国人发放临时居住许可名额的权力，政府可在国家协助海外俄罗斯同胞志愿迁居俄罗斯计划框架内不考虑名额限制为外国公民及其家庭成员发放临时居住许可，并规定这类公民可在优惠条件下就业。

（2）对免签证入境的外国公民找工作不做限制，但必要时注册机关和联邦政府可以根据移民的职业和专业技能确定配额。

（3）“外国劳工”应理解为在俄罗斯联邦临时停留并根据规定程序开展劳务活动的外国公民或无国籍人士。“在俄罗斯联邦临时停留的外国公民”指持签证或免签赴俄罗斯联邦、获得移民卡，但无居留证或临时居留许可的人士。

（4）对来自独联体国家的公民不实行配额，但根据地区和政府的要求可提出配额。

（5）实施新移民法后，签证过期仍滞留俄罗斯的外国人，将被俄移民管理部门在护照上加盖黑章，而且在一定年限内不能进入俄境内。

（6）2007年需办理签证入境的外国劳务人员引进限额比2006年减少两万多人，降为30.8842万人。

（7）从2007年1月1日起，外国公民将一律被禁止在俄罗斯从事酒类和药品贸易。

从2007年1月15日到4月1日，外国人在售货摊、市场以及商店以外的场所进行零售业的人数应限制在零售业总人数的40%。

从2007年4月1日到12月31日，外国人将被禁止从事零售业。俄全国115个大型露天市场将被关闭。

（8）将严格实行外国劳动力配额制度，不再为外国人发放市场经营许可（售货员劳动大卡）；已经获得劳动大卡的可以经营到其许可证规定的期限结束。

（9）在引进劳动力方面将只允许引进俄经济发展急需的劳动力，指标将主要分配给建筑业、农业生产企业。

（10）外国移民在俄境内被行政处罚两次以上者，移民局将不再发给签证，或拒绝为其办理暂居和长期居住手续。

（11）加大对雇用非法劳务移民的企业主的惩罚力度，每发现一个非法移民摊位，生产管理机构将被处以最高80万卢布的罚款；非法经营的外国人，将被处以2000～5000卢布的罚款并被驱逐出境；非法打工的外国人，将被处以5000卢布以下的罚款并被驱逐出境；非法雇用外国移民的单位，将被处以最高50万卢布的罚款。

对在俄华商而言，上述法规中最具实质意义的是关于禁止外国人从事零售业的条款。

（二）整顿背景

此次俄政府出重拳综合治理市场并非权宜之计，分析其初衷主要有以下几点。

1. 打击非法移民

俄罗斯是世界移民中心之一。根据世界银行最新数据，俄移民人数相当于其国内人口总数的10%，仅次于美国，排世界第二。据俄内务部和移民局的数据，截至2006年年初，俄国内来自独联体国家的移民共1200万，其中700万为非法移民，其工作主要分布在建筑业、工业、农业、商业等领域。合法与非法劳务移民具有明确的就业部门结构，建筑业中合法移民42%、非法移民39%，工业部门中相应指标为7%和5%，运输业中为5%和6%，商业领域为28%和25%，住房公共服务业中为9%和12%，农业领域为8%和13%。从专业技能水平看，具有熟练专业技能的非法劳务移民不到20%，其余52%为中等技能，27%不具备专业技能。①

20世纪90年代以来，俄人口每年减少80万，面临严重的人口危机。大批移民的流入在相当大程度上弥补了俄居民人口下降造成的劳动力不足，对俄经济发展具有重要的意义。与此同时也对社会治安造成负面影响，近年来俄移民犯罪率远远高于本国居民的犯罪率，非法务工给俄造成的经济损失每年约80亿美元，还有人认为，移民挤占了俄罗斯人的就业岗位。俄联邦移民局则认为，在俄境内不应出现外国人数超过本地人口数的“飞地”。外国人集中居住地的人数不应超

① 俄经济部副部长：《论劳务移民以熟练专家在保证经济发展中的作用》。

过本地人口 17% ~20%，如果超过这一比重将会对本地居民造成生活上的不方便。莫斯科切尔基佐沃市场来自阿塞拜疆的居民过多，已使本地居民开始外迁。这些人并没有融入当地社会，而是按照自己的法律规则生活。类似的情形还发生在远东、滨海边疆区，那里滞留了很多中国人。越南人和土耳其人也有类似情况。这表明，俄上述举措虽不专门针对中国人，但在俄中国人也应是其主要整顿对象之一。

2. 整顿市场秩序

俄罗斯现有的消费市场结构是在最近 15 年间形成的。近年来，尽管政府积极发展现代商业网点，麦德龙、阿尚等现代化连锁超市迅速发展，但零售大市场对保障普通居民生活仍起着重要作用。根据俄国家统计委的最新统计，到 2006 年年初，俄国内共有 5800 家大市场，年交易额一万亿卢布。市场上共约 120 万个摊位，其中 78% 属于个体经营者。目前，这些市场以同时销售食品类（包括农产品）商品和非食品类商品混合型市场为主，约 3500 家，占总量的 60%。市场上只有 1/3 的摊位是在室内，1/3 分布在城镇居民点或在农村居民点，保证农村居民的供应。

大市场主要面向中低收入人群，在保证居民商品供应特别是农产品和轻工业产品的供应方面起着非常重要的作用，居民基本消费中，肉禽的 40%、土豆的 50%、蔬菜的 44%、浆果的 47%、蛋类的 20%、缝纫制品的 63%、内衣的 60%、裘皮制品的 60%、鞋类的 56%、袜类的 45.7%、地毯类制品的 25%、复杂家用电器的 1% 均来自大市场。1995 年，在零售贸易周转额中大市场的占比为 26.6%，2006 年下降到 20%，其中占食品类商品零售额的 15%、占非食品类商品零售额的 23%。[①]

在大市场上从事经营活动的主要是来自独联体和亚洲一些国家的移民。从业已形成的分工格局看，俄食品市场 80% 的卖主来自独联体国家，如阿塞拜疆、塔吉克斯坦等，轻纺和小商品卖主则主要来自中国和其他东亚国家。大市场的现金交易方式导致大量税收流失，随着经济的复苏，整顿市场秩序已经势在必行。从已有

① 俄罗斯经济发展与贸易部部长格列夫在国家杜马作《关于俄罗斯政府采取措施在零售市场组织农产品贸易及其完善该领域的标准化法律基础》的报告，2007 年 1 月 17 日。

的信息看，除了零售业外，俄还将逐步整顿外来劳工较多的建筑业和农业。

3. 打击“灰色清关”

“灰色清关”一直是俄进出口领域的顽症，虽曾多次整治，却一直长盛不衰。通过“灰色清关”进入俄市场的商品每年都在100亿美元以上，而这些商品大部分正是通过大市场零售和批发的。2005年，俄罗斯零售贸易周转额为6.9万亿卢布，54%即3.7万亿卢布为非食品类商品，其中33.7%（1.25万亿卢布）为轻工产品。而轻工业产品中的62.4%又是在地下生产或非法进口的，仅海关关税和增值税损失就达2280亿卢布（86.3亿美元）。[①] “灰色清关”不仅造成了关税和税收流失，同时由于进口商品质量的良莠不齐，对居民健康也带来了一定影响。随着入世谈判进入实质性阶段（现已入世），俄近年来一直在加大对“灰色清关”的打击力度，力图从根本上抑制违规违法行为、规范进出口贸易秩序。

4. 保护扶持弱势产业

从此次整顿的法律政策指向及俄政府高官对新法律的解读看，其目的与政府近年来出台的一系列有关经济发展和结构改革的战略构想目标基本一致。恢复轻工业、大力发展农业是结构改革的重要内容。俄罗斯的轻工业由纺织、制衣和鞋业三大部门组成，按产值划分，分别占48%、30%和22%。在转轨期间轻工业是衰退最严重、生产恢复最慢的部门。除纺织品外，目前俄罗斯内衣、制衣、皮鞋国产品的市场占有率均不足20%，缺口均靠进口和地下生产弥补。俄轻工业发展规划提出到2010年这三个行业国内产品的市场占有率最低要达到50%～55%。俄政府认为，创造文明的消费品市场，保护其免遭“灰色”商品和非法进口商品侵扰是发展民族工业的关键问题。俄工业能源部副部长列乌斯公开指出，在与走私商品和假冒伪劣商品的竞争中，俄罗斯的生产者明显落后。在这种情况下，实施“将假冒伪劣商品和走私商品挤出市场，组织现代化的商品运销网来取代大市场上不透明的，甚至是违法的无组织性贸易”的一系列措施，应该成为国家在轻工业领域的优先政策。俄同时认为，

---

① 俄工业能源部轻工业政策司司长谢尔盖·舒米林：《论纺织品和轻工业品消费市场的形成：现状与前景》，2006年3月31日，俄工业能源部网站。

2005 年以来打击“灰色进口”和地下生产措施的实施已经产生了积极的效果，2006 年，俄轻工业取得了七年来的首次快速增长。

5. 选举策略

近年来，随着俄罗斯经济快速增长和国力的逐步恢复，俄大国心态抬头。而随着 2007～2008 年双选举的临近，社会上民族主义和排外情绪严重，当局需要展示其强硬的一面。有媒体指出，克里姆林宫希望借助于收紧移民政策来获得选民的欢心。

（三）移民新政的特点及影响

新法规实施之后，俄全国许多市场立刻变得十分空旷冷清。俄部分居民生活受到直接影响，受冲击最大的则是包括华商在内的在大市场从事零售贸易的外国劳工。对新法律的影响和成效，俄国内外反应不一。

1. 独联体国家对减少劳动安置配额不满

新劳动移民配额间接地对与俄罗斯一直保持互免签证制度的独联体成员国移民进行调控，在数量上限制这些国家每年赴俄的劳动移民。2007 年，俄罗斯政府公布外国公民在俄务工的移民配额，向与俄不存在免签关系的国家提供劳动移民配额 30.8 万，向与之存在免签关系的国家提供劳动移民配额 600 万。而根据此前法律规定，对除土库曼斯坦和格鲁吉亚之外的独联体成员国公民赴俄实行免签制度，对来自这些国家的劳动移民也不作限制。此次调整一方面引发这些国家内部的就业压力，另一方面也激化了各国在移民问题上的分歧。例如，乌克兰外交部曾于 2007 年 1 月照会俄联邦外交部，要求俄罗斯对新移民政策做出书面解释，并承诺新移民政策不会影响俄乌之间已有协议的有效性。事实上，移民新政遏制了这些国家与俄罗斯之间存在的巨大劳动力资源供需潜力。

按照新法律规定，俄对与之存在免签关系的国家确定了 600 万人的劳动安置配额，这引起乌克兰、塔吉克斯坦、吉尔吉斯斯坦等独联体国家的不满和担忧。乌克兰外交部新闻司司长杰希察当天宣布，他们已向俄罗斯外交部递交照会要求俄罗斯解释新移民规则中关系到乌克兰公民的条款。他指出：“我们希望新移民制度只适用于那些赴俄罗斯务工的公民，但是我们却收到了许多探亲、休假、出差的人士投诉，俄罗斯要求他们完全和劳工移民一样进行登记，而根据 2004 年签署的俄乌协议，两国公民可以不经签证在对方境内居留 90

天。现在任何人都没有废除这一协议。我们正在等待俄罗斯外交部的书面答复。”

塔吉克斯坦劳动和社会保障部部长祖胡罗夫表示，俄罗斯 2007 年分配给塔吉克斯坦的劳工移民数额仅为 60 万人，这远远不够，他希望俄罗斯政府能将配额增加 1/3，达到每年 80 万人的规模。他还说：“据世界银行的报告，在俄务工的塔国公民数量较多，其汇款保障了塔国内生产总值 10% 的收入。”

吉尔吉斯斯坦则担心本国公民在俄罗斯被驱逐出境后可能影响本国国内社会局势的稳定。副议长伊萨别科夫认为，此举可能激化吉国内的社会问题和犯罪局势，其中南部地区居民受影响较大，该地区赴俄务工的公民有 70% 的人已开始回国，地区局势更加动荡。吉移民局局长雷斯库洛娃证实，当局正在积极与俄罗斯政府协商，准备采取一切措施促使吉公民在俄罗斯务工合法化，吉议会准备呼吁俄罗斯国家杜马审议通过两国公民对等地位法，允许吉尔吉斯斯坦劳工拥有双重国籍。

哈萨克内务部官员图克塞托夫也证实，哈劳工已开始陆续离开俄罗斯回国，当局正在“密切关注此事”。

2. 华商去留面临抉择

据统计，截至 2006 年，在俄从事零售生意的外国商人约 100 多万人，其中 90% 以上是中国人，而这部分人中约 10% 没有正式商用签证。在莫斯科的华商 80% 以上集中在大市场。俄整顿零售市场的措施实施后，华商受影响程度不尽相同。一些在俄经营时间较长、积累了一定实力、具有合法身份的商人损失不是很大。这些人心态较为平和，多持观望态度，视俄政策走向决定自己下一步发展。而那些小本经营，特别是替人看摊的个体，来俄时间不长，尚未适应俄市场经营方式、手中还积压大量货物的商人则损失重大，这些人面临着撤摊回家的选择。没有正式商务签证的人成为俄直接打击对象。从 2006 年年底以来，在莫斯科、圣彼得堡、远东各大贸易市场上，经常能见到中国商人打折甩卖、清仓倒库的情景。俄媒体也对此做了跟踪报道。与俄毗邻的黑龙江省因新法规的实施而蒙受巨大损失。一名省政府官员称，黑龙江省 2007 年对俄出口总额有可能减少 15 亿美元。

3. 俄国内对此褒贬不一

一般而言，俄民众支持政府整顿移民领域和流通领域的政策，但对由于整顿给自己生活造成的不便不满，生活受影响最大的是中低收入阶层。一些地方官员特别是远东地区的官员为保证本地区的供应，已在采取相应对策。一些媒体报道，近期内将出现“销售危机”“市场危机”“物价飞涨”等，俄总理、副总理、经贸部长等均表示，政府不允许出现商品脱销，不会毫无依据地关闭市场，也不会容许由此引发的物价波动和上涨。俄经贸部长格列夫甚至作出视情况推迟从 4 月 1 日起外国人不得经营零售业的禁令的表态。

4. 政策不符合当前俄罗斯劳动力短缺的现实情况

一方面，近年来，俄罗斯经济长期依赖原材料出口和以重工业为主导的经济结构依然没有根本转变，产业结构调整势在必行，俄罗斯能源工业、电力工业、黑色和有色冶金工业等约占工业总产值的 50%，约占出口总额的 70%，但这些行业不在政府优先引进劳动移民之列。另一方面，“影子经济”和“灰色清关”等问题虽然对俄罗斯贸易发展形成挑战，但造成此种情况的根本原因恰恰是移民政策的烦琐手续使外来劳工和民间贸易商被迫寻找非正常渠道，地下中介机构和部分权力机关的腐败愈演愈烈。在 2009 年俄罗斯工业和贸易部提交政府的报告中称，俄罗斯境内销售的近半商品是以非法途径入境，对国家税收造成约 6500 亿卢布的损失。俄政府希望利用极端的“禁令”手段解决多年来的历史积淀问题，而并未深究其深层次的经济结构性缺陷，具有明显的“理想化”色彩。

5. 俄投资环境和形象受影响

长期以来，俄罗斯对待移民问题的矛盾心理制约着其政策的有效性。俄罗斯时常将移民问题中的负面影响夸大并与国家安全挂钩，其传统文化中保留着的对异族文化的排斥和社会舆论一贯宣扬的排外思想，导致其只能选择性地接受外来移民。同时，富有实用主义色彩的普京政府为了实现具体目标或消除紧迫威胁，常会采取一些较为极端或特别的措施，并忽略由此带来的负面影响，使俄罗斯移民政策的调整具有不确定性特征。例如，2008 年全俄最大的切尔基佐夫斯基露天零售市场被俄罗斯政府以违反卫生和海关进口条例等理由突然强行关闭，大量货物被封存。俄方在整顿过程中没有充分考虑历史既成事实，发生了强行驱赶华商、随意查封货物等事件，其整顿措施对中俄传统民间贸易形成了一定冲击。2010 年 1 月 22 日，俄罗斯国有资产管理局单方面开始对此前查封的货物进行集中销毁，涉及货物总量超过 10 万吨。为此，中国派遣代表团及时与俄方展开交涉，要求妥善解决问题，保护了中国移民的合法权益。虽然俄方在善后问题上采取了补救措施，但俄罗斯的投资环境和部分国家民众对俄的整体印象不可避免地受到影响。

6. “一刀切”政策导致非法中介滋生

受国际金融危机的后续影响，俄罗斯国内就业率持续下降。根据俄罗斯联邦国家统计局公布的数据，截至 2010 年 12 月底，全俄失业率为 7.5%，失业人数达 560 万。由于大规模的资本外逃，占俄罗斯 GDP 7% ~8% 的房地产业呈萎缩趋势，2009 年俄罗斯房地产平均价格下跌超过 40%，建筑领域的失业率从 15% 升至 20%。受此影响，俄罗斯政府采取削减劳动移民配额的手段以保证本国公民就业。2010 年外来劳务配额比 2009 年减少 30%，总数不到 150 万。此种“一刀切”的做法只是在宏观上简单地对配额加以限制，并未对职能部门的执行加以引导和规范，从而滋生大量非法中介服务，使中方合法劳务输出人员的权益无法得到保障。可以看到，虽然移民新政在打击非法劳工、规范市场秩序和移民管理等方面做出了努力，但仍保留了传统思维的痕迹，带有浓重的保守气息，而在具体执行和实施细则上则具有简单化和极端化特点。

四 相关的建议

中国是俄罗斯吸引劳动移民最具潜力的国家之一，中国移民群体也是俄罗斯外国移民的重要组成部分。新时期，中俄移民合作应注意以下几方面问题。

1. 适应俄方新变化

从上述分析看，俄此次政策出台并非权宜之计，是其经济连续快速发展、国力恢复、国际地位提高后的必然选择。整顿市场秩序对于解决俄国内长期积累的非法移民、“灰色清关”、地下生产等问题具有牵一发动全身的重要作用。从长期看，整顿市场秩序是为了建立良好的经营环境和投资环境，对中资企业和中国商人来说是利大于弊，企业要认清这种发展的大趋势，并适应俄国内市场的变化，适时调整自己的发展战略，调整经贸合作模式和经营方式，从俄方的政策调整中捕捉新的发展机遇。

2. 结合两国区域发展战略继续推动政府间合作与共赢

中俄在地缘、资源和人力资源等方面具有互补性优势，2002 年，中国正式提出实施东北老工业基地振兴战略，《东北地区振兴规划》也于2007年得到国务院批复。俄罗斯政府于2002年重新修订了《1996~2005年和2010年前远东及外贝加尔地区经济社会发展联邦专项纲要》，并于2008年开始实施《2013年前俄罗斯远东及外贝加尔地区经济和社会发展联邦专项规划》。中俄两国制定并同步实施区域发展规划，成为两国在移民问题上合作的重要依托。应根据相关发展规划，积极利用国家级发展战略进行互动，加速建立移民问题的合作与沟通机制，实现数据定期交换并加大打击非法移民的政府间合作，促进两地区社会经济发展，增强两国在东北亚区域经济一体化中的地位和世界经济中的竞争力。

3. 中俄进一步深入探讨和发展劳务合作

俄罗斯经济面临日益严重的劳动力不足的问题，近年来普京政府虽然出台一系列措施，但不大可能从根本上解决劳动力短缺的问题。中俄在劳务合作领域具有极强的互补性，但受到多种因素干扰，现在还没有真正开展起来。依靠石油美元，当前俄经济空前繁荣，但如果油价下跌，经济遇到麻烦的话，俄罗斯可能会被迫重新放宽移民政策。劳务合作是服务贸易的重要组成部分，发展服务贸易是中国对外贸易在“十一五”期间的重要任务，也是俄罗斯对外经济发展战略中提出的重要领域，服务贸易的发展将有助于改变中俄经贸的增长模式，提高合作的质量和水平。我国应把握俄整顿市场的契机，谋划与俄在移民和劳务领域的未来合作。

4. 妥善解决在俄华商问题

目前在处理遗留问题时，可与俄方共同协调解决方案和措施。

（1）在结束一种市场经营模式开始另一种新的模式前，要有一过渡期，避免采取“一刀切”。保证平稳过渡，尽量减少中俄双方的共同损失，将双方的损失降到最低点。

（2）依法行事，不随意驱赶华商，保护华商人身安全，考虑历史原因，中俄双方应该共同协商，妥善安排不符合要求的人员回国。

（3）保证已到俄境内的货物安全，不随意查抄华商货物，帮助华商处理好现有的货物。

（4）督促俄方加快正规市场建设，协助华商做好身份认证、市场转型等问题。

5. 努力转变在俄中国移民群体的形象

近年来，中俄两国在政治和经贸领域合作成果明显，中俄战略协作伙伴关系得到深入发 展。同时，成功互办“国家年”和“语言年”使两国在人文领域的交流得到极大提升。但总体来看，两国普通民众对对方文化和思想的了解仍相当有限，少数在俄非法劳工和劣质商品也损害了中国劳动移民的正面形象。应充分利用人文交流合作的机会，加大扶植俄语教学的力度，使两国间的文化推广与宣传机制化、常态化。加大对外宣传力度，展示中国先进文化和科学技术成就，努力改善俄罗斯普通民众和精英阶层对中国移民的负面印象。

6. 提高中方劳务输出人员的知识及技术水平

根据俄目前的移民政策，吸引具有高级专业知识和熟练技术的劳动移民仍是其迫切需求。应把握机遇，利用好中国在建筑和农业领域的劳动力优势，对劳务输出人员在赴俄前进行专业培训，使其掌握初步的语言交流能力，并通过合法渠道和手段办理相关手续。加强政府对劳务输出人员的监管，强化法律意识教育，要求劳务输出人员遵守当地法律法规，合法缴纳各类税费，在合同完成后及时返回国内，避免非法滞留。可考虑由地方政府建立中国劳务输出人员的法律援助机构或聘请当地法务人员，切实维护中方劳务人员合法权益，加强地区间在法律领域的合作。

7. 进一步发展和完善俄罗斯相关行业市场和政策服务的信息收集机制

通过官方或政府间互访等渠道及时获取俄罗斯工程外包和劳务市场需求等信息，及时了解当地有关法律、政策和市场准入条件。由地方政府引导企业进行项目选择，并为其提供担保。充分发挥中国驻外领事机构的作用，为企业、个人和驻外使领馆之间搭建桥梁，通过与当地各行业商会和劳动就业市场建立有效的信息渠道，为中方企业和个人了解俄罗斯工程和劳务市场提供必要的信息和支持。

8. 切实推动中俄民间贸易转型

现阶段中俄经济合作呈现出高度的互补性，但从长期看，这种互补性具有内在的局限性，主要表现为：双边合作内容单一，发展空间有限，合作只能局限在劳动密集型产业，如资源开采和加工业、部分低端制造业和少量高技术领域，合作关系的稳定性差。随着俄罗斯经济结构调整，经济增长方式的改变，将会使中俄之间在经济上的互补性弱化，甚至转为互竞性。中俄都是世界大国，不会满足于处于产业链低端的国际分工格局。从长远看，生产和出口低附加值的劳动密集型产品和资源开采品不符合中俄两国长远的利益。

根据《2020 年前俄罗斯经济社会长期发展战略》中提出的将俄罗斯建设成为宜居型国家、创新型国家、具有全球竞争力的国家和世界主要强国的目标，低端贸易已无法适应俄罗斯社会创新型发展模式，随着其经济结构逐步调整，应将中俄民间贸易模式转型作为中国下一阶段的重要任务，为此应鼓励中小民营企业赴俄投资设厂，加大招募本地员工力度，熟悉并遵守相关法律法规，规范自身经营方式，实现真正的资源互补，使移民合作成为中俄战略协作伙伴关系中的实质性内容。

总体看，人口问题是俄一个长远性和战略性的问题，不是短期之内能够解决的。因此，在今后几十年之内，俄罗斯的移民政策会持续下去，而且俄罗斯政府会不断地完善移民法规。

第三节　俄罗斯有关劳动就业的规定

外资和外国劳动力进入俄罗斯必须遵守当地的法律法规，严格遵守俄劳动法规定。

1. 劳工法的核心内容

2001 年 12 月颁布的《俄罗斯联邦劳动法典》是俄罗斯调节劳动关系的大法。该法典的主要目的是对劳动权利和公民自由确立国家保障、创造良好的劳动条件、保护劳资双方的权利与义务。

该法律的主要任务是为合理调节劳资双方的权利与义务、保护国家利益创造必要的法律条件，对劳动关系以及与其相关的间接关系（劳动的组织与管理、劳动安置、职业培训和进修、监督遵守劳动法和缴纳社会保险情况、解决劳动纠纷）进行法律调节。

2. 签订工作合同

雇佣员工的依据是劳动合同。劳动合同分为定期合同与不定期合同。未规定期限的合同视为不定期合同。试用期一般不超过三个月。对企业负责人、总会计师及其副手试用期不能超过六个月。劳动合同到期时，任何一方均未提出解除合同，则合同自动延长。

3. 解除工作合同

经双方同意，任何时候都可以解除劳动合同。对定期劳动合同，在合同到期之前三天书面通知员工，到时即可解除劳动合同。

员工提出解除劳动合同，应提前两个星期书面通知雇主。在辞职通知到期前，员工有权撤回辞职报告。在辞职报告到期后，员工有权终止工作。

4. 劳工报酬

《俄罗斯联邦劳动法典》中规定员工的劳动报酬受国家保护，国家规定员工最低工资标准。2009 年 1 月 1 日开始实施的最低月工资标准为 4330 卢布。最低工资标准中不包括补助、补贴、奖金和其他奖励。

法定工作时间为：每天工作八小时，一周不超过 40 小时。每周五天工作制，加班加点应有额外工作报酬。员工连续工作第一年满六个月后有权享有 28 天带薪休假。

5. 职工社会保险

见表 7－1 和表 7－2。

表 7－1　俄联邦统一社会税税率

为每一员工的纳税基数为其年初的累计工资额	纳入退休基金的税率	纳入社会保险基金的税率	纳入医疗保险基金的税率		总计税率
			纳入联邦	纳入地区	
10 万卢布以下(含)	28%	4%	0.2%	3.4%	35.6%
10.01 万～30 万卢布(含)	2.8 万卢布＋超过 10 万卢布部分的 15.8%	0.4 万卢布＋超过 10 万卢布部分的 2.2%	0.02 万卢布＋超过 10 万卢布部分的 0.1%	0.34 万卢布＋超过 10 万卢布部分的 1.9%	3.56 万卢布卢布＋超过 10 万卢布部分的 20%
30.01 万卢布～60 万卢布(含)	5.96 万卢布＋超过 30 万卢布部分的 7.9%	0.84 万卢布＋超过 30 万卢布部分的 1.1%	0.04 万卢布＋超过 30 万卢布部分的 0.1%	0.72 万卢布＋超过 30 万卢布部分的 0.9%	7.56 万布＋超过 30 万卢布部分的 10%

续表

为每一员工的纳税基数为其年初的累计工资额	纳入退休基金的税率	纳入社会保险基金的税率	纳入医疗保险基金的税率		总计税率
			纳入联邦	纳入地区	
60 万卢布以上	8.33 万卢布 + 超过 60 万卢布部分的 2%	1.17 万卢布	0.07 万卢布	0.99 万卢布	10.56 万卢布 + 超过 60 万卢布部分的 2%

注：不包括农产品生产单位。

表 7-2 俄罗斯雇主社保责任

保险和社保基金种类	相当于工资额的百分比(%)	支付责任
退休保险	28	雇主全部承担
社会保险	4	雇主全部承担
医疗保险	3.6	雇员全部承担

资料来源：俄罗斯联邦财政部。

6. 外国人在俄罗斯当地工作的规定

根据《俄罗斯联邦外国公民法律地位法》规定，外国公民根据劳资双方签订的劳动合同，在取得俄罗斯工作许可证的情况下，可以在俄从事相关的劳动活动。

在俄罗斯合法居留的外国公民与俄罗斯公民享有平等权利并承担相应义务。

外国公民应根据《俄罗斯出入境法》办理工作签证和到俄罗斯以后的居留手续。

雇主需向俄罗斯移民局提供雇用外国劳工许可证，为每名外国工人办理劳务许可的文件（其中含有俄联邦批准给各地的劳务配额）。俄罗斯移民局将根据每年劳务市场需求情况发放劳动许可证。

第八章　俄罗斯对外经济关系及中俄经贸合作

经济全球化是当代世界经济的重要特征之一，也是世界经济发展的重要趋势。俄罗斯自作为独立国家走上国际舞台后，即把对外开放作为一项基本国策，把更深入地融入国际经济、参与全球经济一体化进程作为重要目标。俄罗斯政府作为宏观调控的主体，必须有明确的战略意识，以此约束国内各经济体的国际经济活动，并对参与本国经济活动的外国经济体实施有效的宏观控制，保障俄罗斯的应有利益。本章将从俄罗斯对外经贸发展态势、发展战略、贸易管理体制、俄罗斯入世、中俄经贸关系等多个角度分析俄罗斯的贸易环境及中俄合作的机遇。

第一节　俄罗斯对外经贸发展概述

对外贸易是俄罗斯经济中的重要部门。长期以来，俄罗斯外贸依存度一直保持在 25% ~40%，外贸增长快于整体经济增长，成为发展的重要动力。1991 ~1999 年经济转轨时期，对外贸易是俄罗斯经济中稳定增长和迅速发展的唯一部门。“在改革最复杂的时刻成为支撑处于危机中的国家经济的基本手段”。21 世纪头十年，由于大宗产品的国际价格不断增长，使俄罗斯出口的价格和实物量保持快速增长态势。但对国际市场行情的高度依赖使俄外贸和经济增长的基础身份脆弱。

一　概况

（一）外贸发展阶段

1992～2011 年，俄罗斯外贸经历两个大的时期：1992～1999 年为经济转轨时期，2000 年至今为经济发展时期。在两个时期，俄分别遭遇两次金融危机（1998 年和 2008 年）。总体看，在转轨时期，俄整体经济大幅下滑，外贸却保持了稳步增长，外贸额年均增长 10%～20%。在经济发展时期，俄罗斯外贸和国际贸易整体形势一样，保持比 GDP 和工业生产更快的速度强劲增长。2000～2007 年，俄 GDP 年均增长 7%，工业产值年均增长 6.1%，出口年均增长 22.2%，进口年均增长 24.4%。需要指出的是，在两次金融危机期间，俄外贸均出现了大幅下降，并各保持一两年的低谷期，这在 2009 年表现得尤为突出。2009 年，俄外贸额为 4952 亿美元，比 2008 年的 7635 亿美元大幅下跌 2683 亿美元，降幅 35.1%，大大高于 GDP7.8% 的降幅。2010 年，由于国际大宗商品价格上涨，俄外贸额重新快速增长（详见表 8－1 和表 8－2）。

表 8－1　1992～2011 年俄罗斯对外贸易统计

单位：亿美元

年份	1992	1993	1994	1995	1996	1997	1998	1999	2000	2001
总额	965	952	1056	1266	1514	1550	1334	1151	1499	1557
出口	536	591	669	799	891	874	739	756	1050	1019
进口	429	361	387	467	623	676	595	395	449	538
顺差	107	230	282	332	268	198	144	361	601	481
年份	2002	2003	2004	2005	2006	2007	2008	2009	2010	2011
总额	1683	2120	2806	3692	4679	5779	7635	4952	6491	8447
出口	1073	1359	1832	2438	3036	3544	4716	3034	4004	5214
进口	610	761	974	1254	1643	2235	2919	1918	2487	3233
顺差	463	598	858	1184	1393	1309	1797	1116	1517	1981

资料来源：根据俄罗斯联邦统计局：《俄罗斯社会经济统计年鉴》《俄罗斯贸易手册》、俄罗斯中央银行统计相应年份数据整理。

表 8-2 2000~2007 年俄罗斯外贸和生产增长率比较

单位：%

年份	2000	2001	2002	2003	2004	2005	2006	2007
GDP	10.0	5.1	4.7	7.3	7.2	6.4	7.4	8.1
工业生产	8.7	2.9	3.1	8.9	8.3	4.0	6.3	6.3
出口	39.0	-0.3	5.3	26.7	34.8	33.1	24.5	16.8
进口	13.5	19.8	14.4	24.8	28.0	28.8	31.0	36.0

资料来源：根据俄罗斯联邦统计局、俄罗斯中央银行数据整理。

（二）外贸规模

经济转轨期间，在经济下滑背景下，俄贸易额增长了 61%，从 1992 年的 965 亿美元增长到 1998 年金融危机爆发前的 1550 亿美元。1999~2008 年，外贸额从 1151 亿美元增长到 7635 亿美元，增长近六倍。2004~2008 年，外贸额共增长了 4829 亿美元，年均增长 1200 亿美元。2011 年，俄外贸额首次破 8000 亿美元，超过 2008 年金融危机前的最高水平（7635 亿美元）。2012 年，由于世界经济复苏脆弱，外部需求疲软，外贸涨幅不大，外贸总额 8372 亿美元，同比仅增长 1.8%，其中出口 5247 亿美元，同比增长 1.6%；进口 3126 亿美元，同比增长 2.2%，实现贸易顺差 2122 亿美元，较 2011 年微增 13 亿美元。①

贸易规模的变化决定了俄罗斯在国际贸易中的地位。根据联合国贸易与发展会议（United Nations Conference on Trade and Development；UNCTAD）的数据，20 世纪 90 年代初，俄在世界出口总额中的占比为 2.5%，1998 年金融危机后下滑至 1.3%，在国际贸易中排名第 18 位。2000 年之后，随着贸易额的快速增长，到 2008 年，俄在国际贸易中的占比上升到 2.9%，2008 年金融危机后，再次下跌至 2.17%。2008~2010 年，俄罗斯在世界出口大国中分别排第 9、12、11 位。②

（三）外贸地区分布及主要贸易伙伴

从俄罗斯的国际政治地理结构看，它是一个横跨欧亚两洲的大国，但从俄罗斯的经济地理结构、人文地理结构和外贸地理结构看，其中心无疑在欧洲。

① Экспорт - импорт России важнейших товаров за январь - декабрь 2012 года, Таможенная статистика РФ, февраль 2013 года.

② И. Г. Калабеков: Российские реформы в цифрах и фактах. Москва, Русаки. 2010.

俄罗斯东部地区面积占国土面积的3/4，人口却只占总人口的11%。俄罗斯的政治、经济、科技、文化、教育中心均在西部，西部的总产值、人均产值和人均收入也远远高于东部。长期以来，东部为西部提供资源，西部为东部提供资金、人才和技术。这种经济地理结构有利于俄罗斯同欧洲和亚太发展贸易。苏联解体后，俄罗斯的外贸从以经互会内部为主转向以外部为主。从1999～2011年的情况看，欧盟、独联体、欧亚经济共同体、亚太经合组织是俄罗斯对外贸易的主要区域贸易组织，四个组织占俄罗斯对外贸易额的90%以上（见表8－3）。其中，欧盟是俄罗斯最大的地区贸易伙伴，2010年之前，欧盟在俄外贸总额中占比一直保持在50%以上。独联体是俄罗斯的利益攸关地区，2006年之前是俄罗斯的第二大地区贸易伙伴，从2006年起，亚太经合组织取代独联体成为俄第二大地区贸易伙伴，其占比保持在20%以上。

表8－3　2007～2011年俄罗斯贸易地区分布情况

单位：%

地区＼年份	2007	2008	2009	2010	2011
所有国别地区	100	100	100	100	100
欧盟	51.3	52.1	50.3	49.0	48.0
独联体	15.0	14.5	14.6	14.6	14.9
欧亚经济共同体	8.7	8.2	8.7	7.8	7.9
亚太经合组织	19.3	20.3	20.7	23.3	23.9
四个组织在外贸额中总占比	94.3	95.1	94.3	94.7	94.7

资料来源：根据俄罗斯联邦海关总署《俄罗斯海关统计》相关年份数据整理。

荷兰、德国和意大利是俄罗斯在欧盟的主要贸易伙伴，这三国占欧盟与俄贸易额的50%左右；中国、美国、日本和韩国是俄罗斯在亚太经合组织的主要贸易伙伴，四国占亚太经合组织与俄贸易额的85%；白俄罗斯、乌克兰和哈萨克斯坦是俄在独联体的主要贸易伙伴，三国占独联体与俄贸易额的85%以上。

俄罗斯与主要贸易伙伴的贸易额在进出口总额中占比平均保持在60%～80%，从2000～2010年进出口占比看，俄罗斯主要贸易伙伴及在双边贸易中占比情况为：中国——在出口中占比最高达5.5%，进口中占比最高达17%；荷兰——13.6%和2.2%；德国——9.0%和13%；意大利——9.9%和4.7%；乌克兰——5.8%和

10.8%；土耳其——5.9%和2.3%；美国——4.5%和7.9%；日本——3.2%和7.0%；法国——3.1%和5.0%；波兰——4.3%和2.8%；韩国——2.6%和4.1%；芬兰——3.4%和3.1%；英国——4.5%和2.9%（见表8－4）。

表8－4　主要贸易伙伴国在在俄罗斯进出口中占比

单位：%

国家	出口					进口					按2010年贸易额排序
	2000年	2005年	2008年	2009年	2010年	2000年	2005年	2008年	2009年	2010年	
全　部	100	100	100	100	100	100	100	100	100	100	
其　中											
中　国	5.1	5.4	4.5	5.5	5.1	2.8	7.4	13.0	13.6	17.0	1
荷　兰	4.2	10.2	12.2	12.1	13.6	2.2	2.0	1.8	2.1	1.9	2
德　国	9.0	8.2	7.1	6.2	6.3	11.5	13.4	12.8	12.7	11.7	3
意大利	7.0	7.9	9.0	8.3	6.9	3.6	4.5	4.1	4.7	4.4	4
乌克兰	4.9	5.1	5.0	4.6	5.8	10.8	7.9	6.1	5.5	6.1	5
白俄罗斯	5.4	4.2	5.0	5.5	4.6	11.0	5.8	4.0	4.0	4.3	6
土耳其	3.0	4.5	5.9	5.4	5.1	1.0	1.8	2.3	1.9	2.1	7
美　国	4.5	2.6	2.9	3.0	3.1	7.9	4.6	5.2	5.5	4.9	8
日　本	2.7	1.5	2.2	2.4	3.2	1.7	5.9	7.0	4.3	4.5	9
法　国	1.8	2.5	2.6	2.9	3.1	3.5	3.7	3.7	5.0	4.4	10
波　兰	4.3	3.6	4.3	4.1	3.8	2.1	2.8	2.6	2.5	2.5	11
韩　国	0.9	1.0	1.7	1.9	2.6	1.1	4.1	1.0	2.9	3.2	12
芬　兰	3.0	3.2	3.4	3.0	3.1	2.8	3.1	2.5	2.4	2.0	13
英　国	4.5	3.4	3.2	3.0	2.9	2.5	2.8	2.9	2.1	2.0	14
其他国家	39.7	36.7	31.0	31.9	30.8	35.5	30.2	28.0	30.7	28.9	

资料来源：俄罗斯联邦统计局：《数字俄罗斯》2011年。

从2010年起，中国成为俄罗斯第一大贸易伙伴。

（四）贸易商品结构

1. 出口结构

俄罗斯商品进出口结构具有明显的低度化特点。尽管俄当局一直在提要改变贸易商品结构，提高出口高附加值和深加工产品的出口比重，但从1995～2010年的统计数据看，俄出口商品结构未向好的方向转变，仍以资源类产品为主，且占比不断提高。能源载体在出口中占比已从1995年的42.5%上升到2010年的68.4%，其中2008年为69.8%。而机器设备和交通工具的出口占比从

10.2%下降到4.9%，2009年、2010年略有回升，维持在5.9%、5.7%的水平（详见图8－1～图8－3和表8－5）。

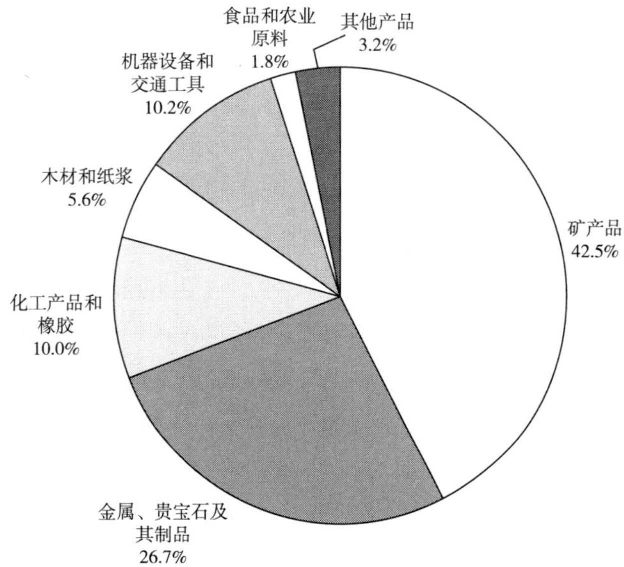

图8－1　俄1995年出口商品结构分布

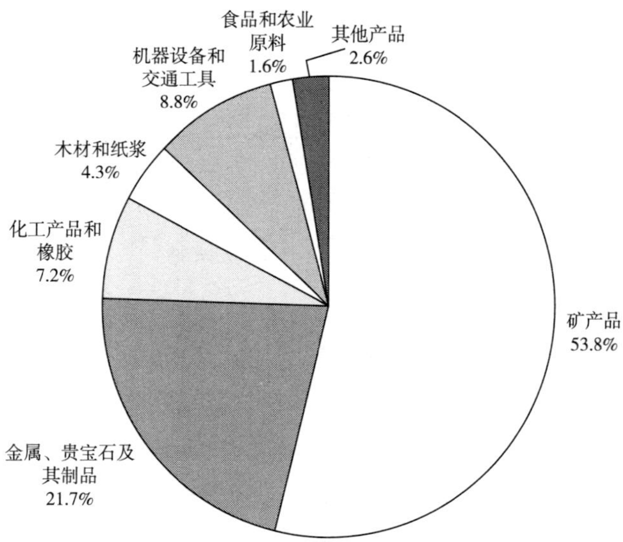

图8－2　俄2000年出口商品结构分布

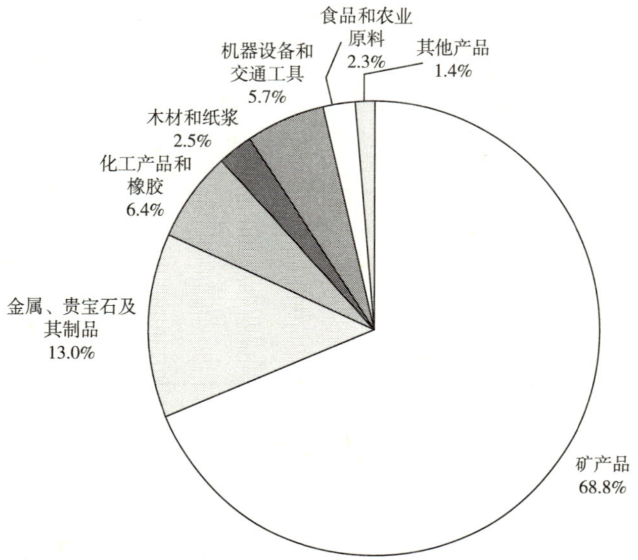

图 8－3　俄 2010 年出口商品结构分布

表 8－5　俄罗斯出口商品结构

（按实际现行价格计算）

商品	1995 年		2000 年		2008 年		2009 年		2010 年	
	亿美元	在总量中占比（%）	亿美元	在总量中占比（%）	亿美元	在总量中占比（%）	亿美元	在总量中占比（%）	亿美元	在总量中占比（%）
出口 － 总计	782. 17	100	1030. 9	100	4675. 8	100	3016. 7	100	3966. 4	100
其中：食品和农业原料(纺织品除外)	13. 78	1. 8	16. 23	1. 6	92. 78	2. 0	99. 67	3. 3	93. 65	2. 3
矿产品	332. 78	42. 5	554. 9	53. 8	3263. 1	69. 8	2034. 1	67. 4	2728. 4	68. 8
化工产品,橡胶	78. 43	10. 0	73. 92	7. 2	302. 34	6. 4	187. 1	6. 2	251. 9	6. 4
原料皮、毛皮及其制品	3. 13	0. 4	2. 70	0. 3	3. 54	0. 1	2. 42	0. 1	3. 07	0. 1
木材和纸浆	43. 63	5. 6	44. 60	4. 3	115. 6	2. 5	84. 36	2. 8	98. 62	2. 5
纺织品、纺织制品和鞋类	11. 54	1. 5	8. 17	0. 8	8. 70	0. 2	7. 16	0. 2	8. 14	0. 2

续表

商品	1995 年		2000 年		2008 年		2009 年		2010 年	
	亿美元	在总量中占比（%）	亿美元	在总量中占比（%）	亿美元	在总量中占比（%）	亿美元	在总量中占比（%）	亿美元	在总量中占比（%）
金属、贵宝石及其制品	209.01	26.7	223.7	21.7	617.5	13.2	385.5	12.8	513.3	13.0
机器设备和交通工具	79.62	10.2	90.71	8.8	227.6	4.9	178.8	5.9	225.8	5.7
其他商品	10.26	1.3	16.03	1.5	44.58	0.9	37.61	1.3	43.53	1.1

资料来源：俄罗斯联邦统计局：《俄罗斯贸易》，2011，第 204 页。

2. 进口结构

从进口结构看，机器设备、食品和农业原料是主要进口商品。由于俄罗斯国内机电产品竞争力低下导致供需结构失衡，已使机电产品和成套设备进口成为解决固定资产更新、结构改造和实现生产现代化的主要渠道。机器设备占比从1995 年的 33.6% 上升到 2008 年的 52.7% （详见图 8－4～图 8～6 和表 8－6）。

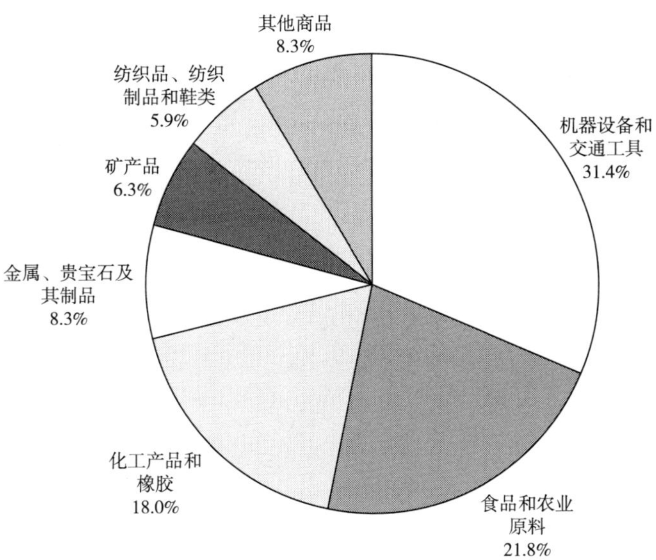

图 8－4　俄 2000 年进口商品结构分布

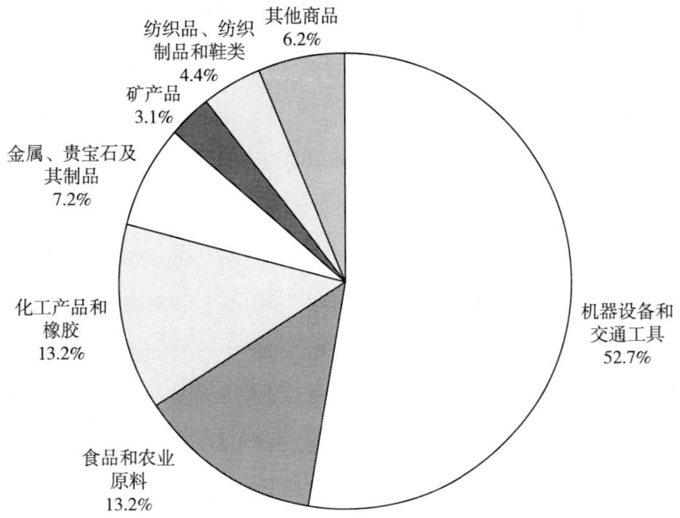

图 8－5　俄 2008 年进口商品结构分布

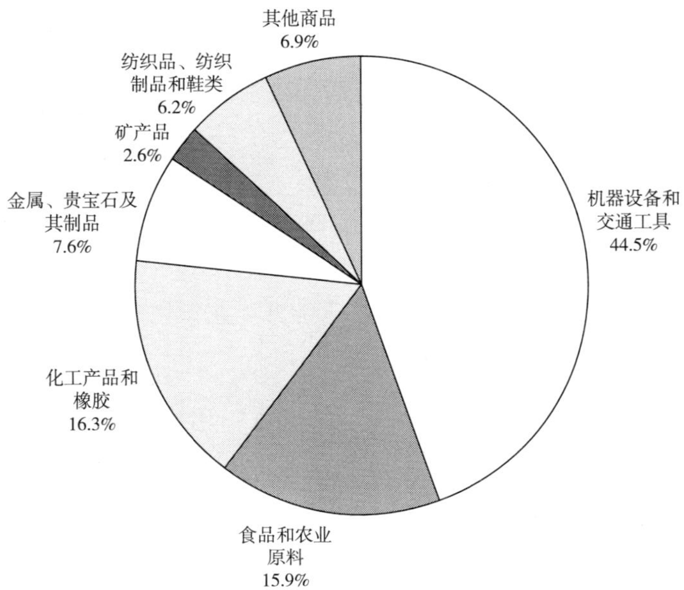

图 8－6　俄 2010 年进口商品结构分布

表 8－6　俄罗斯进口商品结构

（按实际现行价格计算）

商品	1995 年		2000 年		2008 年		2009 年		2010 年	
	亿美元	在总量中占比（%）	亿美元	在总量中占比（%）	亿美元	在总量中占比（%）	亿美元	在总量中占比（%）	亿美元	在总量中占比（%）
进口－总计	467.1	100	338.8	100	2671.0	100	1673.5	100	2290.5	100
其中：食品和农业原料（纺织品除外）	131.5	28.1	73.84	21.8	351.9	13.2	300.2	17.9	364.8	15.9
矿产品	30.01	6.4	21.37	6.3	82.79	3.1	40.79	2.4	59.14	2.6
化工产品和橡胶	50.88	10.9	60.80	18.0	352.1	13.2	278.7	16.7	372.3	16.3
原料皮、毛皮及其制品	1.67	0.3	1.26	0.4	10.38	0.4	7.71	0.5	12.44	0.5
木材和纸浆	11.04	2.4	12.93	3.8	65.04	2.4	51.03	3.0	58.97	2.6
纺织品、纺织制品和鞋类	26.44	5.7	19.91	5.9	116.6	4.4	95.44	5.7	142.2	6.2
金属、贵宝石及其制品	39.56	8.5	28.24	8.3	193.4	7.2	113.30	6.8	175.7	7.6
机器、设备和交通工具	15704	33.6	10649	31.4	140759	52.7	72669	43.4	101823	44.5
其他商品	1893	4.1	1394	4.1	9127	3.4	5964	3.6	8663	3.8

资料来源：俄罗斯联邦统计局《俄罗斯贸易》，2011，第 205 页。

由于大量先进设备和技术的引进，俄能源工业和食品工业的现代化改造大大推进，正逐步实现进口替代。加之 2000 年后，俄罗斯加快农业发展，粮食除满足国内需要外，已开始出口外销，食品及农业原料在进口中占比从 1995 年的 28.1% 下降至 2008 年的 13.2%。

二　俄罗斯对外贸易发展的问题

1. 国际油价高企是俄外贸额快速增长的重要原因

由于能源类产品在俄出口构成中的高占比，俄贸易额的迅速扩大并不完全是出口实物量的增加，国际油价上涨成为出口价值总额扩大的直接因素。2000～

2008 年，俄产乌拉尔牌原油价格从每桶 24.58 元/桶上涨至 95.27 美元/桶（均价），其外贸额从 1518 亿美元扩张到 7635 亿美元。2000～2011 年，俄原油年出口实物量从 1.44 亿吨增加到 2.45 亿吨，增长了 70%。同期内，俄原油出口价值总额从年 252.72 亿美元增加到 1611.47 亿美元，增长了 4.37 倍，其增幅远远高于出口实物量增幅。

从 2000～2010 年的统计看，如果油价下跌，即使原油出口实物量增加，其价值量也呈现下跌态势，即"量增价减"。2011 年油价比 2010 年平均下跌 3.19 美元/桶，当年原油出口实物量增长 13.9%，价值总额却下跌 1.1%。2009 年油价比 2008 年平均下跌 37.8 美元/桶，当年出口实物量增长 1.8%，出口价值总额却大幅下跌 37.6%。在相反的情况下，如果油价大幅上涨，即使出口实物量下跌，出口价值总额也会大幅上涨，即"量减价增"。2005 年油价比上年每桶上涨 15.32 美元，当年出口实物量下降 3%，出口价值总额却增长 41.3%。2008 年油价比上年每桶上涨 28.87 美元，当年出口实物量下降 6%，出口价值总额上涨 32.6%（详见表 8－7）。

表 8－7　2000～2011 年俄罗斯原油出口情况

年份	原油出口		比上年增长(%)		出口价格
	实物量(亿吨)	价值量(亿美元)	实物量	价值量	美元/桶
2000	1.444	252.719	7.0	78.5	24.58
2001	1.645	249.903	13.9	-1.1	21.39
2002	1.895	291.131	15.2	16.5	22.24
2003	2.280	396.790	20.3	36.3	24.88
2004	2.603	590.448	14.2	48.8	31.78
2005	2.525	834.380	-3	41.3	47.10
2006	2.484	1022.829	-1.6	22.6	58.79
2007	2.586	1215.028	4.1	18.8	66.40
2008	2.431	1611.470	-6	32.6	95.27
2009	2.475	1005.932	1.8	-37.6	57.47
2010	2.507	1357.993	1.3	35.0	76.24
2011	2.445	1818.124	-2.5	33.9	107.30

资料来源：根据俄罗斯中央银行外贸统计。

在考察期内，俄罗斯出口的大宗产品多数与石油出口情况相似，这一时期国际行情对俄外贸极为有利，多数年份俄贸易综合指数大于 1（出口价格指数/进口价格指数 = 或 >1），表明俄罗斯贸易条件大大改善，其参与外贸交换获得了明显的净收益。

2. 对国际市场行情的高度依赖使俄罗斯外贸和经济增长基础脆弱

出口换汇在相当大程度上保证了俄 GDP 的增长和国际储备的迅速增加。石油美元增加使俄罗斯有可能组建专门的储备基金，促使卢布坚挺，同时全部偿还了苏联时期的外债。出口企业首先是那些原材料和半成品生产企业得以增加投资，扩大生产，从而提高了企业信贷评级，改善了进入国际资本市场的条件，使其能够从国外获得大笔融资。

尽管有上述积极变化，俄罗斯对外经济形势却远不乐观。近年来，其发展的质量参数持续恶化。外贸保持着“出口原材料和能源换取制成品”的模式，这意味着附加值从经济中隐性出逃，经济发展的原材料出口模式在强化。这种模式潜藏着诸多深层次问题，极易受到外部条件变化的影响。1998 年和 2008 年两次金融危机对俄教训深刻。俄在其 2020 年对外经济发展战略中提出，“在保持这一结构的条件下增加出口将不再是经济增长的源泉，而会成为经济增长的制约因素”，现行的对外经济制度既不能在应有的程度上有效保护国内市场，也不能支持俄罗斯商品在国外的竞争力，亟待进行调整。

第二节　俄罗斯对外经济战略调整的目标、原则和优先方向

2008 年，俄罗斯经济发展部主持制定了 2020 年前对外经济战略。该战略提出，由于世界经济发生的系统性变化和俄经济必须向创新发展道路转型，俄对外经济领域面临全新的形势。新的对外经济战略将以俄联邦至 2020 年社会经济长期发展构想为基础，提出调整的目标、原则和优先发展方向。

一　目标

使俄罗斯在有效参与国际分工和提高全球竞争力基础上实现在全球经济中

占有领先地位。具体为以下几点。

（1）使俄罗斯向生产高技术和高附加值产品及提供智能服务方面转化。

（2）强化俄罗斯在世界市场中作为农产品出口国的地位，降低对农产品和粮食进口的依赖。

（3）通过利用关税政策、国内市场调节、吸引外资、进入世界高附加值生产链来保证俄罗斯制造业的全球竞争力。

（4）在出口方向和产品多元化、参与建设全球能源基础设施和制定全球能源市场游戏规则的基础上实现俄作为能源供应国的领先地位。

（5）实现俄在运输、农业和原材料加工业中的竞争优势。

（6）加强俄在解决全球性问题和建立世界经济新秩序中的作用。

（7）实现对外经贸地理多元化，保证加强俄出口商和投资商在传统市场和开发新市场中的地位。

（8）与一体化核心——欧亚经济联盟建立欧亚经济空间，为俄联邦主体参加边境合作和跨地区合作创造良好条件。

（9）与世界经济中心建立稳定的多元化关系，提高俄罗斯积极发展的长期稳定性。

（10）加强与中国、印度、巴西、墨西哥、南非、埃及、阿拉伯联合酋长国、韩国、土耳其、东盟国家和其他亚太国家、中东及非洲和拉美国家的经贸关系。

（11）提高推动俄罗斯公司和投资者“走出去”的效率，完善对外经济和对外贸易领域的国际合同 - 法律基础，其中包括降低贸易技术壁垒。

二　基本原则

（1）对外经济政策应以国内经济政策导向和优先方向为前提条件。

（2）经济向创新发展道路转型。

（3）积极保证实现对外经济领域的国家利益，包括俄公司对外出口和直接投资时，当俄商人受到歧视或权利受到侵犯时保护其利益。

（4）提高吸引外资条件的透明度，确定明确和可理解的外资进入俄战略性领域的限制。

（5）在实现传统领域（能源、运输和原材料加工）和高技术、知识经济领域比较优势的基础上，保证俄罗斯在全球经济中的专业化。

（6）对外经济关系地理多元化，实现俄出口商和投资商在传统市场和开发新市场中的地位，使其符合长期社会经济发展的优先方向。

（7）利用俄在促进国际发展中的人文、创新和技术潜力参与和解决全球问题。

（8）扩大企业界参与制定和实施对外经济政策。

三　实施对外经济政策的优先方向

1. 保障俄在世界高技术产品和服务市场的优先地位（包括航空制造业、火箭和航天工业及宇航服务、核能、船舶制造、信息和通信技术，未来还有纳米技术）

俄在发展高技术及其生产领域的外经政策的基本任务是：建立扶持高技术产品出口机制，包括促进研发、统一国内和国际标准、许可证和建立售后服务网络，实现高技术现代化计划等；在高技术领域对俄罗斯利益提供合同法律保障，包括进入国外市场和对俄进口技术和高技术产品；扩大向世界市场供应的俄罗斯高技术产品，强化俄罗斯在效应市场的地位，保证对高技术产品和服务的组织－金融支持，在国外建立对所提供产品服务的基础设施；建立跨国生产链，在高技术领域开展生产技术合作，与世界主要公司建立联盟，推动高技术生产转向俄罗斯；使俄罗斯成为国际合作项目的发起人和集成商，通过国际科技合作促进引进缺乏的部件和技术；俄罗斯作为会员加入欧盟2007～2013年科研和技术发展第7框架计划；制定俄罗斯参与的关键性国际项目清单，包括建立大型研究装置；根据俄罗斯的能力和研究成果与其他创新和技术的生产商共同建立灵活的创新部门（包括欧盟、中国、印度和美国的生产商）。

2. 促进出口，实现加工业、农业和服务领域的全球竞争力

推动在俄建立有外资参与的最终产品生产，利用经济和关税制度使高附加值生产本地化；刺激吸引先进的外国技术和外资，实现制造业技术现代化，提高竞争力；利用优惠贸易协定，鼓励俄罗斯公司与外国公司建立合作联系；利

用优惠投资协定，建立与俄罗斯制造业一体化的集成中心；通过强化在农产品和食品市场准入自由化谈判中的地位，使俄罗斯成为世界粮食、植物油、亚麻和其他农业商品市场主要的参与者；强化俄罗斯在原材料深加工市场的地位，使俄成为与原材料采掘、运输和加工有关的商品和服务出口国，其中包括对俄原材料部门的投资；考虑与俄相邻地区的经济需求，发展边境地区的市场设施和其他基础设施。

3. 俄罗斯与全球运输系统一体化，实现俄罗斯经济的过境潜力

通过建立现代化基础设施和发展多联式运输走廊强化俄罗斯的地缘政治地位是对外经济多元化最重要的因素；通过发展运输服务有竞争力的付费政策，建立有竞争力的物流中心，简化货物通关手续，发展口岸，以及通过在制定国际运输规则中保证实现俄罗斯的利益；与有关国家签署建立运输走廊协议来保证俄罗斯在国际运输走廊中的竞争力；形成独联体统一运输空间，建立共同的技术、海关和货物运输配套保证体系；保证俄罗斯运输走廊与周边国家的运输体系相连接；以国际民用航空组织关于空中行动的通信、导航、监测和组织构想为基础，逐步实现俄罗斯与世界航空导航系统一体化。

4. 提高俄罗斯在保证全球能源安全中的作用和加强其在能源市场地位

保证能源出口多元化和保持对能源资源的主权控制；实施旨在出口管线多元化和推广新市场的基础设施大项目，首先是“东西伯利亚 - 太平洋”石油管道和波罗的海石油管道系统 -2，布尔卡斯 - 亚历山德鲁波利斯石油管道、欧洲北部天然气管道、南流天然气管道、里海天然气管道；推动俄罗斯公司进入南亚、东南亚、拉美和非洲有前景的地区的能源配套服务市场和深加工产品市场；最重要的任务是，通过交叉持股方式在国外建立销售俄罗斯能源产品的物流网，包括天然气分配网和成品油零售网，地下储气罐、石油加工厂和加油站网；扩大俄罗斯对石油天然气开采和运输多边项目的参与。

对外能源政策的最重要任务是在欧洲方向——推动建立俄欧一体化的能源综合体，包括通过置换资产的方式。在远东建设石油天然气管道和凝析气厂将加强俄罗斯在世界油气市场的地位。

保证俄罗斯参与全球能源市场规则制定。必须积极推动与石油天然气开采大国的多边和双边合作，协调与发展管道网和保证俄罗斯能源过境运输稳定性

有关的问题。将启动乌拉尔牌原油和成品油交易所，使用卢布在俄罗斯平台进行贸易。

5. 实现欧亚经济空间与俄罗斯中心的一体化

逐步拓展欧亚经济联盟框架内的一体化进程，逐步吸引其他欧亚国家进入这一进程；俄罗斯作为欧亚经济空间的领头羊，具有成为国际经济和金融体系中心的潜力；为此要加强联盟国家的作用，形成俄白哈关税同盟，以及欧亚经济联盟框架内统一经济空间的基本要素，保证独联体自贸区发挥作用；建立统一的运输和能源基础设施；在农业、水资源、环境和对独联体成员国敏感的其他领域组织实施共同计划和项目；有效利用已建立的促进独联体成员国生产合作和相互投资的机制。

6. 在俄罗斯建立国际金融中心，使卢布成为地区储备货币

大大提高俄罗斯金融市场的资本化水平是在俄建立国际金融中心的任务。为此将扩大投资者范围，包括在俄罗斯金融平台交易的外国投资者，而俄罗斯企业也有可能通过发行有价证券吸引大量融资实施自己的项目；实施建立国际金融中心的法律和合同保证，在立法层面强化对进行证券交易或服务组织的要求，明确衍生金融工具的法律概念；建立国际金融中心的金融基础设施，保证俄罗斯品牌走向国外，简化对赴俄进行短期商业活动的外国人的签证制度；将卢布变成地区储备货币；加快欧亚经济共同体国家地区货币和金融一体化是实现这一目标的基础，制定配套措施来保证这些国家金融体系的稳定性；独联体国家间相互贸易的一部分应该使用俄罗斯卢布；必须对利用卢布交易的商业和投资风险建立保险机制。

7. 强化俄罗斯在建立世界经济秩序中的作用

俄罗斯在主要国际机构的任务是积极参与其中，为解决国际问题和对外经济任务创造良好条件；在考虑俄罗斯利益的条件下加入世贸组织和经济合作组织；积极参与亚太经济合作组织的活动，举办符拉迪沃斯托克峰会。

与主要贸易伙伴——欧盟、中国、印度和美国的建设性对话政策将起重要作用，将与东盟开展经济领域的对话；利用其他地区性经济联合体（上合组织、波罗的海国家委员会、黑海经济合作组织等）的潜力，包括参加其中并发挥主导作用，开展与其他类似机构（南锥体国家市场）的合

作，为俄罗斯商人在这些地区的活动创造条件；建立促进国际发展的国家机制。

四　与主要地区和国家的合作方向

1. 与独联体国家

与独联体国家发展双边和多边合作是俄罗斯外经政策的优先方向。俄罗斯与每个独联体国家在平等、互利、尊重和考虑相互利益的基础上建立友好关系，逐步将坚持市场原则作为形成和巩固发展现代一体化形式的客观前提。在俄罗斯参与下，独联体的一体化进程按不同形式发展。最紧密的关系当属与白俄罗斯建立的联盟国家，俄将执行所有的旨在深化经济一体化的合约。

独联体国家经济合作的进一步发展将按照2020年前独联体改革发展战略实施。未来时期，相互关系的优先发展方向为：完善独联体自贸区机制；创建统一经济空间要素：服务、投资、劳动移民的自由流动；建立国际运输走廊；深化能源领域的合作，提高能源供应安全和能源资源使用合理化；在国家创新体系基础上形成跨国创新空间，促进有效利用科学技术研究和发明，而不论其原产国；建立有效的支付－结算关系机制。

欧亚经济共同体是发展最快的一体化联合体。在欧亚经济共同体框架下，俄白哈建立的关税同盟是中期内最重要的一体化发展方向。同时要继续为向统一经济空间过渡创造条件。

双边经济关系是俄罗斯在独联体空间内实现经济贸易利益的最重要手段。俄在独联体内最重要的战略伙伴是白俄罗斯、哈萨克斯坦和乌克兰。通过扩大合作联系、投资合作、相互贸易的多元化来发展俄罗斯与阿塞拜疆、亚美尼亚、摩尔多瓦、吉尔吉斯斯坦、塔吉克斯坦、乌兹别克斯坦和土库曼斯坦之间更深入的相互合作是俄罗斯的战略目标。与格鲁吉亚关系正常化后，与其的经贸关系将通过在能源、电信和运输领域单个项目框架内的合作及发展传统商品的相互贸易来恢复。

2. 与欧盟国家

欧盟国家是俄罗斯最重要的商品服务市场和主要外资来源地，也是俄罗斯企业对外投资的对象国。俄罗斯与欧洲国家对外经济关系中的重要目标是：建立科学、技术、工业、运输和能源方面的战略合作。一方面，在该合作框架内要保证吸引欧洲国家的投资、科技潜力和管理经验用于建立俄罗斯的创新经济；另一方面，俄罗斯与欧洲在相互补充和利用竞争优势的基础上共同参与全球竞争。与欧盟合作的优先方向为：获得欧洲的技术和技能；在研究和开发领域进行合作，保证俄罗斯参与使用发明并获得收入；在能源领域的战略合作；在运输领域，包括共同建立国际运输走廊领域开展合作；消除俄罗斯商品和服务进入欧洲市场的壁垒。

在可预见的未来，发展与欧洲国家的双边经贸合作对俄罗斯具有重要意义，其中传统的最大的伙伴具有特殊的地位。与它们的贸易发展是由内部因素（每个经济增长的速度）和主要进出口商品不变价格为基础的。

从长期看，俄德经贸关系发展由双方在能源领域的合作水平所决定，同时以德国对俄罗斯投资、对俄出口技术和技术设备为基础加强双方的技术合作。

与法国的经贸合作重点为发展高技术领域的大项目（航空、宇航、运输、农工综合体、纳米技术和汽车制造），俄法地区间合作也取得了进一步发展。

意大利是俄罗斯在能源领域及其他领域（包括航空、汽车制造、电信、信息技术、消费品生产）中最重要的伙伴，还将在工业领域生产合作方面发展相互关系。

俄罗斯与英国将发展互利贸易和投资项目，其中包括在金融领域和能源领域。

俄罗斯和芬兰的睦邻关系将有助于进一步发展双边经贸关系，这是由俄罗斯对芬兰出口大量能源和芬兰对俄林业和能源领域、消费市场部门直接投资增长所决定的。

俄罗斯与中东欧国家的关系是在双边关系和投资合作恢复以及俄公司不断扩大对这些国家的投资所决定的。中东欧国家作为俄能源和其他商品对西欧出口的过境国的意义仍保留。

波罗的海国家是俄罗斯特殊的经济利益地区，涉及对外经济秩序的三个问题：保证俄罗斯的过境基础设施不间断发挥作用，国家安全和保护同胞权益。

3. 与亚太国家

与亚太国家经贸合作的目标是使经贸关系和投资合作的水平符合俄罗

斯的利益和经济潜力，实现与快速发展的世界经济中心贸易结构的多元化，与这一地区合作伙伴经济关系实现地域平衡，继续积极参与亚太地区集团化机构，利用双边和多边的地区合作实现西伯利亚和远东地区的经济转型计划。

在战略合作伙伴框架下，经济合作的意义将提高。俄罗斯对华经济政策的目标是，在平衡基础上加强与中国在贸易和投资领域的战略伙伴关系，扩大对华商品服务市场的进入，使俄罗斯与中国的经济实现一体化。

俄罗斯与中国发展对外经济关系将遵循以下优先方向：向中国市场推广俄罗斯的机电产品，重点是在能源、交通机器制造、矿山矿井工业设备供应、民用航空和船舶制造领域；扩大在边境地区发展基础设施、运输和分销网络、农产品生产、自然资源开采及在俄罗斯建立木材深加工和食品工业等领域的投资合作；深化在研发和教育领域的合作；完善在反对“影子经济”和知识产权领域的相互合作。

传统上，印度市场对俄罗斯的非能源类商品和服务，包括高技术产品有需求，这提供了俄罗斯向印度增加现有的出口产品供应、使商品结构多元化的可能。扩大进入印度市场，在协定领域开展共同研发是俄主要的目标。开展俄印合作的优先方向是：扩大双方公司在俄国境内在矿产资源产地勘探和开发中的合作；修建新的能源设施并对印度境内能源设施现代化，扩大在核能领域的合作；深化俄印在建设“南－北”国际运输走廊中的相互合作，在该方向建立联合码头－物流中心，俄罗斯参与建设印度内河水道。在俄印科技合作配套长期规划框架内建立共同中心：技术转让、有色金属、生物医学技术、加速器和激光领域，并联合开发多用途民用飞机。

俄罗斯与日本的合作。在双边合作框架内，在能源保证和节能、机器制造业、纳米－生物技术和日本在世界领先的其他领域的合作符合俄罗斯利益。合作重点是吸引日本对汽车生产、汽车零部件和道路建设机械投资，吸引物流和基础设施大项目中的管理服务。从供应原材料商品（包括碳氢化合物、有色和稀有金属，以及俄产高技术产品）方面看，日本市场具有前景。

韩国未来可以成为对俄罗斯经济大量投资的来源，对俄罗斯市场，首先是西伯利亚远东地区提供现代技术和工艺。同时，韩国也可以从俄罗斯获得大量原材料和半成品。

蒙古和越南的经济基础是在苏联参与下建立的，传统上是以发展与俄罗斯合作为导向，相互合作的优先方向为：对俄罗斯投资的合资企业进行现代化、俄罗斯企业参与开发矿产地、建立运输－物流基础设施，实现核工业领域的项目。

快速发展的亚洲国家（印度尼西亚、马来西亚、泰国等）对俄罗斯的兴趣是基础设施领域内的大项目投资，建立地区能源体系，和平利用太空及核能和捕鱼领域。

4. 与北美国家

美国被认为是俄罗斯经贸关系领域中的特殊伙伴，这是由美国在世界经济和贸易中的领导作用，及其在科技、投资和金融领域的规模和潜力所决定的。无论从出售俄罗斯的产品和服务，还是从获得实体部门的外国资产、开发先进技术和业务技能看，美国对俄罗斯都有巨大的利益。

俄美双边经济合作的发展受到美国歧视性限制（杰克逊－瓦尼克修正案、反倾销措施等）。未来将通过利用政府间的各种经济对话、鼓励双方公司的长期合作关系来消除和降低壁垒。与美国关系的基本任务是加强两国经济的互补性，包括在能源、交通、金融领域，保证获得美国的技术，推动俄罗斯产品、服务和投资进入美国市场。

俄罗斯与加拿大的优先方向是发展能源领域及在选定的工业部门和服务领域的大项目，通过组织北极航道和跨极航线实现两国独特的跨境潜力，这将成为北美和欧洲之间最短的交通环节。

第三节　俄罗斯对外贸易管理体制及政策

一　俄罗斯对外贸易管理体制概述

（一）管理机构

俄罗斯实行由国家主管部门（1992～1998 年 4 月由联邦对外经济关系部、1998 年 4 月政府改组后由联邦工业贸易部、2000 年后由联邦经济发展与贸易部、2008 年后由联邦经济发展部和联邦工业贸易部共同管理）统一管理的对外贸易体制。

经济发展部的主要职能最初包括：研究、制定和实施国家统一的对外经济政策，对俄罗斯联邦的对外经济活动进行国家宏观调控，保障进出口贸易的正常秩序，吸引外国投资。除提出和制定有关对外贸易的政策、法规外，还承担下列各项任务：签发进出口许可证；管理进出口的外汇业务；在对外贸易业务上领导海关；领导商品检验机构，制定出口检验制度；审批有关对外贸易的协定或公约等，此外，还负责经营一些全国性的战略性资源，如燃料、原料、部分机器设备等。

2008 年俄罗斯对与贸易管理有关的政府机关进行了调整。调整后，经济发展与贸易部更名为“俄联邦经济发展部”，其职能发生了较大变化。其中，贸易（内外贸）调节职能移交给新成立的俄联邦工业与贸易部，淡化了微观经济管理职能，强化了其宏观经济规划、预测、调控和经济改革的职能；制订和实施国家土地政策和法律调节、国家渔业政策、水资源和环境保护政策、农副产品的关税和非关税措施等职能移交给农业部；新增加了管辖俄联邦统计局、联邦注册局、联邦测绘署、联邦不动产登记署所管事务的职能。

工业与贸易部的职能包括：内外贸调节；对双边和多边合作提供保证；保证对工业品出口提供国家扶持；对在国外举办国家展览活动提供支持。

除以上两个大部外，还有以下机构参与对外经济管理。

1. 俄罗斯联邦海关总署

俄联邦海关总署接受政府和经济发展部的双重领导。海关最主要的任务是建立和发展国际海关合作以促进对外经济关系的发展，执行俄罗斯政府的对外贸易管理政策，办理关税业务和报关业务等。

2. 俄罗斯联邦政府外贸保护措施及关税政策委员会

该委员会主席由财政部长或经济发展部部长担任，委员会主要负责决定反倾销立案及是否采取措施。

3. 俄罗斯联邦出入境检疫机构

2007 年，俄罗斯对出入境检验检疫机构进行了改革。俄罗斯检验检疫机构包括俄联邦农业部下属的兽医及植物卫生监督局、俄联邦卫生及社会发展部下属的消费者权益及公民平安保护监督局、俄联邦自然资源利用监督局、俄联邦工业与能源部下属的技术控制和计量署。其中，俄联邦兽医及植物卫生监督局主要负责实施和监督动植物卫生检疫措施，并签发兽医、检疫、植物卫生和其他许可（证书）及证明等；消费者权益及公民平安保护监督局主要负责消费者权益和消费市场保护、化学品及生物制品注册和许可证发放等；俄联邦自然资源利用监督局主要负责野生动植物进出口许可证的发放；技术控制和计量署主要负责统一技术规范和标准，实施国家强制性检验以及认证机构的委托认可等。

4. 俄罗斯联邦司法部国家注册局

俄罗斯联邦国家注册局成立于 1994 年 6 月，1998 年 9 月转归俄罗斯联邦司法部管辖，其主要职能包括执行国家关于对经营活动主体、外资企业、外国公司驻俄联邦境内的代表处以及俄境外投资进行统计和注册的政策，办理能源综合体外资企业以及外资额超过十万卢布的企业的国家注册，办理外国公司派驻俄罗斯境内代表处的委派手续和国家综合登记组织制定有关统计注册以及进行国家登记的规范和方法的基础文件等。

5. 政府授权机构

根据《俄罗斯宪法》和《俄罗斯联邦工商会法》成立了俄罗斯联邦工商会，该机构是独立的非政府非商业性组织，在俄罗斯各地设有自己的分支机构。其宗旨是联合各地区工商会，促进俄罗斯经济发展和参与世界经济一体化，促进俄罗斯企业与外国企业之间的经贸和科技关系的发展。该组织拥有并行使仲裁权，下设登记局，负责审批外国公司代表处注册申请书，为外国公司代表处人员进行登记，颁发常驻证办理，延长签证期和居留期手续等。

（二）管理制度

俄罗斯外贸管理制度主要指政府主管部门通过行政手段来管理和协调对外贸易的行政法规和政策。包括货物进出口管理制度、商品进出口检验制度、外汇管理制度、货物技术进出境的海关管理制度、进出口信贷制度、保险制度等。

1. 关税制度

（1）关税。2003 年通过的《海关法典》是俄罗斯关税管理的主要法律依据，俄关税委员会负责关税政策的调整，俄罗斯海关署负责具体实施。

俄罗斯对不同类型国家的产品按不同税率征收进口关税。进口关税设普通税率和优惠税率。根据俄罗斯海关税则，俄海关对来自享受最惠国待遇国家的进口产品按基本税率计征关税，对来自其他国家的进口产品按基本税率的两倍计征，对来自与俄罗斯签有自由贸易协定的独联体国家和最不发达国家的进口产品免征关税，对来自享受普惠制待遇国家的进口产品按基本税率的75%计征关税，中国属此列。

俄罗斯设置从价税、从量税和复合税。俄罗斯从价税税率主要分为0%、5%、10%、15%和20%五档，大约13%的商品被征收从量税或复合税。2008年之前，俄加权平均关税大约为12.9%，其中农产品的加权平均关税约为25%，非农产品的加权平均关税约为10.4%。绝大部分进口货物按从价税计征关税，小部分商品实行从量税和复合税。征收复合税的商品约占俄罗斯海关税目的10%，主要包括肉类及熟食香肠制品、部分鱼类及鱼子和鱼制品、乳制品及黄油和脂制品、部分蔬菜水果、装饰用人造花卉植物、植物油、糖及糖果、各类面食制品及糕点、各种腌制蔬菜、动物饲料、酒类、烟草、塑料制品、壁纸、皮革及皮革制品等。

另外俄罗斯对大宗进口商品实行较重的关税税率，例如农产品及食品、医疗用品、家电、汽车及其用品和酒类产品等。

根据《2007年联邦预算法》，从2007年1月1日起，俄罗斯海关在征税过程中停止使用外币，要求进口商在缴纳关税、预付款和保证金时，必须使用卢布。

为完善进出口商品的申报手续，俄罗斯2007年1月10日颁布了《对2004年第395号命令的修改》，明确了电子报关过程中应注意的问题，要求电子报关单应按照俄海关要求的格式填写所有信息，并附上电子数字签名。

（2）增值税。自1993年2月起，俄罗斯对自非独联体国家进口的产品征收进口环节增值税。进口环节增值税的税基为产品海关申报价格、进口关税和消费税三项之和，税率为20%（部分食品和儿童用品的税率为10%）。从2004年1月1日起，增值税税率从20%降至18%，同时，在俄罗斯境内加工和销售进口商品过程中的新增价值部分也需缴纳增值税。

在出口环节增值税方面，俄罗斯规定向非独联体国家出口的产品免征增值税，而向独联体国家出口的产品征收全额增值税。一般产品增值税税率为20%，部分食品和儿童用品为10%。

2. 进口管理

（1）许可证。俄罗斯对三大类产品实行进口许可管理：第一类包括化学产品和工业废料、密码破译设备；第二类包括武器弹药、核材料、贵金属、宝石、麻醉剂、镇静剂、两用材料和技术、可用于制造武器装备的个别原材料和设备等，此类产品的进口需经特殊程序许可；第三类为其他特殊产品。

根据俄罗斯《进出口产品许可证与配额法》，化学杀虫剂、工业废物、医药原料及制品、麻醉剂、毒药、食品原料、食用酒精、军备武器、核技术、放射性原料等涉及国家安全和国民健康的产品必须向俄有关部门申请进口许可证。

为鼓励和保护国内禽肉生产，俄对猪肉、牛肉和禽肉等产品实施关税配额管理。根据安排，俄罗斯对上述产品实施国别配额管理，欧盟、美国获得了其中80%以上的配额，中国获得的配额数量不到7%。

（2）禁止进口。自1997年5月起，俄罗斯禁止在其境内销售无俄文说明的进口食品；自1998年7月起，禁止在其境内销售无俄文说明的进口商品。1998年12月，俄罗斯颁布《关于对在俄联邦境内销售的商品和产品粘贴防伪标志和统计信息条以及对其流通情况进行统计的程序条例》，规定从1999年7月起，禁止在其境内销售条例所附清单列出的无防伪标志及统计信息条的商品和产品。该条例所附第一批商品清单主要包括酒类制品、音像制品和电脑设备等。对于化学生物制剂、放射性物质、生产废料以及部分初次进口到俄罗斯的产品，尤其是食品，需在进口前进行国家注册；工业、农业和民用建筑等用途的进口产品需进行卫生防疫鉴定。

根据俄罗斯海关署2005年1月发布的《强制认证的进口产品清单》，动植物及其产品、食品、酒精和非酒精饮料、纺织原料及其制品、机器设备和音像器材等部分进口产品必须实行强制性认证。

2007年，俄罗斯经贸部简化了药品等部分进口商品的贸易许可证发放程序，并计划从2008年1月1日起，将贸易许可证改由专门机构发放，俄罗斯经贸部不再负责进口商品的贸易许可证发放工作。

3. 出口管理

（1）配额和许可证管理。2005年6月，俄罗斯颁布了商品外贸许可制度和许可证银行组建管理条例以取代此前的商品劳务进出口许可证条例。新法明确规定了许可制度的实施办法，同时公布了许可证的发放种类和拒绝发放许可证的理由清单。俄罗斯对以下三类产品实行出口配额和许可证管理：

第一类是国际协议规定要求限制数量的产品，如纺织品、个别黑色金属制品、碳化硅等；

第二类是某些特殊产品，包括野生动物、药物原料、密码破译设备、武器及军民两用产品、核材料及其装置、贵金属及宝石、矿物及古生物学的收藏资料、半宝石及其制品、麻醉剂、镇静剂、毒药、有关能源信息等；

第三类是国内有较大需求的产品，如1998年10月俄罗斯政府作出决定，自1998年11月起对未加工皮（牛皮、羊皮及其他皮）和油籽（葵花籽、油菜子、大豆）的出口实行许可证管理（无数量限制），出口配额的分配主要是通过招标和拍卖进行，配额如有剩余，亦可根据出口实绩进行增发，出口许可证由经济发展贸易部驻地方特派员办事处负责发放。

（2）军民两用产品的出口监督。1996年10月，俄罗斯政府发布了《关于对自俄罗斯联邦出口两用产品和技术进行监督的办法条例》，规定出口两用产品和技术需要申领出口许可证。俄罗斯政府将审查产品的出口是否与俄罗斯联邦承担的有关国际义务一致。

（3）出口合同登记制。从1996年10月起，俄罗斯要求对所有金额超过五万美元的进出口合同进行登记。合同登记工作由俄罗斯经济发展贸易部驻地方特派员办事处负责。

（4）统一验证制度。1996年1月起，俄政府开始对出口商品的数量、质量和价格实行统一的强制性验证制度，规定出口商品，特别是重要的战略性原料商品，均要在起运地接受验证机构的检验，验证其数量、品质是否与报关单上填写的内容一致，其价格是否合理。验证完毕后，由验证机构向出口商出具

“验讫证书”，对缺少该证书的出口商品，海关不予放行。自 1996 年 3 月起，这一制度不再具有强制性。目前，由于技术原因，“统一验证制度”尚不能全面实施，实践中只是能够对石油、成品油、天然气、煤、黑色及有色金属、木材、矿肥等部分商品进行验证。

（5）加工贸易出口。近年来，俄罗斯加工贸易发展较快。俄罗斯将来料加工和本地购料加工两种情况均纳入加工贸易管理范围，加工贸易产品出口时可享受一定的税收优惠。

（6）提供贷款担保。根据《2006 年工业品出口担保条例》，俄罗斯对工业品出口商、俄罗斯贷款银行或者提供贷款期限八年以上的外国贷款银行提供担保，以促进出口贸易发展。凡是俄罗斯本土生产且被列入俄国家工业品担保清单的商品出口，都能从俄罗斯财政部获得一定金额的担保。

俄罗斯鼓励工业制成品出口，但对部分原材料及资源型产品实施出口限制，包括征收出口关税。目前，俄罗斯征收高额出口关税的主要包括石油及制品、部分农产品以及原木等。

4. 贸易救济制度

2003 年《关于针对进口商品的特殊保障、反倾销和反补贴措施联邦法》是俄罗斯实施贸易救济措施的主要法律依据，俄罗斯经贸部是贸易救济措施的实施机构。

2007 年 10 月，俄罗斯根据 2003 年《关于针对进口商品的特殊保障、反倾销和反补贴措施联邦法》制定了经贸部启动贸易救济措施调查的行政法规，详细阐述了贸易救济措施调查的实施程序，包括受理调查申请的期限、调查期限、调查官员的职责以及信息披露等方面内容。俄联邦政府对外贸易保护措施和关税政策委员会负责对俄经贸部所作的调查结果和实施建议做出最终决定。

5. 外汇管理

2006 年 7 月，俄罗斯取消了对外汇资本流动的部分限制，包括取消进出口强制收付汇制度、放宽对俄银行外汇交易的管制等，实现了卢布资本项目的可自由兑换，同时取消了对居民开立境外账户的限制及汇款金额的限制。自 2007 年 1 月 1 日起，俄罗斯还取消了外国投资者必须将交易额的部分资金存入专门账户的规定。

2008年俄罗斯修订了外汇干预实施程序，俄央行将根据国内外汇市场行情、国际收支状况和联邦财政政策的执行情况进行定期外汇干预，以保持汇率政策的灵活性，并限制卢布的汇率波动，降低对外汇投机的刺激，逐步从有管理的浮动汇率机制向浮动汇率机制过渡。

二　俄罗斯关税政策中期调整走向

进入21世纪，随着俄罗斯的快速发展，转变经济增长方式已被提上议程。俄经贸部提出，关税政策要适应这一变化，转变其功能，使关税政策成为解决俄罗斯国内任务——使经济转向创新发展道路、实现经济结构多元化和提高经济的全球竞争力——的重要手段。2008年2月21日，俄罗斯经济发展与贸易部向政府提交了《2009年及2010～2011年中期关税政策基本方向草案》，提出了关税政策调整的四大基本原则和七大优先方向。

（一）四大基本原则

（1）保证俄罗斯公司获得先进技术和设备，实现俄经济技术现代化。关税政策应为吸引资本进入生产领域创造条件。应该更积极地利用专门的海关制度，必须实行关税升级原则。

（2）关税政策在形成跨境生产技术合作关系、发展高技术部门专业化合作中的作用在加强。关税政策的侧重点应从外贸调节转向促进在加工部门中建立符合高附加值生产链条所要求的全球管理中心。

（3）加强关税政策在调节国内市场、提高俄竞争水平、强化俄罗斯公司在国内外地位中的作用。

（4）在欧亚经济共同体框架内形成统一的关税政策，并将其作为形成欧亚一体化空间的重要条件。

（二）七大优先方向

1. 通过根据商品的加工程度和商品用途征收多种关税刺激生产转向俄罗斯境内

根据商品加工程度确定多种关税（对材料、原料、配件征收最低关税，对制成品征收最高关税）；对在俄罗斯生产制成品比直接进口制成品提供更富有吸引力的条件，以利于在俄境内组织生产；降低技术设备类商品的进口关税，以促进俄罗斯生产的现代化；促进满足对俄境内不生产或质量不够的高质量商品的消费需求；完成俄罗斯所承担的国际义务，免税进口某些商品（如书籍和印刷品）；保护俄原材料产业和粗加工产业中最有竞争力的部门；为增加供给、抑止涨价，将临时开放国内市场。

具体为，对以散件方式进口的商品按照对其制成品征收的关税税号分类；将在汽车制造业和农机制造业制定按散件方式进口的商品分类规则，这类商品的制成品进口关税甚至低于其原材料和部件的进口关税。

建立促进为国内消费进行加工的海关制度。将对那些为国内消费进行加工的商品给予关税优惠，降低生产这些商品必需的原材料和零部件的进口关税。

对用于工业组装项目及为指定用于该用途的进口部件和散件关税继续实行多级关税。

2. 加强关税的调节功能，保证其平衡性和合理保护国内市场

鉴于大量进口已威胁到可能会将某些国产商品挤出国内市场，因此要求对进口，首先是农产品和食品的进口建立一定的保护壁垒。

在农业部门实施特别关税手段（季节性关税、关税配额），通过临时降低或提高进口关税对生产者和消费者需求及市场价格进行灵活反应；采取特别保护、反倾销和补贴措施。

进一步降低俄国内不生产的先进技术设备进口关税，同时保留对国内企业能够生产的有竞争力的设备征收保护性进口关税。其优先方向是进口有助于提高俄罗斯产品竞争力的高技术设备。

逐步免除那些没有根据的过高关税，首先是免除那些对俄国内不生产的工业－生产性商品和具有重要社会意义的商品征收的高关税。

3. 通过对所征收的出口关税的合理化来免除对出口的限制

目前俄出口关税是作为征收级差地租的工具来实施的，所起到的是限制商品出口的功能和国库功能。未来中期内将逐步过渡到：对除能源类商品、未加工木材、金属废料和部分原材料商品以外的其他商品出口免征关税。

在联邦《国家调节对外经济活动法》规定的条件下，利用非关税措施限制出口，用以取代采取禁止性的出口关税。

4. 使关税政策工具适应海关联盟和自由贸易区的条件

目前与俄罗斯签署自由贸易区协定的共有独联体11国、塞尔维亚部分地区和黑山共和国。这方面存在的问题是：无关税进口制度与良性竞争规则不挂钩；在相互贸易中实行临时限制的法律基础模糊或相互矛盾；独联体其他成员国在比俄罗斯更自由的条件下入世，在商品市场准入方面会把自己的商品挤向俄罗斯市场。

中期内俄罗斯关税政策调整要考虑俄与独联体国家自由贸易双边协定规定，即确认独联体框架内的相互贸易条件；制定新的欧亚经济共同体自由贸易协定，未来独联体其他成员国可以加入该协定；双边自由贸易协定中将补充有关保护成员国内部市场的协议；俄必须与各伙伴国就建立海关联盟的原则和在海关联盟内海关关税调节规则达成协议，而这些协议要符合俄罗斯的社会经济政策。

5. 优化给予特惠关税待遇的国别清单

针对发展中国家和最不发达国家，俄罗斯联邦制定了特惠关税制。对来自发展中国家的商品征收相当于基础进口税额75%的海关关税。目前发展中国家清单中共包括103个国家（其中包括中国和韩国），对来自最不发达国家（现为53个）的商品免征进口关税。

特惠关税仅涉及有限的商品名录（即由俄罗斯政府批准的清单），享受特惠的关税额约三亿美元。按照俄政府规定，特惠方案每五年审定一次。

中期内俄将修订对发展中国家和最不发达国家提供特惠关税方案，其中包括重新确定受惠国和受惠商品清单，并根据以下原则修订提供特惠关税产品的产地规则：促进发展中国家和最不发达国家的发展；将对俄经济及其具体部门的损害风险最低化；考虑受惠国对俄罗斯的政策。

6. 逐步减少扭曲关税调节功能的税收优惠

由于对俄国内不生产的技术设备类商品的进口关税已降到最低（为零关税），海关关税已有大量修改，因此将免除作为外资对合资企业注册资本注资的商品的进口关税优惠；继续实行加里宁格勒州自由海关区通报制度，以优化管理。当对外国商品采取优惠制度将会危害俄境内的生产时，要限制实行这种优惠。

7. 保证实施关税调节措施的稳定性和透明度

关税税率的经常变化给企业带来了不确定性和风险。到 2011 年前，将在每个财政年度内建立保证海关关税调节稳定性条件的机制。

三　值得关注的问题

1. 俄关税政策将从侧重国库功能向侧重经济调节功能和保护功能调整

俄海关一直是国内缴税大户，关税也是俄国内税收收入和预算收入的主要来源。2007 年，关税占联邦预算收入的 45%，远远高于世界各国 15% ~18% 的平均水平。俄经济主管部门认为，长期以来，关税政策一直独立于国家社会经济发展战略之外，是预算收入的"基石"，但对产业结构调整促进作用不大。为促进经济结构的多元化和使经济转向创新发展模式，要使关税政策从侧重财政国库功能向侧重经济调节转换。经济调节的重点是有利于吸引投资、有利于发展海关基础设施和开展边境合作、有利于抑制国内通货膨胀。俄将会在较长时期内实行对俄海关境内不生产的投资类产品特别是高新技术类产品零关税进口的政策，同时对资源类产品实行逐步提高出口关税乃至禁止出口的措施。其关税升级措施也将从能源类产品、铝制品扩大到汽车制造业、核能和轻工业。但关税政策调整效果仍有待观察。

2. 入世后俄在过渡期内仍将实行较高的保护性关税

随着入世进程的推进，俄一直在按照世贸组织的要求调整、归并进口商品名录，降低多种商品的进口关税。2007 年，俄修改了 1570 类商品的进口关税，其中 307 种为农产品组。目前加权平均进口关税为 11.25%，之后逐年下调关税。同时，按照入世承诺，俄罗斯入世后仍将保持较高水平的保护性进口关税（到过渡期结束，农产品平均关税为 18%，工业品平均关税为 7.6%）。

除保持较高的关税外，俄入世后还打算更多地运用特别保护措施、反倾销和补贴措施等非关税调节手段来保护国内市场。从中国对俄出口看，将面对更严峻的贸易保护环境。2007 年，俄已多次对自中国进口的不锈钢管、镀锌板、轴承等提出反倾销调查和采取贸易保护措施，停止进口中国的渔产品、大米等。可以预见，随着俄国内经济的恢复和入世进程的推进，中俄两国围绕一些敏感商品的摩擦会进一步增加。

3. 俄将取消给予中国的特惠国待遇

1994 年 9 月 13 日，俄给予中国特惠国待遇。按照这一制度，中国产品可以享受特殊的优惠，其中钢管可享受 75% 的关税优惠，即使根据特保措施需征收的特别税费对中国产品也不会征收。目前俄媒体已有多次将中国从特惠关税受惠国清单中剔除的报道。时任俄总理祖布科夫也责成经济发展与贸易部、工业能源部、财政部和外交部研究这一问题，酝酿制定取消给予中国特惠国待遇的文件。俄专家指出，对中国实施特惠制度已不再适应俄罗斯现阶段的经济发展，该制度帮助中国避开了关税壁垒。取消对中国的特惠制度，可以极大减低中国商品对俄商品的冲击，如轧材、钢管、大型化工产品等。尽管从实践看，俄对中国的特惠待遇范围有限，但一旦取消，仍会给中国对俄优势产品出口带来一定影响，对此应有相应的预案。

4. 将进一步完善海关监管

其主要内容包括研究制定与其贸易伙伴外贸统计数据进行比较的方法，以搞清自俄违法出口的商品名录和数额。简化利用国外原料和材料生产的商品的海关报关程序，以减少物流和商品报关成本。将利用企业会计核算或普通商业核算账目，简化用于工业组装、加工和用于海关目的的商品核算体系等。从近期俄加强海关监管的实践看，打击走私非法出口是其工作重点之一，而远东海关又是重点关口。从长远发展看，俄方加强海关监管最终将会规范和优化贸易秩序，中方企业要研究适应俄关税政策的调整变化，调整自己的进出口策略。

第四节 俄罗斯流通领域进口商品市场准入

1993 年 6 月俄罗斯联邦法律《产品及认证服务法》颁布之后，俄罗斯商品上市开始实行产品认证准入制度，要求国内市场上市商品必须有强制认证标志。目前俄产品认证准入制度已延伸到进口商品，包括产品认证的标准、认证产品的范围、基本认证程序、退出程序等。针对现行准入制度存在的弊端，俄正对产品标准和认证内容进行重大改革，以使商品认证制度真正起到提高商品质量和保护消费者权益的作用。

（一）入市商品认证主管机关

根据《产品及认证服务法》的界定，联邦国家标准计量委员会是俄罗斯联邦标准和认证的政府主管机关，下辖七个标准化、检测与认证中心，其职责是按照俄罗斯联邦《产品及认证服务法》等法规，对进入俄罗斯市场的产品进行认证，核发俄罗斯产品强制认证证书和自愿认证证书，维护消费者权益，促进企业的发展。

俄罗斯认证检测中心（Rostest-Moscow，代号“ПР71”）是俄联邦国家标准局指定的对产品与服务实行监督、检测和认证的权威执行机构，也是俄罗斯唯一授权在国外从事产品认证的机构。除此之外，还有经该局授权的独立的商品认证单位，其中不少属私营性质。

（二）产品认证分类

俄罗斯将认证商品分为两类，即强制认证的商品和非强制认证的商品。根据商品可能对消费者造成的危害，由俄罗斯国家标准委员会确定哪些商品必须通过强制认证，哪些可以自愿进行认证。

根据俄罗斯法律，属于强制认证范围内的产品，都应依据俄现行的安全规定通过认证并领取俄罗斯国家标准合格证书——GOST－R 合格证。

1995 年俄罗斯联邦法律《产品及认证服务法》修改实施后，俄罗斯对需要提供必须（强制）认证的商品从最初的数十种发展到了数千种，商品上市基本实行了准入制，凡列入必须（强制）认证范围内的商品，必须通过认证并加贴认证标志后方可上市。目前，列入必须（强制）认证范围的商品约占各种商品总数的 85%。

20 世纪 90 年代以来，俄罗斯逐步加强了对进口商品的强制性认证管理，将产品强制认证扩展到了海关，俄罗斯《产品及认证服务法》第 14 条规定：对于按照俄罗斯联邦法令规定需要进行强制认证的产品，其进口合同中应写明要出据合格证和合格标记，产品合格证应与货物海关申报单一起向海关出示，并作为主要文件用以获得进入俄罗斯联邦境内的许可。1996 年和 1999 年俄罗斯联邦国家海关委员会两次公布了进入俄罗斯联邦关税领土需要具有强制认证证明的商品清单，主要包括食品、家用电器、电子产品、轻工业品、化妆品、家具、玩具、陶瓷等。

俄罗斯联邦各个部门与机关对商品有着不同的要求，出口商与生产商在商品清单中除了要有必需的俄罗斯国家标准认证书外，还要办理其他的许可文件：防火安全证明，国家建设部测量设备认证，通信设备种类认证，卫生检疫证，注册证明，防爆证明，俄罗斯技术监督局出具的技术设备使用许可证以及其他相关证明。

（三）认证内容

根据认证内容，俄罗斯商品认证可分为以下几类。

（1）达标认证，即认证该类商品是否达到国家标准，这是商品认证的总要求。

（2）安全认证，即认证该类商品是否符合安全要求。

（3）质量认证，即认证该类商品是否达到质量标准。

（4）卫生认证，即认证该类商品是否符合卫生要求，凡与人体接触的商品均须通过卫生认证。

（5）消防认证，即认证该类商品是否符合防火要求，家电产品必须通过消防认证。

根据认证方式，俄罗斯商品认证又可分为商品生产认证、商品类型认证、商品批量认证和综合认证。

进行商品批量认证时，生产、销售单位必须向认证机构提交认证申请书、该批商品的样品、商品运输文件和质保书等，并缴纳认证费用。认证机构经过详细检测，于一个月后作出答复：或认证合格，发给达标证书、安全证书、质量证书、卫生证书、消防证书等一整套文件；或认证不合格。

（四）认证标准分类及构成

俄罗斯国家标准采用19个俄文字母作为分类号，各字母代号如下：

А　矿山业、矿产；

Б　石油产品；

В　金属及其制品；

Г　机械、设备与工具；

Д　运输工具及包装材料；

Е　动力与电工设备；

Ж 建筑及建筑材料；

И 陶土硅酸盐、碳素材料及其制品；

К 木材、木制品、纸浆、纸张、纸板；

Л 化工产品及石棉橡胶制品；

М 纺织和皮革材料及其制品、化学纤维；

Н 食品及调味品；

П 测量仪表、自动化设施和计算技术；

Р 卫生保健、卫生和保健用品；

С 农业和林业；

Т 通用技术和组织方法标准；

У 文化生活用途制品；

Ф 原子技术；

Э 电子技术、无线电电子学和通信。

俄罗斯国家标准由以下几大类构成。

（1）苏联国家标准。

（2）苏联解体后制定的独联体国家标准，以上两类标准计三万多个。

（3）等同采用的经互会标准，计 350 个。

（4）等效或等同采用的国际标准化组织（ISO）和国际电工委员会（IEC）制定的标准。其中 ISO 标准为 1976 ~ 1996 年颁布的，计 348 个；IEC 的标准为 1971 ~ 1997 年颁布的（大部分为 1990 年后颁布），计 219 个；ISO 和 IEC 共同颁布的标准，计 53 个。

（5）苏联俄罗斯加盟共和国的标准，约 189 个。

（6）苏联解体后俄罗斯联邦制定的国家标准，从 1992 年到 1997 年共计 1232 个（此类包括等效采用 ISO 和 IEC 的标准）。

（五）认证产品范围

目前在俄罗斯实行的商品认证制度是以现行的劳动保护法和维护消费者利益法为依据的，目的是为了确保商品对人体健康和环境保护不构成危害。强制认证的商品种类颇多，包括食品、烟草、化妆品、香水、个人卫生用品、医疗器械、药品、服装和鞋、家用产品和家用电器、家具、玩具、视听产品、电信产品、工具、运输工具、汽油和油脂、化工品、机械产品等。列入强制认证产品名单的产品上需标示 GOST－R 标志，标志下标示出发证单位识别代码（例如 BZ02，BE01 或 AЯ46）（详见表 8－8）。

表 8－8　GOST 认证产品目录

大分类	目次	商品名录
一、综合机械设备（共 27 项）	1	生活用水清洁设备
	2	日用抽水泵
	3	日用手动压缩机
	4	空气、煤气净化设备
	5	木材加工设备
	6	设备维修工具
	7	研磨工具
	8	金刚石工具
	9	砍伐木材工具
	10	建筑设备
	11	自动运输装置
	12	自动运输建筑材料设备
	13	公用交通设备
	14	摩托车、自行车
	15	发动机
	16	农用拖拉机
	17	农用工具
	18	手动日用工具
	19	风动工具
	20	水力、风力设备
	21	电梯
	22	利用固体、液体或煤气燃料工作的日用设备
	23	锅炉
	24	厨房用具
	25	火器
	26	河船、海船
	27	童车

续表

大分类	目次	商品名录
二、电器、电工仪器(共38项)	1	用于保存、冷冻产品的冰箱、冰柜
	2	食品加工器具
	3	厨房电器
	4	卫生消毒仪器
	5	微型取暖器
	6	缝纫机
	7	其他家用电器
	8	绝缘导线
	9	自动开关
	10	固定安全开关
	11	电插头
	12	电插座
	13	灯具
	14	灯泡
	15	照明器
	16	电焊设备
	17	绝缘材料
	18	低载操纵仪器
	19	定位防护设备
	20	安全装置
	21	小功率变压器及类似设备
	22	电工设备
	23	可移动变电站
	24	手提电机
	25	电池、蓄电池
	26	中型电动机
	27	粉碎机
	28	电度表
	29	模拟电子测量仪
	30	信号灯
	31	游戏机
	32	电脑及其配件
	33	电影放映机
	34	收音机
	35	电话、电报机
	36	电视
	37	冰箱
	38	洗衣机

续表

大分类	目次	商品名录
三、医疗设备（共4项）	1	医疗用具
	2	电子医疗仪器
	3	低频电子仪
	4	高频电子仪器
四、农作物及食品（共17项）	1	糖及其制品
	2	可可粉及其制品
	3	用粮食、面粉、淀粉、牛奶做成的糕点
	4	蔬菜、果实、干果
	5	烈性酒、含酒精的产品，啤酒酿造产品和不含酒精的饮料
	6	盐
	7	烟
	8	其他各种食品
	9	咖啡、茶
	10	肉
	11	鱼制品、海产品
	12	动植物脂肪、油及其制品
	13	乳及乳制品，鸟蛋、蜂蜜
	14	粮食
	15	蔬菜及罐头
	16	美容食品
	17	饮料
五、儿童用品、轻工业品、文具（共17项）	1	儿童布匹
	2	童装
	3	童鞋
	4	儿童卫生用品
	5	玩具
	6	细纱
	7	织物，非织亚麻布，计件产品（棉织、亚麻、毛纺、丝绸、粗纺）
	8	绝缘漆布
	9	针织品
	10	人造皮革
	11	缝纫制品
	12	日用百货
	13	卫生用品
	14	挂毯和毯子产品，地板革
	15	鞋
	16	皮革
	17	办公文具、学生文具

续表

大分类	目次	商品名录
六、化工产品及染料、原料及木制品(共19项)	1	化工产品及染料
	2	黑色、有色金属
	3	矿肥
	4	氧化剂
	5	防护头盔
	6	洗涤剂
	7	杀虫剂
	8	橡胶制品
	9	盐酸
	10	氢气、惰性气体
	11	塑料及塑料制品
	12	轮胎
	13	木炭
	14	石油制品
	15	胶合板
	16	刨光木板
	17	安全玻璃
	18	家具
	19	火柴
七、包装材料(共9项)	1	木包装
	2	金属包装
	3	聚合材料包装
	4	纸包装
	5	玻璃包装
	6	瓶盖
	7	金属盖
	8	金属帽
	9	软木塞
八、生物卫生制剂(共2项)	1	生物卫生制剂
	2	消毒剂
九、化妆品(共5项)	1	彩妆:睫毛膏,眼影,粉饼,唇彩,唇油,口红,腮红,眼线笔,唇线笔,粉底液,指甲油,洗甲水
	2	香水,花露水
	3	美发用品:洗发水,烫发剂,定型剂
	4	护肤品:润肤霜,防晒霜,护手霜,护足霜,凡士林,甘油
	5	脱毛膏

续表

大分类	目次	商品名录
十、五金制品（共6项）	1	切削工具 (1)铰刀 (2)铣刀 (3)麻花钻 (4)冲击钻 (5)扩孔钻 (6)锥面锪钻 (7)中心钻 (8)滚刀 (9)高速钢刀具 (10)圆板牙 (11)丝锥 (12)刀片(刀头)(13)硬质合金成型刀具 (14)其他 (15)凿 (16)锯片
	2	金刚石工具 (1)金刚石玻璃刀 (2)金刚石玻璃管割刀 (3)金刚石圆镜刀 (4)金刚石磨头 (5)金刚石圆规刀 (6)金刚石锯片 (7)金刚石钻头 (8)金刚石薄壁管 (9)滚轮式玻璃刀 (10)滚轮 (11)玻璃打孔钻(12)刻字刀 (13)铣刀 (14)车刀 (15)砂轮刀 (16)成型刀 (17)压头 (18)眼镜刀 (19)金刚石磨盘 (20)金刚石磨具 (21)玻璃打孔钻 (22)金刚石磨帮 (23)金刚石磨片 (24)金刚石锉刀 (25)其他
	3	其他工具及配件 (1)射钉器材 (2)防爆用工具 (3)吊装索具 (4)管道工具 (5)随车工具 (6)硬质合金拉伸模坯 (7)猪鬃漆刷 (8)油灰刀 (9)钥匙开刀机 (10)各种工具箱 (11)其他
	4	金属材料及制品 (1)铸锻件 (2)粉末冶金 (3)废金属 (4)金属丝网 (5)筛滤器材 (6)金属线(管、板) (7)铜及铜锭(8)铝及铝锭 (9)镁及镁锭 (10)锌及锌锭 (11)铜制品 (12)不锈钢装饰板 (13)铝合金建筑型材 (14)铝合金花格 (15)铝制品不锈钢管 (16)坩埚 (17)其他
	5	土木工具 (1)锯条 (2)锯片 (3)锯 (4)钢锹 (5)钢镐 (6)八角锤 (7)钢钎 (8)撬棍 (9)整锯器 (10)木工手用刨 (11)绕刨 (12)木工斧 (13)凿 (14)木锉 (15)木工台虎钳 (16)射钉枪 (17)泥刀 (18)木工钻弓摇钻 (19)羊角锤 (20)篾刀及竹刀 (21)砌刀 (22)平抹子 (23)其他土木工具 (24)木工压紧器 (25)木工弹簧夹 (26)雕刻工具(27)其他
	6	建筑材料 (1)活动房屋(2)非合金铝条、型材制门、窗(3)铝制、铝合金门窗、门槛(4)木制门窗、门槛 (5)塑料、乙烯、聚合物建材(6)天然橡胶乳(7)乳胶漆、油漆、涂料(8)建筑、铺面用玻璃块、砖、片(9)锁

（六）必须办理卫生证书的商品

有些特殊商品，无论是国产商品还是进口商品，除了要办理 GOST 证书外，还必须办理由俄罗斯卫生检疫部门发放的卫生认证。根据俄联邦现行的1999 年颁布的第 52 号《居民卫生防疫安全法》第 16 条规定，向俄联邦输入的产品，必须要有卫生防疫鉴定，证明该产品对人体健康是安全、无害的。履行《俄罗斯进口产品卫生检疫法》要求，是供货合同中非常重要的条款。这些商品包括：食品、食品原料、食品添加和防腐剂、与食品接触的材料和制品；化妆品和香水；服装和鞋类；儿童用品；包装设备；食品、化妆品加工设备；家具；合成建筑产材料；与人体接触的产品。产品的卫生防疫鉴定期限为五年以下。

办理卫生防疫鉴定必须提供的材料包括：

（1）供货合同或相关资料；

（2）生产者有关产品成分、使用条件和使用范围的技术说明文件；

（3）反映产品全称、具体生产者、供货人、收货人信息的采样证明；

（4）由授权单位铅封、用于进行卫生防疫鉴定的一定数量的产品样品；

（5）用俄语书写的消费（或包皮）标签或者样本；

（6）产地国家授权机构签发的证明，证明该产品对人的健康是安全、无害的。

卫生证必须在办理 GOST 合格证前领取。

此外，据俄联邦政府的决定，所有在俄罗斯市场销售的商品，无论是食品，还是非食用商品，一律要有俄文标签。标签内容由商品的种类决定。

（七）认证程序

根据产品的性质、是否符合国际标准和所申请的证书种类，认证要求包括：审阅申请人呈交的合格声明和技术文件；抽取样品、进行测试；分析生产厂家的生产条件和质量体系。

具体程序为：审查技术文件，交付批证书（A），申请，检验/抽样，审查技术文件，实验室测试，交付批证书（A），工厂评估/抽样，审查技术文件，实验室测试，成批生产证书（B），合格标志许可，工厂评估，审查技术文件，成批生产证书（B），合格标志许可。

（八）认证不合格商品的退出

认证不合格时，国家标准局和认证机构有权命令生产企业和销售网点停止生产、销售；对于危害人体健康和危及人身安全的商品还必须从消费者手中收回销毁。如果生产、销售企业不及时执行上述命令，将受到相当于5000倍最低工资罚款并赔偿消费者损失的处罚。商店凡销售没有质量证书的商品，一经发现，除没收商品外，并处以相当于出售商品价值的罚款。如果该商品属于必须（强制）认证的商品，则罚款金额加倍。

根据2007年6月修订的有关组织零售市场活动违法责任认定的联邦法，对在销售商品和为消费者提供服务时的违法行为给予罚款。其中对未经负责防火安全、维护社会秩序、保证居民避免流行病传播、保护消费者权益和人类安全等部门同意而擅自安排商业活动场所的机构负责人罚款2.5万~5万卢布，对法人罚款25万~50万卢布。对破坏提供商业场所程序、未能保证国内商品生产者在商业场所最低就业比例、违法为销售商办理注册等行为给予0.5万~30万卢布的罚款。对缺少安全许可证书、违法办理和批准零售市场安全许可的组织给予2.5万~50万卢布罚款。

根据俄罗斯现行的2000年1月开始实施的第29号联邦法《食品质量安全法》第21章，在俄联邦国家边境口岸，负责实施国家卫生防疫监督的人员，对进口俄罗斯的产品、材料和制品，实施查验，检查商品随附的证单，并对该产品是否可输入俄联邦境内做出决定。如果查验结果显示商品质量是不合格的，则禁止进口。产品进口俄联邦境内后，产品相关的责任就由俄罗斯企业经营者来承担。他们负责在认证实验室，对产品质量进行生产性的检验。检验结果得出前，产品不允许销售，存放在海关临时监管库里。如果实验室检验结果显示，该产品不符合质量要求，那么根据俄联邦法相关规定，由俄罗斯企业经营者将商品退回给供货人。

（九）商品市场准入制度执行中的问题及改进措施

1. 存在问题

俄罗斯的商品认证制度貌似严格，实际上却漏洞不少。认证机构太多太杂是俄认证制度的最大弊病，除“俄罗斯认证检测中心”外，俄国家标准局还授权了一大批独立的商品认证单位，其中不少属私营性质。由于认证机构过多，认证市场竞争激烈，一些认证机构把关不严，伪造证书、出卖证书现象严重，许多伪劣商品在伪造认证文件的掩护下，在市场上通行无阻。

此外，原有的产品标准和认证制度与世界贸易组织的规定不接轨。目前，俄罗斯仍在执行的苏联国家标准多达两万个，还有消防局、卫生防疫站等主管部门数以千计的规定。这些苏联国家标准和部门规定相当烦琐、教条，与世界贸易组织的要求相距甚远。

2. 改进措施

为解决上述问题，俄罗斯国家标准局、国家反垄断委员会和消费者协会的代表组成了专门的工作班子，制定并出台了一些新的商品认证法规，其内容包括缩减必须（强制）认证商品的范围和加强对商品质量和商品认证机构的监督，以打击腐败和防止伪造，使商品认证制度真正起到提高商品质量和保护消费者权益的作用。

在整规建制方面，2001 年由俄罗斯政府经贸部（后转交工业与贸易部进行）草拟《技术监督、标准管理和产品认证条例》，首先对产品标准和认证制度进行重大改革，减少生产厂家必须执行的标准数量，削弱监督机构的权限，建立与国际接轨的更透明、更严格的产品标准管理和认证制度。改革方案还规定对强制认证产品实行认证申报制度。认证的内容和费用依产品种类而异。认证后统一贴上“允许上市”的标签。至于产品的其他质量要求，则可根据生产厂家的愿望，由行业协会等独立的社会组织来认证。据此精神，俄罗斯联邦国家委员会已草拟相关法律，与有关部门协商并达成一致。现有消防局、卫生防疫站等监督机构仍予保留，但它们今后监督的不是部门规定，而是国家技术规程，执行起来较为简单，也更为严格。违反技术规程者将以违反俄罗斯法律论处。

对认证内容的改革包括：将对产品的要求与对生产厂家的要求区别开来，将其分为必须遵守和非必须遵守两类。凡是涉及产品安全性能的，属于必须遵守的要求；而涉及产品使用性能的，则属于非必须遵守的要求。国家只监督必须遵守的要求，确保产品在机械、电、热、防爆、电磁和生物等方面的安全，并以立法的形式，明确规定产品技术规程，这些规程均具有联邦法律地位。俄政府原计划在 2001～2008 年的七年内推出十项技术规程，建立新的国家标准体系，以取代现行的苏联标准。在新的技术规程出台之前，国家只按照苏联标准和部门规定中有关安全的要求进行。目前新的技术规程正在陆续制定完毕，经议会批准后将陆续生效，俄将逐步向新的标准认证体系过渡。

第五节　中俄经贸关系现状及发展前景

经贸合作是中俄战略协作伙伴关系的重要组成部分。经过双方共同努力，中俄战略协作伙伴关系的内容不断得到充实，双边经贸合作快速稳定发展，贸易规模不断扩大，能源、科技、通信、金融、交通等各领域的合作全面、深入开展，目前中俄已互为重要的经济技术合作伙伴。从今后长期发展趋势看，经贸合作将在两国战略协作伙伴关系中发挥越来越重要的作用，成为中俄关系中最活跃的催化剂。

1. 中俄经贸发展阶段

从 1992 年至今，中俄经贸合作大致经历了两个大的阶段：1992～1998 年为双边贸易起伏波动阶段，1999 年至今为双边贸易恢复增长和快速发展阶段。在第一阶段，1992～1993 年间两国贸易方式以政府协定贸易和企业间易货贸易为主，1994～1996 年双边贸易方式逐渐向现汇贸易过渡，1999 年之后，双边贸易进入快速发展阶段。与俄罗斯经济和对外贸易发展周期同步，在 1998 年和 2008 年两次金融危机中，中俄贸易均受到冲击，经过一两年低谷期后重新快速增长。

2. 双边贸易规模

1992～2012 年，中俄实现贸易额 5450 亿美元。2001 年，双边贸易额首次突破 100 亿美元，2004 年突破 200 亿美元，2007 年突破 400 亿美元，2011 年达到 835 亿美元，2012 年达到 881.6 亿美元。可以看到，进入 2000 年之后，中俄贸易规模每三四年翻一番。2010 年，中国首次成为俄罗斯第一大贸易伙伴、第一大进口市场和多种产品的重要出口市场。2011～2012 年，中国连续保持俄罗斯第一大贸易伙伴位次，其在俄外贸总额中占比已达到 10% 以上。1992～2006 年，中国在双边贸易中一直为逆差国，2007～2012 年，中国一直为顺差国。根据俄罗斯海关统计，2012 年，中国对俄贸易顺差高达 269.9 亿美元，超过俄罗斯对华出口总额（详见表 8－9）。

表 8-9　1992～2012 年中俄贸易概况

年份	双边贸易额		中国对俄罗斯出口		中国自俄罗斯进口		进出口差额（亿美元）
	贸易额（亿美元）	增幅（%）	出口额（亿美元）	增幅（%）	进口额（亿美元）	增幅（%）	
1992*	58.6	50	23.4	28	35.3	69	-11.9
1993	76.8	31	26.9	15	49.9	41	-23.0
1994	50.8	-34	15.8	-41	35.0	-30	-19.2
1995	54.6	8	16.6	5	38.0	9	-21.4
1996	68.5	25	16.9	2	51.5	36	-34.6
1997	61.2	-11	20.3	20	40.8	-21	-20.5
1998	54.8	-10	18.4	-9	36.4	-11	-18.0
1999	57.2	4	15.0	-19	42.2	16	-27.2
2000	80.0	40	22.3	49	57.7	37	-35.4
2001	106.7	33	27.1	21	79.6	38	-52.5
2002	119.3	11.8	35.2	29.9	84.1	5.6	-48.9
2003	157.6	32.1	60.3	71.4	97.3	15.7	-37.0
2004	212.3	34.7	91	51	121.3	24.7	-30.3
2005	291	37.1	132.1	45.1	158.9	30.9	-26.1
2006	334	14.7	158.3	19.8	175.6	10.5	-17.3
2007	403	40.6	244	89.1	159	0.9	85
2008	559	38.7	348	42.4	211	33.0	136
2009	395	-29.4	228	34.3	167	-21.2	62
2010	593	50.3	390	71.2	203	21.8	187
2011	835	40.8	483	23.9	352	73.3	131
2012**	750.8	11.2	510.38	12.3	240.48	-10.5	269.9

注：*1992 年增速是与 1991 年中国与苏联贸易额相比而得出。

**2012 年数据为俄罗斯海关统计，中国海关统计双边贸易额为 881.6 亿美元。

资料来源：笔者根据中国海关统计、俄罗斯海关统计相应年份数据整理。

3. 中俄贸易方式

根据世界贸易组织的界定，中俄贸易包括一般贸易、边境贸易和加工贸易三种方式，其中一般贸易为当前最主要形式。作为辅助形式的边境贸易，其中很大一部分也采用一般贸易的方式。三种贸易方式分别占双边贸易额的约 70%、约 20% 和 11%～12%。

4. 商品贸易结构

长期以来，中国对俄出口以纺织和轻工产品等劳动密集型产品为主，2005

年之后有较大改善，机电产品出口逐年增长，成为中国对俄出口的第一大类商品，在对俄出口中占比达40%以上。中国自俄进口以原材料商品为主，近年来，在贸易规模扩大的情况下，这种贸易结构并未发生实质性改变。2004 年，能源产品、钢材、化肥、原木及有色金属等大宗商品占自俄进口总额的67.5%，2005 年上升至70%，2011 年上升到80%以上，具体为：能源类产品72.3%（2010 年为55.6%）、木材纸浆类10.1%（2010 年为14.2%）、化工产品9.6%（2010 年14%）、机器设备和交通工具3.85%（2010 年7.9%）、金属及其制品1.1%（2010 年3.4%）、食品农产品2.95%（2010 年4.7%）。①

二　存在的主要问题及原因分析

（一）问题

1. 贸易商品结构低度化

在贸易规模不断扩大的情况下，中俄贸易商品结构低度化改善并不平衡。总的看，中方出口结构优化情况好于俄方。从俄方看，对华机电产品出口一度明显萎缩，在其对华出口占比中一度下降至2%，如何扩大自俄进口机电产品成为俄重要关切。近年来，双方通过组建中俄机电商会、中国对进口俄机电产品给予国别政策补贴、对俄企业参加广交会和其他展会提供优惠等，俄对华机电产品出口有所改观，但这一趋势还不明显。近年来两国机电产品贸易比重连年下滑，据俄方测算，2010 年双边贸易结构没有发生实质性改变，各类商品的进出口结构变动幅度不超过1%～2%。随着中俄原油管道建成并投入运营，能源类产品在俄出口商品构成和中俄贸易中的比重有可能固化，如何改变贸易结构低度化仍是俄方的主要关切。

2. 双边贸易对国际市场行情有较大依赖

与俄罗斯整体外贸形势相同，近年来中俄双边贸易额的快速增长并不完全是由于商品贸易结构改善和实物量出口扩大的结果，石油原材料涨价因素起了相当大作用。由于俄罗斯对华出口中的主要产品——能源和原材料近年来的国

① 俄罗斯经济发展部网站：“Торгово – экономическое сотрудничество между Российской Федерацией и Китайской Народной Республикой”，2012 年10 月20 日。

际价格居高不下，使其出口价值量大大高于实物量，以2005年为例，石油出口量增长与2004年持平，均为13.2%，但出口额却增长60%。在成品油出口中这一趋势更为明显。与2004年相比，俄对华的成品油出口总量减少了4%，而出口额却增加了36.6%。因此，俄罗斯对华原油出口促进了两国贸易额50%的增长。[①] 这意味着，如果出现国际油价下跌，双边贸易规模将可能出现相应缩小，对此应有清醒的认识和判断。

3. 贸易发展方式仍不规范

2008年以来，中俄两国政府在整顿贸易秩序方面采取了一系列措施，包括俄方关闭切尔基佐沃集装箱大市场。然而尽管政府三令五申，受产品层次、人员素质、政策漏洞、执法腐败等多重因素影响，目前两国民间贸易仍以"灰色清关"为主，正规清关发展受阻，成为两国贸易发展中的一大隐患。这一情况不利于我国产品有序进入俄罗斯市场，对树立我国产品和企业形象也起到负面的作用。

（二）原因分析

第一，国际贸易比较优势理论、投资发展周期理论等对中俄经贸关系现状有很强的解释能力。根据国际贸易比较优势理论，国际贸易产生的直接原因在于不同国家和地区间相互拥有的比较优势。从目前中俄进出口商品结构来看，大体是一种基于自然禀赋差异的比较优势基础上的产业间贸易。在产业间贸易下，交换的商品种类多为资源型产品和制造业的最终产品，贸易形式表现为一般贸易。产业间贸易属于世界经济发展早期的贸易方式。而当代国际贸易更多地表现为产业内的国际贸易。产业内贸易的直接动因是不完全竞争条件下的差异产品的规模经济优势和跨国直接投资的大规模流动，商品的种类多为同类商品中的多样化产品以及中间产品和跨国公司内部的零部件贸易，贸易形式大多表现为加工贸易。

中俄贸易目前的状况还由两国所处的经济发展阶段和当前要解决的问题不同所决定。中国是在国民经济初步工业化后开始了转轨进程，目前处于二次工业

① 〔俄〕谢尔盖·齐普拉科夫：《必须通过开放新的商品市场促进中俄两国贸易的增长》，俄罗斯国际文传电讯社，2006年3月22日。

化阶段。而俄罗斯早已经完成了工业化，面临的是如何解决后工业化转型的问题。中俄两国在经济发展阶段、经济发展水平、要素禀赋和劳动生产率方面的差异导致了产业内贸易发展的不振和相互直接投资不发达，相应的加工贸易和中间产品贸易在双边贸易总额中的比例过低，不利于两国之间经贸关系的进一步发展。

在最近20年，中国积极参与国际经济合作，更多地享受到了全球化带来的好处。进入21世纪，中国的制造业得到迅速发展，机电产品进出口贸易也进入快速增长期，企业参与国际竞争的实力不断加强，奠定了中国对俄出口增长的坚实基础。在中国对俄出口中，加工贸易和外资企业增长迅速，正在成为对外出口增长的主要推动力。目前俄罗斯机电产业正处在转折和调整期，其原有的工业布局由于苏联解体被打破，机电行业的供应链条和销售链条被割裂，在经济转轨过程中，机电行业普遍面临生存困境，出口乏力。自1992年以来，俄罗斯机电产品对外贸易始终保持较大逆差，机电产品出口占外贸出口比重较少，除航空航天设备、运输工具、动力机械、核电站设备、船舶、矿山采掘设备、机床及金属加工设备外，其他类型机电产品主要依赖进口。

第二，中俄两国均属于经济转型国家，在各自的管理体制方面均存在许多不符合市场经济要求和国际惯例之处，贸易立法和管理体制的建设跟不上经贸合作发展的需要。从俄罗斯方面看，目前其外贸管理体制限制仍较多，出口控制严格，高新技术和产品的出口门槛较高，在很大程度上限制了企业对华出口力度。俄企业市场化程度较低。由于缺乏国际市场营销、国际项目管理、国际融资能力和国际商务运作能力，俄机电企业市场反应相对迟钝。同时，俄企业普遍缺乏资金，企业办理出口信贷程序比较复杂。上述因素的存在，制约了俄企业进行有效的对华经贸交流。从中国方面看，由于企业对俄罗斯市场了解不深，双方信息的沟通和搭建乏力。

第三，中俄机电贸易缺乏大项目支撑。长期以来，俄罗斯对我国机电产品的出口主要依靠政府间协议和大项目的支撑，且集中在航空航天、核能和电站等领域。20世纪80～90年代，双方曾合作在中国建设了一批电站项目，2001～2002年，中俄之间电站项目中俄方供货达到高峰，此后政府间的项目陆续执行完毕，双方大型经贸合作项目减少，导致机电产品在俄对华出口中的占比严重下降，2005年已经降到2.2%。

第四，根据投资发展周期理论，一国的国际投资地位与其人均国民生产总值为正比例关系。在前十年，中俄之间相互直接投资不高的根本原因在于两国经济发展正处于一个资本吸收阶段，尚不具备大规模资本输出的能力，同时两国在吸收直接投资发展经济方面也是一种竞争关系。而随着两国经济实力的提高和恢复，中俄将具备“走出去”的能力，这是两国经济发展和对外开放到了一个特定阶段后必然出现的趋势。

三　发展潜力和前景

（一）发展潜力

根据对贸易竞争力指数和 RCA 指数（显示性比较优势指标）测算，中俄进出口商品结构在未来五年不会发生实质性变化，能源及原材料性产品、轻纺、日用消费品仍然将在贸易中占较大比重，但会有所下降。两国机电产品在对方市场上的竞争力还未完全显现出来，增加供货还有很大潜力。

从未来两国经济发展前景看，中俄在能源、资源开发领域具有巨大的潜力和广阔的合作前景，中俄相互投资将主要发生在这些领域。由跨国直接投资推动的跨国生产一体化将引致产业内贸易比重持续增加，对两国的贸易发展会起到很大的带动作用。

随着货物贸易规模的扩大、两国人员交往的增长，以及俄罗斯加入世贸组织后服务业的进一步开放，中俄服务贸易在传统领域的规模将进一步扩大，会有很大的增长空间。

在今后若干年内，纺织品仍将是中俄经济互补性较强的合作领域。中国对俄成衣和纺织品出口仍将保持强势地位。随着俄罗斯国内消费水平的提高和消费结构的改善，未来中国对俄服装出口将从中低档向中高档转换。

中俄贸易合作方式中，边境贸易是非常重要的一部分，约占中俄贸易额的20%左右，占中国边境贸易额的44%左右。

（二）发展前景

1. 未来中俄经济快速发展将为两国互利合作创造更多的机遇，开辟更广阔的空间

中俄经贸关系20年的发展表明，经贸合作规模的扩大、合作质量和水平

的提升，与两国各自的经济发展密不可分。目前中俄都处在发展振兴的关键阶段，双方互为重要发展机遇，互为优先合作伙伴，两国关系发展潜力巨大。经济的快速发展将不仅进一步扩大市场容量，为出口提供丰富的货源和为进口提供广阔的市场，同时还将吸纳更多的投资，促进开发具有中长期战略意义的大项目和基础设施建设。

2. 中俄经济技术合作已经进入“快车道”并将进一步提速

目前两国确立了明确的经贸合作发展目标，提出了更加注重改善贸易结构，积极扩大机电产品贸易比重的重要任务，确定了重点合作领域。在发挥经济互补优势的条件下，双方正在不断探索新的合作模式，制定新的合作机制，合作方式将从一般贸易向双向投资和共同进行科技研发转变。双方企业将发挥自身优势，使有竞争力的产品和技术在对方市场占有更大份额。从近年来双边贸易增长趋势看，双边贸易规模和质量将得到进一步提升。

3. 能源资源开发仍是合作的重头戏

双方将立足长远，在互利互惠基础上，协调各自的利益关切，加快能源资源合作的多元化，积极开展油气和森林资源的联合开发和生产加工，推动合作方式由资源贸易型向生产加工型转变。两国将根据自己的能源发展战略和安全战略，开展更加广泛的能源合作。在石油、天然气、电力、核能、节能技术推广、清洁能源等方面蕴藏着具有巨大的合作潜力，两国将按照立足长远、互利互惠的原则建立起紧密的利益纽带。

4. 今后双方将针对对方国具有比较优势的产业增加投资

中国企业在对俄家电和电子产品组装，通信设备制造和技术研发，农产品和海产品加工，森林、矿产、油气资源开发和勘探等领域投资具有实力，俄方则在核能、航天、化肥工业及高新技术领域具有投资潜力。中俄大项目合作将得到进一步落实，中俄原油管道、天然气管道建设，俄对华出口大型热电站、核电站设备，民用航材，中国在俄远东地区投资建设纸浆及木材加工企业，对俄出口大型集装箱检测系统等项目将被逐步推进，投资增长将带动中俄两国贸易的进一步扩大。

5. 服务贸易将成为双边合作新的增长点

目前中俄两国均属于服务贸易较为落后的国家。服务贸易是双边合作中极具潜力的重要领域，中俄在国际运输、工程承包和劳务合作、售后维修、保养和技术指导服务、文教卫生的国际交往服务、信息服务、国际旅游、跨国商业批发和零售服务、跨国银行和国际性融资投资机构的服务及其他金融服务、国际保险与再保险等国际服务贸易领域的合作，有些开始起步，并显现出较强劲的发展势头，有些亟待充分挖掘潜力积极推动发展。发展服务贸易是中国未来对外贸易的重要任务，也是俄罗斯对外经济发展战略中提出的重要领域。服务贸易的发展将有助于改变中俄经贸的增长模式，提高双方合作的质量和水平。

（三）预测

2011 年 6 月，胡锦涛对俄进行国事访问，双方宣布致力于发展平等信任、相互支持、共同繁荣、世代友好的全面战略协作伙伴关系，制订了未来十年中俄关系发展规划，为两国关系的长期发展指明了方向。2012 年 6 月，普京总统对我国进行了国事访问，两国元首确定了今后一个时期中俄关系发展目标和重点合作领域，进一步丰富了中俄关系未来十年发展规划。两国领导人提出了到 2015 年将双边贸易额提高到 1000 亿美元、到 2020 年提高到 2000 亿美元的目标。

中俄在 2013 年 3 月 23 日发表的联合声明中表示，要实现两国经济合作量和质的平衡发展，实现双边贸易额 2015 年前达到 1000 亿美元，2020 年前达到 2000 亿美元，促进贸易结构多元化。[①]

从历史数据看，1999 ~ 2009 年中国对俄出口在双边贸易额中占比 25% ~ 60%，平均约 40%，这一时期中国对俄出口年均增幅约 33.6%。按此外推，“十二五”期间，保持年均 10% ~ 15% 增幅，到 2015 年，中国对俄出口额达 400 亿美元左右。1999 ~ 2009 年中国自俄进口在双边贸易额中占比 40% ~ 75%，平均约 52.2%，这一时期中国自俄进口年均增幅约 18.5%。按此外推，保持年均 10% ~ 15% 增幅，到 2015 年，中国自俄进口将达 600 亿美元左右。采用外推法预测，在外部环境不变，保持现有双边经贸结构的条件下，进出口会保持惯性发展。如能落实两国政府提出的改善双

① 《中华人民共和国和俄罗斯联邦关于合作共赢、深化全面战略协作伙伴关系的联合声明》，新华网，2013 年 3 月 23 日。

边经贸结构和质量、扩大相互投资、规范贸易秩序的各项措施，在现有基础上，双边贸易额应能再增长 250 亿～400 亿美元，有望提前实现 1000 亿美元的战略目标。

第六节　俄罗斯入世及对中俄经贸合作的影响

2011 年 12 月 11 日，中国入世届满十周年，结束过渡期。2011 年 12 月 16 日，俄罗斯结束 18 年的入世马拉松跑，被正式接纳为世贸组织第 156 个成员。俄入世成为中国十年前入世以来最重要的入世行为，对其国内经济、世界经济都将产生重要影响，但短期效应或不明显。更值得关注的是，俄入世将使中俄经贸进入一个新的发展时期，对中国而言，合作的机遇与挑战并存，长期看利大于弊。

一　俄入世承诺

在 18 年的入世谈判中，俄与其他成员国主要围绕进口关税减让、开放服务市场、农产品补贴、国内能源定价等问题进行多轮谈判，最终达成协议。根据世贸组织的非歧视、透明度、自由贸易和公平竞争四大基本原则，俄承诺进一步开放贸易体制，加速融入世界经济，建立更具可预测性和透明性的贸易和投资环境。除部分商品和市场享受过渡期外，俄将履行世贸组织的所有规定。俄海关将不实行特殊的海关程序。俄在正式加入世贸组织后，将致力于加入世贸组织政府采购协议，并在四年内完成加入谈判。

在入世议定书中，俄方签署了 30 个双边服务市场准入协议和 57 个货物市场准入协议。将废除并不再新出台违反世贸规定的进口数量限制、禁令、许可证、授权。俄同时对 152 个发展中国家和最不发达国家提供普惠制。

从市场准入看，入世后，俄平均进口关税将由 2011 年的 10% 降到 7.8%。农产品平均进口关税从目前的 13.2% 降至 10.8%，工业品平均进口关税从 9.5% 降至 7.3%。其中 1/3 的商品入世后无过渡期，1/4 商品享受三年或更长优惠期，最敏感商品享受 5～7 年过渡期。约 700 项税目商品保留出口关税，包括部分渔产品和贝类产品、矿物燃料和矿物油、原料皮、木材、纸浆、纸和贱金属。在出口补贴方面，俄将取消所有工业品出口补贴，2012 年前贸易扭曲性农业补贴总数不超过 90 亿美元，2018 年前逐步减少到 44 亿美元。关税减让情况详见表 8－10 和表 8－11。

表 8－10　算术平均值税率表

单位：%

	关税同盟（算术平均值）	世界贸易组织（算术平均值）	
		初始税率	最终税率
全部商品	11.367	12.877	9.249
农产品	18.584	18.183	14.624
工业品	9.072	11.223	7.573

表 8－11　加权平均值税率表

单位：%

	关税同盟（加权平均值）	世界贸易组织（加权平均值）	
		初始税率	最终税率
全部商品	10.293	11.850	7.147
农产品	15.634	15.178	11.275
工业品	9.387	11.256	6.410

注：从俄罗斯入世之日起，90% 以上的税率将大于或者等于关税同盟现行统一海关关税的税率水平。过渡期结束后，大约 50% 的边际税率不低于现行的关税同盟统一海关税率。大约 30% 的从价税和综合税中的从价税率下调幅度不超过 5 个百分点。

资料来源：俄罗斯经济发展部网站。

俄对 16 个服务领域和 116 个服务部门做出入世承诺，其中对电信业保留四年、对保险业保留九年过渡期，银行业对单个银行资本中外资水平不限顶，但规定外资在整体银行资本构成中占比不得超过 50%。

在 SPS 和 TBT 方面，即卫生与植物检疫和技术性贸易壁垒方面，依照世界贸易组织的协定，所有的 SPS 措施将被开发和应用在俄罗斯联邦和关税同盟。俄要确保与技术规范、标准和合格评定程序相关的所有法律规定符合世界贸易组织有关技术性贸易壁垒的协议。

在与贸易有关的投资措施方面，将确保所有的法律、法规及其他与贸易相关投资措施协议相关的措施符合世界贸易组织的规定。所有与世界贸易组织不一致的投资措施，包括优惠关税和关税的豁免都必须在 2018 年 7 月 1 日终止，等等。[①]

二 俄入世目的

俄罗斯加入世贸组织能够得到的主要经济利益可归纳为以下几点。

1. 促进外贸发展和效益提高

入世后，由于总体关税水平降低，进口商品将更加顺畅地涌进俄罗斯市场；同时世贸组织成员也会相应解除对俄产品的贸易歧视和技术壁垒，为其商品进入国际市场扫清障碍，从而能够促进俄罗斯对外贸易的发展和效益的提高。目前俄出口商品所遭受的各类限制性措施达 70 多项，据保守估计，每年因这些措施造成的损失达 15 亿 ~20 亿美元。

2. 扩大吸引外资和推动经济现代化

入世后，俄将利用乌拉圭回合谈判的结果及所通过的贸易投资措施协议和服务贸易总协定，帮助国内企业参与全球化，积极进入国外市场。时任总理普京认为，加入世贸是俄罗斯恢复生产力所必需的。“不加入世贸就无法对其国内经济进行现代化改造。”“入世后俄罗斯应当借鉴世贸组织老成员的经验并从中获取最大利益，用于自身的发展。”[②] 入世可促进俄罗斯国内投资政策和税收政策与国际接轨，为吸引外资改变其过度依赖能源的经济结构创造良好条件，有利于利用外国的先进技术和管理方式，提高民族工业的竞争力。

3. 为俄罗斯消费者带来更多实惠

入世还会带来电脑、家用电器和电子产品、小汽车、果蔬、渔产品等一系列商品价格降低的好处，俄罗斯广大的消费者将从中得到实惠。

中国入世十年的绩效评估对俄罗斯起到了良好的示范效应，俄入世首席谈判代表梅德韦德科夫表示：“中国入世产生了出乎我们意料的积极效果。事实

① 引自《世界贸易组织有关俄罗斯入世公告》，世界贸易组织网站，2011 年 11 月 9 日；《俄罗斯入世承诺》，俄罗斯经济发展部网站，2011 年 11 月 14 日。

② Председатель Правительства Российской Федерации В. В. Путин выступил в Государственной Думе с отчётом о деятельности Правительства Российской Федерации за 2011 год, 11 апреля 2012г..

证明，中国入世促进了其现代化发展规划的落实，推动了中国经济的持续繁荣。”①

4. 提高俄罗斯在世界贸易规则制定过程中的影响力

2010年，俄罗斯是世界第12大商品出口国、第18大商品进口国，2011年，这两个名次分别上升到第9和第17。作为大国，俄希望通过入世提高其国际地位和影响力，充分利用世贸组织的专门协调机制来解决贸易纠纷和争端，结束长期游离在世界贸易管理、组织、协调机制之外的局面。俄罗斯入世还受其政治利益驱动，借助成员资格平衡世界经济力量对比，改变以美欧主导的世界经济治理结构，增加在处理国际贸易摩擦和纠纷中的话语权，是其更深层次的考量。

三　入世对俄罗斯的影响

入世是把“双刃剑”，会给俄经济带来多重影响。从近期情况看，入世的积极效应不会自动显现，对此不应估计过高。

（一）入世将给俄罗斯带来长期利好

世界贸易组织总干事帕斯卡尔·拉米说，俄罗斯入世将使世贸组织涵盖97%的国际贸易份额，从而使后者成为真正意义上的“世界性”贸易组织。入世对于俄本国和以规则为基础的多边贸易机制来说都是历史性时刻，入世将推动俄融入全球经济，给贸易伙伴和企业带来稳定的贸易环境，有利于统一贸易规则的推广。

俄罗斯入世的两大谈判对手欧盟与美国也对俄入世给予积极评价。欧盟官员称，“俄罗斯在许多问题上已不可能反悔”，在这种相对稳定的条件下，欧洲的投资者将有机会大规模进入俄经济领域，并以此强化俄欧关系。美国总统奥巴马强调俄入世将为俄美经贸和投资合作的高质量快速增长奠定新基础。美国相关企业也强烈要求白宫尽快彻底废除美国会于1974年通过的《杰尼逊－瓦尼克修正案》，取消对美俄贸易的种种限制，允许美企业尽快在俄相关市场上抢占

① 俄罗斯加入世界贸易组织首席谈判代表、俄经济发展部贸易谈判局局长马克西姆·梅德韦德科夫接受新华社记者专访：《俄罗斯入世将为俄中经贸合作提供新机遇》，2011年11月17日。

先机。俄罗斯入世还将推进俄在金砖国家等框架内与其他成员的合作。俄罗斯经济发展部部长纳比乌琳娜认为，俄入世将成为推动金砖国家内部经贸合作的重要因素，有助于金砖国家在多哈回合谈判中协调立场，维护新兴经济体的利益，促使谈判尽早达成平衡结果，为建立新的、更平衡的国际经济体系提供助力。

俄入世能实现俄与合作伙伴的双赢，但最大的受益人首先应是俄罗斯自身。从世贸组织过去二三十年的发展历史看，入世会为一个经济体进入开放型经济模式提供重要契机，同时该经济体的出口也会快速增长，为其经济持续发展提供重要保证，这种作用对俄罗斯也不会例外。据世界银行在一项研究报告中估算，俄入世的短期影响是，GDP 将增长 3. 3 个百分点，其中 2. 4 个百分点来自服务业国外直接投资增长的回报，关税改革和市场准入条件改善将分别推动俄 GDP 增长 0. 6 个百分点和 0. 3 个百分点。从长期考察，考虑到入世对投资的影响，将会给俄罗斯 GDP 带来增长 11% 的额外效应，中期收益和长期收益分别为每年 190 亿美元和 640 亿美元。

世界银行专家还认为，绝大多数俄罗斯家庭都会从入世中获得好处。从中期看，每个家庭的可支配收入将增长 2% ，从长期看，由于投资环境改善和生产力提高带来的物质富足，俄罗斯家庭会得到更多的收益。其中，最贫穷的 10% 的家庭购买力将增长 7. 8% ，略高于 7. 3% 的平均水平，最富有的 10% 的家庭购买力将增长 6. 7% ，略低于平均水平。但农村家庭从中得到的好处比城市家庭略低，农村最贫穷家庭购买力将增长 7. 2% ，城市最贫穷家庭的购买力将增长 8. 5% 。

（二）短期效应或不明显

1. 为俄带来贸易增长，但空间有限

目前俄罗斯在世界贸易总额中占比 2% 左右，但在世界原料出口总额中占比高达 10. 5% 。由于其经济严重依赖能源原材料出口，而石油天然气等原材料的出口取决于全球需求，基本不受世贸规则调整，属于免征进口关税而且没有配额限制，入世对其出口的利好效应有限。入世后俄将对 700 多个税项的产品保留出口关税，这些均为目前俄出口换汇的大宗产品，这意味着俄外贸商品结构在近期内不会发生重大变化。俄入世承诺的降税总幅度在 3% 左右，而目前俄约 45. 2% 的进口商品关税税率已低于 5% 或免税，34. 9% 的商品进口税率在10%～25%区间。交通类产品和设备免税进口占比10.6%，其他设备免税进口占比更是高达61.5%。金融危机爆发后，俄罗斯提高了许多商品的进口关税，入世后，这些商品的进口关税只是回调至危机前水平，因此总体而言关税调整的影响不大。改善市场准入条件只占俄入世收益的9%，因此俄罗斯通过降低关税在增加贸易流量方面的速度会比中国当年来得迟缓，短期内不会出现外贸额的倍增效应，也不会给世界贸易带来大的结构性影响。汇丰银行预测，在2012～2016年，俄罗斯的对外贸易将以每年近6%的速度增长。此后，自2017年至2021年每年的对外贸易额将增长7.56%，至2026年俄罗斯的对外贸易额与2012年相比将增长165.54%。

2. *弱势产业入世初期将受到冲击*

尽管俄官方认为入世谈判基本达到了预定目标，所达成的入世条件能够较好地保障俄罗斯本国企业和产品的市场竞争力，实际上其国内围绕入世的利弊一直存在争论，俄各党派意见也不一致，俄共、公正俄罗斯党、自由民主党的领导人都曾表示，反对执政的“统俄党”在入世谈判中让步过多。俄入世带来的诸多好处将主要集中在出口部门和外资流向集中的地区，短期利益很小，而冲击却可能很大。时任俄罗斯工业与贸易部部长维克托·赫里斯坚科承认，“入世将给俄国一系列行业带来风险”。开放市场不可避免地会使俄农业、食品加工、纺织、建材、航空、汽车和农机制造等依靠关税保护的弱势行业受到冲击，国内产品市场份额会进一步下降。金融、保险等服务行业在庞大的外资冲击下更是不堪一击。据俄经济发展部数据，俄企业界对于与入世有关的变化问题了解甚少，目前只有6%的企业制定了应对入世的战略。2012年3月1日，俄罗斯工商会举办大企业、行业协会、议员、专家和社会活动家大型会议，就入世给俄带来的损失进行专门讨论，其共识是：俄尚未做好入世准备，在现有条件下入世对俄的影响将是灾难性的，到2020年，俄罗斯因加入世界贸易组织所导致的直接经济损失将达到四万亿卢布（约合1380亿美元）。俄罗斯居民只有在7～10年后才会感到入世后所带来的商品价格下降，但此时俄罗斯将有220万人需要另谋工作，届时的失业人数将达到800万人。俄罗斯全球化问题研究所所长杰里亚金指出，俄入世将再次展现吉尔吉斯斯坦当年入世所导致的系统性风险，俄罗斯的投资吸引力将不复存在，现在大多数的俄罗斯企业已经开始考虑向境外转移资产，这种情形发展下去，“颜色革命”在俄罗斯成功的机会或许也在增加。专家们一致认为，俄罗斯不应接受这样的条件，否则入世后俄实体经济部门的利益将损失惨重，其后果是俄罗斯主权将大大被削弱。[①] 为此 2012 年 3 月俄国家杜马将就入世影响举行听证会，并组织进行实际评估。

3. 当前投资环境仍阻碍外资进入

俄经济现状与世贸组织的诸多要求尚有距离，必须在一些领域中进行大刀阔斧地改革以适应新的要求。近年来，俄政府致力于改善投资环境，投资硬环境有所改善，投资吸引力在欧洲上升到第四。但 2011 年俄却面临 12 年来最严重的外资撤离潮，官方估计年内资本流出额将达 800 亿美元以上。俄结束入世谈判的消息也并未提高标普、惠誉等评级机构对俄主权信用的评级。除外围市场波动影响外，影响撤资行为的主要是俄政局变化和投资软环境不佳，而官僚、腐败是严重阻碍外资进入的行政壁垒。标准普尔和穆迪均表示，重返克里姆林宫的普京需要通过改善该国的法治情况、减少国有垄断企业发挥的作用等重大措施，才能使俄罗斯经济实现多元化发展。

概括起来，可以认为俄入世的积极效应是笼统抽象的，只是在今后一个很长时期内才可能表现出来，而其负面效应则是具体的并直接影响到一系列的工业部门。加入世贸组织本身并不能保证俄罗斯顺利进入世界市场并提高俄在世界经济体系中的地位。要使入世转化为俄罗斯经济增长的催化剂取决于多种因素的共同作用。为应对加入世贸组织和更加开放市场带来的冲击和震荡，俄罗斯需要发挥自身优势，加强体制和机制改革，调整产业结构，提高企业创新能力和国际竞争力。

四　对中俄经贸合作的影响

最近 20 年来，中俄贸易取得长足发展，中国已成为俄第一大贸易伙伴，第一大进口市场和多种产品的重要出口市场。中国入世对中俄经贸合作产生了

① Главы предприятий промышленности и сельского хозяйства РФ заявили, что Россия не готова вступать в ВТО, http://www.newsru.com/finance/01mar2012/wto.html.

积极影响，而俄罗斯入世意味着中俄经贸合作进入一个新阶段，合作的机遇与挑战并存，长期看利大于弊。

（一）积极影响

1. 促进双边经贸合作的规范化、稳健化

俄罗斯入世将为中俄贸易带来巨大机遇，由于法律的确定性，中俄开展经贸合作的政策环境更加透明，有利于双方开展互利互惠的贸易和投资活动。同为世贸成员，两国企业将在同一框架内，严格依照国际惯例和市场机制组织经贸活动，调节贸易纠纷，俄海关管理制度在世贸规则约束下将更加规范、合法，两国进出口商通关更加便利。入世将促进中俄贸易秩序改革，延续多年的“灰色清关”“地摊经营”等非法贸易方式将逐步退市，双边合作的可预见性和持续性会逐步提升，两国经贸关系也将因此不断深化。

2. 为中俄经贸合作提供更广阔的发展空间

通过入世来消除贸易壁垒和不断融入全球经济一体化的进程，能够推动俄罗斯贸易进一步转向其比较优势的方面发展，俄对亚太地区的贸易发展会进一步加快，预计未来俄从中国和亚太地区的制造业产品进口和对该地区的大宗资源类产品出口额都将快速增长。由于中俄之间是互补性而非竞争性贸易关系，在当前全球经济形势依然严峻的情势下，中俄经贸合作的内生动力将增强，利益交汇点增多，中俄经贸关系将加快“从传统的互补性贸易伙伴向全面战略合作伙伴关系转型”的进程。俄罗斯在确保中国的能源及资源密集型商品的供应方面仍将扮演重要角色，它还是中国商品、服务以及技术出口的潜在大市场，中国输俄传统产品如轻工和机电产品的进口关税将会有一定程度下调，将有利于扩大中国对俄出口，汽车进口关税下调和非关税壁垒的逐步消除也将为中国企业提供平等进入俄市场参与竞争的机会，同时中国对俄罗斯文化产品以及服务（旅游、运输等）的进口需求也将快速增长。

3. 扩大双向投资合作

入世意味着俄罗斯国内情绪转向欢迎外国投资，涉外法律特别是对外经贸法律逐步按世贸组织的要求规范和健全，投资环境会不断改善。根据入世承诺，俄将逐步开放包括电信业、保险、银行、交通和物流产业在内的 11 个行业，战略性产业进入门槛有所降低。世贸组织的规则将为落实《中俄投资合

作规划纲要》提供相应的保障机制，中国企业也将在俄罗斯获得更多的投资机会，对俄“走出去”或将有所突破。目前双方已在积极探讨设立投资基金等新型合作模式，实施新的大型项目。中国也将是俄罗斯最具潜力的投资来源地，这对俄远东地区意义尤为重大。俄罗斯驻华商务总代表齐普拉科夫认为：“中俄相互间投资发展很好，其中很重要的增长点是两国边境地区的边贸合作，在俄罗斯是西伯利亚和远东地区，在中国是东北地区。”

（二）新的挑战

俄入世也将使中国企业面对新的挑战。

1. 低端产品市场竞争将更加激烈

长期以来，服装、纺织品、鞋类和家电等中国对俄出口的主要商品，在俄市场上除价格优势外并不具备其他明显的竞争优势。俄入世后，它在向中国开放市场的同时，也向世界贸易组织的其他成员开放市场。中国轻纺工业品属低技术含量、低附加值的商品，目前已受到来自韩国、土耳其、其他金砖国家和亚洲一些发展中国家同类产品的激烈竞争。同时由于入世对俄罗斯轻工、农业等部分产业会带来很大冲击，一旦由于关税降低带来进口激增的话，俄罗斯会采取反倾销等贸易救济措施，在这方面中国企业有可能遇到很大挑战。中国要保住份额、拓展市场，必须对产品进行升级换代，提高产品附加值。

2. 面对更高的绿色标准门槛和技术要求

在技术性壁垒方面，俄罗斯要求对进口的食品、家电、电子产品、化妆品、家具、玩具、陶瓷等产品进行强制性认证，产品必须获得俄罗斯国家强制认证证书或技术许可证才能进入市场。俄除承诺将建立与国际接轨的更透明、更严格的产品标准管理和认证制度外，在入世承诺书中还坚持，入世后将保留采取比国际标准更严格的保护标准的权利，以符合俄罗斯联邦要求的保护水平。这意味着，入世后俄对进口产品质量认证标准会更加提高，中国商品可能会面对更高的绿色标准门槛。

3. 中国引进俄罗斯先进技术的难度将会加大

入世后俄政府对知识产权保护力度和市场经济意识会进一步增强。相对于美、欧、日等西方国家，俄对华技术转让的限制较少，但俄有时并没有真正把中国看成是一个平等的科技合作伙伴，认为包括中国在内的发展中国家，其总体科技发展水平很低，在同这类国家合作中，俄实际上是一个给予者。近年来，在诸多高科技和军事技术领域，俄对华合作的方式以出售产品和装备为主，技术转让为辅，关键技术的引进越来越困难。预计俄入世后，其知识产权保护力度和市场经济意识将进一步增强，中国引进俄高新技术成果的工作会变得更加困难，条件会更加苛刻。

4. 俄可能成为中国吸引外国直接投资的竞争对手

根据安永的最新调查，俄罗斯在欧洲的投资吸引力排第四位。随着入世后俄投资软环境的逐步改善和向创新经济转型带动结构调整，将会分流和吸引更多的外国直接投资，俄可能成为中国吸引外国直接投资的竞争对手。

五　发展方向

俄入世对中俄经贸是利弊兼有，总体看利大于弊。双方应把握有利时机，进一步改善贸易结构，转变增长方式，加强投资和经济技术合作，扩大科技和创新合作，不断挖掘和培育双边合作新的增长点。

1. 认真研究俄罗斯贸易投资环境新变化

俄在法律执行和政策落实过程中，存在诸多问题和漏洞，贸易投资环境不佳。但从政策制定层面看，近年来，俄在推进入世进程中，已按照世贸组织要求对大部分法律法规进行了修改，以期与国际标准接轨。俄罗斯会有较长一段时间来适应世贸组织规则，对中国企业来讲，应该把俄入世看做是其改革开放进入新的阶段，为此要密切关注、深入研究、了解熟悉俄入世后法律法规和技术标准的变化和调整，适应新的政策环境和管理方式，使自己的经营和投资行为更加适合俄修订后的法律和政策导向，并根据市场新变化加强长期战略规划，谋求更大发展。

2. 把握时机加快经营方式和结构转型

中国与俄罗斯互为重要的战略伙伴，良好的政治关系为推动双边经贸合作创造了充分有利的条件。俄入世要求在中俄经贸中承担重要角色的民间贸易尽快转变经营方式，规范贸易秩序，拓展正常贸易渠道。从总体贸易形势看，中俄必须进一步改善和提升产业结构，提高产品质量和科技含量，节约资源耗费，走高附加值、低耗能的发展道路，转变传统的粗放型贸易发展方式，向循环经济、可再生能源和服务贸易等战略方向发展，在全新的质的基础上实现贸易量的大幅度提升。

2011 年 10 月 11 日，在中俄总理第 16 次定期会晤期间，两国政府签署了经济现代化合作备忘录，涵盖贸易、投资、金融、工业、节能、和平利用核能、宇航、运输、信息技术、纳米及其他高技术、科技、环保、商业信息交换等多个领域，全面落实备忘录将会为双边贸易转型升级创造条件，在贸易结构和质量水平提升的基础上实现 2015 年双边贸易额达到 1000 亿美元、2020 年达到 2000 亿美元的目标是具有现实可能性的。

3. 以结构调整为契机带动投资项目合作

中国“十二五计划”提出了提高产业结构竞争力的重要任务，俄罗斯 2020 年社会经济中期发展战略提出改变经济增长方式、实现经济现代化的中心任务。目前中俄贸易和两国经济一样正处于从规模增长转向结构调整的重要时期。俄入世提出了新的要求，使双边合作不仅要着眼于扩大贸易规模，而且更应关注投资和经济技术合作，通过一些大项目、高质量的中小合作项目带动，使中俄经贸合作结构和发展方式进一步优化。在高科技领域，中俄两国确定的战略产业有很大一部分是重合的，可望形成战略竞合关系，联合研发潜力巨大。应鼓励双方企业在电网改造、海洋石油、生物科技、节能技术、新能源、高速铁路、大飞机研制等新领域加强合作，提高投资项目中技术和设计的输出比重，为两国经济结构调整和产业升级服务。

第九章　俄罗斯的外资经济及对增长和竞争力的贡献

苏联解体后，俄罗斯吸引外资可分为下滑、恢复、快速发展几个阶段。2012 年普京重归总统大位，俄罗斯经济将进入现代化发展阶段。随着其国内经营环境和投资环境的逐步改善，外资将重回俄罗斯。研究俄罗斯的外资经济状况并从中总结经验教训，对推动中国企业开展对俄投资将不无益处。

第一节　外国对俄投资概况

一　俄罗斯法律对外国投资及其形式的界定

1991 年 7 月俄罗斯颁布《俄罗斯苏维埃联邦社会主义共和国外国投资法》，该法一直沿用至 1999 年。1999 年 7 月俄罗斯出台新的《俄罗斯联邦外国投资法》（以下简称《外国投资法》）。2000 年 3 月、7 月，2003 年 12 月又对该法案进行了修正。新、老《外国投资法》的主要区别在于，前者的目的是确定外国投资者在俄联邦境内进行投资活动的法律和经济原则以及外资企业成立和经营的基本规定；而后者旨在为外国投资者在投资、投资所获收入和利润、企业经营活动条件等方面的权利提供基本保障。按照 1999 年版《外国投资法》界定，所有外国投资者（包括俄罗斯法人设在国外的分支机构）在俄罗斯领土上以赢利为目的，以企业和其他客体为对象，注入的包括物质资产和智力资产在内的所有资产——包括货币（外币及俄联邦货币），有价证券、其他财产、财产权、有货币估价的智力活动成果排他权（知识产权）以及服务和信息等均被视为外国投资。

根据出资具体方式，俄罗斯吸引外资的形式主要有外国直接投资、外国间接投资和其他投资三种。按照俄罗斯联邦《外国投资法》的界定，外国直接投资包括以下三种形式：①外商投入的资本份额不少于企业总资本额 10% 的投资；②外商注入在俄罗斯境内注册建立的外国法人基金分支机构的资本；③属于独联体对外经济活动商品名录第 16 章和第 17 章规定范围的、外国投资者作为金融租赁出租方在俄罗斯境内出租的、海关价值不低于 100 万卢布的设备。

外国间接投资的主要形式是证券投资，其资本形态主要有企业股票、债券、期票等。

属于其他投资的有由俄罗斯政府担保的外国国家或政府贷款；国际或地区金融机构（如国际货币基金组织、世界银行、欧洲复兴开发银行）的贷款；外国商业银行贷款；俄罗斯公司和其国外的供货人吸引的用于外国贷款的保险基金和担保基金的付费；进出口贷款；外国公司提供给俄罗斯有关组织的借款等。①

二　俄吸引外资的阶段划分

尽管俄罗斯从 1991 年颁布第一部《外国投资法》以后，政府一直对外资流入持鼓励态度，吸收外资逐年增加，但由于在外资关注的投资环境上缺乏实质性改观，其投资吸引力并无改善。1991 年以前俄外资吸引力全球排名第 58 位，到 1994 年下降到第 149 位，不仅大大落后于主要工业发达国家和个别新兴工业化国家，而且也大大落后于同处于经济转型中的中国和中东欧国家。若按直接投资数额计算，这一时期世界投资总额中只有 1% 的直接投资进入俄罗斯（见表 9 - 1）。

---

① Федералвный эакон оъ иностраннвых инвестициях в Российской Федерации, 9июля 1999 года N 160 - ФЗ.

表 9－1　1989～1994 年俄罗斯吸引外资情况

年份	总量(亿美元)	增长率(%)
1989～1990	12	
1991～1992	15	25
1993	9	－40
1994	10.53	22

资料来源：俄罗斯联邦国家统计委员会：《从数字看俄罗斯－2000 年》(俄文版)。

从 1995～2010 年 16 年的数据看，外资流入俄罗斯大体可以分为徘徊、恢复、快速增长和波动四个不同阶段（见表 9－2）。其中 1995～1998 年为徘徊阶段，1997 年为该阶段吸引外资最多年份，外资流入总额也仅为 123 亿美元。受 1998 年金融危机的影响，外资大量流出，1999 年吸引外资不足 100 亿美元。2000～2004 年，普京总统第一任期内，外资开始重新进入俄罗斯，2004 年，年度吸引外资额超过 400 亿美元。2005～2008 年，普京第二任期内，外资开始快速流入俄罗斯。在该阶段，2007 年成为吸引外资最多的年份，年度引资额首次突破 1000 亿美元（为 1209.41 亿美元），同比大幅增长 1.2 倍。2008 年至今，受到全球金融危机和经济危机影响，外资流入又呈现大幅波动特点，2009 年外资流入额大幅削减至 819 亿美元，同比下跌 21%，比 2007 年下跌 32%。①

三　外资进入规模、构成、来源及流向

1. 规模

20 世纪 90 年代以来，国际资本流动活跃，大量外资流向发展中国家，其中 53% 为直接投资。据俄罗斯国家统计局资料，截至 2010 年底，俄累计吸引外资余额达 3001 亿美元，同比增长 11.9%，世界排名第 17 位。截至 2011 年底，俄累计吸引外资余额 3472 亿美元，同比增长 15.7%。根据联合国贸易和发展会议报告，2009 年，俄罗斯已进入全球对外资最有吸引力前十大国行列，2009～2010 年分别排世界第 7 位和第 8 位，居美国、中国、中国香港、

① 引自俄罗斯联邦统计局网站《2010 年外国投资》数据。

表 9－2　1995～2010 年俄吸引外资情况

单位：亿美元

项目＼年份	1995	1996	1997	1998	1999	2000	2001	2002	2003	2004	2005	2006	2007	2008	2009	2010
外资总计	29.83	69.70	122.95	117.73	95.60	109.58	142.58	197.80	296.99	405.09	536.51	551.09	1209.4	1037.7	819.27	1147.46
其中																
直接投资	20.20	24.40	53.33	33.61	42.60	44.29	39.80	40.02	67.81	94.20	130.72	136.78	277.97	270.27	159.06	138.10
其中																
资本缴纳金	14.55	17.80	21.27	12.46	11.63	10.60	12.71	17.13	22.43	73.07	103.60	87.69	147.94	158.83	79.97	77.00
从外国合伙机构得到贷款	3.41	4.50	26.32	16.90	18.72	27.38	21.17	13.00	21.06	16.95	21.65	39.87	116.64	97.81	64.40	46.10
其他直接投资	2.24	2.10	5.74	4.25	12.25	6.31	5.92	9.89	24.32	4.18	5.47	9.22	13.39	13.63	14.69	15.00
间接投资	0.39	1.28	6.81	1.91	0.31	1.45	4.51	4.72	4.01	3.33	4.53	31.82	41.94	14.15	8.82	10.76
其中：																
股票和基金	0.11	0.42	5.72	0.34	0.28	0.72	3.29	2.83	3.69	3.02	3.28	28.88	40.57	11.26	3.86	3.94
长期债券	0.28	0.86	1.09	1.57	0.03	0.72	1.22	1.89	0.32	0.31	1.25	2.94	1.37	2.86	4.96	6.82
其他投资其中：	9.24	44.02	62.81	82.21	52.69	63.84	98.27	153.06	225.17	307.56	401.26	382.49	889.50	753.27	651.39	998.60
商业贷款	1.87	4.07	2.40	16.71	14.52	15.44	18.35	22.43	29.73	38.48	60.25	92.58	140.12	161.68	139.41	175.94
其他贷款	4.93	27.19	43.47	62.97	33.49	47.35	79.04	129.28	192.20	264.16	337.45	284.58	737.65	578.95	508.30	791.46
其他	2.44	12.76	16.94	2.53	4.68	1.05	0.88	1.35	3.24	4.92	3.56	5.33	11.73	12.64	3.68	31.20

* 此处和以下所提供的统计报表不包括货币－信贷调节机构、商业银行提供的兑换成美元的进项。

资料来源：俄罗斯联邦统计局“外国投资”2011 年。

比利时、巴西、德国、英国之后（见表9－3）。世界三大评级机构自2005年起提高俄罗斯的主权投资评级至稳定级，但2009年由于世界金融危机影响，俄国际储备和外资流入减少，有两家评级机构下调了俄投资评级一个级别。

表9－3 2009～2010年世界吸引外资前十国（地区）排名

世界排名	2010/2009（亿美元）	国家/地区
1(1)	2280/1530	美国
2(2)	1060/950	中国
3(4)	690/520	中国香港
4(17)	620/240	比利时
5(15)	480/260	巴西
6(6)	460/380	德国
7(3)	460/710	英国
8(7)	410/360	俄罗斯
9(22)	390/150	新加坡
10(10)	340/340	法国

资料来源：联合国贸易和发展会议2011年数据，转引自俄经济发展部《俄罗斯投资环境》(2011)。

从国际比较看，2000～2008年经济的高速增长保证了俄罗斯市场对外资的吸引力。但即使在这一阶段，俄罗斯吸引的外资总量也低于其他国家。如2004年，中国吸引外国直接投资600亿美元，2005年724亿美元，是俄罗斯吸引外资额的六倍多。据欧洲复兴开发银行数据，俄罗斯累计外国直接投资余额仅相当于其GDP的6.5%，比欧洲其他转型国家的平均指标低80%。据安永公司对全球十个最大公司高管的调查，俄罗斯投资吸引力2008年排在第8位，2009年下降至第9位，不仅大大落后于发达国家，而且也落后于发展中国家。安永公司最新的调查显示，2012年，19%的国际投资者认为，俄罗斯为中东欧地区最具投资吸引力的国家。与2011年相比，其投资吸引力提高了八个百分点，为全球最高指标。

2. 构成

根据对1995～2010年16年数据考察（见表9－4），流入俄罗斯的外资构成中，其他类投资占比最高（年均占比68%），其中2010年最高达到87%，1995年最低时也在31%。外国直接投资虽然为俄罗斯政府吸引外资政策的首

表 9－4　1995～2010 年流入俄外资结构

（在总额中占比%）

项目 \ 年份	1995	1996	1997	1998	1999	2000	2001	2002	2003	2004	2005	2006	2007	2008	2009	2010
外资总计	100	100	100	100	100	100	100	100	100	100	100	100	100	100	100	100
其中																
直接投资	67.7	35.0	43.4	28.6	44.6	40.4	27.9	20.2	22.8	23.3	24.4	24.8	23.0	26.0	19.4	12.1
其中																
资本缴纳	48.8	25.5	17.3	10.6	12.2	9.7	8.9	8.6	7.5	18.0	19.3	15.9	12.2	15.3	9.8	6.7
从外国合伙机构得到贷款	11.4	6.5	21.4	14.4	19.6	25.0	14.8	6.6	7.1	4.2	4.0	7.1	9.7	9.4	7.8	4.1
其他直接投资	7.5	3.0	4.7	3.6	12.8	5.7	4.2	5.0	8.2	1.1	1.1	1.8	1.1	1.3	1.8	1.3
间接投资	1.3	1.8	5.5	1.6	0.3	1.3	3.2	2.4	1.4	0.8	0.8	5.8	3.5	1.4	1.1	0.9
其中：																
股票和基金	0.4	0.6	4.6	0.3	0.3	0.6	2.3	1.7	1.2	0.7	0.6	5.2	3.4	1.1	0.5	0.3
长期债券	0.9	1.2	0.9	1.3	0.0	0.6	0.8	0.7	0.1	0.1	0.2	0.6	0.1	0.3	0.6	0.6
其他投资	31.0	63.2	51.1	69.8	55.1	58.3	68.9	77.4	75.8	75.9	74.8	69.4	73.5	72.6	79.5	87.0
其中：																
商业贷款	6.3	5.9	2.0	14.2	15.2	14.1	12.9	11.3	10.0	9.5	11.2	16.8	11.6	15.6	17.0	15.3
其他贷款	16.5	39.0	35.3	53.5	35.0	43.2	55.4	65.4	64.7	65.2	62.9	51.6	61.0	55.8	62.0	69.0
其他	8.2	18.3	13.8	2.1	4.9	1.0	0.6	0.7	1.1	1.2	0.7	1.0	0.9	1.2	0.5	2.7

资料来源：俄罗斯联邦统计局网站外国投资栏。

选，但在历年吸引外资构成中均排在其他类投资之后（年均占比 30%），且呈现出占比逐年下降的趋势，1995 年该指标最高时曾达 67.7%，2010 年已经下跌至 12.1% 的最低点。间接投资在俄吸引外资构成中一直微不足道（年均占比 2%），1997 年下半年，俄罗斯对外国人开放短期国债市场，该市场上的外国投资曾一度快速增长，2006 年最高达到 5.8%。[①]

3. 投资来源地

从属地性质看，进入俄罗斯的外资以发达国家的跨国公司为主。截至 2010 年底，在俄罗斯注册的外国公司共来自 156 个国家。2010 年，俄前十大外资来源国为塞浦路斯、荷兰、卢森堡、中国、德国、英国、爱尔兰、法国、日本、英属维尔京群岛（见表 9－5）。十国在俄吸引外资总额中占比为 84.4%，在吸引外国直接投资总额中占比为 73.1%。[②]

表 9－5　俄十大投资来源国（地）累计对俄投资情况

单位：亿美元

分类＼国别	到 2010 年底累计余额		其中			2010 年流入外资额
	总计	占比%	直接投资	间接投资	其他投资	
全部投资*	3001.06	100	1161.99	89.20	1749.87	1147.46
前十大外资来源国	2532.42	84.4	899.13	75.68	1557.61	936.60
其中：塞浦路斯	619.61	20.7	447.37	17.32	154.92	90.03
荷兰	403.83	13.5	224.01	0.08	179.74	106.96
卢森堡	351.67	11.7	6.61	2.03	343.03	53.74
中国	279.40	9.3	9.42	0.001	269.98	76.31
德国	278.25	9.3	92.54	0.11	185.60	104.35
英国	215.78	7.2	35.01	44.81	135.96	407.70
爱尔兰	114.88	3.8	5.68	0.04	109.16	25.57
法国	103.43	3.4	29.22	0.28	73.93	37.02
日本	90.22	3.0	8.24	0.02	81.96	11.09
英属维尔京群岛	75.35	2.5	41.03	10.99	23.33	23.83

注：＊包括来自独联体国家的投资。

资料来源：俄罗斯联邦统计局：《2010 年外国对俄投资》。

① 根据俄罗斯联邦统计局数据计算。

② 俄罗斯联邦统计局：《2010 年外国对俄投资》。

需要说明的是，进入俄罗斯的外资中有相当部分属于出逃资金的回流。来自塞浦路斯、荷兰、卢森堡乃至英国的投资多属于这种性质。据俄权威专家估计，回流资本占进入俄罗斯外资的一半，其中70%以上为直接投资。①2010年2月，俄经济发展部部长纳比乌琳娜在向总统汇报工作时坦承："流入俄罗斯的外国直接投资中60%是俄自己的资金通过外国法人公司形式进入。"②近年来，伴随外资加快进入俄罗斯，出逃资本回流不断加速。有专家明确指出，在计算外国对俄投资时首先应从总额里减去1/3。

4. 进入时机

据俄罗斯外国投资咨询委员会的数据，俄罗斯市场上的外资约1/3（29%）是在苏联东欧剧变之前进入的。大部分（59%）是1990年至1998年期间的投资。相对较新的投资者（12%）于1999年之后，即普京时期进入俄罗斯市场（见图9－1）。

2004年的调查显示，在外资进入早期，有21%的外国投资商在俄罗斯的员工不超过50人，19%的外国投资商在俄罗斯的员工保持在50～200人。大多数被调查公司（60%）的员工在200人以上（见图9－2）。

5. 产业流向分布

从外资产业流向看，则表现出产业分布明确的特点。20世纪90年代，能源及其他矿产资源开采业为外国投资首选行业。近年来，随着国际市场行情的变化及俄政府宏观经济政策导向的作用，外资行业分布首选已从采掘业逐步转向加工制造业。总体看，外资一般都集中在相互毗邻地区及第二、第三产业，分别为加工业、金融保险业、批发和零售贸易、科研、矿产资源采掘业、房地产业、信息通信、其他类服务和电、气、水生产配送及建筑业（见表9－6和表9－7）。

① *Ведомости*，"Прямая доля" 10.05.2011.

② *Русский Newsweek*："Климат－инвест－контроль"，У России нет денег. Правительство снова принялось всерьез ухаживать за западными инвесторами. 11 Мая 2010г.

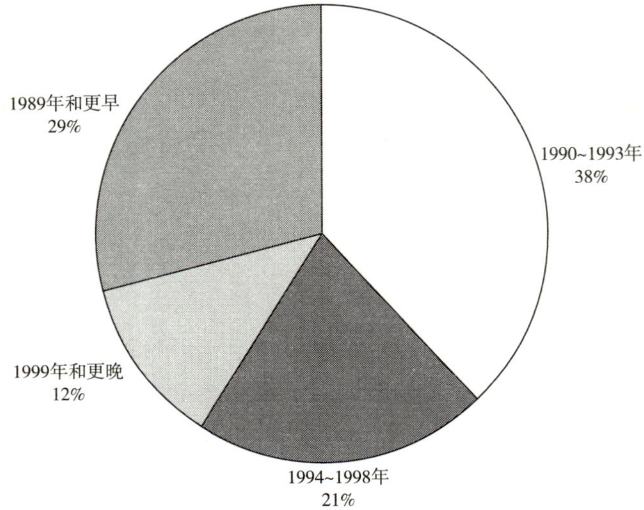

图 9－1　外资进入俄罗斯市场的年份（对 104 家投资公司的调查）

资料来源：俄罗斯外国投资咨询委员会 2004 年报告。

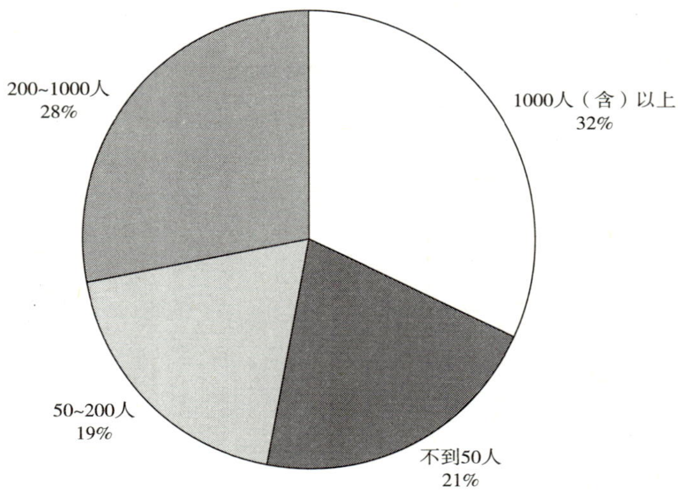

图 9－2　进入俄罗斯的外国公司在俄罗斯的员工人数（对 107 家投资公司的调查）

资料来源：俄罗斯外国投资咨询委员会 2004 年报告。

表 9－6　2010 年俄罗斯外国直接投资流入最多的十大部门

单位：亿美元

部　门	投资额(占比)	部　门	投资额(占比)
加工业	95.35(23%)	信息通信	30.69(7.4%)
金融保险	77.82(19%)	其他服务	24.96(6%)
批发和零售贸易	51.31(12.5%)	电、气、水生产配送	11.22(2.7%)
科研	36.21(8.7%)	建筑	3.76(0.9%)
矿产资源开采	30.94(7.6%)	总　计	393.40(95.3%)
房地产	30.87(7.5%)		

资料来源：俄罗斯经济发展部：《俄罗斯投资环境》(2011 年)。

表 9－7　外国直接投资在俄罗斯经济不同部门分布情况

	外国直接投资融资的活动形式	2007～2011 年靠外国直接投资融资的项目数量(个)	2007～2011 年外国直接投资融资项目在总量中占比(%)	2007～2011 年创造的新岗位数量(个)
1	工业生产	402	51	51445
2	销售和营销	259	33	1472
3	物流	46	6	287
4	研发	25	3	297
5	测试和维护	20	2	642
6	总部	12	2	930
7	教育和培训	8	1	15
8	互联网数据处理中心	4	1	1000
9	共享服务中心	4	1	—
10	联络中心	1	0	—
	总　计	781	100	56088

资料来源：安永会计师事务所欧洲投资监控部，2012 年。

根据安永的 2012 年最新评估报告，最近 15 年，俄罗斯吸引的外国直接投资主要流向工业生产部门，靠 FDI 融资的项目达到 402 个，2007～2011 年，在工业生产项目框架下，共创造了 51445 个工作岗位，相当于总数的92%。

在多数情况下，外资在俄投资以合资企业的形式实现。十大投资国（地）投资产业均有明确定位，投资主要在第二和第三产业。其中来自塞浦路斯的投资 87.9% 集中在包括饮料和香烟在内的食品加工业；荷兰投资的 92.9% 集中在冶金和金属制成品领域；卢森堡投资的97.2%集中在包括饮料和香烟在内的食品加工业；中国95.3%的投资集中在运输和通信领域；德国82.8%的投资集中在交通工具和设备生产领域；英国91.7%的投资集中在矿产采掘业；爱尔兰92.7%的投资集中在矿产采掘业；法国87.1%的投资集中在运输和通信业；日本91.1%的投资集中在汽车维修、日常和个人用品领域；英属维尔京群岛83.8%的投资集中在金融领域。①

四　外资对俄各地区投资

苏联时期，俄罗斯共分为西北、北方、中央、伏尔加、中央黑土区、伏尔加河沿岸、北高加索、乌拉尔、西西伯利亚、东西伯利亚、远东11个大经济区。苏联解体后没有进行新的经济区划分。根据俄罗斯宪法，俄联邦目前由83个平等的联邦主体组成。根据总统令，2000年5月成立七大联邦区（中央区、西北区、南方区、伏尔加沿岸区、乌拉尔区、西伯利亚区和远东区），2010年1月，又增设北高加索联邦区。从资源禀赋和生产力布局看，俄罗斯的油气开采业主要集中在西西伯利亚；水电、有色金属和森林工业集中在东西伯利亚；黄金、金刚石、鱼类和海产品生产集中在远东；西北、中央、乌拉尔、伏尔加沿岸各区工业发达，集中了机器制造业、化工、轻工、食品、电力及其服务业；南部和北高加索地区则以农业和食品加工业为主。

按照俄罗斯国内评级机构所作的地区投资吸引力排名，根据投资潜力和风险组合共分十个级别（详见表9-8）。

表9-8　俄罗斯地区投资吸引力评级*

1	（1A）高潜力低风险-2	6	（3B2）潜力不大适度风险-18
2	（3A）低潜力低风险-2	7	（2C）中等潜力高风险-5
3	（1B）高潜力适度风险-3	8	（3C1）较低潜力高风险-6
4	（2B）中等潜力适度风险-13	9	（3C2）潜力不大高风险-12
5	（3B1）较低潜力适度风险-24	10	（3D）低潜力极度风险-4

注：*数字代表俄罗斯联邦主体数量，当年共89个。

① 俄罗斯联邦统计局：《2010年外国对俄投资》。

归纳起来，俄罗斯投资环境按地区分大致分三类。第一类投资环境较好，商业意识较强，新经济形成速度较快。这类大约有20个地区和城市，占外资额的80%。第二类过渡型地区，投资环境不太有利，商业意识较弱，经济改造速度一般。这类在俄联邦83个主体单位中占一半。第三类投资环境差，缺少商业意识，基本上没有出现新经济的萌芽。这类大约有15个地区。从外资进入轨迹看，多集中在市场条件较发达、居民有较高支付能力的中央区和原材料产地。目前俄罗斯共有五个投资增长带，位于俄欧洲部分和乌拉尔，即从圣彼得堡到叶卡捷琳堡这一狭长地带，包括以圣彼得堡为龙头的西北区、以莫斯科市和莫斯科州为龙头的中央区，以萨马拉和鞑靼斯坦共和国为龙头的伏尔加沿岸联邦区、以斯维尔德洛夫和车里亚宾斯克州为龙头的乌拉尔联邦区，近年来在俄远东开发战略带动促进下，以萨哈林州为龙头的远东联邦区成为后起之秀（详见表9－9）。

表9－9　2010年俄八大联邦区吸引外资情况

单位：亿美元

	外资进入规模		外资构成		
	总计	占比（%）	直接投资	间接投资	其他投资
俄罗斯联邦	1147.46	100	138.10	10.76	998.60
中央联邦区	767.00167	66.9	81.74553	1.40437	683.85177
其中：莫斯科州	62.07285	5.4	22.01528	0.12598	39.93159
莫斯科市	661.83742	57.7	37.93553	1.09292	622.80897
西北联邦区	93.24379	8.1	20.02281	1.13909	72.08189
其中：列宁格勒州	6.36956	0.6	3.80910	1.05633	1.50413
圣彼得堡市	52.31439	4.5	5.38128	0.04104	46.89207
伏尔加沿岸联邦区	79.28680	6.9	10.72340	1.04498	67.51842
其中：鞑靼斯坦共和国	41.49679	3.6	1.46488	0.00006	40.03185
萨马拉州	11.76821	1.0	0.70744	0.06201	10.99876
乌拉尔联邦区	75.30536	6.5	2.91337	1.93830	70.45369
其中：斯维尔德洛夫州	15.21925	1.3	2.04212	1.04104	12.13609
车里亚宾斯克州	33.26875	2.9	0.12044	0.00005	33.14826
远东联邦区	73.09521	6.4	11.70321	0.48247	60.90953

续表

	外资进入规模		外资构成		
	总计	占比(%)	直接投资	间接投资	其他投资
其中:萨哈(雅库特)共和国	13.36637	1.2	0.02479	0.03119	13.31039
萨哈林州	49.84478	4.4	7.98023	0.00002	41.86455
西伯利亚联邦区	35.65034	3.1	7.63659	4.72818	23.28557
其中:南方联邦区	23.14125	2.0	2.96336	0.01923	20.15866
罗斯托夫州	14.60931	1.2	0.43721	0.00350	14.16860
北高加索联邦区	0.73561	0.1	0.39216	—	0.34345

资料来源：根据俄罗斯联邦统计局《2010 年外国对俄投资》资料整理。

外资在地区流向上表现出不均衡和高度集中特点。2010 年，外资共对俄罗斯 77 个联邦主体投资，其中有 13 个联邦主体集中了流入外资额的 87%，莫斯科市、萨哈林州、利佩茨克州、莫斯科州和圣彼得堡市五大联邦主体集中了全国 72.8% 的外国投资。其中仅莫斯科市就独占进入外资总额的 57.7%。而卡拉恰耶夫—切尔克斯共和国、卡尔梅克共和国、阿尔泰共和国、卡巴尔达—巴尔卡尔共和国、马加丹州、布里亚特共和国、犹太自治州、楚科奇自治区八个联邦主体吸引外资不足全俄吸引外资总额的 0.1% （0.039%）。

从居民人均外资占有额看，全俄平均值为 803 美元，人均外国直接投资额为 97 美元。人均外国直接投资额最高的是涅涅茨自治区（达 9050 美元/人）和萨哈林州（1592 美元/人），而这两个地区均为俄罗斯最大的能源产地。

五　外资企业活动情况

截至 2011 年 10 月 1 日，俄罗斯共有 19977 家外资参与的企业（不含小企业），分布在农业、矿产采掘业、加工业、电气水生产配送、建筑业、批发零售贸易、汽车维修、餐饮、房地产开发服务等多个领域和行业。从企业数量看，加工业、批发零售贸易和汽车维修、房地产开发和租赁服务三大行业的外资参与企业数量最多，分别为 3337 家、8395 家和 3233 家，占外资企业总量的 16.7%、42.0% 和 16.2%。与 2010 年同期相比，加工业中的外资参与企业数量占比减少 2.2%，批发零售贸易和汽车维修业的外资参与企业占比增加 6.8%，房地产开发业则减少 1.3%。统计期内，在外资参与企业内就业的人数近309万人，相当于同期内俄全部就业人口（7507万人）的4%。就业人数较多的几个分别为：加工业近118万人、批发零售贸易和汽车维修业58.43万人、房地产开发租赁服务业近20万人、运输通信业近27万人、采矿业近22万人。①

第二节　俄罗斯政府吸引外资的宏观政策导向

一　普京时期改善投资环境措施

根据俄罗斯政府制定的中长期发展战略，为实现经济现代化目标，在未来20年，俄至少需要2万亿~2.5万亿美元的国内及国外投资，同时需要引进大批的外国先进设备，对现有不合理的经济结构进行大规模更新改造。从总体上看，俄罗斯仍然属于资本短缺型的国家，要保持经济的快速增长，一个重要的因素就是积极利用外资以加速资本形成。为此，俄政府把利用国际资本市场上的巨大金融资源作为重要的政策选择，并把从根本上改善经营环境和投资环境作为21世纪头十年要解决的关键性任务，从政策上给予引导。

1. 完善和加强立法，为投资者创造符合国际标准的投资法律环境和条件

在普京第一任期内，俄完成了联邦《税法典》《国家土地法典》《劳动法典》《海关法典》《中央银行法》等基础性法律的修订和制定工作。通过了联邦《投资活动法》、修改和补充了《地下资源法》《产品分割协议》《股份公司法》，通过了有关反对官僚主义的一揽子文件。近年又修改了《农用土地流通法》《俄罗斯联邦仲裁法庭法》《法人国家登记法》《对不动产和不动产交易权利国家登记法》《不动产抵押法》《银行和银行活动法》《有价证券市场法》《股份公司法》《自然人在俄罗斯银行存款保险法》《土地和地段级别转换法》《经济特区法》《租让协议法》。2006年内相继通过以下法律：《在俄罗斯进行对俄国家安全具有战略意义的商业组织直接投资秩序法》《公路付费

① 俄罗斯联邦统计局："Деятельность организаций с участием иностранного капитала на 1 октября 2011 года"。

法》《组织市场和交易所贸易法》《对不动产形成、投资和进行国家清点核算法》《自然垄断法》《森林法典》等。

2001 年 6 月 9 日，俄颁布了鼓励和相互保护投资协议示范文本，2002 年 4 月 11 日，俄罗斯政府又对其进行补充和修改。其目的在于，使俄对外资提供的制度不应高于俄将在世界贸易组织框架内所承担的义务。2004～2005 年，俄罗斯与澳大利亚、冰岛、立陶宛、新西兰和叙利亚签署的避免双重征税双边协议已经生效。2005～2006 年，俄批准了与亚美尼亚、也门、朝鲜、老挝、蒙古的双边协议，并准备批准与叙利亚、斯洛文尼亚、波兰、塔吉克斯坦、泰国、乌兹别克斯坦、厄瓜多尔、埃塞俄比亚的协议。与安哥拉、巴林、比利时、卢森堡、荷兰、罗马尼亚、沙特阿拉伯、新加坡、阿塞拜疆、布隆迪、委内瑞拉、约旦、伊朗、马来西亚、摩洛哥等国相继进行了双边谈判。

2005 年，俄与中国、克罗地亚结束了签署协议的双边谈判，2006 年 11 月，中俄签署了相互保护投资协议。

2. 积极推进改革加快入世谈判进程

俄罗斯认为，加入世贸组织和 OECD 等有影响的国际经济组织是为外国投资创造良好的条件和提高俄罗斯经济开放度的重要标志。为此俄提出了“入世”的时间表。为实现与世界贸易组织成员国达成基本协议目标，俄特别加强了海关、税收和金融改革。在税收改革方面，税收法典中新的利润税、增值税、销售税、财产税和统一社会税均开始实行。在一次性取消各种优惠、完全取消周转税的情况下，利润税和所得税税率大幅下调。简化和降低了小企业税负，税收改革的正面效应开始显现。在银行改革方面，2004 年俄银行开始实行国际经济核算制度，以期提高银行的资本化水平和外国投资者对俄银行的信任度，提高俄罗斯在国际资本市场上的资信程度。2006 年 7 月 1 日，卢布提前实现了全面自由兑换，成为促使外资加快进入的助推器。海关体系的现代化对于改善投资环境、提高俄罗斯经济的开放度和全球竞争力具有重大意义。近年来，俄下调了用于冶金业、食品工业和医用工业的技术设备进口关税税率，进一步下调了用于固定资产现代化所必需的技术设备进口关税税率及俄国内缺乏但生产制成品所必需的原料进口关税。以上以简化手续、加强激励、减少税收，以及对外国投资者加大开放程度为基本内容的管制改革促进了外资进入和出逃资本回流。2006 年，俄已基本完成与 146 个入世双边工作组的谈判。2006 年 11 月 19 日，俄美签署了结束入世双边谈判协议书，从而扫除了入世进程中的最大障碍。俄政府预期，入世后将会迎来外资进入的新时期。

3. 加大政府投资力度带动私人资本和外资进入

通常内部投资是检测政府政策正确与否的指示器，而政府投资则可起到引导民间和外资进入的风向标作用。近年来，俄罗斯政府实施了一整套投资主导型的税收创新，改变税务检查程序，为经营主体创造更文明的经营条件。为引导外逃资本回流，简化了流出资金的登记程序。为引导民间资本和外资进入力度，通过预算拨款建立投资基金和实施联邦专项纲要，提高政府投资在 GDP 中的比重，使对联邦专项纲要项目的支出保持比 GDP 更快的速度增长。2007 ~2009 年固定资本投资增幅保持在 10.4%、8.8% 和 11.1%，金融危机后，2011 ~2015 年俄固定资本投资预计增幅下调至 8.3%、6.6%、6.4%、7.3% 和 7.8%，资本净流入会进一步上升。

二 梅普时期改善投资环境措施

2010 年 3 月 25 日，俄总理普京主持召开了年内首次外资管理委员会会议，3 月 30 日，时任总统梅德韦杰夫在冶金重镇马格尼托尔斯克市主持召开俄罗斯经济现代化和技术发展委员会第 22 届例会。改善俄投资环境是这两次会议的共同主题。俄“24 小时新闻台”进行了现场直播。3 月 31 日，俄总统经济顾问德沃尔克维奇在俄新闻社举行新闻发布会，解读俄总统提出的改善投资环境的各项措施。这两次会议的基本内容如下。

1. 普京提出吸引外国直接投资（FDI）的新目标

普京指出，2010 年对俄经济是不平凡的一年，全球争夺投资的竞争在加剧。与此同时，外资对俄市场表现出明显的兴趣，进入俄市场的中长期大项目增多，百事可乐、赛诺菲 - 安万特制药集团、道达尔、阿尔斯通、西门子等跨国公司与俄开展积极合作。据初步估计，2010 年俄吸引 FDI 400 多亿美元，比 2009 年略有增长。普京提出，未来俄吸引 FDI 不仅能够恢复到危机前水平，且应超过年吸引 FDI 600 亿 ~700 亿美元的历史纪录。普京称，在其领导的外资管理委员会建议下，政府已通过《外国投资法》的一揽子修改条款，目前正在国家杜马审读。修改条款涉及简化外资进入食品业、医疗业、银行业及地下资源使用等行业的手续。

2. 梅德韦杰夫提出改善投资环境十大紧迫措施

梅德韦杰夫在会议上两次坦承，俄投资环境“很不好”。他表示对许多中小企业来说，2010 年的经商环境非但没有改善，而且由于“不可理喻”的原因导致经营环境更加恶化。例如强制性保险缴费提高，大多数地区电费涨价，带动其他产品涨价。官僚主义、腐败仍然是影响整体环境的致命因素。梅德韦杰夫称，在莫斯科等中心城市和地区对投资项目的审核往往耗时两年，甚至更长，少数州区能在三个月内批准投资项目，可被誉为“幸运的地区”和“幸运的投资者”，今后对各地批复投资项目至少应按这一时限，统一规范行政机关审批程序。梅德韦杰夫认为，为了实现现代化目标，必须彻底改善投资环境，才能大量吸引外国投资，他为此提出了改善投资环境的十大措施。

（1）责成政府就自 2012 年 1 月 1 日起降低强制性保险缴费提出方案。

（2）责成总检察院自 2010 年 5 月起，针对国家机关不作为情况开展专门调查，并对腐败行为提出指控。

（3）授权经济发展部向司法部建议废除妨碍经营和投资活动的部门文件。

（4）自 2010 年 5 月起，每个联邦区总统代表处都将设立专门的投资促进全权代表，推动境内外公司参与实施投资项目。

（5）为消除国有公司对投资环境的过多影响，必须做好三件事：第一，最终确定并公布大公司和金融机构未来三年的私有化时间表；第二，废除政府副总理及部长在其主管领域内的大型国企董事会和金融董事会或监事会任职的做法，由独立董事代替政府官员，对此，俄总统经济顾问解读称，改革有利于提高管理水平，排除在市场竞争中滥用特权的行为，独立董事可从原政府高官和国内外知名的专家中遴选；第三，预先公布特大型国有公司采购计划信息，包括价格和签署合同的信息。

（6）保证上市公司小股东获得必要信息。

（7）2011 年 6 月设立俄罗斯直接投资基金，该基金将包括国有资本、私人资本和来自外国基金的投资。国家不应参与基金管理，并保证在七八年后从公司资本中退出。基金在所有项目中的占比保持在 10% ~25% 之间。

（8）责成政府在 2011 年 5 月前起草缩小外资管理委员会职权范围的法案，重点是简化外资进入俄战略性行业的监管。

（9）切实提高有关海关、边检、公司注册、签证和工作许可证发放及邮政等与投资相关领域的服务质量。责成政府和总统办公厅在两周内确定负责以上问题的副总理级官员作为特约监察员。

（10）自2010年5月起启动俄罗斯总统流动接待站的工作。将任命总统办公厅特派员前往所有地区，受理居民和企业的意见，以及对地方政府代表不作为的投诉，使信访反馈变得公开化。

三　评价

1. 投资环境不见改善引起高度重视

俄高层领导曾连续就投资环境问题召开专门会议，特别是梅德韦杰夫主持的现代化委员会会议，原本为总结工程专业和技术教育的例会，会议却大谈改善投资环境。梅德韦杰夫公开承认俄投资环境恶劣，并对俄现存问题提出严厉批评，这种表态在俄最高当局尚属首次。俄高度重视引资问题事出有因：一是俄经济现代化离不开外资，引资成为俄政府工作优先方向，尽管俄近年来出台多项措施，基本与国际接轨，但现状却是司法腐败、政府部门办事效率低下、私人财产得不到保护、改革措施或流于纸面、或在执行过程中走样；二是金融危机后，俄各项经济指标恶化，资本外流趋势一直未能停止。2010年第一季度，俄资本净流出超过210亿美元。据2010年3月的民调显示，经济停滞不前和居民生活没有大改善已使“梅普组合”的民意支持率降至五年来的最低点。

2. 所提问题切中时弊，措施落实有困难

梅德韦杰夫对俄投资环境的批评切中时弊，言辞尖锐，其中有关限制俄政府高官进入主管的大型国企董事会的措施更是引起热议。政府与国有公司、政府与执政党、执政党与大型企业之间保持着紧密联系是俄当今政企、政商关系的一大特点。目前俄政府多位副总理和现任部长在40多家大型国企和国有银行董事会中任职，通过行政权力直接控制经济资源。这种政企关系模式显然与梅德韦杰夫期望的市场充分竞争模式相去甚远，官员权力过大，企业的发展取决于与政权关系的远近，权力与资本迅速结合产生的腐败更是成为俄吸引外资的主要壁垒。俄媒称，梅德韦杰夫提出的十条措施是“在商界掀起了一场革

命”，“直指普京身边的人”，“将直接动摇俄罗斯的国家资本主义”。梅德韦杰夫的经济顾问德沃尔克维奇在新闻发布会上点名副总理谢钦应卸任俄油公司董事会主席，俄能源部长施马特克应退出天然气工业公司、管道运输公司、联邦电网公司和联邦水电公司董事会，俄第一副总理祖布科夫应卸任俄农业银行董事会主席，副总理兼财长库德林应卸任外贸银行董事会主席，运输部长应卸任俄航空公司董事会主席等。当日，主管军工的俄副总理伊万诺夫针锋相对，向媒体表示，除非总理亲自决定，他本人不打算离开俄联合航空制造集团董事会主席的位子，因为该集团是俄唯一的飞机制造企业，不违背市场竞争原则。2008 年梅德韦杰夫就任总统后，一直高举反腐大旗，但收效甚微。梅德韦杰夫虽提出落实十大措施的时间表，但从俄政治社会生态现实看，操作仍有相当难度。政府高官如何从国企董事会退出，由谁来替代这些高官，这不仅引发利益集团的重新洗牌，更涉及现行政治经济体制的深层次问题，如不改变俄现有的政治经济结构，无论什么样的措施都难以改变俄投资环境。

3. 不排除大选前热身的考虑

近来，围绕梅、普在有关外交、内政、经济问题上的差异，俄媒做了各种解读，认为“梅普组合”出现分歧已成为一种常态，此次梅的讲话的内容涉及总理的分工权限。十大措施中有关缩小相关委员会职权范围的措施虽未指名，但不难看出这实指普京领导的外国投资管理委员会。俄《晨报》文章指出，梅德韦杰夫最近频频与普京在言论上“对着干”，是在“展示自己作为政治家的独立性，他不想在执政最后一年还被视为跛脚鸭”。从这一意义上看，梅德韦杰夫提出十大措施有改善投资环境的一面，但也不排除有他做大选前热身考虑的一面。政治前景的不确定也恰恰是资本外流的重要原因，投资环境的改善应基于稳定明确的政治和经济政策。

第三节　俄罗斯外国投资咨询委员会的功能和作用

俄罗斯外国投资咨询委员会是一个特殊的机构，是俄最具影响力的商业顾问组织，也是俄政府与进入俄罗斯的大型跨国公司进行直接对话的平台和沟通管道。其成立目的是提高俄罗斯经济的投资吸引力，获取跨国公司对俄罗斯改善投资环境的直接建议，促进外资发展。每年俄罗斯总理召开的外国投资咨询委员会会议能够反映出政府的宏观经济政策和引资政策的走向。

一　组成和功能

俄罗斯外国投资咨询委员会，根据1994年9月29日《关于活跃吸引外资进入俄罗斯经济》的第1108号政府令创建，是俄罗斯政府的常设机构，其基本任务是促进吸引外资进入俄罗斯，改善外资的投资环境。现参与俄境内活动的最大的外国投资商均参加该委员会，目前共有42家外国大公司和银行是委员会成员。

外国投资咨询委员会主席由俄罗斯政府总理担任，执行委员会主席由俄罗斯经济发展部部长担任，安永会计师事务所是委员会的召集单位。委员会每年召开一次全会（10月的第三个星期一），俄罗斯总理和外国公司的一把手参会。外国投资咨询委员会执行委员会每年在主席——俄罗斯经济发展部部长领导下举行三四次会议，分析工作组取得的活动成果、提出新的要求和做出有关实行所指定措施的决定。委员会的工作机制是优先方向倡议小组和执行委员会。

目前该委员会的活动分为两大部分：第一，每年召开一次全会，由在俄的外国投资者提出共同的关键问题，确定委员会下一年的工作方向；第二，按全会确定的方向建立工作组的活动，预期工作结果是——实施完善俄投资环境的具体措施，工作组由外国投资咨询委员会成员公司的代表和俄联邦相关执法机关人员组成。

外国投资咨询委员会主要功能如下：①就提高俄罗斯经济在委员会优先活动方向的投资吸引力及外资组织的问题准备建议；②审议联邦执法机关和外资组织在规定的职权范围内提出的建议和意见；③审议联邦执法机关和外资组织的不同意见（这些外资组织的领导人是委员会成员）和关于委员会职权的问题；④按规定的程序向联邦执法机关提出委托，向委员会的外资成员就与在投资领域实施国家政策、吸引外资进入俄罗斯经济部门和解决外资的问题提出建议；⑤根据俄罗斯经济发展的优先方向和外资遇到的最关切问题，批准每年的优先活动方向清单；

外国投资咨询委员会的执行委员会行使以下功能：①在委员会举行会议时审议外资提出的问题，推动其解决，必要时组织准备相关问题提交委员会会议审议；②组织联邦执法机关、联邦主体国家机关、有兴趣的组织在实施与委员会主要活动方向有关的建议中相互协作；③就执行俄罗斯政府提出的决定和委托的与委员会活动有关的措施提出建议，对执行措施进程进行监管，必要时为委员会主席准备执行情况报告；④准备为更换成员举行委员会改组的建议；⑤批准从委员会成员中选出的基本活动方向协调员；⑥就领导人是委员会成员的外资、联邦执法机关和联邦主体国家机关在实施俄境内投资项目中提出的不同意见准备建议，提交委员会会议审议。[①]

二　外国投资咨询委员会构成

外国投资咨询委员会构成多次变化。截至2012年10月，共有42家对俄罗斯投资的外国公司进入外国投资咨询委员会（详见表9－10）。

三　工作重心调整

为提高咨询委员会的工作效率，2009年12月30日以第1141号政府令形式对其活动原则和构成进行修改。委员会的活动转向具体解决外国投资商在投资初始阶段和投资项目实施过程中遇到的问题。俄政府提出，必要时可以吸引尚未进入外国投资咨询委员会的公司、组织的代表和独立专家参与关键方向的工作。

以俄罗斯经济发展的优先方向和外国投资者最关心的问题为出发点，决定每年召开一次全会来取代一年三四次的工作组会议。这样可以集中投资者、联邦执法机关代表对关键问题的关注，并保证解决问题。

2009年12月25日，召开了工作组会议，会议决定2010年接纳新的咨询委员会成员公司，对十个观察员公司给予常任会员资格。为了吸引更多的外国公司积极参与委员会各方面的工作，决定从2010年起取消观察员资格。

外国投资咨询委员会确定能效和生产现代化、行政壁垒和执法实践、完善税收和海关法律为2010年优先工作方向。

截至2010年，外国投资咨询委员会成员对俄罗斯的投资总额已超过1100亿美元。俄政府认为，外国投资咨询委员会在为俄罗斯创造良好的投资环境方

① 《俄罗斯外国投资咨询委员会章程》，俄罗斯第1141号政府令，2009年12月30日。

表 9－10　俄罗斯外国投资咨询委员会构成

	公司名称	国别	公司“一把手”	在俄罗斯的投资项目
1	3M 公司 矿业及机器制造公司	美国	乔治·W. 巴克利 总经理,董事会主席	待确认
2	ABB 电力和自动化技术公司	瑞典	约瑟夫·霍根 总经理	—
3	Alcoa 铝业公司	美国	科菲德 总裁,首席执行官	—
4	BASF 大型化工公司	德国	科尔特·博克 董事会执行主席	—
5	BAT 烟草公司	英国	理查德·罗伯斯 董事长	截至 2012 年,在俄投资持股十亿美元,在莫斯科、圣彼得堡、萨拉托夫设厂
6	BHP Billiton 矿业公司	英国, 澳大利亚	雅克·纳赛尔 董事会主席	—
7	BP 石油天然气公司	英国, 美国	思文凯 董事会主席	—
8	Cagill 动物营养品和农产品公司	美国	佩雷格里 董事会主席,CEO	在俄投资七亿美元,在图拉州“埃夫雷莫夫”设葡萄糖糖浆厂,在克拉斯诺达尔边疆区和顿河－罗斯托夫港口设电梯厂
9	Deutsche Bank 德意志银行	德国	于尔根·菲辰 安舒·简 董事会和执委会共同主席	—

续表

	公司名称	国别	公司“一把手”	在俄罗斯的投资项目
10	ЕБРР 欧洲复兴开发银行	—	苏马·查克拉巴迪 总裁	截至2012年，对俄投资141亿欧元，共685个项目
11	Enel S. p. A. 电力公司	意大利	福尔维奥·孔蒂 总经理	Enel公司在俄罗斯主要与EnI公司共同从事天然气勘探开发，发电（控制《ОГК－5》），以及电力销售和配送
12	Enil S. p. A. 能源公司	意大利	保罗·斯卡罗尼 总经理	Enil公司持有“蓝流”管道项目50%的股份（其余50%由俄气公司控制），公司还参与油气田的勘探和开发，已进入零售油品市场（销售机油、Agip加油站）
13	Ernst & Young 国际会计公司	美国	詹姆斯·特利 董事局主席，总经理	安永在俄罗斯主要提供咨询和审计服务，有2000多个客户
14	Exxon Mobil Corporation 能源与石化产品公司	美国	雷克斯·蒂勒森 董事局主席，总经理	埃克森美孚公司是“萨哈林－1”项目参与者，持有该项目30%股份
15	Finmeccanica 航空航天公司	意大利	朱塞佩·奥尔西 董事局主席，总经理	是俄罗斯最大的项目——“邮政现代化”的参与者
16	Ford Motor Company 汽车制造公司	美国	艾伦·穆拉里 总裁，总经理	福特公司在俄罗斯生产福特福克斯（初始投资1.5亿美元）和福特蒙迪欧汽车。在77个城市有120个汽车福特销售服务网点，其中包括106个授权经销商
17	Intel 半导体芯片制造	美国	简·肖 董事局主席	在俄罗斯有四个研发中心，分别位于莫斯科、圣彼得堡、下诺夫哥罗德和西西伯利亚市。2011年，英特尔公司进入俄罗斯和独联体市场20周年
18	Itochu Corp. 伊藤忠商事株式会社	日本	吉川英米仓 董事会主席，总经理	2012年5月在利佩茨克特区开设轮胎生产厂，项目投资额48亿卢布。曾参与“萨哈林－1”项目计划，同时参加实施食品工业、服装、化工、森工、电力、冶金、矿物资源等多个领域的不同项目
19	Kinross Gold Corporation 黄金公司	加拿大	保罗·罗林森 总经理	在俄罗斯楚克奇自治区开发金属矿藏，2008年开采出第一座金矿

续表

	公司名称	国别	公司"一把手"	在俄罗斯的投资项目
20	Kraft Foods 卡夫食品公司	美国		2012 年,公司正式分为两个组织,Kraft Foods 只在美国本土营运,在国际上(包括俄罗斯)公司采用新名字 Mondelez International
21	Lafarge 水泥石膏板骨料混凝土公司	法国	乐峰 总裁	在莫斯科和车里亚宾斯克有两家水泥厂属于拉法基(Lafarge)集团。此外,公司还进入非金属材料和混凝土领域,有四家开采非金属材料的采石场
22	Mars 食品、制药公司	美国	保罗・迈克尔 总裁	Mars 公司自 1991 年起进入俄罗斯。目前投资组合是在莫斯科州、新西伯利亚和乌里扬诺夫斯克州有数家工厂,2011 年,Mars 俄罗斯分公司的纯利润为 88 亿卢布
23	Metro AG 零售商	德国	奥拉夫・科赫 董事局主席	目前,麦德龙在俄罗斯有 58 家商店。同时,麦德龙集团的其他品牌如 Real 有 16 家商店,Media Markt 有 20 家商店。2010 年底,最早的两家 Saturn 商店在沃罗涅什和莫斯科开店
24	Mitsubishi Group 三菱汽车	日本		2010 年立即启动了两条生产线:在合资企业 FUSO KAMAZ TRUCK RUS 和俄罗斯企业卡玛兹厂生产小吨位卡车;在属于法国公司的俄罗斯卡卢加州工厂生产轿车
25	Mitsui Bussan 机械等	日本	亚美泛岛 总裁,总经理	活动集中在化工、能源、钢铁产品、IT、消费品、食品零售贸易、机械设备和物流领域
26	Nestle S. A. 雀巢食品公司	瑞士	彼得・鲍比达 保罗・伯凯 总干事	在俄罗斯生产以下品牌食品:"Nescafé""КитКат""Nesquik""Экстрем""Россия — щедрая душа""Бон Пари""Nuts""Золотая марка""Maggi""Perrier""Friskies""Felix""Purina ONE""Gourmet""Дарлинг"等
27	Novartis 诺华制药公司	瑞士	威斯 董事会主席	诺华公司的投资主要在保健和药品加工领域。2011 年 6 月,诺华在俄进行了药厂建设奠基仪式(投资额 1.4 亿美元)

续表

	公司名称	国别	公司"一把手"	在俄罗斯的投资项目
28	PepsiCo 饮料公司	美国	英德拉·努依 董事局主席	PepsiCo公司在俄罗斯有40多家企业，有25000名员工，对俄罗斯投资额达90亿美元
29	Procter & Gamble 消费日用品生产公司	美国	罗伯特·麦克唐纳 总裁兼首席执行官	在俄罗斯投资组合生产70个商业品牌。宝洁公司在俄罗斯有三家工厂，生产的产品中有25%向世界各地出口
30	Renault 雷诺汽车制造公司	法国	路易·施威策尔 总裁，董事局主席 卡洛斯·科恩 首席执行官	雷诺公司在俄罗斯持有"Автофрамос"汽车公司94.1%的股份，生产车款为Renault Logan和Renault Duster. 2008年2月，雷诺获得俄罗斯"АвтоВАЗ"公司25%的控股权
31	Royal Dutch Shell 石油天然气公司	英国 荷兰	彼得·沃瑟 首席执行官	荷兰皇家壳牌集团和俄罗斯天然气工业公司和俄汉特－曼西自治区的萨雷母公司、日本三井和三菱公司共同参与开发萨哈林大陆架项目(为产品分成协议项目)
32	Siemens AG 电子和电气工程公司	德国	彼得·罗切尔 首席执行官	目前西门子公司主要在电力配送和高速铁路领域实施一系列大型基础设施项目，2010财年(截至当年9月30日)，公司在俄罗斯的订单达到26亿欧元
33	Sun Group	印度	海德·凯姆卡 董事局主席	Sun Group投资俄罗斯的啤酒酿造业、石油天然气和矿山开采业，还打算对建筑部门大量投资
34	Schlumberger 跨国油田综合服务公司	法国	包道格·凯普思高 首席执行官	为大型油气公司的油井进行地质物理研究，这些公司包括：俄罗斯天然气公司、俄罗斯石油公司、卢克石油公司、天然气石油公司、秋明－BP公司、BP公司、皇家壳牌公司、埃克森美孚公司、雪佛龙德士古、道达尔、阿吉普公司
35	Telenor 电信公司	挪威	斯维恩·阿瑟 董事局主席， 乔恩·弗里德雷克·巴克萨斯首席执行官	对电信领域投资，持有俄罗斯VimpelCom Ltd. 36%有投票权的股份和39.6%的普通股

续表

	公司名称	国别	公司“一把手”	在俄罗斯的投资项目
36	Tetra Pak 包装业	瑞典	丹尼斯·琼森 首席执行官	Tetra Pak 厂生产液体食品的包装材料，目前是该领域在俄罗斯和东欧最大的企业
37	The Coca-Cola Company 饮料公司	美国	穆泰康·肯特 首席执行官	目前可口可乐公司对俄投资已达 18 亿美元
38	Total 石油公司	法国	克里斯托弗·马哲睿 首席执行官	自 1999 年起，道达尔公司按照产品分成协议在俄罗斯的 Харьягинск 油田开采石油，公司在该项目中占有 50% 比重。公司宣布将与俄罗斯天然气公司建立战略联盟
39	UniCredit Group 意大利联合信贷银行	意大利	非德里克 首席执行官	UniCredit 在俄罗斯代表 ЮниКредит Банком（原国际莫斯科银行），总资产 7550.8 亿卢布，总资本 940.4 亿卢布
40	Unilever 联合利华 日用消费品制造公司	英国 荷兰	保罗·波尔曼 首席执行官	Unilever 在俄罗斯有八家企业，包括位于圣彼得堡的“北方之光”香水－化妆品厂，茶业分包厂，莫斯科人造黄油生产厂等。2011 年底宣布收购联合利华在卡利娜公司 82% 的股权，该公司生产“清洁线”“100 个美容药方”和“黑珍珠”牌化妆品和日用化工用品
41	United Technologies 联合技术公司	美国	路易斯 首席执行官	
42	Всемирный банк 世界银行	—	金辰勇 总裁	自 1992 年至今，世界银行对 64 个项目融资提供借款超过 104 亿美元，其中 99 亿美元已经花掉。对俄罗斯项目融资的形式 100% 为投资贷款

资料来源：根据俄罗斯外国投资咨询委员会官方网站资料整理。

面发挥了重要作用，委员会提出的建议和意见在制定法规和其他标准化文件时被采纳。

第四节　外资流入对俄罗斯经济发展的作用

根据国际投资理论的研究，外资流入对东道国经济增长的影响包括静态产出效应和动态溢出效应，主要表现在用以弥补国内资本不足、促进产业升级、增加就业、引进先进技术管理经验、开拓国际市场、促进经济增长等方面，外资流入的综合经济效应主要取决于流入外资的总量、净余额以及形态结构和地区流向。从俄罗斯吸引外资现状看，从 20 世纪 90 年代至今，不同的时期，外资进入对俄罗斯经济的影响和作用有所区别。

一　外国直接投资对弥补国内投资需求的作用

通过对俄罗斯吸引外资情况的实证分析表明，从 20 世纪 90 年代至今，外资并没有成为其经济增长的助推器，没有对其生产增长产生实质性影响，甚至在外资大量集中的行业和地区也是如此。根本的原因是，进入俄罗斯的外资数量太少，难以形成推动力。据估计，要实现普京总统提出的 GDP 十年内翻一番的计划，所需要的投资将不少于 1.1 万亿美元，其中外国直接投资应不少于 1700 亿美元。近年来，俄罗斯固定资本投资保持了积极的态势，但外国直接投资在固定资本投资中的比重最高没有超过 7%（1997 年为 1.2%，1998 年为 2.5%，1999 年为 3.5%，2000 年为 1.5%，2001 年为 2.3%，2002 年为 3.6%，2003 年为 4.1%，2004 年为 6.1%，2005 年为 6.5%）①；在 GDP 中的比重不足 1.5%；外资在俄罗斯国内长期投资总量中的比重最高没有超过 15%，如果考虑到内资回流在外国直接投资中还占有相当比重，外资比例应该更低。相对于俄罗斯经济对投资的巨大需求，这种吸引外资和利用外资的水平，对弥补国内投资缺口所起的作用暂时还十分有限。

① 俄罗斯联邦国家统计局：《2005 年俄罗斯统计年鉴》，莫斯科，2006。

二　国际金融组织贷款的作用

一般而言，对经济增长产生直接影响的是长期直接投资，从流入外资的形态结构看，1996 年之前，外国对俄直接投资占有较大比重，之后流入外资总量增长更多的是靠其他类投资的进入，其比重为 50% ~70%。由于这部分投资主要是从国际组织得到贷款和其他外国投资者处得到期限在 180 天以内的贷款（其中 30% 为商业贷款，相当于全部进入外资额的 15%），因此从长期影响看，尽管这些贷款在一定的时期会弥补国内投资的不足，但之后势必转变为巨大的债务负担，如果不能合理安排债权结构和债期结构，这部分投资将会转变成动态国际收支风险，影响经济的长期增长。

根据俄官方数据，1992 ~2002 年，俄罗斯与国际货币基金组织（IMF）签订了九个贷款协议，总额为 349. 9 亿美元，实际利用 IMF 贷款 12 笔，总额为 155. 97 亿特别提款权，相当于 209. 82 亿美元。1992 ~2002 年，俄与国际复兴开发银行（WB）签订总额为 63. 2 亿美元的协议，实际利用 51. 39 亿美元。1994 ~2002 年，俄与欧洲复兴开发银行（EIB）签订了八个项目，总额为 4. 4 亿美元。[①] 国际货币基金组织对俄贷款目标是力图抑制通货膨胀并实现宏观经济稳定、实施结构改革、扭转和弱化金融危机、克服金融危机后果等。世界银行对俄贷款主要集中在三个优先方向——支持俄罗斯向以私有制为基础的市场经济过渡，保护弱势居民阶层，发展和加强市场的制度基础和完善金融、私有部门、能源、社会保障、国家机构管理等五个领域。

俄罗斯国内对国际金融组织贷款作用的各种评价可归纳为如下几点。

第一，肯定国际贷款对俄经济转轨初期在弥补市场短缺、稳定宏观经济方面的一定作用。认为国际货币基金组织在提供贷款时提出的遏制通货膨胀、强化财政纪律、克服预算赤字等目标对于任何一个转型经济体来说都是十分必要的。[②]

第二，对贷款在俄经济稳定和增长中的作用评价较低。认为西方贷款并未

---

① С. О. Шохин, Анализ состояния государственного внешнего долга Российской Федерации, *Бюллетень Счетной палаты Российской Федерации*, №. 9 (81), 2004 год.

② М. М. Магомаева, Влияние Международного Валютного Фонда на трансофрмацию российского общества, http: //www. sovmu. spbu. ru.

完全到位，与俄罗斯实际需求存在较大差距，贷款无论是对于弥补预算赤字、抑制通货膨胀、稳定卢布币值，还是对促进经济增长所起的作用都微乎其微。

第三，对国际金融组织在提供贷款时提出附加条件的做法持强烈批评态度。认为俄经济转轨方案正是在国际金融组织专家（来自国际货币基金组织的美国专家一直是俄罗斯政府的经济顾问）参与下制定的，由于国际金融组织把适用于某些国家的做法作为普遍经验强加于俄罗斯，导致俄罗斯经济转轨失败。

第四，认为俄之所以成为债务大国，与国际金融组织的政策直接有关，长期累计的外债对俄罗斯的货币信贷政策、汇率政策和财政政策都造成了负面影响，并导致了 1998 年的金融危机。

1999 年之后，随着俄罗斯外交政策的调整和国内经济形势的逐步好转，俄罗斯政府层面探讨了接受国际援助对俄罗斯经济安全造成的负面影响，并提出要减少和停止向国际货币基金组织举债、提前偿还外债、将国家债务重组转换为企业债务的设想。2005 年，俄罗斯已提前偿还欠国际货币基金组织的外债，2006 年又提前偿还了欠巴黎俱乐部债权人的外债。

三　跨国公司成为新技术新产品的提供者

俄罗斯实行对外开放以来，随着外资的进入，引进了先进技术含量较高的资本货物和加工工艺。根据俄罗斯工业企业家联盟 2005 年秋进行的调查，当年有 95% 的大中型工业企业和 40% 的中小企业进行了投资活动，投资主要用于更新老化的设备。2006 年俄工业企业设备老化率指标多年来首次出现下降。其中，除直接进口机器设备外，还有不少外国的专门贷款项目。食品工业是俄加工业中外资进入比例较大同时也是受益最大的行业之一。目前，该行业 80% 以上的机器设备已经更新，成为最先完成进口替代的行业。在一些著名品牌落地俄罗斯并已完成本地化的同时，俄食品国产化水平日益提高并开始向独联体国家出口。

除新产品、新工艺外，更重要的是随着外资的进入，带来了全新的管理理念和模式。以零售商业为例，目前世界著名零售商如法国的阿尚、德国的麦德龙、瑞典的宜家等早已进入俄罗斯。跨国公司先进的业态形式和管理模式对俄国企业开阔眼界和进行模仿大有益处。在跨国零售商的带动和示范作用下，近年来，俄罗斯国内零售业迅速发展扩张，并开始与国际零售商进行竞争。

2006 年以来，为发展俄罗斯的汽车制造业，俄政府启动了“工业组装制度”，先后与著名的国际汽车制造商签署了九个合作协议。其目的是将目前通行的整车“原始进口”模式转换为进口零配件在国内组装，以此提高国内汽车行业的整体技术水平。俄计划与国际汽车零配件制造商再签署 15 个合作项目，目标是在未来使汽车制造和维修逐步本地化。

第五节 在俄外资企业业绩及其对投资环境的评估

一 企业投资效益增长

俄罗斯政府外国投资咨询委员会和俄罗斯经济发展与贸易部已连续多年对在俄罗斯投资的跨国公司高管就投资环境进行调查。调查结果表明，俄罗斯仍属于高回报和高风险并存的投资市场，但投资者更确信对俄投资的高回报率。与 20 世纪 90 年代和几年前相比，外资对俄投资的效益大大增长。从近年来在俄跨国公司的盈利和销售额指标看，其发展都非常顺利，2004 年，90% 以上的在俄跨国公司销售额增长了 10% 或 10% 以上，75% 的公司利润增长了 10%，80% 的公司宣布，最近两年已经成功地实现了投资俄罗斯的预期目标。尽管 2006 年出现“萨哈林－2”项目风波，但对俄投资环境持积极态度的公司仍比 2005 年大幅上升。50% 的公司称其销售额增长了 30%，25% 的公司利润增长了 30%。94% 的公司打算继续扩大在俄业务，91% 的公司打算在最近三年间增加在俄投资。与 2005 年相比，这一态度发生了本质的变化，2005 年的同类指标分别是 78% 和 71%。

据安永 2012 年的投资环境调查，2007 年只有 8% 的外国公司认为俄罗斯在吸引外资方面取得了成绩，2012 年这一比例已经达到 1/3。

二 俄罗斯投资环境新变化

最近五年，影响俄罗斯市场投资吸引力的因素与转轨期间相比有明显变化，除“市场规模和容量大、丰富的资源和高科技潜力、高素质和相对便宜的劳动力”等不变因素外，俄经济的高速增长和还贷能力都被视为正面的因素。

（一）环境有所改善

在对2006年投资环境的调查中，有51%的公司认为投资环境得到改善，14%认为恶化，27%认为没有变化。他们认为有五大正面因素和五大负面因素影响其对俄投资决策。正面因素包括：俄国内市场的容量（90%）、俄经济快速增长（82%）、干部资源（57%）、政治稳定（48%）和宏观经济稳定（46%）。负面因素包括：行政壁垒（84%）、腐败（78%）、立法不完善和自相矛盾（71%）、法律解释和执行的随意性（67%）、对侵害性和不道德商业行为缺乏保障（39%）。

根据世界银行营商环境调查，2011年，俄罗斯在124个参评国家中排第120位，2012年上升到112位。俄总统普京曾表示，要在2018年前将俄经商环境排名提升至第20位，如要完成该目标每年需前进15位。

根据安永2012年对欧洲国家投资吸引力的调查结果，在现代条件下，投资者做出投资决定需要考虑的首要因素是其国内市场和地区市场，其次是包括稳定性、劳动力价格和专业水平、基础设施发展的状况。投资者认为，2012年决定俄罗斯投资吸引力的最重要因素是其国内市场，其次为教育水平、电信基础设施、劳动力价格、干部专业水平。影响俄罗斯投资环境的主要因素是政治、法律和行政环境，此外还有运输物流基础设施不完善、稳定发展的动力不足等。①

在对国家风险进行评估时，2005年54%的公司认为俄存在高投资风险，2006年这一比例下降至35%。在与中国、印度、巴西和其他发展中国家市场投资风险进行比较时，2005年这些公司认为，在俄投资风险高于在金砖四国中的其他三国。2006年持这一看法的公司比例在下降，认为俄罗斯与中国、印度和巴西相比经济同样保持了积极的增长。与此同时，74%被调查的公司认为，俄政府吸引外国直接投资政策与中国、印度、巴西、波兰、爱沙尼亚和西班牙等国政府相比还远未有效。

在对未来投资领域进行的分析中，根据CFA全球标准投资研究所2006年

① 安永国际会计公司：《俄罗斯2012年投资吸引力调查报告》。安永公司网站。

10 月 30 日 ~11 月 9 日在更大范围（750 人）进行的追踪调查结果，认为未来三年在俄罗斯市场最具增长潜力部门的人员比例见图 9 -3。

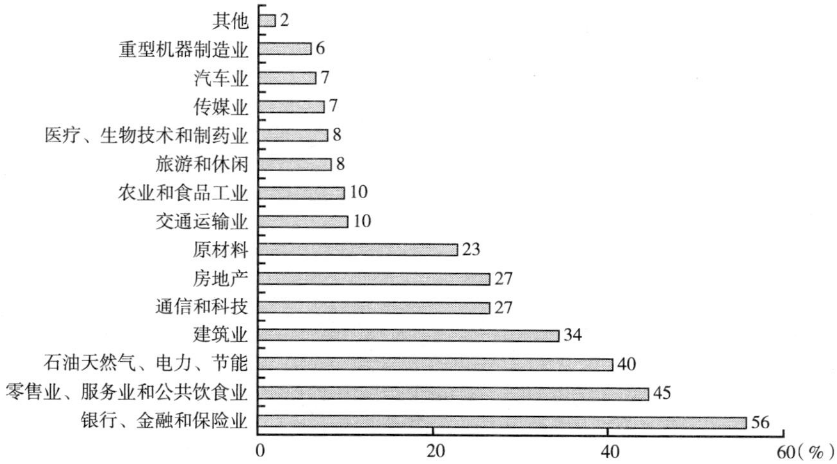

图 9 -3 未来三年投资俄罗斯市场最具增长潜力部门

调查结果表明，和大多数新兴市场一样，银行业和金融保险业、零售业、服务业和公共饮食业、石油天然气、电力和节能、建筑业是俄未来投资增长潜力最大的部门。而重型机器制造业、汽车制造业、传媒业等并不为投资者看好。

被调查公司的总体结论是，俄罗斯的投资环境既不如想象的那么差，也没有所希望的那么好。

（二）俄罗斯民众对外资的认知态度

耐人寻味的是近年来俄罗斯国内对外资进入的态度。2006 年 10 月国际运筹学联合会和全俄舆情研究中心进行的联合调查表明，俄国内对“外资进入，福兮祸兮”这一问题大多持消极态度。对战略性资源产业，如石油和天然气部门，在被调查的四类人群中认为绝对不允许外资进入的人数都超过了 50% 。对其他一些资源性产业，如电力、煤炭和资源开发、森林工业等部门，普通民众不赞成外资进入的占绝大多数。对加工制造业，如食品工业、汽车制造业、航空制造业、军工综合体以及建筑业，传媒、投资 - 金融领域及政府部门，专家认为外资绝对不允许进入的人数比例大大超过普通民众。

这表明，俄罗斯政府加强对战略性资源部门控制的做法有相当的社会基础；同时，作为专业人群对向外资开放上述未来有发展潜力的领域还有相当的担心（见表9－11）。

表9－11　对俄罗斯民众来说，允许和限制外资进入的最重要战略性部门是哪些*

单位：%

部　门	人群分类	不加任何限制允许外资100%进入的部门	允许进入但不得超过50%	允许进入但不得超过25%	绝对不允许外资进入的部门	难以回答
石油工业	1①	2	7	13	68	10
	2②	10	10	8	70	2
	3③	7	7	10	77	—
	4④	3	27	17	50	3
天然气工业	1	2	7	14	69	8
	2	10	8	16	60	6
	3	7	7	10	77	—
	4	3	27	17	50	3
电力工业	1	2	7	15	66	10
	2	12	24	32	28	4
	3	3	33	30	30	3
	4	7	37	27	23	7
煤炭和矿产资源开采（石油天然气除外）	1	3	7	15	67	8
	2	14	40	22	22	2
	3	7	40	30	23	—
	4	7	40	27	23	3
食品工业	1	7	20	23	42	8
	2	48	28	20	—	4
	3	50	30	13	3	3
	4	40	43	10	—	7
航空业	1	6	14	20	51	9
	2	32	22	34	8	4
	3	10	43	43	3	—
	4	13	57	13	7	10
汽车制造业	1	16	26	20	29	9
	2	52	32	8	4	4
	3	50	33	13	—	3
	4	70	17	7	3	3

续表

部　门	人群分类	不加任何限制允许外资100%进入的部门	允许进入但不得超过50%	允许进入但不得超过25%	绝对不允许外资进入的部门	难以回答
军工综合体	1	2	4	6	80	8
	2	12	2	78	8	—
	3	—	—	100	—	—
	4	—	7	90	3	—
建筑业	1	11	24	26	31	8
	2	48	30	12	4	6
	3	57	37	7	—	—
	4	47	33	10	3	7
交通运输业	1	9	23	26	33	9
	2	28	48	18	—	6
	3	27	47	23	3	—
	4	23	50	17	—	10
通信业	1	7	20	24	39	10
	2	36	36	14	6	8
	3	13	53	23	10	—
	4	10	50	17	20	3
森林工业	1	3	6	15	67	9
	2	16	22	16	40	6
	3	10	23	43	20	3
	4	17	20	30	20	13
农业	1	9	16	20	46	9
	2	32	36	14	10	8
	3	40	37	13	7	3
	4	37	33	17	—	13
商业、广告和市场营销	1	12	25	26	27	10
	2	50	32	8	4	6
	3	63	27	10	—	—
	4	60	27	7	3	3
银行、投资和保险公司	1	7	18	24	39	12
	2	34	34	18	6	8
	3	37	33	30	—	—
	4	17	57	20	3	3

注：被调查人员分类：①在全俄范围内筛选；②传媒领域专家；③投资－金融部门专家；④政府部门专家。

*该结果来自2005年4月、5月、6月、9月分别对全俄46个地区153个居民点进行的问卷调查（每次1600人）和2006年6月对三个不同领域的120位专家进行的问卷调查。

资料来源：全俄舆情研究中心报告。

（三）国际机构的综合评估

世界银行、世界经济论坛、安永会计师事务所等国际机构的综合评估表明，俄罗斯具有吸引外资的诸多优势，同时也有需要改进的劣势。

1. 优势

（1）资源丰富。俄罗斯地大物博，是资源大国，有丰富的能源及其他矿产资源。未来20年，俄罗斯将成为世界上为数不多的能够做到油气产量增长大于油气消费增长的国家之一，2015年和2030年，俄为世界提供石油的能力分别达780万桶/天和790万桶/天，仅次于整个中东地区。天然气供货能力分别为1900亿和2400亿立方米，接近整个中东或非洲地区。

（2）经济大国之一。2012年，俄罗斯GDP达2.0056万亿美元，同比增长3.4%。国际金融危机后，俄经济复苏的速度超过大多数发达国家经济复苏的速度。

（3）基础科学研究实力较雄厚，特别是在航天、核能、军工等尖端技术领域研究较领先。具有较高的教育水平，科研队伍有潜力。由于俄经济体制等因素，俄科技成果工业化水平较低，产业链断裂，急需引进外国的资金、工业化综合管理技术和经验。

（4）投资市场宽泛。俄现有工业技术落后，设备陈旧，新兴技术产业亟待发展，工业改造和新建项目多，基础设施建设需求大。俄各行业领域都已制定2030年前发展战略，项目多，投资大，政府将采取国家财政预算和国内外投资相结合的方式解决融资问题。此外，俄新一轮私有化涉及一些具有战略意义的领域，为投资商提供了更多的机遇。

（5）吸引外资政策放宽。俄加入世贸组织后，放宽了对国内外投资商投资领域的限制政策，吸引和鼓励外商和私有资金投资俄市场。目前政府给予外商投资国民待遇，各经济特区对投资商在联邦税和地方税收方面也给予不同的优惠政策。

2. 劣势

（1）政策多变。政策不断调整，执法不规范、不透明，官僚作风，腐败，办事效率低。

（2）公共基础设施较差。交通运输和物流体系不健全，物流成本高，中心城市与偏远地区差别大，地区经济发展不平衡，人口稀少，消费市场有限。

（3）本地劳动力不足。劳动生产率较低，缺乏熟练的技术工人，劳动力成本较高，外资企业招工难。

（4）与国际规制有差别。俄制定了自成体系的国家标准及行业标准，与通用的国际标准有差别。投资方必须将所有技术标准转化成符合俄要求的国家标准，成本高，周期长。

（5）文化差异大。俄罗斯横跨欧亚，但与欧洲和亚洲的文化差异较大，如存在语言障碍，影响合作双方的沟通与交流。

3. “实业俄罗斯”对俄罗斯投资环境的国际竞争力的评估

2011 年，“实业俄罗斯”对俄投资环境的国际竞争力做了全面评估，其结论如下（详见表 9－12～表 9－19）。

表 9－12 投资环境的国际比较

国 家	国际排名 2011(2010)年	国 家	国际排名 2011(2010)年
俄罗斯	120(124)	瑞 士	14(9)
哈萨克斯坦	47(58)	挪 威	6(7)
德 国	19(19)	美 国	4(4)

资料来源：世界银行和国际金融公司每年对 183 个国家营商环境进行调查。

表 9－13 2011 年俄罗斯的投资环境改善情况

考虑对象	位次变动	考察对象	位次变动
保证合同执行	13(↑6)	企业注册	111(↓5)
房地产登记	45(↑6)	保护投资者	111(↓3)
解决拖欠	60(0)	出口	160(↑6)
获得贷款	98(↓2)	取得建筑许可	178(↑1)
税收体系	105(↑2)	加入节能网	183(183)

表 9－14　2011 年税收税负情况

国　家	世界排名	总税负(与利润之比)%
韩　国	38	29.7
德　国	86	46.7
哈萨克斯坦	13	28.6
挪　威	27	41.6
俄罗斯	105	46.9
美　国	72	46.7
瑞　士	50	52.8

表 9－15　2011 年接入电力供应网周期

国　家	世界排名	流程(数量)	周期(天)	价值(在居民人均收入中占比,%)
韩　国	11	4	49	38.6
挪　威	12	4	66	7.1
哈萨克斯坦	86	6	88	88.4
俄罗斯	183	10	281	1852.4
美　国	17	4	68	16.8
巴　西	51	6	34	130.3

表 9－16　在俄获得贷款情况

国　家	世界排名	借款人法律权益(级)	得到贷款信息(级)	在私人账户上借款人的数量(%)
韩　国	8	8	6	100
哈萨克斯坦	78	4	5	37.6
挪　威	48	7	4	100
俄罗斯	98	3	5	35.8
美　国	4	9	6	100
波　兰	8	9	5	74.8

表 9－17　在俄获得建筑许可的周期

国　家	世界排名	流程(数量)	周期(天数)	价值(在居民人均收入中占比,%)
韩　国	26	12	30	79.5
哈萨克斯坦	147	32	189	93.2
德　国	15	9	97	49.7
俄罗斯	178	51	423	183.8
美　国	17	15	26	12.8
瑞　士	23	7	116	81.6

表 9-18　在俄出口周期

国　家	世界排名	出口需要文件（数量）	用于出口的时间（天）	发送集装箱价钱（美元）
韩　国	4	3	7	680
德　国	12	4	5	872
哈萨克斯坦	176	9	176	3130
挪　威	9	4	7	830
俄罗斯	160	8	36	1850
美　国	20	4	5	1050
瑞　士	8	3	3	697

表 9-19　在俄房地产登记周期

国　家	世界排名	流程（数量）	周期（天数）	价钱（相当于房地产价格的%）
土耳其	44	6	6	3.3
德　国	77	5	40	5.2
哈萨克斯坦	29	4	40	0.1
挪　威	8	1	3	2.5
俄罗斯	45	4	43	0.2
美　国	16	4	12	0.8
瑞　士	19	1	7	4.3

得出的结论有以下几点。

（1）俄罗斯属于具有较大发展潜力的国家。在对 16 个国家的调查排名中，俄罗斯仅次于中国、印度、美国排第四位，欧盟的主要经济体和巴西、南非等金砖国家均排其后。该调查引用全球经理人指数调查表明，俄罗斯对于布局工业企业是最有吸引力的国家。

（2）俄罗斯的发展潜力表现在：进入大市场的有利位置；濒海地域；令人满意的人力资源，还具有大大改善的可能；最丰富的自然资源；巨大的国内市场，周边市场，长期增长的潜力。

（3）俄罗斯的投资环境尚有许多令人不满意之处：俄罗斯宏观经济环境对投资环境贡献率为 10%。

4. 俄罗斯政府的希望

2012 年 10 月 15 日，在梅德韦杰夫就任总理后召开的第一次外国投资咨询委员会会议上，以下现象引起了关注：在会议上，大型外国公司没有对俄罗斯的投资环境给予严厉批评，几乎所有人都在发言中感谢俄罗斯政府及其领导人在改善投资环境方面已做的和准备做的工作。

美国铝业公司（Alcoa）的首席执行官克劳斯·科林菲尔德表示，如果说2007年只有8%的外国公司认为俄罗斯在吸引外资方面取得了成绩，那么到2012年，这一比例已经达到1/3。当然，梅德韦杰夫总理认为，1/3仍然是少数。

而在前一天的世界经济论坛俄罗斯专家理事会会议上，安永（Ernst & Young）全球业务总裁詹姆斯·特利表示，该公司在调查中发现，75%的被访者认为俄罗斯存在官僚主义，67%的被访者注意到了俄罗斯的腐败问题，但有70%的境外投资者认为俄罗斯正处于正确的发展道路上。阿拉伯联合酋长国"Abraaj Capital"投资公司首席执行官纳克维称，投资者能够感觉到俄罗斯的积极信号。

根据安永的数据，俄罗斯的投资吸引力从2005年的7%上升到2011年的11%，但远低于中国的38%和欧盟的35%。外国公司称俄罗斯最主要的问题是行政审批程序、腐败和严厉的商业监管。

虽然俄罗斯的投资环境在改善，但从整体上仍难以令人满意。拿直接投资来说，俄罗斯吸引的外资中有很大一部分实际上是从俄罗斯流出、通过离岸公司又转移回来的资金。比如，荷兰、塞浦路斯和卢森堡是对俄投资最大的三个国家，分别占到18.8%，15.9%和14.5%。之后依次是英国、德国、爱尔兰、法国、美国、英属维尔京群岛和日本。而且，专家注意到，最近几年，用于建设新企业的直接投资比例已经从2006年的47%降低到2011年的18%。

俄罗斯的税收体系也是外国投资难以增长的另一个障碍。俄《独立报》报道称，俄罗斯IT公司"Lanit"的总裁根斯表示，他曾询问一家跨国IT公司负责人，中国同样存在俄罗斯有的问题，但为何更愿意向中国而不是向俄罗斯投资。回答称，中国的税收体系能够弥补投资环境的不足。根斯说："我们的市场并不饱和，这对于投资是好事。但我们并没有在改善税收方面迈出任何实质性的步伐，比如取消增值税，因此外国投资不会有大幅增长。"

而俄罗斯"VTB24"分析师克列晓夫认为，俄罗斯每年吸引的外国直接投资大约在150亿~200亿美元，"考虑到俄罗斯的经济规模，这并不大。改善投资环境，保护私有权，降低官僚和腐败水平，未来五年就能够实现令人满意的规模”。他表示，较高的资本外流水平证明目前俄罗斯的投资环境并不令人满意。但随着2014年索契冬奥会的临近，俄罗斯在吸引外资投资地方经济方面有潜力，相关领域包括建筑、旅游和金融。克列晓夫预测，这种情况将出现在2012年底至2013年初，届时俄罗斯可能出现外国投资的较高增长。

三　从国际资本对俄投资中得到的启示

（一）中俄相互投资现状

近年来，中俄相互投资保持积极发展势头，但投资规模仍处于较低水平。截至2006年上半年，经商务部批准和备案的中国在俄投资项目共701个，中方协议投资额约15.4亿美元。俄罗斯在华投资累计设立企业1912个，合同投资额累计约5.7亿美元。中国在俄投资主要分布在能源、矿产资源开发、林业、贸易、轻纺、家电、通信、建筑、服务、房地产开发等领域。俄罗斯对华投资主要集中在制造业、建筑、交通运输等领域。

据俄罗斯联邦统计局数据，截至2011年底，俄罗斯累积利用境外投资3472亿美元，其中，中国对俄累计投资为276亿美元，位于塞浦路斯（782亿美元）、荷兰（490亿美元）、卢森堡（369亿美元）、德国（287亿美元）之后列第五位。截至2012年，俄罗斯累计利用境外投资3623亿美元，其中，中国对俄累计投资为279.22亿美元，同比增长了7.7%。中国超过德国成为俄罗斯第四大外资来源国。中国对俄投资的部门结构为：66%进入房地产和服务领域，之后为金融和建筑行业，只有8%的投资进入到制造业，2%进入采矿业。[①]

据中国商务部2013年数据，到2012年底，中国对俄累计（直接）投资44亿美元，其中2012年对俄投资达到6.5亿美元，增长116%。俄罗斯已成为中国海外投资增长最快的国家。[②]

---

① Федеральная служба государственной статистики РФ, Об иностранных инвестициях в 2011 и 2012 году.

② 《中国对俄投资速度加快 大项目顺利开展合作潜力巨大》，国务院新闻办发布会，中新社，2013年4月2日。

按照国际标准，吸引外资与对外投资的比例，发达国家为1∶1.14，发展中国家为1∶0.13，我国仅为1∶0.09，而中俄相互投资又显然大大低于上述标准。目前中俄相互投资额无论与两国的贸易额相比，还是在两国各自对外投资总额和相互投资在对方吸引外资总额中的比重均处于绝对低水平。双方的投资规模和投资结构与两国各自在国际上的地位、两国的战略协作伙伴关系还不相称，与两国国内经济发展总体速度和利用外资规模相比微不足道，无论对两国各自的经济增长，还是对形成稳固的市场，拉动双边经贸关系的战略升级所起的作用都十分有限。

在未来相当一个时期，俄罗斯仍然是我实施市场“多元化”和“走出去”战略的重要选择。目前，中俄经贸和投资合作正在迎来新的战略机遇期，双边合作的模式和质量亟待改善和提高。要实现中俄两国领导人提出的到2020年中国对俄直接投资120亿美元的目标，还有许多艰苦的工作要做。在这方面，对国际资本和国内资本在俄投资的经验教训进行总结，无论对企业在新形势下走向俄罗斯市场，还是开展“二次创业”都不无益处。

（二）国际资本对俄投资提供的启示

1. 中国企业“走出去”要做好资金和人才的准备

迄今为止，我国对俄投资成功的少，失败的多。失败的原因非常复杂，在很多情况下是因为没有做好“走出去”的准备工作，尤其是对所在国法律制度、市场环境、文化环境、消费者的偏好和消费习惯没有深刻的了解。实际上这不只是中国企业常会发生的错误，就连与俄罗斯文化背景相近的欧美跨国公司也不例外。根据对国际资本和“TCL”、中兴通讯等在俄投资较为成功的中资企业的调查，很重要的一条体会是：对俄投资首先要做好资金、人才的准备。开发市场首先要具备实力，要有一定的前期进入准备金和战略资源储备，对项目开发要有持续的投入。一般而言，能适应并在俄罗斯站住脚的都是大公司。其次要有好的人才准备，企业国际化最大的障碍是缺乏国际化人才以及对国际市场经营规则的了解。从所调查的情况看，懂语言、熟悉当地情况、精通专业、懂市场运作的复合型人才的匮乏几乎是所有中国公司面临的迫切问题，亟待政府和企业两方面共同努力予以解决。

2. 要选择好市场进入方式和经营模式

从实践经验看，并不存在千篇一律的统一模式。对于国际上一些成熟先进的业态形式和管理模式，中资企业并不熟悉或不适应，在进入俄罗斯市场时习惯于简单拷贝以往在国内或在其他国家成功的经营模式。从一些成功企业的经验看，对俄投资必须考虑的首要战略问题就是“该做什么，不该做什么”。必须要有长期的战略眼光，在不同的时期和阶段要有不同的经营战略。中国企业对俄投资起步较晚，一些回报率较高的领域和行业已经被西方公司主导（如零售业），所剩机会不多。这要求中国企业必须选择好自己的市场定位和进入方式，要借鉴竞争对手的经验教训，摸索出适合自己的经营模式。

3. 处理好跨文化管理问题

跨文化管理实际上靠的是人才本土化，要用好当地人才。这不仅符合当地的法律要求，可在当地树立一个良好的企业形象，以赢得当地利益相关者的支持，而且更重要的这是企业国际化发展的必由之路。在俄欧美跨国公司由俄罗斯人做代理并不鲜见，目前“TCL”和中兴公司在员工构成上也实现了本土化（中俄比例50∶50，未来会将俄籍员工比例提高到70%），一些俄籍员工已经进入公司中高层，在内部管理和对外交往中发挥着重要作用。

4. 与俄罗斯的主流运营商建立战略合作伙伴关系

从跨国公司开拓俄罗斯市场成功的做法看，一个企业要想在俄市场立足，首先要选择好合作伙伴，把本企业的海外发展战略与合作伙伴的发展战略结合起来，搭上主流运营商的顺风船。只有做主流市场，企业发展才会有后劲。西方跨国公司和国内中兴通信公司在这方面都有自己成功的经验。

5. 要改变中国公司和中国产品形象

中国对俄贸易和投资要获得长足发展，中国企业要在俄市场站住脚，必须改变中国商品即“便宜货”的形象。由于多种原因，现阶段俄罗斯还没有完全摆脱这种由于过去我方的失误所产生的对中国企业和商品的冷遇甚至歧视。很多中国企业只能在低端市场进行微利甚至无利的营销，使他们处于极为脆弱的经营状况。中国的彩电和汽车，目前在俄罗斯只能进入低端市场，主要不是由于我们没有高端产品，而是由于俄方对中国的高端产品的认知和接受程度低。这也是很多中国企业在俄难以立足，中国商品在俄难以打开局面的重要原因之一。从发展看，大公司不应追求短期效益，不应在低端市场拼价格争微利，而要扎扎实实在提高员工素质，改善服务质量，树立公司形象，推广自有品牌上下工夫。

6. 中国企业走向俄罗斯市场离不开政府的推动

通常在西方跨国公司与俄罗斯的大项目合作中都有高层推动的作用。从中国企业的要求看，政府推动主要体现在以下几方面。第一，建立跨部门的领导协调机制，制定对俄投资的整体战略，全面指导对俄投资工作。第二，通过外交、宣传和经济交流等各种渠道消除俄方对国内企业“走出去”的误解，为企业实施对俄投资创造一个良好的外部环境。第三，建立和完善投资促进体系，解决投资中的重大和难点问题。第四，适当进行宏观调控，避免同质产品进入相同市场时进行内部竞争，损失总体市场份额。

7. 积极培育具有竞争力的跨国公司

跨国公司是实力的象征，也是海外投资的主体。目前对俄投资的国际资本以跨国公司为主，俄罗斯的外资政策也明显对大资本倾斜，我国如没有一批自己的跨国公司，就不可能充分利用经济全球化带来的竞争条件，与国外跨国公司在俄罗斯市场同台竞技，也难以在此过程中获得应有的利益。

第十章　俄罗斯政府产业政策导向及中俄合作的优先领域

本章是对俄罗斯投资环境的一个综合评估。首先总体考察外国对俄投资概况，包括阶段划分，外资进入规模、构成、来源及流向，俄投资市场的竞争力，外资对俄经济发展的贡献等问题，并介绍中俄投资合作现状，进而在此基础上，归纳提炼出国际资本对俄投资启示及其对中国企业的借鉴意义。

第一节　俄罗斯政府的产业政策导向

一　产业布局特点及优势产业

（一）产业布局特点

俄罗斯是一个横跨欧亚大陆的联邦制国家，东西两大部分的经济发展水平相差很大。欧洲部分虽然工业基础雄厚、部门齐全、产值占全俄罗斯的3/4以上，但因其资源有限，经济进一步发展受到很大限制。而东部地区却拥有各种各样蕴藏量极为丰富的自然资源，由于这里的工业基础薄弱、部门单一，资源远未得到充分利用。为了改变这种生产力布局的不合理状况，俄罗斯实行了工业东移政策，被称之为“纲领性政策”。目前，俄罗斯经济对东部地区的依赖日益增强。今后，东部地区在增强其经济实力和军事实力、保障出口方面都将起到举足轻重的作用。尤其在将是“亚太时代”的世纪，俄罗斯将更为重视其东方的发展。

俄罗斯已经形成了以九大工业部门（能源、黑色冶金、化学和石油化工、机器制造和金属加工、木材加工和造纸、建筑和材料、轻工、食品和微生物）为中心的完整的工业体系。以莫斯科为中心的中央联邦区集中了苏联原纺织工业的1/2以上，机械工业的1/5。以圣彼得堡为中心的西北联邦区曾是苏联重要的加工工业区，精密机械制造、机电、化学和有色冶金等部门均较发达。北方联邦区木材采伐、锯木制材、经济用材运出量和制浆造纸工业均居苏联的首位。乌拉尔联邦区的采煤业居苏联第二位。

工业在俄罗斯经济中起着重要的作用。俄罗斯工业的特点是：重工业发展始终占优先地位，同时随着社会分工的发展和科学技术的进步，逐渐涌现出许多新兴工业部门。工业生产集中程度很高，这是俄罗斯生产力布局政策的结果。俄罗斯工业部门分工很细，现共有12个行业及其下属300多个不同的部门和相当数量的个别生产部门。

12个行业分别是：电力工业；燃料工业（包括石油、天然气和煤炭工业）；黑色冶金工业；有色冶金工业；化学和石油化学工业；微生物和复合饲料工业；医药及医疗器材工业；机器制造和金属加工工业（包括动力和机械制造业、仪器仪表制造业、冶金设备制造业、机床制造业、化工和石油机械制造业、建筑机械和筑路机械制造业、机车车辆制造业、汽车制造业、造船业、航空工业、轴承制造业、拖拉机制造业、农业机械制造业）；林业、木材加工业、制浆造纸业；建筑材料工业；轻工业（包括纺织工业、缝纫工业、制鞋工业）；食品工业。在工业生产中，俄罗斯把以上工业部门分成几个综合体来进行计划和组织发展，这些综合体分别是：燃料动力综合体、冶金综合体、机器制造综合体、化学森林综合体、建筑综合体、社会综合体和东部的区域性生产综合体。

（二）优势产业

1. 电力工业

包括火力、水力和核能发电三大部门。俄罗斯发电量仅次于美国，居世界第二。其中火力发电为主，约占72%。俄罗斯丰富的电力资源大部分集中在东部地区。进入20世纪70年代后，由于欧洲部分有机燃料日益匮乏，俄罗斯决定在该地区加速发展核电工业。目前，俄罗斯拥有八座核电站（1985年）。

俄罗斯电力生产的突出特点是高度集中，绝大部分电力是由大型电站生产的。目前，俄罗斯已形成了全国统一的输电系统，发电量占全国总发电量的90%，保证了主要工业区的动力供应。俄罗斯电力的主要消费部门是工业，其用电量占全国用电量的60%。俄罗斯电力也用于出口，由于经互会的解散，现在电力出口量急剧减少。

2. 燃料工业

主要包括石油、天然气和煤炭工业。目前，俄罗斯是世界上工业国家中唯一燃料能够完全自给并可保持一定出口的国家。

石油工业是俄罗斯最重要的能源工业部门。天然气工业是俄罗斯一个发展很快的新型能源部门。煤炭的生产在能源生产工业中一直占重要地位，它是燃料平衡的基础。

化学和石油化学工业在十月革命前是俄罗斯工业部门中最薄弱的一环。当认识到化学工业是保证工业物质基础最重要的部门、是推进国民经济工业化的决定性因素之一时，俄罗斯才采取紧急措施来建立和发展这一部门。经过几十年的发展，俄罗斯化学工业有了显著提高。俄罗斯的化肥、硫酸、焙烧苏打的产量都在世界上首屈一指。20 世纪 80 年代以来，在化学工业中，化学制药工业、基本化学工业、化学纤维工业发展最快；在石油化学工业中，基本有机合成产品发展最快。俄罗斯目前共生产九万余种化工产品，其中 90% 以上的生产工艺不是最先进的，质量亦不如国外产品。为此，俄罗斯开始进一步扩大新型结构材料的生产，增加品种和提高质量。但是，20 世纪 90 年代，由于政局动荡，经济急剧衰退，能源和原材料工业萎缩，化学工业产量也急剧下降。

3. 机器制造业和金属加工工业

这是俄罗斯的工业核心，是其科技进步的基础。其发展受到极大重视，发展速度十分迅速。十月革命前的俄国，机器制造业和金属加工工业只有三个独立部门：机车车辆制造业、造船业和农机制造业。现在，俄罗斯这个部门已发展到 100 多个部门。其产品已超过 13 万种。机器制造业发展的方向是：迅速发展能保证技术进步和提高生产机械化、自动化水平的分部门；大幅度增加自动化工具、仪表和仪器；金属加工设备中优先增长先进的锻压设备、数据控制机床、速控和速算成套设备。

4. 建筑材料工业

建筑材料工业是俄罗斯的传统工业部门之一，十月革命前就已具有一定的生产基础。主要部门有水泥、混凝土预制件和玻璃制品工业等。俄罗斯建筑材料工业的70%集中在欧洲部分。俄罗斯发展建筑材料工业的基本方向是，优先发展既能降低金属用量、降低造价和劳动量、减轻建筑物重量，又能提高其保暖程度的建筑材料；扩大高标号、多成分和特种水泥的生产；增加抛光玻璃、强化玻璃和玻璃纤维布以及建筑用瓷器等高效装修材料的生产。进一步研制开发新产品并注意提高其传统产品质量。

5. 轻工业

轻工业是俄罗斯最重要的传统工业部门之一。十月革命之前，俄罗斯轻工业就已初具规模。轻工业的主要部门有纺织工业、皮鞋业、针织业等。俄罗斯的轻工业主要集中在欧洲部分人口稠密的地区。由于苏联长期片面执行优先发展重工业的方针，严重制约了轻工业的发展。俄罗斯轻纺工业的设备落后，长期以来生产质量差、产品款式陈旧。为了改变这些现象，苏联和俄罗斯政府都曾努力加速轻工业的发展。但是，整个国民经济体制几十年来一直都是重重工，轻轻工，局面一时难以扭转。加之苏联解体后的近十年里经济衰退，轻工业生产趋于下降。

6. 食品工业

在俄罗斯工业中占有重要地位。食品工业由24个分部门构成。主要部门有肉类及罐头加工工业、奶和奶制品工业、捕鱼业、制糖工业、饮料和面食制品工业等。肉食品工业是本部门中最大的分部门，其产值约占食品工业总产值的1/4。大型肉类制品联合企业大都建在大中城市。长期以来，由于对食品工业投资的不足，加上农业生产不稳定，食品工业发展一直比较缓慢。因此，市场供应长期紧张不是短期内所能改善的。

二　俄罗斯工业政策调整

苏联解体后，俄罗斯政府根据形势的变化，在工业政策、产权制度、税制、改善投资环境和科技政策等方面，出台不少措施，力图走出危机。

1. 国家工业政策的变化

国家对工业的调整可分四个阶段。改革初期为第一阶段。这个时期经济政策的基本构想是，改革经济制度，试图单纯通过建立市场机制而忽视国家的行政管理作用来解决各个部门和企业的问题。1992年，在政府的经济改革纲领性文件中，规定了优先发展的行业名单，但由于缺少资金，国家工业改革政策随即改为支持某些企业，对冶金业等支柱产业采取部门改革措施，但没有产生预期效果。

第二个阶段制订了1993~1995年国家工业政策构想，试图通过刺激国内需求的办法，通过发展住宅建设、汽车制造业、燃料动力综合体，为各个行业的主导企业寻求流动资本，启动工业企业的生产能力，来推动工业生产的增长。1995年，俄罗斯实行保护性的对外经济政策，发展替代进口生产，加快国内工业一体化，建立金融工业集团这样的工业生产链条。但由于缺少实施国家政策的资金，没有协调好部门优先发展问题上的关系，没有建立起实施工业政策的具体机制，这些设想和办法大部分搁置未动。

第三阶段，1997~1998年，俄罗斯曾希望通过实行中期经济发展规划来发展工业，但由于1998年的金融危机使国家经济极度恶化，这一办法也没有得到实现。

2000年之后进入第四阶段，俄罗斯政府加紧制订国民经济发展计划和各个工业部门的发展规划。前者有俄罗斯2002~2004年经济发展计划、俄罗斯至2010年新的经济发展纲要和一些地区发展规划，后者有汽车、林业、电力等至2010年的发展规划。这些纲要和规划提出了发展工业的构想和措施。

2. 进一步实行产权制度改革，提高管理效益

俄罗斯国有资产和市政资产的私有化改变了工业企业所有制的产权结构，但是并没有解决国有工业企业面临的其他问题，特别是提高国有企业的管理效益、国有独资企业及其股份管理问题。为解决这些问题，俄拟制定国有独资企业和市政独资企业法、股份公司联邦股份管理法。

俄罗斯政府还打算通过私有化，最终把国有企业缩减到1500~2500家，这样就可以使除了保障国家安全的企业以外的所有行业，即食品、交通（铁路运输和管道运输除外）、冶金、石油、生产民用最终消费产品的机器制造等

行业全部私有化。在未来几年，将要解决和完善国有工业企业的财产管理、国有独资企业的股份化和私有化问题，这是改革工业企业所有制结构和大量吸引有效投资人的重要因素。

3. 改革税制，减轻企业负担

俄罗斯的税收制度是在极其复杂的经济改革和财政不稳定的条件下建立起来的。因此，改革初期税收制度的问题很多，主要是税收立法混乱，相互矛盾，朝令夕改，变化莫测，税费过高，税率不合理，对小额违犯税法案件处罚过于严重，结果导致对工业的投资减少，逃税现象普遍，企业大量拖欠预算债务，“影子经济”迅速发展。

改革初期，大量企业由于巨额债务面临倒闭，企业看不到发展前景，所有市场主体、企业管理人和企业所有人、投资人甚至国家机关都无法做出长期发展规划。这严重制约着国家财政收入和工业的发展。

因此，俄罗斯政府重视调整企业拖欠预算债务，发展和完善企业预算债务的重组机制，即协调对联邦债务的结构重组，允许企业延期付款，取消部分债务。第一次重组企业的债务是在 1997 年，允许企业通过发行有价证券（股票或债券），在五年内分期还清主要债务，在十年内付清罚金，将相当于主要债务的控股股票用作抵押品来保障企业偿还债务等来重组债务。第二次重组债务是在 1998 ~ 1999 年，允许企业将企业资产或银行提供的担保用作偿还债务的抵押担保。这一期间，向 1.6 万家企业提供了总额为 900 亿卢布的债务重组权，在 2000 年初调整了对联邦预算 1/5 的债务，允许企业分阶段偿还拖欠的各级预算债务。截至 2001 年 12 月 1 日，向税务机关提出重组债务的企业有 5.5 万家，涉及债务总额 3550 亿卢布。新《税法典》的通过，稳定了税法，降低了税率，减少了税种，增加了税务机关活动的透明度。据俄罗斯联邦财政部资料，2001 年减轻的企业税负为国内生产总值的 2%，2002 年减轻的税负为国内生产总值的 1.5% ~2%。2002 年 1 月 1 日，又公布了《税法典》的第 25 章（企业利润税）、第 26 章（矿产开采税）和第 27 章（销售税），把企业利润税税率由 35% 下降到 24%，取消了在计算税基时列入成本消耗的大量限制。例如在计算税基时可以扣除广告支出、保险支出和职工培训费，另外，可以实行较为灵活的财产折旧机制，加快财产折旧，降低资产的有效使用期，扩大科研经费的注销范围，不产生积极效益的科研经费的70%可以不列入成本，还规定，当年报告年度的亏损可以用以后十年的利润来弥补。这些规定减轻了企业的负担，有利于企业发展生产。

4. 改善投资环境，提高吸引外资能力

俄罗斯政府重视吸引外资，但效果不显著。特别是1998年金融危机之后，外资投入俄罗斯工业的速度放慢，数量减少。其客观原因是1998年金融危机的影响、投资环境不佳、吸引外资的立法不完善和企业管理水平不高。其主观原因为，俄罗斯政府具有吸引外资的矛盾心理，既想利用外资发展本国经济，又不愿让外商利用俄罗斯市场赚钱。还有一个因素，他们把吸引外资的目光放在发达国家的大公司身上，着重对它们提供优惠和保护，而忽视了对外国中小投资商的吸引和保护。

针对上述情况，俄罗斯政府逐渐调整吸引外资政策。

（1）稳定宏观经济形势，进行微观改革，完善吸引外资政策。

（2）适应国际吸引外资惯例，完善吸引外资的法律，注意对外资的法律保护，完善外资投资法律体系；

（3）划分联邦中央与联邦主体的投资范围，兼顾联邦中央和联邦主体在吸引外资方面的利益，中央在制定吸引外资政策时考虑地方利益和特点。

（4）各联邦主体积极吸引外资，在联邦法的基础上制定自己的吸引外资法律体系，对外资，特别是对外国中小投资人规定较为适宜的投资条件。

5. 鼓励工业企业进行科研和技术创新

俄罗斯的科技人员占世界的12%，但是它在世界民用科技产品市场上只占0.3%的份额，与美国（占36%）、日本（占30%）相差甚远。俄罗斯有强大的科学基础，但企业科技创新事业起步晚、发展慢、实体少，缺少资金支持。整个工业界的科技创新企业，1997年有1173家，2000年有2191家，其中从事机器设备、仪表和交通运输科技创新的企业有841家，从事食品和饮料科技创新的企业有440家，其他行业的创新企业为数不多。它们的主要研究方向为：替代陈旧设备、改进产品质量、扩大产品品种和服务种类、保护传统销售市场、建立国内和独联体的新销售市场、适应现代规则和标准、提高生产的灵活机动能力和国内商业流通的机动性、缩减工资消耗、缩减物资消耗、缩减电力消耗、降低环境污染等。全国只有50家科技成果孵化机构，70家科学技术工艺园。它们的主要困难是缺少资金支持和商业基础设施。

在工业企业进行科技研究和技术创新方面，俄罗斯走了一段弯路。在1991年的改革初期，忽视了科学研究和技术创新，过多地缩减了对从基础研究到将科研成果投入生产整个科技创新周期的拨款。1992～1998年，联邦预算对科研工作的拨款减少了2/3。苏联解体，原有的工业管理系统遭到破坏，首先压缩了对部门应用研究和技术设计工作的拨款，破坏了科技创新周期各个阶段的拨款比例。20世纪90年代，俄罗斯压缩了联邦预算对新技术研究的拨款，结果是使工业的科技创新研究工作实际处于停滞状态。

在此期间，政府把有限的资金用来保护科研工作的基础，把研究人员和干部培训机构集中到联邦科研机构，首先保证对他们的拨款，同时赋予他们自由使用其以前研究成果的宽松制度，给科研机构提供很高的税收优惠。

1997～1998年政府采取了保护知识产权的措施，在国家企业实行私有化时，靠联邦预算拨款的知识产权机构不在私有化之列，把它们固定为联邦所有。政府开始加大对科研机构和高等学校科技创新工作的联邦预算拨款。随着总体投资环境的改善，私有经济部门开始对科技创新成果有了需求，开始投资于科研工作并购买技术。政府从1998年起，加大了对基础研究、应用研究和实验设计研究的投资。

普京总统执政以后加强了对俄罗斯科技界的关注。2000年2月，在会见科技界代表时强调指出，一个国家如果没有强大的发达的科学，这个国家就没有未来，并保证国家将大力支持科学①。为此，俄罗斯科技部制定了《科技领域技术创新发展基本方针》和《俄罗斯至2010年科学技术工艺发展纲要》。近几年，科技创新研究组织，主要是私有科研组织增多，其中的从业人员也增多。大型金融工业机构开始购买科研设计机构。

俄罗斯政府制定的经济现代化方针，核心是使经济走向创新发展道路。政府准备加大对科学研究的联邦拨款力度，促进非国有经济扩大对这项工作的投资，对科技创新提供税收优惠，建设开展科研工作市场化的基础设施。在这一

① 《普京文集》，中国社会科学出版社，2002，第18页。

方面，俄罗斯政府的主要工作方向有以下几点。

（1）发展科学技术领域的科技创新投资体系（对高风险项目给予非预算拨款）。

（2）建立创新风险国家保险制度和私有保险制度。

（3）发展小型科技创新企业，为小型生产企业的发展、为各种形式的科技园和科学技术研究成果孵化器的发展创造条件。

（4）科技创新研究市场化，把知识产权和知识产权保护列入经济流转。

三　俄罗斯中长期产业布局和发展方向

2003 年以来，俄罗斯对经济发展战略进行了多次修订。2008 年 11 月，俄批准了《2020 年前俄罗斯社会经济长期发展战略构想》（简称《2020 战略》），2009 年 6 月，俄批准了《2020 年前俄罗斯联邦国家安全战略》。这些重要文献有一个共同的认识，即认为国家无力改变能源出口模式、本国经济竞争力低下、对本国资源丧失控制权等是俄未来经济领域中的主要战略风险。经济发展前景在于发展国家创新体系，提高劳动生产率，更新国家重点经济产业，开发新的能源产地，以及完善银行体系和金融服务行业。基于这一认识，俄提出了传统优势部门、创新部门共同发展的综合发展战略。经济结构和产业结构调整是该战略的重点，结构调整的目标是实现经济结构多元化，促使“新经济”超越式增长，使其成为未来十年提高俄罗斯竞争力的主要渠道，通过转变经济增长方式，实现从资源型经济向发展型经济过渡，提高经济增长的质量。

（一）俄罗斯产业结构特点及存在问题

苏联解体后，留给俄罗斯的是一个畸形发展的产业结构。在经济转轨初期，俄罗斯曾力图同时完成体制转型、反危机和调整不合理的产业结构的任务，但由于条件的限制，当时最紧迫的任务是稳定宏观经济形势和摆脱危机，俄罗斯并没有进行在国家明确的产业政策引导下的真正意义的产业结构调整。这一时期产业结构调整更多的是在企业如何求生存前提下的一种自发选择，带有明显的消极性和被动性特点，即调整不是通过明确的产业政策去扶持某个产业或部门，加快其经济增长来实现，相反，它是通过各部门生产下降的幅度大小来实现的。

通过这种消极和被动的调整，俄罗斯的产业结构发生了以下变化。

1. 服务业在三次产业关系中迅速提高

用三次产业产值占国内生产总值的比重和就业人口在三次产业的分布两大指标来衡量，俄罗斯已大体接近发达国家的水平。1991 年俄罗斯服务业在国内生产总值中的比重仅为 35.9%，1992 年急剧上升到 52.7%，之后基本稳定在 46% ~48% 的水平上。而第一产业和第二产业分别从 1991 年的 13.4% 和 45.8% 下降到 2003 年的 5% 和 35.5%。自 1992 年以来，在第一产业的从业人员比重基本保持在 15% 左右，变化不大。在第二产业的从业人员比重逐步下降，从 1991 年的 41.9% 逐步降至 1998 年的 30.1%，目前保持在 30% 左右。在第三产业的从业人员比重明显提高，从 1991 年的 44.6% 提高到 1998 年的 55.8%，目前保持在 59% 左右。

需要指出的是，俄第三产业内部各部门的发展并不平衡。1990 ~2005 年，随着市场化进程的推进，商业、公共饮食业、不动产业务、金融保险等行业份额迅速提高。商业和公共饮食业在 GDP 中的占比从 6% 提高到 23%，包括不动产业务在内的其他商业活动从 0% 增加到 7%，金融信贷保险的份额从 1% 增加到 2%。而教、科、文、卫等公益型服务的占比则不断下降，从 1990 年的 11% 减少到 2004 年的 6%，其中科学和服务的占比下降了 66% 左右，教育、文化和艺术的占比下降了 50% 左右。造成这种双向变化的主要原因是，20 世纪 90 年代经济衰退时期，没有足够的财力来满足教、科、文、卫发展的需要。2000 年以来的恢复时期，更多考虑的是经济规模的扩张。从总体上看，还不能说这种结构变化已经带来了国民经济的良性发展。

2. 工业内部结构进一步原材料化

转轨期间，由于整体经济形势的不断恶化，俄罗斯采取了“消极适应”的结构调整政策，加上国家宏观调控不利，投资下降和高通胀条件下市场机制对结构变化的扭曲引导，工业内部结构重型低效的特征并没有实质性的改变，相反进一步原材料化，能源和原材料部门的比重上升，加工工业的比重下降，出现了自发性和退化性的逆工业化趋势，即产业结构合理化出现了倒退。机器制造业和冶金业产品在主要工业品构成中的比重大大低于发达国家（如意大利的机电产业占 36.4%，法国 39.3%，英国 39.6%，美国 46%，日本

51.5%，德国53.6%，而俄罗斯仅为22%左右）。工业部门固定资产老化率达到50%以上，固定资产更新系数长期处于低水平。

受科研经费减少、科技基础削弱的影响，工业技术构成也大大恶化。在代表当前国家经济发展水平的冶金、化工、机器制造业等部门，新技术和新材料的采用率大大低于西方国家。用陈旧技术生产的产品比重达60%，技术更新周期比西方国家平均长10~20年，创新产品比重仅为4%~5%，而发达国家为30%~35%。国内企业对提高产业竞争力的技术革新欲望淡薄，从事技术开发的企业占企业总数的10%，知识和新技术向市场转化机制效率低下。

3. 国民经济军事化格局得到调整

加速军转民是俄罗斯在经济转轨条件下产业结构调整的重要方面。在初期转产过程中，通过急剧减少国家军事订货使军工产值在国内生产总值中的占比从1991年的8.7%迅速下降至1992年的1.6%，1996年之后重新上调至3.5%。

（二）综合发展战略的主要思路

进入21世纪，俄罗斯经济开始走出危机，步入稳定发展阶段。从产业结构和经济增长相互关系和变动趋势的角度来考察，可以认为，俄经济结构调整滞后于经济增长，经济发展中的一些深层次的问题远未解决，目前正处于关键的转折点。近年来，俄政府制定了新的发展战略，力图通过产业结构调整来促进经济增长。其目标是，既能使传统产业继续发展，保证结构调整期内经济的稳定增长，又能使经济结构得到逐步调整，保证未来经济的长期持续增长，实现从资源型经济向发展型经济的转变。

1. 根据国情协调发展三大产业

考虑到国内外发展环境变化带来的机遇和挑战，俄罗斯未来产业关系调整的基本思路是：三大产业将基本保持现有格局，通过加大投资和推广新技术不断扩大第一、第二产业的产出规模。第一产业将恢复增长，农业将成为有竞争力的部门，在保证国内居民需求的基础上扩大粮食和水产品出口。第二产业将加速发展，其中高新技术产业将以更快速度增长，以带动第二产业整体技术水平的提高，其占GDP的比重将略有上升。第三产业基本保持现有比重，到2015年服务性产值占GDP的比重将达到54%。

在三次产业协调发展的同时，将进一步调整第三产业内部结构，改变近十多年来服务领域片面发展的现状，大力发展科学、文化、教育事业，使经济结构和经济增长模式向符合以科技进步、知识经济和人力资本为基础的发展型经济的要求转变。

2. 提高高新技术产业的增长速度和对 GDP 的贡献率

工业结构调整是中长期内产业结构调整的重头戏。俄罗斯要实现经济增长模式从资源型向发展型的转变，决定性的因素是进行工业内部结构调整。调整的目的是降低经济增长对能源和原材料部门的依赖，提高加工工业部门特别是高新技术产业对经济增长的贡献率。使产业结构模式从资源耗费型转变为资源节约型，从多投入多产出的数量型转为少投入多产出的效率型，使工业部门结构从资金密集型向技术密集型转换。在产业内部，将提高新技术、新工艺、新产品的应用比重，提高产业的技术水平。耗费资源和能源多的产业构成比将会下降，而研究开发密集型产业（电子计算机、飞机等）、高级装配产业（通信机械、数控机床、电子产品）将会迅速发展。

工业结构调整的预期目标是，使燃料动力综合体的增长速度逐步下降，最终产品生产部门的增长速度逐步加快。通过调整，工业内部结构将发生如下变化：最终产品生产部门产值在工业总产值中的比重将从 2005 年的 35.5% 上升至 2015 年的 45% ~46%，原材料生产部门的比重相应从 31.6% 下降至 29% ~30%，燃料动力综合体的比重将从 32.9% 降至 24% ~26%。[①]

3. 实施科技创新战略提高经济竞争力

在俄罗斯，以高科技振兴经济被提高到基本国策的高度。建立国家创新体系，实施科技创新战略成为国家经济政策和产业政策不可分割的重要组成部分。为改变国内基础科学严重退化，基础研究成果与商业化转换严重脱节，应用研究领域发展水平低，企业创新积极性低下的现状，2002 年 3 月，出台了《俄罗斯联邦到 2010 年及未来科技发展政策原则》，对有关发展创新体系和开展创新活动的主要措施、实现目标任务的主要机制和阶段做了明确规定。

① 俄罗斯经济发展与贸易部：《俄罗斯联邦 2005 ~2008 年社会经济发展中期纲要》，http://www.economy.gov.ru。

为进一步推动科技创新，2006 年 2 月，俄罗斯科技创新政策跨部门委员会和俄罗斯教育科技部又批准了《俄罗斯 2015 年前科技创新发展战略》，明确提出实施创新发展战略的任务是创建有竞争力的研发部门，并为其扩大再生产创造条件；建立有效的创新基础设施，保证研发成果向经济和生产领域转化；发展利用研发成果的机制和法律环境；在技术创新的基础上实现经济的现代化。

4. 大力发展人力资本

从国际产业结构变化趋势和俄罗斯的长期发展需要来看，大力发展服务性行业是经济获得可持续发展的重要途径，而这与人力资本的发展密不可分。据世界银行数据，俄罗斯的自然资本世界第一，人力资本低于美国而高于欧盟，但人力资本与自然资本结合而形成的再生资本则大大低于发达国家。为此，俄罗斯提出要进一步改善和提高人力资本指标，更好地发挥国内人才和智力优势，把人力资本作为提高国家竞争力的主要源泉。2005 年 9 月，俄罗斯出台了由实现医疗现代化、发展高质量教育、扩大经济适用房建设、发展高效农业为主要内容的国家四大优先工程，并从 2006 年 1 月 1 日起正式实施。实施该工程旨在努力培育和壮大中产阶级，扩大消费需求，实现消费结构升级，使经济增长的重点从满足吃穿用为主要消费对象到以汽车住房、信息产品和服务为主要消费对象，使内需成为拉动经济增长的重要动力。从经济结构调整的角度看，该工程的实施将会使经济结构和产业结构得到进一步优化，使服务业得到较快发展，形成新的经济增长点，人力资本成为经济增长的“发动机”。

（三）优势产业扶持措施

1. 制定相关产业的中长期发展战略

普京执政期间，俄罗斯已制定并相继出台了在未来 5 ~ 10 年有关联邦、地区、部门、行业等多个层次的发展战略和构想，这些战略和构想对俄罗斯国家及相关经济部门在世界经济中的地位、与发达国家的差距、存在的问题作了客观评估和定位，提出了国家发展的总目标和阶段性目标，是实现发展目标的国家宏观政策导向和具体手段。

2. 优化资源配置对重大装备工业进行战略性重组

2004 年以来，俄罗斯连续出台措施，对石油、天然气、电力、航空、核电、船舶、汽车、运输机器制造、机床等工业部门进行战略性重组，通过股权置换和国家收购等措施，组建国有大型集团公司，完善公司治理，并委派政府高官作为国家代表管理公司。俄认为，仅靠某个部门的力量无法振兴上述产业，国家必须控制战略性核心产业，集中人力、物力和财力重振俄罗斯的重大装备工业。

3. 制订关于发展俄罗斯联邦工业和工艺的措施计划

根据这个计划，俄罗斯经济发展和贸易部已开始对现行法律提出一系列修改意见，以完善折旧提成方面的政策。将对税法进行一些修正，准许在税收核算时采用会计核算中所使用的折旧提成方法。同时计划将那些按照固定清单购置部分固定资产的企业的折旧提成增加到20%～30%，用于科学研究和试验设计工作的开支的免税额度将提高到该单位收入的1.5%。

该计划中还包括其他方面的措施，例如：改进增值税补偿管理、完善出口贷款利息补贴机制、完善国家对信贷提供担保的机制、制定和通过成立地区风险投资基金总体规划等，以便向科学技术领域的小企业提供资金，落实2006～2008年俄罗斯联邦设计发展措施计划。

4. 扩大政府投资比重引导投资流向

俄罗斯在投资领域存在的问题是积累率和投资率偏低，投资来源构成和流向不合理。最近几年，固定投资虽然逐年恢复，但上述问题并没有解决。1999～2005年，积累率为20%左右，投资率平均为16.1%。俄政府提出的目标是到2008年将投资率提高到占GDP的21.7%，2015年占28.7%。在投资来源中，降低企业自有资金的投资比重，提高国家投资和吸入资金（银行贷款和外国投资）比重。在实行积极的财政政策、扩大政府投资规模的同时，俄进一步强化税收政策的经济调节功能，计划通过一系列税收创新，相对增加采掘业的税负，拉平原料部门和非原料部门的资本产出率，促使投资向加工部门流动，使传统经济部门在投资构成中的比重从2004年的71.2%降到2015年的66.2%，石油天然气部门的比重从2004年的18.9%降到2015年的14.7%。对信息和创新部门的投资比重相应从9.9%提高到19.1%。

5. 对部分具有竞争实力的加工业和高科技产品实行出口支持政策

为形成强大的出口潜力，俄罗斯实行了一系列刺激工业品出口的措施，如财政支持、税收优惠、海关关税刺激和国家对有效益的项目进行投资等。近年来，俄罗斯工业能源部、俄经贸部已多次提出国家扶持工业品出口的企业和产品清单，对机器制造、农机、航空、冶金 、船舶制造、仪表、纺机、重型机床、电子设备等多个部门的产品出口提供减免税、贷款利息补贴等优惠措施。

6. 扩大机器设备进口加快机器制造业固定资产更新

由于多年的衰退，俄机器制造业已没有能力完成自身的固定资产更新，机电产品和成套设备进口成为解决固定资产更新、结构改造和实现生产现代化的主要渠道。这方面的优惠措施主要是对俄国内没有或不能生产的机器设备进口实行免征关税政策，购买固定资产所含的进口税额，在固定资产入账后就立即给予抵扣。由于大量先进设备和技术的引进，俄能源工业和食品工业的现代化改造大大推进，农业、纺织业的设备更新速度也在加快。

7. 增加对研发的投入加快军民两用技术的转换和应用

俄政府认为，新形势下国防工业综合体在促进经济增长和提高民族经济竞争力方面应该发挥重要的作用。在国家相应政策扶持下，国防工业综合体可以成为国家创新发展的火车头。利用国防工业科研潜力服务于国家经济部门的优先方向包括：航空、造船、无线电电子综合体、能源动力综合体用设备、高科技医疗器械生产、农用、国内道路和住房建设及公共交通工业用机械设备生产等。为扶持和发展关键性技术，将依靠国家、企业和非国有投资者的共同拨款，研制和实现有利于不同经济领域的创新项目。俄政府用于研发的内部支出，到 2010 年将达到 GDP 的 2%，2015 年将提高到 GDP 的 2.5%；同期内预算外资金在用于研发的在内部支出中的比重分别提高到 60% 和 70%。

8. 实施多元化的对外经贸战略加深与世界经济一体化

在新时期，对外经贸不仅承担着出口创汇的任务，同时还要引导和促进产业结构优化。为解决上述问题，俄罗斯将实行综合型的外贸发展战略和政策。外贸政策与结构政策和投资政策相一致，初期实行以传统优势产品为主的出口战略和逐步开展进口替代；中期实行出口替代和深化进口替代的战略；未来将实行全面自由化的经贸战略。在保持能源等资源型产品出口稳定的同时，增加机器设备等工业制成品出口比重，实施适度的贸易保护，减少食品等消费品的进口。俄罗斯提出的目标是：到 2015 年，俄罗斯出口额从 2006 年的 3039 亿美元增加到3810亿美元，到2020年扩大到5160亿美元；到2020年，俄罗斯机器制造业产品出口将达到900亿~1000亿美元（比2006年增长3.6~4.6倍），运输服务出口达到370亿美元（比2006年增长2.6倍）；扩大引进外国直接投资，到2020年外国直接投资额将占GDP的3.5%以上。

（四）未来5~10年的产业定位、布局和发展方向

2020年发展构想对俄未来5~10年的产业布局和发展方向做出安排，其要点为：以技术创新为基础实现经济结构多元化，巩固和增强俄罗斯在传统领域（能源、交通、农业、自然资源加工业）的全球竞争优势，巩固和增强俄罗斯的对外经济地位，提高其参与国际分工的效率，构建俄罗斯地区经济发展新模式。

按照发展构想的界定，俄经济共分为科技创新、高技术、基础工业、自然垄断、运输基础设施、能源基础设施、自然资源利用和农业（包括渔业）八大领域。国家对这些领域的政策和发展目标如下。

1. 发展科学、国家创新体系和工艺

俄国家创新政策的宗旨是通过选择优先领域使国家走上创新发展道路。确定优先领域应该根据现代市场发展情况，结合全球科技发展趋势和俄国内现有的科技和教育资源状况。列入国家级重大创新项目清单的优先发展技术为：信息通信技术和电子、航空航天技术、新材料和化工技术、新型交通技术、未来武器、军事特种装备及其生产技术、生命科学、环保和自然资源合理利用、节能技术。

俄提出，进行技术创新的企业占比应该从2010年的15%提高到2020年的40%~50%（2007年为13%）。到2020年，俄罗斯在世界高技术商品和服务市场（核能、航空技术、宇航技术和特殊船舶制造等）上占比应在5~7个部门不低于5%~10%。俄高技术商品出口在世界高技术商品出口总额中占比应从2007年的0.3%提高到2020年的2%。创新部门的总附加值在GDP中占比从2007年的10%~11%提高到2020年的17%~20%。创新产品在工业品总额中占比从2007年的5.5%提高到2020年的25%~35%。用于研发的内部费用从2007年占GDP的1.1%提高到2.5%~3%，其中一半以上靠私人部门投资。

2. 发展高技术产业

俄认为航空工业、火箭－宇航工业、船舶制造业、无线电工业、核能工业、动力机械工业、信息和通信技术产业是其当前或在中期内要建立的具有重要竞争优势的高技术产业。为发展这些部门俄已经陆续通过了联邦级的长期发展纲要和配套措施，安排了必要的资金和组织资源。

从指导思想看，俄明确表示，如不吸引外国战略伙伴的参与和外国技术，这些部门不可能实现现代化，但仍希望在这些部门建立能够在国内外市场发挥积极作用的独立自主的国家公司。高技术产业的发展目标如下。

（1）航空和发动机制造工业。在航空和发动机制造领域的国家目标是建立具有高竞争力的航空工业，作为第三大民机生产国重返国际市场，2020～2025 年，在国际民机销售市场份额达到 10%～15%。

（2）火箭－宇航工业。国家在火箭－宇航工业的政策目标是建立稳定的、有竞争力的、多元化的工业体系，保证俄在宇宙空间的必要存在。到 2015 年，火箭－宇航工业产品比 2007 年增长 80%，其在国际宇航产品市场份额从 8% 提高到 15%。

（3）船舶制造业。国家在船舶制造业的政策目标是在发展科技潜力、优化生产能力、实现现代化和技术更新、完善法律标准的基础上建立全新的船舶工业，以满足国家和企业对现代船舶的需求。到 2015 年，船舶生产量比 2007 年增长一倍，到 2020 年增长 2.36 倍。俄罗斯将在世界民船生产大国中重新占有自己的位置；在军船出口领域保持目前世界第二位次，在国际市场中占比不低于 20%；民船出口量增长四倍。

（4）无线电工业。无线电工业的政策目标是将俄罗斯的工业技术发展提高到世界水平，提高其产品在国内外市场的竞争力。到 2011 年，其系列产品将达到 0.13 微米～0.09 微米微电子产品工艺水平，到 2015 年达到 0.045 微米。到 2015 年，无线电工业产品销售量比 2008 年增长 4.2 倍。

（5）核能工业。核能领域的政策目标是保证俄国内市场对高技术产品需求，在保证安全标准和不扩散原则条件下，在世界核能源、核技术、核材料和服务领域达到领先地位。2012～2015 年，实现安装核电设施能力 28 万～36 万千瓦，2020 年达到 50 万～53 万千瓦。到 2020 年，核设备和核技术出口额不少于80亿~140亿美元。

(6)信息-电信业。信息电信领域的政策目标是建立和发展信息化社会，提高公民的生活质量，发展社会生活的经济、社会政治和文化领域，完善国家管理体系，保证信息-电信产品和服务产品的竞争力。保持市场现有增长速度，年均增长一两倍；使信息-电信部门成为经济主导部门之一，其在GDP中占比超过10%，使信息技术出口额超过进口额。

3. 发展基础工业部门

电力、石油天然气、交通运输、重型机械制造、机床制造和矿山冶金制造业为俄罗斯基础工业部门。国家在该领域的政策目标是提高这些部门的全球竞争力。为保证俄经济多元化和配套发展，主要依靠俄产机器设备和金属产品满足高技术部门、电力和运输基础设施的需要。基础工业部门发展的优先方向是拉平俄罗斯和国外生产商在俄罗斯市场的竞争水平，扶持俄产工业品出口。通过利用海关-关税调节、提供长期和优惠贷款、完善现有技术设备租赁体系、扩大对投资项目贷款、完善折旧政策加快设备更新、税收优惠、研发新产品、实施技术调节等多种政策来实现上述目标。

4. 自然垄断领域

该领域必须解决两大任务。第一，缩小基础设施垄断化规模，分离自然垄断和潜在竞争部门。根据俄罗斯有关法律界定，工程基础设施（公路、机场、停泊设施、运行网络、系统调度等）基本为自然垄断对象，开发利用基础设施生产、供应商品和提供服务（电力、热能、天然气、石油、石油产品输送、运输服务等）功能不应垄断。第二，保证所有经济主体能够平等和透明地进入自然垄断项目。国家将在相当程度上以私人资本为主发展和更新基础设施。实现利用新的收费政策为企业创造竞争条件，长期收费来保证偿还投资及贷款及投资的市场收益。收费水平将与提供的服务质量挂钩。

5. 发展运输基础设施的竞争优势

俄罗斯处于欧洲、亚太、南亚和北美地理经济空间的交接地带，具有天然的优势地理位置，这为其提供了发展过境交通运输的绝好机遇。该领域的政策目标是：为提高经济竞争力和居民生活质量创造条件；发展现代和高效运输基础设施，保证加快商品流通，降低运输成本，形成国家统一的运输空间；提高俄罗斯运输系统的竞争力，实现国家的过境运输潜力；提高运输体系的配套安全性和稳定性；减少运输对环境的有害影响。到2020年，运输消耗（不包括管道运输）在GDP中占比与2007年相比下降30%；运输服务出口额（不包括管道运输）从2007年的103亿美元增长到2015年的234亿美元，2020年增长到410亿美元。到2015年，将限制过货和吞吐量的铁路线段占比减少到总量的0.5%，大力增加新铁路建设，到2020年，铁路运输将以时速160~220公里的快速旅客运输为主，将建设能保证时速350公里运行的高速铁路干线。到2015年，将符合联邦总体使用公路网运输性能标准要求的公路线路占比提高到48.6%，到2020年提高到52.5%。与2007年相比，到2020年，联邦、地区和市政三级公路建设将增长2.2倍（每年8000公里）；2015年，海港货物加工将从2007年的4.51亿吨提高到7.74亿吨，2020年提高到8.85亿吨。到2015年，联邦航空运输能力将提高0.8倍。

6. 发展能源基础设施提高能源使用效率

能源综合体发展的主要任务是：加快发展电力基础设施，克服现有的发电和电网短缺，对电力综合体进行技术更新，建立新的自由化的电力市场体系；扩大石油、天然气和煤炭开采规模，提高加工效率，保证扩大出口和满足日益增长的国内需求；通过结构改革，实施生产现代化，推广新工艺和实施系统的节能措施促进降低能耗。目前俄罗斯能耗指标大大高于OECD国家，因此节能减排是该领域的重头戏。俄估计，通过实施相应措施，节能减排的潜力保守估计为3.5亿吨标准燃料，其中电力生产6000万吨，工业部门消费8000万吨，热能生产、输送和分配过程8000万吨，降低楼房的非生产性浪费1.3亿吨。通过刺激节能政策，到2015年，将创造两亿吨标准燃料的补充能源；到2011年建成采用创新技术的电力部门，其容量不少于2000亿卢布；到2015年将对环境的方面影响降低到20%。

（1）电力发展。将电力消费增长速度从2007~2015年的每年3.8%~4%降至2016~2020年的每年3.6%~3.7%；为保证生产和消费用电，建立足够的储备电能，2007~2020年发电能力为1.2亿~2亿千瓦时；到2011年，逐步放开电力批发市场，电力全部自由竞价销售。

（2）石油天然气发展。对石油天然气综合体的政策目标是发展原料基地、基础设施和加工能力，扩大高附加值产品在综合体生产和出口中的比重。到2020年石油开采量增长到5亿~5.45亿吨，出口量达到2.55亿~2.65亿吨，加工量达到2.35亿~2.80亿吨。天然气开采量增长到8150亿~9000亿立方米，出口量增长到2800亿~3300亿立方米。到2012年伴生天然气的有效利用达到其提取量的95%。

7. 发展自然资源利用领域的竞争优势

俄罗斯拥有丰富的自然资源，该领域的政策目标是，靠保持质量提高自然资源利用效率和减少对环境的负面影响来实现其竞争优势。

（1）矿产资源。从长期看，俄矿物原料基地发展面对的主要问题是多数战略性矿产资源产地进入产量下降期，多数储备矿产的品质低、富矿少、采掘量有限，铅，钽，铌，钨，重晶石，铬，锰等矿产的国内消费主要靠进口满足。为此将开发西伯利亚南部和大陆架石油天然气产地，加强对固体燃料基地的探寻、评估和勘探工作，以西西伯利亚、东西伯利亚和远东的煤田为重点目标。保证核燃料矿产基地的再生产，在2020年前建立新的铀矿生产中心。在南乌拉尔、巴什科尔托斯坦共和国、布里亚特共和国、克拉斯诺亚尔斯克边疆区，哈巴罗夫斯克边疆区进行黑色金属和有色金属矿产的探寻、评估和勘探工作。

（2）森林资源。该领域的任务是，在环境和林业潜力遭到破坏的地区建立林地再生产体系；改善树种构成，大力打击非法砍伐和木材走私；优化林产品出口构成；促进林业综合体的结构改革，建立大型一体化组织；发展森林采伐机械和现代木材加工设备的生产；创造木材深加工能力。到2020年，允许采伐量使用比例提高到50%，木材深加工产品的生产和消费达到世界木材大国（美国、加拿大等）的水平。

（3）水资源。俄罗斯淡水资源储备位居世界第二，主要分布在人口稀少的欧洲领土北部、西伯利亚和远东地区。该领域的主要任务是，参考气候和河水含量变化预测，合理使用水资源，保证居民和经济对水资源的需求；减少人为压力和污染水源，改善饮用水来源状况和生态系统；完善饮用水加工和污水处理工艺，改造和新建供水系统和排水设施；发展水资源利用的信息通报体系，保护居民和经济设施免遭洪水影响，将水的破坏影响降到最低；将水资源引入经营性流通，解决淡水短缺问题；通过发展水电基础设施防洪和建立淡水储备。将制定至2020年的水税战略，有效利用水资源的运输、发电、工业和公共消费潜力。

8. 发展农业和渔业综合体

发展农业的主要政策目标是，保证居民对国产农产品和食品的需求；稳定发展农村，提高农村居民生活水平；提高俄农业的竞争力；有效实施畜产品的进口替代；创造发达的出口潜力，在未来在世界农产品市场占有稳定地位；提高和改善土地和其他自然资源农业产品生产率。2020年，食品生产水平比2007年增长90%。通过扩大播种面积和增加产量，粮食总收获量不低于1.2亿~1.25亿吨，通过采用集约化工艺和高效农业技术，俄罗斯将成为世界主要粮食出口国之一。

发展渔业的政策目标是，保证该部门在合理利用水下生物资源基础上从原材料出口型向创新发展型过渡，保证俄罗斯渔业综合体的全球竞争力。2020年，水下生物资源开采量将比2007年增加80%。人均水产品消费量从2007年的12.6公斤增加到2020年的23.7公斤。高附加值食用鱼类商品占比从51%提高到82%，俄产水产品在消费构成中占比从67%提高到85%。

（五）发展战略实施预期

根据俄政府的设想，实施创新发展模式将使社会经济发展达到后工业化国家水平，经济将跃上全新的发展水平，2020年前，经济将保持6.5%的年均增长率；2020年GDP比2007年增长1.3倍，居民实际可支配收入增长1.6倍，贫困人口比例下降至6.2%。

经济和产业结构调整将产生两方面的积极效果：一方面形成新的经济增长点，推动社会经济更快增长；另一方面经济结构得到优化，经济增长的质量提高。除能源外，新经济、国防工业、农业和服务业都将成为俄经济新的增长点。创新部门在GDP中占比从2007年的10.9%提高到2020年的18%；用于研发的费用2015年将达到GDP的2.2%，2020年将达到GDP的3%；用于教育的支出将分别达到GDP的6.4%和7%。与欧洲和亚洲经济体相比，俄罗斯经济将不仅具有足够的竞争力，同时还将保证国家创新体系全面发展。俄产业结构的多元化将有助于出口结构的多元化，机电产品出口额将从2007年的197亿美元提高到2020年的1250亿美元（出口占比达到14%）。由于贸易、运输、通信业的快速发展，GDP构成中服务业占比将扩大（见表10－1）。

表10－1　2020年俄罗斯预期各项社会经济指标

项目＼年份	2007	2020
人均GDP(按购买力平价计算,美元)	13900	30000
平均寿命(年)	66.5	72～75
GDP年均增长速度(%)	—	6.5
中产阶级占比(%)	20	>52～55
货币收入低于最低生活保障线居民占比(%)	10.4	6～6.5
高技术部门和知识经济在GDP中占比(%)	10.9	17～20
创新产品在工业产出中占比(%)	5.5	25～35
进行创新的工业企业占比(%)	9.5	40～50
进行研发的总费用在GDP中占比(%)	1.1	2.5～3
出口额(亿美元)	3540	>9000
机电产品出口额(亿美元)	197	1100～1300
劳动生产率提高,2007年/2020年	1	1.6倍
能耗变化(%)	100	60
俄罗斯在世界经济中占比(%)	3.2	4.3

资料来源：俄罗斯经济发展部《2020年前俄罗斯社会经济长期发展战略构想》。

从中长期看，俄经济结构将逐步向有利于新经济部门的方向变动，信息产业和高技术部门的增长速度将超过传统经济部门的增长速度，高技术和人力资本将成为俄罗斯经济增长的决定性因素。但由于之前俄制定的经济和产业结构调整措施多数到2010年之后才会显现出其效果，加上2008年爆发的金融危机改变了经济发展的内外环境和条件，俄虽提出要把结构调整作为摆脱经济危机的出路之一，但实现其发展目标的预期无疑将推后。

第二节　俄罗斯航空工业重组及中俄合作

一　俄罗斯航空工业发展现状及特点

俄罗斯的航空制造工业发展历史较早，一直是国家传统优势部门。苏联时期，其航空工业基础雄厚，整体研发和设计能力突出，生产和制造各类军用飞机和民用飞机的生产组装能力完备，尤其是在飞机的整体设计能力上较为突出。由于航空工业长期以来以满足冷战时期的军备竞赛需要为导向，以研究和发展现代军用飞机为其主业，从而也造就了飞机制造业发展的特点，即军用飞机制造业世界领先，而民用飞机制造业相对滞后的局面，苏联解体至今这种局面未能改变

1. 军用飞机制造业仍保持良好发展势头

俄多年来一直大力发展各类型军用飞机，形成了一个从侦察机、歼击机、战略轰炸机、空中加油机、大型军用运输机组成的系列机型的生产制造体系。目前军用飞机在国际市场上依然具有很强的竞争力，如俄产苏－27、苏－30、米格－29 歼击机在中国、印度、马来西亚及亚洲、拉美和阿拉伯其他国家及地区均有很好的需求和销路。普京执政以来，俄罗斯加快了军火出口力度，武器出口额逐年攀升，平均每年的武器销售额为 40 亿～50 亿美元。2006 年，俄罗斯成为继美国之后的全球第二大军火出口国，俄产军用航空设备在国际同类产品市场上所占份额约为 25%。2008 年，根据美国分析家的预测，到 2012 年俄歼击机在国际市场的份额将保持 11% 的水平。未来十年俄罗斯将向不同国家销售大约 350 架苏－27 和苏－30 飞机，金额为 115 亿美元；70～80 架米格－29飞机，金额超过 20 亿美元。

2. 民用航空制造工业发展滞后

苏联航空工业最辉煌的时期，在俄罗斯地区该行业从业人员的规模高达 220 万人。20 世纪 60～80 年代，苏联航空工业平均每年生产 150 架民用飞机、300 架直升机、600 多架军用飞机以及 390 架武装直升机，占世界航空市场 20%～30% 的份额。20 世纪 90 年代，苏联解体、华约组织解散对原统一的航空市场造成强大冲击，俄在东欧和独联体等传统市场的份额丢失。各型民用飞机产量急剧下降，有的工厂减产转产，民用航空工业日渐衰落。目前俄每年生产民用干线飞机十架左右，民用飞机的国际市场占有率不足 1%，从原来可以生产如图－154、图－204、图－214、伊尔－96 等干线民机降为只能和欧洲合作研发支线飞机。俄航空公司开始大量进口和租赁外国飞机，其中甚至包括俄自身有能力生产的同类型飞机。

3. 人员流失研发水平下降

苏联时期，国家军事订货占航空工业部门产值的65%以上，国家预算保障了航空部门70%以上的科研经费。苏联解体后，俄罗斯解散了航空工业部，由职能与原航空工业部完全不同的航空工业总局来代替，该局只代表国家制定政策，进行宏观调控。由于资金短缺，国家对航空工业投入急剧缩减，航空工业部门资金严重不足。国家对航空工业部门的军事订货减少了90%，军事订货只能保证军事航空企业开工率的10%～15%，从而使航空工业长期处于设备日趋老化，科研设计水平过时，生产能力下降，人员大量流失的危机状态。截至2005年，俄罗斯航空工业共有293家企业和科研院所，其中有57家国有企业，职工总数从苏联后期的220万人降至50万人。生产研发任务相当于1992年的30%，固定资产仅为1992年的65%～69%，保持生产的只有122家企业，其中还不乏只有100来人的小工厂。显然，这样的科研和生产能力无力保障俄罗斯的空中安全。

4. 存在的主要问题及重组的必要性

俄罗斯航空工业面临的主要问题是企业资金实力不雄厚，生产规模过小，与国际销售市场脱节，从短期和长期看均无法与国际同行竞争，因此打造航空工业的“巨无霸”势在必行。

首先，国际航空业集中程度很高，俄罗斯需要变分散经营为集中经营；其次，俄罗斯航空技术已经大大落后于国际先进水平，如果不采取相应措施，俄罗斯航空技术将可能完全失去竞争力，因此，建立联航集团有助于集中人力、物力、财力来提升俄航空工业整体水平。面对航空工业发展窘境，自1999年起，俄国内一直在讨论酝酿航空工业重组和发展问题。直到2005年2月，普京总统责成政府制订行动计划，成立“联合航空制造公司”，重组航空工业的问题才最终被提上日程。

二　航空工业重组战略构想及实施情况

（一）重组方案选择

在俄航空工业改革和重组过程中，一直存在着两个相互冲突的方案：一是组建统一的航空产品研发和制造股份公司；二是组建两个相互竞争的航空制造公司。国防工业企业领导、军方及专家更赞成实施第二个方案。最初的设想是：所组建的两个航空制造企业中，一个包括“米格”“图波列夫”和“卡莫夫”公司，另外一个包括“苏霍伊”“伊柳申”和“米尔”公司。这两个企业将平行研发和生产航空产品，包括歼击机、轰炸机、直升机及民用飞机。但最终组建统一航空制造公司的方案占了上风。2006 年 2 月，普京签发总统令成立联合航空制造集团（以下简称为联合航空公司），俄副总理兼国防部长伊万诺夫担任公司董事会主席，公司的盈利目标是每年 60 亿 ~80 亿美元。

（二）重组构想

2005 年 9 ~10 月，俄罗斯相继通过了《2015 年前俄罗斯航空工业发展战略》和《2002 ~2010 年及到 2015 年俄罗斯民用航空技术发展联邦专项纲要草案》，规定了俄航空工业重组的目标、阶段、手段、发展方向并提供了法律支持。

俄罗斯航空工业重组的目的是要保持俄国在军用飞机领域的优势并重返国际民用飞机市场。指导思想是集中国家人力、物力和财力发展俄国航空技术，增强俄航空制造业的国际竞争力，以开展对外技术合作为目标，既考虑国际市场的发展趋势，也注重俄国家安全与军备采购政策的要求。

重组分两个阶段进行，重组后的联合航空制造集团将是一个股份制企业，所有的航空工业部门都将纳入其中，包括民航、军用飞机、无人机部门，也包括试验和科技中心及特许公司等。集团将由国家控股，组建工作分阶段实施。第一阶段，“米格”“苏霍伊”“伊尔库特”“伊柳申”“雅克”和“图波列夫”等现有各私营及国营公司将合并为一个联合体，合作生产军用和民用飞机；而后，联合体将收购“米尔”直升机公司。重组之初俄航空工业拥有 300 家制造厂，员工总数 50 万人。到 2007 年底，公司数量减少一半，其中一些将成为从事出口生产的装配厂。国家将持有联合体 51% 的股份。第二阶段，联合体将改组为控股公司，联邦政府最初持有 60% ~70% 的股份，之后国家持股和私人持股比例将根据集团持股者的情况作出调整。

（三）重组后的发展方向

1. 扩大投资更新航空工业的物质技术基础

物质技术更新工作从 2006 年开始，为此联邦预算拨款将从 2006 年的 1.99

亿卢布增加到2010年的10亿卢布和2015年的25亿卢布。

2. 调整航空工业新的组织系统，实现航空工业综合体生产、设计和科学－试验潜力的现代化

重组后的公司将实行三级管理体制：第一级为总公司，负责战略规划、市场营销与融资；第二级为专业化的次级控股公司，分别负责民航客机、作战飞机、直升机等的生产；第三级为零部件工厂。

3. 形成合理的产品系列

在军用航空领域主要是改进图－160、图－95和图－22战略轰炸机；在苏－30的基础上研制第五代战斗机；与乌克兰联合恢复安－124“鲁斯兰”战略军事运输机的生产与改进；为伊尔－76MF重型军事运输机改进发动机以节约其费用；在伊尔－214和伊尔－112B飞机的基础上制造中型和轻型军事运输机。在民用航空领域将继续开发远程客机伊尔－96、中程客机图－204/214以及支线客机图－334等系列机型。从2008年起，推出俄产新型支线飞机（RRJ）和新型家用直升机。到2015年，俄产民机的销售量每年将增长15%，军民两用飞机的销售量每年将增长10%。重组完成后，公司的年销售额可望达到25亿美元，军用和民用飞机的产值比例为70∶30。俄提出的目标是使联合航空制造集团进入世界前五大航空产品制造企业之列。到2015年，公司销售额至少达到80亿美元，军品与民品的产值比例为50∶50。①

4. 扶持和推动俄航空技术走向市场，修改法律，取消对开展国际合作和吸引私人资本进入航空工业的限制

从经济角度考虑，出口必须达到俄罗斯航空工业总产值的40%。国家将为公司的研发、新机型开发、租赁以及出口提供融资。旧机型的现代化改进以及飞机生产还需要私人投资的支持。现行法律妨碍了私人投资以及外国投资进入航空工业。例如根据规定，外资持股比例不得超过25%。政府正在考虑废除这样的硬性规定，而根据企业的具体情况作决定。

为实现上述目标将采取的措施有：增加用于发展民用航空技术的研发费

---

① 俄罗斯工业能源部：《2002～2010年及到2015年前俄罗斯民用航空发展联邦专项纲要》《俄罗斯航空工业2015年前发展战略》。

用；提高俄罗斯航空租赁公司的资本化水平；联邦预算拨款对联合航空制造集团的部分租赁费用和购买新飞机的贷款利息进行补偿；提供国家担保支持俄产飞机出口；研究和通过一系列法律和组织措施保证航空运输安全；政府决定停止海关对进口俄罗斯市场已有的相同航空机械进口免除关税的做法。

预期俄罗斯将作为航空工业的中心之一重返世界市场，其中在民机市场上的份额从 2005 年的 1% 增加到不低于 5% 。到 2015 年，国内航空工业最终产品的销售额将从目前的每年 30 亿美元提高到 70 亿美元。民机销售收入在航空产品销售总收入中的比重从 2006 年的 30% 提高到 43% 。①

2025 年前，联合航空制造集团的运输航空器材生产总量将扩大 40 倍，达到 20 亿美元。民用航空器材的生产总量至 2015 年前计划扩大 15 倍，而至 2025 年前计划扩大 27 倍。到 2025 年前民用航空器材的产值将达 170 亿美元，军用航空技术设备的产量 2015 年前将扩大三倍，而至 2025 年前计划扩大 4.5 倍。

（四）重组后的航空工业

1. 投入增加

航空工业作为高科技产业，需要有强大的科研及资金实力作后盾。重组后，由于前几年俄经济快速发展，石油美元收入大幅增加，俄政府通过各种形式对实施民用飞机生产计划提供支持。外资和私人资金也开始纷纷注入。为了给俄航空工业吸引外资创造良好环境，2006 年年底，俄杜马修改了《国家调控航空法》。根据此法，外国资本可拥有俄航空企业 25% 以上的股份。2008 年，联合航空制造集团首次公开发行股票。这些措施将保证俄研制新型民用大飞机发展战略的有序实施。

联合航空制造集团重组后第二年即显现出发展生机，2007 年航空工业的增长速度在整体工业中位前列。生产规模同比增长 16.6% ，其中民机系统增长 10.2% ，军机系统增长 19.7% 。航空企业的总收入达到 2300 亿卢布，其中 1000 亿卢布由俄联合航空制造集团创造。

---

① 俄罗斯工业能源部：《2002 ~ 2010 年及到 2015 年前俄罗斯民用航空发展联邦专项纲要》《俄罗斯航空工业 2015 年前发展战略》。

2. 保护本国航空业

俄政府一直非常重视保护航空工业，对进口飞机要求按海关估价一次性支付20%的关税，在此基础上再支付20%的增值税。如此高的关税及增值税几乎关闭了飞机进口的大门，使国内依然以苏制飞机为主。但随着时间的推移，航空运输业飞机总量不足的问题越来越严重，俄航空运输业反对这种高关税政策的呼声越来越强。

3. 启动重大研制项目

对于俄罗斯航空工业来说，最有效的保护就是研发新型飞机产品。在民用航空领域，俄罗斯政府对苏霍伊民用飞机公司正在积极实施的“俄罗斯超级支线飞机”（简称S－100）项目寄予厚望。S－100系列飞机包括60座、70座和95座的三种基本型号。俄罗斯政府期待其成为打进国际市场的“突破性”产品，为此2006年投入一亿美元，2007年和2008年分别投资1.5亿美元和3000万美元。2007年9月，首架S－100飞机下线，于2008年首飞。俄罗斯政府期待的第二个突破性产品是雅克公司设计的MS－21型近中程干线飞机，它的主要竞争对手是空中客车公司的A320型飞机和波音公司的波音717和波音737NG，但是，MS－21的研制目前进展缓慢。

在军用航空领域，俄罗斯军方2007年4月宣布，第五代战斗机的研发资金已经拨付到位，如果研发工作进展顺利，最早可在2008年试飞；同时俄有关部门正在着手发展新一代轰炸机，其研制与试验已被列入国家国防采购计划。

4. 加强国际合作

近年来，俄罗斯努力发展同西方国家的合作，积极参与空客A－350风险合作项目，承揽飞机和发动机零部件的转包生产。合作目的一方面是获得经济性收益，另一方面更重要的是可以学习西方国家在研制面向全球市场的高科技产品的复杂项目管理经验。

在本国新的民机S－100支线飞机研制方面，俄罗斯引入了国际通行的风险合作机制，航电系统和发动机均来自欧洲的设备厂商，而其采用的SAM146发动机是俄罗斯土星公司和法国赛峰集团合作研制的产品。2007年8月，苏霍伊公司与阿莱尼亚公司成立了50∶50的合资企业，专门负责S－100飞机的销售和售后服务。在 MS－21 飞机项目上，雅克公司也在积极吸引外国航空工业参与，如向中国和印度均提出了合作建议。

此外，为了获得国际市场份额，俄罗斯研究制定了航空产业出口信贷政策和提供航空租赁服务。在军技合作领域，正在研究将允许大型企业拥有军用航空产品售后服务和提供零部件的军贸权。俄主机制造单位将独联体国家生产的航空发动机换装成欧美生产的发动机，提供给国外客户。如向中国销售的图－204飞机选装了英国罗罗公司的发动机，对外销售的直升机则选装了法国透博梅卡公司的发动机。

5. 不断提高技术标准

为了克服俄民用飞机在技术服务等方面存在的弊端，近年来俄民用飞机正力求按照国际民航组织的要求和技术标准进行设计和生产，民用飞机的各项指标正逐渐与国际标准接轨。如，伊尔 96－300 在俄国内经过 1000 小时的飞行测试证明，其可靠性、舒适度、技术服务等指标都不亚于波音 767－300 和空客－310；图－204、图－334、安－148 和伊尔－114 都符合国际市场要求的环保和噪声指标。伊尔－96、伊尔－114、图－204 和图－334 已经达到或正在达到《国际民用航空公约》中第 3 章和第 4 章的标准要求。此外，由联合航空制造集团负责的最有前景的项目（苏霍伊超级喷气“SSJ－100”支线飞机和 MS－21 型中程干线飞机）有望成为俄打进国际市场的突破性产品。“SSJ－100”支线飞机在安全性指数和油耗指数方面都达到了国际标准，尤其是在节油方面具有竞争优势。2007 年民机生产订单首次超过生产能力。

（五）金融危机冲击下政府扶持措施

金融危机的爆发给俄罗斯的航空工业生产和出口带来一定冲击，突出反映在资金不足和出口市场萎缩方面。俄副总理、前国防部长谢尔盖·伊万诺夫称“经济危机严重削弱了俄国军事工业”。呼吁国家银行在“境况变得更坏”之前增加对航空工业的金融支持。为此，俄政府向联合航空制造集团投入 60 亿卢布（约合 1.38 亿欧元），并冻结了法人持股者和私人持股者的分红和股权转让，但还继续允许私人投资者投资联合航空制造集团下属的子公司。

2008 年 2 月，梅德韦杰夫总统宣布将给军工企业投入 1.38 万亿卢布（约合 310 亿欧元），其中将会向“米格”公司注入 150 亿卢布（约合 3.45 亿欧元)。梅德韦杰夫强调:“当前的全球金融危机不会影响俄罗斯军事工业的整合与竞争。在这个国家,这些事正在进行。”

2009 年 8 月,俄总理普京在茹科夫斯基市举办的国际航空航天展览会上承诺,政府将投入数十亿美元支持航空工业发展,称“航空航天工业发展是我们优先考虑的事项”,“我们希望优化国家经济结构,发展高技术部门”。

从 2004 年至今,俄罗斯在航空工业上的投入增加了 20 倍左右。普京说,政府希望通过对航空航天业的投资,造就一批具有国际竞争力的俄罗斯企业。他认为,通过大力发展航空航天业,俄罗斯将在更高水平上深化与国际的合作。

俄罗斯经济发展部副部长安德烈·克列帕奇说,航空工业在俄罗斯经济中的比重在上升。尽管出现这一现象的主要原因是俄经济总量的下降,但航空工业已经逐渐适应了眼下的经济形势。

三　俄罗斯航空工业发展的启示及中俄航空合作

从俄罗斯航空工业发展的历程中可以得到如下启示。

1. 特定的国际政治军事格局和计划经济体制对俄航空工业发展产生重大影响

从科研生产能力和产品规模等方面综合考察,苏联是个航空大国和强国,但就民机产业而言,从其规模上看或可算是大国,从品质上看则难称强国。究其原因,特定的国际政治军事格局和计划经济体制成就了其民机大国地位,但其设计思想与经营理念定位的偏颇使其与民机强国无缘,且对后苏联时期的俄罗斯民机产业产生巨大而深刻的影响。

2. 民机发展要以满足市场和客户需求为目标

从苏联到俄罗斯民机产业的发展历程可以看出,在经济全球化的大环境下,要想在国际化的民机市场上争得一席之地,必须牢固树立民机是以满足客户需求为目标、供客户选择并能为其带来效益的“竞争性”商品的理念,并应将这一理念贯穿于民机从设计到经营的全过程。现俄罗斯已经认识到民机的商品属性,开始从传统地热衷于追求“做大”,向更加务实地有选择地“做强”转变,特别关注产品的市场竞争力。

3. 民机产业发展需要国家高层决策与持续支持

俄罗斯的实践表明，民机产业是一个风险高、投入大、周期长的战略性产业，需要国家高层决策和长期稳定的战略规划做指导，需要国家在技术风险高的项目的导入期给予强有力的财政支持和持续的政策扶持。在具体项目的实施过程中，正确处理好国家与企业（包括私人股东）的关系，充分发挥各自所长，调动企业（包括私人股东）积极性，对保证项目的成功具有重要意义。

4. 国际合作正成为民机发展的重要模式

无论是俄罗斯民机规划，还是正在研究的民机项目，都表明俄罗斯在民机发展中空前地重视国际合作。俄罗斯作为航空技术发达的国家，如此坚持国际合作，显然经济意义远远超过技术意义。这与其民机设计经营理念的根本转变一脉相承——要搞“卖得出去”的民机，与国际接轨是其跻身国际民机市场的入场券。

5. 中俄航空工业合作

对中俄两国来说，若想在世界航空领域拥有更坚实的地位，必须走推进落实复杂和具有技术风险项目的道路。目前，中俄两国在民用飞机发动机、直升机、航空科技工艺和材料等领域的合作项目正在有序推进。中国航空工业集团公司总经理林左鸣 2009 年 10 月 13 日在第四届中俄经济工商界高峰论坛（北京）上表示，2008 年中俄签订的先进民用重型直升机研制、生产和销售合作项目，目前已完成了产品市场研究，正在协商合作的技术要求和具体方式；2008 年 12 月获准实施的中俄民用涡扇发动机合作项目正处于合同执行初期；中俄联合研制的“雏鹰”民用运动教练型飞机目前已经完成了详细设计和发动机采购，计划 2010 年实现首飞。中俄双方已就大功率涡桨发动机研制达成合作意向，今后还将在涡轮发动机和数控系统等方面寻求合作机会。

除民机项目合作外，中俄在军机合作领域仍有较大发展潜力。目前航空发动机和直升机依然是中俄两国军事技术合作的主要内容。2011 年和 2012 年初，双方签署了总数高达数百个航空发动机的合同。2012 年 8 月，两国签署了向中国供应俄罗斯乌兰乌德飞机制造厂生产的 55 架米 - 171E 型直升机的大型合同。两国正就向中国供应苏 - 35 歼击机合同一事进行磋商。此外，中国也许会成为俄罗斯乌里扬诺夫斯克市生产的伊尔 - 76 新型运输机的第一个国外客户。如果双方达成重新启动2005年签署的供应34架伊尔-76和四架伊尔-78的合同，那么，协议总额将可高达数十亿美元。俄罗斯战略分析和技术中心专家瓦西里·卡什指出，俄中两国之间的军事技术合作再次证明，中国走向强大为俄罗斯提供了新的机遇。通过发展军事技术领域的合作，双方也在加强互信，并构造坚固的军事政治合作。

第三节　俄罗斯钢铁产业发展概况及政府政策走向

一　钢铁工业发展历史、现状和趋势

1. 发展历史和现状

钢铁工业是俄罗斯国民经济的主要支柱，2005年在GDP构成中占10%，在全俄工业构成中占7%，在就业人口中占5.3%，在固定资产中占6.2%。钢铁生产共消耗全国7%的能源、17%的电力、20%的金属原料和23%的铁路运输量。同时冶金业也是俄罗斯的创汇大户（占全部创汇的17%）和有害物质排放大户（占工业全部有害物质排放的40%以上）。

俄钢铁工业分布在国内20多个地区，其中主要的地区有沃洛格达、车里雅宾斯克、利别茨克、斯维尔德洛夫斯克、比尔格罗德和科麦罗沃州。俄钢铁业就业人数居世界第一，约70万人（2000年71万人、2001年72.7万人、2006年66.5万人）。

1990年至今，俄钢铁工业的发展可以划分为两个大的阶段：1990~1998年为第一阶段。在这一阶段，由于俄国内对金属制品需求减少，该行业的生产大幅下降。生铁产量从1990年的5940万吨下降到1998年的3470万吨，钢产量从8960万吨下降到4370万吨。

1999年至今为第二阶段，是俄钢铁工业生产恢复和快速增长时期。受国际市场行情影响，以及国内需求增加，钢铁工业成为俄工业生产增长的领头行业之一。目前俄钢铁工业在产量和现有生产能力方面在欧洲排名第一，在世界排名第四，位于中国、日本和美国之后。

2000~2006年，俄主要钢铁产品产量增长，钢铁成材生产增长17%、钢

管生产增长 34.5%、铁矿石生产增长 9.6%。企业利润增长 2.1 倍、投资增长 2.8 倍、出口价值增长 2.2 倍、生产盈利率达 23%、从业人员平均月工资年均增长 15%（详见表 10－2 和表 10－3）。

表 10－2　2000～2006 年俄罗斯钢铁业主要发展指标

年份	2000	2001	2002	2003	2004	2005	2006(估计)
工业产值增长(%)	15.7	－1.2	3.8	8.9	5.0	2.0	9.0
销售盈利(%)	25.6	12.5	16.5	21.8	36.2	23.8	24.0
平均就业人数(万)	71	72.7	69.5	66.4	66.6	67.0	66.5
平均月工资(卢布)	3521	4827.8	6055.3	7901.6	9417	10830	12450
缴税额(亿卢布)	—	—	337	489	897	1062	1150
固定资本老化率(%)	53.5	53.6	51.0	49.3	49.0	48.5	48.0
固定投资(亿卢布)	233	310	290	341	733	1008	1150
出口(亿美元)	77	71	81	108	200	223	225
进口(亿美元)	23	25	24	35	51	63	65

资料来源：俄罗斯工业能源部数据，2006 年 11 月。

表 10－3　1992～2006 年俄钢铁工业主要产品产量

单位：万吨

产品名称＼年份	1992	1995	1998	1999	2000	2001	2002	2003	2004	2005	2006
铁矿石	8210	7830	7260	8230	8680	8280	8600	9180	9700	9450	
生铁	4610	3980	3470	4090	4460	4500	4670	4880	5040	4920	5170
钢	6700	5160	4370	5150	5920	5900	5990	6280	6560	6630	7080
成品轧材	4680	3900	3520	4090	4670	4690	4850	5070	5370	5470	5820
钢管	810	380	290	340	500	540	520	610	600	670	

资料来源：俄罗斯国家统计委员会：《2006 年俄罗斯统计年鉴》，莫斯科，2006。

2. 发展趋势

俄罗斯的钢铁需求量以每年 20% 的速度增长，目前俄罗斯钢铁业仍保持积极发展势头。2007 年 1～4 月，金属和金属制成品产值同比增长 7%，钢管生产增长 25.5%，产量达 278 万吨，预计全年将达 870 万吨，同比增长 10.4%。钢铁成材增长 6.6%，产量达 2000 万吨，预计全年将达 5870 万吨，同比增长0.9%，其中型材生产增长10.3%，在成材中的比重从2006年1~4月的55.6%上升到56.5%。

从中期看，俄罗斯工业将保持较快增长的趋势。俄投资将保持8%~11%的增长速度，由于基础设施、建筑业、机器制造业和冶金加工业的快速发展，国内对钢铁产品的需求仍将不断扩大。2007年，提供给国内市场的钢铁成材从2003年的47.3%提高到51%~52%，消耗量增长到3150万~3300万吨。

二 进出口情况和市场格局

俄钢铁工业发展受国际市场行情影响较大。与发达国家相比，俄罗斯出口初级产品和半成品与欧美国家形成互补，拥有产品价格优势；而在技术含量较高的产品品种上又对发展中国家形成竞争，产品价格也不高，因而始终能在国际市场占有一席之地，俄罗斯钢铁出口占世界钢铁出口的10%~12%。

钢铁产品出口结构如下：原料16.8%（铁矿石、焦炭、废钢）、低加工产品30.9%（生铁、钢锭、坯料）、铁合金3.8%、轧钢36.4%、深加工产品2.2%、钢管5.0%、其他5%（2004年数据）。

除大量出口外，俄罗斯还从国外进口钢铁产品。2004年，钢铁产品进口构成如下：原料15.6%（铁矿石、焦炭、废钢）、铁合金7.2%、轧材23.6%、深加工制品8.2%、钢管18.4%、其他27%。

目前，俄钢铁产品已出口到世界90多个国家。2000年，俄钢铁出口的国别地区结构如下：北美占14.8%、西欧占26%、中东欧占1.8%、亚太占37.1%、非洲和中东占14.8%、南美占1.3%、独联体国家占4.2%。2004年，俄钢铁出口的主要国家有：中国12.2%、美国10.6%、意大利10.5%、土耳其7%、伊朗6.3%。

过去几年俄企业为争夺市场，相互之间采取竞相压低价格等方式，结果导致各国对进口俄产的钢材反倾销调查就达上百起。1999年由美国发起的钢铁贸易保护战就是典型的一起使俄钢铁出口受到严重损害的案例。1999年俄美两国签署协议，通过配额和最低价格规定限定了俄对美的热轧钢板出口。此后，俄企业从中吸取经验教训，采取联合措施达到占领市场目的。目前，俄马格尼托戈尔斯克钢铁联合体、北方钢铁厂、新利佩茨克钢铁联合体等几家大型冶金企业事先制定了统一价格政策，就出口达成一致。为鼓励出口，俄罗斯政府于2002年7月1日取消了5%的钢铁出口税，使俄罗斯的钢铁产品在国际市场上更具有价格的优势。

2006年，冶金类产品在出口构成中占比14.1%，同比下降0.2%，仍是仅次于能源的第二大类产品。全年出口特点是价值量增长（22.6%），实物量减少，原因主要是由于扁平钢板和合金钢供应量下降了16.3%、钢铁下脚料和废钢减少23.3%、铁合金下降11.8%、生铁下降15%、半成品铁下降4.4%。冶金产品在进口构成中占5%。扁平钢板进口的价值量和实物量分别增长了2.4倍和97.6%，钢铁制成品进口的相应指标分别为24%和27%，其中钢管进口的价值量和实物量分别增长了30.1%和19.2%。

中国一度是俄罗斯钢铁产品重要的出口国，2004年俄罗斯对中国出口冷轧普薄板137万吨，占中国冷轧普薄板进口量的27.5%，出口热轧普薄板卷698万吨，占薄板进口总量的28.78%；普炭中板总进口384万吨，其中从俄罗斯进口49.8万吨。

中国为了保护国内市场，已经于2004年1月14日对从俄罗斯、乌克兰进口的冷轧薄板征收反倾销税，税率为55%。

三　产业结构特点、竞争力、整合并购情况

1. 产业结构特点

俄罗斯钢铁业延续了苏联时期的特点，保持了大而全的模式。内部包括矿石材料开采和加工，生铁、钢、铸钢、钢板、钢管等生产企业，还包括一系列化工产品生产，废钢加工，机械和电力设备维修，货物国内运输企业，及科研设计部门等。

根据1992年7月1日签署的《关于将国家企业改造为股份公司的组织措施》总统令，钢铁企业被改造成国家控股的股份公司，之后在私有化过程中实际全部被拍卖。1995年大规模私有化结束后，钢铁企业的股权结构如下：私有企业占64.2%、国有企业占5.0%、混合所有制企业占26.9%、外资参股的企业占3.4%。

1998年金融危机之后，俄罗斯钢铁业呈现两大趋势：一是钢铁业与采矿

业及炼焦业联合；二是在大工业财团操纵下中型钢铁厂合并。目前，钢铁业资本集中过程已经完成。2004 年钢铁行业集中度指标 CR4（即一个行业前四名大公司产量占全行业产量的比率）已达到 69.2%。目前俄钢铁业主要由九家大公司和集团公司构成，2006 年，有 85% 的产品出自“新利佩茨克钢铁公司”“北方钢铁公司”“欧亚控股集团公司”“马格尼托戈尔斯克钢厂（马钢)”“冶金投资”和“米谢尔”六大钢铁公司。十家大型钢铁企业现有职工 30 万人。其中“马钢”“北方钢铁公司”“新利佩茨克钢铁公司”三大钢厂已进入世界钢铁企业 20 强之列，三个厂的钢产量占全俄总产量的 50%，薄板的产量占全俄的 93%，出口量占全俄出口量的 60% ~80%，出口市场涵盖 100 多个国家。俄罗斯认为，近年来所实行的包括组建垂直一体化和水平一体化跨国公司的做法，是提高钢铁行业竞争力的有效模式。由于采取了这一方针，部门的竞争力大大提高。

现阶段，俄罗斯主要的冶金公司都在实施广泛的投资规划，大型的钢铁联合企业每年用于发展生产的投资总额都超过了 2.5 亿美元，这些投资主要用于按照国际市场的要求提高产品质量，使生产过程实现自动化和计算机化，发展原料基地。

2. 优势技术和产品及竞争力

俄钢铁企业能够生产 2800 种钢和合金，7600 种断面尺寸的型材，2200 种不同规格的板材，30000 种不同尺寸的钢管，50000 种不同规格的五金制品。国产冶金产品的规格型号，包括品牌、规格、断面、技术性能等已经达到 1500 万种。在性能和批量方面俄罗斯钢铁产品在世界上排第一位，这使其在世界钢铁贸易中占有重要地位（占世界钢铁贸易总量的 12%）。

与工业发达国家相比，俄在国际和国内市场上缺乏高竞争力的产品。俄钢铁出口之所以在国际市场占有较大份额主要不是依靠高质量和高技术，而是较低的国内价格和劳动成本，以及原材料产品占较大比重。目前在俄罗斯钢铁产品出口中，原材料和半成品（矿石、废钢、焦炭、生铁等）约占 60%，而深加工产品（轧材和其他金属制品）仅占 10%。这一现象使俄罗斯的钢铁产品经常受到来自各国的关税和非关税限制，在高附加值产品市场上受到排挤。

除产品结构失衡外，俄钢铁产品的竞争力水平还受到生产工艺水平和结构、矿山富集程度和质量、能源、铁路运输等天然垄断部门产品和服务价格等多种因素影响。

钢铁生产工艺和结构方面，由于长期以来投入不足，俄钢铁业部分工艺流程已经过时，致使其主要技术经济指标大大落后于工业发达国家。

2000年之前，俄钢铁产业固定资产（机器和设备）平均损耗率达70%，符合现代世界水平的冶金工艺流程占30%，2006年该两项指标分别达到48.5%和50%。

俄尚未采用高炉炼钢煤粉吹气技术，电炉和连续浇铸技术比例较低。如俄电炉炼钢的比重2004年为17.6%，2005年提高到20.5%。同期内世界平均水平为33.8%，美国为53.6%、韩国为44%、印度为39%。2000~2004年，世界钢铁业连续浇铸量增加了2.227亿吨，其中，中国、印度、韩国增长速度最快。2004年，采用连续浇铸法比重世界平均水平为90.4%，美国、日本、韩国的水平达到97%~99%，中国为95.8%，俄罗斯仅为60.7%，2005年提高到66%。目前发达国家已经不使用平炉炼钢法，到2004年，俄罗斯仍然有20%的钢材采用该法冶炼。

俄单位成材的原材料和能源消耗指标大大高于工业发达国家和新兴工业化国家如中国、印度等国。俄炼钢平均电耗分别比发达国家高20%~30%，生产轧材的废料比发达国家高一倍，铁矿石和焦炭的消耗量分别高25%和40%、劳动生产率比发达国家低1.5~2倍，整个环境污染程度要比发达国家高一倍。有专家评价，俄钢铁工业因技术水平落后每年浪费的能源超过十亿美元。

能源、铁路运输等天然垄断部门产品和服务价格。俄罗斯使用的铁矿石更多的是贫矿，同时原料基地远离消费者。俄东部地区集中了大量的能源资源和钢铁原料，而主要的消费者却集中在俄欧洲地区，这造成能源和原材料运输成本的大大提高。俄钢铁产品平均单位价格中，能耗和运费比重占30%~35%。在铁矿开采中占40%。

新矿勘探不足。1994~2003年，在新的地质勘探中，铁矿勘探工作比重从0.6%下降到0.2%，石油天然气却从73.1%提高到77.8%。

3. 整合并购情况

俄罗斯钢铁企业的整合并购同时在国内外展开：一是在国内收购有关上游产业；二是在国际上与参与收购原材料和深加工产业。2005 年，俄几乎所有的大型钢铁公司都在购买煤炭和铁矿石公司的股份，组建自己的物流公司。俄认为，为控制成本、应对市场行情可能发生的变化，必须加强企业的这种垂直一体化。

与此同时各大钢铁公司和企业纷纷将目光转向海外，积极参与购买国外原材料和深加工领域企业的股份。

2004 年 1 月，俄北方钢铁集团公司收购了美国北美钢材切割厂（Severstal North America），2005 年收购了意大利的 Lucchini 集团公司。

2005 年，俄罗斯最大的铸钢公司欧亚控股集团收购了意大利的 Palini e Bertoli 钢铁企业和捷克的 Vitkovice Steel 钢铁公司。2006 年 11 月，米谢尔钢铁集团公司在罗马尼亚、克罗地亚和立陶宛分别购得三个、一个、一个钢铁厂。

2006 年 11 月，新利佩茨克钢铁公司宣布与瑞士 Duferco 冶金公司建立合作伙伴关系。与 Steel Invest & Finance S. A. 在卢森堡注册建立合资企业，双方各执 50% 的股份，俄方出资 8. 05 亿美元，瑞方则以其名下的位于比利时、法国、意大利和美国的五家钢板厂和轧钢厂股份入股。

四　国家监管方式、支持措施和政策沿革

俄钢铁企业大部分已私有化，但政府仍实行较严格的行业监管。俄工业能源部、自然资源部、经济发展与贸易部。反垄断局、税务部、司法部、财政部、审计署、海关委员会等部门通过制定行业发展战略和相关措施对钢铁业进行宏观政策导向，同时通过相关法律法规和行业标准等（如价格政策、税收和关税政策、排污标准等）对其进行多方综合监管。

2002 年 5 月 16 日，俄罗斯工业能源部通过了《俄罗斯 2010 年前冶金工业发展构想》，2005 ~ 2006 年，由俄罗斯工业能源部协调完成了俄政府提出的制定部门发展配套措施和计划的任务。

以上构想提出的有关政策措施包括：保护国内市场和生产企业；刺激国内市场对钢铁的需求；为冶金产业技术革新创造条件；发展冶金产业原料基地；

向国内外市场提供有竞争力的产品，废除对主要高技术设备的进口关税，对俄公司在境外实行私有化并获得冶金企业股份给予政策扶持，减少对那些在国际市场活动的冶金企业的限制措施等。这些构想和政策对21世纪头十年俄冶金业的发展具有重要指导性意义。

1. 保护国内市场和国内生产者

（1）扩大利用税收措施和非税收措施减少不必要的钢铁进口量，并按照市场行情变化随时调整使用税收措施的力度。

（2）在制定铁路运输、电力和天然气现代化纲要时，保证使国内生产企业平等获得冶金产品的订货。

（3）必须真正更新所有经济部门的固定资产，扩大主要冶金消费部门——机器制造业、建筑业和燃料动力部门的生产和投资。

（4）通过研究和确定冶金企业排放污染物先进工艺标准，刺激企业使用节能和环保工艺；取消进口冶金技术设备的关税，并研究根据联邦“环境保护法”对采用彻底改善生态环境的工艺提供税收和其他优惠的机制。

（5）建立联邦冶金科学和高技术中心，集中预算拨款用于那些最重要的靠间接融资的项目。

（6）对开发和推广高技术工艺的进口替代冶金产品的生产项目适时采取个案扶持措施，其中包括国家按股份的投入。

2. 扶持发展冶金矿石原料基地

（1）完善资源利用的法律基础。根据开采条件，有差别地征收黑色金属和有色金属矿石开采税。修改《税法典》第26章，以及必须从税基中免除矿山选矿企业特有的未完工程项目的财产税。

（2）加强对废旧金属回收、加工、销售的管理，扩大再生原料利用。

（3）建立标准的法律基础规范废旧金属流通领域秩序。对2001年批准的调节废旧金属流通的《关于生产、加工和销售废旧金属实施许可证管理条例》进行修改补充。完善废旧金属收集加工的组织工作，必须对其收购、加工和销售广泛使用许可制度，对刑法典和刑法程序法典、俄罗斯联邦行政违法法典进行修正，以加大追究废旧金属流通中违法行为的力度，组织对遵守废旧金属流通条例和许可证条例情况进行经常性的监管，对废旧金属的收购、加工和销售实行国家联邦统计监督。

（4）严格控制自然垄断部门产品价格和服务收费上调。为了优化自然垄断产品价格和服务收费，保障冶金综合体生产增长，应当通过统一的方法确定中长期（三四年）内自然垄断产品和服务的提价上限，在对冶金工业不同行业产品预期竞争力进行核算的基础上制定自然垄断产品服务的级差费率，其中在制定向远东地区运输冶金产品的铁路运费时要有经济依据。

（5）建立生产销售配套中心。现阶段，俄冶金产品主要是通过中介公司供货，这大大提高了钢铁产品的价格，一般交易流通过程中增加的加价相当于钢铁企业批发价格的17%～30%。发展和建立新的配套中心将有助于改善国内冶金产品市场产品种类和价格行情。

3. 向国内外市场提供有竞争力的产品

（1）按照金属消费部门的要求，开发和扩大以下先进产品的生产：汽车用高质量冲压镀锌板，直径1420毫米直（单）缝高强度钢管，高速铁路钢轨等。

（2）在加快创新的基础上改善冶金综合体的生产结构。首先要依靠提高有竞争力的生产设备（各种冶炼方式）、深加工产品生产设备、进口替代品和新产品生产设备的比重，以改善冶金工业的商品结构，提高冶金工业产品的竞争力和适应市场需求的能力。到2010年，吹氧转炉钢的比重应占68%，电炉钢应占28%，黑色金属冶金企业不再使用平炉炼钢法。在一些非专业企业仍可保留平炉炼钢法。毛坯连铸机生产的浇铸钢比重应该不低于78%～80%。

（3）对制度和组织结构实行进一步改革。建立强大的垂直一体化和多样化的能够在国内外冶金产品市场进行顺利竞争的结构。

4. 加强政府干预

（1）工业和能源部准备制定到2015年前冶金工业的发展战略。该文件的核心是，在开采固体地下资源时实行资源使用税税率多元化，对进行新产地勘探的企业提供税收优惠。预计，通过重新审查现行的冶金企业出口限制，近年内投资将增加两倍，冶金产品产量将增加20%～30%。生产成本将降低5%～

10%，冶金产品进口减少 30%，排放量将下降 1.5～2 倍。

(2) 根据俄罗斯政府批准的制定专门技术调节标准的规划，2007～2008 年将出台三个与有冶金业有关的技术标准，用以保证产品安全和生产安全。同时还必须研究与国际标准和地区标准协调一致的国家标准，以保证俄罗斯工业产品的竞争力。

(3) 为提高钢铁业的竞争力，国家将制定有关的投资政策、海关关税政策、价格形成和税收政策，完善投资法规，促进企业投资和技术改造的积极性。目前，俄国内市场消费的钢铁成材占其产量的 50%。国家打算通过国家订货、刺激发展最重要的冶金产品消费部门（如汽车组装、管道运输、造船、航空）。

第四节　中俄林业合作的挑战、空间与出路

俄罗斯是世界林业资源大国和木材出口大国，中国是世界木材消费大国和木材进口大国。林业合作是中俄经贸合作的重要领域。2007 年以来，随着俄罗斯林业保护和限制性政策法规的相继生效，中俄林业合作模式也面对加快转型的要求。本节将着重评介俄近年来有关森工领域的法律政策导向，提出新形势下中国与俄罗斯开展林业合作的思路。

一　俄罗斯森工业发展现状

1. 森林资源储备和分布

截至 2008 年 1 月，俄森林面积占国土面积的 45%，共有蓄材 828 亿立方米，相当于世界蓄材总量的 1/4。80% 的俄森林资源集中在西伯利亚联邦区、西北联邦区和远东联邦区。从蓄材树种构成看，其中 70%（580 亿立方米）为针叶林，主要分布在西伯利亚联邦区和远东联邦区，共 230 亿立方米；30% 为阔叶林，主要分布在乌拉尔和欧洲领土部分。在总蓄材中，440 亿立方米为成熟林和过熟林，蓄材年增长量为十亿立方米（详见表 10－4）。根据 2007 年的俄新版《森林法典》，允许每年木材采伐量为 6.35 亿立方米。

表 10－4　俄罗斯七大联邦区森林资源分布情况

	联邦区名称	联邦区森林覆盖率(%)	联邦区蓄材量(亿立方米)
1	西伯利亚联邦区	53	330
2	西北联邦区	52	100
3	远东联邦区	46	210
4	乌拉尔联邦区	38	80
5	伏尔加沿岸联邦区	37	60
6	中央联邦区	35	40
7	南方联邦区	7	8

资料来源：俄罗斯联邦林业署：《俄罗斯森林资源报告》，2008 年 1 月。

2. 森工业在俄经济和工业体系中的地位

森林是俄仅次于石油和天然气的重要资源，在工业生产和出口创汇中占有重要位置，分别占 3.9% 和 3.2%，对于安排就业也起到较大作用，其职工人数占就业人员比重的 6.6%，森工业因此成为俄罗斯的支柱产业之一（见表 10－5）。

表 10－5　森工综合体对俄工业生产和经济的贡献率

	各项经济指标	%
1	在国内生产总值中占比	1.1
2	在出口创汇中占比	3.2
3	在就业人员中占比	6.6
4	在投资中占比	1.1
5	在工业总产值中占比	3.9

资料来源：根据俄罗斯工业和能源部《有关制定 2020 年前俄罗斯森工综合体发展战略构想》的报告整理。

3. 2007 年俄森工业发展情况

2007 年，在国内市场和国际市场对木材需求量持续扩大及国内投资和新增生产能力增长的情况下，俄森工综合体发展态势良好，几乎所有的产品都出现了增长：木材采伐量增长 15.2%，木材运出量增长 15.2%（1.23 亿立方米），商用材产量增长 7.7%（1.01 亿立方米），木材加工和木材产品产量增长 6.2%，纸浆－造纸生产增长 3.7%（见表 10－6）。

表 10－6　俄森工业 2005～2007 年生产情况

项目	计量单位	2005 年	2006 年	2007 年
锯　材	百万立方米	22.0	22.1	23.2
	同比增长(%)	3.8	0.4	5.0
刨花板	千标准立方米	3930	4600	5261
	同比增长(%)	8.0	16.9	11.5
木纤维(硬)	千标准立方米	375	373	402
	同比增长(%)	9.6	-0.6	3.6
胶合板	千立方米	2556	2600	2763
	同比增长(%)	13.8	1.7	5.7
商品纸浆	千吨	2430	2380	2418
	同比增长（%）	0.8	-2.1	1.6
硬纸板	千吨	3125	3400	3496
	同比增长(%)	6.8	10.3	2.9
纸　张	千吨	4001	4005	4063
	同比增长(%)	2.5	0.1	0.6

资料来源：根据俄罗斯工业和能源部《2007 年俄罗斯工业生产》数据整理。

同期内，木材和造纸业出口额达到 112 亿美元，同比增长 30.1%。从出口情况看，未加工木材出口实物量同比下降 2.8%，已加工木材实物量增长 12.2%。由于国际市场价格的提高，已加工木材创汇增长 45.4%，未加工木材创汇增长 28.5%，胶合板创汇增长 34.6%，木浆创汇增长 25%。

在生产和出口快速增长情况下，森工行业整体财政状况大大改善，大中型木材加工和木制品生产企业的总利润为 75 亿卢布（同比增长 2.5 倍）。林业采伐、锯材和板材生产也都实现了盈利，利润增长。

二　俄森工业存在的问题

当前俄森工业发展面临的问题集中表现在以下四个方面。

1. 林业运输基础设施落后

尽管俄林业资源丰富，但 70% 的采伐区处于无法进入或到达的地区。俄每 1000 公顷林地只有 1.2 公里的道路，正是林区道路缺乏人为造成了用于加工的原料短缺。目前，开采水平最高的采伐区 60% 位于拥有发达公路网的俄罗斯欧洲部分，而开采水平最低的地区是西伯利亚和远东地区。为实现林业发展规划提出的目标，必须建设 12500 公里的林区道路，按最保守的统计，未来 5~7 年，俄急需建设的森林道路不少于 8000 公里，而目前的建设速度仅为每年 200~300 公里。

2. 干部资源短缺

干部资源短缺是俄各经济部门的普遍问题，在森工业首先是高素质的工人和工程师短缺。2007 年木材加工业平均在册职工人数 33 万，产值 51.03 万卢布/人；纸浆造纸业平均在册职工人数 12.45 万人，产值 171.155 万卢布/人。俄纸浆造纸工业企业中用于劳动报酬的实际费用与外国企业已基本持平，但劳动生产率却低一半，制成品的单位产出率只是外国同业 1/3~1/4。

3. 林业资源利用效率低下

与发达的林业国家相比，俄每公顷森林单位面积产量很低，每立方米已加工木材平均换汇不超过 50 美元，而芬兰的这一指标是 224.5 美元，瑞典为 163 美元，加拿大为 120 美元。2007 年俄罗斯出口木材和锯材 83 亿美元，其中一半（41 亿美元）是未加工木材。纸浆造纸工业效率低下问题更为突出。俄蓄材量位居世界第一，但在世界纸张和纸板生产中却排第 11 位。蓄材量不到俄罗斯 3% 的芬兰，其纸张和纸板产量是俄的 1.7 倍（详见表 10-7）。作为林业资源大国，俄国内对木材深加工产品的大量需求只能依靠进口来满足。为此，俄罗斯政府决定减少原木出口，木材加工亦被列为俄罗斯经济发展新的增长点之一。

表 10-7　2007 年俄罗斯与世界林业大国纸张纸板生产量比较

国　别	蓄材量(亿立方米)	纸张和纸板产量(万吨)
俄罗斯	821	740
美　国	351	8140
中　国	133	5350
瑞　典	32	1170
德　国	29	2170
芬　兰	22	1240

资料来源：根据俄罗斯工业和能源部《有关制定 2020 年前俄罗斯森工综合体发展战略构想》报告整理。

4. 盗伐和非法木材交易严重

目前俄存在三种主要的木材盗伐形式：①居民自用（取暖和用于维修建材），估计每年约2000万立方米，相当于正式采伐量的10%；②居民和企业用于出售或加工以获取收入为目的的商业性采伐，估计每年1000万立方米，相当于正式采伐量的5%；③有批准文件但却严重违法的采伐，估计每年2000万立方米，相当于正式采伐量的10%。三种盗伐合计每年不低于正式采伐量的25%或不低于总采伐量的20%，其中用于商业目的的盗伐不低于正式采伐量的15%，相当于1900万立方米。而欧洲的相同指标不超过3%，美国和加拿大为1%。

盗伐现象普遍存在的主要原因是失业和居民贫困，离边境近，国家监管弱等。目前俄森工综合体存在大量形式上亏损的从事灰色经营的小企业和超小企业，现有的三万家木材加工企业和1.5万~1.7万家木材出口企业中只有5600家按照规定的程序提交财务报告。据第一副总理伊万诺夫的数据，在1.6万家原木出口商中绝大部分是为一次性出口组建的“一夜公司”。

三　俄政府发展森工业的政策导向

发展森工业是俄政府现阶段经济发展优先方向之一，随着其综合经济实力的恢复，俄提出了森工业要从资源开采向木材深加工方向转变的新的发展方针，为此近年来俄政府出台了一系列相关法律法规，大力整顿林业生产秩序，其主要目标是为吸引大规模投资，为扩大木材深加工、生产有竞争力的高附加值产品创造条件。

1. 理顺林权管理关系确定新的发展机制

自2007年1月1日起，俄罗斯新《森林法典》已经生效。《森林法典》主要解决了以下四方面的法律规范和界定。

（1）明确划分了森林使用的法律基础和保护森林再生产的公共标准，规定2008年各地区要完成林业经济条例和森林开发草案的制定工作，从2009年1月起，在森林利用方面将从申请制过渡到计划制。

（2）确定了新的林业管理关系，原由联邦中央控制的大部分森林资源和林权移交地方，联邦主体将直接负责林区管理。

（3）规定林区租赁期限从1997年《森林法典》规定的三年延长到最高49年，确定了以竞拍为主获得林地使用权的方式，同时要求保证竞拍过程透明。

（4）确立了林业开发优先投资项目机制。

俄官方认为，《森林法典》的实施是俄森工业发展方向转型的第一阶段，该法典为实现对森林利用领域的投资创造了法律条件。

2. 加大投资改善林业运输基础设施

为解决林业运输基础设施问题，未来俄打算利用投资基金、联邦专项纲要和对外经济银行贷款三个渠道来解决投资问题。目前已利用投资基金实施了《发展 Нижное Приангарье 配套项目》框架下的克拉斯诺亚尔斯克边疆区博古恰尔区的森工综合体建设项目；在《远东和后贝加尔2013年前经济和社会发展纲要》框架下，计划对拥有大量森林资源的东部地区新建和改造6500公里的普通公路；开始利用外经银行贷款对几个木材加工项目投资。此外俄政府还打算对各地区提供财政扶持，用以建设林区基础设施和修建林区道路，为此将从联邦投资基金中拨款十亿卢布，每个地区将修建250～300公里的林区道路。

3. 加强各地区林业干部的培训和储备

为解决林业干部短缺问题，已责成地区发展部研究建立新的定向补贴体系，促进发展能够加强本地高素质干部储备的地区社会基础设施，之后将在联邦一级实行该机制。

4. 加强对森林采伐和木材出口的监管

俄总理提出，整顿林业秩序是政府的战略任务。而反盗伐、反木材非法出口则是俄目前林业整顿的重头戏。近年来俄已明显加大了监管力度，这方面的措施主要有以下几点。

（1）对总面积11.69亿公顷的林地建立国家清点体系。对其实行十年期的林业计划，要求2008年内必须完成规划、计划和组织结构的制定，同时开始对2100万公顷进行试验性清点。

（2）建立木材采伐流通监控体系。要求对所有未加工木材交易实行强制报告制，对交易进行登记。在这方面已做了第一步，2007年已通过了按《从生产到消费者》供货环节自愿提供林业产品原产地标准决定。在采伐领域从原来的主要通过航拍监控转为主要依靠卫星监控系统实行经常性干预。前不久联邦林业署成立了专门的森林资源卫星监控机构，每六个小时接收一次森林资源信息。林业署还投资5000万卢布研究通过电脑处理拍摄图像、准确计算开发木材数量的手段，控制森林资源流失。

（3）提高原木出口关税。2007年2月8日，俄政府批准了提高未加工木材出口关税时间表。根据时任总理弗拉德科夫签署的政府令，决定2007年7月1日、2008年4月1日、2009年1月1日、2011年1月1日分四次提高原木出口关税。到2011年，原木出口关税提高到相当于木材海关估价的80%。政府令自公布之日起一个月后正式生效（详见表10－8）。

表10－8　俄原木出口关税税率调整情况

（占商品海关估价的百分比和每立方米木材应缴欧元）

树种＼日期	自2007年7月1日	自2008年4月日起	自2009年1月1日起	自2011年1月1日起
针叶树木	20%，且每立方米不少于10欧元	25%，且每立方米不少于15欧元	80%，且每立方米不少于50欧元	80%，且每立方米不少于50欧元
直径小于15厘米、长度不足1米的桦木	20%，且每立方米不少于10欧元	25%，且每立方米不少于15欧元	80%，且每立方米不少于50欧元	80%，且每立方米不少于50欧元
直径小于15厘米的桦木	0	0	0	80%，且每立方米不少于50欧元
山杨树	10%，且每立方米不少于5欧元	10%，且每立方米不少于5欧元	80%，且每立方米不少于50欧元	80%，且每立方米不少于50欧元
柞木、榉木、水曲柳	20%，且每立方米不少于24欧元	25%，且每立方米不少于24欧元	40%，且每立方米不少于50欧元	40%，且每立方米不少于50欧元

资料来源：俄罗斯政府2007年2月5日第75号政府令，俄罗斯政府网站。

此次俄罗斯对原木出口实施的是复合税，即根据出口原木的海关报关价格征收相关从价税，同时每立方米不得低于一定额度的欧元。分阶段完成提高关税后，俄将成为世界上限制未加工原木出口最为严格的国家之一。

（4）限制部分林产品出口报关站口。2008年3月11日，俄罗斯《有关部分林产品报关地点》的第1327号海关令已经生效。未加工木材和低加工木材出口报关站口从688个减少至128个，林区“三剩”物和小薪材、纸浆等均归入低加工木材类。俄罗斯这一海关令旨在提高海关监管的质量，减少木材非法出口。

（5）建立俄罗斯自愿林权证明制度。使其与泛欧林权证明体系一体化。目前俄罗斯国内林权证书体系已向泛欧林业证明书体系提交申请以获得相应承认。此外俄经贸部建议，把自愿认证体系与森工企业在俄信贷机构获得的贷款利息的补贴相结合（这一贷款主要用于建立跨季节的木材储备），使其反过来成为促使森林采伐企业走出“灰色地带”的有效手段。

（6）提高对木材非法交易处罚力度。目前俄正在修改《森林法典》有关内容，对非法木材开采和交易的处罚，除罚没所有木材外，最高罚款金额将提高至数十万卢布，情节严重的，还将追究刑事责任。俄国家杜马将在2008年春季会议期间批准上述修改条款。

5. 提高森林资源使用和再生产效率

在近期内，将通过推动技术工艺的现代化，提高劳动生产率，降低产品价格中用于劳动报酬的单位成本。近年来，俄已对30种森工综合体用的机器和设备进口实行零关税。

从2008年1月1日开始，所有的森林资源使用者都有按照森林开发项目和树种构成要求自动造林的义务，其中包括建立林场。每年应恢复森林不少于70万～80万公顷，新建森林20万公顷。

6. 吸引外资参与木材深加工体系建设

为解决木材砍伐和木材深加工两个领域发展严重失衡的问题，俄政府已多次明确提出发展木材深加工的政策导向，其中包括吸引外资参与木材深加工体系建设。俄总理多次为森工业招商引资，他说，这个领域对投资者是开放的，而俄政府将协助完成这一领域的投资项目。目前联邦林业署正在研究多个优惠方案，以吸引外资投资木材加工业，国家将参与投资项目的基础设施建设，下调木材深加工产品的出口税率以及对木材深加工设备提供免税优惠等。俄工业能源部已制定四个林业投资项目，总投资额达25亿美元，各个地区也有86个投资项目在制定中。2006～2007年，外资对俄森工业投资已出现了明显的上升趋势，增幅30%以上。

四　中俄林业合作现状

中国森林资源相对匮乏，森林覆盖率为18.21%，覆盖面积1.75亿公顷，居世界第142位。中国是世界上的木材需求大国，“十五”期间，木材总需求量和总消耗量约三亿立方米，而自有生产量只有1.31亿立方米，靠国内生产的木材显然远远不能满足需求。

由于资源禀赋的差异，中俄在林业合作领域存在巨大的互补性，现阶段两国的合作主要集中在原木贸易领域，贸易规模逐年扩大，形成了稳定的进出口关系。2000～2006年，俄罗斯原木在我国进口木材总量中的份额平均保持在53.22%的水平。其中2006年中国自俄进口原木2182万立方米，占进口原木总量的70%。2007年进口2500万立方米，占原木进口总量（3709.08万立方米）的67.4%。目前中俄在木材进出口领域互为最大的贸易伙伴：中国是俄罗斯最大的出口市场，占其木材出口的37%，俄罗斯是中国最大的木材进口国，在中国的木材进口中居于绝对主导地位。

与此同时，为适应俄国内政策的变化，中国企业发展定位正逐步从原木贸易和在俄开采原木为主转向木材深加工领域。近年来，中俄之间已开展数十个合作项目，项目主要集中在俄远东地区。

现阶段中俄林业合作中存在的主要问题有以下几点。

（1）合作规模小。中俄双方参与森林资源开发的企业以中小型为主，由于实力不够，难以组织大项目。

（2）林产品产销供应链条复杂，在木材采购渠道、交易价格和采伐管理中出现一些不确定性，还存在木材非法交易问题。

（3）俄原木出口关税上调致使进口成本上升，也导致我国内原木价格上涨，由此带动了造纸、建筑、家具和装修等关联行业价格上涨，而一批经营木材的小企业面临倒闭。

（4）现有合作项目多数科技含量不高，原始加工项目多，深加工项目少，效益不高。

（5）俄林业投资软环境差，行业垄断、官员腐败等影响着两国林业合作的健康发展。

五　发展空间和出路

中国现为木材净进口国，随着经济的快速发展，木材净进口量会呈现出不断增长的态势，俄在中国木材市场供给结构中将会占据越来越重要的位置。据世界野生资源基金会的评估，到2010年中国将成为世界第一大原木进口国，年进口量将达到一亿立方米；到2015年中国木材需求量约为3.4亿立方米，国内产量的缺口将达到1.5亿立方米。中国目前及今后相当长的时期内都存在着较大的木材供求缺口，在未来若干年内，中国木材供给的对外依存度还会进一步提高。

目前俄罗斯采取一系列措施整顿森工业并不是绝对限制木材出口，而是要提高木材深加工水平和出口效益。俄在缺少设备、资金和劳动力的情况下，若想在短期内大幅提高本国的木材深加工能力必须与包括中国在内的其他国家合作。俄政策调整在带来挑战的同时也为两国合作带来新的机遇。尽管存在各种问题和困难，但中俄在资源、行业优势和市场方面的互补优势仍然存在，中俄森林工业的发展需要彼此间的深入合作。从中方看，应适应这种变化，根据相关情况，及时调整思路，积极应对，确保我国的木材供应安全。

1. 建立优势互补的新型合作关系

鉴于俄罗斯的投资环境正在发生变化，中俄林业合作模式要适应新的法律和政策导向，从原木贸易和中国在俄开采原木为主向木材深加工领域合作发展。为此建议鼓励具有一定规模和资金实力的企业和投资者同俄罗斯相关企业合作，借鉴西方大公司的投资经验，成立合资企业，也可以成立独资企业，在俄进行木材深加工，其产品可就地销售或出口第三国。

2. 与地方政府建立密切合作关系

在木材采伐和加工方面，俄罗斯法律赋予各地方政府很大的自主权，建议有意向投资的中资企业应首先与当地政府建立良好的关系，保证境外投资和木材运输的顺利开展。

3. 寻找可靠的合作伙伴

中国企业要想在俄市场立足，首先要选择好合作伙伴，把本企业的海外发展战略与合作伙伴的发展战略结合起来，搭上主流运营商的顺风船。赴俄投资者应着力寻找具备优势的业务代理与之合作，充分了解和利用其广泛的信息、良好的专业素质和法律保障，形成优势互补的新型合作关系，扩展业务范围。

4. 寻找新的原料来源

现有依靠俄进口原木为原料的木材加工企业，应根据俄制定的新关税做好成本分析，着手寻找新的原料渠道，调整进口产品种类，从进口原木为主逐步转向进口半成品和粗加工制品为主。

5. 加强中方劳务人员的出境和境外管理

林业合作涉及资金、运输、劳务多个环节的问题，政策性强。从以往的经验看，劳务输出问题是最大的障碍。如果进入俄罗斯境内建厂，解决劳动力成为头等大事。建议投资企业要规范劳务输出手续，同时严格遵守俄各项相关法律。

6. 进一步规范木材贸易制度

双方政府应充分利用已有的境外林业合作指标评价体系，加强两国在森林资源管理领域的合作，有效防止和杜绝破坏资源现象的发生。中方要适当进行宏观调控，避免因内部竞争损失总体市场份额。

7. 加强在木工机械领域特别是木材加工机器制造业的合作

目前俄木材深加工设备落后，更新换代主要依靠进口。中国在这方面有一定优势，可为俄木材加工业提供新型机器设备，以提高产品的质量从而提高产品的竞争能力。在这方面，要避免将国内淘汰设备或落后设备带入俄境内。

第五节　俄罗斯的汽车市场及中俄汽车生产贸易合作

汽车生产和贸易是中俄开展经贸投资合作的重要领域。2003 年以来，中国多家汽车企业抓住俄出台发展汽车工业新政策的机遇，先后进入俄罗斯市场。2006 年，俄成为中国汽车第一大出口市场。中国汽车在俄罗斯一直逆势前行，自 2007 年下半年以来在俄市场连续受挫。2012 年俄罗斯正式加入世贸，俄将下调汽车进口关税进而开放汽车市场。未来俄汽车市场对中国企业仍是机遇与挑战并存，中国汽车企业亟待改变对俄投资战略，摆脱困境，寻求在俄发展的新机遇。

一　俄罗斯汽车工业概况

（一）发展历程

俄罗斯是老资格的世界汽车工业大国，苏联时期基础十分雄厚，其在技术水平及产品开发能力上虽不及西欧、美、日等汽车工业发达国家，但从其产、销量上看，仍属汽车大国。20 世纪 70 年代末、80 年代初期苏联汽车产量达到其鼎盛时期，80 年代末期苏联汽车工业开始逐渐失去原有的优势。由于冷战而导致忽视汽车工业的投入及发展，过于强调自主开发，技术封闭，苏联与国外汽车公司再无任何大规模的技术合作或技术引进，这更拉大了与世界先进的汽车技术水平之间的距离。进入 20 世纪 90 年代，苏联的汽车制造业在企业技术水平及生产组织方式上已严重滞后，致使国产汽车的竞争力急剧下降，新车型投产数量明显减少。苏联解体前，由于国家预算资金短缺及对汽车产业科技投资的严重限制，汽车产业实际已名存实亡。

苏联解体使俄罗斯经济遭受重创，汽车工业因经济危机深受影响，经历了急剧滑坡、缓慢复苏的过程。1992 年开始的经济转轨使俄罗斯汽车工业陷入旷日持久的危机，大部分生产计划无法完成，国产汽车份额大幅下降。20 世纪 90 年代中期，俄载重车产量下降了 95%，大型客车停产，小轿车产量下降了 67%。1998 年金融危机之后，俄汽车工业获得了喘息之机。政府开始对汽车工业大力扶持，并对汽车产业结构作出重大调整，汽车工业开始缓慢步入发展轨道。这一时期，汽车工业的领头羊是 АвтоВАЗ，ГАЗ и АМО ЗИЛ，20 世纪 90 年代这些工厂通过开发一些新车型度过了危机最困难的阶段。

自 2002 年起，俄汽车工业进入了新的发展时期，政府采取一系列措施刺激国内汽车市场。随着俄罗斯经济的复苏，其汽车市场迅猛发展，汽车生产销售连续保持快速增长，汽车工业对整体工业增长的贡献率不断提高，成为满足内需、拉动经济增长的重要引擎。2004～2011 年，俄罗斯汽车销量总体呈增长态势。2007 年，俄罗斯汽车生产同比增长 10.6%，汽车销售总量同比增长 35.5%，销售额同比增长 57.3%。销售量一举超过德国，欧洲汽车商协会曾预测，2008～2009 年俄将超过德国成为欧洲第一大汽车市场。2008 年俄罗斯汽车销量达到311.7万辆，2009年受国际金融危机影响，生产和销量下滑明显，降至157.8万辆，为应对金融危机，俄政府采取一系列措施救市。随着金融危机的逐渐退去，2010年、2011年俄汽车市场开始好转。2011年俄罗斯汽车市场销量达287.9万辆，仅次于德国列欧洲第二位，但涨幅领先，达到38.1%。

（二）汽车工业在俄经济中地位

汽车工业产业链较长，能够带动100多个相关产业的发展。上游涉及钢铁、机械、橡胶、石化、电子、纺织等行业；下游涉及保险、金融、销售、维修、加油站、餐饮、旅馆等行业，汽车产业链之长是其他产业无法与之比较的。汽车工业是俄罗斯国内机器制造业的主要部门，代表国家经济和社会发展的水平。苏联政府机构设置上一直设立有统管其汽车工业的部级机构——汽车工业部，目前俄罗斯工业和贸易部履行对汽车工业的管理职能。

俄罗斯汽车工业产业链延伸到电子技术、冶金、化工、电气、轻工及其他有关部门。由于汽车工业产业链长，不仅能够带动大量的直接就业，而且也可以带动高比例的间接就业。

2010～2011年，俄汽车业创造了1%的GDP，保证在汽车和零部件生产部门直接就业的有40万人，还为附加部门和销售公司创造了100万个就业岗位。

（三）汽车产业布局

苏联时期俄罗斯已是主要的汽车生产基地，已形成较为完备的汽车生产业，并按照全国统一的生产力布局原则，对汽车生产厂家做了统一安排和具体分工。全俄80%的汽车生产能力集中于六个大型企业。这些企业的生产能力基本上是在20世纪60～70年代形成的。伏尔加汽车制造厂（ВАЗ“瓦斯”）建立于1967年，主产轿车；高尔基汽车制造厂（ГАЗ“嘎斯”）1932年投产，1972年成为主导企业；卡马兹汽车制造厂（КамАЗ“卡马兹”）始建于1970年，1981年投产，主产轿车、载重车；乌里扬诺夫斯克汽车制造厂（УАЗ“乌阿斯”），建于1942年，1972年成为主导企业，主产军用车和农业用车；莫斯科汽车制造厂（ЗИЛ“吉尔”），资格最老，建于1916年，1981年成为主导企业，主产载重车；乌拉尔汽车制造厂（УРАЗ“乌拉斯”），建于1939年，1962年更改为现名，主产载重车。

进入21世纪，国际著名汽车生产商开始进入俄罗斯汽车市场，探索与俄本土企业合作。

为保护和发展民族汽车产业，2002年以来俄政府出台了一系列措施：制订了《2002～2010年汽车工业发展纲要》《2005～2008年汽车工业中期发展规划》及优先任务的实施计划，充分利用国家调控手段，帮助俄汽车厂商发展生产，促进市场营销。2005～2006年，俄又连续出台了有关在俄进行汽车“工业组装”的第166号、第566号、第839号三个文件，把国内外汽车生产商在“工业组装”框架内签订投资生产协议作为国家发展汽车工业的优先方向和基本方式，政策取向从以往对本土汽车企业的保护向对汽车合资企业的优惠调整，以逐步实现俄产汽车对进口汽车的替代。截至2007年11月，在第166号文件框架内，俄与国内和国外汽车生产商共签署了24个工业组装协议和12个汽车零配件生产供应协议，国际知名汽车品牌相继在列宁格勒州、卡卢加州、萨马拉和鞑靼斯坦等地建厂。俄现代汽车产业基地布局已初见雏形。

目前俄罗斯已成为全球第15大汽车生产国。经过近20年来的重组发展，现六大汽车生产集团如下。

АвтоВАЗ，伏尔加汽车股份公司，在原伏尔加汽车厂基础上组建，总部设在萨马拉州陶里亚蒂市，目前为东欧最大的小轿车生产商。

КАМАЗ，卡马兹股份公司，在原卡马兹汽车厂基础上组建，总部设在切尔内。为苏联和俄罗斯最大的柴油载重车和柴油发动机生产商，目前生产客车、拖拉机、康拜因、发电机组、小型热电站和零部件。2010年柴油发动机产量世界排名第8位，2012年重型载重车产量世界排名第12位。[①]

Группа ГАЗ，俄罗斯汽车工业集团公司，为原嘎斯汽车厂，现为嘎斯股份公司的控股公司，总部设在下诺夫哥罗德。嘎斯集团公司共联合俄罗斯十个地区的18家生产企业、销售和服务机构。产品包括轻型和中型商用车、重型载重车、客车、小轿车、筑路机械、动力系统和零部件。

Соллерс，组建于2002年，2008年前名为“北方钢铁－汽车”股份公司，筹建期间主要业务在鞑靼斯坦共和国的叶拉布加。下辖五大汽车股份公司，包

① 卡马兹汽车股份公司官方网站，www. kamaz. ru。

括乌里扬诺夫斯克汽车厂、伏尔加河沿岸发动机厂、切尔内小型节油车厂、叶拉布加汽车厂、远东汽车厂。

ЗИЛ，莫斯科集团，原莫斯科汽车厂，为俄罗斯最老的汽车厂，全名为利哈乔夫汽车厂，64%的股份为莫斯科市政府所有（见表 10－9）。

表 10－9　俄罗斯主要汽车制造商

集团名称	制造厂	品牌	厂家地址	主要产品	年销量(万辆)	备注
俄罗斯汽车工业集团	高尔基汽车厂	GAZ	下诺夫哥罗德市	轿车、卡车、客车	(约)20	俄罗斯主要商用车制造商
	巴甫洛夫汽车制造厂	PAZ	巴甫洛夫市	客车	1	俄罗斯主要客车制造商
	乌拉尔汽车厂	URAL AZ	下塔吉尔市	中重卡	(约)1	俄罗斯最大载货汽车制造商
卡玛兹汽车集团	卡玛兹汽车厂	KAMAZ	喀山市	轿车、卡车、客车	(约)3	—
北方钢铁－汽车集团	乌里扬诺夫斯克汽车厂	UAZ	乌里扬诺夫斯克市	SUV、轻卡、VAN、微客	5	—
莫斯科集团	利哈乔夫汽车厂	ZIL	莫斯科市	轻型商用车	1～2	—
伏尔加集团	伏尔加汽车厂	VAZ	陶里亚蒂市	轿车	(约)30	—

资料来源：东风商用车公司：《俄罗斯商用车市场概况分析》，http://www.chinatruck.org，2007年4月22日。

布良斯克汽车厂（Брянский Автомобильный Завод，БАЗ），为俄罗斯自主车型的主导生产企业，是轮式底盘和 14～40 吨军用和民用全地形车生产商，俄罗斯石油天然气工业专用大型车主要生产商之一。

（四）汽车保有量

俄罗斯作为世界上最早进入“汽车时代”的国家，汽车普及率极高。虽然该地区曾经历过较长时间的经济衰退，但始终保持着普遍的汽车消费习惯。目前，俄罗斯仍是东欧地区汽车保有量最高的国家，且保持逐渐增长的趋势（见表 10－10）。

表 10－10　俄罗斯与世界汽车生产大国和金砖国家每千人汽车拥有量比较

全球排位	国　家	每千人汽车拥有量(辆)	年份
2	美　国	812	2010
13	德　国	634	2008
18	日　本	589	2009
57	俄罗斯	271	2011
58	巴　西	259	2011
74	南　非	162	2009
83	中　国	83	2011
132	印　度	18	2009

资料来源：数据摘自“各国和各地人均汽车保有量”，百度文库。

2011 年 1 月，俄罗斯的汽车保有量为 4140 万辆，其中乘用车保有量为 3404 万辆，轻型商用车的保有量为 354 万辆，卡车保有量为 343 万辆，客车保有量为 37.4 万辆。排在乘用车保有量前几位的城市是：符拉迪沃斯托克（海参崴）、克拉斯诺亚尔斯克、苏尔古特、秋明和莫斯科。符拉迪沃斯托克（海参崴）乘用车中 50% 是丰田，后面依次是日产 7%、本田 4.8%、马自达 4.1%、铃木 2.4%、斯巴鲁 2.1%、五十铃 1.6%。日本车占了 87%，俄产车只占 3%，车龄在十年以上的旧车占 80%。2012 年，俄罗斯现有汽车的平均车龄为 11.8 年，国产品牌车平均车龄已达到 14.8 年。①

根据对人口超过十万的 170 个城市统计结果，排在轿车保有量前几位的城市依次是：

第一：符拉迪沃斯托克（海参崴），人口 58.1 万人，每千人拥有 566 辆车；

第二：克拉斯诺亚尔斯克每千人拥有 384 辆车；

第三：苏尔古特每千人拥有 378 辆车；

第四：秋明每千人拥有 374 辆车。

① “Автомобильный рынок России и СНГ, Обзор отрасли, Март 2013 года”，安永莫斯科公司。

以上排第二、三、四位的城市按人口数平均每三人就有一辆车，轿车保有量比莫斯科还多。莫斯科官方统计常住人口 1443 万人，另外大约有 200 万 ~ 600 万黑户，每千人拥有 338 辆车。

俄罗斯人口在 70 万 ~ 1500 万的大城市有新西伯利亚、叶卡捷琳堡、萨马拉、喀山、顿河畔罗斯托夫、乌法、雅罗斯拉夫尔、伊尔库茨克，这些城市平均每千人拥有 200 ~ 250 辆车。圣彼得堡人口 457.1 万人，每千人拥有 238 辆车。

人均汽车保有量最少的城市有：伏尔加格勒每千人拥有 181 辆车，彼尔姆每千人拥有 185 辆车，车里亚宾斯克每千人拥有 188 辆车。①

另据俄罗斯权威汽车产业分析机构 AUTOSTAT 公布的数据，2005 年俄罗斯乘用车平均每千人拥有量为 200 辆，2010 年上升到 233 辆，2011 年初为 240 辆，年底达到 250 辆，预计到 2015 年俄罗斯汽车每千人拥有量将提升至 300 辆，2020 年则达到 360 辆。②

较低的人均汽车保有量和大量老旧车的存在表明，俄罗斯仍是欧洲最有吸引力和最有前景的汽车市场。

二　俄罗斯汽车市场发展现状及特点

（一）市场发展现状

2000 ~ 2011 年，俄罗斯汽车产量变化不大，产量从 120.56 万辆上升为 198.80 万辆，从全球排名第 13 位升至第 12 位，在全球汽车产量中占比从 2.30% 上升为 2.48%。

俄罗斯生产汽车以乘用车为主。2000 ~ 2011 年，俄罗斯乘用车产量从 96.92 万辆升至 173.82 万辆，在俄罗斯汽车总产量中占比从 80.40% 升为 87.43%；商用车产量从 23.69 万辆升至 24.99 万辆，占比从 19.65% 降为 12.57%（见图 10 - 1）。

2012 年俄罗斯共生产外国品牌汽车 132.9 万辆，占俄汽车总产量的 68%，

① 《2008 年俄罗斯各地区汽车保有量统计数据》，搜狐网，2008 年 10 月 10 日。

② 《2011 年初俄罗斯汽车千人拥有量升至 240 辆》，盖世汽车网，2011 年 1 月 26 日。

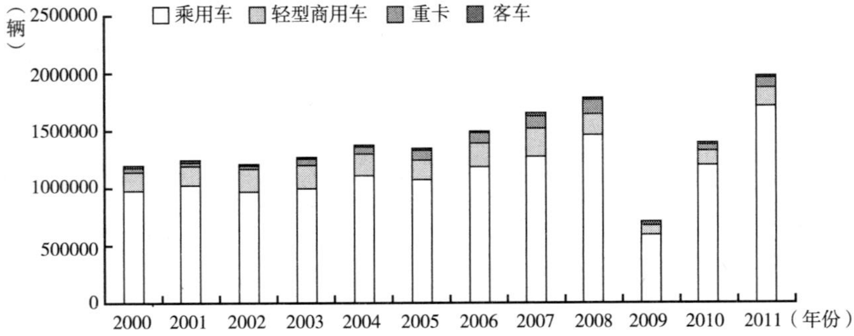

图 10－1　2000～2011 年俄罗斯汽车分车型产量

资料来源：根据世界汽车组织（OICA）提供的数据。

俄本土品牌汽车产量 64 万辆。当年小轿车达 196.88 万辆，同比增长 23%，销售量达 293.5 万辆，同比增长 11%，已经超过 2008 年金融危机前的水平，但预计 2013 年涨幅不大或适度增长。

从细分市场来看，2011 年，俄罗斯乘用车及轻型商用车销量增长较快，达到 265.3 万辆，6 吨以下轻型商用车销量为 17.4 万辆，6～16 吨卡车销量为 9318 辆，16 吨以上卡车销量达到 29410 辆，客车（除微客）销量达到 12400 辆（见图 10－2）。

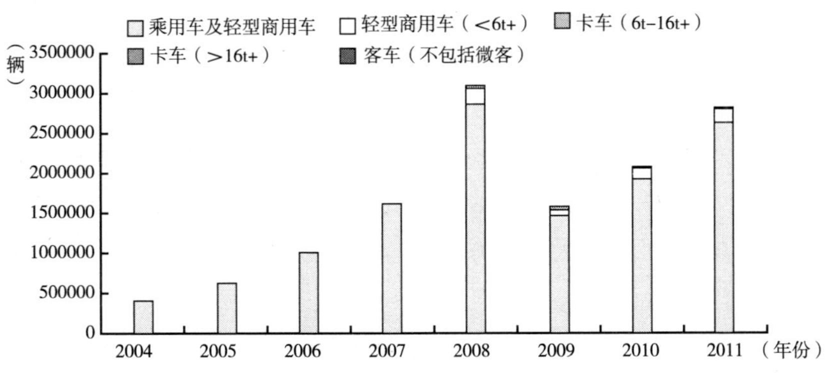

图 10－2　2004～2011 年俄罗斯汽车细分市场情况

资料来源：根据欧洲商业协会（AEB）提供的数据。

（二）汽车市场特点

1. 外国品牌车成为市场主角

俄罗斯汽车市场的一个突出特点是，通过进口和国外汽车本地化生产来满足需求。2005 年前后，国外品牌迅速成为小轿车细分市场的中坚力量，平均每两个月就有五个以上的新款车型上市。2006 年，国外品牌汽车在俄销售首次超过俄国产汽车，在新车市场占据主导地位，2007 年继续保持了这一态势。从销售看，在所售出的 278.2 万辆小轿车中（价值 534 亿美元），俄国产轿车 75.2 万辆（价值 61.6 亿美元），国外品牌新车 165 万辆（价值 404 亿美元），二手进口车 38 万辆（价值 68 亿美元）。按实物量表示，2007 年汽车市场同比增长 35.5%，按价值量表示同比增长 57.3%。其中，国产汽车的市场份额下降到 27%，国外品牌新车份额上升到 59%，二手进口车保持在 2006 年 14% 的水平。国产车中，拉达品牌名列第一，占 24.4%，国外品牌中雪佛莱排第一位，占 6.8%。从全球汽车市场看，当年新车销售增长速度超过俄罗斯的只有中国，若保持这一发展趋势，俄将超过德国成为欧洲第一大汽车市场。分析家指出，今天对所有的汽车生产商来说，俄罗斯都是一个优先发展的市场。

2. 汽车销售市场出现高档化趋势

2000 年以来，随着收入增加以及获取银行贷款日益便捷，俄罗斯居民消费需求重心向高档化转移，形成了对高价位车的稳定需求，进而带动汽车市场供销结构变化，出现了销售高档化趋势。据俄汽车统计协会的数据，2003 年，价位在一万美元以下的汽车在新车销售量中占比为 85%。到 2007 年，该比重下降至 26%，其在销售额中占比更少，仅为 10.4%。价位在一两万美元的汽车在 2003 年的市场占有率还不足 8%（8.47 万辆），在经过了有序的增长（2004 年占 15.5%、2005 年占 22.8%、2006 年占 31.1%）后，2007 年的市场占有率已名列第一，达 43.9%，突破 100 万辆。预期高价位汽车将占据俄罗斯汽车市场半数以上，大部分生产商现在开始转向了更高价汽车的生产，包括俄国内汽车工业产品也计划转向一万美元以上的定位。

3. 汽车信贷成为汽车市场主要推动力量

俄罗斯新款小轿车销售之所以快速增长与汽车信贷的快速发展密不可

分。1998 年金融危机之后，汽车贷款在俄迅速发展，提供贷款的银行从最初的不到十家发展到目前的百余家，一些在俄进行工业组装的汽车生产商通过国内银行在俄开展汽车贷款以带动销售。根据俄汽车统计协会数据，2006 年贷款购车的数量占汽车销售总量的 40% 以上，2007 年达到 48%，每 100 辆车中有 48 辆是通过贷款购买，平均贷款额接近 1.5 万美元。2008 年微降到 46.3%。2009 年受金融危机影响，贷款售车比重大幅下降至 26.4%，2010 年后仍保持逐年回升的趋势，2012 年达到 34.8%（见图 10－3）。从国际经验看，由于信贷资金的流入，贷款利率的逐年降低和贷款期限的延长，汽车销售流程越来越简捷。预计在高档车消费方面，汽车贷款仍将是重要推动力量。

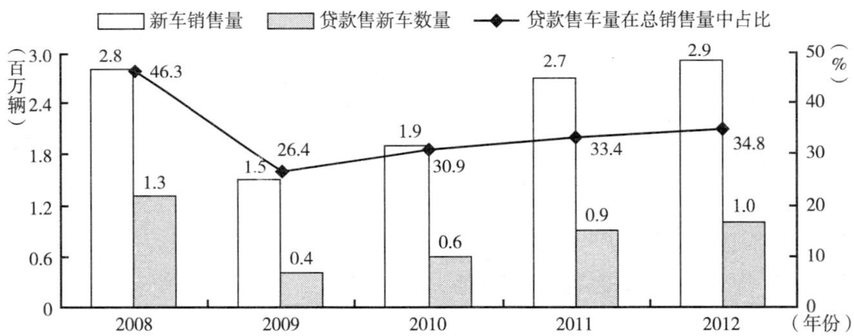

图 10－3　俄罗斯市场贷款售车数量及其在汽车总销售量中占比

资料来源：根据欧洲汽车协会、俄罗斯汽车统计分析协会、俄罗斯中央银行、俄塔斯社、俄罗斯商业协会、安永会计师事务所提供的数据整理。

4. 商用车市场仍以俄国产车为主

与乘用车相比，俄国产车在商用车特别是在卡车市场仍占主导地位。2007 年，俄共销售 12 吨以上重卡 12.8876 辆，同比增长 42%，其中 52% 为俄国内和独联体国家生产，16% 为进口新车，22% 为进口二手车。在进口车中仍以欧洲品牌为主。2007 年，欧洲品牌卡车在俄销售同比增长一倍，从 9072 辆增加到 19464 辆。2012 年，俄罗斯销售 13.2 万辆新载重车，其中俄国产品牌占 45%，比 2011 年略降 1%。预计随着俄入世载重车进口关税将逐步下调，进口车销售占比可能会上升。

值得关注的是，2008 年在俄海关统计中首次出现了中国卡车的名字，并迅速占有 10% 的市场份额。山东济南豪沃（Howo）重卡自 2007 年 5 月正式进入俄市场，在短期内即在新车销售中占据第一位。

三　俄罗斯汽车工业政策及其对外资的影响

俄罗斯汽车市场是一个变化莫测的“政策市场”，其核心是保护和发展民族汽车产业。2002 年以来俄政府出台了一系列措施：制订《2002～2010 年汽车工业发展纲要》，提高进口新车及二手车的关税，对严重冲击国内市场的二手车与进口汽车做出标准；之后又制订了《2005～2008 年汽车工业中期发展规划》及优先任务的实施计划，充分利用国家调控手段，帮助俄汽车厂商发展生产，促进市场营销。

2005～2006 年，俄又连续出台了有关在俄进行汽车“工业组装”的第 166 号、第 566 号、第 839 号三个文件，把国内外汽车生产商在“工业组装”框架内签订投资生产协议作为国家发展汽车工业的优先方向和基本方式，力图通过将之前通行的整车“原始进口”模式转换为进口零配件在国内组装，以此提高国内汽车行业的整体技术水平。同时与国际汽车零配件制造商开展合作，目标是在未来使汽车制造和维修逐步本地化。政策取向从以往对本土汽车企业的保护向对汽车合资企业的优惠调整，以逐步实现俄产汽车对进口汽车的替代。

2005 年，俄在原《技术调节法》的基础上通过了其历史上第一部专门的汽车技术规范《汽车有害（污染）物质排放要求》，拟停止出售汽车尾气排放标准低于欧 2 标准的汽车。

2009 年为应对经济危机，俄罗斯政府相继出台了一系列保护本国汽车产业的政策，对 2010 年俄罗斯汽车市场复苏起到重要作用。2010 年，俄罗斯又推出了一系列国产车购买支持政策，迅速扭转了汽车产业持续下滑的局面。2011 年，俄罗斯继续推行新车消费刺激等一系列政策，汽车市场呈现出了产销两旺的局面。

2012 年，俄罗斯成为世界贸易组织正式成员。面对已经到来的竞争压力，俄政府为保护弱势的国内汽车产业，拟采取非关税和技术措施。

（一）第166号政府决议的影响

1. 第166号政府决议基本内容

在上述政策中，对中国汽车进入俄罗斯影响最大的首推第166号政府决议。2005年3月29日，俄罗斯政府批准了第166号《有关修改俄罗斯联邦用于工业组装的汽车零配件海关关税》的政府决议，提出国外汽车生产商在“工业组装”框架内签订投资生产协议是近期内国家发展汽车工业的优先方向和基本方式，目的是吸引外资进行汽车本地工业组装。俄罗斯政府汽车工业政策将从以往对本土汽车企业的保护向对汽车合资企业的优惠调整。俄政府致力于将汽车整车进口转变为在俄罗斯建立全套组装生产流水线，希望通过各种措施，限制外国汽车进口，使进口汽车数量在2010年前稳定在每年40万~50万辆的水平，同时扩大国内工业组装汽车产量，将其提高到每年100万~110万辆的水平，以逐步实现俄产汽车对进口汽车的替代。

第166号政府决议对进行工业组装的项目作了一些具体规定，其中包括：①进行工业组装公司的汽车生产能力不能低于每年2.5万辆，以后随着生产能力的提高，可根据市场需求自行决定未来的汽车产量；②公司第一阶段的投资总额不得少于5000万美元；③必须保证现行企业在18个月内、新建企业在30个月内将汽车生产中的焊接、喷漆、组装等工序在俄国内进行；④分阶段逐步降低汽车零配件的进口比例，汽车生产商在俄进行工业组装24个月后应该将进口零配件比重至少降低10%，之后再过18个月将该比重递减10%，再过12个月后第三次将该比重递减10%，即在四年半期限内将进口零配件比重降低27.1%，如果汽车生产商不能履行这一要求，将全额交付零配件进口关税；⑤工业组装只针对轿车生产，该政策在未来几年内将不会扩展到载重车和大轿车生产领域。[①]

2006年9月，在有关工业组装的政府令颁布后，俄罗斯联邦工业和能源部、俄罗斯经济发展与贸易部以及俄罗斯联邦财政部三部门联合下发部

① Постановление Правительства РФ от 29 марта 2005 г. N 166《О внесении изменений в таможенный тариф Российской Федерации в отношении автокомпонентов, ввозимых для промышленной сборки》(с изменениями от 27 ноября 2006 г., 8 декабря 2010 г.).

令，将“工业组装”概念延伸到对汽车部件的生产商，对部件生产商提供与“工业组装”协议规定的相同的优惠。被认定为“工业组装”的进口汽车部件扩大到300多种，目前已分阶段下调了这些汽车部件的进口关税（最低降至0%）。

2007年2月，俄经济发展与贸易部投资政策司副司长德米特里·列夫琴科夫向俄国际文传电讯社记者就第166号政府决议及俄罗斯汽车工业发展前景问题做出评介，称俄将在2007年上半年签订最后一批工业组装制度下的运营协议，截止期为6月底。

2007年7月3日，俄罗斯《生意人报》报道，俄罗斯经济发展与贸易部和俄罗斯工业和能源部6月29日会议决定，将签署汽车工业组装投资协议的最后期限延长至2007年9月15日。①

2. 国外汽车商在俄第166号政府决议框架下建厂情况

（1）概况。对俄政府上述发展汽车工业的优惠政策，世界主要汽车生产商做出了积极的回应，这些公司要么已经在俄罗斯投资建厂，要么已经表示计划将在俄罗斯进行生产。一些主要汽车生产商先后进入俄罗斯市场，包括现代汽车公司、通用汽车公司、福特汽车公司、大众汽车公司、丰田汽车公司、尼桑汽车公司、雷诺汽车公司、铃木汽车公司等。

2006年，在第166号政府决议框架下，俄罗斯经济发展与贸易部与十家公司签署了在俄境内进行汽车工业组装协议，这些公司包括：

* ОАО ИжАвто，伊热夫斯克汽车厂有限股份公司；
* ОАО ЗМА，兹马汽车股份有限公司；
* ОАО Автофрамос，弗拉莫斯汽车有限股份公司；
* ЗАО ДжиЭм－АВТОВАЗ，奇埃姆－伏尔加汽车制造厂股份公司；
* ООО Фольксваген Рус，俄罗斯大众有限责任公司；
* ООО Дженерал Моторз Авто，通用汽车有限责任公司；
* ООО Тойота Мотор Мануфэкчуринг Россия，俄罗斯丰田汽车有限

① Приказ Министерства экономического развития и торговли Российской Федерации, Министерства промышленности и энергетики Российской Федерации, Министерства финансов Российской Федерации от 11 сентября 2007 г. N 315/372/80 н.

责任公司；

* ООО Ниссан Мотор РУС，俄罗斯尼桑汽车有限责任公司；

* ЗАО Форд Мотор Компани，福特汽车股份公司；

* ОАО АВТОВАЗ（AVAZ），伏尔加汽车制造厂股份有限公司。

俄官方认为，外国品牌汽车在俄境内进行工业组装政策执行效果明显，在很大程度上促进了2006年汽车制造业的发展。按照所签订的协议，外商在俄罗斯组装汽车领域的投资将达到20亿美元以上，可保证年产汽车70万辆。据俄工业和能源部汽车工业发展报告数据，2006年俄汽车总销售量为206万辆，比2005年增长20%；其中80万辆为俄国产车，同比下降5%；由俄组装的外国品牌车销售量达28万辆，同比增长87%；进口新车销售量达72万辆，增加76%；而进口二手车销售量为两万辆，同比下降19%。俄组装外国品牌车已占汽车总销售量的13.6%。

（2）享受优惠政策的外国品牌汽车工业组装情况。实行工业组装制度促进了各汽车生产商的投资积极性，这些公司在俄的业务均已取得了较大进展。截至2007年11月，在第166号决议文件框架内，俄与国内和国外汽车生产商共签署了24个工业组装协议和12个汽车零配件生产供应协议，国际知名汽车品牌相继在列宁格勒州、卡卢加州、萨马拉和鞑靼斯坦等地建厂（详见表10－11）。

* **韩国现代、起亚**　2004年，俄罗斯和韩国合资兴建的塔甘罗格汽车厂共组装了两万多辆现代汽车，6000多辆索纳塔轿车，2005年组装数量提高了1.6倍，同时开始生产现代Porter卡车。2006年8月，伊热夫斯克汽车制造厂与韩国起亚公司签署工业组装协议，开始生产起亚Spectra汽车。2006年11月底，北维尔斯塔利汽车厂与韩国公司签署工业组装协议，开始生产双龙（SsangYong）汽车。

* **日本丰田**　2005年7月，日本丰田公司圣彼得堡汽车厂奠基，投产后第一年生产两万辆汽车，两年后达到五万辆的设计生产能力。该项目由欧洲复兴开发银行提供贷款，投资额40亿卢布。工厂将进行焊接、喷漆、组装的整个工序，并承担部分零部件的模压制造。该厂宣布年产能将达到20万辆，所生产的汽车不仅投放俄罗斯市场，还将出口到欧洲国家。

表 10－11　2002～2012 年俄罗斯境内生产的外国品牌小轿车

单位：万辆

厂家(所在城市)/年份	2002	2003	2004	2005	2006	2007	2008	2009	2010	2011	2012
Autotor**(加里宁格勒)	0.5714	0.8415	1.4525	1.6303	4.0087	10.6368	12.0	13.0	13.0	13.0	13.0
Autoframos(莫斯科)	0.0149	0.1343	0.0517	1.0324	4.8545	7.2762	10.0	12.0	16.0	18.0	20.0
Ford(弗谢沃洛日斯克)	0.2474	1.6261	2.9703	3.3038	6.2409	6.9088	9.0	11.0	12.5	15.0	18.0
СПGM－AutoVAS(陶里亚蒂)	0.0327	2.5235	5.5150	5.1819	4.7946	5.5052	5.5	6.0	6.0	6.0	6.0
Tar A3*(塔甘罗格)	0.2490	0.5996	2.7368	4.2451	4.8397	7.9620	9.5	11.0	12.0	13.0	15.0
ИжАвто(伊热夫斯克)	—	—	0.0592	0.3031	2.4210	4.9500	8.0	10.0	12.0	16.0	20.0
ЗМА(卡马河畔切尔内)	—	—	—	0.0022	0.4528	2.3000	4.0	6.0	8.0	8.5	9.0
Toyota(圣彼得堡)	—	—	—	—	—	0.0300	1.6	6.0	11.0	15.0	20.0
GM(圣彼得堡)	—	—	—	—	—	0.5687	1.0	2.5	6.0	10.0	14.0
Volkswagen(卡卢加)	—	—	—	—	—	—	2.0	4.0	6.0	10.0	14.0
Nissan(圣彼得堡)	—	—	—	—	—	—	—	2.0	4.0	5.0	6.0
其他***	—	—	0.0093	0.0213	0.0768	0.1500	1.5	5.0	9.0	14.5	30.0

注：*包括轻型商务车；**不包括轻型商务车；***包括正在运转和处于协商阶段的企业和工程（Derways，ГА3－DaimlerChrysler，3А3－УкрАвто，PSA，Hyundai，Suzuki，Mitsubishi）。

资料来源：根据俄罗斯汽车产业分析机构“Autostat”数据整理。

* **日本尼桑、铃木** 2007年6月初，日本尼桑汽车和铃木汽车公司与俄罗斯经济发展与贸易部签署“工业组装”协议，从而获得以优惠关税进口汽车零部件组装生产汽车的资格。尼桑公司计划投资两亿美元，年生产能力达到五万辆，于2009年正式投产，生产一款越野车和两款轻型车。2007年上半年，尼桑在俄市场销售量同比增长了82%，达到五万辆以上。近期铃木汽车公司正在准备在圣彼得堡建设新工厂的工作，根据计划该厂的年产能将达到五万辆。据悉，铃木公司将投产两款车型，一款是在市场上已获成功的Grand Vitara车型，另一款是C级四门四驱轿车

* **美国福特** 美国福特汽车公司于2002年落户圣彼得堡，组装生产FordFocus轿车。2004年产量达2.8万辆，2005年销售量突破六万辆，其中包括俄境内生产的3.2万辆。2007年计划组装量已经达到了7.5万辆，高级轿车FordMondeo（蒙迪欧）也开始组装生产。

* **德国大众** 2006年10月，德国大众汽车公司在俄罗斯卡卢加州建立了汽车组装厂，项目投资额为3.7亿欧元，设计生产能力为年产车11.5万辆，第一批组装汽车于2007年出厂。

* **法国雷诺等** 莫斯科市政府与雷诺公司合资开办的汽车组装厂计划于2007年将产量扩大到8万辆。俄罗斯北方钢铁公司汽车厂也准备增加双龙和菲亚特汽车的产量。

除开展上述工业组装业务外，还有大约50多家外国汽车零部件制造商向俄罗斯经济发展与贸易部投资政策司表达了在俄罗斯展开汽车零部件生产的愿望，其中同几家外国汽车零部件制造商的相关协议即将签署。2007年，德国大众汽车公司计划在俄建厂生产汽车零部件，其中包括八个系列的汽车组件，包括汽车传动部分、座椅和内饰。俄工业和能源部认为，汽车部件生产的发展将推动其他相关工业行业的发展，包括冶金业、化工业、轻工业和其他行业。

3. 中国汽车企业在俄开拓市场有关情况

（1）概况。2003年以来，由于国内汽车市场竞争日益加剧，中国自主品牌汽车开始通过开拓海外市场缓解国内压力。国内长城、中兴、大迪、北汽福田、江淮汽车、一汽FAW、厦门金旅、郑州宇通、华晨金杯以及吉利、奇瑞、

比亚迪、哈飞等多家汽车企业抓住俄出台发展汽车工业新政策的机遇，先后进入俄罗斯市场。总体看，在中轻型载货车、大客车和轿车三个细分市场，中国产汽车由于在同等产品上具有性价比较高的优势，不仅可以满足俄罗斯不同消费层次的需求，同时也可以填补俄罗斯汽车市场的某些空白，进入伊始即受到市场欢迎。但在享受俄方优惠政策，进行“工业组装”方面，中国汽车企业还面对诸多限制，进展并不顺利。俄第166号政府决议出台后，中国汽车企业无一家获批准在俄进行工业组装。

（2）中国在俄销售量较大的汽车企业业务进展情况。中国汽车企业主要以贸易形式进入俄罗斯市场。据中国机电产品进出口商会汽车分会数据，截至2006年，中国共有153家企业向俄罗斯出口汽车，其中出口100万美元以上的企业有37家，占出口企业数量的24.2%，出口金额占总金额的95%，占出口汽车数量的96%，而其他116家企业出口金额仅不到5%，平均出口不到15万美元。2007年1月，我国商务部等国家五部委联合发出《关于规范汽车出口秩序的通知》，要求从2007年3月1日起，对汽车整车产品实行出口许可证管理。2007年前4个月，出口企业已经大幅减少，只有68家企业向俄罗斯出口，其中出口100万美元以上的企业30家，占出口企业数量的44%。2007年1~5月，俄罗斯共销售外国品牌汽车58.0416万辆，比2006年同期33.4176万辆增长74%，其中所有中国品牌汽车在俄市场的销售大约是19000辆，仅占俄全部汽车市场份额的1.8%，在所有外国汽车中占3.3%。

以下为中国在俄销售量较大的几家有代表性汽车企业的基本情况。

*　**长城汽车**　长城汽车属于较早进入俄罗斯的企业，从2004年开始有计划地主动开发俄罗斯市场。原计划投资一亿美元在俄鞑靼斯坦共和国首府喀山附近的叶拉布加经济特区独资建厂生产整车，先期计划投入7000万美元建成年产五万辆规模的组装厂，车型以哈弗SUV为主，同时生产皮卡等。由于长城汽车选中的厂房被俄一家大企业先期买走，使其进入俄罗斯建厂的计划搁浅。进入俄罗斯市场后，该公司主要通过俄当地的经销商代理，主要的经销商为莫斯科伊利托公司，2006年之前主要为代理整车，从2006年开始SKD组装，以期通过当地组装降低进口环节税费，增加产品的价格竞争力。由于产品性价比高，且SUV车型受俄罗斯人欢迎，金融危机前销量逐渐提高，公司发

展稳定。

＊ **中国奇瑞** 奇瑞汽车在进入俄市场之初就将在当地组装、生产和销售作为目标，前期项目推进较快。2006 年 2 月与位于俄罗斯加里宁格勒经济特区内的阿夫塔托尔公司签订了组装奇瑞轿车的合作协议并租赁了厂房，同年 4 月首辆组装奇瑞轿车下线。2006 年 4 月奇瑞在俄成立了全资子公司，拟生产组装旗云和瑞虎两款车。

2007 年俄罗斯是奇瑞最大的海外出口市场之一，在 2007 年以前，奇瑞对俄出口以奇瑞 QQ3、旗云等经济车型为主。2007 年 3 月，在俄罗斯“中国国家展”开幕后不久，奇瑞 V5 车型又获得了订单。2007 年第一季度，奇瑞汽车在俄罗斯市场的销量排名为第 12 位，增幅位居第一。1～5 月，奇瑞在俄罗斯市场销量已达到 15071 辆，超过 2006 年全年在俄罗斯市场销售 10768 辆的总销量。

＊ **郑州宇通** 宇通是中国最早开始进入俄罗斯的客车企业。从 2002 年至今，宇通在俄罗斯市场取得了销售上的成功突破，成为中国客车出口到俄罗斯最多的企业。为了成功进入俄罗斯市场，宇通从一开始就投入大量精力进行检测认证，是目前唯一一家通过俄罗斯“大认证”的中国客车企业。到 2007 年 3 月，宇通客车在俄罗斯市场的累计销量已有 700～800 辆，仅彼得堡一地就有 500～600 辆，目前该市的一路公交车全部采用宇通客车运行。

宇通在俄罗斯确立了两个主要细分市场，一个是 6～8 米长的小公交车市场，另一个是 11～12 米长的旅游车市场。宇通已在圣彼得堡等客户集中的地区建立服务站，每个服务站派四五名技术人员常驻，提供技术支持，并在圣彼得堡和莫斯科建立中心配件库，全面完善在俄售后服务网络。

（3）俄罗斯政府主管部门对中国汽车进入俄市场的态度。尽管中国汽车在进入俄罗斯市场方面取得了较快的进展，但这主要不是俄政府推动的结果，相反在这方面中国企业还遇到了较大的阻力。虽然俄官方表示欢迎有实力、品牌响、质量高、服务好的中国汽车到俄罗斯投资设厂，但长城、奇瑞等中国企业的投资项目没有一个获得批准。俄罗斯媒体曾多次报道俄联邦行业主管部门对此的消极态度，其中 2007 年 7 月 3 日俄罗斯《生意人报》文章《中国汽车到不了俄罗斯——工业组装制度对中国汽车是关闭的》传出了俄方最明确的反对表态。

该报道称：在将签署汽车工业组装投资协议的最后期限延长至 2007 年 9

月15日之后，不再签署有关外国企业在俄进行工业组装的投资协议，而在这一日期之前更不会批准任何一个中国汽车在俄组装项目。原建议在今年秋季前签署的来自中国的总价超过3.8亿美元的四个汽车组装项目（中国长城在鞑靼斯坦、吉利在阿穆尔州、中兴在斯维尔德洛夫斯克、力帆在乌里杨诺夫斯克州建厂）均已被取消。虽然官方不会以文件形式拒绝中国的组装项目，但俄官员会尽量将项目审批过程拖延至最后一刻。俄方认为，中国汽车组装项目对俄汽车工业发展益处不大。主管部门的上述做法是为了保护俄本国的汽车工业，避免与中国价格低廉的产品竞争。而对中国汽车企业来说，得不到工业组装的待遇，组装成本将有可能增加20%，在当地生产比直接进口整车还贵，势必严重影响中国汽车的市场竞争力。

（4）中国汽车在俄开展工业组装项目受阻原因。客观原因有：俄国内利益集团和外资竞争者的阻挠和反对。俄政府有关进口汽车零部件降税措施，一直遭到俄汽车厂商联合会和汽车农机产业工人工会的强烈反对。持反对意见的人指出，中国汽车在俄罗斯组装规模小，说明中国人并不想致力于在俄提升其汽车生产的本土化水平。此外中俄两国质量认证标准不同，俄方认证机构的主观人为因素经常干扰中国车辆在俄的正常检测和认证。俄媒体也在夸大中国汽车的威胁和质量问题，对我方面造成影响等。

从主观原因分析，中国汽车在俄罗斯最大的问题在于始终采用习惯的低价策略，至今没有树立起中国品牌。在俄国人的心目中，中国汽车和其他商品一样，是质低价廉的大路货。我国汽车不仅直接与俄本土同类低价车，也与韩国和西方厂家的低端轿车形成竞争，这些厂商联手共同对俄政府施压阻止中国汽车进入。其次是售后服务差，俄汽车行业权威人士认为，我国汽车今天存在的问题与韩国汽车十年前在俄罗斯存在的问题相同。如品牌形象弱、剩余价值低、保质期短、设计差、缺少售后服务等。如果得不到尽快有效解决，不仅会严重影响中国汽车业当前的健康成长，而且会丢失俄罗斯这样一个具有重要战略地位的市场。再次是中资企业之间打价格战问题，价格竞争已表现在中国品牌之间的内部竞争上。

尽管存在上述困难和问题，中国汽车进入俄罗斯市场的势头仍难以阻挡。国内一些汽车厂商明确表示，即使俄方不给工业组装待遇，不能享受优惠，打进俄罗斯市场的决心也不会变。

（二）金融危机对俄罗斯汽车业的冲击及政府应对措施

1. 危机影响

金融危机对俄罗斯汽车行业的影响从2008年中已经开始，9月市场出现萎缩，11月形势出现全面逆转。由于上半年生产仍快速增长，故2008年俄汽车业仍能保持正增长，但增幅已从原预期的40%下降至10%～15%。金融危机爆发后，俄罗斯市场上外国品牌汽车销量出现四年来的首次下降。值得关注的是，11月外国品牌车销售下降幅度最大的是中国汽车。一汽的轻型商用车FAW 11月单月同比下降92%，奇瑞下降81%，长城下降61%，比亚迪下降37%。除美国卡迪拉克下降64%进入第三位外，在俄销售的中国汽车进入了降幅最大车型的前五位。

由于销售下降，导致库存增加，进而引起生产下降，各大汽车厂家利润大幅下滑。面对困境，各汽车厂商纷纷选择减产、裁员等措施自救。俄罗斯本土所有汽车生产商都承认，由于危机，其汽车已卖不掉或销售量低于平时。普遍积累了大量库存，АвтоВАЗ（伏尔加汽车制造厂）、ГАЗ（高尔基汽车制造厂）和КамАЗ（卡马兹汽车制造厂）同时宣布削减2008年的生产计划。在第166号决议文件框架下实行工业化组装的国外大汽车生产商在危机条件下采取了与俄本土厂家同样的措施。位于俄罗斯弗谢沃罗日斯克市的福特汽车公司、位于俄圣彼得堡的丰田汽车公司都决定暂时停产以减少产量。位于俄卡卢加州的德国大众削减2009年生产计划，产量从原定11.5万辆降至10万辆。

近年来，俄罗斯新款小轿车销售之所以快速增长与汽车信贷的快速发展密不可分。到2008年中，靠车贷购车占全俄新车销售量的50%。金融危机后，俄银行出现流动性短缺，车贷利息大大提高使贷款额下降直至中止，由此使市场销售量减少25%～30%。由于居民对未来情况走向不清楚，加之停止发放汽车贷款，消费者信心严重下降，许多居民已表示暂停购车计划。由于车贷保证不足，2008年汽车销售市场至少少收入60亿～70亿美元。

2. 俄罗斯政府救助汽车工业的措施

汽车业是金融危机条件下俄罗斯政府重点保护和扶持的产业，为应对危机采取的措施如下。

（1）对进口散件按新税率征收关税。2008 年 10 月 10 日，俄出台 2008－745 号政府令，对进口汽车散件按照新税率征收关税，汽车车身征收 15% 的关税，且一个车身征收关税不少于 5000 欧元。该政府令自 2008 年 11 月 14 日生效，有效期暂定九个月。①

（2）国家扶持资金优先用于支持汽车业和农机制造业。2008 年 11 月 7 日，俄罗斯政府出台的首批扶持实体经济的 55 条政策措施中，把汽车制造业和农机制造业作为商业银行利用国家资金优先扶持的部门，提出对俄农机制造业、汽车制造业和交通机械制造业提供贷款利息补贴：一是推出每年 20 亿卢布低息贷款救助资金，共 60 亿卢布，分三年完成；二是推出 125 亿卢布的政府采购计划；三是对售价一万美元以内的国产车提供利率为 8.5% 的贷款补贴。

（3）提高汽车整车进口关税。2008 年 12 月 5 日，普京签署了有关修改部分交通工具关税税率的第 903 号政府令。主要内容是提高小轿车和载重车进口关税，以及重新界定二手车的使用期限（从原七年缩短至五年）。新关税自正式公布之日起一个月后生效，实施期限暂定九个月。②

按照新规定，生产期限 1～5 年的小轿车进口关税从 25% 提高至 30%，并根据发动机排量按比例提高按欧元计价的特别关税。低排量（低于 1000 毫升），生产期限五年以上的轿车进口关税为每毫升 2.5 欧元（原为七年以上，每毫升 1.4 欧元）。

1000 毫升以上 1500 毫升以下，生产期限五年以上轿车关税每毫升 2.7 欧元（原为七年以上，每毫升 1.5 欧元）。

1500 毫升以上 3000 毫升以下，生产期限五年以上的小轿车每毫升 2.9 欧元（原为七年以上每毫升 1.6 欧元）。

1800 毫升以上 3000 毫升以下，生产期限五年以上每毫升 4 欧元（原为七年以上每毫升 2.2 欧元）。

① Постановление Правительства РФ от 10.10.2008 N 745,《О времнной ставке ввозной таможенной пошлинвы в отношении кузовов отделвнвых видов транспортнвых средств》.

② Постановление Правителвства Россиской Федерации от 5 декабря 2008 г. N 903《О внесении изменении в таможеннвый тарнф Российской Федерации в отношении некоторвых моторнвых транспортнвых средств》.

3000毫升以上，生产期限五年以上每毫升5.8欧元（原为七年以上每毫升3.2欧元）。

总体看，生产期限五年以上的轿车的税率按发动机排量为每毫升2.5～5.8欧元不等。

此外，还将提高自卸卡车、拖拉机、客车的进口关税。对这些运输工具的使用期限门槛也从原来的七年缩短至五年。

提高汽车进口关税和降低开发期限门槛措施旨在限制外国品牌汽车进口，保护国内汽车产业。

（4）限制外国农机进口。2008年12月12日，普京在俄农业区顿河畔罗斯托夫召开扶持农业和农业机械发展的专门会议，决定将向俄罗斯农业银行注资250亿卢布。普京指出，用于扶持农业的预算资金首先用于购买国产农业机械。为支持国内农机生产商，决定提高农机（包括二手）进口关税，税率为15%，且每件不低于120欧元。新关税实施期限暂定九个月。而之前为刺激发展农业，俄一度降低或取消了农业机械的进口关税。会议同时决定对购买进口农机取消贷款补贴。以上决定将在由杜马通过后实施。

俄罗斯政府的以上政策和做法对中国汽车无疑设置了较高的门槛，使在俄组装难以继续，整车出口也遭遇前所未有的困难。之后俄罗斯杜马又在酝酿进一步提高自非“五八协议国”进口汽车的安全标准。由于中国不是“五八协议国”[①] 成员，中国汽车仍在被限制范围之内。

（5）换购国产新车补贴制度。2010年3月，俄罗斯政府开始实施报废十年及以上车龄的汽车且购买国产新车（乘用车和轻型商用车，总质量小于3.5t）的俄自然人，享受五万卢布的换购补贴制度，俄罗斯政府最初投入的补贴预算是100亿卢布，相当于补贴20万辆车。此后俄罗斯政府两次追加补贴预算，三次总计投入300亿卢布，相当于补贴了60万辆车。实施补贴政策不仅增加了国产新车的销售量和促进市场恢复，还扶持了重组中的伏尔加等国内汽车制造商。该政策实施后的第二个月，即2010年4月的月销量开始由下滑

① “五八协议”是联合国欧洲委员会1958年做出的标准和法规互认的协议。其实质内容就是汽车在一国进行了灯光、排放、安全的检测之后在其他的国家也被承认，是一个互认协议。

转为增长，2010 年下半年市场加速复苏。在享受补贴政策的 60 万辆新车中，其中拉达（LADA）品牌车占 77%，拉达品牌在俄 2010 年全年的汽车市场份额同比增长 27.1%，上升 3.3 百分点。①

（6）提供购车贷款利息补贴. 2009 年 3 月 19 日俄罗斯政府第 244 号决议规定，在购买国产轿车时俄自然人可享受卢布贷款基准利率 2/3 的利息补贴，车辆总价不超过 35 万卢布（约合人民币 8.31 万元），首付款不得低于 30%，这项新规定涉及俄罗斯本土汽车和在俄罗斯境内组装的外国品牌汽车。2009 年 7 月 6 日，俄罗斯政府将可接受消费贷款补贴汽车的最高价格由 35 万卢布提高至 60 万卢布；居民购车最低首付款比例由 30% 下调至 15%；从联邦预算中拨款支持汽车租赁公司。②

2010 年，普京签署第 56 号政府令，决定将 2009 年实施的为购买国产汽车提供贷款利息补贴的保护性政策延长至 2010 年。为此，将委托财政部在 2010 ~ 2013 年间分别向有关银行拨款十亿卢布、17.5 亿卢布、10.02 亿卢布和五亿卢布。2011 年，俄罗斯政府继续推行贷款购车优惠政策，并投入 28 亿卢布作为优惠政策预算。③

（三）入世对俄罗斯汽车工业的影响及应对措施

1. 影响

2011 年 12 月 16 日，俄罗斯结束 18 年的入世马拉松跑，被正式接纳为世

① Постановление Правительства Российской Федерации от 31 декабря 2009 г. N 1194 "О проведении эксперимента по стимулированию приобретения новых автотранспортных средств взамен вышедших из эксплуатации и сдаваемых на утилизацию, а также по созданию в Российской Федерации системы сбора и утилизации вышедших из эксплуатации автотранспортных средств"

② Постановление Правительства Российской Федерации от 19 марта 2009 г. N 244 "Об утверждении Правил предоставления в 2009 году за счет средств федерального бюджета субсидий российским кредитным организациям на возмещение выпадающих доходов по кредитам, выданным российскими кредитными организациями в 2009 году физическим лицам на приобретение легковых автомобилей".

③ Постановление Правительства Российской Федерации от 4 февраля 2010 г. N 56 "О предоставлении в 2010 году из федерального бюджета субсидий российским кредитным организациям на возмещение выпадающих доходов по кредитам, выданным российскими кредитными организациями в 2009 – 2010 годах физическим лицам на приобретение автомобилей".

贸组织第156个成员。根据入世承诺，自俄正式加入世贸组织之日起，需要将新轿车进口关税从30%降至25%，并保持三年不变，从第四年开始每年降低2.5个百分点，直到2019年夏天将关税降低至15%的水平。与此同时，自2012年起俄罗斯的二手车（3～7年车龄）进口关税将从35%降至25%，并保持五年不变。五年后，该税率要在随后两年内降至20%。总重量在5～20吨的进口新货车的关税到2016年将由目前的25%降低到15%；总重量在20吨以上的新货车关税从25%逐渐降低到5%。

汽车工业被认为是最易受入世冲击的弱势行业。俄罗斯经济发展部认为，加入世贸将对俄本国汽车工业造成毁灭性打击，限制性关税的取消将使外国品牌汽车占领俄罗斯汽车市场，俄罗斯国产品牌面临消亡的危险。据该部预测，入世之后，2014年俄罗斯国产小汽车产量将比2010年下降58%，国产卡车形势更为严峻，产量降幅将达到98%。俄本国品牌汽车销售量将下降30%，市场占有量将由目前的61%降到41%，国外品牌货车市场占有量将由2011年的35%升高至2015年的50%～60%。俄罗斯专家普遍认为，为了支持汽车工业的发展，国家对汽车生产商的扶持政策是必需的。面对入世可能对国内产业带来的冲击和影响，俄政府和企业正在紧锣密鼓地采取一系列应对措施。普京提出，俄入世不意味着放弃扶持国有产业政策。入世后俄需要使用更加复杂、灵活的调控手段，包括广泛使用反倾销、反补贴和保障措施。俄应向WTO老成员学习，巧妙地采取措施却不违反任何规则。[①] 入世谈判结束之后，俄罗斯各个部门都成立了专家小组，一直在紧锣密鼓地研究入世后相关问题以及解决方案。俄政府表示要灵活利用世贸规则允许的空间，有针对性地保护本国汽车工业。

2. 应对措施

（1）实行进口汽车报废回收费制度。2012年8月1日俄罗斯工业和贸易部公布了规定汽车报废回收费费率的政府令草案，俄罗斯于2012年9月1日开始实行进口汽车报废回收费制度。按照该政府令，汽车报废回收费额度按照由基准税率和特殊系数构成的公式确定，轿车的基准税率为两万卢布。如发动

① 《普京呼吁采取贸易救济措施保护本国产业》，商务部网站，2012年11月23日。

机容量在两升以内的二手汽车适用的系数为 8.26，其报废回收费为 16.52 万卢布。此举一方面可以弥补俄加入世贸组织后减少的关税收入，另一方面可以成为保护俄罗斯市场免受进口二手车冲击的有效机制，同时附带限制了进口二手车将产生的汽车报废、环境污染等问题。

（2）继续推动外国汽车生产商在俄进行工业组装。俄总统普京 2012 年 4 月对外表示，俄罗斯政府对本国汽车工业的支持应巩固其出口潜力，并保障内部市场的需求。普京指出，在现阶段俄已经同大众、尼桑、奔驰、福特和通用公司签署了新的工业组装协议。根据新协议，投资总额将超过 3000 亿卢布，已经签署的汽车工业组装协议条款在 2018 年前都不会发生变化。市场人士认为，俄罗斯政府将力求对享受优惠政策的企业施加尽可能大的压力，使他们最大限度地履行工业组装协议——提高产量和本土化率。

（3）在世贸组织框架内灵活运用保护性规则。俄有关部门表示，在入世之后，可以采用世贸组织成员所使用的非关税调节手段等，如提高进口乘用车的消费税。为了支持俄罗斯本土汽车工业，还可以采用世贸组织成员所广泛使用的技术调节等手段。此外，俄罗斯还可借助反倾销调查，通过限定质量标准来实施有选择性的保护措施。

（4）通过国家采购机制来限定采购国产品牌汽车。为了支持俄本国汽车产业的发展，俄政府 2012 年宣布，除国家领导人和处于联邦安保范围内的公务人员用车外，俄联邦和地方政府只能采购关税同盟成员国俄罗斯、白俄罗斯、哈萨克斯坦生产的公务车。由于俄尚未加入世贸组织的政府采购协议，故有权自行对政府采购做出规定，这一扶持措施与俄入世承诺并不矛盾。

从上述政策可以看到，中国汽车进入俄罗斯，从一开始就与俄本土产业和其他外国品牌处于不同的竞争环境和条件下。严苛的政策和一系列不公平的歧视性做法对中国汽车无疑设置了较高的门槛，使在俄组装难以继续，整车出口也遭遇前所未有的困难。金融危机爆发后，中国汽车对俄出口已大幅萎缩。

四　中国汽车在俄罗斯市场的挑战与机遇

（一）俄罗斯汽车市场发展展望

俄罗斯是汽车生产大国，也是迅速发展的市场之一，但俄罗斯汽车生产增长速度还是落后于世界汽车生产增长速度。从决定汽车工业发展的主要因素看，俄罗斯未来有广阔的市场发展空间和前景。

汽车工业是俄罗斯的支柱产业，政府采取各种措施扶持其发展。根据俄政府制定的《2020 年俄罗斯汽车工业发展规划》，俄将在未来十年内投资 367 亿美元来扶持本国汽车工业。

其主要目的是使俄罗斯汽车制造链整体转化的附加值最大化，同时使汽车制造业产品有充足的选择性和良好的质量。俄政府的庞大资金投入将扩大俄汽车企业的生产规模、提升新技术的研发应用能力，有望在未来形成以伏尔加集团、高尔基集团为核心的两大本国汽车企业巨头。

决定汽车市场发展规模的是整体消费水平和需求的提高。根据俄政府 2030 年前社会经济发展预测，居民实际可支配收入 2030 年比 2011 年增长 1.2 倍，到 2020 年，居民的小轿车拥有量将从目前的每千人 270 辆提高到每千人 400 辆，到 2030 年提高到每千人 600 辆。以实物量计算，轻型车和载重车到 2030 年将增长 1.7 倍。[①]

从长期看，小轿车的发展也取决于机动车基础设施的发展状况。俄罗斯正在大力发展交通运输基础设施，解决交通拥堵问题。俄罗斯作为主要的石油生产大国，具有市场自给自足能力，这是带动汽车消费的关键。这些基本条件决定俄汽车市场有巨大的发展空间，俄罗斯有潜力成为欧洲最大的汽车销售市场。

（二）中国汽车在俄遇到的问题及原因

2004 年，中国汽车开始正式在俄销售，当年仅销售 353 辆。2006 年销量上升到 2.2 万辆左右，是 2004 年的 62 倍。2007 年销量增至五万辆以上，同比增长 1.5 倍。销量最大的奇瑞轿车在俄全国所有外国品牌轿车销售排行榜中位第 13 名。中国一汽商用车售出 2989 辆，销售同比增长 132%。然而从 2007 年底开始，中国汽车在俄却连续受挫：由于未能获得工业组装的优惠，中国车在俄组装成本实际比其他外国品牌车高 15% ~20%；乘用车经过几年的“试水”

① “Прогноз долгосрочного социалвно – экономического развития Российской Федерации на период до 2030 года”, Минэкономразвития России, Март, 2013г..

实际又回到整车出口的起点；而原在加里宁格勒享受配件进口优惠的奇瑞轿车也因种种原因被迫停产。金融危机后，中国车在俄销售更是出现整体下降。中国汽车在俄受阻一方面源于金融危机及俄市场需求锐减的影响，另一方面也是多年存在的矛盾和问题的凸显。中国汽车企业对于开拓俄罗斯市场的艰巨性缺少足够的认识，在出口贸易中缺乏明确和长期的战略考虑，习惯打“擦边球”，钻政策空子，难以站稳脚跟。

1. 多头出击缺乏长远战略

国内汽车采取多头出击、各自为政的方式进入俄罗斯，各种品牌一哄而上。多数企业缺乏长远发展战略，有些甚至是“做一把就走”。截至 2006 年，共有 153 家企业向俄罗斯出口汽车，其中出口 100 万美元以上的企业有 37 家，占出口企业数量的 24.2%，而其他 116 家企业出口金额仅占不到 5%，平均出口不到 15 万美元（后经整顿开始收缩），在这种情况下难免良莠不齐。在这方面俄国内的负面反映集中在两点：一是对中国汽车品牌不了解，不认知；二是认为中国汽车缺少自有汽车制造工艺技术，多为仿造，且许多车型还不成熟，需要认真完善。

2. 质保和维修期短

目前中国出口俄罗斯的汽车产品做工较粗糙，质量尚不能与欧洲甚至韩国品牌汽车相比。俄方认为，部分企业在俄出售的是刚刚上市的新车，实际上是把俄罗斯作为“试验场”。在俄方组装的所谓中国品牌汽车也发现一些问题，更为严重的是质保和售后维修问题。中国汽车保修期多为 18 个月（三万公里）或 24 个月（五万公里），而其他国家的汽车保修期最短为三年（十万公里）。约四成左右的俄罗斯消费者表示愿意试试中国汽车，约五成持怀疑态度，其余的认为，中国汽车质量和维修完全不过关。

3. 售后服务差

这是俄方反映最为强烈的问题。国外大型汽车厂家在俄都有良好的售后服务网络，欧、美、日、韩等国许多厂家是先建维修服务网后卖汽车，或通过 4S 店经销。而进入俄罗斯的中国汽车和工程机械，目前无一家在俄有专门的售后服务和维修系统，零配件也不能保证及时供应。无论是在本地组装的，还是通过经销商进口的中国汽车无一不面临无处维修和无处更换零配件的问题。

俄不少消费者由于担心售后服务跟不上而放弃了购买中国汽车的计划。这一问题对我国在俄具有优势的重卡和工程机械的销售负面影响更大。

4. 缺乏统一管理竞相压价

与俄境内其他合资品牌及本土品牌相比，中国汽车的最大竞争优势可归结为一点——低价。正因为如此，中国汽车进入俄罗斯多采用已习惯的低价策略。由于缺乏管理，汽车厂家在相互压价的同时忽略了最关键的问题，即中国品牌怎样让自己的低价优势得到俄罗斯市场的认可。在不少俄国人心中，中国车和中国其他商品一样，是质低价廉的大路货。中国车商在低端层面的不良竞争不但损害国内企业的彼此利益，同时直接冲击俄本土同类汽车市场，形成压力，致使俄各利益集团、厂商联手阻止中国汽车进入俄罗斯市场。俄政府拒绝给予中国汽车在俄第166号决议文件框架内在俄境内进行工业组装的汽车零部件进口关税优惠待遇就是最典型的案例。值得关注的是，中国汽车的低价优势现正面临法国、韩国和印度汽车的挑战，这些厂家也在制定战略规划，生产性价比更高的汽车。

综上，中国汽车在俄正面临新的发展拐点。上述问题若不能尽快有效解决，不仅会严重影响中国汽车工业当前的健康成长，而且会使俄罗斯这样一个具有重要战略地位的市场丢失。

（三）中国汽车在俄罗斯市场的机遇及相关工作建议

在经济全球化的背景下，中国汽车工业要发展壮大，参与全球汽车产业的跨国化是必经之路。而汽车又是中俄贸易中较大的机电产品项目，对于改善和提高双边贸易结构水平有重要意义。从发展角度看，尽管存在上述困难和问题，但俄罗斯作为我国汽车主要出口市场的定位并未改变，俄罗斯入世后，为中俄开展汽车生产和贸易合作提供了新的机遇。

1. 俄大力发展运输基础设施和物流运输服务为中国商用车和重型运输机械提供了巨大市场空间

俄罗斯地域辽阔，一些地区远离国家政治经济中心，基础设施落后，运输成本过高，严重影响经济发展和国家统一，因此发展运输基础设施和物流运输服务不仅意义重大，而且任务异常艰巨。目前，俄在联邦、地区和部门不同层面已通过多个相关发展战略、构想及规划。根据《俄罗斯到2020年运输战略》提出的目标，为实现经济增长转向创新模式要求优先发展运输基础设施和物流运输服务市场。除大力发展管道运输、铁路运输、内河运输外，汽车公路运输也是其发展的重要方面。未来十年，俄将新建和改造7300公里的联邦级公路，其中包括新建1800公里收费干线和纳入国际运输走廊的快速公路。由联邦预算拨款新建和改造一万公里的跨区公路。在俄交通部制定的《发展俄罗斯公路交通网络》规划中，提出到2025年，将新建和改造44万公里的道路。在各联邦区和各州发展规划中，也都把发展运输基础设施作为优先方向。

中国独立研发载货车的历史远比独立研发轿车的历史长，在俄市场的认可度高于乘用车特别是小轿车。中国的商用车在俄市场应有广阔的前景，可将其作为解决问题的突破口。这方面的机遇主要体现在以下几方面：一是发展公路基础设施本身需要大量的工程建设专用车；二是发展物流运输服务市场需要大量大型运输车；三是发展城市小公共，需要大量14座以上面包车。除一般运输用车外，在短途石油运输中还需要大量油罐车，特别是大吨位半挂式油罐车。目前俄国内汽车生产能力有限，且多年来产品不注重升级换代，远远不能满足市场需求，西方品牌车价格昂贵，而中国商用车特别是20吨以上重卡、中型面包车和工程专用车与西方和俄国内同等产品相比，具有性价比较高的优势，不仅可以满足俄不同消费层次的需求，同时也可填补俄市场的某些空白，具有较大的发展空间。据中国驻俄使馆经商参处对伏尔加格勒州、下诺夫哥罗德州、莫斯科州的实地调研，当地政府和企业均表示了与中国汽车企业合作的愿望。

2. 俄罗斯政府政策面的支持

近年来，为吸引外资参与发展汽车工业，俄政府出台了一系列政策，包括第166号决议、建立工业生产型经济特区、建立科技园区等，但第166号决议仅限于小轿车，对商用车特别是卡车目前尚无专门的政策。工业生产型经济特区空间有限，据悉现已封闭，结束招商。对中国汽车而言，现阶段可资利用的政策优惠主要在地区一级。

目前俄各联邦主体在经济发展方面有较大自主权。在吸引外资政策方面，地方的自主权主要体现在联邦地方共享税中地方税收的优惠上。企业利润税、资产税、增值税均属共享税，据驻俄使馆经商参处调研了解，地方政府根据具体项目情况对外资提供减免税优惠，优惠期 7 年至 9 年不等，对新开发项目，地方政府可负责解决三通一平（气、水、电），对欠发达地区如南部联邦区政策优惠幅度更大。

3. 入世后市场逐步开放

俄罗斯承诺在入世之后把平均关税率从 11.7% 降到 7.8%，而且不会对成员国随意增设非关税壁垒，这对外国厂商而言意味着更加公平开放的竞争环境。随着关税与非关税贸易壁垒的减少，中国汽车企业面对的贸易政策环境将更加稳定和有序，这无疑是一大利好。然而，机遇往往与挑战并存，入世后的俄罗斯汽车市场将变得更加开放，这意味着中国车企将要面临的竞争也将更加激烈，而为了获得竞争优势，车企最终需要进行本地化经营，这对仍处在蹒跚学步期的中国车企而言无疑是重大挑战。

（四）相关建议

俄罗斯是一个相对成熟的汽车市场，现阶段各项标准法规逐步调整，不断完善。中国汽车要在该市场站住脚，还有很多工作要做。

1. 严把质量关搞好售后服务

汽车是对质量和安全系数要求较高、使用寿命期较长的消费品，高质量、零部件充分供应、售后服务周到是中国汽车在俄市场站稳脚跟的前提和关键。苏联解体初期，大批质量不高的中国日用消费品涌入俄罗斯，在短期获利的同时，中国商品的形象和中国商人的信誉却长期受到极大损害。经过十余年的不懈努力，“中国制造”才又重获俄消费者的信任，中国企业也为之付出了昂贵的代价。中国汽车要避免重走老路，严把质量关。汽车事关消费者的生命安全，对其质量要求十分严格，特别是俄罗斯本身就是汽车生产大国，具有比较完备的技术标准和法规政策，整车出口应按照俄方新的汽车认证体系要求通过完整认证试验，履行必要的手续和义务。加快解决在新西伯利亚、哈巴罗夫斯克、莫斯科、圣彼得堡等中心城市建立售后服务和零部件供应站问题，解决已售出汽车的售后服务。同时考虑在俄建立长期有效的服务网。

2. 加强内部协调和行业指导

尽管存在种种困难，中国汽车俄罗斯市场的势头仍难以阻挡。鉴于前期出现的问题和教训，有必要加强各企业的内部协调和行业指导，避免恶性竞争。

综观中国汽车开拓俄罗斯市场的教训，经常出现“冷”时无人开拓，“热”时蜂拥而至的局面，甚至为抢夺市场，不惜竞相压价，不仅扰乱了正常的市场秩序，降低了自身的利润空间，而且还为进口国采取贸易保护措施提供了口实。为保证长远发展，国内主管部门和行业协会要发挥自身的职能和作用，帮助企业在市场调研的基础上充分了解俄罗斯的相关法规和标准，加强对出口车的监管和调控，避免一哄而上抢占市场。可参考商务部关于中小企业开拓国际市场的扶持政策制定一些切实可行的措施，如对汽车厂家在国外进行质量认证给予适当补贴。企业内部要加强沟通协调，避免自我无序竞争局面。

3. 树立和宣传品牌形象，提高产品竞争力

经过几十年的努力，我国的汽车工业不仅规模不断扩大，而且汽车产业也不断在走向成熟，已经成为拉动我国国民经济高速发展的支柱性产业。通过扩大投资和加强研发力度、科技创新和引进技术，大量具有高科技含量和自主知识产权的汽车产品不断涌现，不仅满足我国国民经济发展的需要，也在不断地走进国际市场，包括进入俄罗斯市场。对此，一方面应不断加大研发力度，提高产品档次，提供符合当今汽车技术水平发展方向的中、高端产品；另一方面也要加大对外宣传力度，宣扬我国汽车工业的悠久历史、雄厚现状以及所具备的长远发展潜力，宣扬我国通过竞争所涌现出来的一批优秀汽车品牌所具备的比较优势和我国这些汽车产品对正处于转型期的俄罗斯社会经济发展所具有的现实的促进作用。

4. 依托地方政府建立长期可靠合作关系

中国汽车在俄发展离不开双方政府尤其是俄地方政府的支持。只有与当地政府建立良好的关系，才能保证境外业务的顺利开展。同时要着力寻找具备优势的业务代理与之合作，充分了解和利用其广泛的信息、良好的专业素质和法律保障，形成优势互补的新型合作关系，扩展业务范围。

5. 加强对俄汽车市场的调研

组成由行业协会、生产厂家、驻外机构、研究部门联合调研组，对俄罗斯汽车市场行情、政府政策导向、法律法规、国际竞争态势、发展趋势走向等进行深入调研，提出带有前瞻性的对策建议，为政府和企业服务。调研要深入微观层面，所提对策应有较强的可操作性，避免大而化之。

第六节　俄罗斯农业发展环境、政策及中俄农业合作

一　俄罗斯农业发展环境

（一）农业资源概况

1. 面积、人口

俄罗斯国土总面积为1707.54万平方公里，世界第一；人口1.429亿，世界第八，占世界总人口2.2%，人口密度8.4人/平方公里；农用土地面积4.55亿公顷，世界第五。①

俄罗斯领土面积虽然世界第一，但受气候条件影响，农用土地资源受到一定限制。俄罗斯有11亿公顷的永久冻土带，相当于国土面积的60%。根据2011年俄联邦最新统计，农用地占国土总面积的13%，并且有世界上面积最大的黑土带。俄罗斯耕地面积约1.34亿公顷，约占世界耕地面积的8.9%，世界牧场面积的2.95%，全俄人均耕地约1公顷。目前相当大部分农田未被利用，大中型农业企业的农田闲置率为22%，小型农业企业为46%，私人农场为17%。

2005年，农业在俄GDP中占比4.4%，2009年提高至4.7%。

2. 农业分布特点

以乌拉尔山为界，俄罗斯国土分为欧洲和亚洲两部分，亚洲面积1276万平方公里（占亚洲总面积4400万平方公里的29%），约占俄罗斯领土的75%，仅西伯利亚和远东就比中国全部领土面积还要大。与中国接壤的边界长4300公里。欧洲部分占俄总面积的1/4多，约431万平方公里（占欧洲总面积1000平方公里的42.68%）。俄罗斯有两大平原：东欧平原面积约400万平方公里，西西伯利亚平原面积约300万平方公里。

目前俄罗斯共有八个联邦区，83个平等的联邦主体。还有一种根据历史

① Основные социально－экономические характеристики Российской Федерации Россия в цифраз 2011 г. стр－29.

形成的劳动区域分工、经济地理位置特点、自然经济条件、专业化等划分成的“经济区”，共分为11个经济区，基本上是在上述联邦区的基础上再划得小些，有的边界不完全一致。

俄罗斯自东向西分布有五大农业生产区。

（1）东西伯利亚和远东南部。全年≥10°C积温约为1500～2500°C，气候属于强大陆性，年降水量250～500毫米，多半降于夏季，土壤以草甸土和灰色森林为主。北部为森林草原类型，南部属干草原类型。主要作物为春小麦，黑麦和燕麦也占一定的比重，甜菜与亚麻是近年来新发展的作物，畜牧业居于次要地位，以乳－肉兼用的养牛业为主。

（2）南西伯利亚地区。大致介于北纬50～60度之间，包括伏尔加河流域区的东北部、乌拉尔区的南部、西西伯利亚的南部。地处草原带，气候的大陆性较强，全年≥10°C积温[①] 1800～2600°C，年降水量由北部的450毫米减至南部的250毫米，无霜期则相应地由110天增至130天。土壤为肥力较高的黑钙土和栗钙土。不利的气候因素是旱灾频繁，风蚀严重，农牧业生产很不稳定。20世纪50年代，苏联在此大规模垦荒，共开垦荒地4184万公顷（包括哈萨克斯坦北部的2548万公顷）。这一地区为俄罗斯和哈萨克斯坦主要的商品粮基地之一，粮食商品率很高。畜牧业也得到了很大的发展，是俄罗斯主要的畜牧基地之一。

（3）黑海沿岸亚热带地区。位于外高加索西部黑海沿岸地区，为俄罗斯境内仅有的湿润亚热带地区，全年≥10°C积温均在4000°C以上，无霜期长达240～250天，一月平均温度为－8°C，热量条件充足。年降水量1200～1300毫米，适于亚热带作物的生长。茶树、柑橘类（柠檬、橘、甜橙）和油桐树等亚热带作物是本地区农业的最主要部门，并种植芳香油料作物及烟草。本地区农业专门化程度较高，对劳动力需求较多，商品率也较高，粮食需靠区外供应。

（4）西北部地区。大部分属于非黑土地带，是俄罗斯谷物、奶牛、亚麻、马铃薯的重要产区。农业开发历史悠久，是俄罗斯民族兴起的核心部分，工业

① 积温：一年内日平均气温≥10°C持续期间日平均气温的总和，即活动温度总和，是研究温度与生物有机体发育速度之间关系的一种指标。

中心较多，城市人口比重高。两个特大城市——莫斯科与圣彼得堡均位于此，农业紧密为工业和城市服务。冬季比同纬度的东部地区气温高，全年≥10°C积温在1600～2200°C之间；降水也比同纬度的东部地区多，由西向东从800毫米减至600毫米。气温及降水的年变率都较小，气候比较稳定，不受干旱的威胁，有利于牧草与麦类作物的生长，需采取排水及改良土壤等措施，才能取得较好收成。农业生产的潜力较大，是俄罗斯土地资源潜力较大的地区，一些农业用地还有待开垦。

（5）西部地区。位于欧洲部分的森林草原带，是俄罗斯的黑土区，农业自然条件有利于作物生长。这是俄罗斯的甜菜、谷物、畜牧业生产带。这里比同纬度的东部地区气温高，水分充足，全年≥10°C积温2400～3000°C，生长期150～160天，年降水量500～600毫米，土壤水分基本保持收支平衡，地带性土壤以肥力较高的黑钙土为主。本地区是俄罗斯主要的甜菜、谷物及乳－肉用畜牧业生产基地，并以甜菜糖、小麦及肉类、乳制品等供应其他地区。

俄罗斯农业受自然地理条件和气候的影响较大。其北部主要产粮区虽土壤水分充足，但热量不足，春夏季容易发生低温和干旱。南部地区的总体气候条件好于北部地区。

3. 农作物种类

俄罗斯粮食作物主要有小麦、大麦、玉米、水稻等，经济作物以亚麻、向日葵和甜菜为主。粮食、小麦、葵花籽、马铃薯的产量均居世界前五位。养殖业中，鸡蛋、牛奶、羊毛产量也位世界前列。总体上，现阶段俄粮食生产基本可以满足国内需求，还可部分出口。但畜产品及蔬菜水果生产还不能满足国内需求，依赖进口。

以莫斯科为中心的黑土区、顿河流域、伏尔加河沿岸和外高加索地区是俄罗斯的主要农业区。中央黑土区还是甜菜、水果、葡萄的主要产区。西西伯利亚、中央黑土区和北高加索是牛奶和蛋类生产区。蔬菜产地主要集中在俄南部地区及一些大城市和工业中心的城郊地区。农作物区域分布如下。

（1）谷物，集中在北高加索、伏尔加河沿岸地区、中央黑土地带、南乌拉尔、西西伯利亚南部。

（2）亚麻，主要集中在欧洲部分的西北部。

（3）甜菜，集中在中央黑土地带和北高加索。

（4）马铃薯，集中在欧洲部分的中部地区。

（二）农业劳动力资源

2010年，俄罗斯农村人口0.3821亿，占总人口的27%。全俄经济中年均就业人口占总人口的67.6%，其中在农业、狩猎和林业中就业的人数为6.7%，即农业吸纳了全国10%的就业人口（1654.1万人）。[①]

根据2006年完成的全俄农业普查结果，40%以上的农业企业工人集中在巴什科尔托斯坦、鞑靼斯坦、阿尔泰、克拉斯诺达尔、斯塔夫罗波尔、沃罗涅日、下诺夫哥罗德、新西伯利亚、鄂木斯克、奥伦堡和罗斯托夫地区。50%以上的私人农场工人集中在巴什科尔托斯坦、达吉斯坦、卡巴尔达—巴尔卡尔、克拉斯诺达尔、斯塔夫罗波尔、伏尔加格勒、罗斯托夫和萨拉托夫地区。在农业企业中，固定员工约占90%，其中60%以上是男性。在年龄结构上，小于30岁的占18%，30~60岁的约占80%，60岁以上的占3%（男性）。

俄罗斯人的整体素质较高，具有中等及以上文化程度的人，在城市中占85%以上，在农村占65%以上。在农业企业中，7%的工人受过高等教育，18%的人受过中等职业教育，45%的人受过中等普通教育。农业企业50%的领导有20年以上的工作经历，且70%的人受过高等教育，其中40%以上受过农业高等教育。私人农场的领导人基本上是男性，近40%的人在农业领域有过20年以上的工作经历，近1/4的人受过高等教育，其中11%受过农业高等教育。[②]

（三）农业生产组织形式

当前俄农业生产组织形式的主要特点如下。

1. 各类农业生产者之间形成了自然的劳动分工

俄罗斯农业有三种生产组织形式，分别是农业企业、居民经济[③]和农户

---

① «Сельское Хозяйство, Охота И Охтничве Хозяйство, Лесоводство В Россин», 2011 татистический сборник.

② «Итоги всероссийской сельхозяйственной переписи 2006 года», РФ федеральная служба: государственной статистики.

③ 根据俄联邦统计局界定，居民经济为：农村和城市居民在宅旁园地、果园、菜园、别墅旁从事生产，相当于个人副业。

（农场）经济。从现有统计数据看，上述三种不同类型的农业生产主体之间形成了自然的劳动分工，农业企业是粮食、甜菜和葵花籽的生产主体；居民经济是马铃薯、蔬菜等作物的生产主体；在养殖业方面，农业企业与居民经济平分天下。各类生产组织之间的自然劳动分工是俄罗斯土地及农业生产的特点所决定的。粮食、甜菜、葵花籽的生产需要进行大田机耕作业，而马铃薯和蔬菜种植大多以手工劳动为主，农业企业和居民经济只能利用本身所具有的劳动和生产资源优势组织生产。另外，大力支持小型农业企业的发展仍是俄政府农业扶持政策的重要方面。

2. 出现了一些大型农业控股公司

这些公司通过投资设厂、收购、兼并等措施，建立起了集生产、加工、销售于一体的大型公司，进行规模化经营。一些大型农业加工企业正在兴起，如欧洲最大的年加工能力为一百万吨葵花籽的加工企业，已在顿河畔罗斯托夫建成投产；投资 3.5 亿美元兴建的“鲁斯农业”生猪养殖场在贝尔格勒州即将建成投产。

3. 外资开始流入俄罗斯农业领域

如 2005 年法国丹侬公司投资兴建了大型奶制品生产企业；专门生产粮食收割机的“克拉阿斯”公司已在克拉斯诺达尔安家落户。

4. 农业生产者出现了两极分化的趋势

无论是大型企业还是小农经济都出现了两极分化的现象，一方面表现在地区间差距拉大，另一方面，即使在一些同质化地区，也存在农业企业生产成本相差数倍甚至数十倍的情况①。

二　现行农业管理体制

在俄罗斯，国家对农业的管理职能主要通过俄联邦机构、联邦主体和地方自治机构实现。

1. 俄罗斯联邦农工综合体委员会

该委员会职能主要为：保障农工综合体和相关政府机构之间的协调；保障

① Е. Гайдар, Российская экономика в 2006 году: тенденции и перспективы, http://www.iet.ru, стр. 445－447.

农用土地的发展；制定发展农业、粮食等方面的政策建议，由联邦政府采纳后批准实施。

2. 俄罗斯联邦地籍委员会

该委员会负责国家地籍管理，其中包括农地地籍的管理。农地地籍管理内容为：农用土地的规划、监督、评估、利用和保护等。俄罗斯农地地籍的管理，有完备的法律体系保障。

3. 俄罗斯联邦农业部

农业部是联邦权力执行机构，其职能如下。

（1）根据国家政策，出台政策、法规和指导性文件，调节农工综合体的发展，包括畜牧业、兽医、农作物栽培、作物检疫、土壤改良、农田效益、农产品市场调节、原料和粮食、食品及加工工业、烟草生产及流通、农业用地的可持续发展；渔业工业（水产养殖）；动物的保护、研究、保存、再生和利用（含狩猎动物，但自然保护区动物和列入俄联邦红皮书的动物除外）；林区动物（自然保护区的林区动物除外）。

（2）贯彻国家政策，出台政策、法规和指导性文件，调节土地关系（包括与农用土地相关的政策），实现土地的国家监测。

（3）为农工综合体提供国家服务（包括农用地的可持续发展）。

（4）对农业部下属企业及其他组织机构的国家财产进行管理。

（5）对育种机构、联邦兽医与植物保护监督局、联邦林业局进行管理、监督和协调。

根据2008年12月25日修订的《俄罗斯联邦政府关于俄罗斯联邦农业部的决定》规定，农业部中央机构最大编制为752人（不含保安和建筑物维护人员）；按照农业部基本工作领域，部下设立司。2009年的最新设置有16个司级机构：综合管理司，经济及财政司，科技政策与教育司，畜牧与良种司，国家事务与人事政策司，国家农工综合体政策与信息司，食品加工工业与产品质量司，农作物繁育、保护与农业化学司，行政与对外关系司，国家土地政策与产权关系司，粮食、食品市场调节司，土壤改良司，法律保障司，农村发展与社会政策司，动、植物保护司，林业与狩猎业司。

俄罗斯农业部根据俄联邦《农业发展法》对农业项目实施拨款及其他国

家支持。目前俄罗斯农业发展主要是执行《2008～2012年农业发展和农产品、原料和食品市场调节的国家计划》。农业部通过和各联邦主体及其主要行政部门签订协议来实施计划。根据协议，农业部以联邦预算及联邦主体预算拨款保障上述国家计划的实施。

三　农业发展态势

1. 苏联时期

俄罗斯是一个传统的农业国家，商品性农业发展以后，19世纪初成为世界农产品的出口国，西伯利亚的硬小麦和黄油在国际市场上享有盛誉。十月革命后，苏联时期农业发展缓慢，严重制约了其国民经济的发展。20世纪70年代以来，俄罗斯的粮食产量一直徘徊在0.9亿～1.15亿吨之间，其产量虽比1913年增长了一倍多，但同西方主要工业国家相比，其农业现代化水平不高，农畜产品单产低，每个农业劳动力生产的谷物和肉类只相当于美国的15%和9%。苏联在20世纪70年代前一直是粮食净出口国。但从1972年之后，不论是丰年还是歉年，年年都大量进口粮食，用以解决粮食与饲料的不足，成为粮食进口大国。据统计，在整个70年代，苏联共从国外购粮1.4亿多吨，平均每年进口1400万吨。

2. 叶利钦时期

1992年起，独立后的俄罗斯开始向市场经济转轨。农业领域围绕土地所有制和农业生产组织形式进行根本性制度变革，改革重点包括三个方面：实行农业土地私有化、建立家庭农场、放开农产品的价格。通过激进改革，改变了苏联时期国家对土地的垄断所有权，建立了多种所有制形式并存的土地所有制结构；大规模改组国营农场和集体农庄，建立了各种新型的农业经营形式。

总体看，经历了八年艰难的社会经济转轨，俄罗斯确立了市场经济的基本框架，但同时付出了沉重的代价。经历了1998的金融危机后，俄罗斯经济已经下降到历史最低点。叶利钦在位八年间，激进改革也使农业综合生产指标及主要农产品产量连续多年大幅度下降，农业和农村形势急剧恶化。农业产值下降了38.8%，粮食产量下降了1/2，俄罗斯的人均粮食产量从20世纪70年代排在世界前十位降到第60位左右。

3. 普京时期

普京时期，俄罗斯进入了一个社会经济政策全面调整、探索符合本国国情的发展道路、实施强国战略重振俄罗斯经济的新时期。从农业发展看，2001年俄罗斯粮食首次实现自给自足，2002年粮食开始出口。2008年，俄罗斯粮食产量突破一亿吨，创独立以来的最高纪录。2009年虽然发生了比较严重的干旱，但还是收获了9600万吨粮食。2010年由于火灾和严重的干旱，导致粮食产量大幅下降，只有6000万吨的水平。2011年又大幅增长到9200万吨。2012年连续受水灾和旱灾影响，粮食产量低于预期，但能达到7500万吨。

从粮食出口看，随着对农业投入力度的加大，近年来俄在世界粮食市场的地位不断提高，俄罗斯完全解决了粮食问题，除满足国内需求外，每年出口1000多万吨粮食，粮食外贸额明显增长。2006年粮食贸易额创造了12年以来的最高水平，达到220多亿美元。从出口的价值量角度看，2005年比1998年增长了2.5倍，粮食出口收入成为财政收入的主要来源之一，直追军火和木材出口收入。俄罗斯作为粮食出口国已在国际市场占据了一席之地，根据年度产量及国内需求状况每年可出口粮食500万~1000万吨，成为仅次于美国、欧盟和加拿大的世界第四大粮食销售国。同时国家粮食安全保证得到了提高。

俄罗斯对国际粮食市场的影响正在得到巩固和加强。进入2007年，俄罗斯多次提出建立“粮食欧佩克”的倡议引人关注。2009年6月，由时任俄总统梅德韦杰夫倡议举行的世界粮食论坛在圣彼得堡召开，世界65个国家的农业部长出席。联合国世界粮食计划署对此次论坛给予很高评价。俄罗斯在会上提出，计划用10~15年的时间将粮食年产量提高到1.35亿吨，将粮食出口总量增加到4000万~5000万吨，从而将俄罗斯在世界粮食出口市场上的份额提高到20%。

需要说明的是，虽然俄罗斯粮食出口增幅超过进口增幅，但总体上俄仍然是粮食进口国，特别是肉类和其他食品进口仍占较大比重，粮食及其他农产品的对外贸易逆差每年约为130亿美元，这种局面至今没有明显改变。这里面有汇率的问题，有食品工业本身发展的问题，也有因气候制约使国产农产品种类少的问题。

四　俄罗斯扶持农业发展的政策

促使俄罗斯农业领域实现上述转变与俄农业发展战略和政策的全面调整有直接关系。自2000年以来，俄政府下决心振兴本国农业和农业经济，花大力气在农业政策方面作了重大的调整，出台了一大批切实可行的相关政策和法规，使农业和农业经济状况逐步好转。这些发展战略和政策转变主要表现在以下几个方面。

（一）国家恢复了对农业的有效管理

俄农业发展战略和政策思维发生了明显变化，农业政策的调整更具针对性和系统性，主要特点是：第一，摒弃了叶利钦时期以制度变革为核心的自由主义经济政策，代之以务实的政策调整，围绕实现农业现代化和提高农业竞争力完善法律法规，针对农业和农村的特定问题制定发展纲要和计划；第二，国家农业政策从放任自流向积极干预转变，随着宏观经济形势好转和国家财力的增强，俄政府在解决农业企业债务、农业发展融资和农业技术保障等方面，加大了扶持力度，为农业发展注入了新的活力；第三，从单纯的以提高农业产量为目标的政策向综合性农业政策转变，将解决农村社会问题及治理农村居民贫穷问题列入政府的议事日程，着力建立有利于农业生产持续增长、农村社会稳定发展的制度环境。

（二）走市场经济体制下的大农业发展道路

俄罗斯农业发展道路一直曲折，在苏联时期，建立和不断扩大以“规模大、国有化程度高”为特点的集体农庄和国营农场，走的是计划经济体制下的大农业发展道路。叶利钦时期，向市场经济过渡，大力发展个体户和家庭农场，走的是市场经济条件下的小农业发展道路。普京执政后，农业发展道路出现新变化，不仅强调按照市场经济规则来发展农业，而且更强调恢复和发展农工综合体，组建大型农业企业，走的是市场经济体制下的大农业发展道路。具体措施有以下几点。

（1）在推进国家和集体农场的股份制过程中，将农场工人变为国家和集体土地的股份持有人，将国有和集体农庄所有的土地改造成为股份制农场。减少由农民家庭经营的农用土地面积（减少到12.5%），绝大部分土地（87.5%）由国家、集体和股份制农场进行企业式的经营。

（2）发展各种生产组织形式之间的合作化和一体化，恢复和发展农工综合体，实现资本和土地向大生产者集中，实现规模经营和现代化管理，重点支持大农业企业。

（3）着力完善农业用地的流通、租赁调节机制，促进将土地向有效益的经营主体流转。

由于发展道路这一大政方针的调整，从20世纪末到21世纪初，私人资本开始大量投资俄罗斯农业，逐渐建立起一些大的农工企业，一些从种植、养殖到加工和销售一条龙的大型农工实体开始成为农业骨干力量。随后一些小农户也自愿结合建立起农业合作社，规模化农业渐渐成为农业发展的主要方向。

（三）完善制度和法规建设

2000年以来，针对农业和农村的落后状况及农业生产实际，俄政府制定颁布了一系列法规和计划，并提出了包括“发展农工综合体”在内的四大国民优先项目，为农业和农村改变落后面貌、切实提高农业发展水平提供了法律和组织保证。

1.《俄罗斯2010年前发展战略》和《俄罗斯2001～2010年农业粮食政策基本方针》（以下简称《基本方针》）

这两个规划对农业发展战略目标进行了重新界定，提出了需要解决的三大问题：一是发展高效的有竞争力的农工综合体，保障国家粮食安全，为俄罗斯农业与国际农产品市场接轨创造条件；二是提高农村居民生活水平，恢复和发展农村地区社会基础设施；三是提高农业科研水平，推广节能技术，生产安全可靠的食品，保护农业长期发展所需的自然资源。

俄农业部根据《基本方针》确定了农业生产的预计指标，将2001～2010年分为两个阶段：前五年的重点是完善市场机制，稳定农业生产，并为农业后续发展创造条件，确定了农业生产年均增长3%～5%的目标；后五年政策目标的重点是实现农业现代化，提高农业竞争力，并将农业生产指标确定为年均增长5%～7%。

2.2002年12月俄政府颁布的《2010年前农村社会发展纲要》（以下简称《纲要》）

《纲要》提出2010年前农村发展目标是：发展农村乡镇的社会机构和基础设施，缩小城乡之间在社会和基础设施保障方面的差距，提高农村生活水平；为农村乡镇稳定发展创造法律、制度和经济条件；扩大农村劳动力市场，为农村居民提高收入、增加农产品需求及繁荣农村经济创造条件。

《纲要》还确定了2010年前农村社会经济发展指标。

3. 2003年9月俄政府颁布实施的《俄罗斯联邦社会经济发展中期纲要(2003~2005年)》

这一纲要提出了发展富有竞争力的农业、建立发达的粮食市场、实现农村居民就业渠道多样化、增加农民收入、改善农业企业财务状况的农业政策目标，确定了继续进行制度改革、完善土地法律法规、扩大农产品销售市场、优化竞争环境、促进农产品出口、完善关税政策、保护国内粮食市场等阶段性任务，并提出了促进农业发展的具体措施，如刺激农工综合体实现全面发展，制定有利于农工综合体发展的金融信贷政策和税收政策，建立有效的农产品销售机制，大力促进农村发展等。

4. 有关“国家四大优先工程”的社会经济发展规划

这是为解决和改善包括医疗、教育、住房、农业四大领域的主要问题而制定的发展规划，普京亲自监督工程实施和落实，并成立了以他为主席的国家优先工程委员会，由当时的第一副总理梅德韦杰夫具体负责工程计划的实施。其中确定了农业领域应着重解决的问题，如养殖业生产落后、小型农业企业发展缓慢及专业人才流失严重等问题。

5. 《农业发展法》

2007年1月颁布实施的《农业发展法》是俄罗斯农业政策的基础性文件。这部法律首次确定了国家扶持农业发展的财政、税收、金融及关税政策，明确了国家与农业生产者之间的权利义务关系，以及联邦中央与地方政府及农业企业之间的风险分担机制，为农业政策长期稳定以及农业长远发展创造了条件。此外，该法还对农业领域联邦专项纲要的制定、实施与监督做出了法律规范，对国家对农业信贷和保险制度以及农产品市场价格的市场干预机制做出了界定，对各级政府扶持农业发展的职能和权限以及农业行业协会的作用做出了规范。

（四）对农业提供财政和金融支持

1. 财政补贴和税收政策

（1）变直接财政补贴为信贷利率补贴。从2001年起俄联邦政府和地方政府共同对农业生产者的银行信贷提供利率补贴，补贴的比例为中央银行基准利率的2/3。从2002年起针对3～5年期农业长期投资信贷也启动了利率补贴机制。

（2）制定《统一农业税法》，降低农业生产者税收负担。具体为将之前俄增值税、利润税、统一社会税和财产税四税合一，增加税前收入抵扣成本的范围。《统一农业税法》生效后，农业企业缴税仅剩下统一农业税和土地税两项，企业税收负担明显降低。大约65%的农业企业采用了此项税收政策。统一农业税税额为农业企业总收益与其总成本两者之差的6%。

（3）对土壤改良、农机和燃油保障、养殖业发展、农村建设等制定专项纲要，通过实施联邦专项纲要，提供财政支持。

2. 金融信贷扶持政策

（1）对农业企业所欠各级预算和预算外资金的债务进行重组，或延长债务偿还期限，或注销欠税罚款和滞纳金。

（2）重新组建俄罗斯农业银行，专门负责分配使用国家对农业的投资，发放农业贷款并将长期贷款的期限从现在的八年延长到十年，同时加大对长期贷款的补贴额。

（3）组建国有的俄罗斯农业租赁公司，农民支付低廉的租金就可以使用农业机械。

（4）建立农业保险制度，为农作物保险提供保险金补贴。2010年的大旱促使俄罗斯加快建立农业安全网络。农业部希望建立一个新的保险体系，以应对农业的灾难性危险。

（五）对农业提供价格和关税保护

国家对农业的政策变化体现在价格保护和关税保护两方面。

1. 粮食市场价格干预政策

俄罗斯政府以粮食市场价格干预政策实现对农产品流通市场的调控。2001年以来，政府通过限定最低价格和最高价格以制定价格区间，成立国有的国家粮食公司，采取国家采购干预和国家商品干预的方式调节和稳定国内农产品价格。在采购干预期间政府限制粮食进口，并从预算中拨款用于粮食收回；而在商品干预期间政府则限制粮食的出口，并向市场投放粮食。每年6月1日前确定粮食收购的最高价格和最低价格，每年 12 月 1 日前确定粮食投放的最高价格和最低价格。目前，对制粉小麦、饲料小麦、黑麦、饲料大麦和玉米均建立了干预价格区间。

2. 农产品市场准入政策

（1）进口配额政策。俄罗斯食品最大进口部分主要是肉类及其制品的进口。因此，俄罗斯从 2003 年起实行肉类产品进口配额制，对肉产品市场进行调节。进口配额以上年度进口额度为依据，通过实施配额来减少肉类进口，2004 年就开始见成效。俄罗斯农业部对此政策效应高度评价，认为实行配额制是实现俄罗斯到 2015 年前发展农业行业的战略目标的条件之一，对进口产品实行限制为保护国内生产者和保证国内肉产品产量（活重）在 2015 年前增加两倍创造了有利的条件。

（2）实行灵活的关税政策。2006 年俄罗斯通过一项对进口牛肉和猪肉的最低海关估价规定，据其估价报告征收关税。此外，还实施糖类特别进口制度，从独联体以外国家进口白糖要征收每吨 340 美元的关税。另外对进口的大米、谷物加工制品及部分蔬菜（甘蓝、胡萝卜和红甜菜）则征收季节税。为应对粮食危机，俄罗斯通过专案进口法规来减少对农产品价格上涨的压力。在 2007 年 10 月中旬和 2008 年 4 月中旬期间，俄罗斯对牛奶和奶制品进口税从 15% 减少到 5%。2007 年 12 月 1 日起对植物油的进口关税从 15% 降至 5%。

（3）检验和许可证保护政策。根据俄联邦的有关法律，从国外进口的食品必须符合俄联邦规定的安全标准。出口商除了必须提供出口国检验机构出具的检验证书之外，俄口岸检验机构还要对进口商品进行复检。进口商品进入流通环节，必须获得专门检验机构出具的证书。

俄联邦 2000 年 1 月 2 日颁布第 29 号《食品质量和安全法》，规定食品国家注册和认证制度。从实践看，除了关税外，俄罗斯采用植物检疫、动物疾病和技术理由等措施达到了限制进口的目的。2006 ~ 2011 年，俄罗斯动植物检疫保护政策涉及独联体的一些国家以及欧盟、巴西、印度、巴基斯坦、土耳其、美国和越南等国家和地区。

（4）实行农产品出口补贴政策。与农产品进口相比，俄罗斯农产品出口占很小比例且以谷物（小麦）为主，如 2006/2007 年度出口小麦占农产品总出口量的42%。

俄罗斯农产品出口政策与农产品市场价格联系紧密，因此，其实施的出口政策也随价格而灵活多变。如2006年，对从西伯利亚地区到俄罗斯远东港口出口的粮食实施铁路关税减半的出口优惠政策。2007年底和2008年中粮食价格上涨期间，粮食出口管理由鼓励出口转为限制出口。2007年12月中旬，政府公布了实行临时出口限制的系列农产品清单。除谷物外，这份清单还包括牛奶、奶油、面粉、油料和植物油等农产品。到2008年7月，因粮食特大丰收，对小麦和大麦取消了出口关税，又重返免税出口管理。

（六）俄罗斯实施扶持农业政策的效果

普京主政以来的农业政策是积极有效的，由于实施发展农工综合体国家项目和2008~2012年国家发展农业和调节农产品、原料和粮食市场的规划，保障了农产品和食品生产的增长。尽管2010年俄罗斯遭遇旱灾，2006~2011年，农产品生产年均增长4.4%、食品增长4.1%。与上一个五年相比，粮食总收获量增长了8%、葵花籽增长40%、甜菜增长46%。畜禽类产量增长30%，其中猪肉增长35.6%、鸡肉增长69.9%。农业组织的经济状况改善，大型农工机构的活动获得发展，农区社会发展工作活跃。

但是由于俄罗斯农业的先天不足，并且经历了危机时期的长期衰退，根本改变农业的落后面貌尚需进一步加强扶持力度。俄农业专家认为，俄罗斯对农业企业的扶持水平仍然不高，国家对每公顷土地的支持量为10美元，而美国为200美元以上，欧洲则高达600欧元。乌克兰和哈萨克斯坦的支持量也是俄罗斯的九倍[①]。因此俄罗斯农业在独联体范围内的竞争力也是很低的，俄罗斯必须成倍增加国内农业扶持力度。其次，国家对粮食和农产品价格干预政策效力不足，导致粮食价格波动过大。价格不可预测抑制了农业生产者的投资和生产积极性。再次，农业劳动力尤其是农业技术人员短缺问题，在短期内难以解决。农业科技几乎成为被遗忘的角落。由于农业商品生产者收入水平不足以实施现代化，农业和食品工业用的机器制造业萧条使农业技术大大落后于发达国

① Виктор Банькин, "Государство и мы предприниматели оцениваем условия для ведения бизнеса в АПК", Крестьянские Ведомости, 07 окт. 2006 г.

家；在基础设施不完善和销售网络垄断化程度不断提高的条件下，农业商品生产者进入市场受限，还存在垄断行业盘剥农业生产者以及农业生产者权益无法得到全面保障等诸多问题[①]。农区社会发展速度慢，社会人口形势出现一定恶化，有劳动能力的居民特别是青年人外流，农村居民减少。

五　入世对俄罗斯农业影响及应对措施

2011 年 12 月 16 日，俄罗斯结束 18 年的入世“马拉松跑”，被正式接纳为世贸组织第 156 个成员。在 18 年的入世谈判中，俄与其他成员国主要围绕进口关税减让、开放服务市场、农产品补贴、国内能源定价等问题进行多轮谈判，达成最终协议。在入世议定书中，俄方签署了 30 个双边服务市场准入协议和 57 个货物市场准入协议。

根据世贸组织农业协定，入世进程中的农业谈判涉及三个问题：国内支持、市场准入和出口补贴。

1. 关于国内支持政策

又称为国内综合支持量或“绿箱政策”，是指国家对农业的扶持，主要涉及对贸易和生产可以产生较大影响的一些措施，如畜牧业补贴、补偿物资技术购买中的部分损失、优惠贷款、价格支持和农产品运输优惠等。世贸组织农业协定规定，对农业扶持水平应在六年保护期内逐渐降低到 20% 的水平。对贸易和生产影响不大或不以价格扶持为目的的措施，如科研、教育、信息咨询、战略储备等措施，则称为“绿箱政策”，世贸组织规则对此提出的要求较少。俄罗斯入世最大担心之一就是其农业会受到冲击。俄罗斯农业专家普遍认为，为了支持农业的发展，国家对农业生产商的扶持政策是必需的，入世谈判中一直到最后俄都在争取农业方面的保护政策。2012 年 6 月 4 日，俄总理梅德韦杰夫在同副总理举行的会议上说：“我们应该尽自己的一切努力，最大限度保护我国生产者免受恶意竞争的伤害，最大限度地采用其他国家为本国企业创造舒适条件的经验。”俄入世首席谈判代表梅德韦德科夫在听证会上表示，俄罗

① Виктор Банькин, “Государство и мы предприниматели оцениваем условия для ведения бизнеса в АПК”, Крестьянские Ведомости, 07 окт. 2006 г.

斯政府已经采取了一系列措施以降低入世后给俄罗斯生产者带来的损失。原则上，政府在进行入世谈判时为农业争取到了最大的利益，入世总体上不应该对农业产生严重负面影响。如目前俄罗斯预算在农业补贴方面的支出约为每年50亿美元，但入世协议中规定的最高补贴上限达到了90亿美元。

入世谈判结束之后，俄罗斯各个部门几乎都成立了专家小组，一直在紧锣密鼓地研究入世后相关问题以及解决方案。俄罗斯入世法律保障工作小组认为，俄经济有17个领域需要在入世后得到国家保护。其中包括农业加工业，如肉类生产与加工等。目前已为农业制定了整套恢复与支持纲要。其中将要向杜马提供14个旨在支持农场主和农业机械制造企业的法律草案。同时俄罗斯也注意到相关政策的出台需要更加慎重，尽可能同世贸组织规则接轨。未来俄罗斯需要修改农业补贴体系，改变补贴模式，农业部建议，在未来的国家农业发展计划中，将购买燃料、化肥、种子的补贴和农业贷款补贴等按照播种面积发放。在每公顷开支6000～7000卢布的情况下，各级预算的补贴总额可能达到每公顷1000卢布。农业部长费多罗夫表示，这在世贸组织框架内属于“菜篮子”补贴，因此不受限制。此外，农业部还建议鼓励签署农业保险协议，将保险与补贴挂钩。

2. 关于开放市场

俄罗斯承诺入世后农产品平均进口关税从目前的13.2%降至10.8%。2012年8月23日，俄正式入世当天起下调部分牲畜和肉类产品的进口关税，其中活猪进口关税从40%下调至5%，种猪税率仍为0%；配额内猪肉进口关税由现行的15%（且不少于每公斤0.25欧元）下调为0%，配额外猪肉进口关税由现行的75%下调至65%；鸡肉进口税率不变，配额内进口税率25%，且不少于0.2欧元/公斤，配额外为80%，且不少于0.7欧元/公斤；牛肉进口基本保持原有税率，即配额内为15%，配额外为50%，且不少于1欧元/公斤。目前，俄罗斯国内养殖业不能保证肉类供应，据安永公司分析，2010～2011年俄农产品市场40%依赖进口。欧洲和拉丁美洲的肉类生产商已盯住俄罗斯市场，低价进口可能会给俄本国生产商带来严重损失。

3. 关于出口补贴

俄罗斯目前能够出口的农产品主要是粮食，以小麦为主。从全球贸易看，发达国家在农产品出口补贴中占绝对大份额，俄罗斯为扩大出口，仍会采用相应的措施。

六 农用土地状况及农用土地流通制度改革

俄罗斯农用土地流通制度的改革和现行政策与中俄农业合作特别是土地租赁有直接关联。

（一）农用土地界定

根据《俄罗斯联邦土地法典》的规定，农用土地包括农业经营用地（耕地、草场、牧场、弃耕地、有多年生植物的土地），田间道路和通信线路占用的土地，覆盖有为水土保持目的的灌木植物的土地，有内部水体的土地，农产品生产、储存及初加工设施占用的土地。

（二）改革阶段划分

农用土地流通制度改革是俄罗斯土地改革的一部分。苏联解体 20 年来，俄罗斯土地改革进程大致可分为两个阶段，即前后两个十年的改革。

第一阶段始于 1990 年 10 月《俄罗斯联邦土地改革法》的颁布，这一阶段土地改革的重点直接指向农业，土地制度的重建和土地关系的调整被视为是农业政策的重要组成部分。第二阶段土地改革始于 2001 年 10 月新的《俄罗斯联邦土地法典》的颁布，这一阶段的改革则更具有全局性和系统性，这一法律首次允许除耕地以外的城镇住房和工业用地进入流通市场，而随后颁布的《俄罗斯联邦农用土地流通法》也将农业用地推入了市场。

（三）改革的成果和问题

1. 第一阶段的改革成果和遗留问题

两大成果。

（1）解决了土地所有制问题，取消了国家对土地所有权的垄断，将国营农场和集体农庄的土地无偿转为私人所有，确立土地国家所有制、私人所有制、集体共同所有制和集体股份所有制等多种所有制形式并存的土地所有制结构，推行土地有偿使用制度。

（2）土地市场开始萌生。土地私有化进程的启动为土地市场的建立创造了条件，尽管联邦法律不允许土地自由买卖，但一些地区制定了地方性法规，允许土地在一定范围内自由买卖。同时，俄罗斯也出现了土地交易黑市。

四大问题。

（1）土地法规不健全，缺乏系统性，且被政治化，一些地方自行制定的土地法与联邦法律相抵触。

（2）土地所有权不明晰，联邦所有和地方所有的土地没有划定。

（3）出现了新的土地份额问题。土地份额不是真实可用的土地，而是一种所有权凭证，作为土地所有者的农村居民没有切身感受到自己对土地的真实所有权，土地份额的支配方式各异。

（4）土地自由买卖问题没有得到法律确认。

2. 第二阶段的改革成果和问题

普京时代的土地改革是叶利钦时代土地改革的继续，是对原有土地制度的修补和完善。

（1）俄政府对土地改革的目标和任务进行了修正。新一轮土地改革的目标是：提高土地使用效率；为提高土地的社会、投资和生产潜力创造条件，将土地真正变成经济增长的要素。具体内容为：通过保障土地所有权和对所有权进行登记，切实保障土地的各种所有制形式及所有权的稳定化；将土地纳入经济流通范畴，建立国家调控下的土地及不动产市场；重新分配土地，将其转到确有效率的经济主体的手中；提高土壤肥力，保护土地；公民和法人依法对土地进行私有化；划定国有土地的归属（联邦所有、联邦主体所有和城镇所有）；建立国家地籍制度及土地和不动产登记制度，对土地进行价值评估。

（2）不断完善土地改革立法。2001 年 10 月 10 日，绕过农用土地的自由买卖问题，俄先行通过了新的《土地法典》。新《土地法典》首次允许耕地以外的土地进入流通，其中包括居民点占地，交通、邮电及工业企业占地等。这部法律规定，包括农用土地在内的所有土地都可以实行私有化，但只有经过国家地籍登记的土地才可以进行买卖；首次允许耕地以外的城镇住房和工业用地进入流通市场；没有对占全部土地 25% 的农业用地的自由买卖问题作出明确规定。之后，俄政府又先后颁布实施了《〈土地法典〉实施法》《国有土地划分法》《国家及城镇财产私有化法》《土地整治法》《土地登记法》

《农用土地流通法》等，这些法律法规成为当前俄罗斯土地改革与土地管理的基础性文件。

（四）最终通过《农用土地流通法》

2002年7月26日，俄国家杜马（议会下院）通过了《农用土地流通法》。《农用土地流通法》是对《土地法典》的补充，这一法律的颁布结束了俄国内在农用土地买卖问题上长达十年的争论。《农用土地流通法》共有四章20款，其核心内容是：保障农用土地的使用方向；确定公民及其近亲拥有农业用地的最大规模；农用土地可以流通买卖；俄罗斯将建立土地流通市场，通过公开拍卖方式买卖国家或私人的土地；国家或地方政府享有购买土地和土地份额的优先权；外国公民、外国法人和无国籍人士以及注册资本中上述人士的资本超过50%的法人（合资公司）不允许购买农用土地，但可以租用耕地，租期可长达49年；该法还对农用土地私有化问题做出了规定。此外，为防止土地过分集中，法律还规定地方政府有权确定某一土地所有者所拥有的实际地块的规模，同时，为防止土地过分细碎化，法律规定对可登记、注册用于农业经营的实际地块的最小规模进行限制。

（五）在农用土地流通领域尚待解决的问题

1. “土地份额”如何转为实际土地问题

“土地份额”是叶利钦时期土地改革的遗留问题，它不是具体可用的土地，而是从土地共同所有权中分离出来的份额所有权。如果“份额地”的所有者不办理将“土地份额”转为实际土地的手续，那么对土地所有权的所有活动都是针对“土地份额”的，这在很大程度上限制了土地的支配和使用，降低了土地的市场价值。

2. “份额地”分离及转为实际土地的交易过高

虽然《农用土地流通法》对此做出了详尽的规定，但在具体操作中存在着交易成本过高的问题。法律规定，“份额地”所有权人可以要求将自己所属的份额划分出来，用于创建和扩大家庭副业、农户（农场）经济或将土地租赁出去，但“份额地”分离手续极其繁杂，一般个人难以完成。

3. 破产农业企业土地所有权与财产的划分问题

根据俄罗斯《破产法》的规定，进入破产程序的企业，其资产可按破产程序转到新的所有者手中，但企业占地仍归破产企业所有。为此，《土地法典》规定，企业新的所有权人可购买或租赁企业占地，但由于完成破产程序耗时很长，大量农用土地可能长时间被置于流通市场之外，不能得到有效利用。此外，已完成私有化的农业企业，也存在土地所有权不明晰的问题。根据《联邦国有及城镇政府所有的资产的私有化法》规定，已私有化企业的土地与资产是统一的，但是，农用土地的私有化受联邦法律和联邦主体法律的双重调控，一些联邦主体的法律规定，农用土地不能列为已私有化企业的资产范畴，这不仅降低了正在进行私有化的企业的价值，也使已私有化企业难以获得土地的所有权。上述问题的解决尚待时日。

七　中俄农业合作

2007 年中共中央一号文件中强调了加快实施我国农业"走出去"的战略，这对农业和农村工作提出了新要求。广义的农业"走出去"包括农产品出口、农业对外合作、农业对外援助、农业直接投资等内容。狭义的农业"走出去"是指我国企业在政府的政策指导下，以赢利和合作为目的，在平等互利的基础上，采取资本、技术、产品和劳务输出等多种方式，在国外进行直接投资，自主从事合法的农业生产和经营活动。实施农业"走出去"战略不仅是企业自身发展的要求，也是我国农业可持续发展的需要。

（一）"走出去"现状

从国家层面看，经历入世十年，中国农业正走向国际。目前中国与世界五大洲 30 多个国家有农业投资合作关系，直接投资集中于亚非拉及周边国家。根据中国农业部对外经济合作中心的数据，中国已与世界上 30 多个国家建立了农业投资合作关系，与 140 多个国家和地区建立双边交流关系。但中国农业对外直接投资以及年末对外直接投资存量在中国对外投资和中国年末对外直接投资存量中所占比重都很小，约在 1% 左右。目前，中国农业对外直接投资的主体是大型农业企业，中小农业企业数量较少，农业企业单项对外直接投资规模平均只有几十万美元，与发达国家约 600 万美元的平均规模相距甚远。

俄罗斯是目前中国农业"走出去"的最大目标区域。从中俄层面看，两国农业合作始于 20 世纪 50 年代，合作内容包括人员交流、品种资源交换、农业科研等，合作成效显著。苏联解体后，中俄两国政府1994年签署了《中华人民共和国政府和俄罗斯联邦政府关于农工综合体经济与科技合作协议》，根据该协议两国农业部成立了副部级农业合作工作组，保障和领导机制的级别远远低于其他领域。

（二）目前中俄农业主要合作形式

1. 农业劳务合作

目前中俄农业合作仍以劳务合作为主，中国劳务主要输出到俄罗斯远东地区。在解除行政限制的条件下，吸引中国劳动力到远东地区种植和加工农作物是促进远东地区农业发展的措施之一。

2. 农产品贸易

中国出口到俄罗斯的农产品主要以蔬菜、水果为主。俄罗斯是世界第五大水果消费市场，中国由于水果出口品种齐全、营养丰富、运输便利、价格低廉等优势，已成为俄罗斯的最大水果进口国之一。

3. 农业经济技术合作

主要有三种形式。

（1）租赁土地。主要是黑龙江、吉林等边境省份，在俄承租土地开展种植。自我管理，自负盈亏。项目集中在俄远东地区。主要种植品种为大豆、番茄、茄子等。中国人赴俄罗斯开发农业已有近20年的历史，并有许多成功先例。黑龙江省伊春、绥芬河、黑河、同江、鹤岗等口岸城市每年都有大批的农民赴俄种地，他们的足迹踏遍远东，甚至到了西伯利亚、黑海等地。黑龙江农垦从2004年开始在俄罗斯远东地区租地种粮食，2007年种植面积达到4.23万公顷，同时还投资建设了粮食预处理中心和叶面肥加工厂，在俄罗斯农业开发的产业链条中不断延伸。

（2）买地。由中方土地使用者购买俄罗斯的土地使用权，通常期限为49年。中方买主雇用国内农民和技师耕种，自带所需农机具、种子、农药和技术等，经营方式是自主经营、自负盈亏。

（3）双方合作生产。由俄方负责提供土地、生产机械、运输车辆，并为中方技术人员办理在俄居留手续、提供食宿，中方负责提供种子、农膜、技术和农药。用工费各半，利润分配各半。

（三）中俄农业合作面临的问题

1. 农产品贸易额较低

在中俄双边贸易额中，农产品占比不大，2011 年，俄罗斯对中国出口农产品 10 亿美元，自中国进口农产品 20 亿美元，主要产品为粮食、酱油和俄国内生产不足的其他产品。

2. 俄罗斯对农业劳动力的引进限制严格

农业属于劳动密集型产业，由于俄缺乏劳动力，合作时中方须从国内引进大量劳务。俄方对外国务工人员进入本国一直比较敏感，有一种排外的心理，对引进外籍劳务采取了较严格的管理制度。

从社会心理因素看，“中国威胁论”、原料附庸论、人口扩张论、商品扩张论在俄罗斯一直有市场。虽然目前这些舆论不是主流，但随着外部环境、国内局势变化仍在此消彼长，长期以来对中俄经贸合作、农业合作产生了消极影响。以阿穆尔州为例，该州总体上限制劳务输入，一般每年接收的农业劳务输入只有 200 人左右，由于控制人数，中国企业很难真正展开拳脚。而据黑河方面估计，至少需要 2000 个名额才可以满足当地企业在俄罗斯发展农业的需要。

3. 俄罗斯农资缺乏，农业种植成本高

具体表现为以下三点。

（1）俄各类农机具老化比例高达 60% 以上，保有量大幅度下降，农机不能满足需求，价格昂贵；农药、化肥生产工艺落后，价格居高不下。

（2）中方农用物资出口困难，俄海关控制黑龙江农用物资出口。

（3）农业机械过关费用高。小型拖拉机、大型联合收割机过关费几乎相当于机械价格。

4. 俄罗斯投资环境欠佳，贸易秩序不规范

俄政府和企业对吸引外资准备不足，政府效率不高、腐败严重、投资者税负重、缴纳税费种类多、政策随意性强、缺乏透明度、经营风险高，使农业企业对俄“走出去”步履维艰。俄方政策存在诸多不确定因素，如中方与俄方集体农庄或政府签订协议后会出现反复甚至毁约。一些民间的投资者反映，在农业开发中，常会碰到俄方到农场找麻烦，甚至会直接把农民撵走的情况。黑龙江农垦系统官员透露，以政府或国企名义开发耕地，在俄罗斯遇到困难，大

型国企会受到反垄断的限制。

5. 农产品准入没有放开

关税保护程度高，预期随着俄罗斯的入世会有所改善。

6. 农业信息交流不畅

民间农业领域交流不够，双方信息反馈不畅通。中方民间农业资本对俄罗斯农业的现状和优势不清楚，双方没有建立完全畅通的交流平台，缺乏长期投资的战略眼光，在很大程度上限制了中俄农业合作的发展。

7. 政府扶持力度不够

中国对俄农业合作通常由省一级主导，尚未上升到国家层面。而融资、保险、税收、专项补贴等增强中国农业企业海外竞争力的要素，现仍必须通过国家层面解决。中俄总理定期会晤委员会下有十几个分委会，但没有农业合作分委会，虽然一直在酝酿，但一直没有更大的进展。农业项目的前期市场开发需要大量资金投入。中国除零散的地方政策外，缺乏稳定的专项发展基金。从黑龙江等对俄农业"走出去"的大省看，"走出去"以个体和私营企业为主，资金少、资质低，难以承揽大型的农业合作项目。有些虽然获得了很好的农业开发项目，但是缺少资金，后续资金跟不上，境外资产又不能作为抵押物从银行取得贷款，继续推进合作项目资金链难以解决。

（四）加强中俄农业合作的建议

1. 了解熟悉俄罗斯市场

包括了解有关的法律法规、技术标准、现行的政策等。俄罗斯入世后，中国企业和产品将会面对更高的绿色标准门槛和技术要求。俄在入世过程中除承诺将建立与国际接轨的更透明、更严格的产品标准管理和认证制度外，在入世承诺书中还坚持，入世后将保留采取比国际标准更严格的保护标准的权利，以符合俄罗斯联邦要求的保护水平。这意味着，入世后俄对进口产品质量认证标准会更加提高，中国商品可能会面对更高的绿色标准门槛。俄入世对中俄经贸是利弊兼有，总体看利大于弊。俄罗斯会有较长一段时间来适应世贸组织规则，对中国企业来讲，应该把俄入世看做是其改革开放进入新的阶段，为此要密切关注、深入研究、了解熟悉俄入世后法律法规和技术标准的变化和调整，适应新的政策环境和管理方式，使自己的经营和投资行为更加适合俄修订后的法律和政策导向，并根据市场新变化加强长期战略规划，谋求更大发展。

2. 发挥政府间合作机制的推动作用

应将两国农业合作作为中俄经贸合作分委会重要议题予以推动，指导和推动中国在远东地区合作项目的实施，并作为扩大中国农业“走出去”的切入点；协调解决合作中出现的问题，敦促俄方为中国劳务人员办理赴俄劳务手续提供便利，对符合条件的项目给予贷款贴息和前期费用资助。开展境外农业资源开发，政府扶持必不可少。建议设立境外农业开发专项基金，在贷款贴息、前期开发补贴等方面对企业给予支持；扩大对境外农业资源开发与合作项目的政策性信贷资金规模，降低享受政策性信贷的申请条件；减免境外开发产品进口的关税，并实行退税政策，对境外开发需要的生产资料免征进出口税；改革审批制度，简化程序，放宽条件，鼓励企业对外投资。

3. 加强对俄农业合作的技术支持

政府部门可组织科研单位、大专院校“走出去”，开展对口考察洽谈活动，引进俄罗斯先进技术、优良品种和农业技术人才等；另一方面，要实现对俄农业劳务科技升级，拓展服务领域，满足农业劳务人员对信息的需求，提高境外中国劳务人员的科技素质和专业技术，为中国农产品“走出去”培养高素质的劳务人员。

4. 有针对性地开拓俄罗斯市场

中俄农业合作中，还有许多合作领域亟待开发，如加强创新，制造环保无污染有机农药，在俄建有机农药加工厂，打开俄罗斯农药市场。在俄建立农机服务中心，开展农机具的销售、租赁和维修业务，开展农机作业服务，发挥中方农业生产工具和作业优势等。

5. 中国恢复自俄罗斯农产品进口

由于发现进口的部分批次粮食感染了一种可致使粮食无法被加工的非寄生性疾病——小麦印度腥黑穗病和矮腥黑穗病，中国农业部对包括俄罗斯在内的多个国家实行粮食进口禁令。俄罗斯驻华商务代表表示，进口禁令有望解除，俄罗斯有可能在2013年实现对华粮食出口。从长远看，中国关心粮食进口的多元化，俄罗斯则对进入中国市场感兴趣。俄罗斯东部地区粮食贸易增长的先决条件已经具备，双方应积极探讨合作的可能性。

第十一章　俄罗斯私有化政策变化及投资机遇

中央计划经济向市场经济转轨，无一例外地需要解决所有制关系和国有企业管理体制两个微观经济问题。俄罗斯国有企业改革是在私有化概念下进行的。国有企业大规模转型主要在 1992～1996 年实施。2010 年，俄罗斯出台了新一轮私有化计划。新一轮私有化的重心已从 20 世纪 90 年代以强调速度和政治功能为主，转向以强调效率、优化资产结构和结构改革为主。实施私有化除为俄增加联邦预算收入外，也为外资提供了新的投资机遇。

第一节　20 世纪 90 年代私有化进展与问题

一　私有化界定

俄罗斯（苏联）曾是世界上国有化程度最高的国家。1990 年，在其所有制结构中，国有制比重占 92%，合作社、集体经济和其他所有制形式仅占 8%，在工业部门，国有制比重更是高达 99%（详见表 11－1 和表 11－2）。20 世纪 90 年代，俄在私有化概念下对国有企业进行了大规模改造。

俄罗斯的私有化是一个宽泛的概念，从法律界定看，私有化不仅指把国有资产变为私有，而且还包括所有制结构的多元化和所有制形式的多样化。从 1992 年至今，俄罗斯共出台三部私有化法：①苏联解体前夕 1991 年 7 月 3 日俄罗斯苏维埃联邦社会主义共和国出台的第 1531－I 号《俄罗斯联邦国有和市

表 11-1 1990 年苏联固定资产所有制结构

	总计(亿卢布)	国家所有制		其他所有制		
		联盟(%)	共和国(%)	合作社(%)	集体经济(%)	其他(%)
固定资产	18287	56	36	1	5	2
工　业	6149	85	14		1	
建　筑	974	56	43		1	
农　业	2977.8	4	62		30	
运　输	2437	67	33			
通　信	190	30	66		4	
批发贸易	116	51	49			
零售贸易	419	42	38	14	1	
住　宅	3401	38	45	4	1	
服务业	852	22	76		2	9

资料来源：1991 年苏联国家统计局公布的数据，《俄罗斯研究》1993 年 1 月号。

表 11-2 国有部门的国际比较（占总产量的%，年度不同）

国别	年度	%	国别	年度	%
捷克斯洛伐克	1988	97.0	法国	1982	16.5
苏联	1985	96.0	西德	1982	10.7
匈牙利	1984	73.6	意大利	1982	14.0
民主德国	1982	96.5	英国	1983	10.7
波兰	1985	81.7	丹麦	1974	6.3
中国	1984	73.6	美国	1983	1.3

资料来源：Branko Milanovic（1991）。

政企业私有化法》；②1997 年 7 月 21 日出台的第 123 - Φ3 号《俄罗斯联邦国有资产私有化和市政资产私有化基本原则法》；③2001 年 12 月 21 日出台的第 178 - Φ3 号俄罗斯联邦《国有和市政资产私有化法》。除这三部正式私有化法外，俄罗斯每年还出台以总统令形式批准的国家私有化纲要。

不同时期的法规对私有化的界定不尽相同。《俄罗斯联邦国有和市政企业私有化法》（1991 年版）第一章第一条“国有和市政企业私有化的概念”规定：“国有和市政企业的私有化系指由公民、股份公司从国家、地方人民代表大会获得以下财产并转为私有：企业、车间、生产、地段以及这些企业的其他下属部门、设备、厂房、设施、许可证、专利和企业的其他物质和非物质资产；国家和地方人民代表大会在股份公司资本中的股权；已经私有化企业在其他股份公司、合资企业、商业银行、协会、康采恩、联盟和其他企业联合体中的股权。根据法律条文，国有和市政企业私有化可理解为对上述全部所有权对象的私有化。"①

按照《俄罗斯联邦所有制法》的界定，俄罗斯联邦的所有制形式共包括四类 14 种：第一类是私有制，包括公民所有制、企业所有制（经济协会、合作社、集体企业、股份公司等）、劳动者在企业财产中的投入和企业家联合体所有制四种形式；第二类是社会组织所有制，包括社会组织所有制、社会基金所有制和教会所有制三种形式；第三类是国家和市政所有制，包括国家所有制、市政所有制、国有和市政所有企业和机构的财产三种形式；第四类是合资企业以及外国公民、组织和国家所有制。显然，在该所有制法中，集体企业和股份公司是被列入私有制类别内的。

1997 年颁布的第二部私有化法——《俄罗斯联邦国有资产私有化和市政私有化基本原则法》对私有化作了重新界定："国有资产和市政资产的私有化，应理解为把属于俄罗斯联邦、俄罗斯联邦主体或市政机构所有的资产（私有化对象）有偿转让，变为自然人和法人所有制。"②

在新法中已去掉了"变为私有"的提法，针对此有学者提出，这表明俄罗斯改变了最初把股份制划入私有制范畴的认识，所有制改革的目标模式也相应发生变化，从原来的以建立以私营经济为主体转为建立以非国有经济为主体的混合所有制结构。2001 年颁布的第三部《国有和市政资产私有化法》，在概念界定上与第二部法相同。③

对于私有化企业中私人成分到底应该占多大比重，俄罗斯对此没有明确的

① Закон РФ от 3 июля 1991 г. N 1531 – I "О приватизации государственных и муниципальных предприятий в Российской Федерации" （с изменениями от 5, 24 июня 1992 г., 17 марта 1997 г.).

② Закон РФ от21 июля 1997 года. N 123 – ФЗ "О приватнзации государственного имущества и об основах приватизации муниципадвногонмущества вроссийской Федерации".

③ Закон РФ от 21декабря 2001 года. N 123 – ФЗ "О прнватнзацнн государьственного н муниципалвного имущества Россннской Федерацни".

界定。

随着经济转轨的推进，俄罗斯私有化重心从一开始以强调速度和政治功能为主，转向目前以强调效率和优化资产结构为主，在主张大规模私有化的同时，逐步重视国有经济的作用。从1996年起，俄罗斯领导人开始强调要保持必要的国有资产总量，国家要保持对国家安全具有战略意义的股份公司的股票控制额（国家控股50%以上）和参股额（国家掌握25%～50%的股份），以更有效地使用国有资产。[①]

目前俄罗斯的国有经济主要分为两大类：一类为官办企业，即按照市场原则其经营是无效或低效，但对社会又是必需的，其活动不以商业标准为方向；另一类为公司化企业，主要是电力、天然气、石油、铁路、航空航天、港口、邮政和市政等部门的企业。1999年9月9日，俄政府通过了关于管理国家财产和私有化的构想，提出将当时1.3万家国有独资公司进一步改造成股份公司和官办公司，规定重组的结果，国有独资企业最终不得多于1500家。其做法是公开出售已改造成股份公司的国有企业的股票，对公司（企业）进行重组。在对国有经济的管理上，俄罗斯的做法是将管理国家财产的职能与管理企业活动的职能分开，第一个职能归俄罗斯联邦国有资产委员会，第二个职能由联邦各部和主管部门履行。

二　私有化的目标

实行私有化是俄罗斯改革最关键的一步。由于私有化是在苏联解体后新政权做出的抉择，因此与发达国家和发展中国家不同的是，其私有化战略所谋求的目标，除了一般经济意义外，很重要的是出于政治动机。俄罗斯激进改革的推行者盖达尔称："没有私有化，我们永远也不可能有正常的文明经济。"[②] 新上台的执政力量认为，私有化是从高度集中的计划经济向市场经济过渡的必由之路，而市场经济的建立将有助于保证新生的政治体制的稳定，随着私人部门的壮大而崛起的中产阶级也将有助于社会结构的稳定。必须通过自由市场机制

① 1996年俄罗斯总统国情咨文《我们为俄罗斯负责》，《俄罗斯新闻》1996年2月24日；《1997～2000年政府中期纲要构想：结构改革和经济增长》，〔俄〕《经济问题》1997年第1期。

② 〔俄〕《经济与生活》（周报）1992年第38期。

和私有化刺激经济的复兴。在自由经营、自由贸易和自由价格下，建立“货真价实”的市场经济体制，走上文明发展之路。[①] 正是出于以上考虑，俄罗斯的私有化既是一项要建立以私有制为特征的资本主义生产方式的基本国策，又是“使改革进程具有不可逆转性”[②] 的政治保证。

俄罗斯的改革者们认为，在传统的公有制下，由于没有从根本上解决生产者与生产资料的结合问题，行政命令体制产生了“国家监护、靠他人供养、平均主义、漠不关心和经营不善”[③] 等一系列问题。虽然从20世纪50年代开始，苏联在30多年间不断进行改革，但却未能从根本上解决国有企业绩效不佳的问题。为此，在经济转轨中，俄罗斯应力图通过“把大部分财产和资源根据不同的条件奉还给人民”，“保证在向市场经济过渡的过程中更为有效地和以主人翁的态度利用这些资源，并避免许多不良现象”。[④] 正是在这种设想下，私有化被赋予了重大的“使命”和七大目标：①形成广泛的私有者阶层；②提高企业的生产效率；③用私有化收入对居民进行社会保护和发展社会性基础设施；④促进财政稳定；⑤创造竞争环境，打破经济中的垄断；⑥吸引外国投资；⑦为扩大私有化创造条件并建立组织机构。[⑤] 预期到私有化过程结束时，国家、集体（指各类合作经济和股份经济）、个体经济各占1/3左右，即非国有经济、私有经济占全部产值的60%～70%。

三 私有化基本方式

按照俄罗斯法律界定，私有化分为“小私有化”和“大私有化”两种基本方式。“小私有化”是指对国有零售商业、饮食业、服务业及一些小型工业建筑企业实行的私有化，主要采取公开拍卖、租赁或出售的方式进行。“大私有化”主要是指将国有大中型企业私有化的过程，其步骤为，先将国有大中型企业改造

① 引自1993年6月叶利钦总统在美国国会发表的访问讲话。

② 俄通社－塔斯社莫斯科1993年11月24日电。

③ 中华人民共和国国家体制改革委员会：《苏联向市场经济过渡文件汇编》，系内部资料汇编，第71页。

④ 中华人民共和国国家体制改革委员会：《苏联向市场经济过渡文件汇编》，系内部资料汇编，第53页。

⑤ 〔俄〕《俄罗斯经济》1998年第1期。

为股份公司或集团，以变更其所有权，然后使股份公司的股票进入资本市场。“大私有化”分为“证券私有化”（1992 年 7 月 1 日至 1994 年 6 月 30 日，该阶段的特点是通过发放私有化证券无偿转让国有资产）、“现金私有化”（1994 年 7 月 1 日至 1996 年底，该阶段的特点是由以私有化证券无偿转让国有资产过渡到按市场价格出售国有资产）和“个案私有化”（1997 年之后，该阶段的特点是停止大规模私有化，转为有选择地按个案进行，强调私有化的重心是增加投资和提高企业生产效率，加强国家对私有化过程的监督等）三种方式。

四　私有化结果

从实施结果看，经过十年的私有化，俄罗斯所有制结构和产权结构发生了重大变化，私有化企业与国有企业的比例数大体为 70:30（见表 11－3）。截至 2000 年 1 月 1 日，俄罗斯总计有 3.1 万家开放式股份公司和 13 万家私有化企业。属于国有的公共企业有 11000 家，国有股份公司有 3500 家[①]。这表明，国有经济已不再占据主导地位，俄罗斯已初步形成了以非国有经济为主体的多种所有制结构。

表 11－3　按所有制形式划分的企业数量分配（为 1995 年 1 月和 1996 年 1 月数据）

所有制形式	企业(组织)数量(个)		占总数的百分比(%)	
	1995 年	1996 年	1995 年	1996 年
总　数	1946276	2249531	100	100
国家所有制	324594	322240	16.7	14.3
市政所有制	171116	197778	8.8	8.8
社会联合公司(组织)所有制	53505	95014	2.7	4.2
私人所有制	1215938	1425548	62.5	63.4
其他所有制，包括混合所有制、外国法人所有制、公民和无国籍人员所有制	181123	208951	9.3	9.3

资料来源：《1996 年俄罗斯统计年鉴》，莫斯科，1997，第 686 页。

① “Приватизация в России”, Совместное издание российского информационного агентства “новости ” и министерства имущественных отношений Росийской Федерации, номер 2, 2001 г..

与此同时，国家在俄罗斯工业企业中仍然保持较高的持股比例（详见表11－4），这一比例与人们的想象有很大差距。根据俄罗斯联邦资产注册局2002年3月28日的材料，俄罗斯联邦政府仍在4354家经营公司中持股，其中在94家公司国家100%持股，在598家公司国家持股50%以上，在763家公司联邦政府以特殊的权利（金股）参与管理。目前，已经私有化的企业的数量占私有化之初企业总数的66%。[①] 俄国有资产部据此提出，俄罗斯还有进一步私有化的巨大潜力，并明确提出计划，拟将国有公共企业数量削减至1000～1500家，国有股份公司削减至600～800家，力求通过重组使企业发挥最大效益。

表11－4　不同工业部门企业股份中联邦所有的国家股所占平均比重

工业部门	平均比重(%)	工业部门	平均比重(%)
核工业	48.2	轻工业和化妆品工业	
机器制造业	30.9	森林工业	25.5
航空工业	28.4	冶金工业	25.4
弹药和特种化学生产	30.7	甜酒生产工业	47.4
武器生产	32.4	面包制品工业	33.7
通信业	35.8	石油工业	42.7
无线电工业	37.3	天然气工业	25.3
火箭宇航技术工业	35.9	电力工业	28.1
船舶制造业	29.9	煤炭工业	38.0
电子工业	38.1	能源工业	26.3
化工和石化工业	31.8	黄金—金刚石工业	37.0
医药和微生物工业	27.1	所有部门平均比重	34.1

资料来源：俄罗斯政府经济部：《公司治理白皮书》。

五　俄罗斯选择私有化的原因

在向市场经济转轨中，微观经济的改造问题（即建立多元化市场主体和按照市场经济的要求改革国有企业的问题）具有重要的意义。在国有企业所有制改革中，俄罗斯之所以选择在短期内推行大规模私有化的做法，其主要原

① 〔俄〕《21世纪的俄罗斯经济》2002年5月第2期。

因在于以下几点。

（1）私有化之所以在各项经济转轨政策和经济制度构成中居核心地位，是因为它是向市场经济过渡的最基本条件。市场经济的制度基础是独立自主进行生产经营的企业，而传统的国家所有制的企业显然不适应市场经济的需要，为此必须对国有企业进行所有制改造。从苏联到俄罗斯，关于所有制问题的探讨和国有企业改革，在相当长的时期中是围绕如何统一公有制，特别是统一国有制与市场机制这一命题展开的。但无论在理论上还是在实践上，均未求得这一命题的真正解决，政府提出的种种理论、方案均未能实现财产制度公有性质与资源配置市场化之间内在的统一，因此为保证市场机制成为社会资源的基本配置形式，必须放弃公有制。

（2）苏联解体前经济形势的恶化使国家财力已不可能继续维持庞大的国有企业的正常运营。1990～1991 年间，苏联的财政赤字已达到 GDP 的 10% 左右，财政资金的短缺使政府无法像以前那样对国营企业进行全面的投资和补贴，企业的非国有化已势在必行。

（3）为了防止国有资产的快速流失。苏联后期，由于国家政治局势的动荡，政府已无力行使对企业管理者的监督职能，企业的管理者事实上拥有了对企业的全部控制权。早在官方的私有化之前，“自发的私有化”过程已经开始。俄罗斯独立后，改革者意识到，如果不尽快采取有效措施，国家财产很可能会被几千个管理者瓜分光。尽管私有化同样会刺激官员和管理层加速掠夺国有财产，但正式的私有化或许能够限制这种掠夺行为。

六　私有化影响

事实上俄罗斯私有化纲要提出的目标并未完全实现。2004 年，俄罗斯联邦审计署对 1993～2003 年私有化情况进行专门审计，内容主要涉及私有化的法律基础、执法机关在私有化中的作用、私有化的经济和社会后果。其结论是：私有化是俄罗斯最重要的经济制度改革之一。通过私有化，俄在最短时间内确立了市场经济制度，并在社会冲突相对较低的情况下实现了产权再分配。但私有化结果与其战略目标却相去甚远，未能形成广泛有效的私人所有者阶层，未能带来企业效益的提高，所吸引投资对于企业生产、技术现代化和社会发展远远不够，在一系列部门未能保持企业在国内和国际市场的竞争优势。该报告还指出，私有化过程中存在着法律不健全、执法机构违规越权、贱卖国有资产、对私有化交易缺乏独立的外部监管、政府机构存在大量腐败等问题。①

私有化对俄罗斯社会经济产生了一系列负面影响，主要有以下几点。

1. 资产评估过低造成了国有资产大量流失

据俄国家杜马听证会公布的材料，俄在私有化期间的损失总计为9500万亿卢布（其中经济损失5500万亿卢布，社会损失4000万亿卢布），相当于1996年国内生产总值的4.2倍，相当于“二战”期间损失的2.5倍。还有专家估计，由于低价出售国有资产，国家损失至少达一万亿美元。

2. 引发了社会严重两极分化

私有化过程中的经济犯罪和投机，引发了社会严重两极分化乃至对立，还产生了腐败、犯罪等大量消极现象，导致了社会的不安定。

3. 导致寡头政治的出现

为了培育政权基础，激进民主派在私有化过程中提出了两个目标：形成“广泛的私有阶层”和促进“战略性大股东”的出现。实际情况是，通过快速私有化，俄罗斯形成了一个中产阶级，但这一队伍极不稳定，在遭受1998年金融危机的冲击后，中产阶级的力量受到严重削弱。而金融寡头则借助于政权的力量，在私有化过程中迅速扩大自己的实力，并从经济领域向政治领域扩张，进而控制传媒，左右国家的大政方针。寡头政治的出现，延缓了俄罗斯的民主化进程，同时也阻碍了经济领域的公平竞争。鉴于私有化过程中出现的严重问题，从1997年起俄罗斯已停止大规模的私有化，俄联邦审计署向政府提出了对部分私有化资产重新国有化的建议。

七　私有化的启示

对俄罗斯国有企业私有化的考察可以得到以下启示。

① Счетная Палата Российской Федерации: “Анализ Процессовприватизации государственной собственности в Российской Федерации за пернон 1993 – 2003 голы”, Москва, 2004г..

1. 俄罗斯私有化的失误首先在于其战略目标和方式出了严重问题

私有化是在苏联解体、政权变更后作出的抉择，私有化谋求的目标，除了一般经济意义外，很重要的是出于政治动机。俄罗斯“私有化之父”丘拜斯曾明确指出，私有化既是一项要建立以私有制为特征的资本主义生产方式的基本国策，又是“使改革进程具有不可逆转性”的政治保证①，只有当私有化取得政治上的收益后，其经济意义才能显现出来。

2. 对国有企业的产权重组不能采取急剧过渡的方式

为了实现私有化的政治目标，俄采取了强制的方法来改造国有企业，在条件不成熟的情况下把企业推向市场，由于这些企业不具备适应市场的应变能力，并不能对市场信号做出正确反应。私有化没有解决国有企业的管理机制问题，而要达到提高企业效率的目的，除了产权重组外，还有个机制转换问题。这些转变绝不是一朝一夕可以完成的。在私有化过程中将国有资产免费分配给企业职工、采取急剧过渡的做法进行国企产权重组无论从理论上还是从实践上来说都不足取。

3. 不能简单照搬西方模式

转轨初期，俄罗斯一些激进改革家称，要移植资本主义，用最资本主义的办法改造俄罗斯。根据制度经济学的研究，一些正式约束（即人们有意识创造的一系列政策法规），尤其是那些具有国际惯例性质的正式规则是可以从一个国家移植到另一个国家的，但非正式约束（主要包括人们在长期交往中自然形成的价值规范、伦理规范、道德观念、风俗习惯、意识形态等），尤其是意识形态能否移植，则主要取决于植入国的文化遗产对移植对象的相容程度。从俄罗斯的实践看，通过私有化虽然很快实现了国企的产权转移，但却不能使市场经济的灵魂——民主、自由和竞争精神深入，出现了私有化和股份制改造的“淮橘成枳”现象。私有化和股份化未能使国有股权分散，相反却违背了其初衷，出现了控股权向少数人手中的集中，国家垄断演变成寡头垄断。

4. 私有化不是解救俄罗斯经济的万应灵丹

就转轨初期俄罗斯私有化的本质而言，是权力与资本的结合，是新旧官员

---

① 俄通社－塔斯社莫斯科 1993 年 11 月 24 日电。

利用权力攫取、控制和占有国有资产的过程。私有化过程中形成的金融寡头，由于是政治与经济高度结合的产物，所以从一开始就带有很强的垄断性，在这种背景下推行的私有化，实际上也已经变成了新旧官员以少量的资本无偿地控制大量国有资产的途径、手段和工具。从这个意义上说，私有化的过程是金融寡头资本原始积累的过程。私有化不是解救俄罗斯经济的万应灵丹，也不能代替其他方面的改革。

第二节　普京执政以来私有化发展态势

一　普京前两个任期的私有化

私有化不仅是观察俄罗斯国有企业和社会转型的镜子，也是俄政府经济政策的风向标。2000～2008 年，在普京的前两个总统任期中，私有化政策取向截然不同。处理政权与寡头的关系是判断私有化政策走向的一个切入点。在第一任期内，普京一方面明确提出所有制改革的大方向是反对重新国有化，要保留和完善已形成的市场微观基础，认为“不应该谈重新分配俄罗斯资产问题”，要总结私有化中存在的问题和教训，用法律来规范和保护私有产权，通过规范的私有化程序，完成“提高生产效率和增加预算收入的双重任务”。另一方面主张政企分开，坚决执行政权与金融寡头保持距离的原则，重点打击那些控制媒体、干预政治的寡头。自 2002 年开始，俄罗斯国有资产部每年都提出新的私有化计划和企业目录。这一时期的私有化基本是按照“个案私有化”的思路进行的，在进行私有化的同时，俄罗斯政府也强调加强对国有资产的管理。1999 年 9 月 9 日，政府通过了关于管理国家财产和私有化的构想，提出将当时 1.3 万家国有独资公司进一步改造成股份公司和官办公司，规定重组的结果，国有独资企业最终不多于 1500 家。其做法是公开出售已改造成股份公司的国有企业的股票，对公司（企业）进行重组。要实行私有化的是以下三大类企业，即煤炭行业，国有股份比例太低、政府不足以影响公司决策的企业和控股权已归私人所有的企业。

普京第二任期内，俄罗斯政治舞台力量对比和局势均发生了重大变化，国家政治经济走上正常发展轨道的基础已经奠定。在处理与寡头的关系上，则是进一步强化国家对经济的干预和主导作用，彻底摆脱叶利钦时期寡头凌驾于政府之上，干预政治经济的模式，通过市场和司法手段，拆分私人寡头企业，促进国企强强联合，组建超大型国家公司，强化国家对战略性行业的掌控，用国家资本主义取代寡头资本主义。借助打击寡头的机会，俄政府成功收回并管控了大多数传媒机构和能源、银行、航空、核能、军火出口等主要战略性产业及装备工业。同时确定涉及国防、石油、天然气、运输、电力、外贸、银行、渔业、钢铁制造业等领域的1063家大中型企业为国有战略企业，规定政府无权对这些战略企业实行私有化。俄还任命政府高官直接到战略性企业兼职，力图通过国家控制资源主导发展的方式来确保战略性企业的增长。据俄“三方对话”投资银行和“专家”杂志保守估计，2004～2007年间，国有股在俄资本市场中的占比从24%上升到40%，2009年达到50%。1997～2009年，国有经济比重从30%反弹至67%，银行业、加工业、石油天然气行业中国有股份占比分别达到60%、50%和45%。这一期间，私有化基本处于停滞状态，每年的私有化计划实际都完不成任务。

二　“梅普”时期的私有化

（一）掀起新一轮私有化

“梅普”时期，俄罗斯私有化问题再度引起世人高度关注。2010年11月27日，普京总理签署政府令，批准了《2011～2013年联邦资产私有化预测计划和私有化基本方针》。该计划由两部分组成：第一部分阐述了私有化的任务、基本原则、对十家超大型国有公司（详见表11－5）进行私有化的总体建议；第二部分是较小企业名录，包括将在2011～2013年进行私有化的117家联邦单一制国企、854家股份公司、十家有限责任公司和73处不动产清单。

根据该规划，俄拟于2011～2013年对包括十家超大型国有公司、117家联邦单一制国企、854家股份公司、十家有限责任公司和73处不动产在内的国有资产实施私有化，范围涵盖金融、石油、电力、粮食、运输、农业、化工、石化等行业，预计收益达一万亿卢布（约合350亿美元）。十家超大型国有公司股权出售比例分别为：俄罗斯石油公司拟出售25%减1股、俄水电公司 7.97% 减 1 股、俄联合船舶公司 50% 减 1 股、联邦电网公司 4.11% 减 1 股、外贸银行 35% 减 1 股、储蓄银行 7.58% 减 1 股、俄农业银行 25% 减 1 股、联合粮食公司 100%、俄铁路公司 25% 减 1 股、俄农业租赁公司 50% 减 1 股。俄在公布私有化计划后又陆续出台具体实施办法，包括公开拍卖、IPO、股权置换、直接交易等。

表 11－5　俄拟私有化超大型国企和银行名录

	公司名称	现国家控股比重	拟出售股份和期限	股票代码
1	“Роснефти”(俄油公司)	俄油天然气公司控股 75.1%	25% 减 1 股 2015 年前	PTC:ROSN
2	“РусГидро”(俄水电公司)	57.97%	2011～2013 年 7.97% 减 1 股	PTC:HYDR
3	“Совкомфлота”(俄联合船舶公司)	100%	2011 年 25%，2012～2013 年 25% 减 1 股，2014～2015 年联邦股份低于控股额	
4	ФСК(联邦电网公司)	79.11%	2011～2013 年 4.11% 减 1 股	
5	ВТБ(外贸银行)	85.5%	2010 年 10%，2011 年 10%，2012 年 15.5% 减 1 股	
6	Сбербанка(储蓄银行)	俄央行控股 57.85%	2011～2013 年 7.58% 减 1 股	PTC:SBER
7	Россельхозбанка(俄农业银行)	100%	25% 减 1 股 2015 年前	PTC:RSHB
8	Объединенной зерновой компании(ОЗК)(联合粮食公司)	100%	100% 2012 年前	
9	Росагролизинг(俄农业租赁公司)	99.9%	联邦控股将保持在 50% 减 1 股 2013～2015 年	
10	ОАО“РЖД”(俄铁路公司)	100%	25% 减 1 股 2013 年之后	

资料来源：俄罗斯国有资产管理署：《2011～2013 年联邦资产私有化预测计划和私有化基本方针》。

（二）新一轮私有化的背景和目的

俄进行新一轮私有化主要由以下因素驱动。

1. 弥补预算赤字需要

受金融危机影响，俄自2008年首次从十年来的盈余预算转为赤字预算并延续至今。2011～2013年预算赤字将分别相当于GDP的3.6%、3.1%和2.9%，仅2011年俄预算缺口就达1.768万亿卢布（按当前美元汇率计算约合590亿美元）。加之2011～2012年杜马、总统双选举期临近，政府还将进一步扩大预算支出规模。私有化收入除弥补预算赤字外，还将用于对被私有化企业的改造、武器更新、道路建设、基础设施改造、发展纳米技术等。

2. 调整经济结构

俄国有经济成分偏大，截至2010年1月1日，俄共有3517家国有全资企业，2950家联邦控股公司。银行业、加工业、石油天然气行业中国有股份占比分别为60%、50%和45%。基础设施部门国有经济的比重处于国际上限，在竞争性领域，则远高于世界最高水平。俄政府认为私有化是实现向创新型社会经济转型的手段之一，希望通过私有化和股份制改造，改善经济结构，盘活不良资产，组建战略性一体化公司，引进战略投资者，扭转国有企业经营模式僵化，效率低下的局面。

3. 吸引外资的需要

2008年梅德韦杰夫执政后，提出了雄心勃勃的国家现代化计划，并多次表示，没有外资参与俄不可能实现现代化。后危机时期，面对资金短缺，俄将与金砖四国中的其他三国在吸引外资方面进行竞争。如何改善投资环境、降低外国投资准入门槛、成为全球最具吸引力的投资东道国是俄在较长时期要解决的问题。对此俄当局有较清醒的认识，早在2009年4月份，俄就开始酝酿新一轮私有化计划。2009年10月1日，普京亲自主持“2010～2012年俄联邦财产私有化问题”专题会议，并明确表示：“应当将私有化看作国家财政收入的一个重要来源，该进程应当有助于提高生产效率、吸引额外投资，以及优化竞争环境。”俄专家认为，“私有化可改善国家形象，扩大吸引投资”，“俄国内尚无可向其出售这些资产的投资者，更多的可能是来自友好国家的外国投资者”。

（三）私有化新方式

为提高效率，俄政府拟采取透明和有效的程序，通过市场评估的方式推行私有化。2010年10月底俄政府已确定由瑞银（莫斯科）、俄外贸银行、德意志银行、德外经银行投资公司、摩根士丹利、JP 摩根、美林、俄复兴资本、俄拍卖中心、高盛集团十家国际和俄罗斯投行及公司组成咨询机构，负责设计并提出最有效的私有化方案。2010 年 12 月 20 日，时任总理普京签署第 2349 – p 号政府令，对 2010 年 10 月 25 日第 1874 – p 政府令进行补充，将负责私有化出售咨询工作的投行名单从原十家扩大至 23 家。俄国内有阿尔法银行、天然气工业银行、“三方对话” 投资公司、MДM 银行、俄罗斯储蓄银行；国外有巴克莱资本、法国巴黎银行、苏格兰皇家银行、赖夫艾森投资银行、CAC 企业财务顾问公司、花旗全球市场、瑞银银行、意大利联合信贷银行 – 证券等。

预计 2011 ~ 2013 年私有化收益达一万亿卢布，五年的收益将达 1.8 万亿卢布。未来三年对第二部分较小企业进行私有化的收益分别为 60 亿卢布、50 亿卢布、50 亿卢布。

2010 年 12 月 31 日，俄经济发展部公布了《组织和进行国有及市政资产在线拍卖规定》草案。与之前的私有化不同，俄新一轮私有化主要采取在线拍卖方式进行。在线拍卖主要包括拍卖、专门拍卖、竞标、公开发售和未标价资产拍卖五种方式。该文件对参与在线拍卖主体——委托人、申请人、竞标人、拍卖人和买受人及其职能作了明确界定，对组织和实施国有和市政资产在线拍卖的程序做了详细规定。

（四）新一轮私有化受阻及其原因

值得关注的是，此次私有化计划特别是超大型国企的私有化虽然高调开始，雄心勃勃，但实际推进却拖沓缓慢，“雷声大雨点小”。2011 年，除俄外贸银行完成出售 10% 股份的交易（交易额为 957 亿卢布，约合 32 亿美元）任务外，储蓄银行出售 7.6% 股份、外贸银行再出售 10% 股份的计划被推迟到 2012 年，包括俄罗斯石油公司在内的国有能源公司，以及一些基础设施公司的私有化情况或不明朗，或大大推迟。

导致新一轮私有化计划推迟的缘由是，国际油价高企使俄罗斯 2011 年预算执行情况好于预期，通过私有化筹资的迫切性放缓，俄对超大型国有企业进行私有化的政治意愿减弱。更重要的是，俄高层和政府内部对私有化仍存歧见。在政府内部，以主管能源的副总理谢钦为代表和以经济发展部为代表的两派针锋相对。谢钦认为，不仅应该保证私有化的经济效益，也要保留计划出售的国有公司的“战略性责任”。关系到国家利益的经济命脉和战略行业（如能源）应该掌握在国家手中，从而能够集中精力开发大型项目，以提高俄罗斯的经济增幅和竞争力。2011 年 10 月，谢钦致信普京，建议推迟大型能源公司的私有化，提出不能以低于 IPO 的价格出售俄罗斯石油公司、储蓄银行和外贸银行的股份，要求彻底取消境外石油公司的私有化计划。普京对此做出了回应，同意在私有化组织工作中考虑谢钦的建议。而俄经济发展部认为，过高的国有比例影响了经济的正常发展，导致竞争萎缩，投资环境恶化。为了提高国有资产的管理质量，必须限制国有经济的规模，不能随意用国家利益为借口来进行扩张。没有必要推迟对包括俄罗斯石油公司、统一电力系统、联邦电网公司、俄罗斯水电公司进行私有化的日程。

在决策层，时任总统梅德韦杰夫和总理普京对私有化的声音也不一致。梅德韦杰夫一直主张扩大俄罗斯的私有化，多次批评政府职能部门工作拖延，要求提出更加激进的私有化建议。2011 年 4 月，梅德韦杰夫提出废除政府副总理及部长在其主管领域内大型国企董事会和金融董事会或监事会任职的做法，三名副总理和五名现职部长已相继从任职公司董事会退出。2012 年 4 月 10 日，梅德韦杰夫主持建立“开放的政府”体系工作组会议，要求政府在年内制定一份国有资产清单，并对进入该清单的国有资产提交私有化路线图。提出“政府应该拿出勇气，全面实施私有化，特别是推进那些已经确定的方案”。[①] 总理普京对私有化问题一向态度慎重，虽多次表示将继续推进私有化，但要求政府根据国际市场行情调整私有化步骤，按市场实际价值出售国有资产。2012 年 1 月 30 日，普京在其竞选文章中明确表达了对私有化问题的一贯态度，指出 2007～2008 年间“组建大型国家公司和垂直一体化控股公司的目的是依靠集中资源和管理集中化来保存科技和生产潜力”，“国家的努力正是为恢复俄罗斯在全球市场的竞争力”。“整肃寡头不仅是因为寡头干政，还在于将国家战略资源保留在少数私人手中意味着，在未来 10～15 年，国家经济将遭受来自外部的控制。”“仅根据集中、重组和出售资产就得出国家资本主义扩散的

① 梅德韦杰夫在建立“开放的政府”体系工作组会议上讲话，2012 年 4 月 10 日，总统网站（Заседание рабочей группы по формированию системы “Открытое правительство”）。

结论是错误的。”“（20世纪）90年代私有化包括抵押拍卖是不诚实的，但现在收回90年代被私有化的所有权会导致经济停滞、企业瘫痪、失业激增。”在私有化政策方面，“考虑于2016年前降低国家在部分原料行业企业的持股比例，并退出大型非能源企业（非自然垄断行业和国防工业企业）。要剥离国有大型企业和银行（如天然气工业公司）的非主营资产，如参与媒体控股等，同时限制国有公司在俄收购新资产”。4月11日，普京在俄国家杜马作2011年政府工作报告时表示，对私有化规划问题仍需审慎考虑。总体看，“梅普”时期的私有化规划在普京重新就任总统之前已经搁置。

第三节　2012年大选后俄罗斯私有化新走向

2012年总统大选后，俄政府修改了2011～2013年私有化预测计划，实际搁置一年多的私有化重新启动并加速推进。与此同时，俄最大的国有石油公司与BP达成收购TNK－BP（秋明－英国石油公司）股权的世纪交易，表明俄将长期坚持能源国有化的政策。

一　私有化新动向

1. 出台新的私有化预测规划

大选后，私有化作为政府重要施政方针被提上日程。2012年5月7日，普京总统就职当天即签署了《关于国家长期经济发展政策》总统令，其中有关私有化领域的任务为：在2012年11月1日前修改2011～2013年联邦资产私有化预测规划，批准2014～2016年新规划。自2016年起，国家从自然垄断和国防综合体以外的非原料部门的公司中退出。修改法律，限制国有控股50%以上的企业、国有全资公司及这些公司的控股企业购买经营主体的股份；在2012年12月1日前，制定并实施国有控股50%以上的企业剥离非主营资产的计划。[①]

① Указ Президента РФ от 7 мая 2012 г. N 596 “О долгосрочной государственной экономической политике”，俄罗斯总统网站。

俄罗斯新政府组成后，即紧锣密鼓地开展相关工作。2012 年 6 月 7 日，政府会议审议了由经济发展部提交的对 2011 ~ 2013 年私有化预测规划修改案。2012 年 6 月 20 日，俄政府批准了《2012 ~ 2013 年短期私有化规划和至 2016 年的中期规划》。该规划提出，除在 2012 年 9 月 1 日前对 200 家中小企业进行私有化外，决定对以下大型开放式股份公司的部分联邦资产实行私有化：2012 ~ 2013 年，政府将出售“联合船队公司”50% 减 1 股、“储蓄银行”7.58% 减 1 股、“外贸银行”25% 减 1 股、“联合谷物公司”完全退出、“农业租赁公司”49.9% 减 1 股、“俄罗斯纳米技术公司”10%，“俄罗斯铁路公司”25% 减 1 股的股份。

到 2016 年，国家还将完全从“国外石油公司”“俄罗斯水电公司”“统一电力系统国际公司”“舍列梅季耶沃国际机场”“俄罗斯航空公司”“俄罗斯农业银行”“现代商业船队”“外贸银行”“农业租赁公司”“阿尔罗萨钻石公司”的资本中退出。

将“石油管道运输公司”“联邦电网公司”和“乌拉尔车厢制造厂”的国有股份降至 75% 加 1 股，将“联合造船公司”和“联合航空制造公司”国有股降至 50% 加 1 股。以上公司的私有化期限和方式将由俄罗斯政府根据市场行情、权威投资顾问的建议决定。

自 2013 年起，计划从国有的“俄罗斯石油天然气公司”中剥离“俄油公司”的股份，2016 年起，国家从“俄油公司”注册资本中退出。2015 年前“俄罗斯石油天然气公司”是其他拟私有化的能源综合体公司的投资者。

对“俄罗斯水电公司”“俄罗斯航空公司”“国外石油公司”“联合谷物公司”“阿尔罗萨公司”等开放式股份公司，联邦政府可以利用专门权利（金股）参与公司管理。①

2. 私有化新进展

2012 年 9 月，俄罗斯连续完成 4 笔“大私有化”交易。

（1）出售“储蓄银行”（为俄最大的国有商业银行）7.6% 减 1 股的股份，

① Распоряжение от 20 июня 2012 г. №1035 - р: “ О внесении изменений в текст прогнозного плана (программы) приватизации федерального имущества и основных направлений приватизации федерального имущества на 2011 - 2013 годы”.

股权出售在伦敦交易所和莫斯科银行间外汇交易所（发行占比3%）同时进行。“储蓄银行”以发售普通股和全球存托凭证（一份全球存托凭证兑换四份普通股）的方式实现融资，售价1590亿卢布（约合52亿美元）。瑞士信贷银行、高盛、摩根大通、摩根士丹利和俄罗斯“三方对话”投影等是此次股权出售交易的联席全球协调人和联席账簿管理人。

（2）出售“磷灰石”公司20%的股份。出售的组织者是法国巴黎银行，交易总价为111亿卢布（约合3.7亿美元），收益超过初始报价六亿卢布。

（3）出售“СГ－Транса”（为俄最大的液化气罐运输营运商公司）股权。一些非国有、无债务和拥有车厢作业经验的公司参与购买。成交价格为220亿卢布（约合7.3亿美元），是初始报价的两倍。

（4）减少国家在“联合谷物公司”注册资本中的占比。主要通过补充发行股票的方式进行。公司获得了用于实施社会投资计划的60亿卢布的资金（约合两亿美元）。

据俄经济发展部报告，到2012年底前，俄还将完成对“摩尔曼斯克海洋商港”（交易将由奥地利赖夫埃森银行组织）、“瓦尼诺海洋商港”（交易由俄外贸银行－资本组织）、“新罗西斯克海洋商港”（交易由瑞银UBS组织）的售前准备。如果年内市场行情良好，还将对“俄罗斯纳米”公司10%的股权进行私有化。该交易将通过补充发行股票的方式进行，以此降低国家在公司中的占比。

2010年俄联邦预算获得的私有化收入为230亿卢布，2011年为1210亿卢布（其中“大私有化”收入为980亿卢布，“小私有化”收入为230亿卢布），预计2012年私有化收入将达到2230亿卢布，其中2180亿卢布来自“大私有化”。①

二　私有化新特点

1. 超大型石油、电力公司已被从私有化企业清单中删除

与2010年版私有化规划相比，修改后的私有化规划企业清单中已不包括

① Стенограмма, Заседание Правительства Российской Федерации, 25 октября 2012г..

"俄罗斯石油公司""联邦电网公司"。2012 年 3 月，普京胜选后签署了"有关联邦控股超大型能源－电力综合体私有化措施"的总统令，提出所谓能源企业私有化新模式，规定在 2015 年前，由国有全资的"俄罗斯石油天然气公司"① 作为投资人，收购拟私有化的大型能源和电力公司的股份。而 5 月 22 日，普京又签署命令，将"俄罗斯水电股份公司""统一电力系统联邦电网公司""系统操作员股份公司""地区间电力分配网络公司"四家主要电力公司列入战略性企业名单。根据法律，列入战略性清单的企业实行特殊的私有化程序。

2. "大私有化"进度由政府直接掌控

新一轮私有化由俄第一副总理舒瓦洛夫直接领导，授权经济发展部负责实施。超大型国企的资产出售均需个案研究，并经政府逐一审批。具体分四个步骤进行，包括确定拟私有化公司名单、筛选作为私有化顾问的投资银行、审核顾问投行制定的私有化方案、选择确定投资人。俄经济发展部提出，"大私有化"必须考虑市场情况和公司私有化准备程度，经联邦政府决定后进行。对纳入战略性企业清单的国有公司，需要根据总统委托，对出售该公司组织专门的专家讨论，同时吸收商界参加，对出售公司对所在行业的发展和竞争环境的影响做出评估。筛选进入政府组织私有化交易协会的投资银行的工作由经济发展部进行，名单由联邦政府批准。投行制定的私有化方案和最终投资人均须经联邦政府批准。

3. 最大限度保证私有化过程中的信息透明

俄经济发展部提出，绝对不允许出现 20 世纪 90 年代"抵押拍卖"中的信息不透明、少数寡头鲸吞国有资产的现象，为此将推行公开听证制度。在听证会上将讨论疑难问题、听取对行业和地区具有重要意义的公司对私有化的意见，同时邀请国家杜马、审计署和联邦主体行政机构的代表和专家参加听证会。此外，新一轮私有化还引进"电子拍卖"（在线拍卖）新方式。2012 年 8 月 27 日，俄已通过《有关组织进行电子拍卖联邦和市政资产规章》的政府令，规定电子拍卖主要包括拍卖、专门拍卖、竞标、公开发售和未标价资产拍卖五种方式。该文件对参与电子拍卖主体——委托人、申请人、竞标人、拍卖

① "俄罗斯石油天然气公司"是国有全资公司，负责管理俄罗斯石油和天然气领域的国有资产，拥有俄罗斯石油公司 75.16% 的股权、俄罗斯天然气工业股份公司 10.74% 的股权，以及另外 77 家天然气企业股权。

人和买受人及其职能作了明确界定，对组织和实施国有和市政资产电子拍卖的程序做了详细规定。总理梅德韦杰夫认为，借助此种方式可以加快私有化步伐。目前通过电子拍卖的主要是破产企业和中小企业。

4. 限制国有公司参与私有化交易

2012 年 10 月 22 日，总理梅德韦杰夫在政府会议上提出，政府应出台决议限制国有企业参与私有化，要求制定参与私有化的准入标准。他认为“如果国家控股企业参与私有化，这样的私有化就不能称之为私有化，这是偷换概念的做法”。[①] 目前俄政府已决定，拟从 2013 年 10 月起，对国有公司的子公司购买新的资产进行限制，规定凡购买资产的标的额超过自身净资产价值的 15%，就需要母公司董事会和政府相关部门的审批。俄专家去年就向政府提出建议，要求限制国有公司购买私人资产。经济发展部部长别拉乌索芙称，不能完全限制国有公司的附属公司和子公司参与私有化的可能，但国有公司参与私有化不受欢迎，同时在任何情况下，这种参与都应该是透明和可管理的。

三　对新一轮私有化的看法

1. 俄国内对私有化问题仍存较大分歧

从决策层看，普京和梅德韦杰夫在私有化问题上多次龃龉，目前观点仍不一致。梅德韦杰夫任总理后，在不同场合和政府会议上多次强调，实施私有化是未来 5 ~7 年俄罗斯经济发展的关键。私有化对补充国家预算，对提高企业管理效率和使经济按照正确方向发展都是重要的。俄需要有效的以私有制为基础的经济，为此才进行私有化，要加快私有化进程。[②] 普京认为，已经通过的联邦资产私有化计划将会执行。新一轮私有化应以公正、诚实、透明的方式进行，以使社会能够接受，应避免重蹈 20 世纪 90 年代的覆辙。[③] 普京还多次提出要根据市场行情来决定私有化进程，强调俄罗斯“能源行业公司对国家有特殊的价值。但在现代条件下对其估值不足。我们不希望它们以几戈比的价格被私有化，之后再以大笔的资金被转卖”。“俄罗斯不会不计代价出售能源企

① Дмитрий Медведев провёл совещание с вице – премьерами . 2012 年 10 月 22 日，俄罗斯政府网站。

② 梅德韦杰夫 2012 年 10 月 19 日在讨论私有化前景政府会议上的讲话，俄罗斯政府网站。

③ 普京 2012 年 6 月 21 日在圣彼得堡国际经济论坛上的发言，俄罗斯总统网站。

业股份，而应在获得可观收益以保证预算收入的前提下，完成经济结构调整任务。”① 梅德韦杰夫认为，私有化交易应该按已批准的时间表进行，不应该夸大市场形势，因为市场行情是不完美的，当市场完美时，我们通常没有准备好，因此这应该是一种平均拟合的乐观行情。②

俄经济学界对新一轮私有化前景也不看好，越来越多的经济学家认为，国有企业私有化步伐过快将对俄社会和经济发展造成严重的不良后果。俄罗斯科学院经济研究所所长格林别尔格院士、国民经济预测研究所所长伊万德尔院士、俄全球化和社会发展所所长卡加尔历茨斯基等人均质疑新一轮私有化，在致普京总统的公开信中表示，关乎国家核心利益企业的私有化在当前世界经济形势动荡的情况下为时过早，国有企业股份市价明显低于国际水平。私有化背后是部门和利益集团的重新洗牌，国家在重要战略行业领域的份额转至私人手里后，将可能重蹈 20 世纪 90 年代初俄“休克疗法”时期的覆辙，届时造成的严重后果在短时间内将难以弥补，建议政府采取措施认真实施国有企业私有化计划。综上可以认为，俄新一轮私有化规划能否顺利推进、其效果如何均有待观察。

2. 政府仍将保留对战略性企业的绝对控股权

俄经济发展部认为，在一些关系到国家经济命脉的国有资产私有化时首先应考虑其战略、政治和社会意义，而不仅是商业和经济利益。运输基础设施、能源和军工是三大战略性领域，这些领域的私有化要谨慎从事。从新版私有化规划看，在按计划出售规定比例的国有股权后，国家在特大型国企中持股比例为 50% 加 1 股到 75% 加 1 股，仍持有控股权或绝对控股权，在其他多数企业也仍保留控股权。从实质看，即使出售战略性行业 5% ~10% 的股权也不会改变其国有经济的性质，不会改变俄所有制结构，也不会弱化政府对战略性企业的调控能力。

3. 不排除俄国有经济比重继续提高的可能性

当前俄私有化虽为热门话题，也在稳步推进，但国有经济成分比重或将继续提高，其深层次原因在于以下几点。

（1）国际金融市场变化莫测、前景难料，私有化市场行情并不确定。

---

① 普京 2012 年 5 月 24 日会见俄工商界人士谈话，俄罗斯总统网站。

② 梅德韦杰夫 2012 年 10 月 27 日在俄罗斯政府会议上的讲话，俄罗斯政府网站。

（2）在欧债危机持续发酵的背景下，俄应对危机预案的思路仍是依靠国有企业作为突破口保证和救助整体经济。

（3）国有企业资金雄厚扩张步伐大，如2013～2015年俄私有化预期收益为400亿美元，而“俄油公司”仅收购“秋明－BP公司”的交易额就高达610亿美元，相较之下，私有化收益及效果相形见绌。

（4）国有企业资金使用不透明，多有暗箱操作，可以不受监管涉猎多领域大项目投资。目前俄私有化仍是抓大放小，不存在所谓“国退民进”。

4.“能源国有化”是俄长期战略

尽管普京重回克里姆林宫后，为了国内政治需要表示要鼓励发展私人资本，但其强力推进“能源国有化”的努力从未松懈，能源企业私有化也由他本人亲自掌控。大选后普京提出的能源公司私有化新模式（即通过控股公司“俄罗斯石油天然气公司”① 收购下属企业资产），任命上届政府主管能源的第一副总理谢钦为“俄油公司”总裁，建立“石油俱乐部”，成立“总统直属能源发展战略和生态安全委员会”（普京亲自任主席，谢钦为责任秘书），促成“俄油公司”收购“秋明－BP”股权，完成“世纪大并购”等一系列举措，均是其实施“能源国有化”战略中的具体步骤。在普京新任期中，俄政商关系的基本模式仍将是国家和官僚阶层对经济的深度介入，并伴随一定限度内对私有企业发展的鼓励与支持，“能源国有化”仍是长期的战略。

第四节　俄罗斯的公司治理

一　公司治理界定

所谓公司治理结构，亦称公司治理，或称公司治理体制等，是指一套控制和管理公司的机制，狭义地看，它是公司董事会的结构和功能，董事会与经理的权利和义务以及相应的聘选、激励与监督等方面的制度安排；广义地看，它

① “俄罗斯石油天然气公司”共持有“俄油公司”75.1%、“俄气公司”10.74%及70多家电力企业的股份。该公司100%属于国家所有，注册资本为1.14956亿卢布，普通股为每股10卢布。

关注公司的人力资源管理、收益分配与激励机制、财务制度、公司发展战略以及一切与公司高层管理控制有关的一系列制度设计。

公司治理问题产生的逻辑起点是公司制企业的出现，公司制企业是公司治理结构的生成母体。从公司治理的环境和运行机制来看，可以分为内部公司治理和外部公司治理。自公司制企业出现以来，在世界上形成了三种公司治理的主要模式：以英美为代表的外部监控模式，以日德为代表的内部监控模式和以东南亚为代表的家族监控模式。

从 20 世纪 90 年代起，发端于英美的公司治理结构逐渐成为一场国际运动，发达国家纷纷开始推进公司治理结构改革。已有的研究和实践表明，在当代市场经济中并不存在统一的公司治理结构模式，各国企业产权结构和公司治理采取怎样的模式，将受到一系列社会、经济、政治、文化和历史因素的制约。由于各种模式互有利弊，因此，各种模式相互借鉴，出现了目前这一问题公司治理的国际趋同倾向。对经济转轨国家而言，产权改革和建立合理的公司治理结构，同样是将原有的国有企业改造成市场经济主体的必经之路。在俄罗斯，最早提出公司治理结构问题是在 1992～1994 年第一阶段私有化结束之后，目前这一问题仍处于发展变动之中，成为其国内政策研究的中心议题之一。

二　俄罗斯公司治理特点

公司治理结构命题的提出，根本原因在于现代公司（企业）法人产权制度的形成，由于现代公司（企业）法人产权制度是一种典型的关于资产权利的委托—代理制，因权利的分离和相应的权利主体多元化，使其相互间的监督、制衡成为重要的问题。俄罗斯通过私有化，在较短的时间内彻底摧毁了国有制的垄断地位，所有制结构和产权结构发生了重大变化，形成了以私有经济为主体，国有、集体、合伙制、股份制、私营、个体、合资、独资等多种经济成分并存的多元化的所有制格局和现代企业制度的基本框架，但其企业制度还处于建设和继续完善的过程当中。

研究俄罗斯的公司治理结构，有以下几个切入点：股权结构的初始形态及变化特点；私有化模式与股权结构的关系；股权结构的类别；公司治理与公司业绩的关系等。

1. 股权结构的初始形态及变化特点

俄罗斯公司治理的一个突出特点是，在证券私有化完成之后，首先出现的是内部人持股高比例。之后，随着现金私有化的进行，出现了内部职工持股比例下降，而企业经理和外部股东持股比例上升的趋势。

根据俄罗斯高级经济学校的调查，1993～1994 年，内部股东一般控制私有化企业 55%～65% 的股份；1998 年，这一比重下降到 50%～60%；2000 年进一步下降至 23%～25%。

根据俄罗斯政府经济发展部公司治理白皮书的数据，1994～2000 年，俄罗斯大中型企业的股权结构及其变化如表 11－6。

表 11－6　所有权结构及其各类股东所占比重

单位：%

各类股东	1994 年	1996 年	1998 年	2000 年
国　　家	17.5	10	8	12
外部股东	20	32.5	38.5	54
内部股东	62.5	57.5	53.5	34

资料来源：俄罗斯政府经济发展部：《公司治理白皮书》，http//：www.economy.gov.ru。

俄罗斯过渡经济研究所的调查结果与经济发展部的调查结果基本一致（见表 11－7）。

表 11－7　1994～2000 年俄罗斯大中型股份公司所有制结构的变化

（占法定资本的百分比）　单位：%

各类股东	1994 年	1996 年	1998 年	2000 年
内部人	60～65	55～60	50～55	30～35
外部人	15～25	30～35	35～40	50～55
国　家	15～20	9～10	5～10	10～12

资料来源：俄罗斯过渡经济研究所：《2000 年俄罗斯经济》，第 442 页。

大规模私有化完成后，私有化了的企业的股东一般由五部分组成：企业劳动集体持有 35% 的股份、高级经理持有 16% 的股份、外部投资者持有 32% 的股份、国家持有4%的股份、外部小股东持有13%的股份。但有调查表明，这种内部人控制向外部人控制的转移具有欺骗性，因为很多时候是以出售股票的名义将股权转给了形式上的外部人。[①]

2. 俄罗斯企业股权结构的变化与私有化的方式有着直接的关系

俄罗斯采用证券私有化“开局”进行所有制改革，首先是由于在私有化中存在着巨额国有资产与资本短缺的矛盾。1992年放开价格以前，俄约有1.5万亿卢布的固定资产，居民存款相当于国民生产总值的3%～4%，居民能投入用于购买国有资产的最大货币量为500亿～800亿卢布，相当于固定资产总值的3%～5%。[②] 为解决国有资产与资本短缺的矛盾，俄1992年10月向全体公民发放了价值1.5万亿卢布的私有化证券。按照最初的设想，私有化证券的使用方式主要有三种：第一，直接购买私有化企业的股票；第二，存入投资基金会，然后由投资基金会投放到私有化企业；第三，向私人和非国家机构兑换现金。从原则上看，这种方式解决了居民没有足够的储蓄来购买股票的棘手问题，所有的居民平等地分取一部分社会资本，容易得到大多数居民的拥护，推动更多的人注意和参与资本市场和公司运作等。但是，由于不具备一些必需的条件，如较强的会计、统计机构，较为规范的股票拍卖市场等，大部分股权并未进入个人股东之手，有相当数量的私有化证券经过合法或不合法的买卖集中到少数人或私营机构手中。实际上，当股权被允许出售时，所有权的再分配和重新集中是不可避免的结果。据俄刊报道，由于私有化证券不记名，可以自由买卖，自1992年10月发行私有化证券以来，有50%以上的私有化证券集中到600多家证券投资基金会。[③] 证券投资基金会的主要职能是通过发行自己的股票获取居民的私有化证券，再把收集起来的私有化证券投向企业，购买企业的股票。理论上，投资基金会代替居民运用私有化证券，能够减少个人直接投资的风险。但据俄专家估计，到1994年6月之前，在俄罗斯登

① 阿·拉迪金：《公司治理与所有权保护：经验分析和改革的迫切方向》，俄罗斯过渡经济研究所，莫斯科，2001年俄文版。

② 李建民：《私有化和国有企业改造》，《经济转轨的进程与难题》，黑龙江教育出版社，1996，第56页。

③ 〔俄〕《金融消息报》1993年第34期。

记注册的630家证券投资基金会中，约有80%事实上属于企业经理所有。① 这样，证券投资基金会实际上成为企业经理收购和集中企业股权的工具。

在俄罗斯私有化进程中，始终伴随着争夺企业控制权的斗争，其表现形式为对企业所有权的不断再分配。在证券私有化阶段，斗争是在企业原来的经理与潜在的外部控制人之间进行，最典型的再分配方式是在一级市场和二级市场进行交易。在现金私有化阶段，斗争是在新兴的银行家与传统的利益集团——最大的工业、采掘业集团之间进行，其中最重要的事件之一是“抵押拍卖”，即“以贷款换股权”计划。

所谓“抵押拍卖”系指政府通过国有资产委员会提供国有企业的控股权进行拍卖，拥有闲置资金的银行和金融公司以这些控股权为抵押向政府提供贷款以弥补预算赤字，三年后国家通过还贷可以赎回股份，否则这部分股权将归买主所有，银行有权将这部分股份拍卖②（见表11－8）。“抵押拍卖”的对象

表11－8　俄罗斯抵押拍卖情况*

公　司	拍卖成功者	贷款额
苏尔古特石油公司	苏尔古特石油天然气公司	4000亿卢布
西北海运股份公司	国际金融公司	605万美元
车里雅宾冶金股份公司	拉比商业	1330万美元
诺里斯克镍业联邦股份公司	奥涅克辛姆银行	1.7亿美元
卢卡伊尔石油公司	卢卡伊尔石油公司和帝国银行	3501万美元
辛丹卡石油公司	国际金融公司和奥涅克辛姆银行	1300万美元
新列别斯克冶金企业股份公司	奥涅克辛姆银行和国际金融公司	1.3亿美元
尤卡斯石油公司	拉古纳封闭型股份公司和梅纳捷普银行	1.59亿美元
诺沃罗西斯克海运股份公司	诺沃罗西斯克封闭型股份公司和托卡银行	2265万美元
姆尔曼海运股份公司	斯特拉捷克封闭型股份公司	4125万美元
纳夫塔－莫斯科股份公司	纳夫塔股份公司和尤尼别斯特银行	2001万美元
西伯利亚石油公司股份公司	首都储蓄银行和石油金融公司封闭型股份公司	1.003亿美元

注：*总共向预算提供贷款6.91445亿美元和4000亿卢布。

资料来源：〔俄〕《生意人》1996年第34期。

① 〔俄〕阿·戈卢布科夫：《俄罗斯公司治理的特点》，莫斯科阿尔卑纳出版社，1999，第27页。

② 〔俄〕《苏维埃俄罗斯报》1997年1月11日。

是最大的或是最盈利的公司，实质是真正的私有化，是用比实际价值低得多的价格购买盈利企业的股权。正是通过“抵押拍卖”，一些盈利企业和命脉企业的控制权转移到了那些在集权体制下掌握了特权或者靠投机和不正当手段积累了巨额财富的人手中。而所谓金融寡头也在所有权再分配中完成了资本的原始积累。

到 1996 年中，俄罗斯约 1/4 的公司完成了争夺控制权的斗争，1998 年这一指标上升到 50%。从 1999 年起，在各大公司之间开始进行所有权的二次再分配，这一进程一直延续至 2000 年上半期，其结果是形成了垂直一体化控股公司。俄罗斯媒体称此过程为以垂直一体化控股公司取代金融工业集团的时代更迭，并认为俄罗斯所有权再分配进入了全新的阶段。在所有权的二次再分配中，集中到控股公司的新资产毫无例外的都属于是工艺技术或生产环节上相互关联的企业。所有权的再分配和资本的集中以企业的购并为主要内容，通过强行实施企业的破产程序来进行，许多按照俄罗斯的标准属于经营状况良好的企业也被实行破产，在这一过程中，中小股东成为主要的牺牲者。俄罗斯几家最大的公司，如“天然气工业公司”“北方钢材”、以销售石油产品为主的阿尔法—埃科公司、鲁克石油公司等都参与了这场斗争，而一些金融寡头也是在所有权的二次再分配中完成了自身角色的转换，成为真正的大集团公司总裁，转换的实质是资本从流通领域向生产领域的转移。这一变化与俄罗斯政府在 1998 年金融危机之后的经济政策调整，即摒弃重金融、轻生产的倾向是一致的。从这一意义上说，垂直一体化控股公司的出现既是俄罗斯经济这些年来自身发展逻辑的体现，也是政府宏观政策导向的结果。据调查的结果，目前在俄罗斯，汽车工业、钢材、铝、石油化工、电子设备、计算机等生产行业均属于资本比较集中的行业和部门。

3. 股权集中程度高于发达市场经济国家

公司治理的英美模式中，公司股权结构的一个突出特点是，由于公司规模大，因而股权高度分散，每个股东平均持股率很低，所有者众多，即使是大股东，通常也只持有特定公司 1% 左右的股票，以美国最大的 500 家工商业公司为例，没有一家公司中头号股东持股超过 5%。从俄罗斯的情况看，其私有化过程中同时出现两种趋势：首先是通过向公民无偿分配私有化证券，形成分散的股权结构，之后是通过现金私有化，使股权向少数人手中转移，产生了掌握控制权的大股东。1998 年由俄罗斯高级经济学校、1999 年由俄罗斯政府经济发展部进行的调查均表明，俄工业企业中股权仍高度集中，其中最大股东持股比例一般为 28% ~32%，三个股东的持股比例高达 45%（1995 年为 41%）。外部人持股比例高的企业，其最大股东持股的比例更高。2000 年对 437 家企业的调查结果表明：有 38% 的企业有两三个掌握 50% 以上控股权的外部大股东，约有 1/10 的企业的控股权属于别的工业企业。

4. 国家在俄罗斯工业企业中仍然保持较高的持股比例

根据俄罗斯联邦资产注册局 2002 年 3 月 28 日的材料，俄罗斯联邦政府仍在 4354 家股份公司中持股，其中有 94 家公司国家 100% 持股，有 598 家公司国家持股 50% 以上，在 763 家公司中联邦政府以特殊的权利（金股）参与其管理。目前，已经私有化的企业的数量占私有化之初企业总数的 66%。[①] 国有资产管理署据此提出，俄罗斯还有进一步私有化的巨大潜力。

据俄罗斯国有资产管理署数据，截至 2010 年 1 月 1 日，国家仍在 2950 家公司持股，其中国家持股 100% 的公司 1757 家，持股 50% ~100% 的 138 家，持股 25% ~50% 的 358 家，持股 25% 以下的 697 家。[②] 2002 ~2010 年间，虽然国家持股公司数量减少，但国家持股水平却在提高，这与国有经济在经济中占比提高的趋势基本一致。法国巴黎银行报告显示，俄国有经济成分在经济中的比重呈逐年上升势头：2006 年为 38%，2008 年为 40%，目前已上升到 50%，远高于世界平均水平的 30%。这一趋势在国家核心经济领域表现尤为明显：石油开采领域占比达 40% ~45%（1998 ~1999 年仅为 10%），银行业为 49%，交通运输领域为 73%。

从国家持股比例公司的部门分布看，目前在工业、运输和通信、建筑业和商业四大基础经济部门中，工业部门中尚未出售的国家持股的企业最多，商业中最少（见表 11 -9）。在工业的不同行业中，国家持股比例不尽相同：在核工业企业中，国家持股比例最高，达到 48.2%；在化妆品行业企业中，国家已经不再持股；在整个工业部门企业中，国家持股比例平均值为 34.1%。

---

① 〔俄〕《21 世纪的俄罗斯经济》2002 年 5 月第 2 期。

② Прогнозный план приватизации федерального имущества и основных направлений приватизации федерального имущества на 2011 – 2013 годы. 俄罗斯国有资产管理署网站。

表 11－9　联邦所有股份公司在基础部门中的分布情况（2000 年）

领域	其股份属于联邦所有的企业数量(个)	领域	其股份属于联邦所有的企业数量(个)
工业*	512	商业	46
运输和通信	92	总计	723
建筑业	73		

注：＊不包括部门的建筑组织。

资料来源：俄罗斯经济发展部：《公司治理白皮书》，http//：www.economy.gov.ru，2001 年。

5. 作为外部投资者的银行等金融性机构在企业股权结构中所占比重过低

从目前的情况看，俄罗斯的企业中外部人持股已相当普遍。外部人通常包括：供货者与产品用户、其他企业、公司和金融工业集团、商业银行、投资基金和养老基金、保险公司、自然人及外国股东。俄政府 2001 年对 201 家企业的抽样调查表明，在这些企业中，外部人持股平均比重约 79%，比内部人持股比重高出 34.7%，比国家持股比重（18.2%）高出三倍。与公司治理的英美模式中大股东以养老基金、人寿保险、互助基金等各类机构投资者为主，日本模式中大股东以金融机构和实业公司等法人为主不同，俄罗斯公司的外部股东中，分量最大的是其他企业和外部自然人，分别控股 23.1% 和 21.6%，银行仅为 3.1%，而养老基金和保险等机构投资者的分量更是微不足道，仅为 0.1% 左右，外国股东的控股比重为 6.6%（见表 11－10）。1999 年的一项调查表明，俄罗斯工业企业全部股份中金融机构只占 13.3%。俄罗斯经济发展部在其《公司治理白皮书》中指出，谈机构投资者，如养老基金的作用是未来中长期的事情，这一条件在俄罗斯的资金市场是不存在的。这一情况表明，这些在发达市场经济条件下对企业运行发展能够起重要作用的力量在俄罗斯的企业中尚不能发挥影响和作用，工业企业还缺少真正能够对企业进行投资的外部战略投资人。

三　公司治理的现状

公司治理制度安排的根本目的在于，通过一定的治理结构，使资产各方面权利在相互分离的状态中，能够保持有效的约束和监督，使资产各方面的权利的掌握及运用尽可能严格地受到相应资产责任的制约，从而实现各方面利益的

表 11-10 不同部门股权构成中各类股东持股比重

单位：%

持股者	平均值	机器制造业	轻工业	食品工业	建材工业
普通职工股	28.9	30.9	37.9	20.6	28.3
其中包括集体所有	7.9	6.8	13.5	9.6	9.4
经理委员会(行政机构)	10.2	9.6	10.0	14.2	10.8
其中包括总经理	5.3	4.8	5.5	7.9	4.3
股份公司自身账面	5.6	5.7	7.8	1.3	6.8
供货者和产品用户	9.3	1.7	3.0	21.4	9.6
其他企业	23.1	22.7	22.5	17.3	29.5
控股公司和金融工业集团	8.9	4.2	0.0	9.2	26.3
商业银行	3.1	3.4	0.0	2.8	4.5
投资基金	6.2	6.6	8.0	1.1	5.0
养老基金	0.1	0.0	0.0	0.0	0.5
保险公司	0.1	0.2	0.0	0.0	0.0
自然人	21.6	19.4	26.8	17.9	30.9
外国股东	6.6	6.2	0.0	0.0	1.9
国家持股	18.2	18.4	12.8	16.3	6.9
其中包括俄罗斯联邦	13.7	14.3	11.7	0.9	7.9

注：根据以上抽样计算得出以下结果：

国家持股平均比重：18.2%，　　修正后数值 12.8%；

外部股东平均比重：79.0%，　　修正后数值 55.7%；

内部股东平均：44.7%，　　修正后数值 31.5%。

资料来源：阿·拉迪金：《公司治理与所有权保护：经验分析和改革的紧迫方向》，俄罗斯过渡经济研究所，莫斯科，2001（俄文版）。

均衡和目标的和谐，以保证效率的提高。以上述目的作为衡量俄罗斯公司治理的标准，可以看出，无论在股东权利的保护、对经营者的约束，还是在激励机制的建立诸方面，都还存在许多不足，这一方面是由于俄罗斯的公司治理还缺乏必需的制度前提，另一方面也由于企业内部剩余索取权与控制权结合失当。

1. 从所有权转化的外部环境和条件看，分散国有股权、形成普遍的委托—代理的制度环境和条件在私有化与股份化实施之初并不具备

就俄罗斯股份制公司产生的历史和现实状况而言，构成其赖以生存的制度环境的要素有以下几点。

（1）以独立的经济人格存在的自然人。自然人有没有独立的经济人格，

既是市场经济产生的关键，也是公司治理结构赖以存在的关键。独立的经济人格意味着自然人脱离了各种依附关系，有资格对自己的财产及经济行为负责。只有这样，股票这一金融资产的产权才是明确的，在众多的、分散的自然人的基础上才可能形成真正的法人。

（2）信用制度的发展。股份制是随着信用制度的发展而发展起来的。原因在于信用为某一经营者支配别人的资本和别人的财产提供了组织保障。

（3）经理市场的存在。一方面，各个公司可以根据自己的需要找到自己所需要的经理人才，另一方面，潜在的经理人员可以构成对在岗的经理人员的压力，只有这样才会有股份制企业对经理的制约机制。

（4）与市场经济相适应的法制建设。这是以保护各种不同形式的产权不受侵犯，凌驾于各个市场主体之上的、规范市场运行规则的法制，现代企业制度只有在这样的法制背景下才能产生和运行。

（5）与市场经济相适应的观念，首先是独立观念、起点平等和风险观念等。

此外，股份制的生成和发展还需要种种条件，如：是否有一定的货币购买力用以分散国有企业产权，是否有健全的资本市场来科学评价资本，形成资本的市场价格，诱导资源的合理配置等。支撑股份制的所有这些要素条件在俄罗斯经济转轨之初几乎都不存在。俄罗斯拥有世界上最强大的中央计划经济体制，以往虽进行过多次改革，但从未超出过计划经济体制的框架，全国只有一个强大的国家法人，私人产权既不合法也不明晰。信用制度几乎未发育起来，苏联时期长期实行高度集中的单一银行制度，规模庞大的国家银行和数量极少的几家专业银行垄断了全国的金融业务。市场经济国家司空见惯的支持性服务在苏联根本不存在，没有支票，没有私人银行家，没有股票市场和债券市场，没有会计师事务所，没有财务的信息披露制度等。在长期的计划经济体制下，缺少经理人员和经理人员市场，所有的经理、厂长都由上级机关任命，国有企业的厂长不是真正的经济企业家，而是行政官员，以他们的思维定式，很难塑造出企业家应有的负责精神、创新精神和竞争意识。对国有企业实行私有化和股份制改造，需要一套相应的法律体系，但私有化初期俄罗斯没有可援引的公司法或其他相关法律，没有真正独立的司法体制，没有依法治国的文化传统，更不要说与市场经济有关的经济、法律观念和习惯了。

2. 企业内部剩余索取权与控制权结合失当，委托人和代理人集于一身

俄罗斯的公司是从原计划经济体制下的生产单位转化而来，尽管在公司中已经建立起股东大会、董事会等代表股东利益的治理机构，但从实践情况看，在大多数公司，董事会和经理委员会绝大多数还是由原来生产单位的领导人把持，他们集委托人与代理人功能于一身，自我委托，自我代理，进而形成了"内部人控制"。由于股权高度集中，董事会由大股东操纵，或由内部人控制，形同虚设，没有形成健全的独立的董事会来保证健全的经营机制，以及建立一套健全的经理层聘选和考核机制，董事会实际上起不到对经营者的约束作用。公司普遍存在信息不对称现象，缺乏监管的约束，导致决策质量非常差。

3. 激励机制扭曲

受到转轨期间宏观经济形势的制约，俄罗斯许多公司的效益低下，在相当长的时间里不给股东支付股息和红利，从而使控制权收入成为经理收入的主要部分。公司的薪酬结构比较单一，不能对董事和高级管理人员起到足够的激励作用。经理人在有利益冲突的情况下，往往在决策时不采取回避的做法，并选择对自己有利的条件决策，为自己谋取私利，明显损害了股东尤其是中小股东的利益。

4. 外部治理发展滞后

在发达市场经济中，资本市场、银行和政府是股份公司外部治理的最重要的因素，而这些因素在俄罗斯均属于市场化发展程度较低的部门。从银行业发展状况看，小银行数量偏多，规模偏小，其中许多银行资本金严重不足。国有商业银行在市场上仍保持垄断地位，严重阻碍了银行业的正常竞争。资本市场也存在规模小，结构不完善的问题，资本市场中可供投资者选择的金融工具不多，市场乏力单调，私有化企业股票中有相当一部分清偿能力不高，俄罗斯在改造原国有企业基础上建立的25000家股份公司只有7000家股票能够上二级市场流通。由于大部分股票不能流通转让，无法发挥股票的优化资源配置的作用。俄罗斯政府目前通过立法、行使控股权和黄金股等行为仍然保持着对企业的巨大影响等。

从总体看，俄罗斯的公司治理取得了一些成绩，但总体水平还不高，在保护产权，发展和完善市场体系，使公司治理最终走向成熟和合理化方面还有很长的路要走。

第五节　俄罗斯私有化背景下中国企业“走出去”的机遇

俄领导人在不同场合多次表示，欢迎外资参与新一轮私有化，俄对各国参与俄私有化一视同仁，不会单独设限，也不会做出特殊安排。中国企业如对清单中的企业感兴趣，可向俄经济发展部及其所属的联邦资产管理署提交具体方案。对中国企业而言，无论从开拓市场空间，优化产业结构，培育具有国际竞争力的中国大型跨国公司角度看，还是从突破贸易保护壁垒，提高经贸合作的质量和水平，深化中俄两国经济的相互依存度，增加双边合作的发展动力和后劲看，俄私有化进程都是后金融危机时期中国企业进入俄市场的一次重要机遇，对此我国应努力把握，积极、平稳、理性参与。

1. 参与“大私有化”要有“顶层设计”

俄新一轮私有化引起各方关注，欧美公司亦积极参与。俄“大私有化”涵盖能源、金融、农业、运输、装备制造业等多个领域，从现有政策看，外资参与已不是一般的企业行为。中方参与此项工作亦会涉及资产和风险评估、参加企业的遴选、资金来源、外联、谈判等多项工作。为此我国内部应有“顶层设计”，建议由国务院综合经济部门牵头，成立跨部门协调机构，外交、商务、财政、银行、国有资产等多部门参与，明确分工，形成合力。加强对俄私有化方案和进程的跟踪研究，及时向有关部门和企业通报信息，确定中方参与的思路、方式和步骤，通过中俄双方有关合作机制进行推动，确保实效。

2. 参与“俄油公司”收购融资的设想

2012 年 10 月 22 日，“俄油公司”收购“秋明 – BP 公司”的交易总值高达 610 亿美元。“俄油公司”目前正在为交易金额融资。目前，中国国家开发银行是“俄油公司”最大的债权银行，可考虑继续参与此次融资，其思路是：贷款换股权（“俄油公司”2013 ~ 2014 年可能出售 6% 的股权，出售形式为 SPO – 二次公募，金额为 45 亿美元）、贷款换项目（“俄油公司”是俄大陆架石油开发总运营商，持有 12 个开采区块，可就中国参与项目进行探讨）、贷款换石油（“俄油公司”是俄输华石油供应商，中俄原油管道的设计能力为 3000 万吨/年，目前运量为1500万吨/年，可探讨增加对华供油量）。

3. 多种方式参与俄私有化

俄提出，新一轮私有化包括拍卖、直接交易、股权置换、增发、IPO、SPO等多种方式。俄方部分企业亦有通过香港资本市场，甚至我国内市场融资的兴趣。针对俄私有化方案的具体情况，中方亦可采取多种方式参与。由于“小私有化”进入门槛较低，中小企业可对此较多关注。可通过驻外经商参处、公司代表处等多渠道，建立和加强双方企业的联系，增加合作的机会。针对以往我国对俄投资在设计标准方面存在的不足和问题，鼓励企业参股、并购俄咨询和设计公司，实现在设计标准方面的“俄化过程”。针对俄方公司提出愿与中方探讨合作参与私有化的可能，可根据俄方提出建议进行综合研判，考虑联手参与。

4. 采取国有投资与民间投资并进方式参与俄股权收购

鉴于俄罗斯对中国参与其大型国企和战略性资源企业股权收购一直抱有较强戒心，法律对国企参与私有化也有限制，应鼓励更多有实力的民营企业“走出去”，或采取国企和有实力的民企合作，实现国企和民企合作“走出去”。具体可通过国企控股或参股民企，或国企联合民企成立新的股份公司的形式来弱化俄方的政治敏感性，从而达到收购目的。

附录

2011～2013年俄罗斯联邦财产私有化预案（规划）

俄罗斯联邦政府令

2010年11月27日第2102－p号

根据《国家财产和市政财产私有化联邦法》，批准本令所附的2011～2013年联邦财产私有化预案（规划）和联邦财产私有化主要方向。俄罗斯经济发展部按照规定程序，负责本令批准的2011～2013年联邦财产私有化预案（规划）的实施。

俄联邦政府总理

弗·普京

附件

2010 年 11 月 27 日第 2102 – p 号令批准

2011 ~ 2013 年联邦财产私有化和联邦财产私有化的主要方向预案（规划）

第一部分　2011 ~ 2013 年联邦财产私有化领域国家政策的主要方向

一、2011 ~ 2013 年联邦财产私有化目标和任务

2011 ~ 2013 年联邦财产私有化预案（规划）根据国家和市政财产私有化联邦法制订，兼顾了俄联邦社会经济中长期发展的主要任务。

在现阶段，联邦财产私有化是实现向创新型经济发展过渡的工具之一。

在市场评估原则、公平准入和政府部门行动公开等原则的基础上，通过透明有效的私有化程序，逐步减少国家参与经济竞争行业所有权管理。

考虑到俄联邦经济发展的优先任务，2011 ~ 2013 年联邦财产私有化国家政策的主要任务是：

——吸引预算外投资，为在新技术基础上发展股份公司创造条件；

——减少经济中的国有成分，发展和促进私人投资者的积极性；

——优化公司管理；

——促进证券市场的发展；

——在经济战略行业形成一体化结构；

——实现联邦财政预算收入。

二、联邦财产私有化对调整经济结构的影响预测

截至 2010 年 1 月 1 日，俄联邦拥有 3517 家联邦单一制国有企业，是 2950 家股份公司的股东。

联邦单一制国有企业按照经济行业分类

单位：个

经济部门	联邦单一制国有企业数量	经济部门	联邦单一制国有企业数量
非生产领域	1424	森工	94
工业领域，包括		其他工业	120
机械制造	292	建筑	252
轻工业	59	农业	410
食品工业	27	交通和通信	338
冶金工业	14	其他领域	440
化学和石油化工	47	总　计	3517

国家参股的股份公司按照经济行业分类

单位：个

经济部门	国家参股的股份公司数量	经济部门	国家参股的股份公司数量
非生产领域	1162	森工	35
工业领域，包括		其他领域	112
机械制造	245	建筑	160
轻工业	11	农业	397
食品工业	46	交通和通信	269
印刷工业	158	其他领域	288
冶金工业	31	总　计	2950
化学和石油化工	36		

根据国家在股份公司中的控股规模分类如下

国家在股份公司中所占份额（固定资产百分比）	数量（个）
100%	1757
50% ~100%	138
25% ~50%	358
少于25%	697

根据俄联邦总统的决定，2011 ~2013 年将继续取消对联邦特定资产私有化的不必要的限制，继续优化战略企业和股份公司数量。针对这部分资产和机构将制定更易接受和经济上可行的管理方式，包括对这部分资产进行私有化。

2011 ~2013 年计划对不履行俄罗斯国家职能的联邦单一制国有企业进行私有化。

2011 ~2013 年将对战略企业清单中剔除的联邦单一制国有企业进行股份制改造，其中既包括未纳入经济战略行业垂直一体化体系的企业，也包括根据俄联邦总统 2004 年 8 月 4 日 N1009 号总统令重组战略企业和战略股份公司时未入选的企业。

2011 ~2013 年将对机械制造，农工综合体、道路管理、建筑综合体等联邦单一制国有企业进行私有化。

2011 ~2013 年将出售对联邦单一制国有企业股份制改造时形成的股份企业，包括根据 2010 年联邦财产私有化计划（列入战略性股份公司名单的股份企业除外）。

此外，为了建立引资条件，推动国内证券市场发展，为联邦财政带来额外收入，联邦政府可以单独决定，对部分具有较高投资吸引力的资产进行私有化。

2011～2013年将建议出售：

——份额不超过所在股份企业法定资本50%的股份，但战略股份公司或者参与一体化系统的股份公司的股份除外；

——建筑综合体、农工综合体、化学、石化、印刷工业、道路建设、地质、水运和空运、汽车制造等股份公司的股份（战略性股份企业除外）。

2011～2013年计划进行私有化的联邦单一制国有企业的经济行业分布

单位：个

经济部门	联邦单一制国有企业的数量
汽车运输	4
农工综合体	31
空运	2
贵金属和宝石的地质勘探和工业开采	5
道路管理	5
印刷出版	2
机械制造	3
医疗业	1
科学	13
非生产领域	37
建筑综合体	5
燃料能源综合体	2
石油化工	1
能源建设综合体	1
其他	2
共　计	114

2011～2013年联邦单一制国有企业私有化的清单将根据国有资产结构优化的结果进行补充。

2011～2013 年将进行私有化的开放式股份公司的行业分布

单位：个

经济部门	公司数量	经济部门	公司数量
汽车运输	15	油气	4
农工综合体	191	军工	6
水运	15	建材业	12
空运	14	渔业	6
贵金属和宝石的地质勘探和工业开采	30	通信	9
道路管理	41	保险	2
铁路运输	7	建筑	61
出版和印刷业	38	能源	59
轻工业	4	贸易	64
林业	6	煤炭	4
机械制造	36	金融和贷款	26
医疗	7	化工和石化	11
冶金	3	能源建设综合体	25
科学	45	其他	16
非生产领域	52	总　计	809

2011～2013 年将进行私有化的大项目有：“Апатит”开放型股份公司、教育出版社、西伯利亚航空公司、阿尔汗格尔斯克拖网船队、乌里扬诺夫斯克汽车厂、摩尔曼斯克渔港、东方港、金刚石世界股份公司。

此外，根据俄总统和政府单独作出的决定，将对在相关经济行业占有领先地位的公司股份进行私有化。

由此，2011～2013 年将对以下归联邦资产所有的超大型开放式股份公司的股份（部分股份）进行私有化：

——俄罗斯石油公司：25%减 1 的股份；

——俄罗斯水电公司：7.97%减 1 的股份；

——统一电力系统联邦电网公司：4.11%减 1 的股份；

——联合船队公司：50%减 1 的股份；

——俄联邦储蓄银行：7.58%减 1 的股份；

——俄罗斯外贸银行：35.5%减 1 股份；

——联合谷物公司：100%的股份（2012 年前）；

——俄罗斯农业租赁公司：50%减1的股份（不早于2013年）；

——俄罗斯铁路公司：25%减1的股份（不早于2013年）。

个别股份公司中减少其法定资本中的国有成分可在2015年前完成，如俄罗斯水电公司、现代商业船队、俄罗斯农业银行（减至75%）。

私有化的具体时间和方式将根据市场行情、相关行业公司私有化的出售进程以及著名投资咨询公司的建议确定。

目前属联邦资产所有，且计划于2011～2013年进行私有化的股份公司清单将根据国有资产结构优化的结果进行补充。

2011～2013年还将继续对股份属联邦资产所有的股份公司进行经济战略行业一体化。

2011～2013年计划对目前尚属联邦资产所有的35家封闭式股份公司、10家有限责任公司，以及73项属俄联邦国库所有的其他资产进行私有化。这些资产中包括不动产，海轮和内河船舶。

三、出售国有资产联邦预算预计可获得的收入

如不计算在各行业占领先地位的超大型企业的私有化收入，2011年联邦资产私有化预算预计收入60亿卢布，2012年和2013年分别为50亿卢布。

在俄罗斯联邦政府对高投资吸引力的超大型股份私有化作出单独决定情况下，出售联邦资产所得的预估将相应修改。在此情况下，根据市场行情2011～2013年出售联邦资产的收入可达到约1万亿卢布。

第二部分　计划于2011～2013年实施私有化的联邦资产（略）

第十二章 中俄毗邻地区合作现状及远东开发新机遇

毗邻地区合作是中俄全面合作的重要组成部分。现阶段，中俄地区合作主要集中在中国东北和俄罗斯远东地区。2009 年 9 月，中俄元首批准了《中国东北地区与俄罗斯远东及东西伯利亚地区合作规划纲要（2009～2018 年)》，确定了中俄毗邻地区合作的中长期规划。发展两大地区的合作，对充实两国务实合作内容、提升中俄合作整体水平有着重大的现实意义，为扩大中俄合作注入了新的动力。2013 年 3 月 29 日，俄罗斯政府批准了《俄罗斯联邦远东和贝加尔地区社会经济发展国家纲要》，中俄地区合作面临难得的重大历史发展机遇。

第一节 中俄地区合作的重要意义及合作机制

一 重要意义

中俄互为最大邻国，有 4300 多公里的共同边境线。毗邻地区合作集中体现了中俄共同利益。同修睦邻关系，共建和谐地区，是中俄各自发展的客观需要，也是中俄战略协作伙伴关系长期健康稳定发展的可靠保障。近年来，中俄都在加速振兴，成为最具活力的新兴经济体代表。中国东北和俄罗斯远东地区幅员辽阔，在中俄各自发展战略中的地位十分重要。没有东北和远东的发展，中俄就谈不上全面振兴。两国毗邻地区同步开发，优势互补，共同发展，对中俄发展振兴将产生巨大的助推力。随着经济全球化和区域经济一体化的发展趋势日益明显，东北亚地区的经济实现了快速发展，成为备受世人瞩目的地方。加强中俄地区合作，无疑具有举轻若重的作用。在经济全球化和区域经济一体化蓬勃发展的大背景下，中俄地区合作的重要意义更加凸显，中俄毗邻地区合作将成为未来亚太区域合作的重要板块和基石。

中俄地区合作起步于边境贸易，且以自发性为主。边贸作为兴边富民的重要举措，对发展边境地区和少数民族地区经济、扩大对外开放起到了重要作用。但长期以来，边境贸易也存在着贸易方式单一、不规范，投资合作处于较低水平，交通基础设施建设滞后，合作缺少大项目支撑等问题。为了提升中俄经贸合作的水平，扩大双边贸易规模，边境贸易必须向规范的区域合作拓展升级。中俄共同关注地区合作正是针对上述问题采取的重要措施。目前双方已形成共识，要通过加强中俄地区合作，调整贸易结构和模式，逐步实现中俄贸易合作从不规范走向规范，从以贸易为主转向以投资合作为主，从初级合作转向产业合作，以及从资源型贸易转向加工贸易的转变。

二　合作机制

跨入 21 世纪后，中俄确立了长期睦邻友好的方针，为双方深入推进地区合作提供了政治前提和保障。两国政治互信全面增强，人文交流深入推进，民意基础大大巩固。特别是中俄边界问题全面彻底解决，从根本上扫清了毗邻地区合作的障碍。中俄关系中不存在悬而未决的问题，任何问题都能通过友好协商妥善解决。中俄战略协作伙伴关系全面加速发展，带动了中俄地区合作的迅猛发展。

中俄地区合作是一项系统工程，需要有相应的机制做保证。随着地区合作的深化，中俄双方已建立起不同层级的协商沟通机制，就地区合作重大问题进行沟通与协调。在地区一级，1998 年 1 月 19 日，在中俄边境和地方经贸合作常设工作小组（现为由中国商务部领导和俄罗斯地区发展部领导组成的定期会晤机制）第二次会议上正式成立了中俄边境和经贸合作协调委员会。委员会由中俄双方 12 个省、州、区组成，中方成员有：黑龙江省、吉林省、辽宁省、内蒙古自治区、新疆维吾尔自治区、新疆生产建设兵团组成；俄方成员有哈巴罗夫斯克边疆区、滨海边疆区、阿尔泰边疆区、后贝加尔边疆区（赤塔州）、阿穆尔州、犹太自治州、阿尔泰共和国等州、区组成。截至2012年，委员会已召开13次会议。中俄边境和经贸合作协调委员会关注的重点领域包括：完善双方经贸合作的模式与手段、促进贸易增长、降低边界壁垒、加强边界建设、协调有关法律法规、边境合作发展经验交流、改善跨境河流生态状况和发展交通基础设施等。其主要任务是共同搭建毗邻地区交流合作平台，为发展边境和地方经贸合作创造良好的条件，在现有授权范围内协调有关企业、经贸组织开展经贸活动，会同有关部门协调解决边境和地方经贸合作中存在的问题。

在部委一级，中俄地区合作协调推进机制也在不断完善，初步形成了年度国家发展改革委与俄地区发展部部长级会晤、司局级工作磋商、中俄毗邻地区展会、论坛框架下的地区合作交流国际会议等协调推进工作机制。

除此之外，中俄毗邻地区还建立了地方省州长定期会晤机制，双方利用“哈洽会”“制博会”“东北亚博览会”“远东国际经济论坛”“贝加尔国际发展论坛”等常态化的地区合作发展交流平台，每年共同举办中俄地区合作交流促进会，组织两国毗邻地区的政府首长、企业及投资者参加，有重点和有针对性地进行交流合作，并就此形成制度，两国轮流承办，支持两国地区省州政府加强互动，开展项目推介、交流、洽谈等活动。目前中俄地区合作发展迅速，已经签署100多个地方行政机构的双边协议，陆续启动了一批经济技术合作项目，有力地推动了边境地方经贸合作，促进了毗邻地区经济社会发展。

第二节　中国东北与俄罗斯远东地区合作的区位优势

一　中国东北地区概况

中国东北地区，狭义上指由辽宁、吉林、黑龙江三省构成的区域，广义上则包括辽宁、吉林、黑龙江及内蒙古东部地区。按照《东北地区振兴规划》界定的范围，东北地区范围覆盖辽宁省、吉林省、黑龙江省和内蒙古自治区呼伦贝尔市、兴安盟、通辽市、赤峰市和锡林郭勒盟（蒙东地区)[①]。该地区土地面积145万平方公里，总人口1.2亿，分别占我国国土面积的15.3%，占全国总人口的9.18%。2011年东北地区GDP总量4.9万亿元，占中国GDP总量的10.12%。东北拥有丰富的自然资源，原油产量占全国的2/5，木材提供量占全国的1/2，商品粮占全国的1/3。东北老工业基地具有重要的战略地位，是新中国工业的摇篮，"一五"时期的156个重点项目中有58个项目在东北。在中国社会主义工业化初期，东北地区为建设独立、完整的国民经济体系，推动我国工业化和城市化进程作出了历史性重大贡献。东北积聚了全国很大一部分工业资产存量和大中型骨干企业，拥有众多关系国民经济命脉的战略产业和骨干企业，是我国重化工业的重要基地，也是重要的农副产品生产基地。东北拥有一批优势产业和举足轻重的骨干企业，在装备制造业中，东北三省电站成套设备占全国的1/3；在石油化工业中，东北三省原油加工量占全国的2/7，乙烯产量占全国的1/4；在冶金工业中，钢产量占全国的1/8；在船舶制造业中，造船产量占全国的1/3；在汽车制造业中，汽车产量占全国的1/4。东北还拥有明显的科教优势和众多的技术人才，普通高校154所，占全国11.3%；本科院校78所，占全国12.4%；专业技术人才210万，占全国10%。然而自20世纪80年代以来，东北地区经济发展不景气，甚至出现了相对衰退的迹象。部分城市主打资源逐渐枯竭，工业特别是制造业竞争力不断下降，市场份额急剧减少。产业结构和所有制结构不合理、地区结构和城乡结构不合理，出现了国有企业的债务负担和冗员负担沉重、城镇就业和再就业困难以及农村劳动力战略转移等问题。东北地区依靠重工业和资源产业发展的单极增长模式遇到了严重的发展瓶颈。2003年年底，中国政府批准了《关于实施东北地区等老工业基地振兴战略》，强调要以改革开放为动力，走出一条符合国情的老工业基地调整改造发展的新路。2004年4月成立了振兴东北老工业基地小组，标志着东北老工业基地振兴战略全面启动。2008年中国政府制定并颁布实施了《东北地区振兴规划》。

二　俄罗斯远东联邦区概况

俄罗斯共有八个联邦区，其中远东是面积最大、资源储备最丰富、离欧洲

① 国家发展和改革委员会、国务院振兴东北地区等老工业基地领导小组办公室：《东北地区振兴规划》，2007年8月。

中央区最远、人口最稀少的一个联邦区，下辖九个联邦主体：萨哈（雅库特）共和国、滨海边疆区、哈巴罗夫斯克边疆区、阿穆尔州、堪察加边疆区、马加丹州、萨哈林州、犹太自治州、楚克奇自治州。远东联邦区面积621.59万平方公里，占全俄总面积的36.4%，截至2013年1月，共有人口625.15万人，占全俄总人口的4.38%，人口密度1.01人/平方公里。[①] 城市人口占比75.11%。远东联邦区地上、地下、海洋资源极为丰富，堪称“世界上唯一的尚未得到很好开发的自然资源宝库”（见表12－1和表12－2）。森林覆盖率达70%，森林面积2.806亿公顷（在俄各经济区中位居第一），占全俄的38.7%，木材储量为223亿立方米。远东已发现和已探明的矿物有70多种，集中了全俄84%的金刚石矿藏；已探明铁矿石44亿吨，占全俄的8%～10%；已探明煤田100多处，占全俄总储量的44%；已探明铝矿储量为209.5万吨，萤石1670万吨，钨40.6万吨，分别占独联体总储量的86%、80%、34%；已勘测的石油储量为96亿吨，煤150多亿吨，天然气14万亿立方米，碳氢化合物290亿吨，全俄30%左右的原料是该地区采掘部门生产的。远东的海岸线长1.77万公里，占全俄海岸线总长的29%；内海生物资源储量达2600万吨，是俄联邦重要的捕鱼区，鱼产量占全俄60%以上；可捕捞鱼种达200多种，主要有鲑类鱼、青鱼、鳕鱼、鱿鱼、秋刀鱼、比目鱼、明太鱼、大麻哈鱼等。

表12－1　远东和东西伯利亚在世界部分矿产资源储备中占比（2009年）

单位：%

	俄罗斯在世界总储备中占比	远东西伯利亚在俄罗斯总储备中占比
煤	18	69
镍	13.7	79
铁矿石	16.3	18
铜	3.3	79
黄金	12	75

资料来源：俄罗斯矿产资源信息分析中心，俄罗斯联邦统计局。

① 《俄罗斯联邦远东和贝加尔地区社会经济发展国家纲要》，俄罗斯经济发展部网站。

表 12－2　远东和东西伯利亚主要矿产资源及储备情况

矿产资源	探明和评估储备	预测资源
金刚石（亿克拉）	7.028	11.472
钨（二氧化钨）（万吨）	72.73	29.41
铁矿石（亿吨）	107	88
黄金（吨）	6589.4	4426.4
钾盐（氧化钾）（亿吨）	5	44
锰矿石（万吨）	1220	5750
铜（万吨）	2270	520
铂金族金属（吨）	8.5	90.3
钼（万吨）	124.12	29.09
石油和凝析气（亿吨）	31	190
锡（万吨）	188.83	88.71
萤石（万吨）	2690	9980
天然气（万亿立方米）	9.5	60.0
稀土（万吨）	690	1500
铅（万吨）	850	240
银（万吨）	6.37	21.0
煤（亿吨）	980	6280
钛（二氧化钛）（亿吨）	1.156	1.718
铀（万吨）	51.64	236.0
磷（五氧化二磷）（亿吨）	2.466	0.67
锌（万吨）	3520	570
锆（二氧化锆）（万吨）	310	20
铬（万吨）	20	1010

资料来源：俄罗斯矿产资源信息分析中心、俄罗斯联邦统计局："Восточная Сибирь и Дальний Восток как перспективная ресурсная база Китая"，引自俄罗斯扶持公民社会发展基金会网站。

在苏联生产力布局中，远东地区一直是全苏的原材料供应地，经济结构相对比较单一，主要产业部门是能源、森工、渔业和军工生产综合体。自 1992 年俄罗斯实行"激进的"经济体制改革以来，国防订货锐减，军工生产急剧萎缩使该地区工业发展受到极大影响，大批工厂处于停产、半停产状态。远东地区主要靠出口能源、木材、水产品、废旧金属等维持经济运行和生活必需品及食品的进口。在俄罗斯八个联邦区中，远东联邦区属经济发展落后地区。进入 2000 年后，远东联邦区经济保持稳定增长，在 2008～2009 年世界经济危机期间也未出现中断。1999～2010 年，远东联邦区地区总产值增长 73%，自 2009 年起远东联邦区的经济增长已超过全俄的平均增速。2009年，全俄GDP同比下降7.6%，远东联邦区地区总产值增长1.5%，2010年的指标分别为6.8%和4.6%。2009年远东联邦区人均地区总产值为26.8万卢布，高于全俄的同类指标。2011年，远东联邦区地区总产值达到2.3万亿卢布，同比增长5.4%。

三　中国东北地区与俄罗斯远东地区的交通基础设施

中国东北三省地处东北亚腹地，除俄罗斯外，还与朝鲜、韩国、日本相邻，是连接太平洋和欧亚大陆桥的物流枢纽地带。东北三省拥有众多口岸，其中17个为国家一类沿边口岸。

中国东北地区由北到南有哈大线和京哈线，这两条铁路线不仅将黑龙江省、吉林省的沿边口岸和辽宁省沿黄海、渤海的开放口岸连接起来，也与全国各地相连通。以大连为中心已经开始构筑中国东北地区乃至东北亚地区的水利枢纽。东北地区的航空运输同样便利，这里形成了以港口为门户、铁路为动脉、公路为骨架、航空和管道运输相配合的连接全国各地和东北亚的、纵横交错的立体运输网络。

俄罗斯远东地区北临北冰洋，东濒太平洋，南部与中国、朝鲜接壤，隔海与美国、日本相望，是俄罗斯通往亚太地区的门户。沿海岸线约有300个港口，主要港口有海参崴港、纳霍德卡港、东方港、瓦尼诺港、苏维埃港、彼得罗巴甫洛夫斯克港等。海参崴港位于西伯利亚大铁路终点，是远东联邦区海上运输的主要集散地，有通往日本、中国、印度、美国、乌克兰及东南亚国家的航线。纳霍德卡港可同时停泊万吨级货轮十几艘，年货物吞吐量2000吨。东方港是机械化深水港，有70个专业化码头，年货物吞吐量达3500万吨。俄远东联邦区有400多个飞机场和降落场地，够等级的机场有27个。哈巴罗夫斯克机场是远东联邦区的空中交通枢纽，有30多条国内及独联体国家航线，八条国际航线。

四　中国东北地区和俄罗斯远东地区的经济互补性

在地域、人口、自然资源、产业结构、经济发展阶段等方面存在的巨大差异，构成了两国经济的互补性。这种互补性表现在以下几个方面。

（1）从地域优势看，中俄有4300公里的边境线，中方边境线3270公里在中国东北地区，其中黑龙江省与俄边境线长2981公里，占整个中俄边界线的

67%，为全国第一，地理位置相近、毗连是中俄边境地区合作的先天优势。

（2）从资源互补看，俄罗斯远东地区能源、木材、矿产、渔业等自然资源种类多、储量大、开发潜力很大，而中国东北地区能源和各类资源需求量大。东北地区经济发展过分依赖资源开采。经过半个多世纪的强力开采，目前东北三省矿产资源严重短缺。

（3）从产业结构互补看，俄罗斯远东地区重工业发达，轻工业、加工业十分薄弱，而中国东北地区加工业和轻工业与俄相比具有显著的优势。在相当长时期内，为提高就业率，东北地区仍将以劳动密集型产业为主，可向俄罗斯长期出口大量物美价廉的劳动密集型产品。中俄毗邻地区各自优势明显，经济互补性强，可以说是天然的合作伙伴。

（4）从人力资源互补看，俄罗斯远东地区不仅地广人稀，且随着出生率下降，人口年龄结构更加恶化，使远东地区劳动力短缺的问题也变得更加严峻。中国东北地区面积仅为俄罗斯远东面积的近1/4，但人口却是其19倍。据统计，中国东北地区每年有富余劳动力1000万，且劳动力成本低，技术素质较高。从中国进口劳动力可以做到互利互惠，不仅可以缓解中国东北地区劳动力过剩的压力，而且可以解决俄罗斯远东地区劳动力匮乏的问题。虽然两国经济特点不同，但对外开放的诉求和寻求利益的目标却是一致的。目前，俄罗斯在大力发展远东地区，中国也在振兴东北老工业基地，两国政府正在努力寻找双方各自大发展的契合点。

第三节　中俄毗邻地区合作现状

据中方统计，截至2006年年底，中俄先后有68对省（市）建立了友好城市关系，其中19对友好省州和49对姊妹城市。据俄方统计，截至2012年，俄罗斯83个联邦主体中有70个已经同中国的有关省份建立了直接联系，其中大部分建立了友好关系。目前中俄地区合作主要集中在毗邻地区，特别是东北地区为对俄远东地区合作的主力军。

一　中国与俄罗斯远东地区合作现状

苏联解体后，中俄在边境地区间的合作取得了长足进展。目前合作方式已从单一的贸易向投资、工程承包、劳务、科技等多个领域发展。

1. 经贸合作

从贸易规模看，2011 年中国与远东联邦区贸易额为 84.6 亿美元，同比增长 21.1%，占远东外贸总额的 24.9%，占中俄双边贸易额的 10.68%，中国是俄远东地区的第二大贸易伙伴，韩国（与远东贸易额 93.6 亿美元，占比 27.6%）和日本（与远东贸易额 77.6 亿美元，占比 22.9%）分别为远东第一大和第三大贸易伙伴。2012 年中国与俄远东联邦区贸易额为 100 亿美元，同比增长 22.1%，占远东联邦区外贸总额的 27.5%，占中俄贸易额的 11.34%；中国是远东联邦区第一大进口来源国，第三大出口目的地国，仍保持远东联邦区第二大贸易伙伴地位。

从贸易结构看，远东联邦区自中国进口以服装轻纺产品和食品为主，主要进口大类商品为：鞋类（2011 年进口额占自中国进口总额的 15.3%）、机械设备（7.6%）、服装（4%）、箱包（3%）、食品（2.4%）等；对中国出口商品以能源原材料为主，主要出口大类商品为：石油及其制品（2011 年出口额占对中国出口总额的 33.7%）、冻鱼（22%）、原木（13.8%）等。①

2. 投资合作

截至 2011 年底，在中国驻哈巴罗夫斯克总领馆登记报到的中资企业总计 291 家，中方协议投资总额 16 亿美元，其中，2011 年当年办理登记报到的有 48 家企业，中方协议投资额 3 亿美元。中国在远东投资的领域主要是林业（投资企业数量占 70%，投资额占 60%）和农业（7% 和 5.9%）。投资地区主要集中在滨海边疆区（企业数量占 43%，投资额占 42%）和哈巴罗夫斯克边疆区（分别为 29% 和 18%），投资主体主要为黑龙江企业（企业数量占比为 90%，投资额占比 77%）②。

二　东北三省对俄合作进展与现状

1. 黑龙江省对俄经贸合作概况

黑龙江省对俄经济合作起步于 1983 年，迄今已走过 30 个年头。最初主要

① 中国驻哈巴罗夫斯克总领馆经商室：《中国与俄罗斯远东联邦区经贸合作简况》，2012 年 7 月 4 日。

② 中国驻哈巴罗夫斯克总领馆经商室：《中国与俄罗斯远东联邦区经贸合作简况》，2012 年 7 月 4 日。

以边民互市贸易和边境小额贸易为主，之后合作不断升级，目前已从易货贸易、加工集散向走出去到俄罗斯兴办企业，从事资源深加工发展，形成了一定的规模。基于地缘优势，黑龙江省是对俄经贸合作的桥头堡。2008 年黑龙江对俄贸易额达到 110.6 亿美元峰值，在中俄双边贸易额中占比近 20%。2009 年受金融危机影响，黑龙江省对俄贸易和全国一样大幅下降，降幅为 49.7%，贸易额降至 55.8 亿美元。2010 年后逐步走出危机，当年实现贸易额 74.7 亿美元，同比增长 34%；2011 年贸易额大幅反弹，超过危机前水平，达到 189.9 亿美元，同比增长 154%，占全国对俄贸易的 24%；2012 年贸易额越过 200 亿美元大关，实现进出口 213.3 亿美元，同比增长 12.2%。需要关注的是，在贸易额大幅上升的情况下，黑龙江省的桥头堡地位却一度受到影响，2010 年，黑龙江省对俄出口总额已落后浙江、广东两省，屈居第 3 位，而排名第 4 位的江苏省与黑龙江省的差距逐渐缩小，大有赶超之势。从贸易结构看，黑龙江省出口产品以农产品、服装、家具及其零件、鞋类等劳动密集型产品为主，高附加值的机电产品和高新技术产品出口份额较低。2010 年 11 月 6 日，黑龙江省出台了《黑龙江省人民政府关于推进对俄合作适应性战略调整的意见》，提出黑龙江“以打造对俄合作重要桥头堡和枢纽站为目标，规范贸易秩序，改善贸易结构，深化投资合作，提升合作质量和效益，全方位推进对俄开放”的新思路。黑龙江省逐步优化对俄贸易商品结构，在保持和扩大服装、鞋帽、纺织品、农副产品等传统商品对俄贸易规模的基础上，不断扩大家电、汽车、农用机械等机电和高新技术产品的出口，并着力扩大先进设备、关键技术和国内市场急需的石油、木材、化肥、化工原料、铁矿砂等能源原材料商品进口。

目前，黑龙江省对俄投资合作处于全国领先地位。对俄投资主要集中在俄远东及外贝加尔地区，以林业、矿业等资源类项目为主。牡丹江、哈尔滨、黑河等传统对俄合作地区的企业仍是对俄投资的主力。投资合作领域从对俄农业种植、民用住宅工程承包发展到现在的涉及国民经济三大产业的 12 个行业大类，涵盖农业、制造业、服务业、软件信息业以及电站工程承包及设计咨询等。投资合作方式日益丰富，从最初设立贸易公司到跨国并购、绿地投资等多种方式，从单个项目承包到 EPC 总承包。截至 2012 年，累计在俄投资企业达 360 家，投资总额 40.6 亿美元；实际对俄投资 28.3 亿美元，占全省的 64%，占全国的 1/3 以上。对俄承包工程累计完成营业额 2.5 亿美元，年均增长 10%，占全省的 4.2%；对俄输出各类劳务人员 3.8 万人次，劳务收入达 10.7 亿元人民币。在俄毗邻地区投资获得森林采伐权 1200 万公顷，累计回运木材达 8870 万立方米。在毗邻地区开展农业合作项目 50 个，种植面积达 640 万亩，回运粮食 9 万吨。对俄矿产资源投资项目 20 个，投资总额 6.7 亿美元。组建对俄电力合作联盟，架设四条跨境国际输电线路，累计购俄电 66.2 亿度。天狼星集团特罗伊茨克 2×660MW 电站动力岛设计和设备供货项目，合同金额 13 亿美元，其中设备供货合同 6.6 亿美元，是我国第一次在俄获得电站工程承包业务。在俄推动建设 15 个境外园区总规划面积 3526 万平方米，规划总投资 41.8 亿美元，入区企业达到 68 家，累计完成投资 11.4 亿美元。[①]

2. 吉林省对俄经贸合作概况

吉林省与俄罗斯共同边界线 241 公里，公路和铁路相连。现有对俄口岸三个，即珲春公路口岸、珲春铁路口岸和白城市大安港口岸。珲春至扎鲁比诺港公路距离 73 公里，铁路距离 81.5 公里；珲春至符拉迪沃斯托克市的距离约 300 公里，与俄罗斯开展边境经贸合作具备较好条件。相比黑龙江省，吉林省对俄贸易规模并不大，处于峰值的 2007 年为近 8.05 亿美元。2008 年后，受国际金融危机影响，贸易额有所回落，2011 年恢复到 7.05 亿美元，2012 年有望突破 8.05 亿美元的最好水平。俄罗斯一直是吉林省最大的出口市场，对俄出口额占全省出口额的 13% 左右。吉林省对俄出口主要商品是汽车及其零部件、农产品深加工产品、机电产品、轻工、服装、塑料及皮革制品等。对俄进口商品为海产品、木材及其制品、石棉、松子等。

俄罗斯是吉林省最大的境外投资市场。近几年来，吉林省与俄罗斯的经济技术合作呈上升趋势，对俄投资、外派劳务稳步增长。吉林对俄投资主要集中在远东地区和莫斯科州。截至 2012 年末，吉林省在俄境内共建立了 83 家投资企业，投资额达 6.21 亿美元。[②] 投资的主要领域有：木材加工、农业开发、

---

① 《黑龙江省对外投资涉及 70 多个国家对俄合作占全国三分之一》，《黑龙江日报》2013 年 3 月 31 日。

② 《双边合作向纵深发展——吉林省与俄罗斯经贸往来走笔》，中国网，2013 年 1 月 7 日。

矿产开发、港口运营、建材、医药及进出口贸易等行业。俄罗斯也是吉林省外派劳务的主要市场之一，2012 年 1～10 月，吉林省对俄派遣劳务人员 1815 人，实际收入总额 2023 万美元。① 主要行业为农业种植、制造业和建筑业等。②

3. 辽宁省对俄经贸合作发展论坛概况

在东北三省一区中，辽宁省是唯一不与俄接壤的地区，但与我国南部省区相比，却是所有沿海省份中地理位置最接近俄罗斯的省份。长期以来，日本、韩国在辽宁对外经贸活动中居主体地位，而俄罗斯则处于补充地位。虽然近年来辽宁省对俄贸易额逐年上升，但对俄贸易额占全省对外进出口贸易总额的比重却不足 2%，不仅在东北地区中居于下游，一些年份还低于山东和广东。2007 年，辽宁省实现对俄贸易额 13.5 亿美元，同比增长 34.1%；2008 年达到 16.02 亿美元，增长 18.7%；2009 年完成对俄贸易额 11.6 亿美元，下降约 30%。2011 年辽宁对俄贸易额 21.67 亿美元，占全国对俄贸易总额的比重为 2.74%，在 19 个与辽宁省有外贸往来的国家中，俄罗斯排名第 12 位。从贸易商品结构看，辽宁对俄出口产品以鞋帽、箱包等日用品为主，进口以原材料为主，高科技含量、高附加值的工业产品贸易较少。从投资情况看，截至 2010 年 2 月，辽宁省累计对俄直接投资项目 120 余个，协议投资 7.5 亿美元，实际投资两亿多美元。投资领域主要集中在房地产开发、矿产开发、农产品种植基地、对外承包工程大项目上。

目前，辽宁省与俄罗斯间的科技合作已走过了互访、洽商、意向等初级合作阶段，进入了项目产业化、共建合作园区的实质性合作阶段。由辽宁省政府、新西伯利亚州、中国科学院沈阳分院和俄罗斯科学院西伯利亚分院四方联合建立的辽宁中俄科技园初具雏形，发展势头良好。作为辽宁中俄科技园重要构架的两大基地——大连中俄高新技术转化基地、沈阳中俄高新技术转化基地已全面启动；作为两大基地重要支撑的两大中心——辽宁中俄高新技术转化中心、俄罗斯大连高新技术转化中心也已全面启动，

① 《2012 年吉林省对俄贸易有望突破 8.05 亿美元》，《东亚经贸新闻》2012 年 12 月 21 日。

② 《吉林省与俄罗斯经贸交流基本情况》，吉林省对俄经贸合作网，2012 年 1 月 12 日。

形成了辽宁省对俄科技合作的主要力量，并被国家科技部纳入国家对俄科技合作框架。

第四节　中俄地区合作规划纲要的实施与进展

一　规划纲要出台背景

随着亚太地区在国际经济中的地位不断提升，中国东北地区与俄罗斯远东地区的重要性日渐突出。然而由于经济结构、地理条件、体制机制等方面的原因，上述两个地区在本国经济中都处于劣势。进入21世纪后，中俄两国政府根据本国经济发展的需要，分别制定了《东北地区振兴规划》和《远东和贝加尔地区2025年前社会经济发展战略》，其主旨都是加快地区经济社会发展，提高人民生活水平，繁荣地方经济和构建和谐社会。综观两国的地区发展战略，可以看到一个明显的特点，即双方都认识到，在经济全球化、区域经济合作不断强化的国际大背景下，改革开放是地区振兴的必由之路，深化改革和扩大开放是振兴的两条主线。对中国来说，自振兴战略实施以来，东北地区在深化改革方面取得了较大进展。但是，在扩大开放方面发展很不平衡，成为制约东北老工业基地振兴的短板。而深化东北三省同俄罗斯远东地区的经济合作，不仅可以促进东北地区企业加快技术升级步伐，提高产品竞争力，实现与国际接轨，还可以弥补东北地区经济外向度较低的“短板”，转变经济发展方式，进一步完善东北地区开放型经济格局。对俄罗斯来说，远东开发是俄经济新的增长点，加速远东地区参与亚太经济一体化是迅速振兴俄罗斯经济的关键。远东开发需要大量资金、技术和劳动力，俄自身已无力满足这一需求，必须加大开放力度，加快开发速度。从两国实施的地区发展规划来看，都要进行大规模基础建设和大力发展地区经济。在这些方面，中俄两国不仅有着共同的国家发展战略，面临着基本相同的发展环境，而且具有地缘毗邻的区域合作优势，经济发展具有很大的互补性。金融危机后，欧美经济持续疲软，而中国已率先走出危机。俄发展观念已发生较大转变，对加强与中国合作的意愿显著增强。俄领导人在视察远东时明确表示，要借中国经济的快速发展和资金，为俄东部地区的经济起飞创造条件，“远东地区经济复苏任务需要与中国振兴东北的计划相协调”。①

2007 年 3 月，时任国家主席胡锦涛访问俄罗斯期间，与时任俄罗斯总统普京就协调中国东北地区与俄罗斯远东地区的发展战略、衔接两国的地区规划、加强两国地区的合作达成了重要的共识。两国元首责成两国政府的有关部门组织、编制地区合作规划。之后，由中方有关部门在调研、反复征求部门和地方意见基础上，完成规划的初步编制工作。2008 年 6 月上报国务院批复后转交俄方。2008 年 10 月，在中俄总理第十三次定期会晤期间，双方达成一致，要加快中国东北老工业基地与俄罗斯远东和贝加尔地区合作规划纲要的磋商。2009 年 9 月，中俄两国元首正式批准了《中华人民共和国东北地区与俄罗斯联邦远东及东西伯利亚地区合作规划纲要（2009～2018 年）》（以下简称《规划纲要》）。从两国元首达成共识，到编制、磋商和完全批准合作规划，共历时两年半时间。这表明，随着中俄关系的不断深化，两国地区合作面临前所未有的机遇，中俄两国需要充分发挥毗邻地区的优势，实现区域资源优化配置。利用双方各自的优势，将其转变为双方的、综合的、市场的优势，形成参与国际市场竞争的能力。唯有加强合作，才能共同面对各种挑战，不断扩大共同利益，实现互惠互利共赢。

二　《规划纲要》的实施情况

1. 规划实施重点

《规划纲要》包括口岸及边境基础设施的建设与改造、运输合作、合作园区、劳动合作、旅游合作以及人文合作多个领域，中国国家改革与发展委员会和俄罗斯联邦地区发展部是协调落实《规划纲要》的负责部门。《规划纲要》的形成、批准和实施，为两国地区合作奠定了政治、法律基础，《中俄总理第十四次定期会晤联合公报》特别指出：“中俄地区合作取得新突破，对两国关系发展具有重要意义。双方将全力落实两国元首 2009 年 9 月 23 日批准的《中

① 梅德韦杰夫在“与中蒙边境合作和俄罗斯东部地区发展任务”会议上的报告（Стенографический отчёт о совещании “О приграничном сотрудничестве с Китаем и Монголией и задачах развития восточных регионов Российской Федерации”），俄罗斯政府网，2009 年 5 月 21 日。

华人民共和国东北地区与俄罗斯联邦远东及东西伯利亚地区合作规划纲要（2009～2018）》，为此双方将确定协调落实纲要的办法。”① 规划实施重点包括三个方面。

（1）构建地区大交通、大流通、大市场的格局。在经济全球化的背景下，作为共同面向东北亚、彼此关联度高的经济区，应该构建大交通、大流通、大市场的格局，实现地区交通运输的互联互通，实现双边的运输通道和多边的国际运输网络。突破地区发展与合作的制约瓶颈，加快跨境的大桥、通道、口岸等设施的建设，营造人员往来和货畅齐流的便捷条件。加强物流合作，积极推进中俄物流体系建设，使毗邻地区口岸物流与腹地物流优势互补，对等开放物流城市。中方提出，重点规划建设好满洲里、黑河、同江、绥芬河、珲春五大口岸及绥芬河—波格拉尼奇内、东宁—波尔塔夫卡两大贸易综合体，整体提高中俄边境贸易的水平。

（2）加强地区旅游、科技、环保和人文等各方面的合作。发展旅游业，实现毗邻地区旅游资源互补，共同培育有特色的地方旅游精品路线，逐步向双方内陆及东北亚地区辐射。而且逐步向双方的脉络地区扩展。同时加强地区的环保工作，维护好当地的生态环境。扩大人文交往、民间交往，相互增进了解和友谊，增加互信，巩固中俄国家关系的战略基础。

（3）推动地区合作重点项目的实施。选择一些规模大、带动作用明显、能够发挥优势，而且建设条件已经具备的、具有示范作用的大的投资项目给予重点支持。以建设一个大项目形成一个通道的作用，带动一批项目以及一个园区的发展。除此之外，地区合作中还包括全面开展各个基础设施和其他各领域的合作。据初步统计，双方合作领域涉及基础设施建设与改造项目、合作交流活动，以及地方合作重点项目共有300多项，其中双方招商引资的地方合作重点项目有200多项，主要涉及煤炭和金属矿业开发加工、森林和农产品加工以及机电产品等高附加值行业。中方提出，选取其中17个项目加以重点推进。

2. 中俄双方推动落实纲要的措施

《规划纲要》批准后，中方为其贯彻落实采取了一系列积极的措施。国

---

① 《中俄总理第十四次定期会晤联合公报》，新华网，2009年10月14日。

务院办公厅下发了有关文件，国家发改委和外交部制定了任务分解落实方案，召开了有关部门和东北四省区贯彻落实工作会议；开展合作机制和发展基金的研究等，完成了中方项目资料汇编，在发改委门户网站开设中俄地区合作专栏。

中国东北四省区分别制订了相应的对接计划。辽宁省完成《辽宁省与俄罗斯地区合作发展规划（2009～2015年）》的编制对接，建立了对俄合作工作联席会议制度，积极培育对俄合作主体。并拟建立对俄合作商会和对俄合作专项基金，确定了2009～2015年辽宁省与俄罗斯伊尔库茨克州的合作计划，双方拟在木材加工、菱镁矿砂开采、冶金工厂、重型机械设备厂、供暖设备装置等方面进行合作。吉林省政府正式印发了实施方案，推动中俄珲春－马哈林诺铁路恢复运营及合资建设扎鲁比诺港以及相关边境基础设施建设与运输合作，大力开展产业合作，推动科技、旅游和人文等领域的合作。黑龙江省出台了《关于进一步扩大对俄开放的意见》，切实推进涉边基础设施建设，采取多种方式加强中俄林业合作，全面开展对俄能源、资源领域的合作，积极推动黑瞎子岛的保护与开放开发工作。内蒙古自治区加强沿边交通基础设施建设并取得显著成效，对俄地区合作重点项目进展顺利，积极推动界河游、家庭交换游等旅游合作，开展跨境水体等环保合作。2012年8月10日，在东北四省区合作行政首长联席会议上，东北四省区行政首长共同签署了旨在联手扩大对俄开放的《东北四省区对俄合作框架协议》，决定从继续落实中俄地区合作《规划纲要》、加强对俄经贸展会合作、发挥境外经贸合作区的平台作用、共同打造标志性合作项目、共同开发俄腹地市场、加强国际通道领域合作、强化对俄科技和创新合作、拓展对俄教育交流与合作、推动建立中俄毗邻地区多层次合作机制九个方面来加强合作，提升东北地区对俄开放的整体水平。与此同时，一批中俄地区合作项目得到推进与实施。同江—下列宁斯阔耶跨境铁路大桥中方政府完成项目审批手续，待俄方政府完成审批即可开工建设；佳木斯年产三万吨海绵钛项目一期工程在推进中；阿穆尔—黑河边境年产300万吨油品储运与炼化综合体项目进入前期准备阶段；中国沈阳金飞马与俄LKP公司的三个合作项目进展顺利。

中方还高度重视利用金融手段支持《规划纲要》的实施。中央政府明确提出，鼓励各类金融机构与企业加强合作，加大对中俄地区合作项目的金融、信贷支持力度。有关部门和金融机构研究制定了利用金融手段支持地区合作的相关措施，初步建立了地区合作金融支持机制。国家发展改革委员会与国家开发银行签署了《贯彻落实中俄地区合作〈规划纲要〉加强跨境涉边基础设施建设合作备忘录》，建立了开发性金融机构对地区合作的支持机制。截至2011年，国家开发银行已对中俄地区合作项目发放贷款近29亿元人民币，承诺贷款44多亿元人民币，准备推动重点合作项目融资总额近200亿元人民币。[①] 近年来，中国进出口银行和工商银行等商业银行，也结合中俄各领域合作，开展了境内外多种金融业务服务，支持了一批贸易、出口加工基地，以及设备供应、工程总承包等项目的实施。此外，东北地区也积极参与筹备建立中俄地区合作发展（投资）基金，拟共同出资设立基金并支持相关项目的实施，形成稳定的对俄合作资金渠道。《东北四省区对俄合作框架协议》（下简称《协议》）提出，条件成熟时，东北各省（区、市）将设立子基金。根据《协议》，东北省份将重点依托在俄境内设立中俄乌苏里斯克经济贸易合作区、中俄赤塔工业合作园区等平台，引导和鼓励企业进驻园区，发展跨境加工贸易；四省区还计划联合向国家申请建立新的境外经贸合作区。

俄方为推进《规划纲要》的落实，采取了一系列具体举措。成立了俄中地区合作协调领导小组，负责全面协调俄境内《规划纲要》的落实，由俄总统驻远东联邦区代表伊沙耶夫任组长。俄联邦地区发展部研究确定了中俄边境地区合作投资项目，审议通过了12个优先投资项目（其中包括黑河大桥和同江铁路桥建设项目，伊尔库茨克州高科技材料工业科技园区，对华电力出口项目，“大乌苏里岛”观光游憩区项目等），由九个联邦主体实施，总投资超过2000亿卢布（约70亿美元），该部负责管理的产业投资资金将给予重点支持。[②]

非常遗憾的是，《规划纲要》实施状况并不理想。截至2012年底，纲要

---

① 《中俄地区合作重点领域及金融支持机制》，中国国家发展和改革委员会东北振兴司副司长王化江在金融领域支持中俄地区合作研讨会上的发言，国家发改委网站，2011年9月12日。

② 东北振兴司组织召开中俄地区合作《规划纲要》实施工作座谈会，国家发改委网站，2010年12月2日。

提出的项目中真正得到落实的寥寥无几。中俄要深化毗邻地区合作，还有大量工作要做。

第五节 中俄在远东开发中的合作机遇

远东开发升温是2012年俄罗斯社会经济发展中备受关注的一个热点问题。当前，在欧美等发达国家经济持续低迷的背景下，加强中俄在远东地区的合作，不仅对双方都有重大意义，而且也将对全球经济产生深远影响。

一 普京新任期远东开发升温的原因

普京在2012年初发表的竞选文章中强调中国对俄罗斯西伯利亚和远东地区的经济意义，主张利用中国潜力对该地区进行经济开发。5月7日，普京宣誓就任总统后签署的关于《对外政策措施总统令》规定：要扩大参与亚太地区的一体化进程，以促进加快俄罗斯东西伯利亚和远东地区的社会经济发展。5月21日普京颁布总统令，成立远东发展部。这是俄罗斯历史上唯一为地区设立，也是唯一不设在首都的联邦一级的部级机构，部长由总统驻远东联邦区全权代表伊沙耶夫兼任，远东发展部成立后旋即进行远东发展规划的编制工作。9月2~9日，在俄罗斯符拉迪沃斯托克市举办了第24届亚太经济合作组织峰会。为召开峰会，俄斥巨资217亿美元准备了四年。2013年4月2日，俄罗斯联邦国务委员会审议批准了酝酿多时的《俄罗斯联邦远东和贝加尔地区社会经济发展国家纲要》（简称《远东开发纲要》），总理梅德韦杰夫宣布这一纲要即时开始生效，酝酿多时的远东开发终于进入实施阶段。普京新任期内，远东开发问题再次升温，缘于俄在亚太地区的政治、经济、外交利益，但现阶段经济考量大于政治诉求。

1. 世界经济重心东移趋势使俄目光转向亚太

近年来世界经济的重心从大西洋两岸向亚太地区转移的趋势日益明显，全球经济危机更加速了亚太地区原本就迅猛发展的一系列进程，使其更快地变身为最重要的国际政治经济中心。俄迫切需要搭乘亚太“经济快车”，积极利用亚太国家的资金、技术和市场为其国内经济发展服务。当前，在美国积极推动

“跨太平洋经济伙伴计划”（TPP）以及中、日、韩三国启动自由贸易区谈判的背景下，如无法把握机会参与相关机制，俄极有可能被排斥在下一轮区域经济一体化进程之外，因此，加快远东开发已逐渐成为俄学界、商界和政界精英阶层的多数共识。对此俄智库提出，俄不应仅充当配角，而应从自身利益出发，制定在亚太地区长期存在的战略。如果俄罗斯仍想成为国际政治的主体，就必须有在该地区长期存在的战略。这个战略的时间考量不应次于最近300年对欧洲的时间考量，甚至会更长。① 当下是作为大国的俄罗斯参与亚洲事务的绝好时机。普京“把彻底融入亚太视为俄罗斯未来成功最重要的保障”。提出要更加重视亚太对俄依托“欧亚联盟”实现全面复兴的支柱作用，积极发展同亚太国家的关系。俄国防与外交委员会主席卡拉加诺夫认为，“文化欧洲化”的俄罗斯未来在于“经济亚洲化”。世界的“重心”正由西方向亚太“东移”，俄罗斯的战略重心也应向亚太“东进”。

2. 实现民族复兴和发展战略的需要

普京自2000年执政以来，依靠丰富的石油资源使俄经济在摆脱转轨的衰退后快速发展，综合国力不断提升。2008年金融危机重创了俄经济，使其原材料出口型经济的脆弱性进一步凸显，俄迫切需要改变现有的发展模式，寻找新的经济增长点和新的市场。远东和西伯利亚矿产资源极为丰富，农业和养殖业发展潜力巨大，过境运输和地缘战略地位重要，与经济快速发展的亚太特别是东北亚地区形成经济互补，成为俄参与亚太经济合作的重要筹码。同时远东是当今世界上少有的尚未充分开发的地区，也是俄经济较落后的地区。俄领导层已意识到，东部的现状是今天俄罗斯内部的主要威胁，必须改善东西部地区经济发展失衡状况，促进区域平衡发展，否则俄现代化强国目标就难以实现。要实现西伯利亚和远东的“两种一体化”，即在这些地区继续作为俄罗斯一部分的同时也使它们成为蓬勃发展的亚太地区的组成部分。俄远东发展部部长伊沙耶夫认为，俄罗斯当前的目标是集中力量，推动俄远东社会、经济实现进一步大发展，进而成为俄经济新的增长点和新助力。俄罗斯的当务之急，是必须

① 俄罗斯政治形势分析中心首席专家帕维尔·萨林：《俄罗斯与亚洲，还是亚洲的俄罗斯?》，《全球政治中的俄罗斯》2011年8月3日。

自上而下地提供一个能够获得社会和精英支持的有效模式，把握住这个时机。

3. 地缘政治角逐考量

自2009年开始，美国大力推进重返亚太战略，抢夺亚太战略主导权，尤其是深化与日韩等传统盟国的军事合作关系，对俄罗斯在远东乃至整个亚太的利益构成潜在威胁。俄专家提出，美国强化与日本军事同盟关系，提升了日本在日俄争议岛屿上的底气，给俄罗斯带来严峻挑战。为应对美国重返亚洲，俄罗斯要更加重视维护亚太地区的安全稳定，进一步介入亚太安全事务，开辟军火市场，为经济发展提供安全保障。

4. 把握战略机遇期的需要

金融危机后，俄罗斯的外部环境大为改善，面临的国际压力大大减轻。受危机影响，美欧经济不景气，自顾不暇，将北约东扩、反导系统等安全问题暂时放在次要位置。周边局势也朝着有利于俄罗斯的方向发展，东欧、中亚的"颜色革命"褪色。中俄边界问题的解决维护了中国东北地区乃至整个东北亚地区的安全与稳定，因此，面向东方成为其合理选择。俄必须把握和利用相对有利的条件，抓紧从事国内建设。俄"政治基金会"主任维亚切斯拉夫·尼科诺夫认为，俄罗斯当前可能按照以下说法制定自己的地缘政治："立足西方、稳定南方、迈向东方。"①

二　苏联解体后远东开发止步不前的原因

俄罗斯对远东地区的开发已有300多年的历史，主要分为沙俄、苏联、苏联解体后当代俄罗斯三大时期。沙俄时期的远东开发以征服、扩张、拓荒为主，目的是占有这一地区。有计划地大规模开发远东是在苏联时期，对远东的开发虽提高了苏联的整体经济实力，但却忽视了地区社会经济的均衡发展。苏联解体后20多年来，远东开发计划被多次提出，却又由于各种原因一直言语表而止于行。

1. 转轨时期经济形势恶化

苏联解体后20多年来，俄罗斯共出台三部远东发展纲要。1996年俄政府制

① 《新闻透视：专家畅谈普京未来六年所面临的任务》，俄新网，2012年10月6日。http://rusnews.cn/xinwentoushi/20121006/43583341.html。

定通过《远东与外贝加尔1996~2005年经济社会发展专项纲要》，由于资金未能到位，这个纲要未能真正执行。2000年政府对纲要进行修改，将其延期至2010年，2008年受到金融危机的影响，这个纲要仍未能取得预期效果。2009年12月，俄再次出台《远东和贝加尔地区2025年前社会经济发展战略》，结合APEC会址的建设，该战略得以逐步推进，但与俄当局加快远东开发的要求仍有距离。总体看，开发纲要落实不利与苏联解体后俄长期的经济衰退有直接关系，政府的主要任务是如何摆脱衰退恢复增长，联邦中央对远东暂无输血能力。

2. 开发模式转变

苏联后期，由于国内经济和政治形势日趋恶化，政府已被迫放慢东部开发的速度，经济建设中心由大规模开发东部转向更有效地利用西部地区现有的仍占主导地位的工业生产能力。1991年底俄罗斯独立后，在向市场经济转轨、国家和地区地缘政治地位根本改变的条件下，东部开发的模式发生根本性转变。以往“生产力东移”的模式被“远东西伯利亚自我发展”的模式所取代，资源分配与生产组织由集中的计划程序转向由市场调节，全国生产力配置的原则已由原来的最大限度地保证全国的经济效益变为满足市场需求和提高各地区企业的竞争力。在资金来源上，也由原来的主要靠中央财政投入变为中央、地方、企业、个人多元投资，国家仅对新区的地质勘探和基础设施进行投资，在开发所需的投资中，联邦预算所占的比例不超过20%，地区社会经济发展问题更多地是由地区、企业和个人投资解决。东部原本缺少靠自身潜力发展的能力，失去中央政府的巨额补贴和扶植后，其经济愈加陷入深重危机，生产和生活基础条件恶化，导致西伯利亚和远东的人口大批外流，给当地的经济发展带来严重影响。东部地区一些人士认为，莫斯科已没有能力经营好这块“自古以来属于俄罗斯的土地”。

3. 传统思维的影响

长期以来，在如何守住远东的问题上，俄政治家们莫衷一是。他们既担心远东不开发会“无主化”，更担心中、日、美、韩参与开发会使远东“碎片化”，使俄丧失主权和领土完整。东部开发需要大量的劳务，由于俄劳动力匮乏，需要从国外引进。俄对外国务工人员进入本国一直比较敏感，有一种较强的排外心理。在中俄边境俄罗斯一侧，“冷战”时期设定的500公里隔离带依然存在，带内依然不得建民用设施。2011 年，俄罗斯远东四个海港（符拉迪沃斯托克港、东方港、瓦尼诺港和普里格罗德诺耶港）吞吐量总计仅 4510 万吨，而中国青岛和大连港分别达 3.7 亿吨和 3.37 亿吨。中国和韩国都愿意为俄罗斯远东海港改扩建投资，但俄罗斯却以“地缘政治考虑”为由拒绝。从社会心理因素看，以“原料附庸论”“人口扩张论”“商品扩张论”为主要内容的俄版“中国威胁论”一直有市场，而且随着外部环境、局势变化此消彼长。2009 年，《中华人民共和国东北地区与俄罗斯联邦远东及东西伯利亚地区合作规划纲要（2009～2018）》（简称《规划纲要》）批准实施后，俄方落实《规划纲要》进度明显落后于中方，其中很重要的原因是“中国威胁论”的影响。《规划纲要》内容公布后，立即在俄引起疑义或反对，主要的疑虑是，规划提出的合作项目多为在俄方进行原料开采，运到中国进行加工，俄罗斯成了中国的“原料附庸”，认为纲要没有表现出互利性，纲要对俄不利而对中国有利。俄学者特别指出《规划纲要》就是不均衡协议的例子之一。[①] 俄方在远东安全和发展的关系问题上无法找到两全其美的政策平衡点，总担心扩大对外合作与开放会削弱国家安全，结果是陷入一种恶性循环：经济社会状况越糟糕，就越感到国家安全受威胁；越感到受威胁，就越不敢放手让远东各州区对外合作；越限制对外合作，经济社会状况就越糟糕。

4. 管理体制官僚化和官场腐败严重制约地方经济发展

俄方官员、学者和百姓对俄罗斯现行管理体制诟病颇多，认为联邦政府大权独揽，过度集权，同时机构重叠，政出多门，相互掣肘，效率低下。有议员称，莫斯科把所有权力都集中在自己手里，害怕对地方管理失控，这是对叶利钦时期地方割据弊端的矫枉过正，极大地限制了地方的积极性和主动性。俄总统在远东工作会议上号召与亚太地区合作，但是一切对外合作项目都必须经莫斯科批准，而且审批程序非常烦琐，一旦中间某个环节出了问题，被退回来，又得从头报批。如果项目重大，还需要单独立法，或对现行法律适用做出特别

① 〔俄〕B. И. 苏斯洛夫：《西伯利亚经济社会发展战略：东南方向》，《第三届东北亚区域合作发展国际论坛文集（下）》，日本侨报出版社，2010，第 8 页。

约定，那么程序就更复杂。凡涉及边境管理、海关、土地资源利用等项目，必须经过莫斯科批准或授权，否则地方政府无权决定。[①]

除了管理体制官僚化以外，官场腐败、贪污受贿是阻碍俄国家经济现代化的大敌。批准实行的项目中，许多经过幕后交易，最后都落到利益相关的人和公司手里。贪污腐败已经渗透到俄罗斯社会生活的各个方面，成了痼疾和毒瘤，成了其实现现代化的主要障碍。据俄罗斯内务部2012年公布的信息，俄地区发展部前副部长、后在普京新任期内被任命为彼尔姆边疆区政府主席的帕诺夫因被控侵占用于符拉迪沃斯托克筹办亚太经济合作组织峰会的9300万卢布（相当于310万美元）巨额公款而被捕。地区发展部领导班子一大批官员涉嫌这起案件。内务部消息称，这些嫌疑人负责组织亚太经济合作组织峰会场馆的建设工程技术支持合同以及未竣工工程自愿保险的招标时，操控让下属的商业公司中标，但实际上这些承包商并没有参与建筑工程的保险和技术支持。根据侦查部门的调查，这些资金随后被转到皮包公司的账号，并被侵占。[②]

三 《远东开发纲要》的基本内容

《远东开发纲要》覆盖的地理范围包括远东联邦区的九个联邦主体和西伯利亚联邦区的三个联邦主体，统称为远东和贝加尔大区，联邦主体分别为远东联邦区的萨哈（雅库特）共和国、滨海边疆区、哈巴罗夫斯克边疆区、阿穆尔州、堪察加边疆区、马加丹州、萨哈林州、犹太自治州、楚克奇自治州和西伯利亚联邦区的布里亚特共和国、后贝加尔边疆区、伊尔库茨克州。该大区总面积778.9万平方公里，相当于俄罗斯领土面积的45.5%，截至2012年1月1日，人口总数1076.1万人，相当于全俄总人口的7.5%，人口密度平均每平方公里1.4人。

《远东开发纲要》由《远东和后贝加尔地区至2018年社会经济发展》和《千岛群岛至2015年社会经济发展》两个联邦专项纲要和其他12个子纲要组成，涉及提高地方经济效益，发展采矿业、林业、渔业、农工联合体、交通运输、电力基础设施行业，为居民创造宜居条件，加强环境保护，发展旅

① 郭大文：《中俄地区合作调研行》，国务院发展研究中心，2011年12月14日。

② 《俄地区发展部前副部长因涉嫌侵占巨额公款被捕》，俄新网，2012年11月10日。

游业以及为实现国家计划提供科学和人才保障等多个领域的问题。①

俄政府确定的目标是使远东成为俄罗斯在亚太地区的中心。加速远东开发，将其转变为经济多元化、经济结构以高附加值的高技术产品为主、具有竞争力的地区，同时为俄罗斯经济发展创造新的可能；根本改善远东地区的社会人口形势，创造条件减少远东地区居民外流，使本地区居民生活水平达到俄欧洲地区的平均水平，为远东引进高技术人才。

通过实施《远东开发纲要》，到 2025 年，使远东地区产值比 2011 年增长 1.5 倍，该地区在俄 GDP 中的占比应从 2011 年的 8.6% 提高到 10.2%，投资增长 3.8 倍，工业产值增长 70%，制造业在地区产值中的占比从 2011 年的 5.5% 提高到 8.5%，在联合预算中的占比从 3.7% 提高到 4%，远东地区工资比全俄平均水平高 25%。达到年均住房建设 1500 万平方米，人均住房面积从 2011 年的 21 平方米增加到 2025 年的 31.5 平方米。远东居民的平均寿命从 66.5 岁增加到 72.1 岁，地区人口从 1040 万增加到 1240 万。

在《远东开发纲要》框架内，包括 92 个优先发展项目，23 个最大的配套投资项目，地区产值增幅的 1/3 以上将由这些项目保证，它们将是远东和贝加尔地区经济增长的主要发动机。在诸多项目中，交通基础设施项目最多，达到 35 个，包括修复跨西伯利亚大铁路、贝阿铁路，建设北方海道、萨哈林岛跨海通道，修建跨朝铁路，建设赤塔—哈巴罗夫斯克公路、哈巴罗夫斯克—符拉迪沃斯托克公路及雅库特—楚克奇公路等。通过建设复线，将贝阿铁路的运力从现在的每年 1200 万吨提高到 2030 年的一亿吨；建设新的公路、桥梁，改建海港和发展航空运输，对超过 60 个机场进行现代化改造。《远东开发纲要》的另一个目标指向是发展现代产业集群，包括沿“东西伯利亚—太平洋”原油管道建立石油天然气化工综合体，计划在哈巴罗夫斯克、阿穆尔共青城建立石油加工厂，在滨海边疆区建现代化炼油厂，开发萨哈林大陆架，开采雅库特天然气，建设天然气管道、液化气厂等。在已有和新建的创新工业基础上建立产业集群是高技术领域发展的基础，宇航、航空制造、造船和汽车制造业将在

① “Государственные программы Российской Федерации социально - экономического развития Дальнего Востока и Байкальского региона”，俄罗斯远东发展部网站，2013 年 3 月 29 日。

远东高技术经济中承担特殊的使命。

《远东开发纲要》实施期限为2014~2025年，共分三大阶段。

（1）2014~2015年为第一阶段（基本与2014~2016年三年预算同步），主要任务是：

* 开始实施《远东和贝加尔地区至2018年社会经济发展联邦专项纲要》提出的各项措施；

* 对远东和贝加尔地区关键性投资项目、实体经济和社会领域的规划进行可行性研究、经济技术论证及提交设计图纸；

* 建立吸引投资机制，实施该地区实体部门和社会领域投资项目；

* 建立国家规划的法律基础，保证实际支持发展进程，提高远东和贝加尔地区的投资吸引力，减少时间成本和克服行政壁垒。

（2）2016~2018年为第二阶段（基本阶段），主要任务是：

* 继续实施《远东和贝加尔地区至2018年社会经济发展联邦专项纲要》的各项措施；

* 保证地区总产值的增长速度稳定并超过俄罗斯的平均水平，由此来缩小远东和贝加尔地区在经济发展和居民生活水平方面的落后状况；

* 实施发展地区工业潜力的各项措施，取消发展经济和社会领域的各项限制；

* 缩小远东和贝加尔地区联邦主体在教育、医疗、社会服务等领域对居民提供保障方面的落后状况；

* 创造条件扩大地区的税基；

* 保证扩大投资对现有生产能力进行现代化，依靠各种资金来源建立新的经济增长中心；

* 创造条件使远东和贝加尔地区过渡到以生产效益参数全面提高的经济稳定发展模式。

（3）2019~2025年为第三阶段（预测阶段），实施2019~2025年国家纲要的各项参数将由实施2016~2018年国家纲要的中间成果所决定。建议在该阶段实施旨在使远东和贝加尔地区经济超前发展的政策，通过较快增加居民收入、提高社会基础设施质量、延长居民的寿命和提高其文化及教育水平，来提高该地区作为适合长期居住地区的吸引力。

为了实现俄远东地区的超前发展，需要巨额资金的投入。预计执行远东开发的经费总额将超过十万亿卢布（约合 3333 亿美元），其中国家预算投资不足 1/2，其他资金将来自预算外资金和企业投资。

为促进远东开发，俄远东发展部已经向联邦政府提交有关给予远东联邦区企业税收优惠的建议，包括对远东地区的新企业实施利润税、财产税、土地税零税率，期限可以是十年，或更长时间；在远东地区建立经济特区，对进入特区的高科技设备实行零税率等。降低个人所得税，具体给俄罗斯极北地区和相等地区的津贴与地区津贴要取消个人所得税征收。俄罗斯能源部建议对远东地区的采矿企业免除矿产资源税或实行分级税率，期限为 25 年。俄政府则表示，将对那些三年内向远东地区投资不少于 1.5 亿卢布（1 美元约合 30 卢布），或者五年内投资不少于五亿卢布的投资者在项目实施期间的十年内免征联邦利润税。

四 新时期远东开发的定位

从新版《俄罗斯联邦远东和贝加尔地区社会经济发展国家纲要》提出的各项目标任务，可看出当前俄远东开发的定位。

1. 把东部地区作为未来发展的能源基地，确保俄罗斯的能源大国地位

第一，确保国内能源储备供应，从政策上鼓励勘探、开发远东和贝加尔地区的油气资源。俄罗斯科学院远东分院中国问题专家拉林认为，开发远东具有开发能源和原材料的特点。这涉及更大规模地勘探和开采当地煤炭、石油、天然气等资源。第二，实现能源出口多元化。俄罗斯主要能源市场是欧洲，东向曾被忽视，今后将从主要面向欧洲转向兼顾欧洲和亚洲。从长远来看，俄罗斯向中国及其他亚太国家供应的石油将主要来自远东沿海和东西伯利亚两大地区。这些地区的石油品质很好，主要指标超过俄罗斯的乌拉尔石油（Urals）出口标准，大部分是轻质低硫石油，其密度低于 0.87 克/立方米，含硫量低于 0.5%，[①] 其

① А·Э·Конторович, А·Г·Коржубаев: "Прогноз развития нефтегазового комплекса Россиии экспорта нефти, нефтепродуктов и газа на новые рынки АТР". журнала Инновации. Технологии. Решения.

油气储量和开采能力能够满足亚太地区未来能源需求的增长。远东和东西伯利亚地区将成为亚太地区乃至全球的极为重要的能源基地。《俄罗斯2030年前能源发展战略》预计，到2030年，俄向亚太地区的石油出口额占石油总出口额的比例将由2008年的8%上升到22%～25%，在天然气方面，将由2008年的0增加到20%，远东将是主要的出口基地之一。《俄罗斯联邦远东和贝加尔地区社会经济发展国家纲要》提出，到2020年，远东地区提供给中、日、韩、蒙、美国太平洋沿岸和其他国家的天然气达到1030亿立方米，到2030年达到1440亿～1700亿立方米。到2020年，远东对亚太市场石油出口将达到1亿～1.1亿吨，到2030年达到1.12亿～1.13亿吨，成品油供应分别达到3000万～3500万吨和4000万吨。

2. 使远东成为连接欧洲与亚太地区的门户和桥梁

普京提出，俄罗斯将引入国内外资本，大力发展远东地区的基础设施建设（包括公路、铁路和港口），以促进俄罗斯与亚太地区的经济联系。俄罗斯《2030年前交通发展战略》和《远东和贝加尔地区2025年前社会经济发展战略》都把发展远东基础设施建设作为优先方向，其目的不仅为东部地区自身发展打下基础，还要把远东作为加入亚太地区的桥头堡和连接欧亚的桥梁。俄罗斯远东长远利益就是凭借远东地区的战略地理优势和利用远东的资源优势，吸引更多的国家参与远东资源开发和经济发展，促进俄罗斯更快地加入亚太地区的多边经济合作，真正实现同世界经济的一体化。

3. 使远东成为高科技产品的生产和出口基地

俄政府为远东开发提出的两大战略任务是：利用亚太资源为国家现代化服务；推进俄有竞争力的高技术产品进军亚太市场，通过开发远东实现与亚太经济体的战略对接。按照设想，未来远东地区不仅要扩大能源资源出口，还要吸引资本投入本地的高科技产业和加工产业，以此来提升自己的产业结构和技术创新能力，最终能向亚太地区出口，融入亚太经济一体化进程。

4. 建立远东粮食出口基地和通道

俄罗斯远东地区耕地面积较大，近些年由于劳动力匮乏、投入不足、种植品种退化，土地撂荒面积占可耕地面积比重较大。据专家估算，整个远东地区原有可耕地280万公顷，20世纪90年代锐减至226万公顷，近几年每年实际播种面积只有130余万公顷。种植业不景气也直接影响到畜牧业，其跌幅比种植业还高。所以，投资远东地区种植业、养殖业，发展空间较大。

加强粮食安全是2012年符拉迪沃斯托克亚太经合组织峰会的重要议题。近年来随着对农业投入力度的加大，俄罗斯作为粮食出口国在世界粮食市场的地位不断提高，每年可出口粮食500万~1000万吨，成为仅次于美国、欧盟和加拿大的世界第四大粮食销售国。2009年6月，俄罗斯在世界粮食论坛上提出，计划用10~15年的时间将粮食年产量提高到1.35亿吨，将粮食出口总量增加到4000万~5000万吨，从而将俄在世界粮食出口市场上的份额提高到20%。俄罗斯将加大对亚太地区的粮食出口规模，为西伯利亚和远东地区的发展提供引擎。

5. 实施加速战略缩小东西部差距

《远东和贝加尔地区2025年前社会经济发展战略》提出，2011~2025年，该地区发展的总体战略目标是通过实施“加速战略”，使区内各联邦主体的GDP增速超过全俄GDP平均增速0.5个百分点，使该地区经济社会发展达到全俄平均水平，并使收入低于低保线的居民比重从24.5%降至9.6%，实现稳定人口数量的地缘政治发展任务。

五　面临的困难及可能的模式选择

俄罗斯开发远东面临两大难题：一是财力紧缺，二是劳动力不足。如何落实开发计划，如何提供资金和政策支持来加快远东地区发展，是俄政府面临的紧迫问题。

1. 如何落实资金

远东开发实际面临还旧账和新建设两位一体的任务，实施《远东开发纲要》需要巨额资金投入。远东联邦区目前的主要外资投资国是：荷兰（48%）、日本（12%）、英国（8%）、印度（4%）、新普罗维登斯岛（7%）、塞浦路斯（5%）。最具吸引力的行业是矿物能源开采业，2011年的外资总额为93亿美元，占该行业投资的比重为93%。《远东开发纲要》提出，执行该计划的经费总额将超过十万亿卢布（约合3333亿美元），其中国家预算投资不足1/2，其他资金将来自预算外资金和企业投资。[①] 联邦预算资金主要用于基础设施建设。有评估认为，仅发展基础设施就需要投入1.33万亿美元，目前俄政府一些主管部委尚未就投资规模、来源等问题达成一致，认为政府没有满足投资需求的能力，必须营造最佳投资环境来吸引投资，政府提出引进外资的规模必须成为地方行政长官最主要的业绩考核指标。

俄远东发展部提出，所吸引投资的九成应来自俄罗斯国内，仅一成为外国投资，其中外国直接投资的比例为2%～4%。远东发展部部长伊沙耶夫强调，按照国家规划，到2025年，远东和贝加尔地区的国内生产总值将增加160%，吸引投资额增加280%。俄欢迎外国投资参与远东开发，但应是“对俄方有益的项目”。

2. 如何引进人力

远东开发面临的另一个主要问题是人口形势不断恶化，人口自然增长和移民增长双赤字。苏联解体后，远东地区立即出现严重的人口外迁，且以高素质专家、技术骨干和年富力强者为主。1989～2010年，远东人口减少近1/3（200多万），苏联时期建设的多个中小型工业城市，由于人口锐减，也不得不废弃。据2010年进行的全俄人口普查数据，远东人口670万，占全俄总人口的4.68%，比2002年全俄人口普查时减少39.97万。[②] 地区人口不足导致市场容量小，活跃程度低，严重制约了远东地区经济总量的扩大和规模化发展，难以形成有活力的市场环境和竞争性社会氛围。与此同时，远东和贝加尔地区的人均劳动生产率也相对低下，仅相当于日本的1/4、美国的1/6、澳大利亚的1/5，同时也低于全俄平均水平。因社会环境欠佳、居民收入严重落后于俄中心地区。俄当局对远东地区人口问题的关注度不断升级，甚至把这一问题上升为对国家经济安全和领土安全的威胁。目前自外部移民成为该地区发展的现实选择，如何有效地组织外来移民开发远东地区是俄中央政府和远东地区各级政府亟待解决的核心课题。

由于存在上述结构性问题，现阶段远东开发的条件已不同于以前。俄远东

① Госпрограмма развития Дальнего востока и Байкальского региона обсуждается в Правительстве РФ，23 Февраля 2013 г，http：//gazetarb. ru.

② Минвостокразвития хочет увеличить население Дальнего Востока до 124 млн. человек，http：//primamedia. ru/news/dv/10. 01. 2013.

发展部提出，未来地区发展将从“追赶型”向“超前型”转变，能否实现这一转变，不仅取决于远东开发的力度，也取决于其开放的程度。本文认为，新一轮远东开发目标宏大，任重道远。从开发模式看，只能量力而行，“点状开发”是现实选择，不大可能全面铺开；从资金来源看，中央政府无力大包大揽，应是国家－私人－外资相结合；从管理体制看，指令性计划早已退场，将是政府主导下的市场化运作；从开发方式看，必须走国际合作之路，特别是加强与亚太近邻的经济合作；从开发理念看，不能以高能耗、高物耗、高污染为代价，而是要在环境可持续发展的前提下实现经济增长。

六　中俄在远东地区合作领域

中国正在实施“十二五”规划，俄罗斯正在推进其创新发展战略，二者结合将孕育巨大的合作潜力。远东开发为扩大提升中俄合作的规模和水平提供了新的契机，当前在世界经济形势不利的情况下，中俄要保持互信、互谅、开放、包容，才能在远东开发中实现互利共赢。

1. 远东开发将促进中俄地区合作向广度和深度发展

远东开发战略的实施将促进地区合作模式的转型升级，带动中俄边境地区区域经济发展。中俄地区合作将从一般货物贸易向投资、技术引进、合作发展、劳务往来、服务贸易等领域拓展和深化。在当前形势下，需要在原有基础上对地区合作规划进行调整和补充，实现与现阶段远东开发项目对接，找到落实中俄地区合作纲要的抓手，确保地区合作规划能落到实处。

2. 能源资源开发仍是战略性重点合作领域

在远东开发的初始阶段，原材料和能源出口仍为拉动远东经济增长的动力。从未来两国经济发展看，中俄在能源、资源开发领域具有巨大的潜力和广阔的合作前景，中俄在远东开发中的相互投资也将主要发生在这些领域。未来双方的能源合作应更强调互利共赢，而不应笼统地谈什么“中国威胁论”“资源附庸论”，使其成为干扰合作的因素。任何经济体，在开展合作时都是以各自的资源禀赋、产业结构和国际比较优势为基础和前提的，双方应根据自己的能源发展战略和安全战略，协调各自的利益关切，开展更加广泛的能源合作，推动合作方式由资源贸易型向生产加工型转变，按照立足长远、互利互惠的原则建立起紧密的利益纽带。

俄罗斯打算向中国投资者推荐一系列合作项目，包括讨论中国投资在俄境内参与开采矿藏的事宜。

3. 创新转型带来双边合作新的增长点

俄罗斯东部地区的科学研究事业非常发达，俄罗斯科学院下设的两个地区分院——西伯利亚分院和远东分院均设在东部地区，其所属研究所分布在东部地区的各大城市，仅远东分院分布在远东地区各大城市的研究所就有41个，其中绝大多数是应用技术研究机构。这些研究所有相当数量的科研成果处在市场转化阶段，需要注入资金。金融危机后，中俄两国都面临着创新转型、调整结构的重任。中国"十二五"计划提出了提高产业结构竞争力的重要任务，明确了节能环保、新一代信息技术、生物、高端装备制造、新能源、新材料、新能源汽车为七大战略性新兴产业①。俄罗斯2020年社会经济中期发展战略中提出改变经济增长方式，实现经济现代化的中心任务，普京在其竞选文章中提出将制药业、化工、复合材料、航空航天、信息通信技术、纳米技术和核工业作为俄现代工业的优先发展方向。② 在高科技领域，中俄两国确定的战略产业有很大一部分是重合的，中国在消费品生产、资源深加工、工程建设、技术成果产业化等方面具有一定优势，俄罗斯在高技术、重大装备、新材料、技术研发等方面具有相当优势，在远东开发中，可望在这些领域形成战略竞合关系，联合研发潜力巨大。

4. 加大基础设施建设力度、提高经贸合作潜力

良好的基础设施保障，对于扩大区域内的经贸发展和人员往来，增强区域整体竞争力，促进区域内各国经济发展均有重要意义，未来加大在基础设施建设领域的合作是促进区域经济合作发展的先决条件。俄罗斯东部地区的交通运输等基础设施非常薄弱，运输服务水平较低。虽然远东和贝加尔地区的面积占俄国土总面积的45%强，但是铁路的运营里程仅占俄罗斯铁路运营总里程的13.8%，公路里程占9.5%，内河通航里程占28.7%。加之道路、交通设施和

① 中国《国务院关于加快培育和发展战略性新兴产业的决定》，2010年10月10日。

② 普京竞选文章《论我们的经济任务》，〔俄〕《公报》2012年1月30日。

机车车辆陈旧等因素，既有无路可行的问题，又有以往设施年久失修的问题，难以形成有效的物流系统，制约着该地区的经济发展。

俄罗斯政府远东开发战略的优先方向之一就是要加大对该地区基础设施建设的力度，使其符合东部地区经济振兴的要求。中国拥有非常有竞争力的工程队伍，尤其在修桥、修路、修铁路等基础设施建设上，中国的设计队伍和施工队伍都非常成熟。俄罗斯多次提出与中国合作的关注点应转向非资源领域。在这一大背景下，未来可把继续拓展区域内公路、铁路、电力、通信、信息等基础设施互联互通的合作纳入非资源领域合作的大框架。事实上，中俄地区合作的许多项目也在这一领域，未来可探讨引进国际通用的 BDO、BOT、BOO 等多种合作模式，提高双边合作的潜力。

5. 拓展农业开发合作

目前俄罗斯是中国农业“走出去”最大的目标区域。中俄农业合作的主要形式为农业劳务合作、农产品贸易和农业经济技术合作（包括租赁土地、中方购买俄土地使用权、双方合作生产）三种形式。由于种种原因，现阶段农产品贸易额不大，不到双边贸易额的5%。而俄外籍劳务配额和移民政策趋紧、市场保护政策多变、营商投资环境不佳等因素也在制约农业开发的扩大。为此，需要发挥政府间合作机制的推动作用，将两国农业合作作为中俄经贸合作分委会重要议题予以推动，指导和推动中国在远东地区农业合作项目的实施，并作为扩大中国农业“走出去”的切入点。中国企业要切实了解熟悉俄罗斯市场，包括了解俄罗斯入世后有关法律法规、技术标准、现行政策的新变化，适应新的政策环境和管理方式，使自己的经营和投资行为更加适合俄修订后的法律和政策导向，同时提高境外中国劳务人员的科技素质和专业技术，并根据市场新变化来调整长期战略规划，谋求更大发展。

6. 深化金融合作助推远东开发

近年来，中俄在融资、保险、银行卡等领域的合作规模不断扩大，在国际金融领域的协调不断加强。劳动力相对便宜和资本充足是中国“走出去”参与远东开发的比较优势，中国能够胜任开发远东所需资金和劳动力的主要提供者的角色。俄实业界人士普遍认为，考虑到远东发展资金需求庞大，必须拓宽融资渠道，要有效利用国家－私营伙伴机制，争取更多利用私人投资。按照俄业内人士看法，可以借助俄罗斯和中国共同设立的投资基金来落实远东地区发展的部分优先项目。2011 年 10 月，时任总理普京访华期间，中投公司与俄罗斯直接投资基金和俄罗斯国家开发银行签署合作备忘录，三方共同发起成立了“中俄投资基金”。[①] 2012 年 6 月 5 日，中投公司与俄罗斯直接投资基金签署了《中俄投资基金管理公司正式成立及其基本原则的备忘录》，标志着合作基金的全面启动。2012 年 9 月 7 日，在符拉迪沃斯托克 APEC 峰会期间，“中俄投资基金”已做出第一笔投资决定——向俄罗斯第二大林业公司“俄罗斯森林产品公司”（russia forest products）注资两亿美元。[②] 可以认为，“中俄投资基金”的创立和运作，将会进一步强化中俄在远东开发中的合作基础。

附录

《东北四省区对俄合作框架协议》[③]

2012 年 8 月 10 日

为适应中俄战略合作新形势、抢抓中俄合作新机遇、提升东北地区对俄开放整体水平，本着互惠互利、互为支撑、推动一体开放、实现合作共赢的共识，辽宁省、吉林省、黑龙江省和内蒙古自治区行政首长经过充分协商，达成本合作框架协议。

一、继续落实中俄地区合作《规划纲要》。在国家发展改革委、外交部等国务院有关部门的组织协调下，定期开展研讨活动，交流中俄地区合作的经验，配合国家有关部门研究出台政策措施，努力形成全力落实《中国东北地区与俄罗斯远东及东西伯利亚地区合作规划纲要（2009 ~ 2018 年）》的良好氛

① “中俄投资基金”以有限合伙制形式设立，进行商业化运作，目标募集规模为 20 亿 ~ 40 亿美元。其中，十亿美元将由中投公司及其相关方出资，十亿美元由俄罗斯直接投资基金出资，剩余资金将向第三方国际投资者募集。其中 70% 的资金向俄罗斯和独联体境内项目投资，30% 向中国境内项目投资，每一个项目的最低投资额为 2500 万美元。

② 俄罗斯森林产品公司位于俄罗斯远东地区，这家公司的大部分产品向中国出口，并占据俄罗斯出口中国木材产品总量的 10%。

③ 东北振兴网，2012 年 8 月 10 日，www. chinaneast. gov. cn。

围。积极参与筹备建立中俄地区合作发展（投资）基金，共同出资设立基金并支持相关项目的实施，形成稳定的对俄合作资金渠道。条件成熟时东北各省（区、市）设立子基金。充分发挥满洲里国家级开发开放试验区、中国图们江区域（珲春）国际合作示范区、黑瞎子岛中国对俄合作示范区和绥芬河国家级综合保税区的示范作用，引领东北地区对俄合作实现新突破。

二、加强对俄经贸展会合作。扩大哈尔滨国际经济贸易洽谈会、东北亚投资贸易博览会（长春）、海拉尔中俄蒙经贸洽谈会、满洲里中俄蒙国际冰雪节及东北地区其他重大国际会展规模，互相借鉴成功经验，积极互派代表团参会，从规模、水平、效果、影响等方面合作，将东北四省区重大国际会展办成全国对俄经贸投资合作的平台。

三、发挥境外经贸合作区的平台作用。积极利用中俄乌苏里斯克经济贸易合作区、中俄赤塔工业合作园区等东北地区在俄境内的重点经济贸易合作区平台，引导和鼓励优势企业进驻园区，发展跨境加工贸易。根据境外投资合作的需要，在东北四省区合作机制框架下，由轮值省区主持，联合申请国家建立新的境外经贸合作区，共同打造区域性国际经济合作区。共同推进境内国际示范区及相关园区的开发建设，制定相关扶持政策，鼓励境内外企业、资金、技术、人才等优势资源向园区集聚，与境外经贸区优势互补、联动发展。

四、共同打造标志性合作项目。通过东北四省区对俄投资服务信息资源共享机制，积极引导企业采用多种形式联合、合作，争取在能源、资源、原材料、农业、加工业、旅游、国际交通等方面，打造规模大、层次高、在中俄双方均产生重大影响的地区合作标志性项目，推动《黑龙江和内蒙古东部部分地区沿边开发开放带发展规划》的编制工作，促进中俄边境地区合作发展。

五、共同开发俄腹地市场。依托黑龙江省在莫斯科建立的格林伍德商品营销中心、内蒙古自治区在赤塔建立的商品展销中心和在伊尔库茨克建立的菜果储运分拨中心以及东北四省区在俄设立的贸易合作机构，定期举办东北四省区名优商品展示和营销活动，扩大自产商品在俄欧洲地区的影响，提高东北地区产品知名度和市场占有率。

六、加强国际通道领域合作。充分利用东北四省区现有陆路、水路、航空交通运输优势，互通物流运输信息，扩大陆海联运规模，实现常态化。延伸现有对俄航线，推动伊尔库茨克、布拉戈维申斯克、哈巴罗夫斯克和符拉迪沃斯托克分别至哈尔滨、长春、沈阳、大连的航线辟建，并适时相互延伸，推动辟建新西伯利亚、克拉斯诺尔斯克至满洲里的双向对开航线。以东北腹地为依托，共同推动大连港国际航运中心建设和丹东港、营口港等国际运输业务发展，推进经珲春至俄扎鲁比诺港到日本新潟、韩国束草陆海联运等面向东北亚国际航线的辟建。

七、强化对俄科技和创新合作。以科技部2009年倡议成立的对俄科技合作联盟为基础，共同推动对俄技术和创新合作的多样化、集约化，提升中俄技术合作整体水准，避免低水平重复。密切黑龙江中俄科技合作及产业化中心、长春中俄科技园和沈阳中俄科技合作基地等载体的合作，发挥各自优势，形成横向协作开放式平台，面向区域内高校、研究院所和大企业的技术需求，建立综合性、专业化、全方位的服务体系，形成引进技术、消化吸收、二次开发创新和产业化的链条。共同申请国家科技经费支持，引进、优化和应用俄罗斯科技和创新资源，推动东北四省区的科技和创新合作资源共享和集成，解决产业发展的共性和关键问题。以“哈尔滨国际科技成果展交会”“满洲里中俄蒙科技展暨高新技术产品展览会”“中国国际装备制造业博览会”“中国国际专利技术与产品交易会”“呼伦贝尔中俄蒙国际工程机械装备博览会”和“俄罗斯远东科学院科技展”等系列国际展会为载体，开辟建设科研成果转化应用平台，拓宽国内外先进技术向企业转移的渠道，加速科技和创新成果的引进、消化、吸收和再创新。

八、拓展对俄教育交流与合作。共同组建中国东北地区与俄罗斯远东、东西伯利亚地区大学联盟，在此框架下，依托双方的地缘、科技和产业优势，通过举办校院长论坛、组织各类教育展、召开学术会议，开展科技交流、师生交流等活动，进一步扩大中俄地区高校教育领域合作。

九、推动建立中俄毗邻地区多层次合作机制。在中俄地区合作框架内，配合国家建立以中俄两国部委协商为核心的中俄国家层面地区合作协调推进机制。发挥国家发展改革委的牵头作用，以东北四省区行政首长协商机制为平台，与俄联邦远东发展部开展交流合作，构建推动我国东北地区与俄罗斯远东地区大区域合作的推进机制。以中俄经贸展会和国际论坛为平台，定期在两国轮流举行各种中俄地区合作会议，加强毗邻地区省州定期互动交流活动，逐步建立中俄地方合作省州层面互动推进机制。支持毗邻地区行业协会（学会）以及企业扩大交流与合作，建立民间和企业合作协作推进机制。

根据《东北四省区行政首长协商机制框架方案》，国家发展改革委主持的东北四省区秘书长协调会议负责对本《合作框架协议》的落实进行监察、督办，并帮助协调解决重大问题。四省区主管副省长（主席）负责本《合作框架协议》在所在省区的推进落实工作。在四省区秘书长协调会议机制下，由东北四省区行政首长联席会议轮值省区发展改革委牵头，统筹协调和组织四省区的合作协议的推进工作，通过定期召开会议、相互考察等形式，推动合作协议的落实。

本《合作框架协议》一式四份，签署方各执一份，自签署之日起生效，如需修改，由四方适时商定。

黑龙江省人民政府　辽宁省人民政府

二〇一二年八月十日　二〇一二年八月十日

吉林省人民政府　内蒙古自治区人民政府

二〇一二年八月十日　二〇一二年八月十日

第十三章　独联体投资环境及中国参与合作的机遇

作为中国的重要周边因素之一，独联体的稳定与繁荣，各领域一体化的挫折与进展，都在以不同的方式和在不同程度上对我国的外交环境、安全环境和市场机遇产生着不可忽视的重要影响。从经济合作领域看，需要关注的主要问题有：独联体已经走过20年历程，这期间其经济发生了哪些变化？2008年爆发的全球金融经济危机对独联体地区产生了哪些影响？独联体一体化进程有哪些进展？俄罗斯作为2010年独联体轮值主席国，其对独联体经济一体化有哪些新的政策诉求？独联体国家在改善投资环境方面取得了哪些进展？后金融危机时期中国与独联体国家开展经贸合作的思路等。

第一节　独联体在世界经济中的地位

经济全球化和经济地区化是第二次世界大战后世界经济中的两大潮流。在经济地区化兴起和蓬勃发展的大背景下，独联体的一体化是一个非常重要和特殊的现象。迄今为止，独联体已走过20年的历程。独联体引起世人关注的原因在于：第一，在国际经济分工合作中，独联体是一个不可忽视的巨大的地区国家联合体；第二，苏联的解体并不意味着这一地区各国经济链条的完全断裂，而只意味着进入了一个新经济关系构成之前的调整时期，独联体正是有着悠久的历史和文化联系的苏联原各共和国在新的历史条件下的政治、经济、军事等关系的重新组合；第三，独联体一体化不仅对该地区的地缘政治、经济发展和军事安全格局产生重大影响，而且还将在很大程度上影响多极化世界的形成和发展；第四，独联体一体化在经历了20世纪90年代的缓慢发展后，目前正在恢复并加速，经济一体化呈现出多种形式。

一　自然资源潜力

独联体最初由苏联除波罗的海三国以外的12个共和国组成，面积为2222.96万平方公里，横跨欧亚两州（即欧洲东部和亚洲北部），相当于全球陆地面积的16.4%，是世界上幅员最大的国家集团。独联体12国的领土从北到南约5000公里，从西到东约为10000公里，从楚克奇半岛到加里宁格勒，横跨11个时区，约占世界陆地面积的1/6，或占地球温带纬度带全部陆地的大半。2005年8月，土库曼斯坦宣布退出独联体，成为独联体的联系国。2009年8月18日，格鲁吉亚正式退出独联体。

独联体中最大也是全世界面积最大的国家是俄罗斯。俄罗斯拥有1700多万平方公里的陆地，相当于整个独联体面积的77%。排第二位的是哈萨克斯坦，拥有270多万平方公里，为世界第九大国，乌克兰排第三位，面积为60.4万平方公里，超过欧盟最大的国家——法国的面积。独联体的四个核心国——俄罗斯、乌克兰、哈萨克斯坦和白俄罗斯继承了苏联领土面积的85%和资源的90%。独联体中只有四个国家——阿塞拜疆、亚美尼亚、格鲁吉亚和摩尔多瓦的面积小于十万平方公里，在欧盟这样的国家有七个。

苏联曾以其丰富的自然资源储备著称于世，它和美国是世界上拥有能源最丰富的两个国家，但只有苏联不仅能够依靠自己的资源保证国内的一切需要，而且能够大量输出能源和电力，独联体继承了这笔丰富的遗产。在世界上已探明的自然资源储备中，独联体约占1/4以上，其中有40%的天然气、20%的石油、25%的煤、11%的再生水资源和13%的耕地。独联体农业用地5.24亿公顷，但在世界粮食产量中占比大约63%。①

① “Международнный экономический комитет экономического союза”. Информационный бюлетень 1997г. Номер. 3 стр. 9.
“Евразия в поисках идентичности” Институт экономики РАН, 2011. стр. 94.

独联体几乎拥有世界上所有的已知矿产。铁、锰、石棉矿的探明储量和产量均居世界前列，许多有色金属、磷酸盐原料、铬铁矿等矿产的储量和产量在世界上占主导地位。除亚美尼亚和摩尔多瓦外，几乎所有的独联体国家都有不同厚度的石油天然气矿床。

独联体各国拥有不同的资源使其具有一定的竞争力。俄罗斯的自然资源和科技成果拥有量在独联体中均排第一位。具有高需求的矿产资源在俄国内就有 70 多种，其中储备最多的有石油（占世界已探明数量的 17%），天然气占 30%，铜、铝、铅、锌、镍、钴等有色金属和金、银、铂等贵金属占世界总量的 10% ~12%，铁矿占 17%，石煤占 6%，除此之外还有金刚石和其他矿产。

哈萨克斯坦也以矿产资源丰富著称。在门捷列夫元素表中的 110 种元素中，哈萨克斯坦的地下矿藏占 99 种，已探明的有 70 种，已利用的有 60 种。哈国内有十个石煤和褐煤及油页岩产区，155 个煤田和 102 个极其丰富的石油天然气储备。已开采金属矿有 60 种，已探明和正在开发的有锰、铬、钛、镍、钨、钼、铜、铀、金、铅、铝土矿。

乌克兰拥有大量有待于开采的煤、铁矿、钾盐、石油和天然气、汞和钛矿储备。同时还拥有全球 1/3 的黑土地和欧洲 27% 的耕地。

乌兹别克斯坦在铜、银、金、铅、锌、钨、天然气及其他矿藏储备方面也在世界上占有主要地位，专家估计，仅已探明的矿产资源储备就约达三万亿美元；其黄金储量世界排名第四，开采量在独联体国家居第二位（俄罗斯居第一位），但在人均拥有量上居第一位；铀储量排世界第八，紫铜储量世界第十一位。

土库曼斯坦为世界上五个最大的天然气储备国之一，已探明的石油和石煤的储量相当大，发现了非常有前景的各种盐、硫黄、地蜡和包括黄金在内的贵金属，以及一些非常罕见的宝石。

阿塞拜疆的矿产也很丰富。除了众所周知的巨大石油储备外，地下还开采出了大量的铁、钼、钴、砷矿，据专家的意见，在甘贾附近还发现了具有世界意义的明矾石产地。

白俄罗斯在苏联各共和国中已经连续几十年保持了钾肥开采和大型汽车、

拖拉机和化学纤维生产的领头羊地位。

吉尔吉斯斯坦进入了全世界黄金储量最大的15国行列。

塔吉克斯坦也逐步增加了符合国际标准的铝的生产，亚美尼亚增加了铜矿和钼矿的开采和加工量，格鲁吉亚美好的发展前景是与它的锰产地以及其特产——茶叶、烟草、柑橘、香料和桐油联系在一起的，摩尔多瓦除了有良好的气候和富饶的黑土地外，还有大量的白石灰石、水泥原料、石膏和玻璃砂储藏量。

根据已探明的储量，独联体国家的铜、铝、锌、铅、钨、汞在世界上均占第一位，独联体国家生产世界初级铝的15%、约30%的镍、10%以上的紫铜、11%的矿物肥、11%的钢、1/3的高级铝，提供的钢材占世界钢材出口总量的16%。

独联体国家还拥有丰富的森林资源。苏联时期，全国的森林覆盖率达35.6%，独联体平均森林覆盖率达25%，而俄罗斯的森林覆盖率高达42.7%，覆盖面积近八亿公顷，占世界的20%，木材蓄积量800多亿立方米，占世界的25%以上，目前独联体的森林采伐仅利用了一半。

二　生产资源潜力

在苏联70年的经济建设中，按照以统一的国家劳动地域分工为基础的特殊模式，布局了各加盟共和国之间的经济联系。同时，在各加盟共和国统一配置各种资源要素的基础上形成了以能源（包括燃料和电力）、原材料（包括黑色和有色冶金、化学和石油化工、建材）、加工制造业（包括机器制造业、金属加工、木材加工和纸浆等）为主的三大支柱产业群和以航天、原子能、微电子等技术密集型产业为代表的先导产业。从20世纪70年代之后，苏联开始努力填补新兴产业部门，在三大支柱产业中均出现了明显的升级趋势，但这一趋向由于苏联的解体未能继续保持下去。20世纪90年代，独立之后的苏联各个加盟共和国希望按照国际市场需求和本国的经济优势来调整产业结构和选择出口方向，逐步摆脱对俄罗斯的依赖（见表13－1）。

表 13－1 独联体国家部分产品在世界上的生产潜力

单位：%

产品品种	目前生产	生产潜力
电力	10.2	17.9
石油(包括天然气凝析油)	11.6	17.0
天然气	32.8	40.0
煤	10.7	16.5
钢	10.4	22.1
矿物肥	13.0	24.7
化学纤维和纤维线	3.0	6.0
粮食	6.3	12.0
甜菜	19.4	29.7

资料来源：Статистический бюллетень Межгосстаткомитет СНГ. номер 20（156），Москва，1996。

独联体各国的运输－通信系统非常发达，由铁路、公路、河运、海运、管道、航空六种方式组成，其中铁路运输为主要运输方式。独联体国家拥有 14.75 万公里的铁路网，100 万公里的公路，9.5 万公里的内河水道。俄罗斯的铁路运营里程达十万公里以上，仅次于美国居世界第二位。苏联解体后，独联体各国的经济联系遭到不同程度的破坏，客货运输量都有较大幅度的下降。据一系列国际组织的估计，独联体国家开发使用运输通信系统的年收入达 1000 亿美元。①

由于拥有丰富的水能和煤炭资源，独联体国家的电能产量占世界第四位。1996 年，在独联体境内共生产了 12500 亿千瓦电能，相当于世界总量的 10%。但在应用这一潜力方面还不是非常有效：独联体电能生产总量超过欧洲工业发达国家相应指标 0.5 倍，但在一些地区至今还不能保证有效的电能供应。

如表 13－1 所示，独联体国家最重要的资源型产品生产目前仅占世界的 10%，而其生产潜力几乎比这一水平高一倍。根据俄罗斯学者的估计，独联体国家人均的 GDP 大大落后于世界平均水平。独联体国家内部在 GDP 上的差距更大，目前这一差距仍在扩大。1992 年，这一差距为 5.5 倍，1996 年扩大到

① “Евразия в поисках идентичности” Институт экономики РАН，2011. стр. 96.

6.9 倍（按购买力评价计算为 11.6 倍）。这同样表明，一体化发展的可能性利用得很不够（见表 13－2）。

表 13－2　独联体国家主要经济指标（2008 年）

国家/指标	按购买力平价计算的 GDP(亿美元)	GDP 同比增幅(%)	在世界 GDP 中占比(%)	按购买力平价计算的人均 GDP(美元)
世界	696976	3.1	100	10415
发达国家	377901	0.8	54.22	38220
独联体	31567	5.5	4.53	11543
俄罗斯	22884	5.6	3.28	16116
乌克兰	3364	2.1	0.48	7271
白俄罗斯	1187	10.0	0.17	12261
摩尔多瓦	106	7.2	0.02	2925
亚美尼亚	187	6.8	0.03	6070
阿塞拜疆	761	11.6	0.11	8765
哈萨克斯坦	1774	3.2	0.25	11314
乌兹别克斯坦	725	9.0	0.10	2656
吉尔吉斯斯坦	115	7.6	0.02	2177
土库曼斯坦	334	9.8	0.05	6641
塔吉克斯坦	130	7.9	0.02	1906

资料来源："Евразия в поисках идентичности"，Институт экономики РАН，2011. стр. 100。

据国际专家的估计，独联体国家潜在的市场空间约 16000 亿美元，其所达到的生产水平可确定在 5000 亿美元限度内。

三　科技资源潜力

苏联素有科技大国之称，在 70 年间，它在发展科学技术方面积累了巨大的潜力，在许多领域取得了令世人瞩目的成就。苏联一向重视基础科学的研究工作，拥有一支庞大的科学家队伍和一流的全民文化素质。苏联科学家在数学、核物理、量子力学、等离子体物理学等领域取得了世界一流的科研成果。截至 1997 年，俄罗斯（包括苏联时期）有九人在自然科学领域获诺贝尔奖，虽然数量大大少于美英等国（美国为 160 人、英国为 44 人、德国为 24 人、法国为十人、瑞典为十人），但仍表明俄具有问鼎世界尖端科技的实力。

20世纪90年代，由于苏联的解体、社会经济转轨和总体经济形势的影响，独联体国家的科研基础“出现了20世纪科技史上前所未有的急剧萎缩”。[①] 这突出地表现在以下三个方面。

1. 科研投入急剧下降

从苏联时期占世界第一位（科研投入占GDP的4%）下降到1992年占世界第27位（科研投入占GDP的0.87%），目前仍远远落后于美、日等发达国家（以俄罗斯为例，详见表13-3）。

表13-3　俄罗斯与主要工业化国家科学发展基本指标

国　家	俄罗斯	美国	日本	德国	英国	法国	意大利	加拿大
用于研究和研制的内部费用（亿美元）	9.6	247.2	92.5	43.3	23.6	27.9	13.2	12.7
占GDP的百分比（%）	1.06	2.84	3.06	2.29	1.83	2.18	1.05	1.61
财政拨款占研究研制费用的百分比（%）	49.9	30.5	22.6	36.2	36.6	45.1	53.9	21.5
从事研究的人员（万人）	42.02	111.41	65.28	23.79	15.84	15.53	7.61	8.46
每万人中从事科研活动的人数（个）	57	82	96	60	55	60	32	54

资料来源：Экономика и жизнь 2000 г. номер 46。

2. 高水平的科技人才大量外流

苏联解体之后，独联体国家出现了强劲的移民潮，其中突出的是高级科技人才的外流，在俄罗斯一度达到年外流十万人。独联体国家科技人才外流的主要目的国家是德国（占总数的62%）、以色列（占22%）和美国（占13%）。除此之外，还出现了内部移民，即科研人员改行从事其他工作。从事科研和研制的人员数量大幅度减少，目前独联体各个研究中心所拥有的科研人员占世界总量的12%。

3. 科技潜力急剧萎缩

20世纪90年代，伴随着经济实力的下降，独联体国家的科技潜力急剧萎缩。以继承了苏联70%以上科技潜力的俄罗斯为例，从1991年至1996年，其

① 联合国教科文组织：《1996年世界科学报告》。

科研、设计潜力和数量萎缩了 75% ~80%。20 世纪 80 年代，苏联的基础研究和应用研究成果中约有 70% 达到世界水平，20% 甚至超过世界水平，到 90 年代中期，独联体国家的相应指标已下降到 25% 和 7%。[①]

四　劳动力资源潜力

2000 年初，独联体的人口总共有 2.83 亿，或相当于世界人口总数的 4.8%，比欧盟的人口约少一亿（欧盟共有 3.75 亿人，约占世界人口总数的 7%）。独联体的人口主要分布在五个国家：俄罗斯为 1.46 亿人，乌克兰为 5000 万人，哈萨克斯坦 1500 万人，乌兹别克斯坦 2458 万人，白俄罗斯 1015 万人，其余七国——阿塞拜疆、亚美尼亚、格鲁吉亚、吉尔吉斯斯坦、摩尔多瓦、塔吉克斯坦及土库曼斯坦总共不到 3600 万人（详见表 13 -4）。需要指出的是，在俄罗斯、哈萨克斯坦、白俄罗斯、摩尔多瓦和乌克兰等五国，在最近几年，由于各种原因，其人口数量在减少。中亚国家的人口出现增长，2011 年哈萨克斯坦人口已恢复到苏联解体前的水平，乌兹别克斯坦、吉尔吉斯斯坦、塔吉克斯坦已经超过苏联解体前的水平。

表 13 -4　独联体各国常住居民人数

单位：年初数，百万人

独联体各国	1991 年	1992 年	1995 年	2000 年	2001 年	2005 年	2006 年	2007 年	2008 年	2009 年	2010 年	2011 年
阿塞拜疆	7.2	7.3	7.6	8	8.1	8.3	8.6	8.7	8.8	8.9	9	9.1
亚美尼亚	3.6	3.6	3.8	3.8	3.2	3.2	3.2	3.2	3.2	3.2	3.3	3.3
白俄罗斯	10.2	10.2	10.2	10	10	9.8	9.8	9.7	9.7	9.5	9.5	9.5
格鲁吉亚	5.4	5.4	5.4	5.1	4.4	4.3	4.4	4.4	—	—	—	—
哈萨克斯坦	16.4	16.5	16.0	14.9	14.9	15.1	15.2	15.4	15.6	15.8	16.2	16.4
吉尔吉斯斯坦	4.4	4.5	4.5	4.9	4.9	5.1	5.1	5.2	5.2	5.3	5.4	5.5
摩尔多瓦	4.4	4.4	4.3	3.6	3.6	3.4	3.6	3.6	3.6	3.6	3.6	3.6
俄罗斯	148.2	148.3	147.9	145.6	146.3	143.5	142.8	142.2	142.0	141.9	141.9	141.8
塔吉克斯坦	5.3	5.6	5.8	6.1	6.3	6.8	6.9	7.1	7.2	7.4	7.6	7.6
土库曼斯坦	3.8	4.0	4.4	4.8	5.4	—	6.7	—	—	—	—	—
乌兹别克斯坦	20.6	21.1	22.5	24.5	24.8	26	26.3	26.7	27.1	27.4	28	28.2
乌克兰	51.7	51.8	51.5	48.7	48.7	47.1	46.7	46.5	46.2	46.1	46	45.8

资料来源：独联体官方网站“Основные социально - экономические показатели государств - участников СНГ за 1992（1994） -2010 годы”。

① “Вопросы экономики”, 1997г. Номер 3，стр. 143.

近年来，在独联体国家出现了人口年龄比例失衡的消极现象，这一趋势在俄罗斯、白俄罗斯和乌克兰三个斯拉夫国家里表现得特别严重，在这三国，年轻人的比重仅占人口总数的21%～23%，而有劳动能力的人群，像欧盟国家一样不足2/3。在中亚国家，居民要“年轻”得多。如在乌兹别克斯坦、土库曼斯坦和塔吉克斯坦，儿童和15岁以下的人群占总人口的40%，成年人仅占总人口的4%。这一消极趋势影响到独联体国家经济自立人口的总数，这些人群中约3/4集中在俄罗斯和乌克兰。目前经济自力人口约占独联体总人口的50%，这不可避免地会降低有劳动能力人口的就业水平。2000年初，独联体国家的失业人口总计为1400万人，在独联体每一个空缺工位平均有41个官方登记失业者在等待填补，但从各国的情况看差别非常大：亚美尼亚平均245个人争一个位置，而乌兹别克斯坦仅1.5个人争一个位置。独联体各国均有大量在非全额工作日就业和根据行政命令处于休假状态的工人。在白俄罗斯，1999年这类人员占大中型企业工人总量的8%，吉尔吉斯斯坦占10%以上，摩尔多瓦约占18%，俄罗斯占13%，乌克兰超过30%。按照1996年底的数字，俄罗斯的劳动资源为8430万人，在世界上排第四位，排前三位的按顺序是中国、印度和美国。①

总之，独联体国家拥有世界上数量最大的自然资源、生产资源和科技资源潜力。合理利用所有最良好的条件和能力，为独联体各国创造了克服危机、提高其在世界经济发展体系中的地位和影响的现实条件。

第二节　独联体经济一体化潜力

一　一体化潜力

一体化潜力系指各伙伴国在全世界的工业、资源、科技、出口、教育、金融和其他指标中，在最重要战略性商品生产中，在满足世界和地区商品、服务、资本和劳动力市场需求中的总比重。

① “Вопросы экономики”, 1997г. номер 3, стр. 138.

由于其特殊的地理位置，独联体成为联结一体化的欧洲和飞速发展的亚太各国的地缘和社会文化纽带。独联体各国由于占有跨国经济合作的优势，具有形成商品和服务市场的所有前提和足够的经济潜力，应该在国际劳动分工中占有当之无愧的地位。通过前面的介绍我们已经看到，就资源潜力而言，目前世界上的三个主要经济组织（即北美自由贸易区、欧洲联盟和亚太经济合作组织）没有一个能与独联体相比，但遗憾的是，独联体在国际舞台上只能起第三流集团的作用。在经济发展指标方面，独联体不仅落后于这些集团，甚至不如某些第二流的经济集团，如东盟、南锥共同体。表 13－5 的数据表明，近年来，独联体国家在世界经济中的状况大大恶化，独联体的经济规模和质量指标与其潜力并不相符。根据 IMF 数据，独联体按购买力平价计算的经济总量为 3.1 万美元，2008 年，独联体在世界 GDP 总量中的占比为 4.5%，但其产品结构竞争力较低，在国际市场上，具有竞争力的主要是原材料类产品和半成品。因此，独联体在国际贸易中的占比远低于其在国际生产量中的占比。

表 13－5　一些国际组织在世界经济指标中的比重（包括军事潜力）

单位：%

指　标	北美自由贸易区	欧洲联盟	亚太经济合作组织	独联体
居民	5	7	34	5
按购买力平价计算的国内生产总值	26	24	29	2
国家支出*	21	40	21	1
出口	17	43	25	2
能源消费	30	18	17	12
投资	19	19	36	2
军费支出	37	22	18	3
武装力量	8	14	21	10
核武器	45	2	1	52
常规武器	20～25	10～15	13～15	25～30
用于军事现代化的支出	55～60	20～25	13～15	3
武器进口	4	13	21	0
武器出口	49	29	3	12

注：＊不包括地区和地方权力机构支出的中央政府支出。

资料来源：〔俄〕阿巴尔金主编《2015 年的俄罗斯》，莫斯科，1999，第 14 页。

20 世纪 80 年代冷战结束以后，发展成为世界各国关注的首要问题，经济合作的气氛大为加强。新的经济合作组织不断出现，各大洲的区域经济一体化合作重新活跃，区域经济合作组织之间的合作趋势也在加强。由于有效地利用了地区的劳动分工和生产的社会化，一体化集团与工业发达国家之间的商品贸易量急剧扩大，这表明在这些国家生产的产品竞争力较高，遗憾的是，这些地区不包括俄罗斯和独联体，它们在发达国家与一体化集团的贸易额中仅占 4.2%。作为地区性组织，独联体在国际贸易中的地位也十分微弱，1996 年独联体国家在世界贸易中的比重仅为 2%（相比之下，欧盟 15 国同期为 22.9%，美国为 22.8%。日本和中国各为 10%）。

一体化集团发展中的另一个重要特点是一体化集团内部的相互贸易所占比重较高。如：欧盟内部贸易额在其出口总额中的比重超过 62%，北美自由贸易区的比重为 55%，在苏联的各个共和国之间，1990 年相互贸易占出口总额的 72.1%，1991～2000 年，独联体内相互贸易在贸易总额中的占比从 60% 下降到 28.5%（出口从 71.8% 降至 20.2%，进口从 50.6% 降至 45.4%）。在这种情况下，首先是高加工度的产品比重大大缩小，科技潜力的使用状况恶化。目前，对所需求的高技术含量产品的支付能力基本不具备。这导致了生产的停滞和工艺基础的老化。在航空技术、军工综合体、核物理、电力、机床制造、生物技术、教育、文化和艺术领域中，独联体原有的优势在逐步消失。

独联体国家的一体化潜力是由更有效地利用以下资源的可能性所决定的，包括自然地理位置、领土、劳动力、专家干部；用于解决粮食、能源、生态、国防和其他任务的原料资源基础、社会文化和生产经济潜力；管理体制。独联体国家的领土面积占世界总面积的 16.3%，人口占世界总人口的 5%，科技潜力占 12%。但它们仅创造了世界 GDP 的 12%，占世界出口总额的 1.5%。这些巨大的反差表明，对一体化的可能性、自然资源和生产潜力的使用都还不尽如人意。

独联体国家贸易结构仍然保持了低度化特点。在独联体国家出口商品结构中，主要的仍是黑色金属和有色金属、化工和石油工业产品、矿肥、机器制造业产品和部分消费品。这种低度化的贸易结构使独联体国家同任何一个以出口原料为主的国家一样，在很大程度上依赖于世界经济行情的变化。1997 年，对外贸易的收入因石油、石油产品、煤炭、化肥、有色金属、铁合金及其他资本密集型的原材料的价格下降而大大减少。

二 独联体与国际组织和一体化组织的关系

独联体作为一体化组织成立后，国际社会对其关注明显加强。

1994 年 3 月联合国大会给予独联体观察员地位是独联体发展中的重要里程碑。1994 年 4 月 19 日，联合国贸易和发展会议也给予独联体同样的地位。1994 年 5 月 5 日，联合国贸易和发展会议与独联体执行秘书签署了合作协议。1996 年 5 月，联合国欧洲经济委员会与独联体执行委员会签署了合作协议。

独联体与国际组织的合作范围不断扩大。仅在 1995 年，独联体就与多个权威性的组织——国际劳工组织、世界健康组织、联合国难民署等进行了业务接触。

1994 年联合国秘书长加利、联合国欧洲经济委员会秘书长、欧安会秘书长、世界知识产权组织总干事长，1996 年欧洲安全与合作组织秘书长、北方国家部长会议秘书长等先后访问了位于明斯克的独联体总部。

同样，独联体秘书处的代表也参加了由联合国、欧盟、欧洲安全与合作组织、欧洲经济合作委员会、联合国亚洲和太平洋经济社会委员会、东南亚国家联盟、联合国教科文组织、联合国粮农组织、美洲国家组织以及其他国际组织举行的大型会议和论坛。

所有这些表明了独联体在国际舞台上的权威性，各个国际组织承认独联体是一个国际性的地区组织。

除加强内部的一体化外，独联体各国还积极发展与其他一体化组织的关系。在目前世界上已有的 20 多个经济一体化组织中，独联体国家交叉参加的有：1989 年成立的亚太经济合作组织（俄罗斯于 1998 年 11 月正式加入），1985 年成立的中亚经济合作组织（阿塞拜疆、哈萨克斯坦、乌兹别克斯坦、吉尔吉斯斯坦、土库曼斯坦和塔吉克斯坦于 1992 年加入），1992 年成立的黑海经济合作组织（俄罗斯、乌克兰、摩尔多瓦、亚美尼亚、阿塞拜疆、格鲁吉亚均作为第一批成员国加入）等。

从经贸合作的角度看，与独联体国家关系最密切的经济一体化组织是欧盟（见表 13 - 6）。

表 13－6　20 世纪 90 年代独联体国家与世界部分地区的贸易平衡表

单位：亿美元

国家/年份		世界	独联体	欧盟	美国	中国	迅速发展的亚洲国家	中近东国家	中东欧国家	其他国家
阿塞拜疆	1998	－4.71	－1.73	－0.93	－0.26	－0.05	－0.11	－0.49	－0.1	－1.04
	1999	－1.04	－1.13	2.33	0.53	－0.14	－0.57	0.24	－0.13	－1.12
亚美尼亚	1998	－6.81	－1.49	－1.83	－0.84	－0.10	－0.03	－0.93	－0.31	－1.28
	1999	－5.7	－1.2	－1.47	－0.7	－0.05	－0.15	－0.94	－0.21	－0.99
白俄罗斯	1998	－14.79	－3.94	－10.37	－0.22	0.58	－0.28	0.01	－1.04	0.48
	1999	－7.42	－6.47	－7.89	－0.49	1.31	0.31	0.12	3.27	2.42
格鲁吉亚	1998	－6.92	－1.60	－2.37	－0.65	－0.01	－0.07	－0.3	－0.64	－1.27
	1999	－3.64	－1.18	－0.86	－0.62	－0.03	－0.02	－0.1	－0.35	－0.49
哈萨克斯坦	1998	10.86	1.10	6.46	－1.95	3.31	－0.61	0.57	0.06	1.91
	1999	19.09	－1.34	3.51	－2.68	3.92	0.47	0.85	1.49	12.87
吉尔吉斯斯坦	1998	－3.28	－2.10	0.82	－0.33	－0.28	－0.27	－0.19	0.07	－0.98
	1999	－1.46	－0.76	0.63	－0.43	－0.12	－0.29	－0.11	0.05	－0.44
摩尔多瓦	1998	－3.92	－0.11	－1.98	－0.15	－0.02	－0.07	－0.03	－1.34	－0.20
	1999	－1.11	0.24	－0.61	－0.07	－0.01	－0.05	0.02	－0.48	－0.14
俄罗斯	1998	278.52	20.35	75.35	12.30	20.01	－3.61	14.87	65.41	73.83
	1999	418.96	21.53	128.32	26.03	25.9	12.97	14.97	88.57	100.67
塔吉克斯坦	1998	－1.14	－2.43	2.32	0.01	0.04	－0.01	0.03	－0.08	－1.01
	1999	0.26	－2	1.65	－0.01	0.00	0.05	0.02	0.04	0.5
土库曼斯坦	1998	－4.14	－3.26	－0.83	－0.72	0	－0.03	1.02	－0.16	－0.16
	1999	—	—	—	—	—	—	—	—	—
乌兹别克斯坦	1998	0.93	－0.76	—	—	—	—	—	—	—
	1999	—	—	—	—	—	—	—	—	—
乌克兰	1998	－20.39	－36.95	－10.52	－0.88	6.14	0.82	5.49	0.21	15.29
	1999	－2.64	－34.91	－2.80	0.34	6.20	3.82	5.06	5.51	14.13

资料来源：Межгосдарственный статистический комитет СНГ //*Внешняя торговля стран содружества независимых государств* Москва, 2000г. стр. 20－21。

三　独联体国家经济转轨模式及经济发展现状

苏联解体之后，原各个加盟共和国面临立国、改革与发展三位一体的任务。根据对经济转轨目标模式和优先方向的选择、转轨的政治目标和经济目标的确立、转轨速度的安排和付出的社会代价诸要素的考察，独联体国家在转轨方面大体可分为三种不同的类型，或者说是选择三种不同的模式转轨：俄罗斯、吉尔吉斯斯坦和摩尔多瓦选择"休克疗法"模式转轨；阿塞拜疆、白俄罗斯、哈萨克斯坦、乌兹别克斯坦和土库曼斯坦选择渐进模式转轨；亚美尼亚、格鲁吉亚和乌克兰选择中间道路转轨。由于转轨模式和转轨进度的不同，对独联体各国的政治经济发展产生的影响也不尽相同。但从经济一体化组织的角度考察，可以发现两个相互矛盾的现象。

第一，这种制度建设模式的区别绝不会有助于深化独联体框架内的经济合作。在转轨的进程中，独联体国家的经济空间已经被地区集团分割成四大部分：俄白国家联盟，俄白哈吉塔欧亚经济共同体，哈吉乌塔中亚经济共同体和格乌（克兰）、乌（兹别克斯坦）阿摩组成的古阿姆。对这些地区集团的作用和意义可以给予不同的评价：一方面这表明独联体框架内的协调水平降低，另一方面表明各集团内部正在形成更紧密的一体化关系。

第二，尽管在独联体成立后的前十年中，各成员国都把独立和摆脱对俄罗斯的依赖作为首要的目标，努力在更大的范围内寻找自己的经济合作伙伴，但从各国经济衰退和复苏在时间上的一致性来看，独联体各国在经济上仍然保持着很深的相互依赖性。独联体的许多国家仍然与俄罗斯的能源供应"绑"在一起，对大多数独联体国家而言，俄罗斯仍然是其传统商品的巨大市场。2008年，俄罗斯在独联体各国出口中的占比从阿塞拜疆的1%到白俄罗斯的32%，进口占比从格鲁吉亚的7%到白俄罗斯的70%。[①]

从经济发展看，可以划分为两个大的阶段。从独联体成立到1998年，独联体国家经历了转轨性的经济衰退期。自1999年开始，独联体从总体上已经走出长期经济衰退的阴影：1999年，独联体国家GDP平均增长2.9%，工业

① "Евразия в поисках идентичности", Институт экономики РАН, 2011, стр. 91.

产值增长7%，农业产值增长2%，运输企业的货运量增长4%以上。21世纪头十年，独联体地区经济走势发生了重要变化，各国结束了20世纪90年代苏联解体后出现的政治动荡和经济衰退，除个别年份和个别国家外，独联体经济总体保持了较快增长（见表13－7）。独联体国家的国际收支状况大为改善，各国央行的黄金外汇储备快速增长（见表13－8）。在不同的国家，国际收支改善的原因各异：一些国家得益于良好的出口行情，一些国家来自劳务移民创造的外汇收入，还有一些来自私人资本（包括FDI）净流入的不断增长。根据世界银行的评估，以购买力平价计算的人均GDP水平做标准评估，独联体国家大体可分为三类国家：俄罗斯、哈萨克斯坦、白俄罗斯属于高于中等收入水平的国家（*upper-middle-income countries*）；阿塞拜疆、亚美尼亚、格鲁吉亚、摩尔多瓦、土库曼斯坦、乌克兰属于低于中等收入水平的国家（*lower-middle-income countries*）；吉尔吉斯斯坦、塔吉克斯坦、乌兹别克斯坦属于低收入国家（*low-income countries*）。

2000～2008年，独联体GDP总量增长了90%，外贸额增长4.6倍，其中相互贸易额增长3.4倍。即使在全球金融危机爆发的2008年，独联体GDP平均增幅仍达到5.5%，超过世界经济平均增长3.2%的水平。据国际货币基金组织估计，2008年，按购买力平价计算的独联体GDP总量达到2.9万亿美元，相当于世界GDP总量的4.5%。独联体国家出口总额接近7000亿美元，进口总额4600亿美元，在世界出口中占比3.5%，在世界服务贸易中占比2.5%。这不仅部分缩小了独联体各国之间，而且同时也有助于缩小独联体与世界其他地区的差距，独联体仍然是世界经济中不可忽略的地区经济集团。

第三节　独联体经济一体化特点及态势

一　独联体经济一体化发展特点

1. 经济结构低度化和趋同化加强

苏联时期，根据自然条件和资源组合特点，15个加盟共和国按照统一

表 13-7　1995~2009 年独联体各国 GDP 增长情况

单位：%

国别	1995 年	1996 年	1997 年	1998 年	1999 年	2000 年	2001 年	2002 年	2003 年	2004 年	2005 年	2006 年	2007 年	2008 年	2009 年
阿塞拜疆	-1.8	1.3	5.8	10.0	7.4	11.1	9.9	10.6	11.2	10.2	26.4	34.5	25.0	10.8	9.3
亚美尼亚	6.9	5.9	3.3	7.3	3.3	5.9	9.6	13.2	14.0	10.5	13.9	13.2	13.8	6.8	-14.4
白俄罗斯	-10.4	2.8	11.4	8.4	3.4	5.8	4.7	5.0	7.0	11.4	9.4	10.0	8.6	10.0	0.2
哈萨克斯坦	-8.2	0.5	1.7	-1.9	2.7	9.8	13.5	9.8	9.3	9.6	9.7	10.7	8.9	3.3	1.2
吉尔吉斯斯坦	-5.4	7.1	9.9	2.1	3.7	5.4	5.3	0.0	7.0	7.0	-0.2	3.1	8.5	7.6	5.4
摩尔多瓦	-1.4	-5.9	1.6	-6.5	-3.4	2.1	6.1	7.8	6.6	7.4	7.5	4.8	3.0	7.2	-6.5
俄罗斯	-4.1	-3.6	1.4	-5.3	6.4	10.0	5.1	4.7	7.3	7.2	6.4	7.7	8.1	5.6	-7.9
塔吉克斯坦	-12.4	-16.7	1.7	5.3	3.7	8.3	9.6	10.8	11.0	10.3	6.7	7.0	7.8	7.9	3.4
土库曼斯坦	—	—	—	—	—	—	—	—	—	—	—	—	—	—	6.1
乌兹别克斯坦	-0.9	1.7	5.2	4.3	4.3	3.8	4.2	4.0	4.4	7.7	7.0	7.3	9.5	9.0	8.1
乌克兰	-12.2	-10.0	-3.0	-1.9	-0.2	5.9	9.2	5.2	9.6	12.1	2.7	7.3	7.9	2.1	-5.0

资料来源：独联体跨国统计委员会 2010 年统计数据。

表 13-8　1999~2007 年独联体国家黄金外汇储备情况

单位：亿美元

国别	1999 年	2000 年	2001 年	2002 年	2003 年	2004 年	2005 年	2006 年	2007 年
阿塞拜疆	6.7	6.8	7.3	7.2	8.0	10.8	11.8	25.0	42.7
亚美尼亚	2.9	3.0	3.2	4.2	5.0	5.5	6.7	10.7	12.5
白俄罗斯	2.9	3.5	3.9	4.2	4.6	6.9	11.1	10.7	41.8
格鲁吉亚	1.3	1.1	1.6	2.0	1.9	3.8	4.7	8.8	16.2
哈萨克斯坦	14.8	15.9	20.0	25.6	49.6	92.8	70.7	191.1	207.5
吉尔吉斯斯坦	2.3	2.1	2.3	2.9	3.6	5.5	5.7	7.6	10.6
摩尔多瓦	1.9	2.2	2.3	2.7	3.0	4.7	6.0	7.8	13.3
俄罗斯	84.6	242.6	325.4	440.5	731.8	1208.1	1759.0	2955.7	4763.9
塔吉克斯坦	0.6	0.9	1.0	1.0	1.4	1.9	0.9	1.1	1.0
土库曼斯坦	15.6	18.1	20.6	23.5	26.7	27.1	34.4	74.8	-
乌克兰	10.5	13.5	29.6	42.4	67.3	93.0	194.1	223.0	319.7

资料来源：http：//www. ebrd. com/country/sector/econo/stats/sei. xls。

的国家地域生产力布局原则，形成了明确而固定的分工协作，各地区既安排有保证全国经济运转的专业化生产部门，又安排有保证本地区经济综合发展的部门，在专业化和生产协作的基础上，各共和国逐渐形成了相互依赖和相互补充的经济联系。尽管存在各种问题和弊端，但这种经济结构的互补性是客观存在的。独联体成立20年来，这种互补依存的格局已被彻底打破：独联体国家完成了从统一的国民经济综合体变为独立国家相互联系的经济集团的过程。这也导致出现了三个后果：一是独联体地区经济结构低度化趋势加强，丧失了包括航空、机器人技术、信息、生物技术、新材料等在内的300多类技术和生产的总体优势，原材料和能源部门的比重加大，各国经济对国际市场行情依赖性加强；二是独联体国家的轻工、消费品和家电产品生产急剧减少，约3/4的消费品市场被进口商品占领；三是独联体产业和出口结构趋同化趋势加强，原本的互补关系转为互竞关系，俄罗斯主要出口产品（如能源）在国际市场已面临来自独联体国家的竞争。独联体国家放弃了原有的经济互补优势，作为地区性组织，在世界经济和国际贸易中的地位明显削弱。

2. 能源净出口国成为经济增长最快的国家

独联体国家能源和各类矿产资源异常丰富，在世界石油、天然气、煤炭、森林、可再生水资源储备中占比分别为20%、40%、25%、25%和11%，[①] 拥有巨大的发展潜力。独联体区域内经济发展最为顺利的当属那些能源净出口国，其中包括阿塞拜疆、哈萨克斯坦和土库曼斯坦。2000～2008年，三国GDP分别增长2.5倍、1倍和1.9倍，大大高于其他成员国。[②] 而这些国家在国际能源市场上的地位也举足轻重。2008年，阿塞拜疆和哈萨克斯坦占世界石油出口总量的5%，土库曼斯坦占世界天然气销售量的6%以上。

3. 国际金融经济危机对独联体的影响及发展前景

2008～2009年，独联体各国遭受国际金融危机不同程度冲击。根据危机后果和摆脱危机进程，独联体显现了多元化趋势。据独联体跨国统计委员会公布的数据，大体可分为三类：第一类为没有受危机影响或影响不大的国家，包

① 俄经济发展部与独联体经济合作司：《2010年俄罗斯联邦驻独联体代表处经济工作总结》。

② 独联体跨国统计委员会2010年统计数据。参见表13－1“1995～2009年独联体各国GDP增长情况”。

括阿塞拜疆、乌兹别克斯坦和土库曼斯坦，三国 GDP 在危机期间仍保持快速增长，增长率分别为 9.3%，8.1% 和 6.1%；第二类为经济受挫，但到 2009 年第四季度已基本稳定的国家，包括哈萨克斯坦、吉尔吉斯斯坦、塔吉克斯坦和白俄罗斯，从全年经济走势看，这四国经济仍然保持了正增长，增长率分别为 1.2%、2.3%、3.4% 和 0.2%；第三类为经济大幅下降的国家，包括俄罗斯、乌克兰、亚美尼亚和摩尔多瓦，四国 GDP 降幅分别为 7.9%、15%、14.4% 和 7.7%。对俄经济影响最大的是油价的下跌和外部融资渠道的中断、对实体经济的扶持不到位等。摩尔多瓦和亚美尼亚经济下滑主要是由于建筑业（亚美尼亚下降 50%）和工业的衰退（摩尔多瓦下降 22%，亚美尼亚下降 9.9%）。而乌克兰则经历了银行危机、需求减少和金属价格下跌。由于国内政治派别的矛盾，导致乌克兰成为受经济危机影响最严重的国家之一。

金融危机促进了独联体国家的合作。与 1998 年金融危机时俄罗斯是影响独联体经济的主要因素不同，对所有独联体国家来说，2008 年的金融危机主要源自外部，这使独联体地区异化趋势加强的同时，出现了在共同反危机的基础上加强经济一体化的可能。俄第一副总理舒瓦洛夫在独联体国际经济论坛的演讲中指出，经济危机对独联体经济一体化不是阻力是机遇，要把握这一机遇，稳定后苏联空间经济，共同摆脱危机。目前，独联体地区经济已出现普遍复苏迹象，2010 年 1 月，大多数国家 GDP 出现单月同比增长。据独联体跨国统计委员会预测，2010 年内独联体地区经济增幅将达 3%，增幅最大的国家将为阿塞拜疆和乌兹别克斯坦（增长 7%），增幅较低的国家为亚美尼亚、哈萨克斯坦、摩尔多瓦和乌克兰（均为 2%）。①

二　独联体经济一体化基本态势

（一）进入 21 世纪后独联体内部经济联系进一步削弱

独联体自 1991 年成立以来，一直被赋予维系苏联原各加盟共和国之间的经济、文化和政治联系，为各国的发展和共同繁荣创造条件的重要使命。然而，由于受各成员国不同的利益、外部势力的介入及由此导致的各种矛盾和分歧的困扰，独联体

① 独联体跨国统计委员会统计数据。

难以发挥作用，经常处于名存实亡的境地，经济一体化政策也未获成功。

相对于全球化而言，地区一体化是通过世界一个地区的若干国家之间达成协议而推动的，它是一种向心运动。一体化发展程度高的表现之一是一体化国家之间有较高的相互贸易量，而从独联体最近十年的情况看，却是一种离心运动。为摆脱对俄罗斯的过度依赖，独联体各成员国纷纷寻求独立加入世界经济体系，其后果是独联体内部贸易发展大大落后于与远邻国家的贸易。2004～2008 年，独联体区域内贸易占比从 27% 降至 21.5%，与远邻国家贸易占比从 59% 上升至 66%。目前，独联体出口的 50% 以上是对欧洲国家，约 10% 对亚洲国家，对区域内出口降至 20% 左右（详见表 13－9 和表 13－10）。作为比较，同期内欧盟 27 国内部贸易比重为 65%，北美自由贸易协定三国内部贸易比重为 40%。[①]

表 13－9　独联体和其他国家在独联体国家出口中占比

单位：%

国别	年份	2000	2005	2008	2009	2010	2011
阿塞拜疆	独联体国家	13	21	3	8	9	11
	其他国家	87	79	97	92	91	89
亚美尼亚	独联体国家	24	19	31	19	19	20
	其他国家	76	81	69	81	81	80
白俄罗斯	独联体国家	60	44	44	44	54	48
	其他国家	40	56	56	56	46	52
哈萨克斯坦	独联体国家	27	15	16	16	15	14
	其他国家	73	85	84	84	85	86
吉尔吉斯斯坦	独联体国家	42	45	55	45	45	46
	其他国家	58	55	45	55	55	54
摩尔多瓦	独联体国家	59	51	39	38	40	41
	其他国家	41	49	61	62	60	59
俄罗斯	独联体国家	13	14	15	15	15	15
	其他国家	87	86	85	85	85	85
塔吉克斯坦	独联体国家	48	20	16	21	13	14
	其他国家	52	80	84	79	87	86
乌克兰	独联体国家	31	31	36	34	36	38
	其他国家	69	69	64	66	64	62
独联体总计	独联体国家	19	17	18	19	19	19
	其他国家	81	83	82	81	81	81

资料来源：独联体统计委员会网站。

① 俄罗斯当代发展研究所：《俄罗斯在独联体的经济利益与任务》，莫斯科，2010。

表 13－10　独联体和其他国家在独联体国家进口中占比

单位：%

国别	年份	2000	2005	2008	2009	2010	2011
阿塞拜疆	独联体国家	32	34	33	30	31	26
	其他国家	68	66	67	70	69	74
亚美尼亚	独联体国家	20	29	30	31	30	29
	其他国家	80	71	70	69	70	71
白俄罗斯	独联体国家	70	67	66	64	59	61
	其他国家	30	33	34	36	41	39
哈萨克斯坦	独联体国家	54	47	46	42	48	51
	其他国家	46	53	54	58	52	49
吉尔吉斯斯坦	独联体国家	54	57	54	56	53	51
	其他国家	46	43	46	44	47	49
摩尔多瓦	独联体国家	33	39	35	35	33	33
	其他国家	67	61	65	65	67	67
俄罗斯	独联体国家	34	19	14	13	14	15
	其他国家	66	81	86	87	86	85
塔吉克斯坦	独联体国家	83	65	56	57	59	57
	其他国家	17	35	44	43	41	43
乌克兰	独联体国家	58	47	39	43	44	45
	其他国家	42	53	61	57	56	55
独联体总计	独联体国家	46	33	27	27	27	28
	其他国家	54	67	73	73	73	72

资料来源：独联体统计委员会网站。

（二）俄罗斯与独联体各国经贸相互依存度明显下降

独联体国家在俄罗斯外贸总额中占比明显下降，已从 1994 年的 24% 降至 2009 年的 14.6%。下降的一个重要原因是在国际能源价格和需求快速增长的背景下，俄罗斯能源出口重点方向已转为独联体外的国家，独联体在俄能源出口中占比已从 1992～1994 年的 40% 降至 2007～2009 年的 15%。

与此同时，俄罗斯在独联体外贸总额中占比也在下降。1995 年、2000 年、2008 年，俄在独联体出口中占比分别为 42%、28% 和 15%，进口中占比分别为 48%、45% 和 32.5%。但另一方面，独联体仍是俄罗斯制造业产品的主要出口市场。主要表现在独联体在俄机电产品和深加工产品出口中占比仍大大高于对远邻国家：2008 年独联体占比达到 16.4%，而远邻国家占比仅为 2.9%。

（三）俄罗斯在独联体市场的主导地位仍无法取代

尽管出现以上下降趋势，对独联体各国而言，俄罗斯仍是最重要的贸易伙伴之一。2008 年，俄罗斯在亚美尼亚、白俄罗斯、吉尔吉斯斯坦、土库曼斯坦和乌克兰的出口中均占第一位。俄罗斯保证了独联体区域 30% 的消费进口（其中包括 2/3 的矿产品、70% 的能源采购、50% 的金属及其制成品和木材纸浆产品），[①] 对于多数独联体国家来说，俄仍然是最大的销售市场和商品供应国。根据联合国的数据，俄罗斯商品占白俄罗斯进口总量的 60%，占哈萨克斯坦进口总量的 36%，占吉尔吉斯斯坦的 40% 和亚美尼亚的 25%。实际上，俄罗斯地位的下降是苏联解体后的自然现象，是各国与更强合作伙伴——欧盟和亚洲寻找新平衡的过程。法国巴黎银行（BNP Paribas）分析部负责人齐普利亚耶娃认为："俄罗斯地位的下降仅仅是因为以前除了俄罗斯没有其他选择，而这并不意味着谁都可以当该地区的最大经济体。"

（四）影响经济一体化的外部因素

影响独联体经济一体化进程的有内外多种因素，西方的分化政策与成员国力图摆脱俄罗斯控制的想法合拍也弱化了独联体一体化。美国与欧盟是在独联体地区影响越来越大的外部力量，被俄罗斯视为最强有力的战略对手，而中国的崛起势头也让俄精英层的担心加深。

1. 欧盟与独联体贸易取得长足进展

20 世纪 90 年代，欧盟对独联体并无明确的战略，其政策主要是针对俄罗斯。2004 年和 2007 年，欧盟完成两轮东扩，独联体的地缘政治与经济地位对欧盟的重要性大大提高。21 世纪初开始，欧盟转而对独联体奉行有区别的政策。2003 年和 2004 年格鲁吉亚和乌克兰发生了"颜色革命"，欧盟利用独联体内部出现裂痕的机会，加紧渗透。2004 年欧盟提出《欧洲睦邻政策》，将亚美尼亚、阿塞拜疆、白俄罗斯、格鲁吉亚、摩尔多瓦和乌克兰等六国纳入其中，拟在从能源到法律多个领域开展与上述国家合作。2009 年 5 月，欧盟又

① 俄罗斯当代发展研究所：《俄罗斯在独联体的经济利益与任务》，莫斯科，2010。

正式启动了《东部伙伴关系》计划。根据该计划，欧盟将与上述六国逐一建立自由贸易区，提高对其财政援助，简化其公民进入欧盟的签证手续，加强在能源和安全领域的合作等。欧盟承诺到2013年向这些独联体国家提供六亿欧元的援助，但附加了一系列条件，要帮助这些国家建立西方式的社会体制并改造经济。用摩尔多瓦总统沃罗宁的话说，欧盟要建立一个自己控制下的“第二个独联体”。

2007年6月，欧盟又通过了《欧盟与中亚新伙伴关系战略》，提出与中亚国家在民主、法制、教育、贸易与经济、能源与交通、水资源管理等多个领域开展合作，开始积极地介入中亚事务。

进入21世纪，欧盟与独联体经贸合作已取得长足进展。据世贸组织数据，2000~2008年，欧盟27国对独联体国家（不含俄罗斯）的出口总额从103.4亿美元增加到651.8亿美元，增长5.3倍。欧盟27国对独联体的机器设备出口更以超快速度增长，在出口构成中占比已达50%。

2. 美国对独联体投资保持领先地位

防止俄罗斯重新崛起是美国对独联体政策明确的地缘政治目标。从独联体成立之日起，美国就力图通过“民主改造”把俄罗斯的传统势力范围纳入自己的战略轨道，造成独联体国家对其在政治和经济上的双重依赖。从最近十多年的情况看，美国对独联体政策已取得众多政治和军事“成果”。

从经济层面考察，与欧盟不同，美国在独联体国家经贸关系中的地位是下降趋势，但在投资特别是对独联体能源出口国（阿塞拜疆和哈萨克斯坦）的投资方面却保持领先。美国视阿塞拜疆为围困和进攻伊朗的前沿阵地，苏联解体之初就加紧对阿投入。目前美国是阿塞拜疆最大的外资来源国，截至2010年，美国对阿投资已达470亿美元。20世纪90年代下半期，美国已经形成明确的中亚政策：削弱俄罗斯在该地区的影响，使中亚成为美国重要的能源供应地。美国一直在加大投资，力图控制中亚地区的油气生产与运输。1993~2008年，哈萨克斯坦累计吸引外国直接投资896.717亿美元，其中美国投资达180.717亿美元，占哈方所吸引外国直接投资总量的1/5以上。美国官方表示，再过15年，美国向哈国内经济建设的投资将有可能达到800亿美元。近年来，美国还积极关注土库曼斯坦和乌兹别克斯坦，促进中亚能源资源发展的多元化。

3. 中国成为俄罗斯在中亚地区合作中的主要竞争对手

近年来，中国与独联体各国经贸合作取得快速发展。2000～2008年，按绝对值计算，中国对独联体（不含俄罗斯）出口额从十亿美元增加到315亿美元，增长30多倍。与独联体中亚国家贸易更是迅猛发展，据中方统计，中国与中亚五国的贸易额已从1992年5.27亿美元扩增到2008年252亿美元，17年内增长近50倍。[①] 2008年，中国对独联体（包括俄罗斯）出口商品构成中1/3为轻工产品，约30%为机器、设备和交通工具，20%为以家电为主的工业制成品。中国对中亚地区投资和经济技术合作也取得重大突破，2006年和2009年分别开通中哈输油管道和中土输气管道。俄罗斯智库认为，中国因素对独联体经济一体化的负面影响表现在以下三方面：一是加剧独联体市场竞争，改变独联体外贸关系的配置，使区域内贸易结构更加趋向低度化，商品构成向能源、工业原料、初加工产品和农业原料集中；二是降低欧亚经济共同体成员国作为贸易伙伴之间的相互需求，阻碍欧亚经济共同体一体化进程；三是中国成为俄罗斯在中亚的主要和强硬竞争对手，逐步将中亚国家变为中国能源来源地、消费品和工业制成品销售市场及运输走廊。中国是加强上海合作组织经济合作的倡导者，对俄罗斯而言，要改变中国在中亚地区地位加强的现实非常困难。

4. 独联体次地区合作发展的两重性

实行不同速度和多层次的一体化是独联体联合的基本方式。20世纪90年代中期以来，独联体框架内成立了多个不同类型的次地区集团，如：以俄罗斯为主导的俄白哈吉塔五国组成的关税联盟（从2000年10月起，更名为欧亚经济共同体）和俄白组成的联盟国家；由独联体内最发达四国组成的俄白哈乌（克兰）统一经济空间；以美国为主导的格乌（克兰）乌（兹别克斯坦）阿摩组成的“古阿姆”集团（гуувам）[②] 等，从而形成了多水平、多速度、多层次一体化的局面。

独联体次地区经济一体化组织的出现表明在后苏联经济空间地区化趋势的加强。这种地区化趋势的出现首先是各成员国对独联体整合能力低下不满和失

① 《中国与中亚五国经贸合作17年来贸易额增长近50倍》，新华网，2009年11月17日。

② 乌兹别克斯坦2005年5月5日正式宣布退出“古阿姆”集团。

望的一种反应，同时也是主导国应对外部势力侵蚀影响不断扩大的自然选择。独联体次地区经济一体化是把“双刃剑”，从短期看，这种联合方式具有可操作性，可以首先形成核心圈，通过核心圈带动整体一体化。从长远看，由于次地区合作的多样性和相互之间缺乏协调性，将会导致所在地区的再次支离破碎，从而将会使独联体的整体一体化更加艰难。从这一意义上说，次地区一体化和独联体整体一体化是一个既有联系又有区别，既相互促进又相互制约的过程或趋势。从总体上说，它们都将不断发展，但发展过程必将是迂回曲折的。

5. 俄罗斯与独联体国家的相互贸易发展预测

2009 年，仅荷兰一国在俄罗斯出口中占比已达 12%，高于欧亚经济共同体五国 9.6% 的占比，而中国在俄罗斯进口中占比高达 13.6%，比独联体所有国家加总的 13% 高 0.6 个百分点。根据俄罗斯的最新预测，按照惯性发展趋势，即不考虑独联体和关税联盟等一体化因素的效应，乐观方案下，未来后苏联空间内的相互贸易比重会保持在目前水平或继续下降。

2008 年，俄对独联体贸易达到峰值，2009 年受危机影响出现大幅下降。据俄智库预测，早在 2013～2014 年（乐观方案）、晚到 2016 年（基础方案），俄对独联体的出口可恢复到 2008 年水平，而俄自独联体进口要恢复到危机前水平，不会早于 2018～2019 年。俄与独联体的商品进出口结构在未来 15 年不会发生根本性变化，到 2020 年初，俄对独联体出口构成中 41%～45% 仍为能源类产品，自独联体进口构成中 29%～39% 为机器设备。

三　金融危机后俄罗斯的独联体经济一体化政策

（一）普京时期俄罗斯对独联体政策

与独联体国家的关系始终被视为俄罗斯国家对外政策的最优先方面。地缘政治利益和地缘经济需求是决定俄对独联体政策的主要因素，而俄对独联体政策又是维系和推动独联体经济一体化的重要动力。普京时期，俄罗斯对独联体的政策是：区别对待独联体国家，同时在市场经济与互惠互利的原则基础上重建和发展双边关系；在次地区层面，重点经营集体安全条约组织和欧亚经济共同体，同时继续发展俄白联盟国家和统一经济空间，抑制“古阿姆”集团；在独联体框架下，发展全方位的多边合作，发掘独联体组织在人文和抵御非传统安全威胁领域的合作潜力。普京政府的独联体政策保住了俄罗斯作为独联体一体化主导者的地位，但同时也面对两大挑战：第一，在俄经济增长、总量不断扩大的同时，对独联体国家的经济影响力却呈下降趋势；第二，俄罗斯坚持推进强国战略，但却难以制止独联体分裂和独联体一些国家倒向西方的趋势。

（二）“梅普组合”延续了普京时期的独联体政策

梅德韦杰夫上任总统后，延续了普京时期的独联体政策。2008 年 7 月，梅德韦杰夫签署的《俄罗斯联邦对外政策构想》指出，在独联体空间内发展双边和多边合作是俄罗斯的绝对优先方向。俄罗斯将与独联体国家在平等互利和相互关照对方利益的基础上发展友好关系乃至战略伙伴和同盟关系，按照市场原则开展经贸合作，加强人文和安全合作。2009 年梅德韦杰夫总统出访 30 余次，其中 1/3 是出访独联体国家。2010 年以来，吉尔吉斯斯坦和乌克兰国内局势的变化在对俄罗斯独联体政策提出新挑战的同时，也为俄重整独联体提供了机遇。2010 年，俄利用担任独联体轮值主席的机会在推动独联体经济一体化方面做了更多的工作。

（三）现阶段推动经济一体化设想

1. 共同应对危机

2009 年，俄自身虽遭经济危机重创，但仍对独联体进行实质性投入，出巨资在独联体国家收购核心资产，在欧亚经济共同体设立 100 亿美元反危机基金（基金监督控制权属于俄罗斯），俄出资 75 亿美元，给一些国家提供数十亿美元贷款，以增强其影响力。在机制方面，设立了独联体国家财政部长常设会议制度，定期通报危机对各国经济影响情况，制定相应措施。会议批准了独联体成员国 2009～2010 年克服世界金融经济危机后果的共同措施计划，决定在进出口结算中扩大使用独联体国家货币，消除相互贸易壁垒，协调独联体内部市场保护，防御来自第三国的不正当竞争，协调扶持独联体工业部门和内部粮食市场政策等。

2. 深入开展区域内互利合作

启动《独联体至 2020 年经济发展战略》第一阶段（2009～2011 年）计划。该战略的目标是进一步推动独联体成员国的经济互利合作，保证稳定发展，维护经济安全，在扩大协同和规模效应基础上提高居民福利和生活质量，提高独联体成员国经济竞争力，巩固独联体在世界经济中的地位。值得关注的是,《独联体至2020年经济发展战略》已与《俄罗斯至2020年中长期经济发展战略》直接挂钩,俄明确了充当这一地区经济发展火车头的主导作用,将以跨国合作规划方式协调各国经济政策和结构政策。独联体成员国将在贸易、工业政策、能源、农业、运输、资源和节能、货币金融、税收、海关等多个领域开展互利合作。通过实施该战略,至2020年,预期独联体成员国的实际GDP提高1.4~1.7倍,相互贸易额扩大1.5~2倍,劳动生产率提高1.5~2倍,总体能耗下降70%,人均居民实际可支配收入增长2.3~2.7倍。

3. 转变经济增长模式,走创新发展道路

为转变独联体整体经济同质同构、低度化加强、合作水平低的局面,明确提出未来发展要走创新之路。独联体国家首脑会议已通过了每年提出并解决一个重大问题的决议。2008年为独联体的"交通运输年",2009年为独联体的"能源年"。作为独联体轮值主席国,俄罗斯提出2010年为独联体的"科技创新年",将在独联体框架内成立科技和创新领域跨国合作委员会、基础科学领域合作委员会。俄将与各伙伴国共同实施创新项目,以建立统一的生产、研发和教育基地。目前正在制定独联体至2020年跨国创新合作专项纲要,将制定在独联体成员国建立统一的研发基础设施协议。为活跃在应用科学和基础科学领域的合作,已批准建立欧亚经济共同体高技术中心,在俄罗斯杜布纳核能联合研究所基础上建立独联体纳米技术国际研发中心等。

4. 全力推动核心国经济一体化

完善核心结构和强调双边关系的重要性是俄罗斯对独联体战略的两个重要政策要点。独联体经济一体化的核心是欧亚经济共同体。俄认为,欧亚经济共同体的目标是成为东方的欧盟。现阶段加强核心圈建设的重点任务是在欧亚经济共同体框架下建立关税同盟和统一经济空间。俄罗斯视关税同盟为地区一体化进程中的一个突破,正在紧锣密鼓地全力推进。2009年关税同盟已就组织机构,争端解决机制,进口关税、增值税、消费税征缴机制,利益分配机制,运费协调机制达成一致,于2010年7月1日起正式运行。关税同盟的建立意味着一个拥有1.7亿人口,石油储量900亿桶,GDP总量两万亿美元,工业产值6000亿美元,农业产值1120亿美元,小麦产量占世界总产量12%,出口量占17%,商品周转额达9000亿美元的统一经济体的形成。2009年底,关税同盟成员国还就向更高一级一体化模式过渡达成一致，拟于2012年1月1日前形成俄白哈三国统一经济空间，在该空间内，保证资本、劳动力自由流动。之前将通过20个有关竞争、农业补贴、运输和能源资源准入等领域的基础性协议，并建立数个超国家机构。三国将协调宏观经济政策和货币政策，建立统一的通信市场，共同的石油、油品和天然气市场。

（四）独联体一体化新进展

近年来，受国际金融危机影响，欧美在独联体地区拓展步伐有所放缓，俄则凭借快速回升的经济实力，抓紧时机在独联体地区运用经济、外交、能源等多重手段，加速推进独联体地区一体化进程，成效渐显。

1. 俄白哈一体化核心圈渐趋成型

目前，关税同盟进展顺利，三国已统一关税、非关税措施以及技术标准。2011年11月18日，时任俄总统梅德韦杰夫、白俄罗斯总统卢卡申科、哈萨克斯坦总统纳扎尔巴耶夫在莫斯科会晤，正式签署欧亚经济一体化宣言，宣布2012年1月1日关税同盟将正式过渡到统一经济空间，进一步扩大三国产品销售市场，促进市场开放，逐步实现商品、服务、资本和人员的自由流动，三国还将致力于2015年前统一与关税同盟、统一经济空间相关的各项法律，并在此基础上建立欧亚经济联盟。这标志着俄推动的地区一体化战略迈出了实质性的步伐。同时，俄白哈三国签署欧亚经济委员会条约和欧亚经济委员会工作条例，规定2012年7月1日欧亚经济委员会将取代关税同盟委员会开始正式运作，欧亚经济委员会为超国家常设机构，全权负责欧亚经济一体化事务的执行和管理工作，各成员国将向其逐步移交主权范围内的175项职能。委员会总部设在莫斯科，内设理事会和联席会议两大机构，其中理事会由九人组成（每个成员国一名副总理和两名官员），联席会议为执行机构，负责欧亚经济委员会的具体工作，俄工贸部长赫里斯坚科担任主席。目前，俄白哈三国的经济总量占世界经济总量的2.6%，贸易额占世界贸易额的4%，探明石油储量占世界总量的9%，天然气储量占世界总量的25%。

2. 独联体自贸区迈出重要步伐

2011年10月18日在俄圣彼得堡举行的独联体国家政府首脑理事会签署了新的独联体自由贸易区协定。这是历经17年艰难谈判，俄推动的地区一体化进程迈出的重大步伐，也有助于强化俄地缘政治影响。新条约共有八个国家签署，分别是俄罗斯、白俄罗斯、哈萨克斯坦、乌克兰、吉尔吉斯斯坦、塔吉克斯坦、亚美尼亚、摩尔多瓦。阿塞拜疆、乌兹别克斯坦、土库曼斯坦在会议上表示，正在研究2011年底前加入该条约的可行性。新条约规定，将简化各国之间经贸关系的法律基础，修改独联体框架内有关自由贸易制度的一系列多边和100多项双边文件。独联体执行委员会经济司司长库什尼连科表示，新自贸区协定的条款尽可能接近世贸组织规则，各国承诺最终取消进口配额和实施零关税，但暂时保留酒类、糖类产品的关税，能源和金属等一系列产品未列入协定的减让表；出口关税将维持现有水平不再提高，同时着手启动降低直至取消出口关税的谈判。此外，新自贸协定暂时仅限于货物贸易，服务贸易、投资等领域的谈判预计将在自贸区正式启动后展开。新独联体自贸协定将在所有缔约国全部履行完国内批准程序30天后生效。

2012年3月20日，俄罗斯国家杜马批准了独联体自由贸易区条约，2012年8月9日，乌克兰总统亚努科维奇签署法律，批准独联体自贸区协议。据俄新社2012年8月14日消息，独联体执行委员会经济司司长库什尼连科透露，独联体自由贸易区协议书将于2012年9月中旬生效。库什尼连科表示，自俄罗斯、白俄罗斯批准独联体自贸区协议后，8月9日，乌克兰总统亚努科维奇已签署相关法律，批准独联体自贸区协议。根据国际规则，只要有三个国家批准自贸区协议书，30天后，该协议即可生效。目前共有八个国家签署了独联体自贸区协议。除上述三国批准了协议书外，9月份，亚美尼亚和哈萨克斯坦将批准该协议书，2012年底前，吉尔吉斯斯坦、塔吉克斯坦和摩尔多瓦亦将陆续批准独联体自贸区协议书。

第四节　独联体投资环境及中国与独联体经贸投资合作思路

一　独联体投资环境概况

1. 独联体吸引外国直接投资（FDI）现状

20世纪90年代，外国直接投资（FDI）加速流向东欧地区。独联体国家吸引的外资主要来自美国、德国和荷兰。但独联体国家吸引的FDI数量还很少，仅占全球FDI总量的1.2%。从2004年起，进入独联体地区的FDI开始增加（从2000年的50亿美元增加到240亿美元），其主要原因是石油天然气价格的高企。在独联体国家中，累计吸引FDI最多的是俄罗斯和哈萨克斯坦。俄罗斯、哈萨克斯坦、阿塞拜疆和乌克兰吸引外资占独联体全部外资流入额的93%，除乌克兰外，对其他三国的投资主要流向自然资源开发首先是石油天然气领域的项目：对俄罗斯投资流向主要是萨哈林项目，对阿塞拜疆的投资主要是巴库－第比利斯－杰伊汉管道项目。对乌克兰的投资呈现相对多元化，包括建材业、消费品生产及电信业。近年来，尽管独联体吸引外资情况改善，但无论是从流入FDI的规模，还是从人均FDI考察，独联体都还落后于中东欧地区。与提高经济竞争力相比，大部分外国投资商更感兴趣的是独联体的自然资源和广阔的内部市场。

2. 俄罗斯引领独联体内部的相互投资

欧洲开发银行2012年曾对独联体国家的相互投资状况进行调查，调查跟踪了526个投资项目。结果表明，在后苏联空间的大项目和直接投资额方面，俄罗斯公司均占领先地位，在所跟踪的526个投资项目中，俄罗斯占391个，哈萨克斯坦42个，白俄罗斯41个。在25个特大项目中，只有三个没有俄罗斯参与。在俄罗斯对外直接投资中，独联体国家处于首要地位，在俄罗斯559.7亿美元对外直接投资中，有479.4亿美元投向独联体（见图13－1）。哈萨克斯坦居第二位，对独联体直接投资48.6亿美元。俄罗斯对独联体直接投资的主要国家排序为：乌克兰占38%，哈萨克斯坦25.3%，白俄罗斯15.6%。俄罗斯投资最少的国家为摩尔多瓦和格鲁吉亚，均为1.1%。

对独联体成立20年来的投资数据考察表明，20世纪90年代，独联体国家投资联系并不紧密，1991～1993年共有20个相互投资项目。进入2000年之后，出现了相互投资热，2006～2008年投资项目达200个。在当前世界经济低迷发展不稳定的条件下，独联体国家仍保持了相当高的相互投资热情，2009～2011年，相互投资项目超过100个。

电信部门是独联体国家相互投资的首选对象（其中主要是移动电话通信），对该部门的投资累计108.9亿美元；其次是原油和天然气开采部门，累

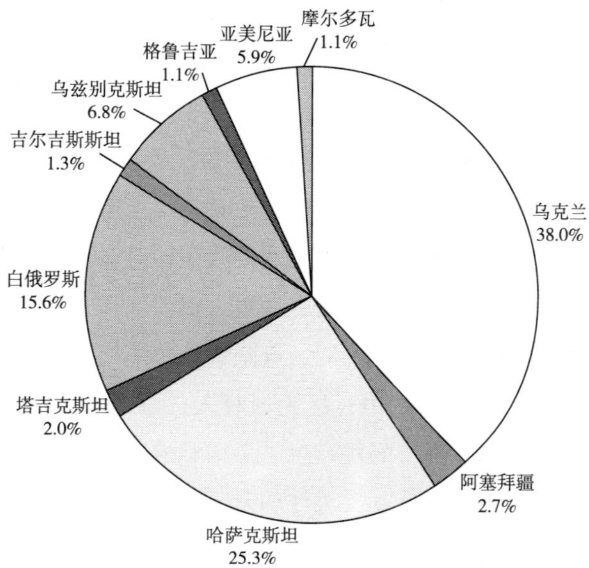

图 13－1　俄罗斯对独联体国家累计直接投资构成

计投资 61.9 亿美元；再者是能源加工、运输和供应部门，累计投资 59.6 亿美元。黑色和有色冶金也累计吸引投资 42.7 亿美元，银行业 41.9 亿美元，电力 31.7 亿美元。对其他部门的直接投资并不明显。俄罗斯对独联体的主要投资方向为这些国家的高技术部门。如俄气公司对白俄罗斯跨境天然气运输公司投资五亿美元，MTC（移动通信运营公司）对乌克兰投资 30 亿美元，成立乌克兰 MTC 公司，Вымпелком 电信公司对乌克兰无线电系统公司投资 30 亿美元。

3. 独联体吸引 FDI 较少的原因

总体看，独联体国家吸引 FDI 数量较少的主要原因在于：经济改革尚未完成，向现代市场经济过渡速度缓慢；政治局势不稳；税收优惠较少；负责吸引外资的专业干部不足；对不动产投资缺少担保和保险；国家经济犯罪化等。但独联体各国的投资环境相互之间差异也很大。如债务负担沉重的低收入国家——亚美尼亚、格鲁吉亚、吉尔吉斯斯坦、摩尔多瓦和塔吉克斯坦，其结构改革和制度改革进展缓慢。白俄罗斯、土库曼斯坦和乌兹别克斯坦由于缺乏可信的改革战略，还存在经济上的不确定性。如白俄罗斯通过的投资法典被国际专家认为是最先进的法典之一，但在该国，投资者却被各种监管机构无休止的检查所吓倒，而在格鲁吉亚还存在对外国人的一系列犯罪。在土库曼斯坦，对潜在投资者的负面信号是，从 2003 年 1 月 1 日起，自 1996 年就发行流通的国家有价证券（期票和债券）被取消。在吉尔吉斯斯坦，投资道路上的行政壁垒增加，包括许可证和认证、法律生效追溯等数量大大增加。在乌克兰，尽管等待从欧盟获得市场经济国家地位的认可，但外资遇到的首先是政治不稳定和太多的国家干预。独联体国家中只有俄罗斯和哈萨克斯坦得到欧盟和美国对其市场经济国家地位的承认，国际主要的评级机构开始给予其投资评级。即使这样，能够保证投资商获得相应利润的法律制度还远不够充分透明，金融条件也不稳定。在对独联体国家投资环境产生长期影响的总体因素中，居民低收入、小的私人储户不相信本国银行、实际缺少广阔的公司债券市场均产生了负面影响，这造成了经营主体投资饥渴和投资短缺之间的剪刀差。特别要关注的是，独联体国家法律制度框架建设滞后，无法为从事经营活动提供必要的担保和稳定的条件。为了改变现状，独联体各国需要根据投资环境的特点，制定自己吸引外资的投资战略。对原属苏联的所有国家来说，改善投资的国家形象是必须进行的共同工作。

4. 全球金融危机对独联体吸引外资的影响

自 2001 年起，独联体国家已成为外资净流入国，2007 年吸引外资额达到峰值。由于 2008 年全球金融危机的影响，独联体国家出现了外资的大规模撤离，阿塞拜疆和哈萨克斯坦等能源出口国成为资本净流出国，这一趋势一直持续到 2010 年。但亚美尼亚、白俄罗斯、吉尔吉斯斯坦、塔吉克斯坦和乌克兰的资本流入都迅速恢复。2010 年，除俄罗斯资本净流出外（俄资本流出的主要目的地是塞浦路斯——占比 36%、荷兰——占比 18%）。独联体其他国家都成为资本净流入国，资本净流入值超过了 2004 ~ 2007 年的平均水平。值得关注的是，流入外资以组合投资为主。2010 年，哈萨克斯坦吸引的证券组合投资额相当于其 GDP 的 6%，居独联体各国之首，乌克兰吸引的同类投资相当于 GDP 的 3%。吉尔吉斯斯坦的外债与 GDP 之比一度达到 86.6%，为独联体国家最高。亚美尼亚和白俄罗斯的外债分别增长了 32.2% 和 29.2%。[1] 证券组合

① “Международные потоки капитала в странах СНГ”, Журнал новой экономической ассоциации 2011 - 11.

投资具有较强的投机性，当外部市场发生动荡时，组合投资会迅速撤离，从而引起外汇市场和资本市场的波动。

5. 独联体国家采取措施改善投资环境

金融危机爆发后，独联体各国都提出了改善投资环境，积极吸引外资帮助国内经济走出危机，更快恢复增长的目标和任务。综合看，各国采取的主要措施有以下几点。

（1）减少法律和行政规制造成的外资进入壁垒。阿塞拜疆共和国自 2011 年 7 月 1 日开始对自然人、自 2012 年 2 月开始对以地方投资为基础的有限责任公司实行税收机构的电子登记制，以简化投资手续。2011 年，亚美尼亚共和国将必须实行许可证管理的活动从 169 项减少至 96 项。白俄罗斯自 2011 年 1 月 1 日起，实行许可证管理的活动清单从 53 类减少至 37 类。摩尔多瓦共和国自 2012 年起将自由经营区常住人口所得税税率从 50% 下调至 12%。俄罗斯自 2012 年 1 月 1 日起在办理许可证时实行电子申请制。

（2）建立工业园和经济特区。继俄罗斯 2005 年 7 月 22 日、阿塞拜疆 2009 年 4 月 1 日、亚美尼亚 2011 年 5 月 25 日先后批准了《特别经济区法》并生效后，独联体几乎所有的国家都建立了发展经济特区，通过提供相对优惠的政策吸引外资进入。同时为了改善投资者的活动条件，独联体国家还普遍建立了工业园和经济特区，在园区内减轻工业部门的税负。

（3）积极加入世界贸易组织。迄今为止，独联体国家中已有吉尔吉斯斯坦、亚美尼亚、格鲁吉亚、摩尔多瓦、乌克兰、俄罗斯、塔吉克斯坦七个国家加入世贸组织。哈萨克斯坦、白俄罗斯等国在积极争取加入世贸组织。独联体各国按照世贸组织的要求，修改、调整、完善了国内的法律法规，对外资开放市场，国内投资环境与十年前相比已有较大改善。

（4）通过国内改革提高投资吸引力。20 世纪 90 年代，独联体国家已基本完成政治经济体制转型的任务。近年来，针对政治经济体制中存在的问题，多数国家承诺将保持政治环境的稳定，进行政府机关职能改革，保障其决策和反官僚、反腐败工作的公开性和透明性，降低政府对企业活动的过多干预并保持相关优惠政策的稳定性；完善所有制转让的相关法律规章基础；采取有效的公司化管理方法，促进资本市场发展，首先是银行、资金和保险市场的发展；完善和简化企业登记制度；完善投资项目实施程序；建立执行投资项目过程中违约责任赔偿机制；通过取消部分税种和必缴税和减少各类公共基金的缴纳等途径降低税赋，同时通过取消部分与投资和投资活动没有直接关联的优惠政策来保证国家税收来源。

（5）扶持中小企业。为了刺激投资流向经济优先部门，独联体各国特别关注对中小企业的扶持，减少影响营商和投资者活动的行政壁垒。2011 年，独联体各国在改善投资环境方面进行了大量工作并取得一定成绩，这在国际机构评级和外资额增加中都有所反映。根据世界银行和国际金融公司进行的“全球 2012 年度营商环境调查”显示，在所调查的 183 个国家中，阿塞拜疆的排名从第 69 位提前至 66 位，亚美尼亚从地 61 位提前至 55 位，白俄罗斯从第 91 位提前至 69 位，哈萨克斯坦从第 58 位提前至 47 位，俄罗斯从 124 位提前至 120 位，塔吉克斯坦从第 152 位提前至 147 位，但吉尔吉斯斯坦和乌克兰分别从第 67 位下降至第 70 位和从 149 位下降至第 152 位。独联体国家 2005 ~ 2010 年在全球竞争力的排名见表 13 – 11。

表 13 – 11　独联体国家全球竞争力排名

国别	年度竞争力评级					
	2005 年	2006 年	2007 年	2008 年	2009 年	2010 年
阿塞拜疆	69	62	66	69	51	37
亚美尼亚	79	80	93	97	97	98
格鲁吉亚	86	—	90	82	90	90
哈萨克斯坦	61	50	61	66	67	72
吉尔吉斯斯坦	116	110	119	127	123	121
摩尔多瓦	82	—	97	95	—	94
俄罗斯	75	59	58	51	63	63
塔吉克斯坦	104	96	117	116	122	116
乌兹别克斯坦	—	—	62	72	—	—
乌克兰	84	69	73	—	82	89
全球参加评级国家数	117		131	134	133	139

资料来源：世界经济论坛网站，http：//www. gcf. weforum. org。

尽管通过采取一系列措施，独联体国家的竞争力评级和国际投资评级有所提高（见表 13 – 12），但各国发展并不平衡，有些国家还面临诸多问题，其现有的投资评级与预期还有距离，需要通过进一步的改革来改善投资环境。目前独联体国家正在进入新的发展期，虽然进入独联体市场存在一定的困难和风险，但其巨大的发展潜力却不容忽视。

表 13-12 独联体国家主权信用评级

独联体部分国家主权信用评级	标准普尔(Standard & Poor's)		穆迪(Moody's)		惠誉(Fitch)	
	长期外币债务	长期本币债务	长期外币债务	长期本币债务	长期外币债务	长期本币债务
阿塞拜疆	—	—	—	—	BB-/正面	B/ 正面
哈萨克斯坦	BB+/稳定	BBB-/稳定	Baa3/稳定	Baa1/稳定	BB+/正面	B/正面
摩尔多瓦	—	-	Ca	Caa2	B-/稳定	B/稳定
俄罗斯	BB+/稳定	BBB+/稳定	Ba3	Ba2	BB+/稳定	B/稳定
土库曼斯坦	—	-	B2	—	CCC-	C
乌克兰	B/正面	B/正面	B1/稳定	B1/稳定	B+/稳定	B/稳定

资料来源：彭博社金融局数据。

二 中国与独联体经贸合作思路

(一) 中国与独联体国家经贸关系发展现状

最近 20 多年，中国与以俄罗斯为领头羊的独联体国家关系得到了全面、迅速的发展。1992 年独联体各国独立之初，中国即与其大多数国家签署了“友好关系基础”的联合声明或联合公报，确定了友好互利合作的国家关系基本点，形成了“好邻居、好朋友、好伙伴”的新型国家关系。1992~1996 年间，所有独联体国家元首实现了首次访华，其中半数在建交当年实现访华。中国与独联体多数国家签署了领事条约，签证协定，投资保护协定，卫生，文化合作协定等文件，为中国与各国全面交往做出制度上的安排。

1996 年 4 月，中俄宣布建立“平等信任、面向 21 世纪的战略协作伙伴关系”。2001 年 7 月，中俄签署《睦邻友好合作条约》。2005 年后，中国与独联体各国关系继续加深，特别是 2008 年国际金融危机爆发后，中国与独联体国家中具有影响力的大国间的关系开始向“战略性”“全面性”方向迈进。2005 年 7 月，中国与哈萨克斯坦确立战略伙伴关系，两国签署了《中哈关于建立和发展战略伙伴关系的联合声明》。2011年6月，两国关系又进一步发展到全面战略伙伴关系，签署了《中哈关于发展全面战略伙伴关系的联合声明》。2010年9月，中国与乌克兰签署了《中乌（克兰）关于全面提升中乌友好合作关系水平的联合声明》，2011年6月，又签署了《中乌（克兰）关于建立和发展战略伙伴关系的联合声明》。中国与乌兹别克斯坦则在2004年签署了《中乌（兹别克斯坦）关于进一步发展和加深两国友好合作伙伴关系的联合声明》，2010年6月，签署了《中乌（兹别克斯坦）关于全面深化和发展友好合作伙伴关系的联合声明》。20年间，中国与独联体国家关系保持了稳定快速的发展势头，双方没有大的摩擦，互信、互利、合作、共赢成为国家关系的主旋律，中国已经成为独联体各国外交的优先方向之一。

20年间，中国与所有独联体国家经贸联系都取得长足进展，已经成为多数独联体国家的主要贸易伙伴，贸易额增长几十倍，甚至上百倍。2012年，中俄双边贸易额达到881.6亿美元，比1992年增长15倍。自2011年起中国连续两年成为俄罗斯第一大贸易伙伴，第一大进口来源国。中哈贸易额2012年达239.8亿美元，比1992年的3.69亿美元增长近65倍。中国已连续三年成为哈萨克斯坦第一大贸易伙伴，第二大进口来源国。中国与乌兹别克斯坦双边贸易额为32.3亿美元，中国首次超越哈萨克斯坦，成为乌兹别克斯坦第二大贸易伙伴（占乌外贸总额的12.3%）。2011年，中国分别成为乌克兰和白俄罗斯第二大和第六大贸易伙伴。在机制建设上，中国也与所有独联体国家建立了政府间经贸合作委员会或经贸、科技混委会，以及更高级别、涵盖范围更广的政府间合作委员会。

2008年国际金融危机爆发后，中国及时向独联体部分国家提供了资金支持以稳定其经济，独联体国家对中国在国际经济中的地位和作用有了更加深刻的认识。如在金融危机爆发后，中国先后向哈萨克斯坦提供贷款130亿美元，与乌兹别克斯坦、土库曼斯坦、乌克兰、白俄罗斯等国也分别达成数十亿美元的融资协议。

（二）合作思路

在金融危机后国际政治和经济格局大调整之际，中国与独联体国家关系特别是经贸关系要保持深入、稳定、健康发展还有大量工作要做。

1. 抓住危机机遇

2008 年国际金融和经济危机对独联体经济造成了较大冲击，从目前情况看，受全球经济增长放缓的影响，独联体多数成员国经济虽走出危机阴影但至今没有根本性好转，危机为中国参与该地区更加紧密的经贸和投资合作提供了机遇。俄专家指出，俄罗斯对大部分独联体国家摆脱经济危机都只能产生次要影响。摩尔多瓦和白俄罗斯的经济复苏首先取决于欧盟。对于独联体的亚洲国家，经济高速增长主要得益于接近亚洲的便利，特别是接近中国的便利；而乌克兰同俄罗斯一样，需要依靠中国的能源政策。中国要抓住危机机遇，扩大企业“走出去”力度，进行新一轮经济合作布局。

2. 逐步转变经贸合作模式

目前中国与独联体其他国家的经贸合作已进入调整期，在贸易规模不断扩大的同时，要求进一步提高质量。为此中国企业需要真正转变观念，针对现存问题制定有效措施，通过加强地区合作，调整贸易结构和模式，逐步实现贸易合作从不规范走向规范，从以贸易为主转向以投资贸易相结合，从初级合作转向产业合作，从资源型贸易转向加工贸易的转变。

3. 推动区域内合作制度性安排

在独联体几大板块中，中国最有可能推进的是上合组织内的经济一体化合作。早在几年前上合组织就已提出签订自由贸易协定（FTA）的设想，但由于种种原因还存在着许多障碍。目前应利用其他成员国急于摆脱危机的需要，促使成员国就全面实现上海合作组织经济一体化的目标和时间表做出明确的制度安排，尽快启动上海合作组织货物贸易、服务贸易自由化谈判。同时鼓励成员国在条件成熟的伙伴之间率先进行自由贸易协定（FTA）谈判，循序渐进，最终过渡到覆盖所有成员的上合组织经济一体化。

4. 处理好大国关系

中国要顺利推进与独联体国家的合作，首先要处理好与俄罗斯的关系。俄罗斯和中亚国家既是上合组织成员国，也是独联体成员国。上合组织与独联体及其框架下的次地区组织的一体化机制功能相近，却不能互相代替。中国对独联体经济的影响不断扩大引起俄方的关注在所难免，双方要寻求更多的利益契合点，化解分歧点，共同推进区域经济合作深入发展。

第十四章　中国与独联体国家的能源合作

世界石油资源分布态势是整个世界石油经济战略形成的基础，它决定着世界石油的生产、消费和贸易态势。独联体地区是世界石油天然气的主要储量区，在世界石油总储量中占6%，天然气储量占比38%，在世界天然气储量最大的六大地区中居第一，占世界总探明量的40.1%。独联体占欧洲石油储量的76%、天然气储量的91%。丰富的油气资源和重要的地缘战略位置，使世界主要投资国和能源消费大国将油气投资重点转移到了这一地区，不断升温的国际油气合作也推进了独联体国家油气出口多元化的进程。

作为石油消费大国，中国面临能源供应安全的挑战，从地区层面参与全球油气竞赛是中国必然的选择。中国经济发展已经进入了利用国内外两种资源和两个市场的阶段，独联体地区在保障中国能源供给方面有重要的地位和意义。目前“走出去”获得油气资源已经成为中国“走出去”战略的最重要组成部分，占中国全部海外投资的比例为1/4～1/3。中国与俄罗斯、独联体的中亚国家接壤或是近邻，具有扩大油气合作规模的现实需要和基础，能源成为中国与独联体国家大项目投资合作的重要领域。近年来，中国与俄罗斯和中亚国家的能源合作取得了突破性进展，跨境油气管道相继建成投入运营，撑起中国四大能源进口战略通道中的西北、东北两翼。未来独联体地区投资机遇与风险并存，中国要维护自身的能源安全，仍需要密切关注该地区的能源投资环境及政策走向。

第一节 中国能源状况与政策

一 中国能源基本状况

（一）能源资源特点

中国是能源生产大国，也是能源消费大国。中国能源资源的特点可以概括为总量较丰，人均较低，分布不均，开发较难。

1. 总量比较丰富

化石能源和可再生能源资源较为丰富。其中，煤炭占主导地位。2006 年，煤炭保有资源量 10345 亿吨，剩余探明可采储量约占世界的 13%，列世界第三位。油页岩、煤层气等非常规化石能源储量潜力比较大。水力资源理论蕴藏量折合年发电量为 6.19 万亿千瓦时，经济可开发年发电量约 1.76 万亿千瓦时，相当于世界水力资源量的 12%，列世界首位。

2. 人均拥有量较低

中国主要矿产储量占世界的比例并不高，煤炭占世界总量 16%，石油占 1.8%，天然气占 0.7%。人均占有量也很低，煤炭、石油和天然气的人均占有量仅为世界平均水平的 67%、5.4% 和 7.5%。2008 年中国消费石油 3.8 亿多吨，2011 年达到 4.6 亿吨，成为世界第二大石油消费国。但目前人均能源消费水平还比较低，仅为发达国家平均水平的 1/3。[①] 石油占一次能源消费比重仅为 18%，低于世界平均水平（33%）。[②] 据最新一轮对 45 种主要矿产可采储量对 2010 年经济建设的保证程度分析，包括石油、天然气、铁、锰、铜等在内的十余种矿产不能保证自有，部分矿产需长期进口补缺。

3. 赋存分布不均

中国煤炭资源主要赋存在华北、西北地区，水力资源主要分布在西南地区，石油、天然气资源主要赋存在东、中、西部地区和海域。而主要能源消费

---

① 《中国的能源政策（2012）》白皮书，中央人民政府网站，2012 年 10 月 24 日。
② 《发改委：中国明年石油对外依存度将达 60%》，中国网，2012 年 11 月 19 日。

区集中在东南沿海经济发达地区，资源赋存与能源消费地域存在明显差别。大规模、长距离地北煤南运、北油南运、西气东输、西电东送，是中国能源流向的显著特征和能源运输的基本格局。也正是这种产销不均衡性，使中国的能源安全系数存在变量。

4. 开发难度较大

与世界能源资源开发条件相比，中国煤炭资源地质开采条件较差，大部分储量需要井工开采，极少量可供露天开采。石油天然气资源地质条件复杂，埋藏深，勘探开发技术要求较高。未开发的水力资源多集中在西南部的高山深谷，远离负荷中心，开发难度和成本较大。非常规能源资源勘探程度低，经济性较差。

（二）能源领域面临的问题和挑战

"十二五"期间，国内外环境继续发生深刻变化，世界政治经济形势更加复杂严峻，能源发展呈现新的阶段性特征，中国既面临由能源大国向能源强国转变的难得历史机遇，又面临诸多问题和挑战。目前，中国已成为世界第一大能源消费国，而人均能源消费水平刚刚接近世界平均水平。随着工业化、城镇化的快速发展，中国能源消费总量将继续上升，能源供应保障任务将更加艰巨。现阶段中国能源供求矛盾十分突出，供应保障任务特别艰巨。从国际环境看，全球气候变化、国际金融危机、欧洲主权债务危机、地缘政治等因素对国际能源形势产生重要影响，世界能源市场更加复杂多变，不稳定性和不确定性进一步增加。能源问题受到国际社会的广泛关注，能源已成为国际政治、经济、外交、国防、气候变化博弈的焦点。中国在能源领域面对的最主要挑战有以下几点。

1. 能源安全形势严峻

自 1993 年中国从石油净出口国成为石油净进口国以来，维护石油安全已成为中国能源安全中最突出的问题。能源安全是一个总概念，它涵盖的内容涉及方方面面，就中国油气来说涉及以下几点。

（1）石油价格。当前国际能源环境的一个重要变化是，世界上大部分主要产油国都已过了石油峰值期，油田产量开始进入下降通道（如我国的大庆油田），其直接后果就是迫使油价不断抬升，或在较高价位持续震荡。1997 年以来，国际石油市场风云变幻，石油价格出现了前所未有的从暴跌到暴涨的剧烈震荡，已从1998年的平均每桶不足10美元、2000年的每桶28.53美元、2005年的每桶70美元上升到2010年的每桶100美元，之后国际油价一直在110美元以上区间高位震荡。不断攀升的油价表明，世界已进入高油价时代（见图14－1和图14－2）。国际能源市场价格波动增加了保障国内能源供应的难度，油价上涨已经对中国经济产生了负面影响。2004年中国净进口原油1.2亿吨，仅价格上涨因素就多支出88亿美元，直接导致我国全年外汇损失额高达88亿美元。且仅原油进口一项就造成300亿美元的贸易逆差，削弱了净出口对中国经济的拉动作用。高油价还在一定程度上推动了物价上涨，加大了国内通胀压力。到2005年末，中国人均年收入仅为1500美元，远远低于美国的2.27万美元；而且中国单位GDP的石油能耗是美国、欧盟和日本平均水平的两倍左右（2004年），因此，对高油价的承受能力远远低于欧美日等发达国家。与油价相关的另一个问题是，作为石油生产、进口和消费大国，中国对国际石油定价权的影响微乎其微。2006年，中国石油进口量占世界石油贸易总

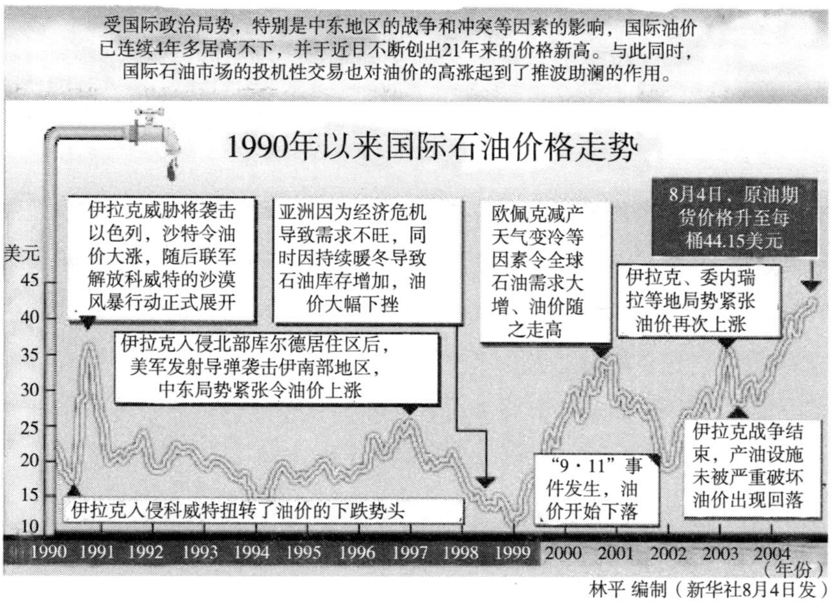

图14－1　1990～2004年国际石油价格走势

资料来源：新华网，2004年8月4日。

量的6%，2010年达到8%～9%，但对石油定价权的影响不足0.1%。石油价格是全世界高度关注的问题。中国大量的石油需求给国际市场上原油价格的飙升火上浇油。而原油价格的上涨又反过来影响中国经济，如此反复，形成了一种恶性循环，也给中国经济造成了巨大的压力，“中国因素”还时常被国际媒体炒作为影响油价上涨的主要原因。

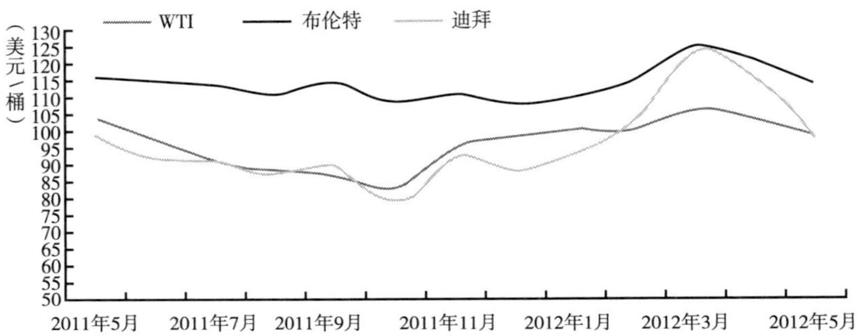

图14－2　2011～2013年国际原油价格（现货）走势

（2）石油天然气供求。总体看，中国常规化石能源可持续供应能力不足。油气人均剩余可采储量仅为世界平均水平的6%，石油年产量仅能维持在两亿吨左右，常规天然气新增产量仅能满足新增需求的30%左右。而中国的工业化、城镇化进程使国内石油消费快速增长，供需缺口不断扩大，对外石油依赖日益增大（见图14－3）。从20世纪90年代后期开始，中国已经进入对矿产资源的需求加速增长时期，而且这一时期还将持续相当长的一段时间。中国自1992年起能源消费总量超过能源生产总量，1993年起成为石油净进口国，能源瓶颈问题日益突出，除了更多进口石油和加大海外投资外，没有别的解决方案（见图14－4）。近年来中国能源对外依存度快速上升，石油对外依存度已从21世纪初的32%上升至2012年的57%。据有关部门预测，中国未来石油天然气消费量将继续增大，2020年石油缺口将在2.2亿～3.2亿吨，石油对外依存度将达到60%。[①] 天然气是化石能源中污染最少的能源，热值高于煤炭与

① 《发改委：中国明年石油对外依存度将达60%》，中国网，2012年11月19日。

石油。近期全球各国都积极参与为解决气候变暖的哥本哈根会议，中国要在节能减排方面发挥重要的作用，必然将提高天然气消费比重，这也是近年来中国天然气消费量大增的背景。中国自 2006 年起成为天然气净进口国，进口数量逐年增加。2010 年天然气缺口达 300 亿立方米，对外依存度上升至 12.8%（见图 14－5）。未来是天然气产量和消费快速增长期，预计 2015 年中国进口天然气将占天然气消费总量的 30%，到 2020 年天然气缺口将为 500 亿～700 亿立方米，中国天然气对外依存度将达到 50% 左右。①

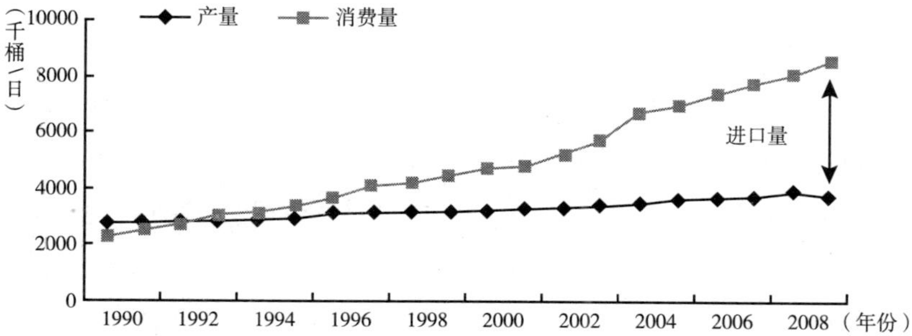

图 14－3　1990～2008 年中国石油产量和消费量对比

资料来源：*BP Statistic Review*，EIA 2010，IEA 2009。

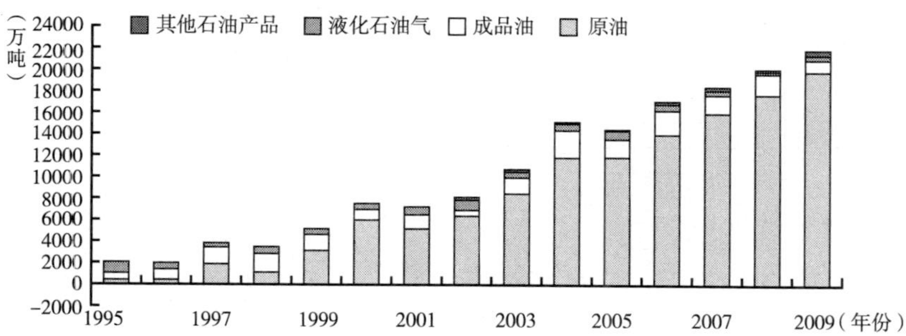

图 14－4　1995～2009 年中国石油净进口量变化

① “中国与土库曼斯坦签订 41 亿美元贷款换天然气协议”，《21 世纪经济报道》2011 年 4 月 28 日，来自国际燃气网分析师。

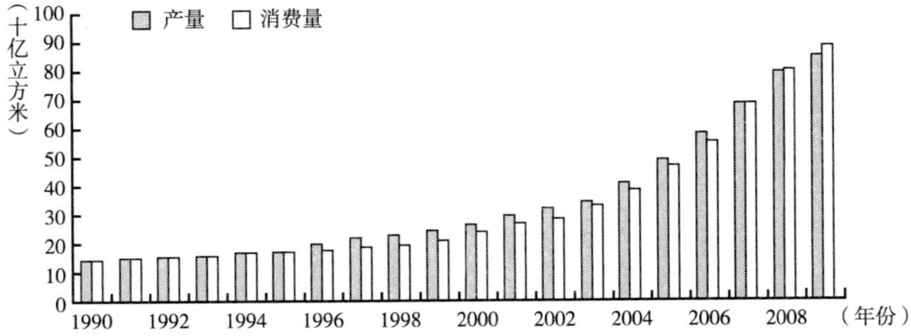

图 14－5　1990～2008 年中国天然气产量和消费量对比

资料来源：*BP Statistic Review*，EIA 2010，IEA 2009。

（3）石油运输。中国油气进口来源相对集中，70%以上来自中东和非洲国家。2009 年中国石油进口排名前十位的国家是沙特阿拉伯（20.59%）、安哥拉（15.79%）、伊朗（11.36%）、俄罗斯（7.51%）、苏丹（5.98%）、阿曼（5.71%）、伊拉克（3.51%）、科威特（3.47%）、利比亚（3.11%）、哈萨克斯坦（2.95%）（见图 14－6）。除俄罗斯之外，其余国家和地区均受美国因素影响，政治、军事动荡对中国石油供给安全影响严重。石油主要通过管道运输、铁路运输和海洋运输三种方式。目前中国原油进口量的 80% 经过马六甲海峡，

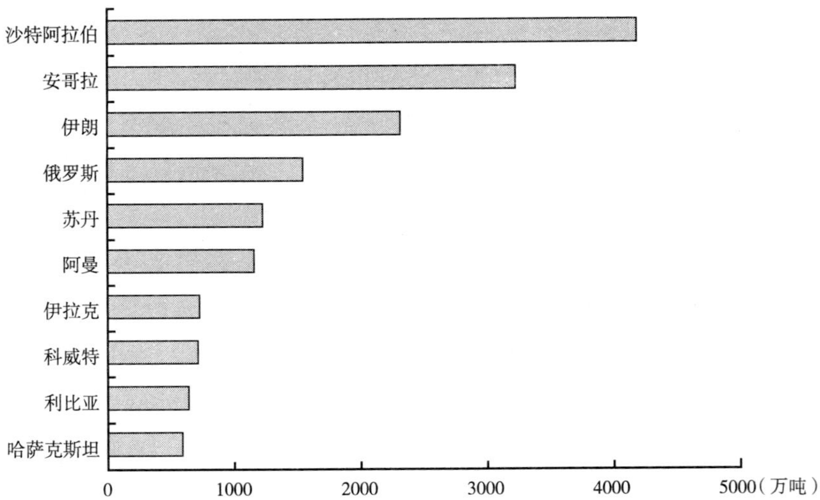

图 14－6　2009 年排名前十位的对华原油供应国

资料来源：*BP Statistic Review*，EIA 2010，IEA 2009。

进口通道受制于人，“马六甲困境”成为中国能源不安全的代名词。此外，中国远洋自主运输能力不足，石油海上运输安全风险加大，跨境油气管道亦面临安全运行问题。2012 年中国石油进口排名前十位的国家已发生变化，原第九大进口国利比亚由于 2011 年动荡已被委内瑞拉取代，而由于欧美对伊朗的制裁，我国从伊朗进口的原油也大幅减少，自俄罗斯石油进口量的增加保障了中国的石油安全。

2. 环境压力不断增大

目前煤炭在中国的能源消费结构中占 70%，以煤炭为主的消费格局给中国带来了能源效率低下和巨大的环境、生态压力。化石能源特别是煤炭的大规模开发利用，对生态环境造成严重影响。大量耕地被占用和破坏，水资源污染严重，二氧化碳、二氧化硫、氮氧化物和有害重金属排放量大，臭氧及细颗粒物（PM2.5）等污染加剧。目前中国酸雨影响面积达 120 万平方公里，主要污染物和温室气体排放总量居世界前列。当前气候变化已成为涉及各国核心利益的重大全球性问题，围绕排放权和发展权的谈判博弈日趋激烈。发达国家一方面利用自身技术和资本优势加快发展节能、新能源、低碳等新兴产业，推行碳排放交易，强化其经济竞争优势；另一方面，通过设置碳关税、“环境标准”等贸易壁垒，进一步挤压发展中国家发展空间。中国作为最大的发展中国家，面临温室气体减排和低碳技术产业竞争的双重挑战。未来相当长时期内，化石能源在中国能源结构中仍占主体地位，保护生态环境、应对气候变化的压力日益增大，迫切需要能源绿色转型。

3. 能源效率有待提高

中国产业结构不合理，开发利用方式粗放，资源环境压力加大。长期以来，中国单位国内生产总值能耗不仅远高于发达国家，也高于巴西、墨西哥等新兴工业化国家。能源密集型产业技术落后，第二产业特别是高耗能工业能源消耗比重过高，钢铁、有色、化工、建材四大高耗能行业用能占到全社会用能的 40% 左右。大量水资源被消耗或污染，煤矸石堆积大量占用和污染土地，能源效率相对较低，单位增加值能耗较高。对中国来说，能源的利用效率非常重要，同时经济发展也非常重要，如何使这二者达到平衡是个严峻挑战。

二　中国的能源战略政策

能源保障已成中国经济发展的不可承受之重。中国要实现 2020 年全面建成小康社会、到21世纪中叶人均国内生产总值达到中等发达国家水平的奋斗目标，能源始终是一个重大的战略问题。到目前为止，中国尚无专门的能源发展战略，有关战略和政策主要体现在相关产业发展规划和白皮书中。这些文件主要包括：2004年6月国务院常务会议讨论通过的《能源中长期发展规划纲要（2004~2020年）》（草案）、2007年和2012年中国政府发表的《中国的能源状况与政策》年度白皮书，2011年3月14日第十一届全国人民代表大会第四次会议批准的《中华人民共和国国民经济和社会发展第十二个五年规划纲要》，2013年1月国务院印发的《能源发展“十二五”规划》等。从这些文件表述中，大体可以勾勒出中国能源发展战略的框架和基本内容。

《中华人民共和国国民经济和社会发展第十二个五年规划纲要》提出：到2015年，中国非化石能源占一次能源消费比重达到11.4%，单位国内生产总值能源消耗比2010年降低16%，单位国内生产总值二氧化碳排放比2010年降低17%。到2020年非化石能源占一次能源消费比重将达到15%左右，单位国内生产总值二氧化碳排放比2005年下降40%~45%。

为实现上述目标，国家《能源发展“十二五”规划》提出八大原则和九大任务。

1. 八大原则

到2015年前，中国能源发展要坚持八项基本方针，即节约优先、立足国内、多元发展、保护环境、深化改革、科技创新、国际合作、改善民生。[①] 具体而言如下。

“节约优先”是把资源节约作为基本国策，坚持能源开发与节约并举、节约优先，加快转变经济发展方式，推动产业结构优化升级，鼓励节能技术研发，普及节能产品，提高能源管理水平，完善节能法规和标准，不断提高能源效率。

“立足国内”是主要依靠国内增加能源供给，通过稳步提高国内安全供给能力，不断满足能源市场日益增长的需求。

“多元发展”就是通过有序发展煤炭，积极发展电力，加快发展石油天然

① 中国《能源发展“十二五”规划》，国务院文件，国发〔2013〕2号，2013年1月24日。

气，鼓励开发煤层气，大力发展水电等可再生能源，积极推进核电建设，科学发展替代能源，优化能源结构，实现多能互补，保证能源的稳定供应。

“保护环境”就是以建设资源节约型和环境友好型社会为目标，积极促进能源与环境的协调发展。坚持在发展中实现保护、在保护中促进发展，实现可持续发展。

“深化改革”就是充分发挥市场机制作用，统筹兼顾，标本兼治，加快推进重点领域和关键环节改革，构建有利于促进能源可持续发展的体制机制。

“科技创新”就是充分依靠能源科技进步，增强自主创新能力，提升引进技术消化吸收和再创新能力，突破能源发展的技术瓶颈，提高关键技术和重大装备制造水平，开创能源开发利用新途径，增强发展后劲。

“国际合作”是在平等互惠和互利双赢的基础上，以坦诚务实的态度，与国际社会加强能源合作，共同维护国际能源安全与稳定。

“改善民生”指统筹城乡和区域能源发展，加强能源基础设施和基本公共服务能力建设，尽快消除能源贫困，努力提高人民群众“用能”水平。

2. 九大任务

能源发展规划提出要解决九大任务，即加强国内资源勘探开发、推进能源高效清洁转化、推动能源供应方式变革、加快能源储运设施建设、实施能源民生工程、控制能源消费总量、深化能源体制机制改革、提升能源科技和装备水平、深化能源国际合作。

为加强国内能源供应能力，中国将加强大型能源基地建设，打造山西、鄂尔多斯盆地、蒙东、西南、新疆等五大国家综合能源基地。加快西煤东运、北煤南运铁路运输能力建设，发展适应大规模跨区输电和新能源发电并网要求的现代电网体系，完善国内油气区域主干管网，推进油气进口战略通道建设。

为推动传统能源清洁高效发展，将优化能源结构，建设大型现代化煤矿，建设高参数、大容量清洁燃煤机组，有序建设燃气电站。积极发展非常规能源，抓好页岩气发展规划的落实，加大煤层气勘探开发力度。大力发展新能源与可再生能源，在做好环境保护和移民安置的前提下积极发展水电，安全高效发展核电，有序发展风电，加快太阳能多元化利用，积极发展生物质能、地热能等其他新能源，促进分布式能源系统的推广应用，让新能源和可再生能源在能源结构调整中发挥更加突出的作用。

为控制能源消费总量，将实施能源强度和消费总量双控制，根据中国国情和各地区实际，逐步建立起合理控制能源消费总量的机制。一是要推动经济结构战略性调整，优化产业结构和布局；二是要强化用能管理，重点抓好工业、建筑、交通运输和公共机构等领域节能；三是要树立绿色能源消费理念，倡导全民节能。

为推动能源自主创新，深化能源体制机制改革，将加快构建重大技术研究、重大技术装备、重大示范工程及技术创新平台一体化的能源科技创新体系。巩固和发展公有制经济，鼓励、支持和引导非公有制经济发展，建立统一、开放、竞争、有序的能源市场体系。将建立惠及城乡居民的能源普遍服务体系，完善有利于科学发展的政策体系，形成决策科学、责权一致、服务高效、监督有力的政府管理和市场监管体系。

为实施能源民生工程，将加强农村电网建设，实施完成新一轮农网升级改造工程。加快无电地区电力建设，2015 年前全面解决无电人口用电问题。发展农村可再生能源，加强边疆地区能源建设，支持西藏、新疆跨越式发展。优先保障城镇居民生活用气，在北方寒冷地区发展热电联产，让更多居民使用上清洁便利的现代能源。

为维护全球能源市场稳定，将全方位开展国际能源合作，加强与俄罗斯、中亚、中东、非洲、南美等周边国家和重要资源国的合作，既保证稳定的海外能源供应，又促进当地经济社会发展。加强与欧盟、美国、日本等发达经济体的合作，引进借鉴先进的能源技术、法规、政策、标准及管理经验。加强与能源出口国、消费国、过境国和主要国际能源机构的对话交流，积极参与全球能源治理，共同担负起维护全球能源市场稳定和确保世界能源安全的重任。

3. 五大工程

中国还将重点建设五大能源工程。

（1）能源基地建设工程，即有序开发煤炭基地，加快建设油气基地，积极开发水电基地、优化建设煤电基地、加快建设核电基地。

（2）能源储运工程，即煤炭运输通道和港口，油气输送管网，电网设施。

（3）石油替代工程，即加快发展煤基、生物质基液体燃料和煤化工技术，统筹规划，有序建设重点示范工程。

（4）可再生能源产业化工程，重点发展资源潜力大、技术基本成熟的风力发电、生物质发电、生物质成型燃料、太阳能利用等可再生能源，以规模化建设带动产业化发展。

（5）新农村能源工程，按照“因地制宜，多元发展”的原则，在继续加快小型水电和农村电网建设的同时，大力发展适宜村镇、农户使用的风电、生物质能、太阳能等可再生能源。

第二节　俄罗斯油气资源及能源发展战略

一　俄罗斯石油潜力

1. 石油资源潜力和石油产量

俄罗斯是世界石油和天然气资源大国。据英国石油公司统计，2010 年俄罗斯剩余探明石油储量 106 亿吨（774 亿桶），约占当年全球剩余探明石油储量的 5.6%，占世界第七位，储采比为 20.6 年。但按俄罗斯自然资源部的数据，其拥有石油资源量约为 526 亿吨，其中 A + B + C1 储量大体为 260 亿 ~ 270 亿吨，前景资源量（C3 级）为 132 亿吨，集中在西伯利亚；凝析油前景和预测资源有 92 亿吨，其中前景资源量占 30%；亚马尔 - 涅涅茨自治区估计 18 亿吨，占 19%，还有不到 1/3（28 亿吨）蕴藏在海上，而海上石油资源 50% 分布在喀拉海。[①]

俄罗斯 2/3 以上的探明储量集中在超大型油田（储量超一亿吨）和大型油田（3000 万吨以上）。在俄罗斯探明石油储量中高含硫油（含硫超过 2%）占 12.5%，主要分布在伏尔加 - 乌拉尔含油气盆地，其中 30% 在鞑靼共和国。56% 以上的凝析油探明储量分布在亚马尔 - 涅涅茨自治区，20% 以上分布在阿斯特拉罕州，海上的凝析油储量估计有 1.36 亿吨（不足俄罗斯总量的 7%），

① 俄罗斯自然资源部：《2009 年矿产资源状况报告》，2011。其中 A + B + C1 储量根据对西西伯利亚盆地描述和其他盆地的已有数据具体推算所得。

约一半位于鄂霍次克海。

目前俄罗斯全年石油产量为五亿吨左右，2009～2012 年分别为 4. 95 亿吨、5. 05 亿吨、5. 12 亿吨、5. 168 亿吨。[①] 国内年均石油消费水平维持在 1. 3 亿吨左右，炼厂加工量约 2. 5 亿吨，原油出口量两亿吨左右。2012 年，俄罗斯的石油加工量为 2. 7 亿吨，比 2011 年增长 4. 9%，原油加工度已从 1990 年的 67% 提高到目前的 71%。出口量为 2. 399 亿吨，比 2011 年下降 1. 8%，出口量在开采量中占比为 46. 4%（见表 14－1 和表 14－2）。

表 14－1　2012 年俄罗斯石油开采、加工和出口情况

	2012 年		2012 年 12 月	比较（%）	
	亿吨	与 2011 年同比（%）	亿吨	2011 年 12 月	2012 年 11 月
开采量	5. 168	0. 9	4. 42	1. 1	3. 0
加工量	2. 70	4. 9	2. 38	7. 9	1. 3
出口量	2. 399	－1. 8	2. 07	－5. 8	－1. 1
出口在开采量中占比（%）	46. 4		46. 9		

资料来源：俄罗斯联邦统计局："О состоянии рынка нефти в 2012 году"，俄罗斯联邦统计局网站。

表 14－2　俄罗斯石油深加工程度

单位：%

年份	1980	1990	1995	2000	2005	2006	2007	2008	2009	2010	2011
程度	57	67	65	71	72	72	72	72	72	71	71

资料来源：俄罗斯联邦统计局："Российский статистический ежегодник"，2012。

根据国际能源机构公布的数据，2002 年 2 月，俄罗斯石油日产量为 728 万桶，已经超过沙特阿拉伯日产量 719 万桶，成为世界最大产油国。[②] 之后，俄罗斯与沙特阿拉伯和美国角逐，并多次保持这一记录。据俄罗斯能源部数据，2012 年俄罗斯石油产量达到每天 1037 万桶，为苏联解体后的最高值，超过沙特阿拉伯，仍为全球最大石油生产国。[③]

① 俄罗斯联邦统计局："Российский статистический ежегодник "，2012。

② 《俄罗斯超越沙特阿拉伯成为世界最大石油生产国》，中新网网站，2002 年 3 月 22 日。

③ 中国商务部网站，2013 年 1 月 6 日。

2. 俄罗斯的石油运输管道系统

俄罗斯国内石油运输和出口主要通过管道、海上和铁路运输三种方式，俄罗斯的石油出口一半以上靠油轮海运，1/3 靠跨国石油管道输送，靠铁路运送的不到出口总量的百分之五。俄罗斯原油管道运输系统由六万多公里的干线输油管道和 400 多个加压站组成，年输送能力超过 4.6 亿吨。俄原油运输干线管道日常管理和运营由政府控股（通过俄联邦国有资产管理署持有 78.1% 普通股股份，100% 投票权）的原油管道运输公司（Transneft）负责。截至 2006 年，该公司拥有的干线管道长度为 4.87 万公里，俄产石油的 90% 通过干线管道输送。[①] 成品油管道运输系统由 1.95 万公里管道和近 100 个加压站组成，年输送能力 5000 万吨。成品油干线管道由俄罗斯成品油运输公司（Transneftproduct）所有和经营。

目前，俄罗斯共有五大跨国原油管道，分别是以下几个。

（1）友谊原油管道。

俄罗斯原油向欧洲出口主要是通过友谊管道系统。1959 年，苏联、捷克斯洛伐克、匈牙利、波兰、民主德国等经互会成员签署了共同建设友谊管道的协议，1964 年该管道一期建成。管道主干线从俄罗斯中部伏尔加河沿岸的萨马拉州向西延伸至白俄罗斯，在白俄罗斯的莫济廖夫市形成北部和南部支线，北部支线从白俄罗斯延伸至波兰和德国，南部支线从白俄罗斯经乌克兰延伸至斯洛伐克、捷克和匈牙利。此外，该输油管道还从俄罗斯布良斯克州的乌涅恰市分出一条经过白俄罗斯通往立陶宛和拉脱维亚的支线。二期管道在 1974 年建成。管道单线长度超过 8900 公里，在白俄罗斯境内线路最长，达到 2910 公里。管道设计输送能力 1.2 亿吨，目前运力为 8000 万吨/年。

（2）中亚方向原油管道系统。

该管道主要是向中亚地区的炼厂供应俄罗斯原油，管道起自俄罗斯鄂木斯克到达哈萨克斯坦的巴甫洛达尔炼厂（此段输送能力为 2940 万吨/年），再通往奇姆肯特炼厂（此段输送能力为 2200 万吨/年），最终到达土库曼斯坦的查尔朱炼厂（此段输送能力为 700 万吨/年）。管道在 1977 ~ 1983 年期间建设。

① Федеральная служба государственной статистики РФ：Основные показатели транспорта.

（3）波罗的海管道运输系统。

20 世纪 90 年代初，独立后的波罗的海三国对过境的俄罗斯石油制定了高昂的运费，俄为此每年损失数亿美元。为降低对爱沙尼亚、立陶宛和拉脱维亚等输送管线的依赖，俄从 1997 年正式开始建设波罗的海管道运输系统。

一期管道东起雅罗斯拉夫尔，西到波罗的海东部的普里莫尔斯克港，长 709 公里，将俄罗斯季曼－伯朝拉地区、西西伯利亚、乌拉尔和伏尔加河沿岸等地区生产的石油运至列宁格勒州的普里莫尔斯克港，然后再用油轮运至欧洲主要的石油贸易和加工中心。2006 年 4 月工程全部竣工，设计输送能力为 6500 万吨/年。二期管道根据 2008 年 11 月 28 日的俄罗斯政府第 1754 号决议修建，起自布良斯克州乌涅恰到列宁格勒州的乌斯季－鲁加，输送能力为 5000 万吨/年，全长 1000 公里。2012 年 3 月竣工投产。

（4）东西伯利亚—太平洋原油管道。

由俄罗斯石油运输公司（Transneft）历时六年建设完成，耗资高达 250 多亿美元。管线西起伊尔库茨克州的泰舍特，东至俄罗斯太平洋沿岸的纳霍德卡地区科济米诺湾。一期工程包括铺设从泰舍特至斯科沃罗季诺的管线，以及在科济米诺湾建设石油出口设施。二期工程建设从斯科沃罗季诺至科济米诺湾的石油管道。

根据俄罗斯联邦政府 2004 年 12 月 31 日第 1737 号决议，俄原油管道运输公司开始实施“东西伯利亚—太平洋原油管道”（简称远东原油管道）一期工程。2008 年 3 月 12 日，俄能源部批准一期工程的具体设计和建设时间表。远东原油管道一期工程全长 2694 公里，建设有七个加压站，起点为伊尔库茨克州的泰舍特市，终点为阿穆尔州的斯科沃罗季诺市，设计输量 3000 万吨/年。一期工程于 2009 年 12 月建成投产。

中俄原油管道是远东原油管道一期工程的支线，根据中俄两国政府 2009 年 4 月 21 日的协议实施，起点为远东原油管道斯科沃罗季诺分输站，终点为中国漠河—大庆原油管道漠河首站，管线长度约 72 公里，其中俄境内陆上管道长约 63.4 公里，黑龙江穿越段 1.15 公里，中国境内段 7.6 公里，设计输量为 1500 万吨/年。2010 年底，中俄原油管道建成投产，2011 年 1 月 1 日开始正式供油。

二期工程自 2010 年初开工建设，2012 年 12 月 25 日正式启用。2012 年通过科济米诺码头出口了1560万~1600万吨石油，2013年出口量预计将达到2100万吨，2014年可以达到2400万~2500万吨石油，预计2015年可以达到3000万吨石油。俄罗斯《观点报》以“为亚洲而建的管道”为题，称俄罗斯将利用（ESPO）向亚太国家出口石油，其未来的石油出口重心将东移。

（5）里海财团管道（田吉兹—新罗西斯克管道）。

里海财团（CPC）由俄罗斯、哈萨克斯坦、阿曼政府和一个由石油生产商组成的财团共同成立。该管道2001年底开始运行，连接哈萨克斯坦的田吉兹油田和俄罗斯的新罗西斯克港，通过黑海出口俄罗斯和哈萨克斯坦的原油。管道长1580公里，年输油能力现为2800万吨，计划增加到6700万吨。

二 俄罗斯天然气潜力

俄罗斯是世界上天然气资源最丰富、产量最多、消费量最大的国家，也是世界上天然气管道最长、出口量最多的国家，有“天然气王国”之誉。

1. 天然气资源潜力和产量

据英国石油公司统计，2010年俄罗斯剩余探明天然气储量44.8万亿立方米，约占世界剩余探明天然气总储量的23.9%，储采比为76年。根据俄罗斯天然气股份公司数据，俄原始天然气资源量估计达248万亿立方米，其中剩余探明储量为47.8万亿立方米，所占比例不足20%，而累积采出量仅占6.2%。在44.8万亿立方米剩余探明储量中，未开发气田中的储量为28.1万亿立方米，占总探明储量的58.8%，稳产油气田中的储量占16.1%。可以认为，今后俄罗斯具有长期维持天然气稳产和高产的资源保障。

俄罗斯天然气探明储量90%分布在陆地，10%分布在海域。其中陆地储量主要集中在西西伯利亚（占77.4%，其中60%集中在亚马尔半岛）、东西伯利亚、远东地区，其余集中在喀拉海、巴伦支海和鄂霍次克海大陆架。

天然气探明储量分布高度集中，储量超过5000亿立方米的28个巨型气田集中了71.2%的探明储量，剩余的探明储量分布在各个大型气田（储量在750亿~5000亿立方米）。[①]

① 俄罗斯能源部：《2020年前俄罗斯能源发展战略》，2003。

俄罗斯的天然气年产量在6000亿立方米以上，约占世界总量的21.6%，居世界首位。[①] 国内消费量维持在4300亿立方米上下。2005年其天然气储量、产量和消费量分别占世界总量的27.5%、21.6%和14.7%。在其一次能源消费构成中天然气占53.6%。俄罗斯天然气工业股份公司是俄罗斯最大的天然气公司，同时也是全球范围内天然气领域的“巨无霸”，占世界天然气总产量的19.8%。

与世界石油市场不同，由于天然气开发、生产和运输的地区性，世界尚不存在全球化的天然气市场。目前俄罗斯为世界最大的管道天然气出口国，天然气出口主要按政府框架协议签订的长期合同来执行，一般合同期为25年。俄罗斯年天然气年出口量为1800亿~2000亿立方米左右，主要出口欧洲和独联体等28个国家。

2. 俄罗斯跨国天然气输送管道系统

俄罗斯天然气输送管网十分发达。截至2009年12月，俄罗斯统一供气系统拥有16.04万公里的长输天然气管线及6100公里的支线，264座压气站，总装机功率4480万千瓦，24座地下储气库，6200多口生产井，160多套矿场天然气处理装置，3800多座配气站，七座天然气综合处理厂。年运输能力为6000亿立方米，管道平均运营年限为22年。[②]

俄罗斯有多条跨国输气管线将资源供应与国内市场、独联体地区市场和欧洲市场紧密连接，天然气出口主要通过其穿过独联体国家的天然气管道，其次是液化天然气的海运。已有的输气管道如下。

（1）“Brotherhoods”天然气管道。

“Brotherhoods”天然气管道是俄罗斯经乌克兰中转向欧洲出口天然气的重要输气管道，总长超过5000公里。管道经乌克兰进入斯洛伐克后分为两条支线管道，一条支线向西经捷克共和国进入德国，另一条支线向西南进入奥地利向西欧延伸，管输能力为1750亿立方米/年。2011年，过境乌克兰输往欧洲、独联体的天然气量达到1042亿立方米/年。

---

① 〔英〕*BP Statistical Review of World Energy*，2006年6月号。

② 徐小杰、王也琪：《2020年俄罗斯能源战略研究》，中国石油经济技术研发院报告，2005。

（2）亚马尔－欧洲天然气管道（Yamal-Europe）。

亚马尔－欧洲天然气管道主要通过白俄罗斯中转向欧洲供应俄罗斯天然气，管道线路从俄罗斯亚马尔半岛的产气区经白俄罗斯和波兰，到达德国境内。管道从亚马尔半岛产气区至德国边界的长度为4196公里，其中俄罗斯境内2932公里。该管道于1994年开始动工，1999年正式投入运营，2006年管道输量达到设计输量330亿立方米/年。

（3）蓝流天然气管道（Blue Stream）。

蓝流天然气管道是俄罗斯不经过中转国直接向欧洲出口天然气的第一条管道。1997年12月15日，俄罗斯与土耳其签订了政府间协议，在该协议框架下，俄气公司与土耳其的BOTAS公司签订了商业供气合同，总供气量达3650亿立方米，供气时间为25年，年均供气量约150亿立方米。蓝流管道全长1213公里，共分三段，俄罗斯境内段长373公里，海底部分为复线，单线长396公里，土耳其境内段长444公里。2001年蓝流管道开始施工，2005年11月建成投运。管道设计输量为160亿立方米/年。管道总造价33亿美元，俄天然气工业股份公司借贷17.6亿美元。

该管道的海底段的建设、运营和管理由意大利埃尼（ENI）集团和俄天然气工业公司成立的合资公司Blue Stream Pipeline（50∶50）负责。在俄境内由俄天然气工业公司负责运营，在土耳其境内由土耳其BOTAS公司负责。海底段投资建设费用17亿美元，Blue Stream Pipeline公司自有资本金占20%，其余资金主要来自以出口天然气收益作为抵押向银行的贷款。

（4）北流天然气管道（Nord Stream）。

北流天然气管道是俄罗斯“直供欧洲”的第二条管道，其目标市场是德国、英国、荷兰、法国、丹麦等。管道线路从俄罗斯波罗的海岸边的维波尔克，穿越波罗的海水域到达德国，将俄罗斯的输气管网与西欧的输气管网直接连在了一起，不经过中转国家。

2005年，俄罗斯天然气工业股份公司与德国BASF AG和E. ON AG公司在柏林签署北流管道建设的原则协议，并成立了合资公司“Nord Stream AG”，俄气公司持股51%，BASF AG公司的子公司Wintershall Holding和E. ON AG的子公司E. ON Ruhrgas分别持股24.5%。2008年，荷兰Gasunie公司加入

"Nord Stream AG" 公司后，俄气公司仍持股 51%，德国 Wintershall Holding 和 E. ON Ruhrgas 公司分别持股 20%，Gasunie 持股 9%。

北流管道的海底段从维波尔克到德国的格拉伊夫斯瓦尔德，长 1224 公里，复线设计，总设计输量为 550 亿立方米/年。2010 年 3 月该项目获得 26 家银行共计 39 亿欧元的贷款，2010 年 4 月动工，2011 年 11 月 8 日第一条管线投运，设计输量 275 亿立方米/年。

北流管道在俄罗斯陆上从维波尔克延伸至格利亚佐维茨，长 917 公里，设计输量 550 亿立方米/年。该管道于 2005 年 12 月动工，2010 年底建成。

（5）南流天然气管道。

南流天然气管道项目计划从俄境内黑海沿岸的卢斯卡亚压气站穿过黑海到达保加利亚，海底管道长度约 900 公里，深度超过 2000 米，设计输量 630 亿立方米/年，计划 2015 年建成。管道在欧洲的陆上线路可能通过匈牙利、塞尔维亚、希腊、保加利亚、克罗地亚、斯洛文尼亚和奥地利等国家，目前存在多个方案，尚未最终确定。截至 2011 年底，俄罗斯已与匈牙利、塞尔维亚、希腊、保加利亚、克罗地亚、斯洛文尼亚、奥地利、土耳其八个国家签署了建设过境管道的政府间协议，俄气公司与塞尔维亚、匈牙利、希腊、保加利亚和斯洛文尼亚五个国家的企业成立了建设过境管道的合资企业。2011 年 9 月，俄气公司、意大利埃尼公司、法国电力公司、德国巴斯夫集团签署南流天然气管道项目股东协议，根据协议，上述四家公司分别拥有项目 50%、20%、15%、15% 的股份。

三　俄罗斯能源战略及能源外交

俄罗斯是世界能源大国，石油、天然气、煤和铀分别占世界总储量的 10%、33%、20% 和 14%。在主要能源生产方面，俄罗斯天然气产量位世界第一位，石油产量位世界第二位，电力和煤分别位第四位和第六位。天然气、石油（含凝析油）、电力和煤炭产量分别占世界市场的 23%、10%、6% 和 6%。[①] 上述数

① 〔俄〕伊·优素福：《俄罗斯与世界能源》，《21 世纪俄罗斯经济》第 13 期，http://www.ruseconomy.ru/nomer13-200310/ec02.html。

据表明能源部门对俄罗斯经济的现状和发展前景有着决定性的影响，从总体看，俄罗斯约1/4的国内生产总值、1/3的工业产值、1/3的联合预算收入、1/2的联邦预算收入、1/2的出口收入和1/2的外汇收入都是由能源部门保证的。俄罗斯拥有庞大的油气基础设施和统一的油气管道体系、庞大的油气工业体系、一体化的天然气工业公司和石油公司。由于其巨大的优势和重要作用，能源部门一直被视为俄罗斯国家安全的重要保障，也是俄罗斯对外政治和经济合作的重要基础和手段，更是其恢复经济和政治大国地位的重要筹码。2000年普京执政以来，俄罗斯在世界石油价格不断上升中获得许多实际利益，扭转了连续十年的经济衰退局面，而且在国际能源市场异军突起，成为挑战欧佩克的有利对手，对国际能源市场的影响迅速扩大。没有能源资源产业，就没有俄罗斯应有的国际地位。对俄罗斯而言，“能源帝国”不是梦想，而是现实。

2003年，俄罗斯政府制定了《俄罗斯联邦2020年前能源战略》，该战略确定了国家长期能源政策目标、任务和主要发展方向，提出了能源工业发展的政策措施和实现目标的手段，指明了国家在能源工业发展中的作用。2006年圣彼得堡G8峰会后，俄罗斯工业和能源部根据对俄罗斯起决定性影响的内外条件变化的情况，对该战略实施的现状进行评估，拟将其有效期顺延到2030年。[①] 2009年11月13日第1715－p号政府令批准了《俄罗斯联邦2030年前能源战略》，该战略对俄罗斯能源工业发展将具有长期的指导意义。

（一）俄罗斯能源战略、政策和措施目标

根据俄罗斯能源发展战略的规定，俄能源战略的发展目标是通过最有效地利用能源和充分发挥能源工业部门潜力，实现经济增长和提高人民的生活水平。

能源战略的任务是，在发挥现有能源工业潜力、确立燃料动力综合体优先发展方向、制定能源政策及实施政策的基础上，根本改变燃料动力综合体的现状，使其产品和服务在国际市场上具有竞争力。

① 〔俄〕伊·优素福：《俄罗斯与世界能源》，《21世纪俄罗斯经济》第13期，http：//www.ruseconomy.ru/nomer13－200310/ec02.html。

实现能源战略的途径是，建立文明的能源市场，确立市场主体间及主体与国家间的非歧视性经济关系。在建立文明能源市场方面，要加强政府作为市场关系调节者和在培育市场要素方面的作用。国家（政府）不仅是市场的参与者，而且是市场的管理者。国家作为管理者的作用将随条件变化而调整。从俄罗斯能源战略实施情况看，实行能源资源和产业国有化、大力加强国家作为参与者和管理者的作用是俄罗斯能源战略中最重要的特点。

国家调节能源市场的机制是，通过制定税率（含关税）、费率和反垄断措施，促进建立合理的市场环境；加强对能源领域国有企业的管理，提高国有资产效益；制定和实施先进技术条例、国家标准和规范，鼓励能源部门节能。①

俄罗斯能源政策的核心原则是能源安全、能源效率和生态保障，即保障能源领域的国家安全，提高能源开采和利用效率，提高能源预算效益和保障生态安全。

保障能源安全的原则是，在正常条件下全面和稳定地满足国家经济和居民的能源需求，在危机状态和紧急状态下保障国家经济和居民最基本的能源需求，实现能源保障多元化，不过度依赖某一种能源；注重生态安全，能源工业与环保平衡发展；杜绝能源浪费；通过税收调节实现能源内部供应和外部销售平衡获益，实现出口结构合理化；能源项目优先采用国产设备。保障能源安全需要解决的迫切问题是，对燃料动力综合体过度损耗的设备进行更新，并保障现有油气田特别是新油气田正常再生产。

在提高能源开采和利用效益方面的政策是，大力发展耗能低的加工部门、知识密集型产业和服务领域；充分发挥节能技术设备的潜力；合理提高国内能源价格；逐步取消多种价格补贴，首先是电价补贴；实行住宅公共事业改革；修改有关燃料动力消耗规则和细则，强化节能；加强对能源使用过程的监督和考核。以经济激励促进节能。

在能源领域生态保障方面的措施是，限制能源企业对环境的污染，逐步实行接近欧洲同类企业的环保标准。能源领域的环保措施是，以经济手段鼓励采

① 俄罗斯联邦政府：《俄罗斯联邦2020年前能源战略》，http：//www. mre. gov. ru/docs/32/189. html。

用高效环保生产方式，鼓励使用清洁、低排放和无排放的生产工艺设备，完善国家环保监察制度，制定环保工艺设备的国家标准等。

在油气出口方面，俄罗斯的战略是在稳定欧洲市场的同时，开发非欧洲市场，其中中国和整个亚太地区地区的市场居于重要地位。未来向亚太地区的原油出口在总出口中的占比将从目前的3%提高到30%，天然气将从目前的5%提高到25%。[①] 天然气至少有1000亿立方米/年的出口市场，其中中国对俄罗斯天然气的需求为680亿立方米/年。2008年全球金融危机之后，亚洲市场对俄罗斯油气出口的意义更加突出。

（二）能源外交任务、政策和措施

能源在俄罗斯经济中的地位以及俄罗斯在国际能源市场的地位，决定了能源外交在俄罗斯能源战略中占有重要地位和发挥重要作用。俄罗斯国家能源战略指出，能源问题的全球化和日益政治化，以及俄罗斯燃料动力综合体在世界能源市场的影响力，这些因素把能源问题提到了俄罗斯外交所要考虑的基本问题层面。俄罗斯能源外交的目标是，巩固俄罗斯在国际能源市场的地位，最有效地发挥能源出口潜力，提高能源企业产品和服务在世界市场的竞争力；在国际能源市场建立非歧视制度，包括俄罗斯企业直接进入他国能源市场和金融市场，直接获得先进能源技术；在互利条件下吸引合理规模的外资进入俄罗斯能源领域。在20年内充分实现出口潜力，既保障国家经济安全，又使俄罗斯成为欧洲和国际社会的稳定合作伙伴，俄罗斯将作为能源供应大国参与国际能源安全保障。

俄罗斯能源外交的政策和措施是：在对进出口、国际运输以及俄罗斯企业参与国际能源和资本市场的现状做出评估的基础上，努力实现能源贸易中国家利益的最大化；促进进出口商品结构多元化，扩大俄罗斯企业参与国际市场竞争的空间；在稳定欧洲市场的同时，大力拓展亚太市场；加强资源产地和运输控制；创建俄罗斯原油国际品牌、成立俄罗斯圣彼得堡石油交易所、以石油卢布对抗石油美元结算；促进吸引外资，促进建立国际能源合作新模式，其中包括能源科技合作、建立国家能源外交调节机制。

---

① 俄罗斯联邦政府：《俄罗斯联邦2020年前能源战略》，http：//www.mre.gov.ru/docs/32/189.html。

俄罗斯能源外交的主要任务是，为实施能源战略提供外交保障，以外交手段维护俄罗斯能源企业的境外利益，以外交推动与独联体、欧亚经济共同体、欧盟、美国、东北亚及其他国际组织的能源对话。参加国际能源会议的工作，在国际能源机构（IEA）合作宣言的基础上和“八国集团”框架内与工业发达国家开展合作，与主要石油出口国（既包括独立出口国，也包括欧佩克成员国）相互配合，协调活动，保障公平的石油价格。[①]

俄罗斯能源外交的对象包括能源出口国和进口国。能源出口国中首先是海湾和北非六国[②]。俄罗斯与这些国家积极合作，共同推进有利于石油生产国的国际能源秩序，共同维持国际石油市场“合理高价”；积极参与海湾和北非的石油开发。拉美地区是俄罗斯能源外交积极进取的新方向，俄已与墨西哥和委内瑞拉积极开展双边能源合作。能源进口国中包括欧美、亚太国家。俄罗斯力图与能源生产国和能源消费国都建立良好的合作关系，以提高其在国际商务中的影响力。

第三节　中亚国家的油气资源及能源发展战略

中亚五国（哈萨克斯坦、乌兹别克斯坦、吉尔吉斯斯坦、塔吉克斯坦、土库曼斯坦）的面积达 399.44 万平方公里，蕴藏着丰富的石油天然气资源，无论是过去，还是现在乃至将来，都是原苏联和独联体乃至世界的重要油气资源基地。但中亚油气资源分布并不均衡，主要集中在哈萨克斯坦、乌兹别克斯坦和土库曼斯坦三国，其中哈萨克斯坦的石油、天然气均十分丰富，乌兹别克斯坦和土库曼斯坦的天然气在世界能源格局中亦占有重要地位（见表 14 - 3）。塔吉克斯坦作为山地国家，油气资源较少，但水利资源丰富，有助于综合解决能源问题，吉尔吉斯斯坦总体看能源十分贫乏。塔和吉虽油气资源不丰富却是重要的通道国。中亚国家目前主要通过中亚 - 中央天然气干线和土库曼斯坦 - 乌兹别克斯坦 - 哈萨克斯坦 - 俄罗斯 - 西欧管线通过俄罗斯出口天然气。为降低对俄罗斯天然气出口的依赖，各国纷纷实施天然气出口多元化战略。

---

① 俄罗斯联邦政府：《俄罗斯联邦 2020 年前能源战略》，http：//www.mre.gov.ru/docs/32/189.html。

② 海湾和北非产油六国有沙特阿拉伯、伊朗、伊拉克、科威特、阿拉伯联合酋长国和卡塔尔。

表 14-3　2009 年中亚三国石油天然气煤炭探明可采储量、产量和消费量

能源	国　别	哈萨克斯坦	土库曼斯坦	乌兹别克斯坦	合　计	世　界	中亚三国占世界的比重（%）
石油	储量（亿吨）	53.0	1.0	1.0	55.0	1817.0	3.0
	原油产量（亿吨）	0.780	0.102	0.045	0.927	38.205	2.4
	消费量（万吨）	12.0	5.2	4.9	22.1	3882.1	0.6
天然气（万亿立方米）	储量	3.30000	8.10353	1.68341	13.08694	187.49000	7.0
	产量	0.03223	0.03638	0.06443	0.13304	2.98700	4.5
	消费量	0.01961	0.01976	0.04874	0.08811	2.94040	3.0
煤炭（亿吨）	储量	313.00	—	—	313.00	8260.01	3.8
	产量	1.015	—	—	1.015	69.406	1.5

资料来源：《BP 世界能源统计》，2010。

一　哈萨克斯坦石油资源及能源发展战略

（一）石油资源

1. 石油资源潜力和产量

哈萨克斯坦油气储量占全球总储量的 2.7%，全球名列第九位，位于沙特阿拉伯（25.5%）、伊拉克（11.1%）、科威特（9.5%）、伊朗（9.2%）、阿拉伯联合酋长国（7.8%）、委内瑞拉（6.5%）、俄罗斯（5%）和利比亚（2.9%）之后。据统计，截至 2012 年 1 月 1 日，哈萨克斯坦已探明石油储量为 49 亿吨，共有 241 处油田；天然气储量为 1.6 万亿立方米，共 220 处天然气田；凝析油气储量为 3.648 亿吨，共有 61 处凝析油气田。预测石油储量为 170 亿吨和天然气储量为 146 万亿立方米，其中原油 60% 以上集中在哈属里海水域。2000～2011 年哈萨克斯坦油气储量整体增长了 18.6 亿吨，天然气储量增长了 1187 亿立方米，凝析油储量增长了 2560 万吨。据哈方专家评估，2025 年之前，哈萨克斯坦原油探明储量占世界储量的比例将提升到 5.5%。

哈萨克斯坦境内共有 15 个含油气盆地，但实现工业开采的仅有五块，分别是：濒里海盆地、曼吉斯套盆地、乌斯纠尔特盆地、南图尔盖斯克盆地和楚－萨雷苏克盆地。据哈统计，可开采石油的 91% 主要集中蕴藏在 13 个大型油田里，而田吉兹和卡沙甘这两大巨型油田的储量就占了其中的69%。[①] 哈萨克斯坦境内的油田分布极不均匀，所有大型油田，包括一些中小油田都分布在哈萨克斯坦西部，南部的大部分油田都属于中小型油田。

1991 年独立后，哈萨克斯坦石油工业快速发展，石油年产量持续增长。2000～2011 年，哈共开采 6.738 亿吨石油，2859 亿立方米天然气和 5240 万吨凝析油。目前全国每年大约开采石油 7390 万吨，按照地域分布，主要是阿特劳州 41%，曼吉斯套州 24%，阿克纠宾州 11.2%。2011 年共开采天然气 321 亿立方米，主要产自阿特劳州（43%），西哈萨克斯坦州（30.8%），阿克纠宾州（10.4%），曼吉斯套州（9.8%）。2012 年，哈开采 6646.15 万吨原油，1274.92 万吨凝析气，与 2011 年相比分别增长 1.9% 和 3.7%。

2. 跨国输油管道系统

与石油生产规模相比较，哈萨克斯坦国内对原油和石油产品的消费需求量并不很大，85% 以上的原油用于出口。2000～2009 年间，哈石油需求年平均增长远低于石油开采增长水平（见图 14－7），国内石油需求的低增长与石油开采的高增长促使哈萨克斯坦不断扩大石油出口（见表 14－4）。

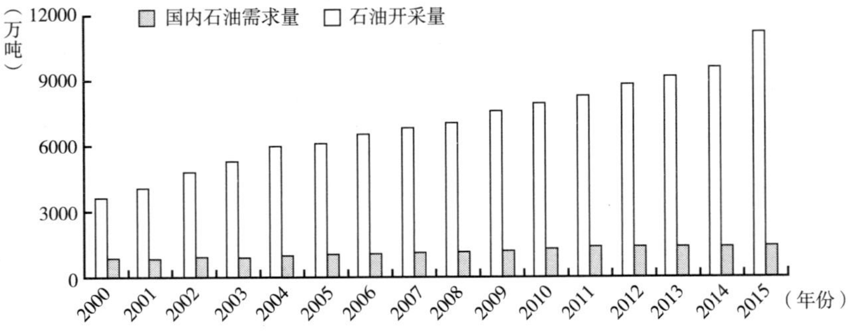

图 14－7　2000～2015 年哈萨克斯坦石油开采及国内需求

图中数据来源：哈萨克斯坦统计署、惠誉国际评级。

① 中国驻哈萨克斯坦经商参处：《2000 年至 2011 年哈萨克斯坦油气领域发展简述》，商务部网站，2012 年 11 月 1 日。

表 14－4　1995～2009 年哈萨克斯坦石油产量和出口的数量

单位：百万吨

年份	1995	1996	1997	1998	1999	2000	2001	2002	2003	2004	2005	2006	2007	2008	2009
产量	20.6	23.0	25.8	25.9	30.1	35.3	40.1	47.3	51.5	59.5	61.5	65.0	67.1	70.7	76.4
出口量	11.3	14.5	16.4	20.4	25.2	27.7	32.3	39.1	44.3	52.4	52.4	54.6	60.8	60.7	67.3

资料来源：UNComtrade 数据库，哈萨克斯坦统计局，2009 年数据来自 http：//www.tdb.org.cn/。

哈萨克斯坦的输出和过境管线覆盖实力在独联体石油开采国家中仅次于俄罗斯。随着哈萨克斯坦通往国际市场的石油管线的建成，哈萨克斯坦的石油出口量增长迅速。目前哈萨克斯坦主要原油出口管线有：北部经阿特劳—萨马拉管道至俄罗斯新罗西斯克港出口到欧洲市场；西部经里海国际石油财团管线出口；南部经由与伊朗达成协议出口石油①；东部经中哈原油管道（阿塔苏－阿拉山口）出口到中国。

（1）阿特劳—萨马拉输油管道。

阿特劳—萨马拉输油管线初建于苏联时期，1968 年开始修建，1970 年完工，1978 年投入运营，全长 695 公里。近年来，经过改造，该管线年输油能力约为 1500 万吨，原油经俄罗斯运往黑海港口敖德萨和新罗西斯克。2008 年该管线输油 1677 万吨，2009 年为 1750.4 万吨。

2009 年 11 月，哈俄两国签署了《对 2002 年石油过境运输政府间协议的变更和补充》会谈纪要，拟发展并巩固两国间在石油运输领域的互利合作，2014 年以前拟将阿特劳—萨马拉石油管线年输油能力由 1500 万吨提高至 2500 万吨。

（2）里海财团管道。

里海财团（CPC）是由俄罗斯、哈萨克斯坦、阿曼政府和一个由石油生产商组成的财团共同成立。该管道 2001 年底开始运行，连接哈萨克斯坦的田吉兹油田和俄罗斯的新罗西斯克港。管道长 1580 公里，年输油能力 2800 万吨，计划增加到 6700 万吨。该管线在哈境内总长 452 公里，共有两个泵站：阿特劳站和田吉兹站，是目前哈石油出口的主要通道之一。2009 年实际输油 3150

① 哈萨克斯坦—土库曼斯坦—伊朗管线。目前该管线还停留在可行性研究等前期准备阶段。由于管线途经伊朗，故该项目遭到美国的强烈反对。该管线前景暂时还是未知数。

万吨，其中俄油 400 万吨，哈油 2750 万吨。

（3）中哈原油管道（阿塔苏—阿拉山口）。

中哈原油管道起自哈萨克斯坦的阿塔苏，终点为中国阿拉山口，长 962 公里，一期设计年输油能力 1000 万吨；中哈原油管道公司负责运营该跨国管道，该公司是中石油和哈国家油气公司的合资公司，双方各占 50% 的股份。管道于 2005 年底建成，2006 年 5 月投入商业运营。中哈原油管道公司还负责运营哈境内肯基亚克—库姆科尔石油管道，长 795 公里，一期设计输送能力 1000 万吨/年。肯基亚克—阿特劳石油管道、肯基亚克—库姆科尔石油管道、阿塔苏—阿拉山口石油管道统称为中哈原油管道，是从哈西部里海通向中国的长距离跨国原油管道。按照协议，管道运营初期年输油 1000 万吨（占中国进口原油的 8% 左右），2010 年升至 2000 万吨（占 15%）。该管道向中国输送的原油中，50% 来自哈萨克斯坦的扎纳诺尔油田和阿克纠宾油田，50% 来自里海地区的俄罗斯油田。目前库姆科尔—阿塔苏段石油管道为哈石油运输公司所有和运营。

（4）鄂木斯克—巴甫洛达尔—奇姆肯特—查尔朱管道。

如上文所述，该管道主要是向哈萨克斯坦炼油厂供应俄罗斯原油，管道起自俄罗斯鄂木斯克到达哈萨克斯坦的巴甫洛达尔炼厂（此段输送能力 2940 万吨/年），再通往奇姆肯特炼厂（此段输送能力 2200 万吨/年），最终到达土库曼斯坦的查尔朱炼厂（此段输送能力 700 万吨/年）。管道在 1977 ~ 1983 年期间建设。从哈萨克斯坦通往土库曼斯坦查尔朱的管道现已停输。

目前，在哈萨克斯坦境内石油运输领域，除了跨国管道外，境内还有两条与跨国管道连接的管道，由两家外资公司拥有和运营，分别是下列（5）和（6）。

（5）阿克赛—大卡干—阿特劳管道。

该管道长 635 公里，设计年输油能力 700 万吨，由卡拉恰甘纳克作业公司拥有并运营。该公司的股东是 ENI - AGIP 财团（32.5%），BG（32.5%），雪佛龙公司（20%），卢克石油公司（15%）。

（6）肯基亚克—阿特劳石油管道。

该管道长 448.5 公里，设计年输油能力 600 万吨，由西北管道公司运营。该公司是中石油与哈国家油气公司的合资公司，中方参股 49%，哈方拥有 51% 的股份。

（二）天然气资源

1. 天然气资源潜力和产量

哈萨克斯坦天然气储量在独联体国家中仅次于俄罗斯和土库曼斯坦，已探明的天然气储量两万多亿立方米，占世界总储量的1.5%，可供使用60年，世界排名第18位。哈开采的天然气种类主要为油田伴生气，目前哈萨克斯坦还不是国际商品天然气市场的主角。

2010年哈萨克斯坦共生产天然气371.4亿立方米，同比增长4.3%。哈主要天然气生产企业有卡拉恰干纳克石油公司、田吉兹－雪弗龙公司和中石油－阿克托别公司，其中卡拉恰干纳克石油公司生产的天然气占哈萨克斯坦全国天然气产量的40%。据哈萨克斯坦石油与天然气部预测，2009～2014年哈天然气开采量年均增长8.7%。2014年，待卡拉恰干纳克气田第三阶段和田吉兹油气田扩建项目完成后，天然气开采量将达到年540亿立方米。2000～2009年哈萨克斯坦国内天然气的需求翻了两倍。惠誉预测，2009～2014年，哈国内天然气需求将呈稳定增长趋势，年增长11.8%。到2014年，哈萨克斯坦国内天然气需求量将为年370亿立方米。

2. 跨国天然气管道

哈萨克斯坦的天然气跨国管道多为过境管道，主要用于过境出口俄罗斯、土库曼斯坦、乌兹别克斯坦的天然气，过境运输天然气量占整个哈萨克斯坦干线天然气管道输量的85%左右。2011年哈出口天然气160亿立方米，国际过境运输810亿立方米天然气，其中运输俄气480亿立方米，土气265亿立方米，乌气65亿立方米。哈境内的天然气管道主要由哈萨克斯坦国家油气公司的全资子公司哈天然气运输公司（KazTransGas）垄断运营，奥伦堡—诺沃波斯科夫管道和“联盟”天然气管道哈国境内由俄天然气工业公司负责运营，而中哈天然气管道则由亚洲天然气管道公司（中哈双方的合资公司）负责管理和运营。

（1）中亚—中央天然气管道。

中亚—中央天然气管道是俄罗斯统一天然气管网的组成部分，也是其附属部分。

该管道运输系统建于1967～1985年，管道经土库曼斯坦、乌兹别克斯坦、哈萨克斯坦到达哈俄边界的亚历山德罗夫-加伊泵站，全长4000公里，哈萨克斯坦境内823公里。管道设计输送能力为670亿立方米/年，由于物理损耗目前输气能力下降至每年500亿立方米的水平。近年来，受金融危机影响，欧洲天然气需求萎缩，俄罗斯通过该管道进口的数量逐年减少。

在苏联时期，这一管网由苏联天然气工业部统一运营。苏联解体后，该管线由土、乌、哈三国拥有，土天然气运输公司运营其境内的管道，该管线在哈境内由俄哈双方的合资公司“俄哈天然气”（KazPocGas）合资公司（各占50%股份）所有和运营。但是，俄罗斯天然气工业公司直接经营着乌兹别克斯坦国内段的管线，确保中亚天然气向俄罗斯和出口市场的过境运输。

哈萨克斯坦自产气的出口通过中亚—中央天然气管道，出口的天然气主要来自里海地区曼吉斯套州油气田、田吉兹油田和卡拉恰甘纳克气田。根据2001年11月份哈俄政府间协议，2002年双方成立了“哈俄天然气”（KazPocGas）合资公司，该公司的主要职责是负责为奥伦堡天然气处理厂采购卡拉恰甘纳克所产天然气，以及通过俄罗斯向其他国家出口哈产天然气。

（2）奥伦堡—诺沃波斯科夫管道和“联盟”天然气管道。

奥伦堡—诺沃波斯科夫与“联盟”两条天然气管道平行铺设，其支线同卡拉恰甘纳克气田连接，全长760公里，其中哈境内长328公里，两条管线分别于1976年、1978年投产，主要任务是将俄罗斯奥伦堡天然气加工厂的天然气经哈萨克斯坦西北地区的乌拉尔斯克和奇扎压缩站输送至俄罗斯亚历山大罗夫-盖气站（位于俄罗斯萨拉托夫州的亚历山大罗夫-盖市），再由该站继续向乌克兰以及欧洲地区输送。该管道由俄天然气工业股份公司负责运营。

两条管线初期时总设计运力为每年输送420亿立方米天然气（奥伦堡—诺沃波斯科夫管线140亿立方米，“联盟”管线280亿立方米），但由于物理损耗，奥伦堡—诺沃波斯科夫管线年实际运力为100亿立方米，“联盟”管线为200亿立方米/年。

（3）布哈拉—乌拉尔天然气管道。

布哈拉—乌拉尔天然气管线全长约4500公里，哈境内长1175公里。该管线同样于苏联时期开始铺设，1965年投产。设计运力190亿立方米/年，该管线将乌兹别克斯坦布哈拉州的加兹里油气田产出的天然气向俄罗斯南乌拉尔地区工业中心供应，管线实际运力为70亿立方米/年。

（4）布哈拉—塔什干—比什凯克—阿拉木图管道。

该管道起自乌兹别克斯坦布哈拉，终点为哈萨克斯坦阿拉木图。乌兹别克斯坦通过该管道向塔吉克斯坦、吉尔吉斯斯坦和哈萨克斯坦南部出口天然气。哈每年通过该管道进口约30亿~40亿立方米天然气，满足其南部地区的用气需求。

（5）中国—中亚天然气管道（简称中亚天然气管道）。

中亚天然气管道起始于土乌边境，经乌兹别克斯坦、哈萨克斯坦到达中国的霍尔果斯，与我国西气东输二线相连。全线长度1822公里，其中哈国境内1300公里，双管并行敷设，设计输气能力300亿立方米/年。管道于2008年6月开工建设，2009年底实现单线投产通气；2010年10月，实现A/B线双线建成通气。在哈国境内，该管道由亚洲天然气合资公司（中石油和哈国家油气公司各占50%的股份）负责管理和运营。

（三）哈萨克斯坦能源战略和发展政策

1. 能源发展战略

哈萨克斯坦为世界第11大油气资源国，在原苏联国家占据第二位，是里海地区第三大油气资源国（仅次于俄罗斯和伊朗）。油气产业为哈萨克斯坦国民经济的支柱产业，石油和天然气出口占其外汇收入的60%~70%，占国内生产总值的30%。尽管哈萨克斯坦高度重视能源部门的发展，独立之初就提出能源立国的思路，但其国内并没有专门的能源资源总体发展战略，其能源发展战略主要体现在能源品种发展纲要中，如里海油气发展战略、电力发展战略、天然气发展战略和石化工业发展规划等。从这些单项纲要中大体可以勾勒出哈萨克斯坦能源发展战略的基本内容。

（1）确保能源安全。能源安全的核心是确保国家对战略资源的控制，增加大型能源企业中的国有股份；加强对上下游企业的控制力度，增强国家干预市场的能力；增加产量，确保各种能源品种产量稳定增长；提高资源综合开发利用水平；改善基础设施，建立石油天然气出口管道体系，避免依赖一个邻国或者受制于一个用户的垄断价格，实现出口多元化；减少与邻国的能源矛盾，确保国家的周边安全，保证国内各类能源品种进出口渠道畅通，保障自身能源安全和能源供应。

（2）调整能源结构。主要有两大任务，首先是根据本国实际调整能源消费结构，合理使用各种能源；其次是在大力发展能源加工业的同时调整能源工业所占比重，增加非原料工业比重；合理使用石油收入，合理配置资源，减少对外部世界的依赖，促进国民经济合理平衡发展。

（3）实施能源外交。与世界上的主要石油公司建立长期伙伴关系，以引进资金、技术，促进石油天然气工业的快速发展，并带动整个国家经济的发展和社会问题的解决；利用石油天然气资源加强与世界大国的关系，并通过与西方和大国石油企业的合作来巩固哈的国家独立和加快经济复苏；通过吸引外资来加强哈石油天然气工业的基础设施，以满足自己需求和提高其在世界市场上的竞争力。

2. 能源领域发展政策

（1）积极利用外资发展油气产业。20 世纪 90 年代，哈萨克斯坦独立后为抑制经济下滑，吸引外国投资，哈政府对油气领域的外国投资者实施了一系列优惠政策，甚至低价转让油气田开发权。如卡拉恰干纳克和田吉兹—雪弗龙项目。目前，来自美国、荷兰、英国、法国、意大利、加拿大、中国、日本、俄罗斯、瑞士和利比亚等世界 45 个国家的公司在哈萨克斯坦从事地下矿产资源投资开发。75% 的投资都用于油气田开发上，1996 ~ 2010 年上半年用于油气资源开采的投资额为 1045 亿美元，其中用于地质勘探的投资为 142 亿美元。据 2009 年统计，石油领域约 86% 的投资来自于大型国际油气企业。

（2）规范对外油气合作。随着油气产业逐步强大，哈颁布了一系列法规规范哈对外油气合作业务。1995 年颁布《石油法》，并于 1999 年进行修订。为加强对本国资源的控制，争取更多的国家利益，哈萨克斯坦政府分别于 2004 年、2005 年和 2007 年对 1996 年颁布的《地下资源与地下资源利用法》进行修订，明确了对外国投资者转让哈油田股份拥有优先收购权。

哈能源与矿产资源部及时对以前所签资源利用合同的完成情况进行清点，2007 年 11 月、12 月，能矿部解除了 84 个资源利用合同，2008 年上半年又解除了 20 个合同，这些合同中的大多数将由法院进行裁决。

（3）实施灵活税收调节政策。2008 年，在全球高油价形势下，哈政府颁布法令，对 2005 年 10 月 15 日出台的第 1036 号政府令进行修改，规定从 2008 年 5 月 18 日开始对出口原油征收每吨 109.91 美元的出口关税，同时对其他石化产品的出口也规定了出口税，2008 年 9 月，哈政府决定将原有出口税从每吨 109.91 美元提高至 203.8 美元。通过调整税收政策，优化石油出口结构，稳定国内市场，增加国家财税收入。

（4）寻求油气出口多元化。哈萨克斯坦的石油出口目前主要是借助俄罗斯和美国主宰的欧洲输油管网系统进入欧洲市场。一条是隶属俄罗斯的田吉兹—新罗西斯克管道；另一条是美国主导的巴库（阿塞拜疆）—杰伊汉（土耳其）管道。这两条管道只能给哈方石油出口提供过境的便利，而国际石油贸易的控制权掌握在大国手中，更无法从"能源外交"中获取丰厚的经济利益。因此，哈萨克斯坦确定了油气出口和运输多元化方针，努力开拓新的需求市场，以减少对俄罗斯的依赖。

二　乌兹别克斯坦的油气资源及能源发展战略

（一）石油资源

1. 石油资源潜力和石油产量

乌兹别克斯坦是中亚地区自然资源比较丰富的国家，苏联解体前是主要的工农业原材料供应基地，其主要的商品市场也由原料商品构成。乌兹别克斯坦的天然气开采量及储量在独联体国家都居第三位。有五大油气产区，分别是：于斯帝尔特、布哈拉－希瓦、季萨尔、苏汗达剌、费尔干纳。天然气工业主要集中在加兹利和卡尔希地区，石油主要产自费尔干纳盆地和布哈拉州。据英国 BP 石油公司报告显示，截至 2011 年底，乌兹别克斯坦石油探明储量一亿吨（六亿桶），天然气探明储量 1.6 万亿立方米，与 2010 年持平。乌年产石油约 700 万～800 万吨，天然气 600 亿立方米，石油和天然气完全能自给，少量石油产品、天然气可供出口。[①] 2011 年，乌石油产量 360 万吨，与上年持平，平均日产量 8.6 万桶，当年石油消费量 440 万吨，比上年增长 0.7%，平均日消费量 9.1 万桶。2011 年，乌天然气产量 570 亿立方米，比上年下降 4.4%；当年天然气消费量 491 亿立方米，比上年增加 7.9%。

① "Узбекистан начал экспортировать природный газ в Китай", CA－NEWS, 2012 年 4 月 2 日。

2. 跨国油气管道系统

乌产石油基本自用，少量原油和石油产品出口到周边独联体国家。目前已有的跨国管道均为天然气管道。乌兹别克斯坦拥有1.33万公里的干线输气管道，同独联体的天然气总运输管道相连接，年输送能力为550亿立方米，主要的输气管道为过境输送土库曼斯坦—俄罗斯的天然气管道。目前30%以上的天然气管道已运营30年以上，51%的管道运营了20~30年。近年来，乌兹别克斯坦国内天然气年产量在550亿~680亿立方米之间，出口量逐年增加，出口能力约为150亿立方米/年。在独联体范围内，乌兹别克斯坦天然气主要出口到俄罗斯、哈萨克斯坦、吉尔吉斯斯坦和塔吉克斯坦。新开辟的出口方向为中国。乌兹别克斯坦的天然气运输系统、天然气过境运输及储存设施主要归乌兹别克斯坦国家油气公司的子公司乌天然气运输公司所有。

（1）中亚—中央天然气管道。

中亚—中央天然气管道是乌境内重要的过境管道，也是乌产天然气向俄罗斯出口的主要通道。该系统年过境运输能力约450亿立方米。自2002年以来，俄天然气工业公司开始管理乌兹别克斯坦西部的天然气过境运输基础设施和出口管道。

（2）布哈拉—乌拉尔天然气管道。

布哈拉—乌拉尔天然气管线全长约4500公里，经哈萨克斯坦过境通往俄罗斯叶卡捷琳堡，1965年投产。设计运力为190亿立方米/年，实际运力为70亿立方米/年。

（3）布哈拉—塔什干—比什凯克—阿拉木图管道。

该管道起自乌兹别克斯坦的布哈拉，终点为哈萨克斯坦的阿拉木图。乌兹别克斯坦通过该管道向塔吉克斯坦、吉尔吉斯斯坦和哈萨克斯坦南部出口天然气。哈每年通过该管道进口约30亿~40亿立方米天然气，满足其南部地区的用气需求。

（4）中国—中亚天然气管道（乌兹别克斯坦—中国天然气管道）。

中国—中亚天然气管道过境乌兹别克斯坦，在其境内管线长约518公里（乌方称之为乌兹别克—中国天然气管道），是苏联解体后乌国境内修建的第一个跨国天然气管道。该管道由2007年成立的中石油与乌国家油气公司的合资公司（各占50%股份）负责管理和运营。根据中乌双方签署的有关协议，自 2012 年起乌将从加兹里通过中亚天然气管道向中国出口天然气，这是乌新开辟的出口方向，对其能源出口多元化具有重要意义。

（二）乌兹别克斯坦的能源发展战略和政策

乌兹别克斯坦在中亚地区处于地缘中心和文化中心的地位，又是人口大国和较大的民族，故在中亚具有自己的中心区战略定位。据《亚洲监测》中心专家的资料，乌兹别克斯坦 60% 以上的地区有勘探开发油气资源的前景。但该国的油气供需余地有限，能源进出口额在出口总额中占比 10% 左右。乌对外经济合作和能源合作领域面临的主要问题是，作为典型的内陆国家，与其他里海地区国家一样面临石油出口通道和远离石油出口市场的问题，出口运输线路受到限制；现有的设备即管道耗损严重，急需扩建和更换。

乌兹别克斯坦能源战略的原则是：保护和加强国家能源的独立性；保证能源的稳定供给，更新设备和技术，改建电站；为各经济领域提供燃料能源，建立可靠的原料基地，支持重要的战略领域，发展采矿、加工和能源运输系统；提高能源使用效率，为采取节能措施创造良好的条件，维护国家的能源独立，发展出口潜力；保证动力供应多样化，提高煤炭使用份额，利用包括非传统能源在内的可再生能源，发展小型水力发电；吸引外国投资以实现燃料能源综合体的现代化，进行地质勘探工作，在国家监督下吸引更多的开发者开发国内的矿产资源。

为加快能源开发，乌兹别克斯坦曾对外资提供相当优惠的政策。2000 年 4 月 28 日，乌颁布了《关于采取措施吸引外国在石油天然气勘探和开采领域的直接投资》的总统令，规定外国公司在乌进行勘探投资期间免征一切税收，给予在于斯帝尔特地区开发新油气田的外国投资公司期限为 25 年的租赁开采权，如需要还可延长，开启了乌为吸引外国对石油天然气领域投资而出台的最为务实和优惠的政策，极大地促进了外国对乌石油天然气工业的投资兴趣。2005 年乌对外资油气开采企业的优惠政策有：在进行地质勘探工作期间免除一切税收并实行利润税优惠、增值税优惠、消费税优惠以及财产税优惠等政策。2006 年年底，乌政府公布了新的“矿产资源税”，从 2007 年 1 月 1 日起生效，其中引人注目的是大幅降低了油气资源使用税和石油制品的消费税。

乌《外资法》规定：国家给予投资者以担保，保护外国投资者的利益，如果乌新颁布的法律有不利于投资者的条款，投资者可在自其投资之日起十年内继续延用投资时有效的旧法律，同时也可以选择执行新法律中对自己有利的条款；《投资法》要求国家和地方行政机关都不得干预外资企业的合法经营活动，对外资企业的资产不得实行国有化；外国投资者的收入可以自由汇出境外、进行再投资或用于任何其他目的。

对于外国油气开采企业，乌兹别克斯坦政府还特别给予了更加优惠的政策：在指定地区进行找油和勘探工作的外资企业享有自行处置在该地区发现的任何资源的特别权利；外国公司可以以组建合资企业和直接租赁油田的方式获得油田开采权；如外资企业未能在合同指定的地区发现有工业价值的资源，则其享有选择另一新的勘探地区的优先权；独资或合资企业有权按照公司章程或租赁合同中的约定，将开采到的部分油气产品和来料加工制成品运出境。乌国还制定了一系列对石油天然气领域外国投资的法律。乌兹别克斯坦的对外合作法律还不够完善，且得不到很好的执行，并存在政策的不稳定现象。政策多变和投资环境不稳所产生的影响，不利于投资者决策。

后金融危机时期，随着能源需求的增长和国际能源价格的上升，出口天然气和油气产品将促进乌兹别克斯坦的经济发展，提高居民的生活水平。为此乌兹别克斯坦必须深化国际合作，特别是与主要能源大国的合作，以促使自己的原料和产品占领国外市场。乌计划逐年减少国内用量，扩大出口，到 2014 年使出口达到年 160 亿立方米。

三　土库曼斯坦的油气资源及能源发展战略

土库曼斯坦是独联体的创始国和参加国之一，2005 年 5 月 27 日，在俄罗斯喀山市举行的独联体国家元首理事会会议上，土库曼斯坦代表团发表了总统尼亚佐夫的声明，宣布打算放弃独联体正式成员资格，即成为独联体的联系国。但作为中国在独联体地区的重要能源合作伙伴，土库曼斯坦仍是本书重点考察的对象。

（一）土库曼斯坦石油资源

1. 石油资源潜力和产量

土库曼斯坦能源储量丰富，全国 80% 的领土蕴藏着丰富的石油和天然气等重要能源。据英国 BP 公司数据，截至 2006 年 1 月 1 日，土库曼斯坦的剩余可采石油储量约六亿桶（约 8160 万吨）。据美国《油气杂志》估计，截至 2006 年初，土库曼斯坦石油和凝析油的剩余已探明储量约有 8100 万吨。据美国能源咨询公司 HIS 估计，土库曼斯坦石油储量约有 2.7 亿吨，另外还有约 8.1 亿吨未探明储量，多集中在该国西部的南里海含油气盆地。土库曼斯坦政府曾于 2000 年宣布该国里海大陆架石油远景储量约有 110 亿吨。

石油主要蕴藏在土库曼斯坦西部沿里海地区，主要是里海盆地边缘低地和切列肯附近海底的上新世地层，在行政区划上基本属于巴尔坎州及土属里海区域，主要油田有科图尔捷佩和巴尔萨克尔梅兹。截至 2006 年年初，土库曼斯坦已发现 34 个油田和 81 个含天然气的凝析油田，其中有 20 个油田和 38 个天然气凝析油田正在开发，有四个天然气凝析油田正准备开采，有 14 个油田和 39 个天然气凝析油田处于勘探过程中。[①]

2. 跨国石油管道

独立后，土库曼斯坦的石油产量不断提高，不仅满足国内需要，还可大量出口。土库曼斯坦计划到 2020 年前出口石油 6500 万吨。石油出口主要采用铁路、海运和管道联运方式。目前，出口方向主要有以下几处。

（1）西向。利用阿塞拜疆的“巴库—第比利斯—杰伊汉”管道（BTC），先将原油用船跨里海运到里海西岸阿塞拜疆的巴库港，再通过“巴杰”管线将原油运到土耳其的杰伊汉，或用铁路（或管道）运到格鲁吉亚的巴统，后出口到黑海、地中海和欧洲。此线运输量约占土库曼斯坦石油出口的 60%，主要使用者是西方的石油公司和土库曼斯坦国家石油公司。

（2）北向到俄罗斯。此线运输量约占土库曼斯坦石油出口的 15%，主要使用者是土库曼斯坦国家石油公司，主要出口港是奥卡雷姆和阿拉特扎。第一种方案是先将原油用船跨里海运到里海西岸俄罗斯的马哈奇卡拉港口，再通过马哈奇卡拉至新罗西斯克的管道或铁路，将原油运到俄罗斯的黑海港口新罗西斯克，最后用船或利用俄罗斯的欧洲管道向欧洲出口。第二种方案是先跨里海运到俄罗斯的阿斯特拉罕，再通过伏尔加河和顿河运到乌克兰。

（3）南向。利用伊朗的管线，经波斯湾出口。先将石油用船跨里海运到

① 国土资源部信息中心：《土库曼斯坦能源简介》，《国土资源情报》2010 年 7 月 16 日。

伊朗的涅卡港，再运到德黑兰炼油厂加工，同时，按等值的油量从伊朗的波斯湾沿岸港口出口。此线路运输量约占土库曼斯坦石油出口的25%，主要使用者是土库曼斯坦国家石油公司和德拉贡石油公司。

土库曼斯坦的陆上石油出口管道主要有一条，即纳巴德（土）—希姆肯特（哈）—巴甫洛达尔（哈）—鄂木斯克（俄）管道，设计年运输能力为1100万吨。但该管道从1992年开始已经停止使用。

（二）天然气资源

1. 天然气资源及产量

土库曼斯坦的天然气储量名列世界第四位，仅次于俄罗斯、伊朗和卡塔尔。据英国BP公司2011年统计数据，截至2010年1月1日，土库曼斯坦探明的天然气储量约为8.1万亿立方米，约占世界天然气总储量的4.3%，在独联体国家中居第二位，居俄罗斯之后。陆上天然气大部分蕴藏在土库曼斯坦东部地区，如马雷州捷詹河和穆尔加布河之间的东土库曼斯坦地台的中生代地层及卡拉库姆盆地东南拗陷带。

土库曼斯坦现已发现149个天然气田（储量共计约五万亿立方米），其中陆上气田139个（储量约4.6万亿立方米），里海大陆架气田十个（储量约0.4万亿立方米）。2009年生产天然气364亿立方米，2010年上升到424亿立方米。根据土库曼斯坦天然气储量和开发能力，具备1000亿立方米以上的年生产能力（见图14-8）。

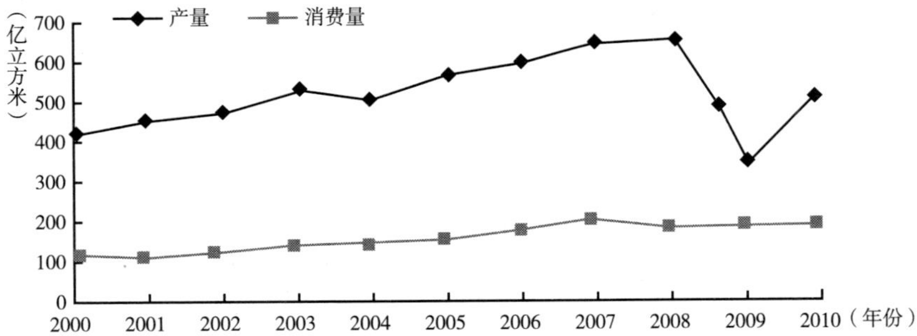

图14-8　2000~2010年土库曼斯坦天然气产量和消费量

资料来源：《BP世界能源统计》，2010。

2. 跨国天然气管道

土库曼斯坦每年国内消费天然气不足200亿立方米，其余全部出口。根据土库曼斯坦2011～2030年经济社会发展计划，未来天然气年产量将达到2500亿立方米，其中超过70%将用于出口。①

2009年之前，土库曼斯坦天然气主要出口乌克兰、俄罗斯和伊朗。向北输气将成为土天然气主要流向，并具有长期发展前景。2003年4月，土俄总统签订国家间天然气领域合作协议，土保证在25年内对俄出口天然气1.8万亿立方米，供气量从2004年50亿立方米到2007年700亿～800亿立方米。同时，建立了出口价格机制：2007年前，定价为44美元/千立方米；自2007年起，将按西方合作伙伴实行的价格支付，并与“石油产品一揽子”挂钩。2005～2006年交替之时，由于发生了俄乌天然气争端，2006年，土对俄出口天然气价格已升至每千立方米65美元。由于对独联体国家的出口几乎全部经由俄罗斯的管道，土俄签订购气协议后，俄罗斯几乎买断土库曼斯坦向独联体出口的天然气。

目前土库曼斯坦的天然气出口扩展为四个主要方向：向南对阿富汗和伊朗等国出口，除管道外，土库曼斯坦每年都通过公路和铁路向伊朗出口液化气，每年约40万吨；向西以海运的方式经里海向欧洲出口；向北通过管道，经乌兹别克斯坦、哈萨克斯坦和俄罗斯出口；向东通过中—土天然气管道，经乌兹别克斯坦和哈萨克斯坦向中国出口。

土库曼斯坦现有天然气管道约8000公里。目前正在使用、正在建设以及计划兴建的天然气出口管道主要有五条。

（1）中亚—中央管道。

中亚—中央管道（土库曼斯坦—乌兹别克斯坦—哈萨克斯坦—俄罗斯），是目前土库曼斯坦最重要的天然气外运管线。1974年建成，全长超过3000公里，设计年输气能力800亿立方米。现已严重老化，实际年输气量不到450亿立方米。土库曼斯坦天然气占俄罗斯从中亚进口天然气总量的63.7%，全部通过此管道运输。

① 《土库曼斯坦否认伊朗停止进口其天然气》，新华网，2012年11月19日。

2007 年 5 月，管道沿线四国首脑就改造中亚—中央管线签署联合声明，规定应在 2007 年 9 月 1 日前起草并签署关于改造和提高管线运输能力的政府间合作协议，并于 2008 年上半年内启动改造工作。但后因各方在天然气购销价格方面存在较大分歧，上述工作未能按期落实，且拖延至今。根据计划，改造后，该管线年输气量可达 600 亿 ~700 亿立方米/年。

（2）“土—哈—俄沿里海管道”。

该管道沿里海岸边，从土库曼斯坦经哈萨克斯坦到达俄罗斯。因年久失修，现已经停止使用。根据土、哈、俄三方 2007 年 5 月达成的协议，计划对该管线进行改造，同意在原有管线旁平行铺设一条新管线。计划从土库曼斯坦境内“别列克”加压站到俄哈边境“亚历山德罗夫加伊”计量站，与现有的“中亚—中央”输气管道交汇后进人俄罗斯境内，设计最大年运输能力为 300 亿立方米。该管道在土库曼斯坦境内长 360 公里，在哈萨克斯坦境内长 150 公里。工程总造价预计约 10 亿美元，计划于 2009 年上半年开建，2012 年建成通气。项目由土库曼斯坦国家天然气集团、俄罗斯天然气工业集团和哈萨克斯坦国家油气集团共同完成（各负责本国境内管道建设）。

（3）“土—伊管线”。

从土库曼斯坦的克尔佩泽到伊朗的库尔德库伊。该管道全长约 200 公里，土库曼斯坦境内 140 公里，1997 年建成。这是土库曼斯坦第一条不经过俄罗斯领土的天然气出口管道，于 1998 年 9 月开始运营。设计输气能力为 130 亿立方米/年，实际年输气量（需求量）为 60 亿 ~80 亿立方米。

（4）“中—土天然气管道”。

该管线共穿越四个国家，全长一万多公里，其中土库曼斯坦境内长 188 公里，乌兹别克斯坦境内长 530 公里，哈萨克斯坦境内长 1300 公里，其余约 8000 公里位于中国境内。土库曼斯坦的气源主要来自阿姆河右岸气田群。天然气从阿姆河右岸土库曼斯坦、乌兹别克斯坦边境出发，经乌兹别克斯坦中部（布哈拉—拜穆拉特）和哈萨克斯坦南部（希姆肯特—阿拉木图），最后从阿拉山口进入中国，再经乌鲁木齐、兰州、西安，到达南昌，进而延伸至上海和广东，为中国长三角和珠三角经济区提供能源。因此，该管线也被视作中国的

“西气东输二线”。设计年运力300亿立方米，与“西气东输一线”的运力基本相当，价格与国际油价挂钩。

（5）“土—阿—巴—印管道”（TAPI）。

该管道起自土库曼斯坦境内达乌列塔巴特气田，经阿富汗的坎大哈进入巴基斯坦的木尔坦，最终到达巴印边境的法基尔卡，全长1680公里，其中土境内长145公里，阿富汗境内长735公里，巴基斯坦境内长800公里，造价约76亿美元，设计年输气量330亿立方米，其中阿富汗将接收50亿立方米，其余由巴基斯坦、印度两国平分。该管道最早由土库曼斯坦、阿富汗和巴基斯坦三国于2002年签订政府间框架协议。2008年4月，有关各方在伊斯兰堡举行了天然气管道指导委员会第十次会议，同意接收印度加入该管线项目，并由四国政府签署了天然气管线框架协议。根据协议，该管线预计于2010年开建，2015年建成。

（三）土库曼斯坦的能源发展战略和政策

2006年前，指导土库曼斯坦油气发展的战略文件是《2020年前油气综合体发展战略》，2006年后则是《2030年前油气工业发展战略》。这两份文件的内容基本相同，区别主要在于后者调低了生产指标。文件确定的发展战略包括以下几个方面。

1. 加大油气勘探开发力度

保证2020年前土库曼斯坦的石油储量增加11.23亿吨，天然气储量增加3.07万亿立方米。预计2010年勘探开采量增至27.2万立方米，2020年达到48.6万立方米。勘探重点为5500～7000米的深度地层，如土库曼斯坦西部的中新生和中生代地层，中部和东部侏罗纪和前侏罗纪地层。

2. 提高油气产量

《2020年前油气综合体发展战略》确定的目标是2010年以前石油和凝析油年产量达到4800万吨，天然气达到1200亿立方米；2020年前石油和凝析油年产量达到一亿吨，天然气2400亿立方米。国家计划2005～2020年对油气领域投资630亿美元，其中250亿美元为外商以产品分成协议方式直接投资。而《2030年前油气工业发展战略》调低了产量预期，预计2020年前石油和凝析油年产量为5000万吨、天然气1750亿立方米。

3. 增强本国的油气加工能力

首先是对现有加工企业进行技术设备改造，使土库曼斯坦的原油年加工能力在2010年前提高到1500万吨，2020年前达到3200万吨，加工深度达到90%，可生产高级汽油、润滑油、聚丙烯、聚乙烯等多种石化产品。其次是兴建新加工厂，国家计划在阿哈尔州和马雷州建造两座年加工能力为1400万吨的炼油厂，在加扎贾克建造年加工35亿立方米天然气和生产30万吨聚乙烯的天然气化工综合体，在西部和东北部的油气田和凝析气田建设若干小型液化气生产企业，加工暂未出售的伴生气，争取2020年前将液化气年生产能力提高到200万吨。国家计划2005～2020年对油气加工领域投资65亿美元。

4. 积极吸引外资

通过产品分成协议合作开发里海地区的油气，参与现有油气加工企业和基础设施的改造，建设新企业及基础设施等。土库曼斯坦将其所属的里海划分出32个区块，通过招标形式吸引外资。目前，外资参与的土库曼斯坦油气开采项目主要有六个，均按照产品分成协议合作。总体看，土库曼斯坦在开展对外油气合作的主要特点是控制与合作、开放与限制相互渗透，交叉使用。

第四节　中国与独联体国家油气合作的进展

一　中俄能源合作现状与进展

（一）中俄油气合作历程

苏联解体至今，中俄油气合作已走过20多年的历程。中俄油气合作历史曲折，但一直在蹒跚前行。合作大体可分为探索、起步、磨合、发展和深入发展五个阶段。前两个阶段为叶利钦执政时期，后三个阶段为普京执政时期。

1. 1992～1996年中俄探索油气合作可能性

这一阶段的大背景是，俄罗斯处于激进的经济转型中，经济大幅下滑，油气产量大幅下降；中国处于改革开放初期，经济迅速发展，油气消费量迅速上升。中俄开展油气合作被逐步提上两国的战略议事日程。这一阶段，双方达成了一系列有关合作协议和技术论证意向。1994年，中俄石油公司正式商讨从俄罗斯向中国铺设石油管道的可能性。之后，两国又就修建从俄罗斯通往中国的天然气管道开始谈判。但由于种种原因，合作还缺乏实际的规划，也没有充分的思想准备和战略部署，这一时期的合作愿望并未付诸实现。

2. 1996～2000年中俄初步建立油气合作机制

1996年4月，中俄发表《中俄联合声明》，双方宣布"发展平等信任的、面向21世纪的战略协作伙伴关系"，并"认为能源应成为重大项目合作的优先领域"。[①] 这一阶段，两国油气合作的法律体系和合作机制逐步建立。1996年4月25日签署了《俄罗斯联邦政府和中华人民共和国政府关于共同开展能源领域合作的协议》，1997年6月27日签署了《俄罗斯联邦燃料与能源部与中国石油天然气总公司关于在石油天然气领域组织合作的协议》。两国确定每年举行最高级别的元首会晤，还建立了两国政府首脑定期会晤机制及协调机构——总理定期会晤委员会，下设能源分委会，具体负责两国的能源合作事宜。中俄还签订了包括天然气协议在内的一系列合作协议，由此拉开了中俄油气合作的序幕。

3. 2001～2004年中俄油气合作进入磨合期

2000年普京就任总统后，在延续叶利钦时期政策的前提下逐步修正对华油气合作政策。2001年7月16日，双方签署了《中华人民共和国和俄罗斯联邦睦邻友好合作条约》，中俄政治互信上升到一个新的高度。但这一阶段中俄油气合作进展并不顺利。2003年俄罗斯出台了《俄罗斯联邦2020年前能源战略》，确定了21世纪俄罗斯能源工业发展战略的基本框架。加强与亚太地区的合作被确定为21世纪俄罗斯对外能源合作的一个重点方向，中国被认为是俄罗斯在油气合作关系中最稳定、最有活力的战略伙伴。[②] 与此同时，俄罗斯国内调整私有化政策，整肃石油寡头，集中油气资源的做法改变了中俄油气合作的环境，不仅使中国石油集团撤出对俄斯拉夫石油公司的竞购，也使中俄"安大线"石油管道项目夭折。中俄关系"政热经冷"是对这一时期合作的写照。

① 《中俄联合声明》(1996)，《中华人民共和国国务院公报》1996年13期。

② 〔俄〕叶列那·捷列基娜：《世界能源市场和俄罗斯的地缘政治利益》，徐向梅编译，《国际油气经济》2004年第4期。

4. 2005～2008年中俄油气合作初步发展

这一阶段，俄罗斯油气战略和政策经历了重大调整，明显加强了国家对战略性油气资源和资产的控制力度，同时收紧了对外油气合作条件。在公司层面，俄罗斯天然气工业股份公司和俄罗斯石油公司分别于2004年和2005年与中国石油集团和中国石化集团建立了初期战略合作关系，两国确立了以国有大公司为主体的油气合作模式。在政府层面，中俄确立了副总理级能源谈判机制，主导双边合作，处理合作中的重大问题。这一阶段中俄能源合作有了较明显的进展，合作领域大大拓展和延伸，标志性事件是：第一，2005年2月，中俄达成中方提供60亿美元紧急贷款，俄罗斯承诺在2010年前向中国运送4840万吨原油的合作协议，开启了未来“贷款换石油”中长期合作模式的先河；第二，2006年4月，俄罗斯东西伯利亚—太平洋石油管道“泰纳线”① 一期工程开工，标志着中俄历经12年的输油管道谈判终于破局；第三，2006～2007年中国石油集团与俄罗斯石油公司签署了在俄境内开展油气资源勘探开发合作和在中国境内开展炼油加工和销售一体化的原则协议；第四，2006年6～8月中国石化集团—俄罗斯石油公司合作竞标TNK－BP公司的乌德穆尔特石油公司资产。

5. 2008年金融危机至今中俄油气合作在博弈中发展

在一定意义上，中国与中亚国家能源合作的快速发展和2008年的金融危机是中俄油气合作的助推器，加快了双方合作的进程。在国际金融危机和国际油价大幅回落双重冲击下，俄罗斯经济陷入困境，资金短缺问题凸显，如果没有及时的资金补充，2009年俄罗斯的油气生产必将大幅下降，经济增长的发动机将“熄火”。俄能源对外博弈能力下降，不得不寻找新的海外融资渠道。中国经济在金融危机中受到冲击较小，油气需求经历短暂下降后逐步回升，同

① “泰纳线”起自俄罗斯东西伯利亚的泰舍特，途经贝加尔湖北部，然后沿着贝加尔—阿穆尔大铁路和中俄边境地区，一直通往俄罗斯的远东港口纳霍德卡。“泰纳线”设计总长为4100千米，全线都在俄国境内。建设周期为四年，总造价165亿美元。“泰纳线”设计能力是每年运输8000万吨石油，其中5000万吨运往纳霍德卡，然后通过太平洋运至日本等地，另外的3000万吨准备运往中国，这个运量同最初规划的安加尔斯克到大庆石油管道的运量大体相符。“泰纳线”一期工程从西伯利亚中部的泰舍特到靠近中国东北边境仅60公里的斯科沃罗季诺，造价65亿美元，2008年11月8日正式交付使用。

时庞大的外汇储备使中国在对外油气合作中的资本优势凸显。中国的显著崛起改变了两国相对力量的平衡，这一阶段，中俄在油气合作中的角色和身份及相互依赖关系发生了微妙的变化。俄罗斯主动提出了推进管道建设的新建议，之后能源合作出现实质性进展。

2008 年 10 月 28 日，在中俄总理第 13 次定期会晤期间，中俄签署了《中俄关于在石油领域合作备忘录》《中国石油天然气集团公司和俄罗斯管道运输公司关于斯科沃罗季诺——中俄边境原油管道建设与运营的原则协议》。

2009 年中俄签署一揽子能源合作协议。2 月 17 日，在中俄第三次能源谈判机制下签署“贷款换石油”协议。[①] 2009 年 6 月 24 日中俄两国政府草签了《关于天然气领域合作的谅解备忘录》，2009 年 10 月 13 日中俄政府签署《对 2009 年 6 月 24 日签署的〈关于天然气领域合作的谅解备忘录〉的补充（路线图）》。

2010 年是中俄油气合作的转折点。首先，中俄原油管道于 2010 年 8 月 30 日竣工，2010 年全线投产；其次，中俄地方石化（天津）有限公司 1300 万吨/年炼油项目奠基仪式于 2010 年 9 月 21 日在南港工业区举行。[②]

2011 年以来，中俄油气博弈的重点是天然气管道建设和供气问题。这一时期，虽然在油气勘探开发、核电、煤炭资源一体化开发、能效与可再生能源等合作领域达成多项共识，但在天然气管道建设方面进展并不大，其主要障碍是天然气价格问题。

2012 年 12 月 25 日，中俄能源谈判代表举行第九次会晤，双方签署了《中国国家能源局与俄罗斯能源部关于开展能源市场态势评估合作的谅解备忘录》《中俄煤炭领域合作路线图》《中俄煤炭合作工作组第一次会议纪要》《中国国家电网与俄罗斯东方能源公司关于 2013 年电力电量电价协议》等四项合作文件。尽管这些被解读为中俄按照“上下游一体化、收益共享、风险共担”的新思路

① 根据“贷款换石油”协议，中国将向俄罗斯提供总计 250 亿美元的长期贷款，采取固定利率，约为 6% 左右；俄罗斯则以石油为抵押，以供油偿还贷款，从 2011 年至 2030 年按照每年 1500 万吨的规模向中国通过管道供应总计三亿吨石油，石油价格以俄石油运到纳霍特卡港口的价格为基准，随行就市。目前俄方每年向中国通过铁路运输的石油供应不受该协议影响，并增加至 1500 万吨。

② 该炼油项目由中国石油天然气股份有限公司与“俄油”国际有限公司合资建设，总投资 366 亿元人民币，中俄双方分别持股 51% 和 49%。

推进能源合作，但必须承认，两国在煤炭、电力、核建领域合作的重要性、战略性不能跟油气相比，2012 年的中俄油气合作没有实质性突破。

2013 年 3 月 22 日，在习近平担任中国国家主席后对俄罗斯的首访期间，中俄就能源合作达成多项共识。俄罗斯石油公司与中国石油集团签署了增供原油协议，决定未来将把对中国的石油出口量提升至三倍。俄罗斯石油公司还与中国国家开发银行签署了提供 25 年期 20 亿美元贷款协议，与中石化签署全面合作协议。中石油与俄罗斯天然气工业股份公司（俄气）签署关于东线天然气管线的合作谅解备忘录，根据备忘录，俄气公司将从 2018 年开始通过管道每年向中国提供 380 亿立方米的天然气。双方可能会在年底前签署一项为期 30 年的合同，年供应量最高可能会达到 600 亿立方米。

（二）中俄油气合作方式和规模

1. 中俄油气合作方式比较单一

苏联解体至今，中俄油气合作还局限于石油贸易领域。2010 年前，石油贸易运输主要靠铁路和海运，2011 年 1 月 1 日，中俄原油管道正式运营后，管道输油量为年 1500 万吨，相当于 2012 年自俄进口石油总量的 61%（详见图 14－9）。

图 14－9　俄远东管道和中俄原油管道走向示意图

资料来源：中央政府门户网站，www. gov. cn，2009 年 5 月 19 日。

2. 油气产品进出口结构不平衡

表现为俄罗斯向中国供应石油、天然气、电力，而中国则出口电力设备到俄罗斯。俄方担心长此以往，俄罗斯将成为中国的能源附庸国。希望在能源领域发展高层次合作，而非仅限于增加能源的供应量。

3. 20 世纪 90 年代石油贸易处于较低水平

1992～1999 年，中国自俄年进口原油一直在百万吨以内，进口构成以成品油为主。即使在中国成为原油净进口国七年之后的 2000 年，中国从俄罗斯进口的原油也只占到总进口量的 2%。这和中俄油气合作阶段划分的情况是一致的，这一时期，双方都不是主要的石油贸易伙伴。

4. 进入 21 世纪后原油贸易稳步增长

2000 年，中俄原油贸易量突破 100 万吨，2004 年跃升至 1000 万吨，之后年进口量一直保持在千万吨以上。截至 2012 年底，俄罗斯已累积向中国供应原油 15180 万吨。[①]。2010～2012 年，俄罗斯对华供应原油稳步上升，2012 年达到 2433 万吨，俄在中国原油进口来源国中排名也稳步上升，2010 年第五位、2011 年第四位、2012 年上升到第三位（详见表 14－5 和图 14－10）。

表 14－5　1992～2012 年中俄石油贸易状况

年　份	中国从俄罗斯进口原油总量（万吨）	中国从俄罗斯进口成品油总量（万吨）	中国进口原油总量（亿吨）	中国进口成品油总量（万吨）
1992	0.8	67.3	0.1136	768
1993	1.4	126.5	0.1567	1657
1994	5.7	122.4	0.1235	1289
1995	3.7	130.9	0.1709	1386
1996	31.9	123.5	0.2262	1583
1997	47.5	346.0	0.3547	2379
1998	14.5	90.5	0.2732	2174
1999	57.2	206.9	0.3661	2082
2000	147.7	251.1	0.7027	1805

① 作者根据 2000～2012 年进口量加总。

续表

年　份	中国从俄罗斯进口原油总量（万吨）	中国从俄罗斯进口成品油总量（万吨）	中国进口原油总量（亿吨）	中国进口成品油总量（万吨）
2001	176.6	291.1	0.6026	2145
2002	303.0	401.7	0.6941	2034
2003	525.4	—	0.9102	2824
2004	1077.4	—	1.2272	3788
2005	1277.7	507.6	1.2682	3143
2006	1596.5	432.2	1.4518	3638
2007	1452.63	—	1.6318	3380
2008	1163.83	—	1.7889	3387
2009	1530.37	—	2.0379	3696
2010	1524.52	—	2.3931	3690
2011	1972.45	—	2.5378	4060
2012	2433.0	—	2.7100	—

注：表中 2007～2012 年自俄进口成品油情况未找到相应数据，不代表未进口。

资料来源：《中国统计年鉴》《中国海关统计》《中国对外贸易年鉴》和俄罗斯联邦统计局数据相应年份，自俄进口原油在原油进口总量中占比为作者根据以上数据计算。

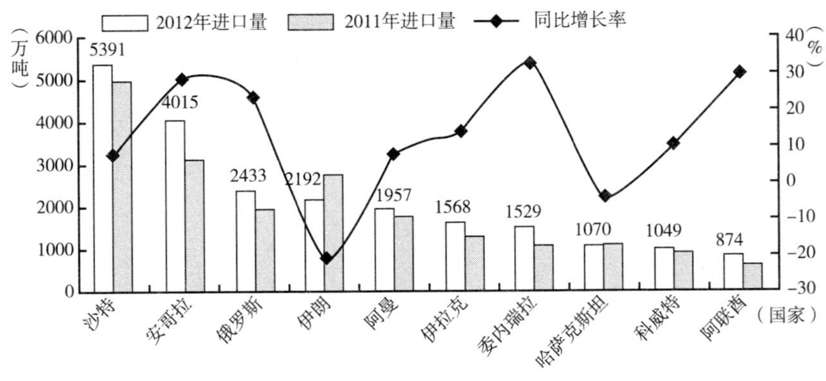

图 14－10　2012 年俄罗斯成为中国第三大石油进口国

资料来源：作者根据中国海关统计数据排序。

5. 俄罗斯在中国石油进口总量中占比不高

尽管近年来自俄进口石油规模不断扩大，但俄罗斯在中国石油进口总量中占比增长并不大。2006年这一比例稳步上升至11%，但2008年回落至6.5%。2011年，中俄原油管道开通运行后，俄罗斯贡献的份额上升到7.7%，2012年达到8.9%，表明自俄进口原油的增幅还落后于中国原油需求和整体进口的增长。与两国之前的合作预期还有较大差距，另一方面也表明中俄石油贸易还有较大的增长空间。

二　中国与中亚油气合作现状及进展

中国与中亚的油气合作已经就取得了突破性进展，初步形成以哈萨克斯坦为重点，合作范围扩及周边中亚国家的合作态势，合作形式包括获取油气资源开采权、修建跨境油气管道、并购中亚国家及外资在中亚的油气以及油气生产技术服务等多个领域。

（一）中哈油气合作的进展

中哈石油合作始于1997年，历时16年，其合作领域覆盖哈萨克斯坦境内多处重要的油气资源的勘探、开发、炼油、油品销售和油气运输等领域。哈萨克斯坦已成为中国极为重要的海外油气产区。除中石油外，中石化、中信集团（CITIC）、振华石油和广汇实业相继进入哈萨克斯坦油气市场。

1997年6月，中国石油集团与哈方签署《购买阿克纠宾油气公司股份的协议》，以3.2亿美元收购哈萨克斯坦第四大石油公司阿克纠宾油气股份公司60.3%的股份（后增持至85.4%），接管了阿克纠宾油气公司股份的管理权和油田开采权。至此，中石油已拥有让纳若尔、肯基亚克盐上和肯基亚克盐下三个油气田的开采许可证，探明原油可采储量1.8亿吨。

2003年8月和10月，中国石油集团总共用两亿美元分别从沙特阿拉伯NimirPetroleum公司和雪佛龙－德士古公司收购北布扎奇油气田全部100%的股份。据雪佛龙－德士古数据，北布扎奇油田的潜在原油储量达15亿桶，2003年每日产量8400桶。

2005年8月，中国石油集团以41.8亿美元收购哈萨克斯坦石油（PK）公司，成为中国企业“走出去”的第一大单笔投资项目和第一个大型上市公司整体收购交易。该公司的油气田与炼厂等全部资产均在哈境内，已证实可能的原油储量达5.5亿桶，日产油约15万桶。截至2008年8月，PK公司产量连续两年突破1000万吨，占哈萨克斯坦石油总产量的16%。

2001年12月中哈两国公司合资组建了哈西北输油管道公司，中国投资参与肯基亚克至阿特劳输油管道建设。该管线建成后，阿克纠宾州的原油可以通过该管线输送到阿特劳，继而进入阿特劳－萨马拉的俄罗斯管网，或者进入里海管道财团管线直接运到黑海港口，出口欧洲市场。2003年3月肯－阿管线全线贯通，投入运营。该项目的成功为中哈在油气管道方面进一步拓展合作领域提供了可能。

2003年8月21日，中国石油集团与哈萨克斯坦国家油气公司签署了《关于开展中哈天然气管道预可行性研究的备忘录》，一期工程将于2009年完成并投入使用，一期年输气能力为100亿立方米；二期将于2012年完成，设计年输气能力达到300亿立方米（见图14－11）。

2003年6月，中国石油集团与哈萨克斯坦尼尔森公司一起，购买了哈萨克斯坦北布扎齐油田项目的全部股份，双方各占50%的股份（中方出资1.6亿美元）。

2004年5月17日，中国石油天然气集团公司与哈萨克斯坦国家石油天然气公司在北京签订了《关于哈萨克斯坦共和国阿塔苏至中华人民共和国阿拉山口原油管道建设基本原则协议》，2004年9月开工，2005年11月竣工，2006年5月灌注原油。中哈原油管道二期一阶段工程肯基亚克－库姆克尔段，长761公里，于2009年7月建成投产，实现由哈萨克斯坦西部到中国新疆全线贯通。中哈原油管道是中国第一条跨国原油管道，开启了中国境外陆路石油管线供油的时代，标志着中国进入了一个更加稳定、安全、持续供油的时代，同时也推动了哈国原油出口多元化，维护了哈萨克斯坦的能源安全。

2004年12月，中国石油化工股份有限公司购买了哈萨克斯坦里海田吉兹地区油田50%的股份。

2005年8月31日，中哈在北京签署《中国石油公司参与里海达尔汉区块开发的谅解备忘录》和《中哈开展天然气管道项目可行性研究协议》，文件关系中国石油公司参与哈萨克斯坦里海石油区块开发问题，对于发展中哈经贸意义重大。

2005年8月31日，中国石油集团和中海油联合与哈国家油气公司签署了里海达尔汉区块合作备忘录，目前正在进行前期研究工作。达尔汉区块位于哈

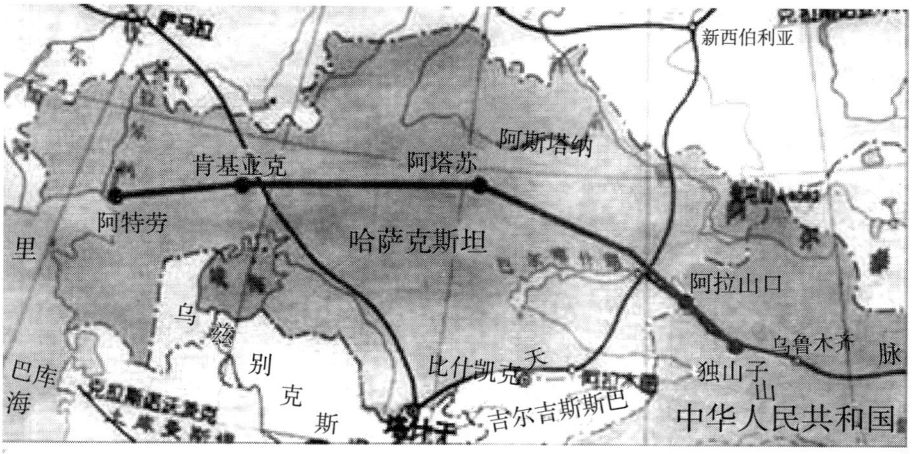

中哈天然气管道二期工程走向示意图

图 14－11　中哈原油管道走向示意图

资料来源：《中亚能源合作空间更加广阔》，《中国能源报》2011 年 9 月 12 日。

北布扎齐半岛西部海上，面积约4000平方公里，哈方早期评价的可采储量为4.7亿吨。该项目可为中国石油集团进入哈里海海域进行油气勘探开发奠定基础，同时也可为中哈原油管道二期建设提供资源保障。按哈萨克斯坦法律规定，外国投资者最大持股比可达50%。

截至2010年底，中石油在哈参股企业累计投资超过150亿美元。自2006年5月中哈石油管道正式通油以来，截至2012年底累计进口管输原油5080万吨，贸易值达328.5亿美元，实征税款363亿元人民币。自投入商业运营以来，中哈原油管道进口的原油量以年均20%的速度递增，成为名副其实的"中国西部能源大动脉"。[①] 2013年4月8日，中国石油天然气集团公司和哈萨克斯坦国家石油公司签署《中国石油天然气集团公司与哈萨克斯坦国家石油公司关于中哈原油管道扩建原则协议》，这意味着中国从哈萨克斯坦进口的原油量将进一步提高。[②]

（二）中土油气合作的进展

早在1998年，土库曼斯坦总统尼亚佐夫就曾表达了向中国出口天然气的意愿。在成功运作哈萨克斯坦业务的基础上，中国开始加快与土库曼斯坦油气合作的步伐。

2000年7月，中国石油天然气集团公司与土探讨了两国在石油天然气领域的合作问题，并签署了《中国石油天然气集团公司与土库曼斯坦石油部在石油天然气领域合作谅解备忘录》。

2006年1月，中土双方就修建中土天然气管道、从土库曼斯坦进口300亿立方米/年天然气、参与土天然气勘探开发等问题与土方进行具体商谈。之后经过一年多的谈判，双方基本就上游气田产品分成合同、天然气购销协议的有关条款达成一致。

2006年4月，中土两国签署了《中华人民共和国与土库曼斯坦政府关于实施中土天然气管道项目和土向中出口天然气的协议》。协议规定，从2009年起30年内，中国每年从土库曼斯坦购买天然气300亿立方米。为保障建成投

---

① 《中石油拟上调从哈萨克斯坦原油进口量》，中国投资咨询网，2013年4月9日。

② 《中哈签署原油管道扩建原则协议》，国务院国有资产监督管理委员会网站，2013年4月8日。

产后的土中天然气管道有足够的天然气供应，双方还将共同勘探开发土境内阿姆河右岸的油气资源。目前阿姆河天然气项目是中国迄今为止最大规模的境外天然气勘探开发合作项目。

2007 年 7 月，中土双方在北京签署《阿姆河右岸油气田产量分成协议》和《中国石油天然气集团公司和土库曼斯坦国家天然气康采恩购销天然气协议》。根据协议，在未来 30 年内，土库曼斯坦每年将向中国出口 300 亿立方米的天然气，并成为西气东输二线的主供气源。其中，130 亿立方米为中石油在该国阿姆河右岸区块合作开发的合同分成天然气，剩余 170 亿立方米为购销协议天然气。2007 年 7 月，中国—中亚天然气管道工程启动，2009 年 12 月实现单线通气，2010 年 10 月 26 日，工程 B 线也已建成投产。

2011 年 3 月 1 日，中土政府签署《关于中国国家开发银行向土库曼斯坦天然气康采恩提供贷款的框架协议》。这笔贷款将被用于开发土库曼斯坦境内的一处大型天然气田。当日，土库曼斯坦天然气公司与中国石油天然气集团公司和中国国家开发银行还签署了一份三方协议，该协议确保 Ioujno - Elotenshoie 天然气田投产后的大部分天然气都将卖给中国。

2011 年 11 月 23 日，中土两国元首签署《中土关于土库曼斯坦向中华人民共和国增供天然气的协议》，根据协议，土库曼斯坦每年将向中国增加供应 250 亿立方米的天然气，在不远的将来，土库曼斯坦每年向中国增供的天然气数量将达到 650 亿立方米。2012 年 6 月 6 日，中国石油天然气公司与土库曼斯坦国家天然气康采恩签署天然气合作协议，根据协议，土库曼斯坦将通过中国—中亚天然气管道向中国增加供气。

2012 年 7 月 26 日，中土能源合作分委会举行第二次会议，计划于 2012 年 9 月开工建设中国—中亚天然气管道 C 线。

土库曼斯坦从 2009 年 12 月起开始向中国出口天然气。根据公开资料，截至 2012 年 11 月，土库曼斯坦向中国累计供应天然气已突破 300 亿立方米，相当于 2011 年中国天然气消费总量的 1/5。其中，中国石油阿姆河天然气公司供气 107 亿立方米，土库曼斯坦天然气康采恩供气 193 亿立方米。① 中国—中

① 《中国石油：土库曼斯坦将增加向中国供气》，《中国证券报》2012 年 6 月 8 日。

亚管道进一步提升了土库曼斯坦作为一个重要能源国家的地位，同时为中国天然气进口提供了有效来源，有利于优化中国能源结构，促进中国能源安全。中国已成为土库曼斯坦天然气的最大进口国。

（三）中乌油气合作的进展

乌兹别克斯坦是世界十大油气开采国之一，也是中国重要的天然气进口来源国。

2004 年 6 月，中国石油天然气集团与乌兹别克斯坦国家油气公司签订了油气合作协议。

2005 年，中国石油天然气集团公司与乌兹别克斯坦油气总公司组建了合资公司，中石油获得了对乌兹别克斯坦布哈拉—希瓦油气区块及乌斯纠尔特油田的 23 个油气区的先期勘探和油气开采权，其油气资源总价值约六亿美元。

2006 年 6 月 8 日，中石油公司与乌国家油气总公司在北京正式签署了《油气勘探协议》。12 月 22 日，乌油气总公司正式向“中国石油国际（乌兹别克斯坦）有限责任公司”（中国石油天然气勘探开发公司在乌兹别克斯坦注册的公司）颁发《油气勘探作业许可证》。按照许可证的规定，中油国际将在 2006 年 12 月 22 日到 2011 年 12 月 21 日的五年内在乌斯纠尔特、布哈拉 - 希瓦和费尔干纳三个盆地中总面积约 3. 4 平方公里的五个陆上勘探区块内开展油气勘探作业。

2009 年底，“中国—中亚”天然气管道过境乌兹别克斯坦，实现双线通气。

2010 年乌兹别克斯坦—中国天然气管道 B 线投入使用，使整个管道的年运输能力达到了 300 亿立方米。

2010 年 6 月 10 日，中国石油天然气集团公司与乌兹别克斯坦国家油气公司签署天然气购销框架协议，根据协议，乌兹别克斯坦将向中国每年供应 100 亿立方米天然气。

2011 年，中乌签署《对〈关于建设和运行乌兹别克斯坦 - 中国输气管道原则政府间协议〉的补充协议》《乌兹别克斯坦石油天然气和中国石油关于天然气买卖合同的基本条件协议》，这是双方开始实施天然气管道项目的重要阶段。

2011 年 8 月 29 日，中国石油天然气公司与乌兹别克斯坦国家油气公司签署了关于扩大油气领域合作的谅解备忘录。乌计划通过对天然气深加工来实现天然气的液化。

2012 年开始修建中国—中亚天然气管道的第三条支线，预计 2015 年投入运营，届时中国—中亚的天然气管道的年运输能力将提高到550 亿立方米。

2012 年 8 月起，乌兹别克斯坦已经开始向中国出口天然气，年底乌兹别克斯坦对中国的天然气供应量将达到 40 亿 ~ 50 亿立方米，到 2016 年有可能达到 250 亿立方米。

截至 2013 年 2 月底，中国—中亚天然气管道累计向中国输气 467. 7 亿立方米，折合重量 3253. 51 万吨，货值 157. 15 亿美元。

除上述双边合作外，中国在中亚还积极开展多边合作。2005 年 9 月 16 日，中国石油天然气集团、乌兹别克斯坦国家油气公司、俄罗斯卢克石油公司、马来西亚石油公司及韩国国家石油公司签署就开发乌兹别克斯坦咸海部分项目成立投资银团的协议，五国石油公司分别在投资银团中持有 20% 的股权。2009 年 12 月，五国油气公司正式签署多边合作框架协议，共同组成咸海集团，与乌兹别克斯坦政府签署了《乌兹别克斯坦咸海水域油气勘探开发项目产品分成协议》，就咸海水域油气勘探开发项目进行长期合作。咸海水域乌兹别克斯坦部分面积一万多平方公里，在苏联时期曾作过少量勘探工作，邻区已发现一些较大的凝析油气田。中石油此次动作意味着与乌兹别克斯坦的能源合作继续深化。海上勘探项目的投入是陆地勘探投入的数倍，单个公司都不愿独自承担，采取联合开发模式将在最大程度上分散勘探风险。①

三　简短小结

中国《能源发展“十二五”规划》指出，“十一五”期间，中国的能源国际合作稳步推进。境外能源资源开发取得新进展，西北、东北、西南和海上四大能源进口战略通道格局初步形成，中国在国际能源事务中的作用逐步增强。② 中国的四大能源进口战略通道包括：西北系中哈原油管道和横贯土 -

① 《中石油将与乌兹别克斯坦合资开发油田》，财经网，2008 年 10 月 20 日。

② 中国《能源发展“十二五”规划》，国务院文件，国发〔2013〕2 号，2013 年 1 月 24 日。

哈－乌－中四国的中国—中亚天然气管道，东北系中俄原油管道和拟建中的中俄天然气管道，西南系中缅原油管道和中缅天然气管道，东南传统的海上通道由于 LNG 项目的上马，除海上石油进口通道外还增加了液化天然气进口这一新内容（见图 14－12）。可以看到，来自独联体油气生产国的油气管道撑起了四大能源进口战略通道的两翼。

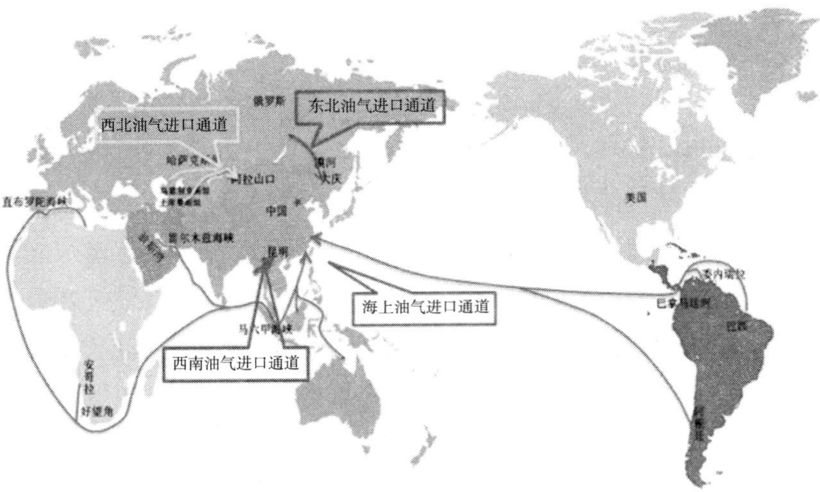

图 14－12　中国四大能源进口战略通道示意图

资料来源：《中国进口石油的主要来源有哪些？各自的份额》，http：www. zhihu. com/question/20199343。

实现能源供应多元化是中国能源安全战略的一个重要目标。中国必须要努力实现进口来源、方式、品种、渠道的多元化，分散风险。跨国油气管线的路线选定，并非一个简单的运输方式问题。它涉及进口方对出口方的政治信任（能否确保油气输送量）；进口、出口双方对管道过境国家的政治信任（能否从纯技术/经济成本的角度协助维护管道的畅通；根据合同执行对管道维护/过境费用的收取）。除海上通道外，开辟和建设陆上进口通道，引进中亚、俄罗斯油气资源，是中国的必然选择。西北、东北陆上管道运输的开通增加了石油供应的稳定性，对于实现中国能源进口多元化、保障能源安全具有重要的促进作用。中国能源全球化战略正在全面提速，随着中国能源战略大通道的最终形成，全球的能源利益格局也将发生根本性改变。

第五节　独联体国家油气投资环境新变化及投资风险防范

一　中国与独联体国家油气合作的特点

1. 中国与独联体国家的油气合作是战略合作

“大国是关键，周边是首要，发展中国家是基础，多边关系是重要舞台”是中国外交的总体布局。与中国有陆地边界的 14 个国家中四个属于独联体国家（俄罗斯、哈萨克斯坦、吉尔吉斯斯坦、塔吉克斯坦），其中俄罗斯和哈萨克斯坦是中国主要的能源合作伙伴。中俄油气合作一直被定位为战略合作，是中俄实行全面战略协作伙伴关系中最重要的一环，也是双方最关注的焦点问题。中俄油气合作互有需求，资源、市场、技术各有所长。对中国而言，俄罗斯不仅是大国，也是周边，同时也是开展多边合作的重要伙伴，是未来经济可持续发展的重要的油气保障来源。对俄罗斯来说，不论从能源战略和发展战略，还是从外交战略和安全战略看，俄都存在发展对华能源合作的客观需求。中俄油气合作不是一般的工业和商业合作，而是在全球化背景下两个欧亚大国之间的油气战略合作。中俄油气合作涉及双边日益提升的能源安全问题，双方加强能源合作，不仅有互补性、必要性和可能性，更具有战略和全局意义。

中国与中亚油气合作具有突出的地缘政治特色。哈萨克斯坦是中亚地区大国，其外交政策和行动对中亚地区有着重要的影响力。哈所在地理位置和拥有的战略资源决定了其具有极强的经济和战略地位。哈萨克斯坦不仅是中国与其他中亚国家联系的重要环节，而且还使中国与俄罗斯的地缘政治和经济格局发生了变化。哈萨克斯坦是中国在中亚最大的油气合作伙伴，土库曼斯坦是中国重要的天然气进口国。2007 年 7 月，土库曼斯坦首次与中石油签订开发阿姆河右岸“巴格德雷”合同区域产品分成合同，并达成了中土天然气购销协议。此前，土库曼斯坦从未向任何国家开放过陆上的天然气开发，中国是第一个，也是唯一的一个。[①] 在中国石油外交努力下，通过与哈萨克斯坦和乌兹别克斯坦的成功合作，2009 年成功建成了中国—中亚天然气跨国管线，这条管线将土、乌、哈、中四国的跨国天然气运输与配套合作紧密结合，大大加强了中国与中亚油气资源国的合作，具有深远而重大的战略意义。

2. 中国与独联体国家能源合作具有高层推动的明显特点

中国与独联体油气生产输出国之间已经建立了完备的合作机制。各国高层达成的政治共识是，彼此都认为能源领域的合作是双方战略性的长期合作，这意味着能源合作获得了来自各国政界的强大推动力。目前，中俄高层均已把加强能源合作提高到增强两国政治互信、深化战略关系的高度。中俄建立了副总理级能源谈判代表定期会晤机制，从政府层面定期就推进两国石油、天然气等能源领域合作进行磋商。在中俄元首、总理，以及主管事务的高级别官员会晤等场合，包括石油、天然气在内的能源合作都是双方经常涉及的话题。中国与哈萨克斯坦、乌兹别克斯坦、土库曼斯坦的双边合作中各方都把油气合作看作双边合作的重中之重，都建立了政府间合作委员会下的双边能源分委会，负责协调双方的能源合作政策。中国与这些国家间相继建立的多形式、多渠道的沟通与合作机制，为双方能源合作提供了重要的机制保障。各国政府的积极推动，为能源合作提供了不可或缺的外交支持。中国与独联体国家在能源领域开展全面、长期、稳定的合作，是中国与这些国家发展战略协作伙伴关系的重要内容，是政治互信、双边关系稳定发展的必然结果。

但必须看到，高层推动带有明显的政治色彩，这种协调机制利弊兼有。企业和政府捆绑，政府保障让中国企业“走出去”心里踏实，但负面影响也不容忽视，俄境内的大型项目不容外国国有企业介入，尤其是中国国有企业。从油气合作的规律看，政府层面的共识最终要落实成为企业间的商业行为。从长远看，中国与独联体国家的能源合作不应被赋予过多的政治意义，而应理性回归商业，以市场经济规律和国际贸易的基本规则为准则，坚持利益共享、风险分担的原则，通过创造有效的合作方式和明确各自的权利义务关系来开展能源合作。

① 徐小杰：《中国与中亚油气合作外交的新方向》，《第一财经日报》2010 年 5 月 24 日。

3. 油气外交战略博弈态势明显

综观中国与独联体国家能源合作的历史，表现出明显的战略博弈特点。在该地区能源大棋局中，双边关系与多边关系交织，油气政策受内外因素牵制。对于能源合作这种涉及利益巨大、持续时间漫长、双方风险极高的特殊经济活动，经济考虑必须在结合安全分析的前提下，与国际关系和国内政治紧密交织，最终取决于政治博弈。以中俄油气合作为例，双方合作步伐缓慢，仅原油管道谈判就延续 15 年，多有反复。这背后有着一些深层次的原因。除了直接经济利益外，中俄石油管线问题在整个东北亚能源合作中是合作机制形成过程中的博弈。俄方在筹备东西伯利亚 – 太平洋管道的时候，日本、韩国都想介入。出于自身利益考虑，俄方也不愿意把这条管线输送的石油全部供给中国，最终决定远东石油管线从起点泰舍特修至符拉迪沃斯托克附近，通过其在日本海的港口向远东地区输送原油，而中途通往中国的这条支线管道则成为俄罗斯远东石油管道的一期工程。在俄方看来，一方面庞大的中国市场为俄罗斯石油提供了巨大的增长空间，有助于帮助俄罗斯摆脱对欧洲的依赖，实现出口多元化，但另一方面，俄方也感受到日渐强大的中国所带来的威胁。俄罗斯的这种矛盾心理，在某种程度上造成了中俄双方商业能源关系进展缓慢的局面。

中国与中亚国家的油气合作涉及中俄之间争夺原苏联南方的石油利益。俄罗斯一直视独联体为其势力范围，极力控制中亚油气出口通道。但俄罗斯要完全掌控中亚的能源输出，显然不符合中亚国家的长期利益。多数中亚国家对俄罗斯采取了一种非常实用的态度，一方面答应俄罗斯的要求，另一方面继续开展全面国际合作，而且准备建设向东通往太平洋、向南通往印度洋的多条管道。中哈原油管道的成功建成与运营削弱了俄罗斯在哈萨克斯坦的传统利益。其意义不仅在于一定程度缓解了中国能源的短缺问题，也标志着中国的能源战略向中亚延伸。油气管线具有天然垄断性，一旦建成，其强大的锁定效应，将阻挡任何竞争者的加入。2005 年 12 月 15 日，中哈输油管道一期工程正式竣工投产，震动了俄罗斯。2007 年 4 月，中国与土库曼斯坦又达成为期 30 年的大宗天然气协议，土将比俄提前两年，从 2009 年起每年向中国供气。俄意识到中国一旦将目标转向中亚地区，把石油运输管道伸向哈萨克斯坦及里海地区的油田，俄罗斯石油将痛失中国市场，使其不得不认真对待中俄油气合作，中俄原油管道最终得以落实是中俄双方在国际油价下跌和国际能源政治博弈背景下做出的理性选择。

二　独联体能源投资环境的新变化

1. 独联体油气开发格局呈现群雄角逐局面

进入21世纪，大国在独联体地区的能源角逐日益白热化，中国与独联体国家的能源合作将不可避免地受到大国博弈的影响，给中国参与该地区的能源合作带来诸多不确定因素。

美国十分重视中亚地区的战略地位，力图将该地区纳入西方体系，因此视中国为该地区的可能竞争对手，对中国与中亚国家的油气合作采取打压政策。2003年中海油并购北里海卡沙干油田时，就遭到由埃尼－阿基普、埃克森美孚、壳牌等七家国际能源公司组成的国际投资联盟的联合排挤，最终导致并购失败。此外，中国在中亚地区建设油气管道的成本高，距离远，因此在安全和速度方面都存在劣势。

俄罗斯对中国与中亚的能源合作顾虑重重。俄罗斯本身是能源大国，其能源外交的目标是要从单纯的原料供应者转变为可在国际能源市场执行独立政策的重要参与者。为此俄必须最大限度地掌控中亚的能源，一方面扩大自己在中亚的经济利益，另一方面加强对中亚的政治影响力。俄并不愿意看到中国与中亚天然气管道的开通，希望利用传统影响和地缘优势来掌控原苏联地区油气资源的开发和输出。

欧盟作为国际油气的消耗大户，希望引进哈萨克斯坦、土库曼斯坦、乌兹别克斯坦的能源以避免对俄罗斯油气的过度依赖，并积极推动主要由里海周边国家参与的“欧亚能源走廊”计划。目的是通过多元化渠道获得原材料资源，并逐步实现中亚和高加索的运输通道同东欧各国运输网络一体化。[1]

日本在今后相当长的一段时期内都不能直接从中亚获得油气，但中亚稳定的油气输出仍对日本具有重要意义。正如麻生所言，“虽然日本目前并不直接

① 肖洋：《中国油气管道在中亚地区面临的风险与应对》，《当代世界》2011年第9期。

从中亚进口油气，但中亚作为一体化的全球油气市场的重要组成部分，仍与日本的利益息息相关”。总之，日本对任何能保持国际石油价格稳定的措施都十分感兴趣。此外，日本也希望能在核能领域与中亚开展合作，尤其是购买中亚地区的核原料。

能源问题是印度经济腾飞的瓶颈之一。为了避免对中东的严重依赖，印度像其他大国一样开展了四面出击的多元化能源外交战略，北上中亚是其重头戏。印度通过参与天然气勘探、开采、购买油田开采股份进入中亚地区油气合作。为了维护在中亚地区的石油利益，印度在 2002 年获得了塔吉克斯坦的阿伊尼空军基地，同时还明确表示愿意与哈萨克斯坦在军事领域进行合作。

此外，中亚地区另一条天然气管道 TAPI 线[①]的启动反映了印、巴、阿开始参与中亚油气争夺，同时也反映了老牌能源消费大国与新兴能源消费大国之间的博弈。2010 年 10 月 19 日，印度、阿富汗、巴基斯坦和土库曼斯坦四国就正式启动 TAPI 管道项目建设达成一致。有分析认为，美国支持修建 TAPI 管道的主要目的是阻挠印度参与 IPI 管道计划（伊朗 - 巴基斯坦 - 印度）以阻止印度从伊朗购买天然气。此外，TAPI 天然气管道还可以方便印度与中国争夺土库曼斯坦天然气资源。[②]

可以看到，在独联体中亚板块的油气开发竞赛中呈现出群雄角逐的格局。在这一格局中中国不是一个强有力的国际竞争者，既没有俄罗斯的地利，又缺少美国和欧洲的技术。因此，需要高度关注维护中国的跨国管道安全，从官方到民间还要做长期、大量艰苦细致的工作。

2. 产油国调整油气合作政策和模式

全球能源资源的有限性和分布不均衡性使能源输出国在国际能源活动中处于有利地位。无论从全球范围，还是从地区角度看，21 世纪的油气市场仍然是卖方市场。在这一大背景下，独联体油气投资环境已今非昔比。通过实施“油气立国”“资源立国”战略，独联体产油国早已度过解体后最困难阶段，

① TAPI 天然气管道工程指的是连接土库曼斯坦、阿富汗、巴基斯坦和印度四国的天然气输送管道工程，TAPI 是这四国英文名称的首字母缩写。IPI 指连接伊朗 - 巴基斯坦 - 印度的天然气管道。

② 《TAPI 管道协议落签　美国支持印度争夺中亚天然气》，中国经济网，2010 年 9 月 21 日。

目前这些国家的油气工业都取得了明显的发展，成为各国经济增长的发动机。随着国内油气产量迅速恢复与上升，各国的油气战略逐步得到体现和实施。在国际油价大幅飙升的背景下，各国开始逐步调整油气政策，其方向是更加突出资源国的利益和发展目标，更加主动地掌握对外合作规模、合作模式和合作利益，谈判要价能力大大提高。这在中亚产油国表现尤为明显，它们已有能力对原来不合理的油气运输通道、运费、价格机制和合作框架提出挑战。

3. 产油国纷纷加强对本国油气资源的控制力度

近年来，独联体产油国加强了对本国油气资源的控制力度，通过修改法律法规、调整税收政策、设置新的环保标准，收紧对外合作的范围，提高进入门槛，以限制外资的进一步扩张，改变与外国公司的合作模式。俄罗斯除从寡头手中收回油气资源外，还出台了限制外资进入战略性产业的法律，石油、天然气、电力等国家垄断行业均进入战略性产业名录。哈萨克斯坦不断修订其矿产资源法以加大对矿产资源尤其是油气资源开发利用的控制力度，修订后的新法律规定，国家在对矿产品交易、对地下资源利用权转让方面拥有优先权。土库曼斯坦通过修改《油气资源法》，大大提高了总统对油气资源的绝对控制权，总统负责制定国家油气方针政策，并亲自领导油气资源权威机构、油气工业和矿产资源发展基金会及里海问题国家机构，提高这些部门在对外经济合作中的地位，这些部门除负责制定政策外，还负责吸引外资、大型项目招投标、对外签订油气区块开发协议等工作。乌兹别克斯坦重组国家油气总公司，将国家油气勘探、开采、运输、加工、出售到对外引资、合作开发等所有环节掌握在国家油气总公司手中。独联体产油国油气资源管理国家化，增加了外国公司在独联体国家直接获得资源的难度，凡是不符合这些国家战略意图的油气合作项目恐怕都难以执行。

三　油气合作中的风险及防范

（一）面对的风险

中国与独联体国家开展油气合作面临的主要风险如下。

1. 政治风险

21 世纪第二个十年，政权交接和接班人问题将成为中亚主要大国内政外交的主要问题。中亚国家是总统制国家，总统权力极大。苏联解体后，哈萨克斯坦、乌兹别克斯坦总统连续在位执政时间均已满或超过20年，老一代领导人退位后国家政局走向存在一定不确定性。由于这些国家内部缺乏有效的权力交接机制，政权更迭可能带来的社会动荡是中亚国家面临的最大政治风险。主要表现在中亚国家政权交接能否平稳，以及在特殊时期当地民众对中国的友好度等方面。外国投资者无法预测这种政治风险的破坏力，给外国设施和人员安全都带来不可预知的风险。目前国际大国及周边国家都在密切关注这一态势。

政治风险有时并不直接来源于一国的政治体制，还经常来源于东道国政治和社会经济环境在项目协议签署后的改变。东道国不同政治力量的消长会对项目的经营产生相当大的影响，有时候很小的政治变化就会严重影响投资环境。从俄、哈、乌、土等国的实际来看，主要表现在这些国家经常变动的法律法规和税费体制，包括外资政策、矿产资源政策和税收政策的变化以及对劳工的限制等问题上。

2. 腐败风险

苏联解体后，经过20多年的转型与发展，独联体各国初步确立了市场经济的基本框架，俄罗斯已经成为世贸组织正式成员，哈萨克斯坦、乌兹别克斯坦也在加快入世进程，但其营商环境和投资环境仍存在大量问题，腐败滋生、政府办事效率低下是共同的“标签”。世界银行世界营商环境调查表明，这些国家政府机构的官僚和腐败现象比较普遍，经济裙带关系广泛渗透到政治和商业领域，破坏了国家形象和商业环境，加大了外国公司的经营成本和难度。据“透明国际”组织公布的《全球清廉指数报告》，这些国家多排在靠后的位次上，属于腐败比较严重、清廉度最低的国家或经济体，法制环境亟待完善。

3. 非传统安全风险

所谓非传统安全问题是指相对于传统安全威胁因素而言的，由非政治和非军事因素所引发、直接影响甚至威胁本国和别国乃至地区与全球发展、稳定和安全的跨国性问题。目前中亚地区非传统安全问题严重：毒品问题、分裂问题、恐怖问题、移民问题、领土和资源争端日渐增多的问题等。加之中亚国家间关系存在两面性：一面大讲一体化，一面又在为一体化制造障碍。鉴于众多复杂因素的广泛存在，如果某些国家和地区关系出现紧张，该地区已有的互联互通的建设和运营将会直接受到影响。

4. 商业风险

主要包括油气管道对接国和途经国国内政策、法律发生变化引起的风险。如一国的税收政策、利率政策、汇率政策、股票价格风险、信用风险（如违约）、流动性风险（如不能按时支付各种费用、债务、采购款等）、项目运营许可政策发生变化，就可能会对已建油气管道的经营、利润回收、贷款偿还产生较大影响。以银行业为例，金融危机以来，这些国家的银行业均受到较大冲击，不良贷款增加，银行外债增高，从而提高了金融系统的信贷风险。

5. 由于企业具体经营行为导致的争端

具体有以下可能的情形。

（1）生态和环境问题。跨国油气管道，主要是原油管道，一旦发生油管泄漏将会产生环境污染，例如中俄原油管道穿越两国的界河黑龙江，如果发生油管泄漏导致对黑龙江的污染，会引发两国之间的争议。

（2）技术问题。跨国油气管道途径距离长，沿途要建设泵站、压气站等设施，如因技术原因泵站、压气站停止工作，或管线出现其他技术事故导致油气输送中断将引发争议。

（3）商务经济纠纷。跨国管道建成前已签署油气资源购销协议，购买方、销售方已就油气价格协商一致。但不排除双方因价格等因素产生商务经济纠纷的可能。如 2011 年，中俄两国围绕原油运输费用计算标准及支付方式的分歧曾引发争端。最终通过两国能源代表谈判，中国方面同意承担俄罗斯向中国出口原油的全程运输费用，发生在俄罗斯境内的运输费用也将由中方承担。中方向俄石油运输管道公司偿清 7800 万美元、向俄罗斯国家石油公司偿清 1.17 亿美元才得以解决。

（4）通道建成后的改造投资问题，如管道增输改造投资问题。跨国管道运营一段时间后，可能需要进行维修，或增建泵站、压气站来提高输量，不排除在投资方面相关方发生争议的可能。

6. 地缘政治风险

跨境原油管道的建设运营在很大程度上取决于东道国国内和周边地区局势

的稳定。“9·11 事件”之后，中亚地区的地缘战略形势发生了新的变化，外部势力的插手已对地区形势产生重要影响。伊斯兰宗教极端势力、民族分裂势力和暴力恐怖势力对北部的俄罗斯和西部的中国均构成威胁。美国宣布 2014 年从阿富汗撤军计划后，立即引发对该地区未来局势走向的关注。美国撤军后阿富汗局势将发生根本性的变化，势必出现恐怖分子和极端主义分子从阿富汗北部流出，而这种变化将影响整个中亚地区的局势，其中，与阿富汗接壤的塔吉克斯坦和乌兹别克斯坦将受到更大的影响。国际局势出现的任何不稳定都会对跨境油气管道建设运营产生消极影响，而在战争情况下，陆地油气管道被破坏的概率更高。

（二）发展前景及风险应对

未来 5～10 年，将是中国与独联体国家油气合作发展的关键时期，油气合作是中国与合作伙伴国的共同利益所在，前景值得期待，但未来合作会面对更多的挑战和诸多新的困境。

从中俄合作看，双方互为主要能源伙伴的局面已经形成，并且有可能进一步发展，但合作不可能一帆风顺。中俄都是大国，有各自的能源战略利益。即使在双方具有了油气管道、合资企业和系列供销协议等基础和支点之后，仍难以避免两国的战略差异和潜在的利益冲突。未来中俄能源合作将继续以石油和天然气领域为主导，今后的合作可能还需要经过多次博弈和反复才能有所发展。美国页岩油气革命和非传统能源的开发将对中俄天然气价格谈判产生重要影响，中方将逐步处于有利的地位。

从中哈合作看，中国石油公司在哈萨克斯坦的石油产量已占哈石油总产量的 1/3 以上，进一步的扩张是否会触动对方的安全和政策底线值得关注。哈萨克斯坦的主要含油气盆地位于濒里海地区，以海上油气合作为主必将成为未来合作的重要模式。中国需要制定相应的里海油气外交政策，同时要尽快掌握非常规油气领域、深海能源领域的技术和经验。

从中土合作看，即使从土库曼斯坦进口天然气价格相对较低，中国仍存在进口天然气和国内价格倒挂的情况。如果土库曼斯坦决定转向利润更高的欧洲市场，甚至考虑到未来 TAPI 管道的分流，价格问题也可能成为中国面临的问题。对此，必须在国内天然气价格机制改革的同时，从国际能源战略的高度加以考虑，保证天然气进口数量和价格的稳定。

为了实现与独联体地区油气合作长期稳定发展，必须理性认识中国与独联体国家油气合作的现状，科学分析制约油气合作的主要因素，正确把握未来油气合作发展的走势，达成共识，才能不失时机地做好各项工作，不断提升油气合作的水平。

1. 构建确保油气管道安全的机制

中－俄、中国－中亚油气管道虽然已经建成，但不安全因素依然存在。因此，需要考虑从外交上构造该管道的安全机制，并不断推动这一安全机制向更高层次的合作迈进。利用上海合作组织的协商平台，积极开展能源外交，为跨国油气管道顺利建设和运营提供法律保障。通过政治渠道推动产油国法律和商务部门明确保护跨国天然气管道设施和合资企业的利益，明确联合管理的原则，确保合资公司的决策能够落实。对于自然与人为造成的突发性事件，能够保持信息畅通，反应及时，措施得当。构建完善的危机管理预案，抓紧推进应急机制建设的相关工作，以应对跨国管道建设与运营过程中发生的各项安全问题。

2. 构建安全稳定的油气管网运输体系

由于油气管道项目的建设周期长，投资大，有风险，不确定因素和突发紧急情况多，因此宜采取区域性或国家间的双边与多边合作机制，加强国际互利合作，建立长期稳定的石油天然气安全保障机制。中国既需要与能源国加强合作，也需要在基础设施建设和设备、施工及维护等方面加强国际合作，构建高质量高效益的跨国油气管网运输体系。在管道和储气调配设施建设等领域加大合作力度，构建符合各国利益的全方位能源合作格局。

3. 加强与俄罗斯和中亚国家在能源领域全面和全方位的合作

未来的合作方式将超越单一的资源和原材料贸易的局限，向更加深入的一体化和综合化方向拓展。摆脱单纯的“供给”模式，向上下游延伸，中俄已率先进行尝试，油气合作的前景有待于两国相互开放各自的市场和上下游资源。扩大中国与独联体产油国在新能源和可再生能源领域的合作。俄罗斯和中亚地区传统能源资源虽然相对丰富，但不均衡，同时其高能耗产业较多，故在新能源、清洁能源发展方面具有较大的空间。

4. 积极参与全球能源治理

中国已经成为全球能源消费第一大国和碳排放第一大国，近年来已经加速参与全球油气竞赛。无论是双边还是多边，无论是公司层面还是国家层面，都已经触及国际商业规则、竞争秩序、地区合作机制乃至全球油气治理秩序，并形成相互影响。在双边合作方面，目前中国与美国、欧盟、日本、俄罗斯、哈萨克斯坦、土库曼斯坦、乌兹别克斯坦、巴西、阿根廷、委内瑞拉等国家和地区建立了能源对话与合作机制，在油气、煤炭、电力、可再生能源、科技装备和能源政策等领域加强对话、交流与合作。在多边合作方面，中国是亚太经济合作组织能源工作组、20 国集团、上海合作组织、世界能源理事会、国际能源论坛等组织和机制的正式成员或重要参与方，是能源宪章的观察员国，与国际能源署、石油输出国组织等机构保持着密切联系。未来需要加深合作，加大交流和互动。中国要借鉴发达国家的经验，在国内推进提高能源效率和稳定市场改革。在地区和国际层面，与有关国家共同研究和制定新的国际油气贸易、运输和投资规则，最终提升自身的影响力。这方面，与中亚油气国共同建立天然气运输安全合作机制，并进一步向中国—中亚能源合作体系发展是一个重要方向。

第十五章　哈萨克斯坦投资环境

第一节　经济特点及发展战略

一　地理位置

哈萨克斯坦位于亚洲中部，西濒里海（海岸线长 1730 公里），北邻俄罗斯，东连中国，南与乌兹别克斯坦、土库曼斯坦、吉尔吉斯斯坦接壤。面积 272.49 万平方公里，居世界第九位，为世界最大内陆国。在独联体范围内，哈萨克斯坦面积居第二，仅次于俄罗斯，人口居第四，在俄罗斯、乌克兰和乌兹别克斯坦之后。哈萨克斯坦的地理位置决定了其在国际上尤其是在欧亚大陆中的特殊作用——由于处于欧亚大陆的结合部，所以哈萨克斯坦成为欧亚交通的枢纽和中转站，处在新亚欧大陆桥的中间地带，公路、铁路和航空运输是其开展经济联系的主要运输方式。铁路是哈萨克斯坦运输业的基础，哈萨克斯坦境内共有四条过境铁路干线：亚洲大陆桥、欧亚大陆桥、中亚铁路和西部铁路。西部铁路可以用于水陆联运。哈萨克斯坦境内共有五条国际公路，总长为 12400 公里；内河通航总里程为 4000 多公里；拥有 38 家航空公司，51 个机场。

二　经济发展特点

哈萨克斯坦拥有丰富的自然资源，为该国经济发展提供了十分有利的物质条件。苏联时期，哈萨克加盟共和国经济发展较快，其经济实力在苏联各加盟共和国中位居第三位。20 世纪 30 年代，苏联开始实行工业化政策，在农村大搞集体化。一批大型工业企业在这时陆续建立起来。当时兴建的企业以开发当地的矿产资源为主，多为煤炭企业和有色金属开采与冶炼企业。20 世纪 50 年代以后，苏联政府加大了开发哈萨克斯坦的力度。在工业方面，又陆续建立起一批能源、有色金属和黑色金属生产企业，使哈萨克斯坦成为苏联的能源和有色金属、黑色金属生产的重要基地。在农业方面，苏联政府动员全苏联的力量来这里开荒，使耕地面积迅速扩大，粮食产量成倍增加。1990 年，哈萨克斯坦 GDP 排世界第 53 位，在原苏联各共和国中仅次于俄罗斯和乌克兰，排第 3 位。人均 GDP（1990 年约为 3500 美元）与波兰、阿根廷、泰国、哥伦比亚处于同一水平，但只相当于美国的 1/6 ~ 1/5，相当于欧洲发达国家的 1/8 ~ 1/7。

苏联时期实行的教育政策和社会政策，使哈萨克斯坦基本上消除了文盲，受过高等教育的人数达到许多发达国家的水平。这使该国拥有数量可观、素质较高的劳动力大军，从而为经济发展提供了有利的智力和劳动力条件。

受苏联推行的“劳动分工”政策的影响，哈萨克斯坦经济结构单一，主要发展以采掘工业、冶金工业和化学工业为主的重工业；高科技产业和轻工业落后，最终产品生产量少，致使采掘工业与加工工业比例失调，轻重工业比例失调；对外部环境尤其是对俄罗斯的依附性很大。该国的工业产品主要销往俄罗斯，日用品大多数要从国外进口。哈萨克斯坦虽然拥有庞大的工业设施，但原有的工业设备已经落后，其产品在国际市场上缺乏竞争力。除原材料外，机器产品基本上无竞争力。农业方面基本上是广种薄收、靠天吃饭，单位面积产量极低，仅相当于非洲一些国家的水平。

20 世纪 90 年代，哈萨克斯坦开始从计划经济体制向市场经济转型，其经济经历了下滑、复苏和快速发展的过程。在转型过程中，哈经济遭受严重破坏，到 2001 年 GDP 只相当 1991 年的 88.3%，工业产值相当于 1991 年的 66%，农业产值相当于 78%。这些年受石油工业拉动，哈萨克斯坦成为当今世界经济发展最快的国家之一，石油收入把这个曾经被世人看作偏僻闭塞的国家，变成了中亚经济强国。最近十年，哈经济总量和居民生活水平大幅提高。2000 年，哈 GDP 为 25999 亿坚戈，而 2011 年达到 62000 亿坚戈（约合 1861 亿美元）。在全球经济危机时期，哈成功实现了经济增长，2011 年 GDP 增长

7.5%，超过了乌克兰、阿塞拜疆、白俄罗斯和乌兹别克斯坦等国。2011 年哈人均 GDP1.12 万美元（同比增长 25%），超过了俄罗斯之外的所有独联体国家，是乌克兰的 3.2 倍，乌兹别克斯坦的 7.4 倍。

除以能源为主的工业快速发展外，在独联体国家中，哈在农业领域发展成就显著。2011 年农业同比增长 26.7%，达 2.26 万亿坚戈。超过俄罗斯的 22.1%、乌克兰的 17.5%、亚美尼亚的 14.1%、塔吉克斯坦的 7.9%、白俄罗斯和乌兹别克斯坦的 6.6%、阿塞拜疆的 5.8%、摩尔多瓦的 4.6%、吉尔吉斯斯坦的 2.3%。考虑到哈农业生产潜力巨大，未来优质农产品产量有进一步增长的趋势。

在经济快速发展的同时，哈萨克斯坦注重社会领域，实现了社会和经济平衡发展。即使在经济危机年代，也在社会领域保持了良好发展势头。全球金融危机期间，哈仍然提高了退休金、怀孕和生育补助金、员工工资。哈对国家未来经济发展的信心，以及采取的行之有效的经济和社会管理政策，成为克服经济危机影响的主要动力。

三　所有制结构

转轨后哈萨克斯坦工业企业所有制构成中包括四种形式：国有制、混合所有制、私有制、外国资本所有制。工业企业中国有制企业约占 7%，混合所有制和私有制企业占 78.9%，外国资本所有制企业占 14.1%。有 250 家企业为特大型企业，约占企业总数的 1.8%，其产值却占哈萨克斯坦工业产值的 77%。[①] 各种所有制企业中有代表性的一些大企业是：国有企业有国家石油天然气公司、国家石油天然气运输公司、国家核公司、“丝绸之路—哈萨克斯坦公司”、哈萨克斯坦电网管理与输变电公司、国家粮食储备与出口加工公司、国家航空公司、国家电视公司等 15 家；混合所有制企业有哈萨克斯坦梅斯公司、哈萨克斯坦锌业公司、哈萨克斯坦铝业公司、乌斯季卜缅诺戈尔斯克钛镁联合企业、曼吉斯套石油天然气公司、阿丸托别石油天然气公司、哈萨克斯坦铬业公司、索克洛夫斯克 - 萨尔拜选矿联合企业、希姆肯特石油有机化工公

① 哈萨克斯坦规定 200 人以下的企业为小企业，200 ~ 5000 人为大中型企业，5000 人以上为超大型企业或特大型企业。

司、东哈萨克斯坦铜业化学公司、"博尔雷"公司等40家；私有制企业有哈萨克斯坦里海大陆架公司等；外国资本所有制公司有"田吉兹－谢夫隆"石油公司、哈萨克斯坦里海大陆架公司、哈里肯－库姆科尔石油公司、"伊斯帕特－卡尔梅特"公司、哈萨克斯坦铝业公司、哈萨克斯坦铬业公司、哈萨克斯坦梅斯公司、哈萨克斯坦锌业公司、阿拉木图烟草公司、阿拉木图可口可乐公司等45家属于外资控股或外国独资的公司。由于混合所有制企业中包含外国资本，因此在统计上有的企业也常被列入外国资本所有制企业。

哈萨克斯坦在实行非国有化和私有化过程中，将国内一些大型或特大型工业企业交给外国公司管理，称为托管企业。目前共有47家特大型或大型企业交给了比利时、瑞士、日本、韩国、美国等外国公司管理，它们主要分布在有色和黑色冶金工业、煤炭工业、化学工业、电力工业、食品工业等部门。这些企业垄断了哈萨克斯坦全部的铬矿石、橡胶轮胎、硅铁、硅锰铁、铝矾土、精铜、水表、柴油发动机、专用汽车和其他一些产品的生产和销售。

四　后金融危机时期的发展战略

哈萨克斯坦后金融危机时期的发展战略包括以下五个方面。

1. 发展现代农业，扩大农产品深加工

哈萨克斯坦的农业是典型的"广种薄收，靠天吃饭"。苏联时期兴建的较为完备的水利灌溉设施大多毁于独立初期的混乱中。由于靠天吃饭，哈萨克斯坦的粮食亩产很低。2007年是哈萨克斯坦独立后的第一个大丰收年，共收获粮食2010万吨，小麦平均单产为1300公斤/公顷（折合亩产87公斤）。2008年大旱，小麦单产970公斤/公顷（折合亩产65公斤）。哈提出未来将大力发展农业，国家资金继续向农业倾斜，研究制定新的农业补贴措施，从以往仅对大田作物进行补贴发展到对所有农作物和温室作物都进行补贴。大规模更新陈旧的农田作业和农产品加工机械，完成农工综合体的现代化改造。新建大型化肥厂，增加单位施肥量。争取到2015年时，不仅农产品能够自给，而且将农业出口的比重提高到8%。

2. 发展加工工业，延伸产业链

从2010年1月1日起，哈萨克斯坦开始实施第一个"工业创新发展五年

计划”，旨在调整产业结构，提高加工工业和高科技产业在国民经济中的比重。包括石油产品深加工，满足国内外市场的需要；固体矿产品深加工，提升矿产品附加值。

3. 发展制造业，优化产业结构

短期内，哈萨克斯坦的资源出口型经济色彩只会增强，不会减弱。但哈致力于改变“出口原料、进口制成品”的经济结构，推进产业结构优化。具体包括以下内容：自己制造铁路车辆，更新全国铁路设施，2009 年开始国内制造的机车下线，产品不仅要能够满足今后几年哈萨克斯坦发展交通运输基础设施的需要，而且还能向其他独联体国家出口；自己制造化工产品，发展制药工业，实施进口替代；加快建材生产，改变依赖进口局面。

4. 加快动力建设，发展交通设施

改变全国电力供应北部富裕、南部紧缺的局面。充分利用哈萨克斯坦的地缘优势，大力改造交通基础设施，发展过境运输，富国利民。按原计划启动“中国西部—欧洲西部”交通走廊以及 300 公里长的“热特肯—霍尔果斯”铁路、138 公里长的“乌津—哈土边境”铁路线的建设工程，以尽早建立起贯穿东西、纵横南北的现代化公路网和铁路网。

5. 拓宽融资渠道，创新融资方式

今后哈将沿着“整合国内外两个资金来源，逐步转变融资方式”的思路来筹集建设资金。国家鼓励和支持国家福利基金会和私人银行继续从国外、国内两个市场筹措建设资金，由借贷方式向吸引直接投资方式转变。将利用“国家 - 私人伙伴”这一合作方式作为发展国家经济（首先是基础设施）的主要融资机制，在哈萨克斯坦创造一个中亚第一流的商业环境。

第二节　矿产资源及投资政策

一　矿产资源

哈萨克斯坦的矿产资源非常丰富，境内有 90 多种矿藏，已探明的黑色金属、有色金属、稀有金属和贵重金属矿床超过 500 处。不少矿藏储量占全球储量的比例很高，如钨超过50%，铀19%，铬矿23%，铅19%，锌13%，铜和铁10%。

哈萨克斯坦石油储量非常丰富，已探明储量居世界第七位，独联体第二位。根据哈萨克斯坦储量委员会公布的数据，目前全哈石油可采储量40亿吨，天然气可采储量三万亿立方米。

哈属里海地区是哈萨克斯坦石油开采量增长潜力最大的地区。濒里海盆地是当今世界油气储量最丰富的地区之一。据专家估算，该地区石油总储量可达900亿~2000亿桶，天然气储量约为458.8万亿立方米，分别占世界石油和天然气总量的17.2%和7.5%，因而里海被称为“第二个中东”。里海周边共有五个国家，即哈萨克斯坦、阿塞拜疆、土库曼斯坦、俄罗斯和伊朗。如五国能就里海权益划分问题达成协议，哈萨克斯坦的哈属里海水域将达到30%，为五国中最大，同时石油储量也位居榜首。根据美国能源部能源信息署公布的材料，哈属里海的石油总储量约1010亿~1096亿桶，约占整个里海地区储量的一半，天然气总储量为153.3万亿立方米，约占总储量的1/3。

二　矿业投资立法及其完善

早在1992年，哈国就颁布了《哈萨克斯坦共和国矿产资源法》。该法旨在调整矿产资源的所有权及开采、加工、利用和矿产资源的地质研究及其保护的权利，以保护企业、组织、团体和公民的权利。并规定了关于矿产资源的权属规定及其使用者的基本权利义务，以及从事地质研究和矿产开发的基本规定和许可制度。作为独立后最早的矿产资源法，该法建立了哈国矿产资源法的基本框架。

鉴于石油在哈国矿产资源中的特殊地位，在正式的《哈萨克斯坦石油法》颁布之前，哈国于1994年4月出台了具有过渡性质的关于石油业务的总统令，该法令仅有七条，规定哈国政府代表国家与石油投资者签订石油投资合同，以及投资人在企业所得税、增值税和土地租金以及其他税费的缴纳等基本问题。很快，至1995年6月哈国就颁行了《哈萨克斯坦石油法》，该法共计11章59条，全面规定了石油作业权、许可、合同、管道建设以及国家管理等内容。1997年还通过了石油税收修改条例。1999年8月11日相继颁布了对1995年颁布的《哈萨克斯坦石油法》的修改案（第467号）。《哈萨克斯坦石油法》与后来1996年颁布的《地下资源与地下资源利用法》并行不悖，成为调整哈石油资源开发利用的专门法，该法的实施使哈萨克斯坦在吸引外资开发本国丰富的油气资源方面迈出了一大步，也为外国公司在哈萨克斯坦石油工业领域投资提供了法律保障。

在哈萨克斯坦现行的矿产资源法体系中，最为重要的是1996年1月27日颁布的《地下资源与地下资源利用法》，该法取代了1992年的《哈萨克斯坦共和国矿产资源法》，于1999年9月1日生效。该法包括总则、地下资源利用管理机关、地下资源利用的权利、勘探与开发许可、勘探与开发合同、地下资源及环境保护、人身及人员安全、地下资源的国家参与、法律条件及附则等主要内容。1999年8月11日，该法与《哈萨克斯坦石油法》同时修订。同年9月，哈萨克斯坦政府出台了新的《地下资源和地下资源利用法》修正案。新的修正案对许可证、矿产使用权的转让和抵押权三项内容进行了修订。生效以后，该法令又于1999年、2004年、2005年、2006年、2007年多次被修订。

哈萨克斯坦从1993年至2008年7月间共吸引外国直接投资761亿美元。其中2/3投向资源领域，加工领域投资仅占9%。所以，哈国的矿产资源法与投资法关系密切，外国资本进入哈国矿产资源领域，不可避免地受到矿产资源法和投资法的双重制约。2003年1月8日，哈国颁布了《哈萨克斯坦共和国投资法》以取代1994年的《外资法》和1997年颁布的《国家支持直接投资法》。该法规定了哈国对外商投资的管理程序和鼓励措施，以及税收优惠等内容，对外国资本以直接投资方式开发利用哈国的矿产资源起到引导和监督作用。

总体上看，哈国自1991年独立伊始即着手进行矿产资源的立法，历经十多年的不断修订和完善，已经初步建立起了“清晰透明、符合国际通行规则的矿业法”。虽然法律伴随国家经济转轨而呈现出一定程度的易变性，但是相对完善的矿产资源法律体系和较为稳定的政治环境为哈国大量吸引外资提供了很好的保障，其矿产资源法也成为中国投资哈国、与哈国开展资源合作的政策指引和法律保障。

三　矿业法修改重点

1. 从双轨制到单轨制的演变

1992 年生效的《哈萨克斯坦矿产资源法》（以下简称《矿产资源法》）明确规定哈萨克斯坦共和国境内的矿产资源为国家财产，不允许任何私人拥有矿产资源。外国企业和公民必须在竞争的基础上，领取哈国地质和矿产资源委员会颁发的许可证后才能进行开采。矿产资源的开采权由地方按照国家地质和矿产资源保护委员会划定的许可开采地段以合同的方式进行转让。所以这一时期，国外矿业投资者涉足矿业领域障碍重重。投资者对于矿产资源使用权的获得要适用领取许可证后才能签订开发合同的双轨制模式。一方面要领取哈国地质和矿产资源委员会颁发的许可证；另一方面要在竞争的前提下与地方政府签订合同来获得矿产资源的开采权。这对于投资矿业领域的投资者来说无疑增加了难度。

20 世纪 90 年代中后期哈国运用总统令的形式对《矿产资源法》进行了多次修改和补充。使之成为管理地下资源使用和哈萨克斯坦矿业公司业务活动的基本法。修改后的新内容包括：取消许可制度，许多地下资源使用权的问题取决于合同的谈判；规定了更详细的地下资源使用权转让条款。矿产资源使用权的获得由双轨制模式向单轨制模式成功转型，同时放宽矿产资源转让和抵押条件的限制，进一步降低外国投资者对矿业领域投资的障碍。

2. 矿业税费及外汇监管制度的变化

2005 年 12 月 17 日，哈萨克斯坦共和国的《外汇调解和管理法（修正案）》正式生效后，哈国放宽了外汇管制。哈萨克斯坦国家银行已完全取消外汇兑换的行政许可，实行通报制度。法人和自然人都可以通过银行向哈萨克斯坦境外汇出其合法的外汇收入；而外国投资者如需要将其外汇收入汇回本国，只需在外贸合同规定的期限内执行即可。

2009 年 1 月生效的《新税法》几乎取消了以前所有对外国投资者的税收优惠政策。唯一保留的优惠是对地下资源开采企业重新制定了固定资产的折旧标准。地下资源开采企业可在三年内对初始固定资产投资进行折旧。这种折旧主要表现在两个方面：①对于矿山开采企业，占初始固定资产 50% 的折旧费可根据矿山开采合同，在缴纳企业所得税时抵扣；②对于石油天然气开采企业，占初始固定资产30%的折旧费根据石油天然气开采合同，在缴纳企业所得税时抵扣。

3. 加大对本国矿产资源控制

近些年，随着国际市场对能源的需求越来越大，哈国不断修订其《矿产资源法》以加大对矿产资源尤其是油气资源开发利用的控制力度。

（1）对矿产品交易的优先权。哈萨克斯坦《矿产资源法》规定，“拥有地下资源利用权的法人股东在按不超出交易当天矿产品市场价格条件达成矿产品交易时，在同等交易价格条件下，相对于其他交易者，国家具有优先权。在不具备矿产品交易价格生成的条件下，交易价格以不超过交易当天国际市场交易价为准。”这说明国家对矿产品的交易具有无可争议的优先权，同时拥有规则的制定权，任何拥有地下资源利用权的法人都不能绕开国家这道屏障自由地进行交易。

（2）对地下资源利用权转让的优先权。哈国2005年修改的《矿产资源法》规定，哈国对于地下资源利用权的转让（即合同的权利和义务），以及已签订地下资源利用合同的法人的股份转让，国家相对于合同的其他方均拥有优先权。

2005年5月哈国油气公司代表政府以9.13亿美元的代价购得BG集团所出售股份的一半，另外一半被集团内部其他股东瓜分。这是哈政府在大的资源项目资产转让上首次行使国家优先权。

4. 认定“集权”，限制矿产资源利用权的转让

为避免石油等支柱性产业被过多的集中于某一国家，从而影响国家安全。2005年修订《矿产资源法》时增加了对矿产资源利用权转让的限制，规定哈国矿产部有权冻结权利人向第三方转让其矿产利用权利，对外国资本转让可能形成“集权”情势的，有权加以限制。

5. 引入“哈萨克斯坦含量”的规定

所谓“哈萨克斯坦含量”，即“执行合同过程中在本地采购的哈国产品和服务的比例”，即多用哈萨克斯坦企业生产的设备和原、辅材料，多使用当地公司提供的各种服务，多雇用当地员工，而且，外国员工的数量“随着培训和提高哈萨克斯坦员工专业水平强制计划的实施应逐年减少”。这一概念适用于地下资源利用者在哈工作的各个阶段，包括投标、中标者的确定，以及中标后的合同条款。

第三节　哈萨克斯坦投资管理体制

一　投资管理制度及其发展

哈萨克斯坦政府颁布的涉及外国投资的法律包括《投资法》《劳动力管理法》《出入境管理法》《工商登记法》《外汇调控法》以及《关于农业用地私有化面积的规定》等，现行调节企业活动的法规包括：《国有企业法》《股份公司法》《有限和补充责任合伙公司法》《农业合伙公司及其协会（联合会）法》《信贷公司法》《海关事务法》《外汇调节法》《投资法》《税收法》等法律法规。哈萨克斯坦 2003 年 1 月颁布了新的《哈萨克斯坦共和国投资法》（以下简称《投资法》），同时废止了 1994 年 12 月颁布的《哈萨克斯坦共和国外国投资法》、1994 年 12 月哈萨克斯坦最高苏维埃颁布的《关于〈哈萨克斯坦共和国外资法〉执行程序的决议》、1997 年 2 月颁布的《国家鼓励直接投资法》。

新《投资法》取消了原《哈萨克斯坦共和国外国投资法》和《国家鼓励直接投资法》对外资规定的特殊优惠待遇，对内外资提供统一的法律框架和优惠措施。新投资法授权哈萨克斯坦工贸部投资委员会制定特殊优惠政策，引导内外资投向国家优先投资领域。2004 年哈政府聘请国际著名研究机构与本国相关部门一同对国内 150 个经济领域进行了研究分析，选定了首批七个优先发展领域：建材生产、纺织业、冶金业、食品加工、油气机械制造、旅游业和运输服务业。根据 2005 年 6 月哈政府颁布的第 633 号政府决议，目前的优先投资领域主要包括机械制造、食品加工、建材、旅游、纺织和冶金等行业。投资优先投资领域可以享受的优惠政策主要包括免除财产税和土地税、提供企业所得税优惠、减免税、免除设备和零部件进口关税以及国家实物赠与等。其中税收减免优惠期（含延长期）为五年，进口关税免征期（含延长期）为五年，国家实物赠与的内容包括房屋、建筑、机械设备、计算机、测量和调试仪器和装置、交通工具（轿车除外）、生产和管理用具等财产所有权及土地使用权，但价值不得超过投资总规模的 30%。投资者享受优惠政策的条件包括：符合优先投资领域清单，以固定资产进行投资新建、扩大和采用新技术更新现有生产并提交投资法第 19

条所列的确认投资商执行投资项目的金融、技术和组织能力的相关文件。此外，新《投资法》还规定了优先投资领域享受投资优惠政策的投资上限。

二　投资壁垒

1. *矿产*

根据哈萨克斯坦规定，在哈萨克斯坦开采石油、天然气及其他地下矿产资源的外资企业必须与哈政府签订地下资源使用合同。哈政府向企业提供的合同有两种，一种是海上石油项目产品分成协议，一种是超额利润税协议。海上石油项目产品分成协议主要适用于海上石油开采项目，规定外国投资者在哈境内开发海上石油时，在项目投资回收期前哈国家所占的利润份额最低比例为10%；投资回收期后，哈国家所占的利润份额最低比例为40%。其中投资回收期为25年或30年。在超额利润税协议下，外国投资者必须缴纳15%～60%不等的超额利润税。

哈萨克斯坦2005年修改的《矿产资源法》规定，企业在准备转让矿产开发权、直接收购或出卖哈萨克斯坦石油公司股份时，需要得到哈能源和矿产资源部的审批，而哈能源和矿产资源部在发放许可证时享有很大的自由裁量权。

2. *土地*

哈萨克斯坦2003年《土地法》规定，哈萨克斯坦本国公民可以私人拥有和租借农业用地、工业用地、商业用地和住宅用地，但是外国个人和企业只能租用农业用地，并且期限不得超过十年。

3. *劳工签证*

哈萨克斯坦对外籍员工申请劳动许可的规定仍然是阻碍外国投资的主要原因之一。自2001年起，哈萨克斯坦建立了外籍员工申请劳动许可的数量限制系统，该系统每年根据全国总劳动力数量限定发放许可的配额。尽管哈萨克斯坦提高了2006年外籍员工劳动许可的配额，但仍然不能满足企业的实际需要。据许多在哈投资经营的企业反映，哈政府经常毫无理由地拒绝给公司经理人员和技术人员发放签证，或者只提供短暂的居留期限。这一规定给外国投资企业的生产经营带来了不利影响。

三　哈萨克斯坦贸易投资环境分析

1. 在哈萨克斯坦进行投资的限制性因素

根据世界银行 Doing Business 2006 年的营商环境调查排名显示，在进行评比的 175 个国家中，哈萨克斯坦在提供商务环境方面的排名为第 63 位，比 2005 年的第 82 位上升了 19 位，说明国家实行的改善经济环境政策取得了成效。但一些单项指标排名却偏低。哈萨克斯坦贸易投资环境有许多需待改善的地方。

（1）矿业投资障碍。哈萨克斯坦《矿产资源法》的规定，增加了投资者的税费负担，降低了投资者的收益，损害了中国企业的投资利益。2005 年，哈萨克斯坦国会在中石油收购在加拿大注册的哈 PK 石油公司前夕通过了一项新的法案，规定注册地不在哈萨克斯坦但资产在哈国境内的石油天然气公司在转让股份时，也必须获得哈政府的批准。同时规定，国家不仅可以优先购买矿产开发企业所转让的开发权或股份，还可以优先购买能对该企业直接或间接做出决策影响的企业所转让的开发权或股份。这对外国投资者进入和退出哈萨克斯坦矿业，尤其是收购哈萨克斯坦国内矿产企业构成了实质性障碍。

（2）有关许可证的申办条件。排名偏低的单项指标当中，最引人关注的是有关许可证的申办条件，条件苛刻，程序复杂，为国外贸易投资企业带来贸易与投资成本的增加。该项排名从过去的 119 名下降为 121 名，说明哈萨克斯坦的外资投资环境依然不能令人满意。

（3）税收相对较高。哈萨克斯坦《新税法》规定：在哈萨克斯坦领土从事经营活动的哈萨克斯坦和外国公司的常设机构有义务对以下税种纳税（见表 15－1）。

表 15－1　在哈企业应缴税种税率

税种	税率(%)	税种	税率(%)
企业所得税	30	财产税	1
增值税	14	运输工具税	113607 坚戈
消费税	不同商品不同税率	社会税	7.7
土地税	5790 坚戈/公顷	个人所得税	10

资料来源：根据《哈萨克斯坦投资环境分析》数据编制，中国驻哈使馆经商参处网站，2007 年 7 月 27 日。

（4）政府腐败、效率低。政府腐败、收受贿赂是影响一个国家投资环境最重要的负面因素之一。根据“透明国际”（Transparency International）机构对163个国家的调查显示，哈萨克斯坦在收受贿赂方面排名第111位，指数得分为2.6分（满分为10分）。目前困扰哈萨克斯坦外资增长的主要因素包括：许可证发放、税费因素、腐败行为、强力攫取、专业劳动力的匮乏和尚待改进的基础设施。

（5）利用政府强权干预市场。目前影响哈萨克斯坦投资环境的还有一种情况——强力攫取。其做法通常是合作方通过挑起商业冲突，借助政府强权部门的介入，攫取公司或企业的控制权或支配权。目前哈萨克斯坦有关部门对此极为关注，因为这种行为对吸引外资的冲击力极大，破坏了国家经济，损害了公平竞争的原则。

第四节　哈萨克斯坦吸引外国直接投资（FDI）概况

一　吸引外国直接投资累计余额

哈萨克斯坦独立以后，国内投资环境得到较大程度的改善，经济的高速增长与政局的相对稳定为吸引FDI创造了一个良好的社会环境。1993～2008年，哈萨克斯坦累计吸引FDI达896.717亿美元。总体而言，外国对哈方直接投资呈逐年递增的发展趋势，投资合作领域不断拓宽，合作程度逐渐加深，但各年份之间波幅较大（见表15－2）。从2004年起，标准普尔等三家著名国际信誉评级机构均将哈萨克斯坦列入“投资级”，进而极大地增强了外国投资者对哈方的投资信心，外国直接投资实现了较快增长。

2008年世界金融危机进一步蔓延，哈方在吸引外国直接投资方面亦遭受了一定程度的负面冲击，但2008年哈方在吸引FDI上仍继续再创历史新高，达到了198.09亿美元，为1993年的15.6倍，相对于2007年增长了7.4%。同时，据哈方国民银行最新统计资料显示，2009年1～3月，哈方吸引FDI的整体增速已明显放缓，累计吸引FDI仅为33.402亿美元，同比下降了10.5%，尤其受国际能源价格大幅下降的影响，外国投资者对哈方国内能源领

表 15－2　1993～2007 年哈萨克斯坦吸引外国直接投资状况

单位：亿美元

年份	1993	1994	1995	1996	1997	1998	1999	2000
FDI	12.714	6.597	9.843	16.737	21.069	12.328	18.521	27.812
FDI 增长率(%)	—	－48.1	49.2	70	25.8	－41.4	50.2	50.1
年份	2001	2002	2003	2004	2005	2006	2007	合计
FDI	45.566	41.064	46.245	83.173	66.186	105.686	174.661	688.202
FDI 增长率(%)	63.8	－9.8	12.6	78.8	－22.4	60.0	65.3	—

资料来源：哈萨克斯坦共和国国民银行数据。

域投资仅为 8.79 亿美元，同比下降了 50.3%。截至 2010 年，哈萨克斯坦累计吸引外国直接投资 1267.3 亿美元。

二　外国直接投资来源

自哈独立以来，世界上共有 110 多个国家、地区及各种国际组织对其进行了不同程度的投资。1993～2007 年，累计投资排名居前十位的国家和地区的投资金额占哈方吸引 FDI 总量的 76.15%。2010 年占前十位的国家见表 15－3 和图 15－1。

表 15－3　2010 年哈萨克斯坦前十大外资来源国

排序	国　别	投资额(亿美元)	在引资总额中占比%
1	荷　兰	275	21.7
2	美　国	204	16.1
3	英　国	104	8.2
4	法　国	74	5.8
6	意大利	53	4.2
7	中　国	50.3	3.9
8	俄罗斯	46.9	3.7
9	加拿大	43.8	3.5
10	瑞　士	40	3.2

资料来源：哈萨克斯坦共和国国民银行数据。

从累计余额看，自 2005 年以来，荷兰一直作为哈方海外投资的第一大来源地。美国投资占哈方所吸引 FDI 总量的 1/5 以上，达到 180.717 亿美元。美

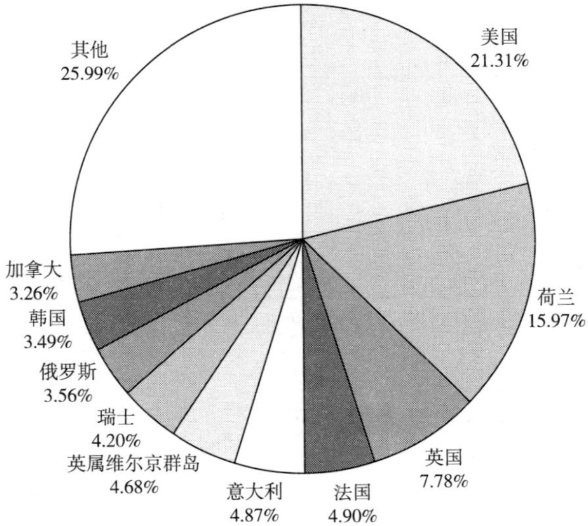

图 15－1　1993～2007 年对哈方累计直接投资前十位国家

国官方人士曾进一步表示，再过 15 年美国向哈方国内经济建设的投资将有可能达到 800 亿美元（见表 15－4）。

表 15－4　1993～2007 年对哈萨克斯坦累计直接投资前十位国家

序号	国别	金额(亿美元)	比重(%)
1	美　国	146.6314	21.3
2	荷　兰	109.8940	16.0
3	英　国	53.5180	7.8
4	法　国	33.7490	4.9
5	意大利	33.5060	4.9
6	维尔京群岛(英属)	32.1900	4.7
7	瑞　士	28.8860	4.2
8	俄罗斯	24.5220	3.6
9	韩　国	24.0170	3.5
10	加拿大	22.4380	3.3
11	其　他	178.8506	26.0
	总　计	688.2020	100

资料来源：哈萨克斯坦共和国国民银行。

截至2010年底，中国对哈萨克斯坦直接投资额达50.3亿美元，占哈引资总额的3.9%。其中2010年哈萨克斯坦自中国引进直接投资额12.22亿美元，比上一年增长72.4%，占到中国对哈累计投资总额的24.3%，约占哈2010年全年引进外国直接投资总额的7%。2010年中国对哈累计直接投资排名从前一年的第9位上升至第7位。

三　外国直接投资流向

根据哈方国民银行统计资料显示，1993～2007年，哈方吸引外国直接投资的主要流向是能源部门（石油、天然气）和机械加工制造业以及商业部门（金融不动产等）；从国民经济产业格局分析，三次产业所吸引的FDI极不均衡，具体表现为：流向第一产业为0.605亿美元，所占比例相当小，仅为0.07%；而流入第二产业的FDI为443.115亿美元，所占比例为49.42%，其中，流向采矿业的外国直接投资金额累计达331.72亿美元；第三产业为452.997亿美元，所占比例为50.51%。呈现如上特征主要是由于外国投资者在进入哈方市场时更多地看重其丰富的自然资源储量及巨大的社会市场潜力；同时，与哈方政府所制定的经济发展战略和政策也是密不可分的。独立初期，哈政府为实现其国内经济的快速增长，制定了“油气兴国”战略，并给予国内能源部门诸多优惠政策，进而吸引了国外大量能源企业进入哈方从事开采、加工各类自然资源。尤其近年来，随着国际市场上能源价格持续飙升，更是进一步刺激了外国投资者对哈方国内能源领域的投资。

四　哈萨克斯坦投资环境分析

1. 哈萨克斯坦吸引外国直接投资的优势

（1）持续的经济增长。独立初期，哈萨克斯坦国内曾出现“转型性经济衰退”，并一度跌入经济低谷，直至1996年经济下滑势头才得以遏制，当年国内经济首次出现了0.5%的正增长。自2000年以来，哈方国内经济保持了较快增长，年平均增长率超过9%，在独联体国家中名列前茅，成为中亚地区经济发展的“火车头”。2008年在全球经济因金融危机影响而普遍衰退的状况之下，哈方国内经济仍然保持了10.3%的高速增长，以1989年为基期100，

2008年哈方国内生产总值综合指数已达到144.2。诚然可见，持续、高速的国内经济增长为其吸引外国直接投资提供了一个良好的社会环境和投资预期。

（2）丰富的自然资源优势。哈萨克斯坦拥有极其丰富的自然资源，为其国内经济发展提供了得天独厚的基础和保障。其中，钨储量居世界第一位；铬和磷矿石储量为世界第二位；铜、铅、锌、钼和磷的储量居亚洲第一位；铁、煤、石油和天然气的储量也较为丰富，已探明的石油储量达100亿吨，煤储量为39.4亿吨，天然气储量为11.7万亿立方米。承上所述，十余年来，外商投资动机在较大程度上体现为对哈方国内丰富自然资源的浓厚兴趣。诚然，基于哈方国内丰富的自然资源储量，可预见，哈方在进一步吸引外资方面仍具有较强的竞争优势。

（3）独特的地缘政治。中亚地区作为连接欧亚大陆的战略通道，自古以来就备受世界各大国的青睐。在中亚地缘战略权衡中，哈萨克斯坦则是重中之重。哈萨克斯坦独立后，积极实施外向型经济战略，西方发达国家也竞相与哈方发展经贸联系借以巩固其在该地区的战略利益，对哈方直接投资是外商参与哈方国内经济和该地区经济发展的重要内容。

（4）广泛的政策优惠。独立以来，哈政府积极实施体制转轨和经济改革，在吸引外国投资方面给予了诸多政策支持，并颁布了一系列促进和保护外资的法律和法规，建立各种经济特区及对外商实施诸多优惠的税收政策。基于哈方未来经济发展目标和战略规划，哈方政府会继续加大实施引资的各项优惠政策，对此，外国投资者在继续看好哈方国内经济发展前景的同时亦将逐渐增强双边投资合作，加大投资力度。哈萨克斯坦的主要优惠政策有：免征所得税、社会税和土地税，其中所得税免征期限为盈利之日起五年，但不得超过合同签署后的八年。社会税和土地税的免税期限同投资额挂钩，优惠期从合同签署之日起算。与投资相关的设备和原料进口关税可全部或部分减免，具体由政府部门决定。

2. 哈萨克斯坦吸引外国直接投资的劣势

（1）经济发展水平仍较落后。尽管哈萨克斯坦自独立以来实现并保持了国内经济的复苏与快速增长，但总体而言，哈方经济在世界经济中的实力仍然较小，综合实力在世界各国排名中仍较靠后，在瑞士洛桑国际管理学院（IMD）公布的《2009年全球竞争力报告》中，哈萨克斯坦在参评的57个最具竞争力国家中排名第36位，尤其与发达国家之间相差甚远，根据结构需求理论，较大的经济发展差距将制约投资合作程度。如长期以来，第三产业作为发达国家的比较优势产业，在哈方也具有巨大发展前景，但因哈方国内经济发展水平相对落后，该产业在吸引外资方面却相对不足。

（2）基础设施落后且不配套。哈萨克斯坦自独立以来，国内社会经济发展时间短，起步晚，总体经济实力仍较为落后，严重地制约了国内基础设施的建设与完善，极大地影响了外商投资范围与深度。从哈方吸引外国直接投资的区域分布状况可见，外商投资主要集中于一些经济发展和基础设施较好的地区，经济发展落后的地区却长期得不到正常发展，而经济发展和基础设施较好的地区又常常因为外资过度发展而存在吸收消化上的种种弊端。故进一步加强基础设施建设、健全各项配套工程将是未来吸引外资尤其是加快国内落后地区发展的关键步骤。

（3）市场经济制度尚不完善。哈萨克斯坦独立后，选择了市场经济作为自身的转轨方向与目标。十余年来，哈方国内市场经济体制建设取得了较大进展，但总体而言，其市场经济体制尚未完善。尽管市场经济体制的基本框架已经建立，但市场经济的各种正式制度和非正式制度的建立仍需要一个相对较长的时间与过程。鉴于此，继续深化国内市场经济体制改革和不断完善法律法规将会大幅提升其吸引外资的竞争力。

（4）腐败泛滥与行政效率低下。哈萨克斯坦独立以来，国内民主、法制建设进程相对缓慢，地方官员腐败行为尤为突出，各种乱收费现象层出不穷；同时，政府机构办事效率较为低下，各部门之间责任不清晰，常常是遇到利益便相争，而遇到责任便相推，政出多门而相互冲突，常常使得外国投资者无所适从，较大程度地影响了外商投资的预期和信心。

五 外国直接投资对哈萨克斯坦经济增长的贡献

外国直接投资对哈萨克斯坦国内经济发展具有一系列正增长效应，主要包括：资本积累效应、技术扩散效应、创造就业机会效应和促进制度变迁效应等。

1. 资本积累效应

外国直接投资的流入使固定资本存量不断增长，从而有效地弥补了国内储蓄缺口，对促进经济增长具有最直接的贡献。哈萨克斯坦十余年转轨实践也进一步证实，外资的大规模引入，扩大了固定投资规模，加快了固定资本形成的速度，在很大程度上缓解了国内经济建设中资金紧张的矛盾，进而有效地推动了哈国摆脱转型性经济衰退、走上经济复苏及步入经济高速发展的道路。

2. 技术扩散效应

哈方积极吸引外国直接投资的目的并不单单是为了引进资本要素，其更重要的是引进包括资本、技术、经营管理知识等在内的一系列不可分割的资源。伴随外国直接投资而来的各种先进技术设备和技术手段、创新的组织与管理技术以及创新网络的方法与经验，通过示范和模仿作用、市场竞争效应、产业关联效应以及人力资本的流动效应等途经，有效地促进了哈国在最短的时间内利用发达国家长期积累起来的先进科学技术成果，逐渐提升自身技术起点和产业层次，推动国内整体技术管理水平的迅速提高，进而快速缩小与国际先进水平的差距。

3. 创造就业机会效应

外国直接投资的大量引进，为哈方国内社会创造了大量的就业机会，从而有效地缓解了哈方国内的就业压力。据哈官方统计，外商投资企业中的从业人员的绝对数量和在全国从业人员中所占比重均呈逐年递增的发展趋势。同时还进一步提高和增强了哈萨克斯坦国内劳动力的人力资本和技能素质等。

4. 促进制度变迁效应

在外国直接投资流入过程中，跨国公司给哈萨克斯坦带来了一系列先进的制度要素及制度特征，对哈国现存制度带来一定程度的冲击，孕育着社会制度变迁的条件。

第五节　未来引资政策重点

一　引资重点领域

1. 哈政府资金政策开始向非资源领域倾斜

后危机时代，交通、通信、农业、教育、基础设施建设等非资源、社会民生领域合作已成为当前各国关注的重要领域，哈萨克斯坦也不例外。2010 年 3 月 19 日，哈政府颁布了第 958 号令《2010～2014 年加速工业创新发展国家纲要》（以下简称《纲要》），对 16 个主要产业的现状、任务目标和发展途径做出描述和规划。主要目的是通过实现经济多元化和提高竞争力，重视吸引外国直接投资，促进发展非资源领域出口引导型高技术产业。从《纲要》规划内容看，哈将工业发展的重点放在非资源领域（除矿产开采外的其他领域）。尽管资源开发仍是国家的重要产业，但各项政策和财政预算已经开始向非资源领域倾斜。

2. 五年计划的目标

按照《纲要》部署，未来五年内将引入世界 18 家大型公司参与对哈投资合作，这些公司均排在福布斯全球企业排行榜的前 2000 名以内。还将签订十个政府间鼓励和保护投资协定。而与奥地利、罗马尼亚和塞尔维亚的政府间保护投资协议业已签订。

借助世界经济论坛和世界银行衡量各国经济发展的各项指标，哈政府制定了五年内经济发展的预期：将本国的外国直接投资排名指数从 104 位提升到 99 位，将保护投资者排名指数从 52 位提高至 48 位，将国家竞争力排名指数从 67 位提升至 60 位。

3. 招商引资

哈未来五年经济发展倚重的是在非资源领域的突破和创新，特别经济区和工业园区的开发和建设是重中之重。因此招商工作显得极为重要。《纲要》要求在 2015 年前将特别经济区参与者数量从 2009 年的 39 家提高到 159 家，而工业园区的参与者要提高到 42 家。

哈政府注意到引资是《纲要》实施的重要保证。因此为资金的落实划定底线：出口导向型和高新技术引资额不低于 110 亿美元，工业园区不低于 50 亿美元。五年后在特别经济区和工业园区落户企业的产品出口率不应小于 50%，而商品生产和服务的产值要从 2009 年的 1.5 亿美元提高到 2015 年的 49.5 亿美元。

《纲要》规定，每年将完成国家－私人伙伴项目 15 个，2015 年前此类项目总金额将达 62 亿美元。

4. 政府主导大型外国投资项目

工业和新技术部作为政府职能部门，主要负责协调外资的引进和特别经济区的发展和产品出口等事宜。该部注重与世界跨国公司进行合作，看重其科技管理经验和雄厚的资金优势，对这些公司在哈萨克斯坦落地生根提供政策支持。此外，政府有关部门还与外国跨国企业组成直接投资工作组，就吸引外资保持密切的工作联系。

哈特别重视与外国政府首脑互访期间签订的经济合作文件的落实工作。引资重点主要集中在法国、意大利、德国、美国、日本、韩国、中国、土耳其和俄罗斯等国家。目前有近50个外国直接投资参与的项目在实施中。政府主导的投资项目主要有以下几个。

（1）法国公司目前处于酝酿阶段的投资项目金额40亿美元（油气领域除外），主要项目有："哈萨克斯坦太空旅行"公司与法国EADS Astrium公司合作组装航天器综合企业、"哈萨克斯坦工程"公司和法国Thales Group S. A. 公司组建军事和民用电子产品生产合资企业。

（2）与中国确定的直接投资项目金额120亿美元，包括中石油参与建设的天然气二期管道项目（贝内乌—博佐伊—阿克布拉克天然气输送管线），中信参与的沥青厂建造项目等。

（3）意大利在哈已确定和正在实施的投资项目金额为20亿美元，其中包括哈国家铁路公司和Ansaldo STS公司建立的铁路产品生产合资企业，哈萨克工程公司与意大利芬梅卡尼卡集团合资建立的民用和军工产品生产企业（推广、销售和安装电子光学保护和控制系统，T－72坦克现代化改造）。

（4）和韩国已确定和正在实施的投资项目金额共计80亿美元，主要项目为韩国电力公社和三星集团投资建设的巴尔喀什火电站。

二　法律和政策保障

1. 关税减免和国家赠与

2003年哈萨克斯坦出台《投资法》，从法律上保证了外国对哈投资的利益。对外资的保护主要表现在：

——对投资项目所需的机械和配套设备免除进口关税；

——对外来投资者实行国家实物赠与，赠与包括土地、建筑、设施、机械设备。

必须强调，各种形式的国家赠与必须通过与投资委员会签订合同的方式来确定。

2. 《纲要》配套政策

《纲要》作为哈未来五年经济发展的指导性纲领，其给予外资的各项优惠和便利颇为引人注意，具体为：

——对向国家优先发展领域的投资，政府会视情况与投资者签订投资特惠条款；

——为外国专家提供免费入境的签证特别办理程序；

——对于在经济特区的投资项目，采用国际通行的税收程序（根据《纲要》设定的标准，符合标准的企业可获得优惠）；

——可适时启动劳务引进的特别机制。

对于大型跨国或国际知名公司参与的优先大型投资项目，可实行区别对待的策略，单独与之签订附带提供国家支持条款的投资协议，包括保证国家采购条款和其他金融和非金融鼓励措施。但附带上述优惠措施的协议必须在政府层面签订。

为将国外直接投资引入非资源领域的轨道，哈将与外国潜在的大投资者单独商谈投资项目，负责协助其在哈办理投资兴业的开办手续，组织与哈国家政要和主流企业的会晤，在投资项目立项和实施阶段提供咨询服务等工作。

三 与关税同盟的对接

关税同盟的成立，使争取外资成为各成员国面临的重要课题，为争取更多的外资，哈正抓紧投资环境的营造工作。

按照哈法律体系，国际法高于国内法。目前哈工业和新技术部正在着手制订《投资法》的若干修订草案，去除《投资法》与关税同盟海关法之间的歧义。而修订的内容主要有以下几点。

（1）投资项目所需进口设备的配件，原材料免进口关税（现行投资法只对进口设备和配套件免税）。

（2）减免税实施期限涵盖投资项目的运行期（现行投资法规定，投资项目完成期截止到项目投产日）。

（3）免税范围扩展到进口设备出租经营领域（必须签订租赁协定）。

此外，哈工业和新技术部正在编纂新的哈萨克斯坦特别经济区法。其亮点在于，特别经济区行政管理部门将被股份制的管理公司所取代。管理公司构成既有中央和地方政府机构代表的参与，同时也吸纳私人投资者。这对拥有特别经济区管理经验的国际公司参与其中极有吸引力。

附　录

附录1　在俄公司及公司代表处注册程序

据俄联邦法律，外国企业可在俄境内建立具有法人资格的子公司，设立分公司和代表机构，外国公民也可在俄从事经营活动，但均需按规定办理如下注册手续。

一　公司注册

1. 在俄罗斯注册公派独资股份公司

若注册公派独资股份公司，在来俄前需在国内准备好以下三个文件：派出单位的营业执照复印件、派出单位在银行的资信证明、派出单位的法人委托书。上述三个文件需译成俄文，并在国家公证处进行公证、在我国外交部领事司进行认证、在俄罗斯驻华使馆领事部或总领馆进行认证。

来俄后需办理的文件有：公司合同、成立大会决议、公司章程、书面注册申请、提供公司法定地址保证书。上述文件应以俄文书就，并在俄公证处进行公证。

在俄银行开立积蓄账户，为此需有经过公证和认证的国内公司章程。在账户上要存放一半注册资金，开户银行需30天时间在中央银行进行备案。也可以用实物投资的办法，不必设立积蓄账户，用于投资的商品或设备可免缴进口关税。

文件齐全后，即可进行注册（可委托律师或专门办理注册的公司帮助办理）。上述文件应交到地方注册局，经审查，如文件符合俄罗斯法律规定，注册局将在3天内发给临时营业执照。该执照自颁发之日起有效期为30天，在此期间，为获得正式营业执照，还需办理以下手续：

（1）到国家统计委员会注册，领取公司相应编号；

（2）到公司所在区税务局登记注册；

（3）到注册局指定银行开立公司结算账户，将在积蓄账户上的资金转过来。请银行给税务局、养老基金会、医疗保险基金会、就业基金会、警察局、移民局、外交部出具关于公司已开立账户的证明；

（4）到养老基金会注册备案；

（5）到医疗保险基金会注册备案；

（6）到俄罗斯国际合作与发展署注册，办理公司进出口权，同时公司将被列入俄罗斯企业名录；

（7）到许可证局办理公司经营某种商品的经营许可证（部分商品需到有关部委办理，如食品需到农业食品部、药品需到卫生部）；

（8）提供公司印章申请及样式；

（9）持经营许可证到移民局办理劳动就业批准书；

（10）持劳动就业批准书到警察局办理登记卡，凭卡办理一年有效的长期居留签证；

（11）到俄罗斯外交部领事局注册，取得办理邀请函和多次往返签证的资格。

经过以上程序后，可到注册局领取长期营业执照。从拿到临时执照到领取正式执照需45天。

2. 注册公派合资股份公司

在国内需办理的文件与注册独资股份公司相同，此外合资双方应共同制订公司章程、书面注册申请、创办合资公司的协定、法定地址（邮政地址）所有者担保书。

合资公司与独资公司在注册手续上基本相同，不同点在于：

（1）到银行开立账户时，需交付50%法定资本；

（2）若法定资本以实物形式投入，则必须办理实物接收文件和物资清单。

合资公司获得正式营业执照后，还需到经济部国家注册局登记。需备以下文件：

（1）正式营业执照复印件；

（2）公司章程、注册申请、公司领导机构设立协定的正本及复印件；

（3）外国合作伙伴证明；

（4）俄国合作伙伴注册文件（复印件）；

（5）国家统计委员会登记证明（复印件），银行账号及交付50%法定资本的证明。

公司在领取国家注册局发放的登记证明后，还应到地方财政局注册股份。至此，注册手续完毕。

3. 注册个人独资公司

应准备以下文件：①公司章程；②书面注册申请；③提供法定地址担保书；④在俄银行资信证明。将上述文件在俄公证处进行公证，凭第①、④个文件到中国驻俄使馆办理在俄开办公司证明信，然后进行注册（可委托律师或注册公司帮助办理）。注册手续与公派合资公司手续相同。

独资公司自在注册局注册之日起，每季度应向税务局报告一次经营情况，报表需于下一季度第一个月的20日之前送到税务局；合资公司每年需向税务局报告一次经营情况。如不按期报告，税务局有权查封公司银行账户。

4. 在俄注册公司应注意以下问题

（1）如果所建公司属燃料能源综合体企业或其外资额超过一亿卢布（旧卢布），则无论该公司位于俄联邦何地，都应到俄联邦司法部国家注册局办理注册；其他企业可在当地注册局办理注册，但还应在国家注册局办理国家登记。在办理注册时还应提供以下文件：①联邦主体行政部门同意开办合资公司的文件；②注册登记卡；③俄方注册者注册文件及俄地方财产所有者建立合资公司的决定书；④如注册的系燃料能源企业，则需有与燃料能源部签订的技术鉴定书，如公司业务与生态环境有关，则需有同生态环境保护部签订的技术认定书，如公司法定资本超过俄联邦反垄断法规定的限额，则需要有同反垄断委员会签订的协议。

（2）在俄注册的公司分为股份公司和责任有限公司两种，前者必须有两个以上的成立发起人，后者可有一个或多个成立发起人。

（3）为在俄银行开立积蓄账户，需有经过公证和认证的国内公司章程。在此账户上要存放注册资金的1/2。银行需30天时间在中央银行进行备案。也可不开立积蓄账户，以实物投资代替，用于投资的商品和设备可免缴进口关税。

（4）在注册局办理手续后，3天后取得临时公司执照。凭此执照可到税务局办理登记，可到银行开立结算账户，可将积蓄账户上的资金转移过来。还应到各社会福利基金会办理登记。45天后可领取正式执照。

二　在俄注册代表处

外国公司代表处可在俄联邦经济发展和贸易部注册，也可在俄联邦工商会注册。此外，还应在国家注册局办理委派手续和综合登记。

1. 在俄联邦经济发展和贸易部注册需要的文件和手续

（1）外国公司向该部行政司司长提交书面申请函，内容包括公司机构、主要业务活动范围、在俄市场经营期限、俄罗斯贸易伙伴以及将由代表处协助解决的事务等；

（2）公司章程副本；

（3）贸易清单摘要；

（4）银行为公司出具的资信证明；

（5）两三家俄罗斯伙伴支持外国公司在俄经济发展和贸易部申请注册代表处的推荐信。

上述文件中（1）~（4）需由俄驻外领事机构进行公证、认证并译成俄文。以上文件的审查注册时间为60天。

注册代表处后，外国公司和代表处有权：

（1）开立代表处所需的银行账户；

（2）在俄外交部外交人员服务局的公寓申办工作人员的住所和办公场所；

（3）通过俄经济发展和贸易部获得公司派遣俄工作人员签证方面的帮助。工作人员可在俄经济发展和贸易部办理个人注册，得到工作卡，并由其帮助办理工作人员及其家庭成员多次往返签证。

2. 在俄工商会注册代表处，应提供以下文件

（1）由公司负责人签字的书面申请函，应写明公司名称、成立时间、公司所在地、主要活动，根据章程所产生的董事会和领导机构，开设代表处的目的、同俄伙伴的业务联系情况、合作发展前景，驻俄代表处的地址、电话和传真号码；

（2）公司章程或条例；

（3）公司注册证明；

（4）公司关于在俄联邦开设代表处的决定；

（5）代表处工作条例，包括内部工作原则、代表处与公司的权利义务关系；

（6）银行为公司出具的资信证明；

（7）两家信誉良好的俄商业伙伴的推荐信（在地方开设代表处还需有当地工商会的推荐信）。

已在莫斯科设有代表处的外国公司如需再在其他地方开设代表处的话，则需得到批准书，为此，应提供上述（1）、（4）、（5）、（7）款所列文件。

上述（2）、（3）、（4）、（6）款所列文件均需进行公证，并应由俄驻外领事机构或1961年海牙国际公约参加国国家机关认证及经过公证的俄文译本。

如根据拟注册公司国家法律，在境外开设代表处需经国家机关批准，则应提供经过公证、认证的批准书，并附于申请书后。

根据俄工商会的请求，外国公司应向该会提供本公司活动的其他情况。

应向俄工商会提交对公司驻俄代表处负责人的全权委托书，委托书需经过公证，代表公司就开设代表处进行谈判的代表也应提交经过公证的委托书。

在获得批准书之前应交清注册费用。

3. 如公司代表处需延期，则应提交以下文件

（1）外国公司负责人签字的申请函；

（2）公司代表处工作小结，需注明代表处通信地址、电话、传真号、常驻工作人员名单及其常驻证号码、俄籍雇员名单（姓、名、父名及出生年、月、日）等。

（3）在地方开设的代表处除应有两家可靠俄国伙伴的推荐信外，还需加附当地工商会的推荐信。

此外，根据俄政府 1999 年 4 月 1 日的决定，外国公司驻俄代表处自 1994 年以来享有的可将一系列自用商品（主要是办公设备）免税带入俄境内的优惠待遇已被取消，上述商品在运入俄联邦关境时需征收进口关税和其他有关税费。

附录 2 《俄罗斯联邦外国投资法》

（1999 年 6 月 25 日国家杜马通过、1999 年 7 月 2 日联邦委员会批准）

本联邦法确定对外国投资者的投资及其投资收益和利润权利的基本保证，以及外国投资者在俄联邦境内的经营条件。

本联邦法旨在吸收和在俄联邦经济中有效地利用外国物资和资金资源、先进技术、工艺及管理经验，保障外国投资者经营条件的稳定性并使外国投资法律制度符合国际法准则及投资合作国际惯例。

第一条　本联邦法所调节的关系及其适用范围

1. 本联邦法调节外国投资者在俄联邦境内投资时国家对其权利加以担保的相关关系。

2. 本联邦法不调节外国资本对银行及其他金融机构，以及保险组织进行投资的相关关系，这些关系分别由俄联邦关于银行及银行活动的法律和关于保险的法律进行调节。

本联邦法也不调节与外国资本为达到一定的社会公益目的，其中包括教育、慈善、科学或宗教等方面的目的，而对非商业组织进行投资的相关关系，这些关系由俄联邦关于非商业组织的法律进行调节。

第二条　本联邦法所使用的基本定义

为了本联邦法的宗旨，使用下列基本定义：

外国投资者——按照所在国法律确定民事权利能力并根据该国法律有权在俄联邦境内进行投资的外国法人；按照所在国法律确定民事权利能力并根据该国法律有权在俄联邦境内进行投资的外国非法人组织；按照国籍所在国法律确

定民事权利能力和行为能力并根据该国法律有权在俄联邦境内进行投资的外国公民；按照永久居住地所在国法律确定民事权利能力和行为能力并根据该国法律有权在俄联邦境内进行投资的长期居住在俄联邦境外的无国籍人员；根据俄联邦的国际协议有权在俄联邦进行投资的国际组织；按照俄联邦法律规定程序行事的外国；

外国投资——外国资本以属于外国投资者所有的民事权利客体的形式，如果这些客体根据联邦法律在俄联邦未被禁止流通或限制流通，其中包括货币、有价证券（外币及俄联邦货币）、其他财产、财产权、有货币估价的智力活动成果排他权（知识产权），以及服务和信息，投入俄联邦境内的经营活动客体；

外国直接投资——外国投资者根据俄联邦民事法律在俄联邦境内获得以公司形式成立的或重新成立的商业组织注册资本（合股资本）10% 以上股份（投资）；对俄联邦境内成立的外国法人分支机构固定资产的投资；外国投资者在俄联邦境内作为融资租赁出租人出租独联体海关进出口税则第十六类和第十七类所列海关估价不少于 100 万卢布的设备；

投资项目——外国直接投资的经济可行性、规模及期限的论据，包括按照俄联邦法律规定标准制定的设计预算资料；

优先投资项目——被俄联邦政府批准列入项目清单的投资项目，其外国投资总规模不少于十亿卢布（不少于按本联邦法生效之日俄联邦中央银行当日汇率折算的等值外币金额）或者外国投资者在有外国投资的商业组织注册资本（合股资本）中的最低股份（投资）不少于一亿卢布（不少于按本联邦法生效之日俄联邦中央银行当日汇率折算的等值外币金额）的投资项目；

投资项目回收期限——从利用外国直接投资的投资项目开始拨款之日起至包括折旧在内的累计纯利润金额与有外国投资的商业组织或外国法人的分支机构或融资租赁合同出租人的投资支出额之间的差额开始出现正数之日止的这段期限；

再投资——外国投资者或有外国投资的商业组织将外国投资所得收入或利润向俄联邦境内经营活动客体进行投资；

税负总额——利用外国投资实施投资项目的外国投资者及有外国投资的商

业组织在投资项目开始拨款之时所应支付各种形式税费的货币结算总额，其中包括进口关税（按照俄联邦法律在对外商品贸易中俄联邦经济利益保护措施所涉及的关税除外）、联邦税（俄联邦境内所产商品的消费税、增值税除外）及国家预算外基金费（俄联邦退休基金费除外）。

第三条　俄联邦境内外国投资的法律调节

1. 对俄联邦境内外国投资实施法律调节，适用本联邦法、其他联邦法、俄联邦其他法规，以及俄联邦签署的国际条约。

2. 根据本联邦法及其他联邦法律，俄联邦主体有权就其管辖的问题及俄联邦与其主体共同管辖的问题通过对外国投资进行调节的法律和法规。

第四条　外国投资者及有外国投资的商业组织活动的法律制度

1. 除了联邦法律规定的一些例外，外国投资者的活动及其使用投资所得利润的法律制度所提供的优惠不能少于俄罗斯投资者的活动及其使用投资所得利润的法律制度。

2. 联邦法律可以为外国投资者规定一些限制性例外，其限度只能是维护宪法制度原则、道德，保护他人健康、权利和合法利益，保证国家防卫和安全所必需的。

可以根据俄联邦社会经济发展的利益对外国投资者以优惠的形式规定鼓励性例外。优惠的种类及提供方式由俄联邦立法加以规定。

3. 外国法人在俄联邦境内设立的分支机构可以履行部分职能或全部职能，包括以建立它的外国法人（下称母公司）的名义行使代表处的职能，其条件是母公司设立的目的及其活动具有商业性质；母公司应按其在俄联邦境内开展上述活动所接受的义务直接承担财产责任。

4. 有外国投资的商业组织的子公司及其附属公司在俄联邦境内从事经营活动时，不得享受本联邦法所规定的法律保护、保障及优惠。

5. 外国投资者、在俄联邦境内建立的有外国投资的商业组织（外商对该组织法定资本的投资份额不少于10%）进行再投资时，完全享受本联邦法规定的法律保护、保障及优惠。

6. 俄罗斯的商业组织，从外国投资者加入之日起，即获得有外国投资的商业组织地位。从该日起，有外国投资的商业组织及其外国投资者即享受本联邦法所规定的法律保护、保障及优惠。

外国投资者从商业组织中撤出（如有几个外国投资者参加的，则所有外国投资者全部撤出）之日起，该商业组织失去有外国投资的商业组织地位。从该日起，上述商业组织及外国投资者即丧失本联邦法所规定的法律保护、保障及优惠。

第五条　对外国投资者在俄联邦境内活动的法律保护的保障

1. 对俄联邦境内外国投资者的权益应给予充分的无条件的保护。这种保护是以本联邦法、其他联邦法、其他俄联邦法规，以及俄联邦签署的国际条约为保障的。

2. 对于因国家机关、地方自治机关或其工作人员的非法行为（不作为）而给外国投资者造成的损失，外国投资者有权根据俄联邦民事立法要求赔偿。

第六条　外国投资者运用各种方式在俄联邦境内进行投资的保障

外国投资者有权在俄联邦境内以俄联邦立法所不禁止的任何方式进行投资。

应根据俄联邦立法对有外国投资的商业组织法定（合股）资本的投资额进行估价。

对投资额的估价应以俄联邦货币进行。

第七条　外国投资者权利和义务向他人转让的保障

1. 外国投资者根据合同有权转让自己的权利（让渡诉求）和义务（转移责任）。根据法律或法院判决，外国投资者有义务依照俄联邦民事立法向他人转让自己的权利（让渡诉求）和义务（转移责任）。

2. 如果外国或其全权国家机构为了外国投资者利益而为其出资，对在俄联邦境内的投资进行了担保（根据保险合同），此项投资的外国投资者的权利又转让（让渡诉求）给该国或其全权国家机构，则在俄联邦这种权利转让（让渡诉求）是合法的。

第八条　外国投资者及有外国投资的商业组织的财产被国有化及征用时的赔偿保障

1. 除联邦法律或俄联邦签署的国际条约所规定的特殊情况及理由之外，外国投资者或有外国投资的商业组织的财产不应被强制没收，包括被国有化和征用。

2. 在被征用的情况下，应向外国投资者或有外国投资的商业组织支付被征用财产的价款。引起征用的情况终止时，外国投资者或有外国投资的商业组织有权通过司法程序要求追回仍保留的财产。但在此情况下，他们应退回已得到的赔偿金，同时应考虑到因财产价值降低而带来的损失。

在实行国有化的情况下，应向外国投资者或有外国投资的商业组织赔偿被国有化的财产的价值及其他损失。有关损失赔偿的争议应按本联邦法第十条规定的程序解决。

第九条　保障外国投资者和有外国投资的商业组织不因俄联邦法律发生变化而受到不良影响

1. 在向优先发展的外国投资项目开始划拨资金的当日，如果出台了关于调整征收进口关税（按照俄联邦法律在对外商品贸易中俄联邦经济利益保护措施所涉及的关税除外）、联邦税（俄联邦境内所产商品的消费税、增值税除外）、上缴国家预算外基金费（上缴俄联邦退休基金费除外）幅度的新的俄联邦法律法规，或对现行俄联邦法律法规做出了修改和补充，使外国投资者和有外国投资的商业组织在执行优先投资项目中的税负总额加大，或对在俄联邦的外国投资的禁令和限制增多，则这些新的俄联邦法律法规以及对现行俄联邦法律法规的修改和补充在本条第 2 款规定的期限内将不适用于执行优先发展的外国投资项目的外国投资者和有外国投资的商业组织，但前提是上述外国投资者和有外国投资的商业组织运入俄联邦海关境内的货物专用于执行优先投资项目。

本款第一段适用于外商对法定（合股）资本的投资份额超过 25% 的含外资商业组织以及执行优先投资项目的含外资商业组织，而不管该商业组织中外商对法定（合股）资本的投资份额多少。

2. 本条第 1 款关于保证外国投资者投资条件和制度稳定性的规定适用于投资项目回收期，但不超过自外商向该项目划拨资金之日起的 7 年。根据项目种类对投资项目回收期的分类应按俄联邦政府规定的程序进行。

3. 在外国投资者和有外国投资的商业组织所执行的优先投资项目涉及生产领域、交通设施建设或其他基础设施建设，且外国投资总额不少于 10 亿卢布（不少于按本联邦法生效之日俄联邦中央银行当日汇率折算的等值外币金额）、回收期超过 7 年的特殊情况下，俄联邦政府应决定延长本条第 1 款规定的对上述外国投资者和有外国投资的商业组织实行稳定投资条件和制度的期限。

4. 本条第 1 款的规定不适用于为维护宪法制度原则、道德，保护他人健康、权力和合法利益，保证国家防卫和安全而对俄联邦法令进行的修改和补充或实行的俄联邦新法律法规。

5. 俄联邦政府应确定对在征收进口关税、联邦税收和上缴国家预算外基金费、对俄联邦境内外国投资的禁令和限制等方面对外国投资者和有外国投资的商业组织发生不利变化的评定标准；确认本法律第二十四条指定的联邦权力执行机构对优先投资项目进行注册的程序；对外国投资者和有外国投资的商业组织在按本条第 2、3 款规定执行优先投资项目期间履行应尽义务的情况进行监督。

如果外国投资者和有外国投资的商业组织不履行本款前半部分所规定的义务，则将取消本条所规定的对其实行的优惠。因享受上述优惠而未支付的金额，应按俄联邦法律规定程序予以追回。

第十条　保障妥善解决外国投资者在俄联邦境内进行投资和经营活动中发生的纠纷

外国投资者在俄联邦境内进行投资和经营活动中发生的纠纷应根据俄联邦签署的国际条约和俄联邦法律在法院或仲裁法庭，或者国际仲裁法庭上予以解决。

第十一条　保障在俄境内使用和向俄境外汇出收入、利润及其他合法所得款项

外国投资者在遵照俄联邦法律纳税后有权在俄联邦境内自由使用其收入和利润，用于遵照本联邦法律第四条第 2 款规定进行的再投资或其他与俄联邦法律不相抵触的目的，有权不受任何限制地向俄联邦境外汇出其投资所得收入、利润及其他合法所得外汇款项，其中包括：

投资所得利润、股息、利息和其他收入；

有外国投资的商业组织或在俄联邦境内设立分支机构的外国法人在执行合同及其他交易中履行义务所得款项；

外国投资者因撤销有外国投资的商业组织或外国法人设立的分支机构或出让投资财产、财产权和知识产权所得款项；

本法律第八条规定的补偿金。

第十二条　保障外国投资者享有将最初作为外国投资带入俄联邦境内的器材和以文件或电子载体记录形式的信息无障碍地带出俄联邦境外的权利

最初将器材和以文件或电子载体记录形式的信息带入俄联邦境内的外国投资者有权无障碍地（不实行配额、许可证和采取其他对外贸易活动的非税率调节措施）将上述器材和信息带出俄联邦境外。

第十三条　保障外国投资者享有购买有价证券的权利

外国投资者有权根据俄联邦有价证券法购买俄罗斯商业组织的股票及其他有价证券和国家有价证券。

第十四条　保障外国投资者享有参与私有化的权利

外国投资者有权按照俄联邦有关国有和地方所有财产私有化的法律所规定的条件和程序，以获得国家和地方财产所有权或者在私有化企业法定（合股）资本中获得一定份额（投资）的途径参与国有和地方所有财产的私有化。

第十五条　保障给予外国投资者土地、其他自然资源、建筑物、设施和其他不动产的权利

外国投资者应按照俄联邦和俄联邦主体的法律享有获得土地、其他自然资源、建筑物、设施和其他不动产的权利。

如俄联邦法律未作其他规定，有外国投资的商业组织可以在招标（拍卖、竞买）中获得租赁土地的权利。

第十六条　给予外国投资者和有外国投资的商业组织海关税费的优惠

外国投资者和有外国投资的商业组织实施优先投资项目时的海关税费优惠应按照俄联邦海关法和俄联邦税法予以提供。

第十七条　俄联邦主体和地方自治机关给予外国投资者的优惠和保障

俄联邦主体和地方自治机关在各自管辖范围内可以给予外国投资者优惠和保障，用俄联邦主体预算资金和地方预算资金以及预算外资金对外国投资者实施的投资项目进行拨款并给予其他形式的支持。

第十八条　外国投资者必须遵守俄联邦反垄断法和进行善意竞争

外国投资者必须遵守俄联邦反垄断法，不进行恶意竞争及限制性经营活动，包括以生产某种抢手商品、尔后将外国生产的类似商品打入市场而自行停业为目的在俄联邦境内建立有外国投资的商业组织或外国法人的分支机构，甚至利用有关价格、划分商品销售市场或参与招标（拍卖、竞买）的恶意协议。

第十九条　有外国投资的商业组织和外国法人分支机构的母公司所实施的财产保险

如俄联邦法律未作其他规定，有外国投资的商业组织应自行办理有关财产损失（灭失）、短缺或损坏的风险，民事责任风险和企业经营风险的财产保险，而外国法人分支机构的上述财产保险则由其母公司自行办理。

第二十条　有外国投资的商业组织的设立和撤销

1. 有外国投资的商业组织的设立和撤销应按照俄联邦民事法典和其他联邦法规定的条件和程序进行，但联邦法律根据本联邦法第四条第 2 款所作的规定除外。

2. 有外国投资的商业组织作为法人应在向有关机关呈送下列文件的一个月内，到司法机关办理国家注册：

有外国投资的商业组织章程和成立合同（俄联邦民事立法规定的情况下）；

外国投资者所在国家商业目录，或其他能确认外国投资者法律地位的文件的摘录；

由为外国投资者服务的银行开具的有关其支付能力的证明文件；

关于支付注册税的单据。

为维护宪法制度、道德，保护他人健康、权利和合法利益，保证国家防卫和安全等目的，有外国投资的商业组织可能被拒绝办理注册。

外国投资者可因未被办理国家注册而依照法律程序提出申诉。

第二十一条　外国法人分支机构的设立和撤销

外国法人分支机构设立的目的是在俄联邦境内进行其母公司在俄联邦境外所从事的经营活动，撤销时则应根据作为外国法人的母公司的决定。

应按照俄联邦政府确定的程序并通过注册办法对外国法人分支机构的设立、经营活动及撤销实施国家监督；

本联邦法第二十四条中所规定的联邦执行权力机构实施对外国法人分支机构的注册。

为维护宪法制度、道德，保护他人健康、权利和合法利益，保证国家防卫和安全等目的，外国法人分支机构可能被拒绝办理注册。

第二十二条 对外国法人分支机构章程的要求

1. 母公司应向本联邦法二十四条所列的联邦执行权力机构呈交外国法人分支机构章程及其他文件，文件清单以及在本条第 2、3 款中涉及的对文件内容的要求应由俄联邦政府予以批准。

2. 在外国法人分支机构的章程中应注明分支机构及其母公司的名称，母公司的法律组织形式，分支机构在俄联邦境内的所在地，母公司的法定地址，建立分支机构的目的及其经营项目，分支机构固定资产投资的构成、金额及期限，分支机构的管理程序。外国法人分支机构章程中可以载入其他反映该分支机构在俄联邦境内的经营活动特点及与俄联邦法律不相抵触的信息。

3. 对外国法人分支机构固定资产投资的估价由母公司根据国内价格或国际市场价格进行。投资额的估价应以俄联邦货币进行。外国法人分支机构固定资产投资估价的金额应在外国法人分支机构章程中注明。

4. 外国法人分支机构有权自注册之日起在俄联邦境内从事经营活动。

5. 外国法人分支机构自撤销注册之日起应停止在俄联邦境内的经营活动。

第二十三条 制定和实施外国投资领域的国家政策

按照《关于俄联邦政府》这一联邦宪法法律的规定，俄联邦政府应制定和实施国际投资合作领域的国家政策。

俄联邦政府应当：

确定对俄联邦境内的外国投资实行禁止和限制措施的合理性，制定有关上述禁止和限制措施清单的法律草案；

确定对外国投资者在俄联邦的经营活动进行监督的措施；

批准本联邦法第二条所规定的优先投资项目清单；

制定联邦吸引外国投资的纲要并保证其实施；

吸引国际金融组织及外国的投资性贷款，用以向俄联邦发展预算及联邦一级的投资项目提供资金；

就国际投资合作事宜与俄联邦主体进行协调行动；

对同外国投资者准备并签订关于由其实施大型投资项目的投资协议的全过

程进行监督；

对准备并签订俄联邦关于鼓励和相互保护投资的国际条约的全过程进行监督。

第二十四条　负责协调吸引外国直接投资事务的联邦执行权力机构

俄联邦政府应确定负责协调吸引外国对俄联邦经济直接投资事务的联邦执行权力机构。

第二十五条　原先已经通过的俄联邦法律文件及其某些条款因本联邦法已被通过而告失效

鉴于本联邦法已被通过，下列法律文件及条款即告失效：

《俄罗斯苏维埃联邦社会主义共和国外国投资法》（俄罗斯苏维埃联邦社会主义共和国人民代表大会及最高苏维埃通报，1991 年，第 29 期，第 1008 页）；

《俄罗斯苏维埃联邦社会主义共和国最高苏维埃关于将俄联邦外国投资法付诸实施的决定》（同上，第 1009 页）；

《由于俄联邦“关于标准化法”“关于保证计量统一法”“关于产品和服务质量鉴定法”已被通过而对俄联邦法律文件进行修改补充的联邦法》第六条（俄联邦法律汇编，1995 年，第 26 期，第 2397 页）；

《由于“俄联邦仲裁法庭”联邦宪法法律及俄联邦仲裁程序法典已被通过而对俄联邦法律及其他法律文件进行修改补充的联邦法》第一条第 4 款（俄联邦法律汇编，1997 年，第 47 期，第 5341 页）。

第二十六条　将俄联邦法律与本联邦法取得一致

1. 建议俄联邦总统及俄联邦政府将其法律文件与本联邦法取得一致。

2. 责成俄联邦政府按规定程序向俄联邦联邦会议、国家杜马提交关于因本联邦法而需要对俄联邦法律文件进行相应修改补充的建议。

第二十七条　将俄联邦境内建立的外国法人分支机构章程与本联邦法取得一致

凡在本联邦法开始生效前建立的分支机构，其母公司必须：

在本联邦法开始生效之日起6个月内将外国法人分支机构章程与本联邦法取得一致；

在本联邦法开始生效之日起一年内办理外国法人分支机构的注册。

第二十八条　本联邦法开始生效日期

本联邦法自正式公布之日起开始生效。

附录3 《中俄投资合作规划纲要》

中华人民共和国政府和俄罗斯联邦政府（以下简称“双方”）表示，通过双方共同努力，中俄投资合作取得了前所未有的成果。在两国经济增长和经济高度互补的基础上，双边投资合作将持续发展。

确保良好的投资环境是中俄经贸关系的重要组成部分。为此，两国通过建立政府间合作机制，提供更为高效便捷的保障体系，推动两国贸易发展，促进双边投资及生产合作。在两国领导人的共同支持下，当前中俄投资合作的规模和质量均快速增长，但与双边贸易额相比合作规模不大，仍处在起步阶段。

双方认为，应根据两国投资政策和最惠国待遇原则，在重点领域加强双边投资合作，不断提高其水平和质量。

双方鼓励和欢迎两国企业根据各自国内现行法律在中俄两国开展投资合作。

第一条　发展中俄投资合作的主要目的

一、在中俄互补性强的经济领域，推动落实面向中、俄及第三国市场的高附加值产品生产和服务投资项目，在一些资源、技术和能力方面取长补短。

二、在俄联邦境内建立对俄罗斯原材料深加工的企业。

三、弥补各自企业在生产链中的不足，提高其国际竞争力。

四、开展可加快两国经济社会发展的基础设施项目投资。

五、为当地人民创造就业机会，使其掌握新的专业技能，提高熟练程度。

第二条　中俄投资合作的原则

一、根据中俄两国相关法律规定、2006 年 11 月 9 日签订的《中华人民共和国政府和俄罗斯联邦政府关于鼓励和相互保护投资的协定》及中俄双方均参加的其他国际条约，本着平等合作、互利共赢的原则，最大限度向对方开放投资市场。

二、为中俄投资者提供透明的法律基础、制度环境和投资条件。

三、减少中俄两国各自对另一方投资者的行政壁垒。

第三条　促进中俄投资合作的机制

利用中俄投资促进会议和中俄经贸合作分委会投资合作常设工作小组机制，开展促进中俄投资合作的工作。包括：

一、认真研究双方政府和企业的投资建议。

二、定期就双方投资政策及符合双边投资合作优先方向和标准的具体投资项目进行信息交流与商讨，并有针对性地促进这些项目的执行。

三、积极推动双方政府部门采取有效措施，落实中俄投资合作的重点项目。

四、鼓励合法中介机构深入研究双方市场和投资环境，为一方在另一方的企业提供咨询服务，培养法律专家、中俄文翻译和商务人才。

根据双方现行法律的要求，向实施投资项目的中国和俄罗斯人员发放劳动许可。

第四条　中国在俄罗斯的优先投资领域

欢迎符合俄罗斯政府外商投资政策和现行国家发展规划的中国企业来俄投资。

根据两国法律规定和最惠国待遇的原则，双方认为，中方应对俄产品深加工、逐步深化生产环节、提高国际市场竞争力方面优先投资，支持并积极配合中方在下列优先方向开展对俄投资合作。

一　机械制造业

（一）双方认为，中方对俄机械制造业投资的优先领域为生产包装设备、木材加工设备、集装箱和铁路运输工具、仪器、机组及配套设备、建筑和农业机械、汽车制造业、航空制造业、机电和电子设备。双方将支持建立有竞争力的世界级产品生产项目，与俄罗斯零部件供应商积极合作，创造更多工作岗位。

（二）在中俄民航合作分委会工作框架内，为吸引相互投资，双方有关职能部门支持实施联合生产大型客机、货机和航空发动机的项目。

（三）推动对生产线、机床及其他俄企业不生产的设备生产、安装、调试和服务项目的投资。

（四）加强林业机械制造领域的合作，发展生产现代木材深加工设备的投资项目。

（五）就保障双方相互承认产品认证结果开展工作。

二　建筑材料生产

在俄罗斯有需求的地区生产建筑材料（水泥、砖、浮法玻璃等）。

三　轻工业

发展在俄推广先进技术、生产高质量产品的投资项目，如聚氨酯、己内酰胺、粘胶浆粕等化纤原料，造纸、家电、皮革制品等轻工产品，以及中国投资者参与俄纺织和亚麻生产的升级改造。

四　运输与物流

为促进对俄运输物流基础设施和跨境运输通道的投资，鼓励双方相关机构在扩大运输能力方面开展如下合作：

（一）提高铁路基础设施的通行能力，包括“窄轨”和“宽轨”。

（二）根据双方协议，在边境口岸和运输干线沿线城市建设货运中转站、集装箱装卸场和物流基地。

（三）按照政府－企业合作模式和俄联邦政府与中方投资者签订的租让协定，在建设港口设施、物流中转站、桥梁及其他运输基础设施方面开展投资合作，以满足中俄贸易和国际运输不断增长的需求。

（四）为满足俄石油、化工、轻工、木材加工及机械制造业的运输需求，推进生产和使用集装箱、新型运输工具的投资项目。

五　农业

（一）开展农业科技合作领域的投资项目，包括改良经济作物、生产饲料、改良土壤、生产有机肥、保护环境等。

（二）利用现代农业设备，建立农业合作园区，种植粮食及其他农作物（大豆、油料、谷类、蔬菜、水果等），发展畜牧业，生产肉、奶，重点生产无公害产品，满足中俄两国和其他国家的市场需求。

六　建筑业

（一）就建筑业吸引外资和实施工业建设项目交流经验。

（二）通过完善市场竞争环境和投资环境，探索共同开拓其他国家市场的途径，加强建筑领域的投资合作，促进中俄两国建筑业的发展。

（三）在俄中资企业负责筹集资金、提供技术和设备。俄方将与地方政府部门保持协调，通过理顺工程设计文件和施工流程保证履行法律义务。

七　信息技术与电信业

（一）促进卫星通信和移动通信领域的合作。

（二）根据双边和国际通信业务需求的增长，联合投资改造或新建中俄两国间的通信线路。

（三）开展信息服务方面的双边合作，促进对俄服务外包和软件开发方面的合作。

八　银行和保险业

（一）推动中俄两国银行参与各领域大型投资项目的财团贷款并提供担保。

（二）在项目投资、保险及再保险领域开展投资合作。

（三）支持合资项目在采购机械设备时使用中俄两国银行和保险公司提供的贷款、担保和保险服务。

（四）根据俄罗斯法律规定，支持中方银行、投资公司和保险公司在俄开设分支机构。

九　创新与应用科学开发

（一）促进实施中俄政府总理定期会晤委员会科技合作分委会框架内商定的科技合作项目。

（二）在科学技术和工艺优先发展领域推动落实科研与实验设计合作，包括：纳米系统、能源和节能、生命系统、合理利用自然资源、信息和电信技术等。

（三）建立和发展现在俄罗斯优先发展的创新项目，包括科技研发中心和中俄科技园。

（四）推动建立并发展信息通信系统，以便于科技交流参与者及时开展合作，对科技创新合作领域的信息进行收集、翻译、整理与传播，举行研讨会、国际会议和视频对话；交换专利发明的资料库；建立工业企业、公司和科学机构关于科技和创新成果的资料查询库；建立高技术领域投资项目的信息库以发展双边科技合作。

（五）根据本领域的国际准则和法律实践，保证履行双方的知识产权保护法。

（六）交流在创新活动和科研成果推广方面的投资管理经验。

十　能源领域

（一）继续拟定中俄能源长期合作规划（至 2020 年）。为落实规划，应在双边层面上对投资额、运输能力和出口予以系统性担保。

（二）在与俄方石油企业进行股份合作的条件下，发展中方对运输基础设施和石油开采项目的投资。

（三）根据俄罗斯法律，在中方企业与俄方天然气生产企业进行股份合作的条件下，推动实施天然气地质勘探、开采和建设天然气液化厂的投资项目。

（四）开展油气产品深加工的投资项目。

（五）在中方企业与俄方天然气企业进行股份合作的条件下，支持中方投资建设液化气储存和运输中转站，保障俄产品出口。

（六）鼓励中方企业在俄投资生产面向国际市场的能源和电力设备。

十一　煤炭工业

中方公司参与开发俄境内的褐煤和焦煤。

十二　化工业

（一）推动建立和发展合资项目，生产现代化工和石化深加工产品。

（二）利用俄罗斯东西伯利亚和远东地区的特大型天然气田的原料（主要是乙烷、丙烷），建立大型合资企业。

（三）推动落实投资项目，以天然气为原料生产有机合成产品。

（四）发展生产各种塑料产品的投资项目。

（五）推动联合生产医疗用品，包括疫苗和基因工程新药。

十三　林业

（一）继续开展投资合作，吸引资金开发俄林业领域。

（二）为中方重点投资项目创造良好条件，生产深加工产品，对中国或其他国家出口，并为俄居民创造就业岗位。

十四　采矿业

实施开发俄矿产资源的投资项目，包括进行铁矿和多金属矿的开采、选矿和深加工，以及根据俄联邦法律规定的条件和方式在俄境内成立相应生产企业。

十五　区域合作

欢迎中方根据俄社会经济发展纲要确定的优先方向在俄联邦主体进行投资。

吸引中资的优先方向如下：

（一）俄联邦主体优先发展的已经或正在形成产业集群的领域。

（二）投资建设包括生产家具、纸张及其他有前景的木材深加工项目。

（三）在现有口岸建立运输物流中心。

（四）改善边境地区的交通基础设施，包括修建公路、铁路和桥梁。

（五）建设和改造中俄跨境高速通信线路；

（六）建立对西伯利亚和远东地区矿产资源进行开发和深加工的企业。

（七）筹备 2012 年 APEC 海参崴峰会和 2014 年索契冬奥会需建设的项目；

（八）在边境州区成立农产品生产、加工和贸易企业；

（九）就经济特区问题开展信息交流与合作，重点是高技术领域合作；

（十）支持中方公司在与中国毗邻的西伯利亚和远东地区建设电站和输电线，推动对华出口电力的投资项目。

第五条　俄罗斯在中国的优先投资领域

欢迎符合中国政府外商投资政策和现行国家发展规划的俄罗斯企业在华投资。

根据两国法律规定和最惠国待遇原则，双方认为，俄方应对中方产品深加工、逐步深化生产环节、提高国际市场竞争力方面优先投资，支持并积极配合俄方在下列优先方向开展对华投资合作。

一　机械制造业

在中俄民航合作分委会框架内，为吸引俄方对华投资，双方有关职能部门支持实施合作项目，研制和生产通用飞机、重型直升机、大型客货机和民用航空发动机。

二　信息技术与通信业

（一）促进在卫星通信和移动通信领域的应用和业务合作。

（二）根据中国法律，积极支持俄方投资发展中方信息产业和相关服务，开展在华服务外包及软件开发领域的合作。

（三）支持俄方在华开展信息技术领域的投资项目，鼓励俄方企业与中方企业在基础元器件、电子材料和医疗电子产品制造等对华优先领域进行投资合作。

（四）推动中俄电子医疗领域的研究项目，包括利用该领域共同研究成果，在亚洲国家举行重大国际性活动时确保防疫和生物安全。

（五）在两国政府和地方合作的框架内，支持出版介绍中俄经济和法律释义的读物，开办中俄经济与投资信息查询网站。

（六）推动合法中介机构向双方投资者提供信息服务，推动对中俄投资环境的研究。

（七）根据双边和国际通信业务需求的增长，在遵守中国法律的同时，合作投资改造或新建电信基础设施，包括中俄直通的通信线路。

三　银行、证券与保险业

（一）根据中国的法律规定，支持俄方银行、投资公司和保险公司在华开设分支机构。

（二）促进中俄两国证券经营机构在证券投资领域开展合作。

四　创新与应用科学开发

（一）推动开发高新技术合作区。

（二）投资成立科技研发中心。

（三）遵守本领域国际准则和法律实践，保证执行双方知识产权保护法。

五　燃料能源业

（一）推动俄方企业参与油田勘探和开发。

（二）支持俄方企业参与在中国建设地下天然气库和销售天然气。

（三）支持中国核电站的建设和改造。

（四）促进吸引俄方资金，成立中俄合资企业，生产和使用用于中国核电站的设备。

六　化工业

（一）组织石油产品添加剂和建筑产品添加剂的销售，以及提供相关技术服务。

（二）支持俄方参与建立和经营管理石化产品销售网。

七　林业

促进在中国建立销售网，销售中俄合资企业在俄生产的林产品。

八　采矿业

（一）实施开发中国矿产的投资项目，包括根据中国法律和产业政策的要求，在中国开采和加工黑色金属和有色金属。

（二）支持冶金产品贸易。

九　区域合作

欢迎俄方在符合中国经济社会发展规划的优先领域对华投资。

吸引俄资的优先方向如下：

（一）向中国西北和东北地区现有或正在建设的工业基地投资。

（二）参与建设和经营中国西北和东北等地区发电厂、电网项目。

（三）参与中国东北老工业基地的技术改造和结构调整，实施新的工业项目。

（四）在现有口岸建立运输物流中心。

（五）就经济特区问题开展信息交流与合作，重点为高技术领域的合作。

附录4 《中华人民共和国东北地区与俄罗斯联邦远东及东西伯利亚地区合作规划纲要》

（2009～2018年）

为协调实施中俄地区发展战略和中国《东北地区振兴规划》与俄罗斯《远东及外贝加尔地区2013年前经济社会发展联邦专项规划》，并根据2007年3月26日在莫斯科签署的《中俄联合声明》第一章第八部分和《中华人民共和国与俄罗斯联邦睦邻友好合作条约实施纲要（2009～2012年）》，制定了《中华人民共和国东北地区与俄罗斯联邦远东及东西伯利亚地区合作规划纲要（2009～2018年）》（以下简称《规划纲要》）。

中华人民共和国政府和俄罗斯联邦政府将在两国现行法律框架内，协助实施纳入《规划纲要》的项目。

中华人民共和国国家发展和改革委员会与俄罗斯联邦地区发展部是协调落实本《规划纲要》的负责部门，将根据合作执行情况对本《规划纲要》进行必要的修改与补充。

一 中俄口岸及边境基础设施的建设与改造

进一步发展和改造中俄口岸，完善旅检、货检系统，加快口岸电子化，提高通关效率，完善与口岸相关的基础设施。

1. 改造满洲里—外贝加尔斯克国际公路口岸。中方在中国境内建设新国际货场。改造满洲里—呼伦贝尔301国道，建设满洲里—大庆高速公路。俄方建设和改造赤塔—外贝加尔斯克A—166联邦公路。完善铁路口岸。中方建设满洲里—新巴尔虎右旗—伊尔施铁路，改造满洲里—呼伦贝尔铁路。俄方扩大伊尔库茨克—外贝加尔斯克铁路运量，综合改造外贝加尔斯克铁路卡雷姆斯卡娅—外贝加尔斯克（“南部通道”）路段。

2. 改造黑山头—旧粗鲁海图双边公路口岸。完善口岸基础设施。中方改造黑山头—拉布大林公路，建设黑山头—海拉尔铁路。俄方改造地方公路路段（外贝加尔斯克—普里阿尔贡斯克—旧粗鲁海图）。

3. 改造室韦—奥洛契双边公路口岸。中方建设室韦口岸—室韦—莫尔道嘎公路，建设室韦口岸—莫尔道嘎铁路。俄方改造涅尔琴斯克工厂—奥洛契口岸公路（毛盖图—斯利坚斯克—奥洛契路段）。修建纳伦—1—卢戈坎铁路线（425 公里），以开发《规划纲要》附件的“地区合作重点项目”中“外贝加尔边疆区”列举的矿区。

4. 建设或改造绥芬河—波格拉尼奇内多边公路口岸。

5. 改造同江—下列宁斯阔耶、萝北—阿穆尔泽特、嘉荫—巴思科沃、饶河—波克罗夫卡口岸。俄方建设下列宁斯阔耶口岸码头设施综合体和货运平台，实施口岸码头设施三期工程，包括口岸沿线的最终建设和客运码头的改造，改造下列宁斯阔耶客运站；建设阿穆尔泽特口岸码头综合体。

中方建设和改造嘉荫码头、货场和联检等基础设施。俄方建设巴思科沃口岸客运码头。

中方建设和改造由嘉荫、萝北、同江口岸至同三公路的公路，同三公路改造升级并延至抚远。俄方改造通往下列宁斯阔耶、阿穆尔泽特、巴斯科沃口岸的公路，包括比罗比詹—列宁斯阔耶公路、比罗比詹—阿穆尔泽特公路，通往巴思科沃公路口岸公路，以及通往下列宁斯阔耶国际水运码头公路。

6. 设立和建设同江—下列宁斯阔耶铁路口岸。中方建设同江铁路口岸—同江铁路，改造同江—向阳川—佳木斯铁路，接入同富铁路，建设前进—抚远铁路。

7. 建设和改造洛古河—波克罗夫卡双边公路口岸。中方建设洛古河口岸—洛古河—漠河公路，建设洛古河—古莲铁路，接入富西铁路。俄方建设从阿玛扎尔镇到波克罗夫卡口岸的联邦公路“阿穆尔”支线，包括跨阿穆尔河大桥。

8. 在拟建的阿穆尔大桥上建设口岸（在黑河—布拉戈维申斯克地区）。在黑河和布拉戈维申斯克所在区域建设公路桥梁。双方建设连接口岸的公路，装卸码头，货场。在黑河和布拉戈维申斯克市成立和组织交通物流综合体的联合活动。

9. 建设珲春—克拉斯基诺多边公路口岸。中方改扩建货/客运站，建设珲春口岸—珲春公路，与珲春—图们高速公路连接。

10. 完善黑河—布拉戈维申斯克等口岸的基础设施。

11. 改造现有东宁—波尔塔夫卡公路口岸的桥梁。中方建设绥芬河—满洲里高速公路东宁支线，东宁—牡丹江高速公路；建设东宁—珲春铁路。

12. 在同江市和下列宁斯阔耶居民点建设跨阿穆尔河的铁路桥梁。中方建设同江口岸—同江铁路，并与富同铁路连接，改造同江—向阳川—佳木斯铁路。俄方改造比罗比詹—列宁斯阔耶铁路支线并与在建设的阿穆尔河铁路桥连接。

13. 每年冬季在同江—下列宁斯阔耶铺设临时浮箱固冰通道。

14. 加强饶河—波克罗夫卡口岸间跨乌苏里江浮箱固冰通道。

15. 建设长春—符拉迪沃斯托克跨境公路。中方建设珲春口岸—珲春公路，与长春—珲春高速公路连接。

16. 建设珲春—扎鲁比诺港口跨境公路。中方建设珲春口岸—珲春公路，建设珲春—图们高速公路，与长春—珲春高速公路连接。

17. 确定部分口岸作为两国使用本国货币结算试点，并从边贸扩大到商品货物贸易。

二　中俄地区运输合作

1. 开辟中俄国际铁路联运通道，南起辽宁省丹东市，北到黑龙江省佳木斯、牡丹江等市，经乌苏里斯克与跨西伯利亚铁路相连；俄罗斯铁路经满洲里—海拉尔至两伊铁路，接入中国东北铁路网。

2. 考虑研究互用中国东北地区和俄罗斯远东地区的港口出海。

3. 研究和讨论中俄过境货物经俄罗斯联邦滨海边疆区及其他地区运输合作互助问题。

4. 恢复珲春—马哈林诺—扎鲁比诺铁路运行。完善内部铁路管理制度；中方增加货运量。

5. 扩大经饶河—波克罗夫卡边境口岸的客流量。继续研究开通“哈尔滨—饶河—比津—哈巴罗夫斯克”“饶河—比津”公路常设客运线路问题。

6. 研究和讨论开设跨境公路线路和扩大中俄铁路客货运量可能性问题。

7. 在对等条件下加快边境区域航空运输网络建设，协调发展地方航空运输合作，增加现有航线航班，完善航班网络结构。

8. 发展赤塔机场（卡达拉机场），建设外贝加尔斯克机场和改造克拉斯诺卡缅斯克机场。

9. 研究和讨论开通自呼和浩特、海拉尔、满洲里、哈尔滨、长春、沈阳、大连、牡丹江、佳木斯、齐齐哈尔、黑河、大庆至符拉迪沃斯托克、马加丹、赤塔、乌兰乌德、伊尔库茨克、克拉斯诺亚尔斯克、新西伯利亚、南萨哈林斯克、雅库茨克、阿纳德尔、彼得罗巴甫洛夫斯克、托木斯克等国际航班问题。

10. 组织大连—堪察加—彼得罗巴甫洛夫斯克直达客运航线。

11. 确定哈尔滨、长春、沈阳、呼和浩特作为中华人民共和国东北地区优先机场，哈巴罗夫斯克、符拉迪沃斯托克、伊尔库茨克和雅库茨克作为俄罗斯联邦远东和东西伯利亚优先机场。

12. 协助发展和恢复北京—南萨哈林斯克、哈尔滨—南萨哈林斯克、符拉迪沃斯托克—长春和符拉迪沃斯托克—延吉航班。

13. 改建布拉戈维申斯克航站楼、修建第二条起降跑道，以开通至哈尔滨、大连、三亚的干线和支线的补充及对接航班。

14. 提升呼和浩特、哈尔滨、长春、沈阳、大连等枢纽干线机场功能。加快白山、通化、白城、漠河、大庆、鸡西、伊春等支线机场建设。开展长海、抚远、五大连池、亚布力、加格达奇等支线机场建设的前期工作。

15. 为中俄航空企业在双边航运领域合作创造良好条件。

三　发展中俄合作园区

1. 建设和发展科技合作园区

建立以下科技合作园区：

——哈尔滨、牡丹江中俄信息产业园（“一园三区”）

——长春中俄科技合作园

——辽宁中俄科技园

——大连中俄高新技术转化基地

——符拉迪沃斯托克中俄信息园区（“一园三区”）

——帕尔吉然斯克中俄技术创新实验平台

——阿穆尔州中俄农业技术转化中心

继续讨论建设莫斯科中俄友谊科技园问题。

2. 黑瞎子岛（大乌苏里岛，下同）生态保护与开发合作

就黑瞎子岛的保护与开发问题加强相互协作。发展黑瞎子岛将在考虑环保法律要求的基础上实施。中方经抚远水道建设通岛桥梁及岛上公路网络。俄方经阿穆尔水道建设通岛桥梁通道。在形成必要的交通基础设施后，研究设立口岸的可能性。

四　加强中俄劳务合作

在《中华人民共和国政府和俄罗斯联邦政府关于中华人民共和国公民在俄罗斯联邦和俄罗斯联邦公民在中华人民共和国的短期劳务协定》框架内开展合作；通过农业及养殖业、工程总包和分包领域的项目发展劳务合作。

五　中俄地区旅游合作

1. 在《中华人民共和国政府与俄罗斯联邦政府关于互免团体旅游签证的协定》的框架内发展旅游合作。

2. 中俄旅游管理部门和旅游行业联合会就俄罗斯旅客在华和中国旅客在俄的安全推行现代化的安全保障机制相互协作。完善游客人身、财产安全保护措施。地方旅游主管部门建立保障游客安全和协助接待旅游公司在突发事件情况下采取紧急措施的机制。

开展边境地区旅游：

——推动旅游基础设施发展；

——推动建立和发展新旅游线路；

——提供旅游便利化措施；

——实施中俄东部有直航或转运交通线的中心城市的中俄友谊旅游线路；

——开展中俄边境口岸所在城镇居民家庭游（利用节假日）。

3. 协助并组织参与在双方国家举行的国际旅游展，在双方毗邻地区城市举行的国际旅游论坛。支持地方政府及有关部门和企业相互协作，推动会展旅游业发展。

4. 组织中俄沿江界河旅游线路，以及其他联合跨境旅游线路。

5. 实施中国东北地区与俄罗斯远东及东西伯利亚家庭交换游。

中方组织以下旅游线路：

——中俄友谊之旅旅游线路（以哈尔滨、长春、沈阳以及其他中国东北城市为对俄连接点，沿“国家年”中俄友好之旅环线）；

——海滨休闲四季旅游线路（以哈尔滨为起点，按不同季节开辟至大连—北戴河、至海南—北海、至深圳—香港等海滨休闲四季旅游线路及其他跨境旅游线路）。

俄方组织以下旅游线路：

——“东方之环”（外贝加尔边疆区、阿穆尔州、犹太自治州、哈巴罗夫斯克边疆区、滨海边疆区、堪察加边疆区、萨哈共和国、萨哈林州、伊尔库茨克州、布里亚特共和国）；

——“大茶道”（布里亚特共和国、彼尔姆边疆区、伊尔库茨克州、外贝加尔边疆区）。

中俄双方共同组织沿阿穆尔河道至乌苏里江、松花江、结雅河的休闲旅游线路（俄中“阿穆尔—黑龙江”旅游项目）。

6. 组织毗邻地区旅游线路的协调互动，相互衔接并延伸旅游线路。

六　中俄地区合作重点项目

双方提出一批在本《规划纲要》框架内实施的地区间合作的重点项目（详见附件）。

中国东北地区各省、自治区人民政府和俄罗斯远东地区联邦主体执行权力机关对项目实施情况予以特别关注，并向两国政府通报项目落实的进程。

在经济技术、金融及其他合作方面协商一致的情况下，以市场需求为导向，这些项目由中俄对外经济活动参与者具体实施。

七　中俄地区人文合作

1. 在中华人民共和国东北地区和俄罗斯联邦远东及东西伯利亚地区举行国

际文化节、艺术比赛、电影周，以及由中俄地区参加的其他形式的文化活动。

2. 共同组织以卫生为主题的国际研讨会，就保护人口健康问题进行共同研究。

3. 通过所有边境地区定期会晤机制，交换有关发展边境地区居民环境教育体系的信息和工作经验。

4. 中华人民共和国东北地区和俄罗斯联邦远东及东西伯利亚地区教育管理部门筹备并签署有关教育领域合作的协定。

5. 加强高等教育领域交流与合作，鼓励联合办学，支持知名大学联合培养本科生、硕士生和博士生；建立联合实验室、互派访问学者、加强跨学科交流的优势，提高地区科技人员水平；加强语言教学推广工作，开辟学生交流渠道，互办夏令营等活动。

6. 在伊尔库茨克国立大学贝加尔国际商学院基础上，与中国东北地区高校组织合办国际商务教学。

在阿穆尔国立大学和布拉戈维申斯克市阿穆尔国立师范大学孔子学院基础上联合组织国际文化—历史和人文教育活动。

7. 2010 年在伊尔库茨克市举行国际儿童论坛。

8. 中国东北各省、自治区政府与俄罗斯远东及东西伯利亚地区各州、边疆区政府建立人文合作机制，协调推进地区人文合作和民间交往活动。

9. 在中俄艺术院团、博物馆、图书馆之间建立合作关系，互派导演、演员、舞美、音乐指挥、演奏员、专家以及文艺团体等，进行合作演出和创作活动。

10. 组织开展学生文艺团体互访、交流、演出活动。在“六一”国际儿童节期间举办国际文化节。

11. 进一步扩大和深化毗邻地区在高等教育、语言教学、文化交流、体育联谊、科技合作，以及青少年学生交流等方面的合作。

12. 开展毗邻地区地方政府、社会团体、中小企业代表团互访活动。

八　中俄地区环保合作

1. 黑龙江省政府和阿穆尔州政府的合作：

根据黑河市环保局和阿穆尔州自然资源部关于建立友好工作联系的谈判纪

要进行以下合作：

保护跨境水体合作；

在双方法律框架内交换环保领域技术；

环境监控技术方法领域的交换；

交换有关发展边境地区居民环境教育体系的信息；

每年举行环保问题的联合研讨会；

开展联合行动，保护边境地区生态多样性，就建立边境特别自然保护区交换意见。

2. 内蒙古自治区政府和外贝加尔边疆区政府的合作：

在中俄额尔古纳河水体生态保护地区间常设工作组框架内，推进额尔古纳河水体、景观以及生物多样性保护技术工作组的工作。

建立并确保跨境特别自然保护区的运作。

交换环保领域的信息和工作经验，其中包括绿色产品技术。

3. 黑龙江省政府和外贝加尔边疆区政府的合作：

参加《黑龙江/阿穆尔河流域综合治理》环保方案的落实。

4. 黑龙江省政府和哈巴罗夫斯克边疆区政府的合作：

签署关于黑龙江省人民政府和哈巴罗夫斯克边疆区政府环保领域合作的议定书。

组织和进行空气质量的联合监控。组织和进行水体表面和水体生态资源的联合监控。

为保护跨境水系生态系统，保护和研究区域特有动植物物种，建立并维护共同自然保护区的运作。

交换生产绿色环保产品、利用和加工生产与生活垃圾方面的技术，扩大垃圾处理厂家的联系，成立合资企业。

交换环保专家，在交换中研究生产和组织过程，生态政策以及涉及环保问题的法律保障，建立业务联系。

5. 黑龙江省政府和萨哈林州政府的合作：

发展生态监控领域的合作。

开展生产与生活垃圾的加工和利用领域的合作，交流经验。

在环保领域（水资源、大气）交换信息和交流工作经验。

2010 年 6 月 3 日

附件：中华人民共和国东北地区与俄罗斯联邦远东及东西伯利亚地区合作重点项目目录

中华人民共和国东北地区与俄罗斯联邦远东及东西伯利亚地区合作重点项目目录

1. 在第一阶段俄罗斯向中国供应电力方案实施完毕后，进行第二和第三阶段方案的经济技术可行性论证，商定实施原则。

2. 在中俄各自境内建立跨阿穆尔河、功率为 750 兆瓦的直流电输电线路及换流站。

3. 利用俄罗斯远程医疗综合体建立地区间远程医疗系统，开展中国东北地区和俄罗斯远东地区的流行病监控和管理。

（一）俄罗斯境内项目

1. 在俄罗斯远东联邦区共同建设聚烯烃生产综合体。萨哈（雅库特）共和国和萨哈林州。

2. 在俄罗斯远东和东西伯利亚地区建设新的发电站和电网基础设施。

外贝加尔边疆区

1. 在别列佐夫斯基铁矿区开采项目。

2. 在诺永达拉果多金属矿开采项目。

3. 在外贝加尔边疆区东南部开采多金属矿并建立外贝尔加尔斯克采矿冶金综合体：

——布格达因斯基钼矿区

——贝斯特林斯基金—铜矿区

——库尔图明斯基金—铜矿区

——索洛涅琴斯基锑矿区

——新什罗金斯基金—多金属矿区

4. 在贝—阿干线沿线地区开发外贝加尔边疆区北部矿区（乌多坎斯基铜

矿、赤涅斯基铜矿和过列夫斯基钛—钒—铁矿等）。

5. 在奥洛维亚宁斯基和毛盖图交界地区建立水泥厂。

6. 在外贝加尔斯克镇建设原木深加工企业。

7. 在赤塔建立木材加工联合工厂。

8. 在外贝加尔斯克和毛盖图建立工业区。

伊尔库斯茨克州

1. 在“春斯基”木材加工基地建立完整的木材加工综合体。

2. 在乌斯季—库茨基区建立木材加工综合体。

3. 在西伯利亚乌索利耶市建设多晶体硅生产工厂。

4. 在切涅姆霍夫斯克区开采萨维诺夫斯基菱镁矿区。

5. 在下乌金斯克区开采金—银—多金属矿。

6. 在泰舍特建立森工综合体。

7. 在贝加尔斯克纳米结构加热部件基础上生产节能型加热器和微气候系统。

8. 在库尔图克镇关于与“神圣贝加尔－伊尔库茨克”股份公司建立开采和灌装高等级纯净水投资项目。

9. 现代化改造安加尔斯克水泥厂。

阿穆尔州

1. 开发叶甫根尼斯基磷灰石矿区。

2. 开发库利科夫斯克沸石矿区。

3. 在赖奇欣斯克建设玻璃和陶瓷制品的生产企业。

4. 在贝—阿铁路所在地区在无废料循环技术基础上建立木质纤维板、OSB板、干木材料的森工企业综合体。

5. 在布拉戈维申斯克市建设“北方居住区”综合性建筑。

6. 对白戈尔斯克罐头厂进行现代化改造。

7. 在伊万诺夫区组织糖及相关产品的生产。

8. 建设阿穆尔配电站到中俄边境长 153 公里的 500 千伏交流输电线路。

9. 在叶尔科韦茨科伊建成热电站。

10. 在布拉戈维申斯克市联合生产电梯项目。

11. 阿穆尔州农作物生产领域合作项目。

12. 在恰戈扬斯克石灰石矿基地建设水泥和水泥熟料工厂。

犹太自治州

1. 在比罗比詹、下列宁斯阔耶、巴什科沃建立原木深加工企业。
2. 改造乔普洛奥泽尔斯克水泥厂。
3. 在比罗比詹建立豆类深加工企业。
4. 在斯米多维奇建立养猪综合体。
5. 开发基坎诺姆－苏塔尔铁矿并建设远东采矿冶金联合工厂。
6. 改造比尔然斯克和托普伦斯基鲑鳟鱼养鱼厂。
7. 犹太自治州农业合作项目。

哈巴罗夫斯克边疆区

1. 开发索伯林锡矿。
2. 在尼兰诺克石灰石矿区和索克鸠坎斯克钒土区建立水泥厂。
3. 在苏克派镇为木制房屋建立锯材和复合木制品加工企业。
4. 在维亚泽姆斯克市建立薄板生产企业。
5. 在阿穆尔河畔共青城建立 OSB 板生产企业。
6. 在阿穆尔斯克市建立大型原木深加工中心。
7. 在太阳区哈尔切潘镇建立胶合板和锯材厂。
8. 在别列佐夫镇建立木质纤维板制造企业。
9. 在哈巴罗夫斯克建造 400 万～500 万瓦特天然气发电厂。
10. 在上布连斯基区建成乌尔加伊热电厂。
11. 在图古罗－楚米坎区库滕金矿矿区建立复合型选矿综合体。
12. 建立年产 10 万立方米的木材加工厂。

布里亚特共和国

1. 在卡拉斯诺亚洛沃—伊沃尔金斯克区建砖厂。
2. 在霍林斯克镇建原木深加工森工综合体。
3. 在塔克西莫镇穆伊斯基区建立木制房屋用锯材及配套产品生产企业。
4. 在乌兰乌德建设生活小区。
5. 在乌兰乌德共同建造 OSB 板工厂。
6. 共同建立玉加工企业。

7. 在乌兰乌德市周边开发黏土矿制砖。

8. 在中心地区（扎姆戈拉耶夫斯克区、谢列金斯克区、普里贝加尔斯克区）开发水泥矿区。

9. 在“贝加尔港湾”建设旅游疗养型经济特区的旅游基础设施。

滨海边疆区

1. 在雅科夫列夫区建设木材加工企业。

2. 滨海边疆区农业合作项目。

3. 乌苏里斯克康吉工业区项目。

4. 米哈伊洛夫斯克区工业园项目。

5. “阿尔乔姆”家电生产组装基地项目。

萨哈林州

1. 开发姆加琴斯克煤矿。

2. 开发诺维科夫斯克含储的硼砂矿。

3. 在萨哈林州组织原木深加工企业。

4. 建设经济适用房。

5. 在多林斯克市索斯诺夫卡建设制砖厂。

6. 在南萨哈林斯克市建立玄武岩加工及隔热材料生产企业。

7. 在内什镇诺格利基区共同建设 OSB 板工厂。

马加丹州

1. 综合加工马加丹矿区褐煤。

2. 在克勒马河上建立乌斯季—斯列德涅坎斯克大型水电站。

3. 马加丹市建立海洋猎兽、原料深加工、制药、护肤品、肉类生产，皮革、毛皮制造项目。

4. 在斯列德涅坎斯克区共同建立森工综合体。

5. 在斯列德涅坎斯克区建立氢燃料工厂。

6. 共同落实《地质勘探工作以及探明奥罗耶克斯克潜在产区符合标准的铜的储量》的有关项目。

堪察加州

1. 在俄罗斯港湾生产含银离子饮用天然矿泉水。

2. 在哈拉克特尔斯克矿区组织钛—磁铁矿砂的无废料加工。

3. 在雅戈丁开采沸石矿。

4. 在克鲁托戈罗夫斯克煤矿组织工业开采。

5. 在埃利佐夫斯克区应用当地珍珠岩生产隔热材料。

6. 在米利科夫斯克区建设木材深加工综合体。

7. 发展海上养殖。

8. 在彼得罗巴甫洛夫斯克市建设捕获水生物资源深加工企业。

9. 在埃利佐夫斯克区和米利科夫斯克区建设旅游基础设施（高山滑雪疗养所、SPA 旅馆、饭店）。

10. 在彼得罗巴甫洛夫斯克市和叶利佐夫斯克区建设住宅区。

楚科奇自治州

1. 开发白令戈夫斯克煤矿区：

——组织煤炭开采与加工

——建设可全年使用的深水港，以向运输船舶输送煤炭

——建设阿纳得尔—白令戈夫斯克 110 千伏输电线

——修建阿纳得尔—上捷列凯斯克—白令戈夫斯克公路

2. 建设石油加工综合体：

——阿纳得尔市石油加工厂

——全长 138 公里的上捷列凯斯克—阿纳得尔石油管道

——主导罐装站

——300 立方米的石油基地

——石油罐装码头

3. 在上埃琴斯克和奥利霍沃姆矿区进行石油勘探和开采。

4. 共同进行海洋猎兽，原料深加工，制药、护肤品，肉类生产，皮革、毛皮制造。

（二）中国境内项目

内蒙古自治区

1. 呼伦贝尔海拉尔区年产 4.5 万吨 1.4 丁二醇项目。

2. 呼伦贝尔扎兰屯市年产 100 万羽大鹅产品加工生产线项目。

3. 呼伦贝尔阿荣旗年产 90 吨纳豆激酶项目。

4. 呼伦贝尔额尔古纳市年产 10 万吨麦芽项目。

5. 呼伦贝尔循环经济产业园区年产 3000 吨多晶硅项目。

6. 呼伦贝尔经济开发区年组装 5000 台大型工程机械项目。

7. 满洲里市年产 30 万套中高档家具生产项目。

8. 满洲里市年产 1000 吨多晶硅项目。

9. 赤峰市克什克腾旗年产 1500 台（套）中小型矿山机械项目。

10. 赤峰市元宝山区赤峰宏文机电有限公司重组项目。

11. 赤峰市克什克腾旗年产 6 万吨锌、铅、锡合金项目。

12. 赤峰市喀喇沁旗年产 7 万吨铜板带项目。

13. 赤峰市元宝山区年产 1.2 万吨铜合金管、2 万吨铜板带项目。

14. 通辽市科尔沁左翼后旗年产 10 万吨铜材深加工项目。

15. 霍林郭勒市提质煤机械制造项目。

16. 霍林郭勒市铝深加工机械制造项目。

17. 霍林郭勒市年产 2000 吨单晶硅项目。

18. 通辽市奈曼旗年产 120 万吨兰炭的褐煤固体热载体法快速热解技术示范工程项目。

19. 霍林郭勒市年产 2.5 万吨钢芯铝绞线项目。

20. 锡林郭勒盟经济技术开发区矿山机械修造项目。

21. 锡林郭勒盟多伦县年产 3 万吨绿色精细蔬菜项目。

黑龙江省

1. 哈尔滨市宾县中俄元丰木材加工批发大市场项目。

2. 哈尔滨市年新增 13 万支浸金属碳滑板、1.5 万吨大规格超细颗粒各向同性石墨项目。

3. 哈尔滨市年加工麸皮 5 万吨、膳食纤维 2 万吨、高蛋白饲料 2.5 万吨等综合利用项目。

4. 齐齐哈尔市年产 2 万樘防火木门、5 万套橱柜项目。

5. 牡丹江市年产 30 万吨芳烃类化工基础原料项目。

6. 牡丹江市年产 3000 吨多晶硅项目。

7. 牡丹江市林浆纸一体化项目。

8. 牡丹江市远东国际会展中心项目。

9. 牡丹江市东宁县中俄机电产品产业园项目。

10. 牡丹江市华茂国际物流基地建设项目。

11. 绥芬河市国际物流园区项目。

12. 绥芬河年产22万立方米中高密度纤维板境外原料供应项目。

13. 佳木斯市年产3万吨海绵钛项目。

14. 佳木斯市年产100万吨电解铝项目。

15. 佳木斯市年产120万吨水泥熟料扩建项目。

16. 佳木斯市抚远县世贸中心项目。

17. 大庆市北海道温泉园项目。

18. 伊春市浩良河水泥厂年产300万吨水泥改扩建项目。

19. 伊春市影视娱乐城项目。

20. 伊春市嘉荫—萝北界江旅游开发项目。

21. 伊春市年产150万吨铁精粉及铅、锌等金属精粉综合项目。

22. 伊春市85万千瓦风电、14万千瓦水电建设项目。

23. 七台河市年产100万吨焦化改扩建联产10万吨甲醇项目。

24. 鹤岗市煤矿瓦斯抽采及综合利用示范工程项目。

25. 鹤岗市年产120万吨磷肥项目。

26. 黑河市年产24万吨磷酸二胺工程项目。

27. 黑河市汽车出口基地及机械交易中心项目。

28. 黑河市年产1500吨多晶硅项目。

29. 黑河市年产5000吨多晶硅及配套14万吨工业硅项目。

30. 黑河市年产20万吨有机硅项目。

31. 黑河市五大连池年产40万吨矿泉水项目。

32. 黑河市中俄民族风情园项目。

33. 大兴安岭地区漠河县北极村旅游景区建设项目。

吉林省

1. 长春市年产3万平方米全色LED大屏幕显示器项目。

2. 长春市年产 10 万辆外接充电式电油混合动力汽车项目。

3. 长春市年产 5 万吨酶制剂项目。

4. 长春市年产 5 万吨不饱和聚酯树脂项目。

5. 长春市年产 5 万吨纳米碳酸钙项目。

6. 长春市年产 1 万吨木糖醇项目。

7. 长春市年产 10 亿块蒸压灰砂砖项目。

8. 吉林市年产 2800 台采煤机、掘进机等能源装备项目。

9. 吉林市阻隔防爆产品产业化基地项目。

10. 吉林市年产 100 台（套）激光毛化、强化及熔覆设备项目。

11. 吉林市年产 30 万吨 MDI（4，4’ －二苯甲基二异氰酸酯）项目。

12. 吉林市年产 1.5 万吨二萘酚项目。

13. 四平市年产 5800 台纵轴流系列收割机械项目。

14. 四平市年新增 1.8 万吨电力金具改造扩能项目。

15. 四平市年产 30 兆瓦非晶硅薄膜太阳能电池项目。

16. 四平市年产 30 套好氧生物流化复合反应器建设项目。

17. 辽源市年产 300 兆瓦太阳能电池生产线项目。

18. 辽源市年产 4400 万平方米锂离子电池隔膜项目。

19. 辽源市年产 500 吨活性炭纤维系列产品项目。

20. 辽源市年产 2 万吨天然高分子基药用炭项目。

21. 通化市年产轿车 300 万套、卡车 1000 万片无石棉制动器衬片等扩建项目。

22. 集安市硼泥综合利用年产 1.5 万吨轻质氧化镁项目。

23. 集安市年产 1000 吨 SOG6N 多晶硅建设项目。

24. 白山市年产 3000 万人份生物疫苗项目。

25. 白山市 140 吨天然食用色素项目。

26. 临江市年产 4800 吨各类催化剂生产线项目。

27. 白城市年产 20 万吨纤维浆粕项目。

28. 白城市年产 2000 套汽车覆盖件拉伸模具项目。

29. 松原市年加工 20 万吨石油油管、套管项目。

30. 松原市年产7000吨精制衣康酸项目。

31. 延边朝鲜族自治州年产6000吨生物杀菌剂项目。

32. 图们市年产6000吨钻井液用防塌剂项目。

33. 图们市边境口岸物流园区建设项目。

34. 珲春市中俄汽车零部件基地项目。

35. 珲春市年初加工20万立方米木材工业园区项目。

36. 珲春市年产120万吨水泥合作加工项目。

37. 珲春市年新增180万平方米实木地板扩能项目。

辽宁省

1. 沈阳经济开发区引进输变电设备配套零部件产业集群项目。

2. 沈阳市年产3500支110~1000千伏特高压套管产业化项目。

3. 沈阳市年产500万米新型系列绿色环保塑料管材项目。

4. 沈阳市年产7000万件高精密工程结构陶瓷生产项目。

5. 沈阳市年产70万平方米人造花岗石、60万平方米石英石板材项目。

6. 沈阳市年产14万吨汽车用复合材料制品生产项目。

7. 沈阳市汽车模具制造中心项目。

8. 沈阳市年产2万吨油漆项目。

9. 大连市VMG4-2T/2R龙门移动高档车铣数控加工中心项目。

10. 大连市引进俄罗斯冷喷涂技术项目。

11. 大连市纳米复合金属强化与耐蚀性技术产业化项目。

12. 大连市电解式银回收及处理设备生产及机电一体化项目。

13. 大连市新型无齿轴承减速器合作开发项目。

14. 大连市中俄流感病毒防控与基因重组制作疫苗合作项目。

15. 大连市中俄生物信息与基因工程研发中心合作项目。

16. 锦州市年产1500吨多晶硅项目。

17. 鞍山市新型热管合作研制项目。

18. 铁岭市年产3000辆专用汽车生产项目。

19. 铁岭市年产6万套换热设备生产项目。

20. 铁岭市中俄贸易物流园建设项目。

主要参考文献

一　中文官方文件

1. 《中俄联合声明》，1996 年 4 月 25 日。
2. 《中俄睦邻友好合作条约》，2001 年 7 月 16 日。
3. 《中华人民共和国和俄罗斯联邦关于进一步深化平等信任的中俄全面战略协作伙伴关系的联合声明》，2012 年 6 月 6 日。
4. 《中华人民共和国和俄罗斯联邦关于合作共赢、深化全面战略协作伙伴关系的联合声明》，2013 年 3 月 22 日。
5. 《中华人民共和国和哈萨克斯坦共和国睦邻友好合作条约》，2002 年 12 月 23 日。
6. 《中华人民共和国和哈萨克斯坦共和国关于建立和发展战略伙伴关系的联合声明》，2005 年 7 月 4 日。
7. 《中华人民共和国和哈萨克斯坦共和国关于发展全面战略伙伴关系的联合声明》，2011 年 6 月 14 日。
8. 《中华人民共和国东北地区与俄罗斯联邦远东及东西伯利亚地区合作规划纲要》（2009 ~ 2018 年），2010 年 8 月 8 日。
9. 《中国的能源状况与政策》（白皮书），中华人民共和国国务院新闻办公室，2007 年 12 月。
10. 《中国的能源政策（2012）》（白皮书），中华人民共和国国务院新闻办公室，2012 年 10 月。

11.《能源发展“十二五”规划》。

二　中文专著

1. 杜奇华:《国际投资》，对外经济贸易大学出版社，2009。
2. 綦建红:《国际投资学教程》，清华大学出版社，2008。
3. 任映国、文县武等:《国际投资学》，中国金融出版社，2001。
4. 吴东山、李永刚:《俄罗斯投资环境研究》，石油工业出版社，2005。
5. 徐小杰:《石油啊，石油》，中国社会科学出版社，2011。
6. 江小涓:《中国的外资经济》，中国人民大学出版社，2002。
7. 张竹君、方荷生、伍斌:《外国投资项目管理》，中国财政经济出版社，1988。
8. 薛君度、陆南泉:《中俄经贸关系》，中国社会科学出版社，1999。
9. 李传勋、姜振军:《中俄区域合作研究》，黑龙江人民出版社，2003。

三　中文报告

1.《世界投资报告》，联合国贸易和发展会议，2001~2011 年相应年份。
2.《国别贸易投资环境报告》，中国商务部，2011 年、2012 年、2013 年。

四　俄文官方文献

1. Концепция лолгосрочного социалъно－экономического развития Российской Федерации до 2020 года, минзкономразвития России, 2008.
2. Прогноз долгосрочного социалвно － зкономического разития Российской Федерации на период до 2030 года, Минэкономразвития России, 2013.
3. Стратегия развития авиационной промышленности на период до 2015 года, 2005.
4. Энергетическая стратегия России на период до 2030 года, 2009.
5. Основные положения стратегии развития автомобилвной промышленности Российской Ферации на период до 2020 года, 2010.

6. Государственная программа Российской Федерации “ Развитие промышленности и повышение ее конкурентоспособности на период до 2020 года”, 2013.

7. Стратегия развития лесного комилекса Российской Ферации на период до 2020 года, 2008.

8. Стратегия развития металлургической пРомышленности России на период до 2020 года, 2009.

五 俄文法律法规

1. Федералвный закон “ об иностранных инвестиях в Российской Федерации”, 9 июля 1999 годаN 160 – ФЗ.

2. Федеральный закон “ Об инвестиционной деятельности в Российской Федерации, осуществляемой в форме капитальных вложений ” от 25 февраля 1999 года 39 – ФЗ.

3. Федеральный закон “О порядке осуществления иностранных инвестиций в хозяйственные общества, имеющие стратегическое значение для обеспечения обороны страны и безопасности государства”（с изменениями и дополнениями）от 29 апреля 2008 г. N 57 – ФЗ.

4. Федералвный закон “О лизинге” от 29 октября 1998 г. N 164 – ФЗ.

5. Налоговый кодекс Российской Федерации от 5 августа 2000 года N 117 – ФЗ.

6. Земелвный кодекс Российской Федераций от 10 января 2002 года N 7 – ФЗ.

六 俄文专著

1. Э. С. Хазанович: «Иностранные инвестиции», ЗАО КноРус, Москва, 2009.

2. А . Г. Ивасенко、Я. И. Никонова: «Иностранные инвестиции», ЗАО КноРус, Москва, 2010.

3. И. З. Фархутдинов: «Инвестиционное право», Волтерс Клувер, Москва, 2006.

4. Е. И. Лавров、М. Ю. Маковецкий: «Инвестиции, финансовый рынок и

экономический рост», Омгу, Омск, 2007.

5. В. И. Фингин (координатор): «Исследование состояния и перспектив направлений переработки нефти и газа нефте – газохимки в РФ»ЭКОН – ИНФОРМ, Москва, 2011.

七 俄文统计文献

1. «Российский статистический ежетгодник», 2001、2002、2003、2004、2005、2006、2007、2008、2009、2010、2011、2012.
2. «Промышленноств России Статистический сборник», 2005、2008、2010、2012.
3. «Торговля в России Статистический сборник», 2003、2005、2007、2009、2011.
4. «Инвестиции в России Статистический сборник», 2005、2007、2009、2011.
5. «Иностранные инвестиции в 2010 году».

八 俄（英）文研究报告

1. «Исследование инвестиционной привлекательности России», Ernst & Young, 2012.
2. «Russian Federation Facts and Figures», Минэкономразвития России, 2012.
3. «Инвестиционный климат Российской Федерации», Минэкономразвития России, 2010.
4. «Справка об инвестиционном климате в России», Минэкономразвития России, 2013.
5. «Об иностранных инвестициях и формировании инвестиционного климата в Российской Федерации», Мид России, 2011.
6. «Доклад о состоянии конкуренции в России в 2008 году», Федералвная антимонополвная служба.
7. «Привлечение прямых иностранных инвестиции в регионы России», Международный совет по сотрудничеству и инвестициям при РСПП.

8. ОЭСР: Обзоры инвестиционной политнки, 2004.

9. «Ведение бизнеса в России 2012 », Совместная публикация всемирного банка и международной финансовой корпорации.

10. «Об иностранных инвестициях в России», Фонд “Бюро экономического анализа”, 2004.

11. «Российский рынок ценных бумаг», Внешэкономбанк.

12. «Конкуренция в российской промышленностив 2003 – 2009 гг. », С. Цухло, Институт экономической политики имени Е. Т. Гайдара, 2011.

13. «Россия и мир 2011: экономика и внешняя политика» (ежегодный прогноз), Институт мировой экономики и международных отношений РАН, Москва 2010.

九 主要俄文杂志报纸

1. Вопросы экономики

2. Экономист

3. Мировая экономика и международные отношения

4. Независимая газета

5. РБК – daily

6. Ведомости

7. Коммерсанть

8. Российская газета

十 主要俄文网站

1. http: //president. kremlin. ru/

2. http: //www. government. ru/

3. http: //www. gks. ru/

4. http: //www. economy. gov. ru/

5. http: //www1. minfin. ru/

6. http: //www. cbr. ru/

图书在版编目（CIP）数据

独联体国家投资环境研究/李建民著．—北京：社会科学文献出版社，2013．11
（中国社会科学院文库．国际问题研究系列）
ISBN 978-7-5097-5093-3

Ⅰ．①独…　Ⅱ．①李…　Ⅲ．①投资环境-研究-独联体
Ⅳ．①F151．2

中国版本图书馆CIP数据核字（2013）第224051号

中国社会科学院文库·国际问题研究系列
独联体国家投资环境研究

著　　者／李建民

出 版 人／谢寿光
出 版 者／社会科学文献出版社
地　　址／北京市西城区北三环中路甲29号院3号楼华龙大厦
邮政编码／100029

责任部门／全球与地区问题出版中心（010）59367004
电子信箱／bianyibu@ssap.cn
项目统筹／祝得彬
责任编辑／张苏琴
责任校对／王绍颖　姬春燕
责任印制／岳　阳
经　　销／社会科学文献出版社市场营销中心（010）59367081　59367089
读者服务／读者服务中心（010）59367028

印　　装／北京季蜂印刷有限公司
开　　本／787mm×1092mm　1/16
印　　张／47．5
版　　次／2013年11月第1版
字　　数／775千字
印　　次／2013年11月第1次印刷
书　　号／ISBN 978-7-5097-5093-3
定　　价／159．00元